Abelardo Javier Ortiz Solé

El altruismo y la equidad en las crisis familiares

Abelardo Javier Ortiz Solé

El altruismo y la equidad en las crisis familiares

Los fundamentos jurídicos de la compensación por desequilibrio

PUBLICIA

Impressum / Aviso legal
Bibliografische Information der Deutschen Nationalbibliothek: Die Deutsche Nationalbibliothek verzeichnet diese Publikation in der Deutschen Nationalbibliografie; detaillierte bibliografische Daten sind im Internet über http://dnb.d-nb.de abrufbar.

Información bibliográfica de la Deutsche Nationalbibliothek: La Deutsche Nationalbibliothek clasifica esta publicación en la Deutsche Nationalbibliografie; los datos bibliográficos detallados están disponibles en internet en http://dnb.d-nb.de.

Coverbild / Imagen de portada: www.ingimage.com

Verlag / Editorial:
PUBLICIA
ist ein Imprint der / es una marca de
OmniScriptum GmbH & Co. KG
Bahnhofstraße 28, 66111 Saarbrücken, Deutschland / Alemania
Email / Correo Electrónico: info@editorial-publicia.com

Herstellung: siehe letzte Seite /
Publicado en: consulte la última página
ISBN: 978-3-639-64970-3

Zugl. / Aprobado por: Salamanca, Universidad de Salamanca, Tesis Doctoral, 2010

"Ya en los nidos de antaño no hay pájaros de hogaño", dijo Don Quijote.
Vamos por tanto a desconfiar del consejo de Don Quijote
y miremos en algunos de estos viejos nidos en España.
Quizá, después de todo, podamos encontrar todavía un pájaro o dos en ellos.

Marjorie Grice-Hutchinson

He vivido (triste o alegremente), infinidad de desequilibrios.
Uno tras otro,
superponiéndose en cadena,
cíclicamente,
todos y cada uno.
Inclementes, iracundos.
Alguno de ellos,
o acaso todos juntos,
en una sorprendente e in-imaginada sintonía
me han llevado de forma ciega, inconsciente e inexorable,
a escribir esta Tesis.

Agradecimientos:

A mi padre, *Abelardo Ortiz Silva*, y mi madre, *María Antonieta Solé Buchaca*, por ser y estar ahí, y por enseñarme que el divorcio es una alternativa viable, y que solo basta con mantener el equilibrio, para que éste no signifique un fracaso, sino "UN TRIUNFO ENCOMIABLE".

Gracias por ser mi equilibrio.

A mis hermanos, *Milagros* y *Jorge Alberto*, por su altruismo mágico, y por permitirme descubrir que la equidad puede ser irrelevante.

A la memoria de mis abuelos, *Abelardo Ortiz Dueñas* y *Dolores Buchaca i Arceda*, porque son el inicio del *proceso*, y la garantía del *resultado*.

A MI DIRECTORA, con mayúsculas. *Eva María Martínez Gallego*. A quien no sólo guardo un profundo y sentido agradecimiento, sino además y sobre todo, el más grande respeto, admiración y estima que puede profesar un pupilo.

A *Giovanna M. Aldana Barahona*, mi equilibrio entre pasión y melancolía, entre exilio y añoranza, entre lucidez y locura.

A mis compañeros de Doctorado, y grandes amigos de Exilio: los DOCTORES *Harry Clavijo Suntura* y *Samuel Serrano Galvis* (y a "El Triunvirato del Arco"); por permitirme mirarme en el espejo y convertirse en mi imagen.

A *Enrique Ghersi Silva,* mi maestro y principal mentor intelectual, y a quien debo sin duda alguna, cada una de mis insignificantes huellas en la senda de la libertad.

A *Odraleba*; a quien debo, posiblemente todos mis desequilibrios, y por ello mismo, lo mejor de mí.

INTRODUCCIÓN

La presente Tesis Doctoral es el resultado del desarrollo y maduración de una tesina previa, titulada "*La naturaleza económica de la pensión compensatoria. Entre los costos de oportunidad y los costos del oportunismo*", llevada a cabo con objeto de la consecución del Grado de Salamanca, como parte del programa de Doctorado en "*Nuevas tendencias en Derecho privado*" de esta Casa de Estudios. En tal ocasión, la compensación por desequilibrio –o pensión compensatoria-, fue abordada fundamentalmente desde el plano académico del análisis económico del Derecho, bajo una visión histórica que se remontaba a los orígenes de la familia y las relaciones humanas que ésta ha albergado en la antigüedad y actualmente mantiene.

Tras la culminación de dicho proceso, fue objeto por nuestra parte, de revisión y análisis sistemáticos, así como de profundización y perfeccionamiento en virtud y consideración a las valiosísimas críticas y observaciones de los doctores D. José María León González, Dª. Nieves Martínez Rodríguez y D. Miguel Ángel Hernández Martín; miembros de la Comisión que por entonces estuviera encargada de su calificación.

En consecuencia, nuestra primaria investigación abrió a nuestra curiosidad una serie de dudas, y la impostergable oportunidad de descubrir que detrás de nuestro tema y del modesto tratamiento que sobre éste habíamos llevado a cabo, había todo un mundo de conocimiento. En suma, y en virtud de ello, la presente Tesis Doctoral pretende desarrollar la compensación por desequilibrio desde una perspectiva más amplia, sin perjuicio de lo cual, somos plenamente conscientes que no está en lo absoluto, ni mucho menos, dicho todo en este trabajo.

La amplitud a la que hacemos referencia sin embargo, consiste en nuestra intención de ubicar desde un plano filosófico a la compensación por desequilibrio, tanto en su calidad de derecho subjetivo como de institución jurídica, en el marco de un universo conceptual compuesto por diversas disciplinas y consideraciones teóricas que transitan desde concepciones relativas a fenómenos biológicos hasta la filosofía política que inspira su planteamiento, con un hilo conductor que discurre desde las manifestaciones humanas en la mitología y la religión, y la historia de las ideas y del pensamiento hasta nuestros días. Ello, en última instancia, y en lo personal, nos permite dentro de un universo amplio, acceder a un entendimiento global acerca del significado del equilibrio en la familia, así como de su sentido y esencia en el Derecho. Ésta es probablemente, no sólo nuestra justificación de planteamiento, sino más aún, la mayor de nuestras motivaciones de investigación.

La metodología con la cual se ha llevado a cabo esta investigación, comprende en primer término, el acopio de fuentes de información multidisciplinares y de temáticas plurales a las cuales se ha pretendido dotar de una conjunción razonada y coherente, sobre la cual se erige nuestra principal teoría: la del altruismo como fundamento jurídico primario de la compensación por desequilibrio, y en principio y por extensión, a cualquier institución jurídica. Paralelamente, se persigue un estudio doctrinal y jurisprudencial en cuanto a la propia compensación por desequilibrio mediante un análisis filosófico conceptual y deductivo.

En cuanto a la estructura de nuestra investigación, la Tesis está dividida en tres partes o cuerpos generales. La Primera Parte, brinda de forma introductoria una serie de conceptos e ideas que transitan desde la economía (y en particular, el análisis económico del Derecho), la biología, la etología, la psicología, la sociología, la historia, la filosofía y el Derecho. Tras la construcción de un esquema o panorama conceptual preliminar, la Segunda Parte, incide directamente en la compensación por desequilibrio en consideración y aplicación de los conceptos e ideas expuestos con anterioridad. A propósito de ello, se encontrarán a lo largo del trabajo, reiterados subrayados y vocablos en cursivas con los que no se pretende otra cosa, que vincular nuestro razonamiento a conceptos desarrollados previamente, y con ello, crear una relación de coherencia a lo largo todo del trabajo. La Tercera Parte finalmente, congrega todas las ideas expuestas en beneficio de un argumento integrador, como preludio de nuestras principales conclusiones desde una perspectiva filosófico jurídica e histórica de las instituciones.

Es así, que en virtud de la diversidad en la que se desarrolla nuestra investigación, dentro del esquema general antes descrito, a su vez, hablamos de tres grandes subdivisiones o bases de planteamiento en lo concerniente a la compensación por desequilibrio. Se trata de lo que entendemos, son sus bases *económico-psicológicas*, *jurídico-económicas*, y *filosófico-jurídicas*.

Pues bien, a nivel más específico, la Tesis cuenta con ocho capítulos y uno introductorio. En el Capítulo Introductorio desarrollamos un *breve preludio acerca del concepto económico de la familia* y sus potenciales implicaciones en el Derecho de familia. En dicho capítulo exponemos desde el punto de vista de la teoría económica, lo que para nosotros significan los fundamentos de la dinámica de la familia como unidad de producción y consumo en la sociedad, tratando conceptos tales como la asignación de tiempo, la especialización y la distribución del trabajo; los cuales representan a nuestro juicio, los cimientos *domésticos* de las interacciones patrimoniales en el seno familiar.

El Capítulo Primero a su vez, está dedicado al *capital humano y su entorno en la familia*. El capital humano se presenta así desde la teoría económica, en atención a su relación o incidencia en las teorías sobre distribución de retribuciones. Paralelamente, y en relación con el concepto de especialización, se entiende este último como un instrumento de capitalización, por lo cual sostenemos, que la especialización representa una vía específica de configuración del capital humano individual. Ahora bien, en tanto la especialización cuenta con una función de tiempo y las inversiones sobre los individuos son realizadas por un grupo –familiar en este caso-, la distribución del trabajo es presentada como parte de una estrategia de capitalización de los individuos del grupo. Esta peculiar dinámica y los procesos que involucra, en lo sucesivo nos dará las bases económicas para la consideración de la teoría de León Dugüit expuesta en el Capítulo VIII acerca de su entendimiento del Derecho y la propiedad como funciones de la división del trabajo. Sin perjuicio de éste último comentario y en el orden de ideas expuesto, el problema del desequilibrio económico acaecido como consecuencia de la separación o divorcio es presentado, entre otras formas, como una disfunción o incongruencia entre el valor y potencial de rendimiento de un capital humano –y consecuentemente de su tiempo- en una comunidad de vida y fuera de ella; es decir, en dos contextos diferenciados: uno familiar, y otro social. Ésta es para nosotros la importancia y sentido del capital humano dentro de la investigación, dado que una determinada calidad o configuración del capital humano aumenta el valor del tiempo de los individuos, e incide de forma determinante en su capacidad de restablecer equilibrios; a la vez, que sirve de baremo particular a efectos de determinar los respectivos posicionamientos individuales en cuanto a la distribución de los recursos existentes con carácter histórico. Establecer pues un panorama alrededor del capital humano, es establecer un conjunto de condiciones personales con las cuales los individuos van a hacer frente a determinadas circunstancias económicas, en función y consideración a que dicho capital humano cuenta con distinto valor en tanto se encuentre o desenvuelva en contextos diferenciados: el de interacciones patrimoniales familiares y/o sociales.

Más allá de ello, y finalmente en cuanto a este capítulo, establecemos en virtud de todas las ideas expuestas, un concepto y amplitud del capital humano que nos permitirá más adelante, relacionarlo con la concepción clásica de derecho subjetivo, y entenderlo a la postre, como aquella esfera o hiperplano personal en el cual, confluyen *facultad* y *aptitud* propias de los derechos de propiedad en sentido amplio.

El Capítulo Segundo aborda por su parte, de forma profunda y variada el *altruismo*. El altruismo, tal y como puede deducirse del título de este trabajo, reviste una especial relevancia en nuestro planteamiento. Nos atrevemos a afirmar que tal concepto, es en gran medida, el hilo conductor de toda nuestra investigación. Ahora bien, la complejidad y novedad de este tema en lo que al Derecho concierne, requiere de un tratamiento pormenorizado en virtud del cual, sostendremos que el altruismo representa no sólo la base de las dinámicas familiares y la construcción de sus normas internas, sino más aún, de la propia justicia en la sociedad. En esencia pues, el altruismo es presentado aquí como un fenómeno natural, el mismo que en cuanto a las relaciones personales, goza de un sinfín de manifestaciones en distintos contextos. Este hecho y su amplitud de consideraciones, nos obligan -a efectos de brindar una conveniente exposición-, a relatar una breve reseña histórica del pensamiento acerca del altruismo, lo cual, nos ha de conducir por distintas etapas históricas y a la incidencia de este pensamiento en la formación de múltiples disciplinas. Dentro de esta lógica, nos resulta ineludible ofrecer *una historia paralela acerca de dos íntimos enemigos*: el egoísmo y el altruismo, así como de la relación de correspondencia e interdependencia existente entre ambos, lo que ulteriormente, nos hará encontrar el fundamento del Derecho como instrumento de cooperación social en base al interés individual. Sin embargo, estas relaciones son más antiguas que cualquier esquema jurídico, con lo cual, en manos de la historia ofrecemos algunas explicaciones acerca de la lógica que hay detrás de ciertos esquemas jurídicos heredados de un pensamiento mítico, en buena cuenta, la influencia de estos conceptos en nuestra tradición jurídica. A partir de entonces, extrapolamos las ideas de egoísmo y altruismo hacia el Derecho, -en particular al pensamiento de Rudolf Von Ihering-, a efectos de empezar a construir ya preliminarmente, desde las ideas del altruismo y el egoísmo, una idea concreta del equilibrio en cuanto a las relaciones personales que involucran interacciones patrimoniales.

Sentadas ya unas bases preliminares, desarrollamos el altruismo *per se*, en cuanto a lo que puede decirnos respecto a su influencia en los actos, la conducta y la motivaciones de los individuos y los grupos. Ello nos permitirá tener una imagen de su incidencia específica en las relaciones y transmisiones patrimoniales, lo que al mismo tiempo, nos ofrecerá un panorama respecto a su papel en los efectos patrimoniales de las crisis matrimoniales. Para tal cometido, establecemos una relación entre el *altruismo, el Derecho y la Justicia*; con la cual pretendemos fundamentar que el Derecho y la Justicia son manifestaciones del altruismo, y éste último, la base y fuente del Derecho intuitivo y espontáneo en la familia. En efecto, en virtud del altruismo, proponemos la distinción de dos órdenes jurídicos diferenciados; uno, el correspondiente a las reglas íntimas o privadas existentes en un grupo familiar, y otro, aquel correspondiente a las reglas contenidas en el ordenamiento jurídico de la sociedad. Es en éste sentido, que hacemos referencia a la existencia de distintos contextos, que no son otra cosa, que un conjunto de circunstancias particulares o marcos específicos, en los cuales operan los distintos órdenes jurídicos, ya sea de manera excluyente o confluyente, y donde en última instancia, la equidad adquiere su sentido y real dimensión.

Consecuentemente, se establece una asociación primaria entre el altruismo y la equidad; en la cual, al igual que sucede con el altruismo y el egoísmo, se hallan simultáneamente relaciones de correspondencia y disociación. En efecto, de un tipo específico de altruismo proviene la idea social de imparcialidad, y en buena cuenta, también la común noción de equidad. Sin perjuicio de ello, no todo altruismo conlleva a un juicio de equidad; por el contrario, sostenemos que en ciertos contextos altruistas, la idea de equidad puede convertirse en irrelevante. La equidad pues, es un juicio eminentemente social, que en ocasiones se hace irrelevante en virtud de las particulares reglas y dinámicas en grupos reducidos, en tanto en algunos casos, la delimitación de los derechos de propiedad o la distribución de recursos y roles, antes de obedecer a criterios de equidad, obedecen a otros objetivos puntuales o a criterios basados, por ejemplo, en la ventaja comparativa. Al igual pues, que frente al egoísmo, el altruismo en la familia expresa frente a la equidad de forma simultánea, relaciones directas de correspondencia y de disociación, en virtud de reglas específicas y del establecimiento de roles entre los miembros; donde antes de hablar de equidad, hablamos de equilibrio en sentido lato.

Paralelamente al establecimiento del panorama genérico antes descrito acerca del altruismo, éste es desarrollado también y en concreto, en cuanto a sus múltiples manifestaciones y funciones en sede exclusivamente familiar. Como consecuencia de ello, y en tanto, entendemos al altruismo como un fenómeno o un hecho antes que como una prerrogativa, llegamos a la idea de la *affectio maritalis* como manifestación jurídica del altruismo de pareja, en desmedro de fundamentos tales como solidaridad post-conyugal, u otros criterios relacionados con deberes de auxilio o socorro.

Dicho todo esto, y considerando pues, que el altruismo representa un fenómeno y la reciprocidad un proceso, es necesario poner de manifiesto que la confluencia o conjunción de ambos, por lo menos en lo que concierne a relaciones de pareja y sus interrelaciones patrimoniales, se lleva a cabo en principio, y por lo común, mediante la utilización de estrategias hipergámicas. Es así, que el Capítulo Tercero se dedica a la *hipergamia y las estrategias familiares*, en cuya virtud se exponen ciertas consideraciones acerca de los procesos de interacción de la pareja, así como del establecimiento de sus normas específicas, con especial atención a la teoría de la racionalidad limitada y los conceptos de riesgo e incertidumbre como ideas fundamentales para el entendimiento de los acuerdos primarios de los individuos y sus ulteriores resultados. En virtud de estas ideas, la función de las estrategias estribaría en la consecución de la equivalencia –una suerte de equilibrio- de los roles y potenciales individuales a través del consenso, en base a los elementos de funcionalidad y perdurabilidad desarrollados en el capítulo dedicado al altruismo. Las estrategias son en este sentido, parte de la búsqueda de la pareja de una situación que calificamos como "óptimo familiar"; el mismo que no será pues otra cosa, que un equilibrio dinámico entre los resultados de decisiones asociadas a constantes riesgos e incertidumbres y determinados resultados patrimoniales en sentido amplio. En consecuencia, desde un panorama extenso y retrospectivo, y desde la particular mirilla de las crisis matrimoniales, se entienden aquí así, el divorcio o la separación como riesgos; y el mantenimiento del valor de ciertas expectativas y el cumplimiento de compromisos como incertidumbres.

Tras esta parte de la exposición, resulta ineludible hacer referencia a la idea de *los costes de oportunidad y la teoría subjetiva del valor*, conceptos o ideas con las cuales en el Capítulo Cuarto, se pretende contar con una aproximación a los criterios de cuantificación económica, y la lógica con la que nos desenvolveremos al tratar de forma puntual el artículo 97° del Código civil.

El Capítulo Quinto por su parte, está encabezado por *el equilibrio* y constituye junto al capítulo dedicado al altruismo, una base fundamental de nuestro planteamiento. La particularidad de este título tiene su explicación en el hecho de que, en tanto el desequilibrio representa un tema angular en lo que respecta a la compensación del artículo 97° del Código civil, hemos estimado conveniente definir y delimitar una idea genérica de equilibrio. En este cometido, y en el plano estricto del Derecho, llegamos a la idea de *equidad*. Es así que a lo largo de este capítulo se desarrollan en paralelo y de forma itinerante, los conceptos de equilibrio y equidad. Desde antecedentes histórico-ideológicos hasta una naturaleza filosófico-jurídica, la equidad es presentada como fundamento jurídico ulterior de la compensación por desequilibrio, sobre la base filosófica de una teoría de la justicia que reposa sobre la idea de la justicia de las reglas (BRENNAN y BUCHANAN), entre tanto, se sientan las bases filosóficas de lo que será en adelante, una crítica al establecimiento de la equidad como un fundamento moral o un concepto con contenido preestablecido, en el sentido de la justicia distributiva.

En virtud pues, de todas las ideas y elementos desarrollados en la Primera Parte, se presenta a la equidad como un criterio de modulación en la aplicación de las reglas, a través del cual se equilibran las normas intuitivas y sociales (distintos órdenes jurídicos) a los distintos contextos, y se establecen así nuevos equilibrios, consistentes en la armonía entendida como paz social o unidad. Éste es a grandes rasgos, el tenor del apartado correspondiente a *la Equidad, el Derecho y la Justicia*. De forma análoga al capítulo dedicado al altruismo, se establecen las relaciones pertinentes entre el Derecho, la Justicia y la equidad, en función de una noción normativa basada en el establecimiento de reglas, y un carácter de justicia asociado a una conducta acorde con el cumplimiento de los compromisos y las expectativas contenidas en dichas reglas, lo que en último término otorga a tales expectativas, un carácter de legitimidad. En suma, la equidad tiene aquí un papel fundamental en la consecución de un equilibrio en legitimidad entre las reglas, las conductas, los procesos y los resultados -no demás está decirlo- patrimoniales.

Consecuentemente se define y delimita la idea de equilibrio, y en particular, ésta en el Derecho de familia; como una situación en la cual los planes de las personas son coherentes entre sí, es decir; aquella en la cual, no solo hay correspondencia en los acuerdos, sino además, en las conductas que los acompañan. Con ello, y tras contar con un esquema de planteamiento respecto a la equidad y el equilibrio, tales razonamientos son enfrentados por vía hermenéutica al postulado legislativo contenido en el artículo 97° CC, y a las pertinentes referencias doctrinales y jurisprudenciales al respecto.

Finalmente, se desarrolla la idea de un desequilibrio económico –en el sentido del artículo 97° del Código civil-, como resultado de un desequilibrio subjetivo previo o preexistente (también patrimonial), tras lo cual, se termina por considerar al equilibrio en la familia como un estado dinámico y complejo, susceptible de ser delimitado a efectos de la determinación de un eventual derecho de compensación en virtud de la equidad, sólo si es entendido como un *«statu quo»* particular de la comunidad de vida.

El Capítulo Sexto procura *una antesala a la compensación por desequilibrio*. Se desarrolla así a manera de preludio, el origen institucional de la compensación por desequilibrio en el ordenamiento jurídico español, y algunas consideraciones previas a su tratamiento, en las que confluyen conceptos jurídicos y de análisis económico complementarios tales como la autonomía privada y el "Teorema de Coase", las cargas en la familia, el empobrecimiento ilegítimo -como una alternativa *ad hoc* al enriquecimiento injusto-, así como una referencia a ciertas peculiaridades en función del régimen económico matrimonial, y sus distintas "vocaciones de incidencia" en las interacciones patrimoniales de los cónyuges, con especial atención al régimen de separación de patrimonios y el artículo 1438° del Código civil.

El Capítulo Séptimo –único capítulo de la Segunda Parte-, se refiere a *la compensación por desequilibrio* propiamente dicha; frente a la introducción de los conceptos desarrollados previamente desde una perspectiva analítica. Desde el análisis doctrinal y jurisprudencial reflexivo, se desarrollan los presupuestos de la compensación por desequilibrio, esto es; la separación o divorcio, el desequilibrio económico – respecto del otro cónyuge- y el empeoramiento de situación anterior en el matrimonio; con una especial referencia al oportunismo contractual. Del mismo modo, se extiende un análisis respecto a las circunstancias contenidas en el artículo 97° del Código civil, y aspectos tan relevantes en este caso, como la temporalidad, sustitución, modificación y extinción del derecho en cuestión. Tras ello, se realiza un análisis acerca de lo que, tal y como se entiende en este trabajo, pueden ser consideradas como características de la compensación por desequilibrio, esquematizadas mediante tipologías tales como su naturaleza, objeto, instrumento(s), finalidad y fundamento; ello, desde dos dimensiones en función de la amplitud de dichas características respecto a determinados fines institucionales. Finalmente, y en virtud a la existencia de diversidad en los planteamientos legislativos de instituciones afines, se ofrece un escueto planteamiento de la compensación por desequilibrio y la compensación económica por razón de trabajo en el hogar en Cataluña.

El Capítulo Octavo –Tercera Parte-, incide en una serie de *reflexiones sobre el equilibrio en la asignación de derechos de propiedad frente a la redistribución de la riqueza* en cuanto corresponde a la compensación por desequilibrio, dando especial preponderancia al análisis filosófico-jurídico. En tal sentido, se presenta dicha institución en el marco de la filosofía política, las políticas públicas, y algunas teorías de la justicia; con lo que se pone de manifiesto que la formulación específica de la compensación por desequilibrio en el ordenamiento español proviene del pensamiento contenido en la "*Teoría de la Justicia*" de John Rawls. Con ello se establecen las bases filosóficas que incidirán en una consecuente crítica a algunos planteamientos respecto a la equidad, y se propone, sin perder de vista la teoría sobre justicia de las reglas de BRENNAN y BUCHANAN, la visión de la "*Teoría de la legitimidad del título*" de Robert Nozick, para lo cual nos resulta necesario revisar en retrospectiva, las ideas acerca de los derechos de propiedad y los derechos subjetivos, fundamentalmente en los Clásicos.

En efecto, a partir de este enfoque filosófico basado en los derechos de propiedad pues, es indispensable contar con una conveniente definición de "un derecho" en sentido amplio. Con tal cometido, transitamos históricamente por la idea del Derecho como *ius* en su significado de "lo justo", hasta sus significaciones como *potestas, licet, facultas* y *potentia*. Es decir, nos adentramos en lo que ha significado el paulatino desarrollo de la idea del derecho subjetivo, desde la concepción clásica histórica, en la cual un derecho representa la manifestación de una facultad individual, así como, y al mismo tiempo, un poder o dominio sobre una esfera personal. Esta idea o concepción en concreto, nos conduce al tratamiento de los derechos de propiedad, pero no desde una perspectiva dualista o de derechos reales, sino por el contrario, considerando los derechos subjetivos, y por ende, los derechos de propiedad, desde una teoría monista personalista.

Ahora bien, y con esto en mente, un hecho a tomar en consideración es el problema que representa, la escasa o acaso en ocasiones, inexistente delimitación de los derechos de propiedad individual en una organización familiar. Sucede pues que por lo común, una familia, lejos de asignar o atribuir derechos de propiedad, asigna sólo roles y responsabilidades específicos a sus miembros, con cargo muchas veces, a compensaciones intangibles que forman parte de un patrimonio común del grupo en cuestión. Esta -por llamarla de alguna manera-, oscura delimitación de los derechos de propiedad individual en la familia, es lo que para nosotros representa esta suerte de imperfección o carácter sui géneris del Derecho de familia al que hacen referencia autores como VILLEY en el campo del Derecho, o ARISTÓTELES desde la filosofía; y que dicho sea de paso, es lo que nos conduce, en la búsqueda de respuestas y explicaciones, a incorporar en nuestro planteamiento de forma paralela, la tesis expuesta por León Dugüit. En virtud de dicha tesis, -que incorporamos en respuesta a esta llamada imperfección del Derecho de familia-, el Derecho y la propiedad son entendidos como funciones de la división del trabajo, en la cual antes que derechos de propiedad existen claramente definidos deberes y responsabilidades. Es así, que la tesis de León Dugüit en nuestra opinión significa una teoría jurídica de lo que puede entenderse como la dinámica íntima del funcionamiento de la familia, no obstante, inviable en un contexto jurídico social.

Pues bien, y al margen y sin perjuicio del paréntesis realizado, esta llámese imperfección, o difusa delimitación de los derechos de propiedad individual, nos hacen recurrir a una concepción distinta de los derechos de propiedad tal y como son concebidos comúnmente. Así pretendemos dar con una vuelta de tuerca a la concepción clásica de los derechos de propiedad entendidos como derechos reales, y llegamos a PLANIOL y RIPERT, y su concepción de los derechos de propiedad como una obligación pasivamente universal. Es en virtud de dicha concepción, que entendemos a los derechos de propiedad como una obligación pasiva de no hacer respecto a una esfera o hiperplano personal, constituido por el capital humano individual, en tanto no existan reglas o compromisos previos que legitimen, o bien la incidencia ajena en dicha esfera, o bien en virtud de la incidencia, la existencia de ciertas expectativas.

En virtud pues de este planteamiento, aún cuando los derechos de propiedad individual no estén claramente delimitados, las reglas, los compromisos tácitos o explícitos, y los procesos históricos propios de las interacciones patrimoniales de los sujetos van a ser susceptibles de permitir la asignación de derechos de propiedad a través de juicios de equidad. Es así, que todas estas consideraciones nos llevan a sugerir que antes de criterios redistributivos y concepciones estructurales acerca de conceptos estrictamente jurídicos, la equidad ha de ser un criterio mediante el cual se llegue a un resultado de equilibrio en la legítima asignación de derechos de propiedad, en base al capital humano como referente o continente de los derechos subjetivos individuales.

Ésta es pues, nuestra noción general, y en gran medida, todo aquello que podemos decir acerca de la compensación por desequilibrio, en un escenario compuesto por un sin número de aportaciones académicas de diversa índole, y por las cuales, nos sentimos sumamente satisfechos y agradecidos de haber tenido la oportunidad y privilegio, de conocer y compartir.

Confiamos en el espíritu de las líneas precedentes como justificación de nuestros propósitos, planteamientos, conclusiones y expectativas para esta Tesis Doctoral, del mismo modo que queremos, no justificar más que excusarnos, por alguna imprecisión, inexactitud, o falta de especificidad o profundidad en el tratamiento de nuestro tema, los cuales no deben sino imputarse, a lo exiguo de nuestro saber en éste, nuestro proceso de aprendizaje. Hecha esta anticipada y necesaria dispensa, no queremos dejar pasar la oportunidad de manifestar el mayor de los agradecimientos a nuestra Directora de Tesis, Dª. Eva María Martínez Gallego por su paciencia, sus atenciones, sus valiosos consejos y apreciaciones, así como el habernos permitido el privilegio de ostentar el título de su pupilo.

PRIMERA PARTE

CAPÍTULO INTRODUCTORIO

UN BREVE PRELUDIO ACERCA DEL CONCEPTO ECONÓMICO DE LA FAMILIA

I. El Análisis Económico del Derecho y la Familia
II. La Teoría de los Hogares Unipersonales y el Valor del Tiempo
III. Los Tres Pilares del Análisis Económico de la Familia
    i. El capital humano, la especialización y la distribución del trabajo

CAPÍTULO INTRODUCTORIO

UN BREVE PRELUDIO ACERCA DEL CONCEPTO ECONÓMICO DE LA FAMILIA

I. El Análisis Económico del Derecho y la Familia

«El afecto personal estable es algo más que una racionalización romántica de una unidad económica»

Burrhus Frederic Skinner. 1904-1990.

El análisis económico del Derecho para algunos de quienes hemos transitado por las facultades de Derecho a finales del siglo pasado y principios del presente, representó una novedad inquietante y seductora. La promesa de una nueva y asombrosa lectura de los clásicos. Los "versos" de Justiniano, la impecable lucidez de Graciano, o acaso la sabia justicia de Salomón, se nos empezaba a mostrar desde otro lenguaje. El de la economía.

Pronto, y tal como sucede hoy, no cabe casi dentro de ningún círculo académico duda alguna, que el Análisis Económico del Derecho se ha convertido en una herramienta indispensable para la investigación en el Derecho.

Una muy acertada definición de KNIGHT nos revela que se puede decir que el análisis económico trata de la conducta en el sentido *spenceriano* de las acciones adaptadas a los fines o de la adaptación de las acciones a los fines, en contraste con una más amplia categoría de la conducta en general[1].

[1] KNIGHT, Frank H. *Riesgo, incertidumbre y beneficio*. Ed. M. Aguilar. Madrid, 1947. Págs. 47-48.

En esencia, el análisis económico de la familia se funda en la percepción de que el hogar no es solo una unidad de consumo, sino, lo que es más importante, una unidad de producción en la sociedad. El alimento, la ropa, los muebles, las medicinas y otros bienes del mercado que la familia compra son insumos para la producción de nutrimento, calor, afecto, hijos y otros bienes tangibles e intangibles que constituyen la producción de la unidad familiar. Un insumo crítico de este proceso productivo no es un bien del mercado en absoluto; es el tiempo de los miembros de la familia, en particular –en la familia tradicional- el de la esposa"[2].

Esta es, en suma, una aceptable definición de lo que entiende la economía –o en todo caso, el análisis económico del Derecho- por una unidad familiar, y en lo sucesivo el modelo sobre el cual haremos nuestro análisis a efectos de incidir en la compensación por desequilibrio.

Compensación por desequilibrio que entendemos como una institución del Derecho de Familia. En ese sentido, hemos de comprender como señala SHULTZ[3], que para el análisis económico, una institución es una entidad especial que posee los atributos de una regla cuyos orígenes pueden ser sociales, políticos o legales y su origen no está fuera del campo de los estudios históricos.

Es por ello que hemos de desarrollar nuestro planteamiento desde el uso de diversas fuentes y disciplinas que nos permitan contar con un panorama amplio y a la vez, nos doten de bases coherentes con nuestras ideas.

Pues bien, para llevar a cabo dicho cometido en el planteamiento resulta necesario acudir a las bases económicas del Derecho de familia.

---

[2] POSNER, Richard A. *El Análisis Económico del Derecho*. Fondo de Cultura Económica. México, 1992. Pág. 135.

[3] SCHULTZ, Theodore W. *Restablecimiento del equilibrio económico. Los recursos humanos en una economía en proceso de modernización*. Gedisa Editorial, Barcelona, 1992. Pág. 170.

II. La Teoría de los Hogares Unipersonales y el Valor del Tiempo

La economía, para describir y descifrar ciertos fenómenos dentro de la familia utiliza la teoría de los hogares unipersonales. Éste análisis se basa y abarca, la asignación del tiempo así como la renta monetaria, e incorpora la producción en el hogar de capacitaciones, salud, auto-respeto y otras mercancías diversas[4]. Así, la teoría admite que cada persona asigna tiempo y renta a diferentes actividades, que recibe renta a cambio del tiempo dedicado a trabajar en el mercado y que percibe utilidad del tiempo que dedica a comer, dormir, ver televisión, trabajar en el jardín y participar en muchas actividades[5] (...).

Un resultado importante, -o acaso el más importante- de (...) esta teoría, es que la renta monetaria no está dada, sino que viene determinada por la asignación de tiempo, en la medida en que los ingresos monetarios los determina el tiempo dedicado a trabajar en el mercado[6]. Éste es el real valor del tiempo desde el punto de vista de nuestro análisis.

Como bien sostiene KNIGHT, el valor del tiempo, en el presente o en el futuro, es quizá acertadamente considerado como una clase especial de utilidad de un bien, como el valor nutritivo, la belleza o cualquier otra cualidad que confiere o intensifica la deseabilidad[7].

Para POSNER[8] y BECKER[9], la familia como unidad de producción utiliza el tiempo y los productos del mercado como factores de producción de otras mercancías

---

[4] Particularmente, BECKER, Gary. *Tratado sobre Familia.* Pág. 17.

[5] Ob. Cit. Pág. 19.

[6] Un ejemplo de ello es el de las guarderías o canguros. Considérese que un aumento de costos (incluido costos a nivel tiempo y el coste de oportunidad que involucra el tiempo en el mercado) suponen la búsqueda de bienes sustitutos; un aumento de sueldo reduce el tiempo dedicado a los hijos.

[7] KNIGHT, Frank H. *Riesgo, incertidumbre y beneficio.* Ed. M. Aguilar. Madrid, 1947. Pág. 121.

[8] En POSNER, Richard A. *El Análisis Económico del Derecho.*

[9] En BECKER, Gary S. *Tratado sobre Familia.* Alianza Editorial. Madrid. 1987. Pág. 22.

que proporcionan una utilidad de forma directa, (y que se traducen a la postre su nivel de vida). Entre estas mercancías se encuentran tanto los hijos como el prestigio y la estima social, la salud y otros placeres de los sentidos.

Dentro de este contexto, esto es, considerando el esquema de distribución de recursos de los hogares unipersonales (conformados por diversas estrategias personales que confluyen en una global o familiar), y en función del valor preponderante del tiempo; hemos de hacer hincapié en tres factores, a los que consideramos los pilares sobre los cuales se erige la asignación de tiempo y que nutrirán de forma esencial nuestro posterior planteamiento. Se trata del capital humano, la especialización y la distribución del trabajo.

III. Los Tres Pilares del Análisis Económico de la Familia

i. El capital humano, la especialización y la distribución del trabajo

En efecto, dentro de toda unidad familiar, existen en nuestra opinión tres factores íntimamente ligados a sus propios procesos productivos -además de otras funciones economizadoras[10]-. Se trata del capital humano, la especialización y la distribución del trabajo.

Resulta que la familia facilita la división del trabajo, lo que genera ganancias derivadas de la especialización. La familia, de manera voluntaria o involuntaria es consciente de ello, (ver hipergamia y estrategias familiares en el Capítulo III) y en posesión del capital humano de cada uno de sus miembros, invierte en la especialización de éstos. Luego, estos miembros en base a dicha especialización, distribuyen el trabajo asignando su tiempo entre el mercado y el hogar de la manera que les resulte más eficiente u óptima.

[10] Una de esas funciones economizadoras se refiere primordialmente a las economías de escala.

La tradicional aplicación de estos fundamentos, dio lugar a un modelo de familia en la que, el esposo especializándose en la producción para el mercado, maximiza el ingreso monetario de la familia, y la esposa especializándose en la producción del hogar, maximiza el valor de su tiempo como un insumo en la producción familiar; la división del trabajo en ese sentido *"sirve para maximizar el ingreso real total de la familia"* [11]. Dicho esto de una manera práctica y sencilla; *"la esposa cambia su trabajo en el hogar por el del esposo en el mercado y el esposo compra a su esposa el cuidado de los hijos"*[12].

Este es el modelo de familia tradicional. En dicho modelo, el esposo se especializa en algún empleo del mercado que genera un ingreso que puede utilizarse en la compra de los bienes del mercado necesarios como recursos para la producción final de la familia, mientras que la esposa dedica su tiempo al procesamiento de bienes del mercado en la producción familiar[13].

Ahora bien; aunque capital humano, especialización y distribución del trabajo, son piezas indisolubles dentro del funcionamiento de la vida familiar, uno de ellos toma especial preponderancia, en particular, a efectos de nuestro posterior tratamiento de la compensación por desequilibrio. Nos referimos al capital humano.

El capital humano es la base a partir de la cual se construye el potencial nivel de vida familiar. La especialización en ese sentido, se configura como el conjunto de inversiones sobre el capital humano. Por su parte, la distribución de trabajo es una estrategia de administración colectiva de los distintos capitales humanos y sus respectivas inversiones.

En base a ello, nuestro planteamiento ofrece una visión que parte del capital humano, el mismo que absorbe a los demás factores a su esfera, desde la cual se establecen todas las relaciones pertinentes.

---

[11] POSNER, Richard. Ob. Cit. Pág. 136.

[12] Ob. Cit. Pág. 136.

[13] POSNER, Richard. Ob. Cit. Pág. 135.

BASES ECONÓMICO-PSICOLÓGICAS DE LA COMPENSACIÓN POR DESEQUILIBRIO

CAPÍTULO I

EL CAPITAL HUMANO Y SU ENTORNO EN LA FAMILIA

I. Concepción tradicional del Capital Humano.
II. El Planteamiento del Capital Humano de Gary S. Becker y la Distribución de las Retribuciones
III. Las vías de capitalización: LA ESPECIALIZACIÓN.
IV. La relación estratégica "tiempo-especialización" en la familia: LA DISTRIBUCIÓN DEL TRABAJO.
V. El concepto y amplitud del capital humano dentro de nuestro esquema.

CAPÍTULO I

EL CAPITAL HUMANO Y SU ENTORNO EN LA FAMILIA

«No hay una clara línea entre cosas que son o no capital,
o necesidades, ni entre trabajo productivo o improductivo [...]
La acción de la naturaleza es compleja,
y nada se gana a la larga pretendiendo de que es simple,
e intentando describirla por medio de proposiciones elementales»

Alfred Marshall 1842-1924

I. Concepción tradicional del Capital Humano

Hablar de capital humano, es en suma, hablar de la vida misma de cada persona, o quizá, desde otro punto de vista, del valor, o potencial de desarrollo de ésta. Se trata del crisol sobre el cual se cuecen todas las alternativas, decisiones y acciones de una persona. El capital humano es, desde nuestra perspectiva, el conjunto de conocimientos, experiencias, desazones, alegrías y frustraciones. Es la herramienta primordial de supervivencia con la que cuenta un ser humano.

Una definición escueta de CABRILLO[14] nos dice, que el capital humano es el conjunto de conocimientos y formación de una determinada persona.

Más allá de ello, el capital humano, desde nuestra perspectiva involucra además una serie de aspectos tales como los derechos particulares. Los derechos (o la ausencia de éstos) forman parte también, en nuestra opinión, del capital humano de una persona.

[14] CABRILLO, Francisco. *Matrimonio, familia y economía*. Minerva Ediciones, Madrid, 1996. Pág. 313.

El capital humano puede considerar todas aquellas cualidades y aptitudes que en un momento determinado no solo sean susceptibles de generar rendimientos, sino incluso de disminuir ciertos costes a su propietario[15].

Para hacerse una idea aproximada del concepto del capital humano que se desarrollará en el presente trabajo, hay que tener en cuenta que el capital humano es un bien inmaterial, incorporado en la propia persona y susceptible de explotación y disfrute. El capital humano es en ese sentido, tanto una característica, como el conjunto de éstas.

II. El Planteamiento del Capital Humano de Gary S. Becker y la Distribución de las Retribuciones

Existe indudablemente cuantiosa bibliografía acerca del capital humano, sin embargo, probablemente la referencia más adecuada para esta investigación sea la proveniente de Gary S. Becker; profesor de la Universidad de Chicago, condecorado con el Premio Nobel de Economía en el año 1992, y adicionalmente, precursor del Análisis Económico de la Familia, y referente obligatorio en este campo por su obra "*A Treatise on a Family*" (1981).

Gary S. Becker dedicó muchos años a la investigación del Capital Humano. Fruto de dicha investigación escribió en 1964, "*Human Capital*", obra cuyo planteamiento servirá de base a esta primera parte de nuestro discurso.

---

[15] Podemos proponer a consideración, un ejemplo referido a los casos de libertad de tránsito versus la obtención de visados. Imaginemos que el señor A es un ciudadano británico que quiere viajar al Perú de vacaciones. No tiene estudios universitarios. El señor B es un ciudadano peruano que quiere conocer Londres para escribir su primera novela después de terminar satisfactoriamente su carrera universitaria de literatura. Digamos que para el señor A, fuera de los gastos de transporte y de información básica, no habrá mayores costes a asumir. Por otro lado, el señor B, además de los costes de transporte, e información detallada, tendrá que asumir además los costes de oportunidad derivados del tiempo a invertir en la consecución de un visado. Posiblemente en términos cualitativos el capital humano de B sea más valioso que el de A. No obstante, ciertas características del capital humano pueden disminuir costes para su propietario, y en ese sentido tendrá un valor determinado adicional. Si más tarde, el ciudadano peruano decidiese adquirir la nacionalidad británica e invirtiera en su consecución, luego, si decidiese viajar por el mundo para escribir más novelas rentabilizaría su inversión. (Capital físico). Esto en el plano laboral también es palpable. La diferencia en las retribuciones entre extranjeros en situación irregular y nacionales en un determinado país, está dada en gran medida por la necesidad del empleador en rentabilizar (o internalizar) los costes y riesgos de contratación de extranjeros.

El planteamiento de Becker en "*Human Capital*" parte de una premisa básica, y es que, la característica fundamental del capital humano, que le diferencia de otros tipos de capital, es que, por definición, está incorporado a la persona que invierte[16]. Con ello, dicho autor ofrece una explicación, que no solo es consistente con el análisis económico, sino que de hecho, se basa en uno de sus principios fundamentales: *la cantidad invertida es función del rendimiento esperado*[17].

Sin perjuicio de ello, lo interesante del análisis que pretendemos realizar para lo que concierne a la compensación por desequilibrio sucedidas a raíz de las crisis matrimoniales, es que no se limita, a la distribución del capital humano y a sus rendimientos; sino que también considera la distribución subyacente de oportunidades y aptitudes[18]. Ello significa ubicar en un contexto determinado las decisiones de los agentes. En principio, y como iremos viendo, la decisión de invertir o no invertir en capital humano forma parte de una estrategia tendente a maximizar rendimientos o aminorar costes.

La distribución de oportunidades y aptitudes está fundada, en las distintas opciones y alternativas personales y colectivas, así como sus decisiones estratégicas; en función de los rendimientos esperados por las respectivas inversiones en capital humano. El resultado de estas proyecciones dará lugar a la distribución de las retribuciones.

Así, otra de las peculiaridades del análisis de BECKER, es que desarrolla una teoría básica que determina cuánto invierte en capital humano un individuo «representativo»; muestra la relación que existe entre retribuciones, inversiones y rendimientos [...] y en qué manera la distribución de las retribuciones y de las inversiones es función de la distribución de las aptitudes, los gustos, las subvenciones y

---

[16] BECKER, Gary S. *El Capital Humano*. Alianza Editorial. Madrid, 1983. Pág. 101. Esta es la razón fundamental de que los beneficios marginales disminuyan al acumular capital adicional. Una implicación obvia de que el capital humano está incorporado al inversor es que como la capacidad de memoria, el tamaño físico, etc., de cada inversor son limitados, la producción de capital adicional dará lugar, antes o después, a rendimientos decrecientes. Por lo tanto, los costes marginales de producir una unidad monetaria de rendimiento aumentan. Ob. Cit. Pág. 114. (Relacionar con situación de equilibrio).

[17] BECKER, Gary S. (1983). Págs. 101-102.

[18] Ibíd. Pág. 16.

la riqueza, así como de otras variables[19]. Dicho de otra forma, nos muestra los fundamentos por los cuales los rendimientos resultan ser subjetivos.

Este principio, conjuntamente con el efecto del capital humano sobre las retribuciones, puede explicar algunas propiedades bien conocidas de la distribución de las retribuciones. Por definición, la distribución de las retribuciones sería exactamente la misma que la de las aptitudes si todos invirtieran la misma cantidad en capital humano; concretamente, si la aptitud tuviese una distribución simétrica también la tendrían las retribuciones[20].

No obstante, hay que considerar que las inversiones en capital humano se harán también en consideración a la asignación de tiempo a determinadas actividades. Dicha inversión se dará en función de las retribuciones y rendimientos esperados.

En tal sentido, Becker muestra una distinción entre dos planteamientos respecto de la distribución de las retribuciones. Ambos resultan antagónicos y fruto de puntos de vista disímiles, sin embargo, cada quien puede aplicar cualquiera en adelante, a la configuración del derecho a la compensación por desequilibrio establecido en el artículo 97º del Código civil. Uno es el planteamiento "*egalitario*" y otro el "*igualitarista*".

En estos planteamientos, si los miramos con atención, encontraremos una relación estrecha con la idea de igualdad, las estrategias familiares y *a posteriori* con la aparición de un eventual desequilibrio, asimilable al producido como consecuencia de las crisis matrimoniales.

En este sentido, la idea de igualdad puede corresponderse con los conceptos de equilibrio y desequilibrio; en tanto la posición final (de desequilibrio tras la situación de crisis) en gran medida obedece al resultado de la estrategia de inversión en capital humano desde la posición inicial (de matrimonio o inicio de convivencia) y que asimismo determina la distribución de las retribuciones, a corregirse en todo caso; por vía de la compensación por desequilibrio.

---

[19] Ibíd. Pág. 111.

[20] BECKER, Gary S. (1983) Págs. 101-102.

El planteamiento «*egalitario*» parte de la suposición de que las condiciones de demanda son idénticas para todos y que la desigualdad sólo se puede deber a las diferencias entre las condiciones de la oferta. Puede pues, considerarse como una aproximación al planteamiento «*egalitario*» de las distribuciones de las inversiones en capital humano y de las retribuciones, que *todo el mundo tiene aproximadamente la misma capacidad para beneficiarse de la inversión en capital humano*: *la inversión y las retribuciones difieren debido a diferencias del medio ambiente, del azar, la riqueza familiar, subvenciones, etc., que proporcionan a unos más que a otros, la oportunidad de invertir*. La eliminación de esas diferencias ambientales implicaría eliminar las diferencias de oportunidades y así eliminar las importantes diferencias que existen entre retribuciones e inversiones[21].

El planteamiento «*elitista*», por su parte, en el otro extremo del espectro se encuentra en el supuesto de que las condiciones de la oferta son idénticas y que sólo varían las condiciones de la demanda. Este planteamiento de las distribuciones de la inversión en capital humano y de las retribuciones, supone que *todo el mundo tiene más o menos las mismas oportunidades reales*. *Las inversiones y retribuciones reales diferirían principalmente en función de las diferencias de capacidad para beneficiarse de la inversión en capital humano*: algunos individuos desde este punto de vista, son más aptos y constituyen una élite[22]. [...]Es lógico afirmar en base a este supuesto, que los que producen más capital humano con un gasto dado tienen más capacidad o «aptitud»[23].

Sea cual sea el planteamiento aplicable, el resultado es común. Es decir, aparentemente y en principio, legalmente es irrelevante desde la perspectiva de cuál de

---

[21] Adam Smith adoptó este punto de vista en su *Riqueza de las Naciones* al afirmar que la diferencia entre los caracteres menos similares entre un filósofo y un vulgar mozo callejero, por ejemplo, no se debe tanto a la naturaleza como al hábito, la costumbre y la educación. David Hume había afirmado también: «considérese cómo son prácticamente idénticos todos los hombres en cuanto a su fortaleza física, e incluso en su capacidad y facultades mentales antes de ser cultivados mediante la educación. BECKER, Gary S. (1983) Pág. 122.

[22] Al margen de consideraciones acerca del planteamiento en sí mismo, si resulta interesante observar que a nivel íntimo o privado, las familias en ocasiones suelen invertir más en ciertos miembros que en otros. Realizan inversiones selectivas y discriminadas en función de las aptitudes de sus miembros. Probablemente, esta segunda teoría sea la base del comportamiento familiar por defecto. No obstante, resaltamos que es una conjetura.

[23] BECKER, Gary S. (1983) Págs. 125-126.

dichos planteamientos se produjo el desequilibrio. El otorgamiento o el reconocimiento del derecho en ese sentido y ampliamente, prescinde de cualquier criterio de culpabilidad[24], así como, en algunos casos de un criterio de falta de diligencia en la procura de una situación "a prueba de crisis".

No obstante, y en ese sentido hemos incorporado tales planteamientos a nuestro análisis, sí creemos que algunos matices de dichas teorías deberías ser observados a efectos de la concesión o extinción de la compensación por desequilibrio. En esencia, se podría prestar atención a los motivos por los cuales existe una desinversión en el caso de un desequilibrio basado en un capital humano insuficiente[25] para procurar una situación independiente que no involucre un empeoramiento drástico. El tema creemos, radica en preguntarse ¿por qué o para qué el potencial acreedor de la compensación invirtió poco o dejó de invertir en su capital humano? En nuestra opinión, indagar en ese sentido las verdaderas motivaciones personales y contextuales, puede ser un referente importante para la determinación de la procedencia y el importe de la compensación.

Si atendemos a ambas teorías podemos extraer elementos de análisis sumamente útiles. No obstante dicho análisis va a resultar siempre, bastante subjetivo. Se trata de sopesar en qué medida la oferta o la demanda de oportunidades han sido el precedente del desequilibrio. Así, en el primer caso, el del planteamiento "*egalitario*"; si consideramos a las condiciones del medio ambiente como mala fortuna, o acaso como la incapacidad de beneficiarse de las oportunidades, habría que atender a los hechos y las situaciones. Ello, probablemente nos llevaría a cierta benevolencia en el otorgamiento de la compensación. En el segundo caso, el del planteamiento "*elitista*" si las condiciones son las mismas para ambos, la falta de inversión injustificada puede ser considerada como un justificante para su denegación o acaso, para un ajuste en la temporalidad de la compensación. En este caso, la actitud del potencial acreedor jugaría

---

[24] Así se manifiesta la S.A.P. Núm. 48/1999, Segovia (Sección 2), de 18 febrero, (AC 1999, 3860), al referir: «... *prestación satisfecha normalmente en forma de renta periódica, al margen de toda culpabilidad, dirigida fundamentalmente a restablecer el equilibrio entre las condiciones materiales de los esposos, roto con la cesación de la vida matrimonial...*». Sin perjuicio de ello, cabría preguntarse si al hablar de culpabilidad, tendríamos que referirnos a la culpabilidad respecto a la crisis, o por el contrario, respecto al desequilibrio en sí mismo.

[25] Pueden existir otros casos que motiven la concesión de una compensación por desequilibrio.

un papel más importante que las circunstancias externas. El tema finalmente se reduce a observar el ejercicio de la libertad que hayan otorgado las respectivas estrategias personales y familiares.

Ahora bien, y sin perjuicio de los planteamientos sobre la distribución de retribuciones, hay que considerar que, en realidad, los beneficios de la inversión en capital humano no se miden exclusivamente por las retribuciones o los rendimientos, sino por la diferencia entre los rendimientos y los costes de devolución de los préstamos[26].

Esta apreciación resulta desde nuestro punto de vista sumamente interesante, en tanto, involucra la consideración de todos los costes asociados con la devolución o restitución de los préstamos inherentes a la inversión en capital humano. Así, puede establecerse de manera hipotética la calidad de "deudor-acreedor" entre los cónyuges o miembros de la pareja, en tanto las aportaciones o préstamos en capital humano arrojen un saldo positivo o negativo para cada uno de ellos en un contexto de transferencias recíprocas. Ésta probablemente sea una explicación del ánimo compensatorio existente en la institución que nos atañe.

No obstante, aunque pueda tomarse esta perspectiva, en el campo del Derecho de familia una visión tan matemática podría ser inapropiada. En realidad, la solución es a nuestro juicio, mucho más compleja. En el fondo, los préstamos o asignaciones que se producen en el seno de una familia –como veremos más adelante- obedecen a un cúmulo de diversas motivaciones, cuya satisfacción (o sus efectos) en un contexto de incertidumbre, podrían haber compensado o más aún sufragado los costes de los préstamos.

En efecto, es factible asumir que las inversiones realizadas se han ido compensando con una serie de contraprestaciones que pueden ser tanto de índole material como espiritual. Incluso siguiendo esta lógica, en presencia de riesgos, como

---

[26] BECKER, Gary S. (1983) Pág. 137.

señala SCHULTZ[27], existe la creencia de que las pérdidas que son consecuencia de los riesgos no asegurables, son compensadas por las ganancias que se obtienen por soportar dichos riesgos.

Sea como sea, es decir, ante la existencia de un derecho de crédito por diferencias, como ante la auto-compensación de todas las inversiones mutuas, en el campo del Derecho de familia, la observación minuciosa de cada situación particular, es en gran medida, la piedra de toque que inclina la balanza por una u otra postura.

III. Las vías de capitalización: LA ESPECIALIZACIÓN

Como señalamos con anterioridad, la especialización, desde nuestro punto de vista, no es más que una vía, cauce o alternativa de inversión en capital humano, en un contexto en el cual, la pluralidad exige por motivos de eficiencia, la distribución del trabajo.

La especialización está relacionada directamente con la asignación de tiempo a un oficio, una profesión o un trabajo u ocupación determinados, y no es otra cosa que la *sucesiva y acumulativa*[28] inversión en capital humano; así, algunas inversiones, como es el caso de la formación y el aprendizaje en el propio puesto de trabajo aumentan, sobre todo, la productividad del tiempo asignado al mercado; otras inversiones, como las realizadas en la crianza y educación de los hijos, artes culinarias y decoración aumentan principalmente la productividad del tiempo asignado al hogar[29].

[27] SCHULTZ, Theodore W. *Restablecimiento del equilibrio económico. Los recursos humanos en una economía en proceso de modernización.* Gedisa Editorial, Barcelona, 1992. Pág. 70.

[28] Entendemos: *progresiva.* El subrayado es nuestro.

[29] BECKER, Gary S. (1983) Pág. 27.

Dentro de cada supuesto personal, allí donde las personas tengan libertad de elegir, luchan por adquirir capacidades que les darán la utilidad óptima que esperan obtener de futuras ganancias limitadas por los recursos a su disposición[30].

Sucede así y consecuentemente, que los incentivos para la especialización, el comercio y la producción, compatibles con la ventaja comparativa[31] a través de la inversión, surgen de retribuciones crecientes de la utilización del capital humano. En este sentido, es importante considerar y añadir, que al margen de la especialización productiva, también hay especialización en las capacidades empresariales[32].

Cabe resaltar así, el sentido que hemos de dar a la "*capacidad empresarial*". La capacidad empresarial no es exclusiva de las actividades mercantiles en absoluto, se trata de una *aptitud* determinada de cualquier persona o agente económico.

SCHULTZ señala acertadamente que cualquier adulto que sea un agente económico activo, sin importar lo especializado de su trabajo, tiene varias capacidades que no son específicas de su trabajo especializado. Un farmacéutico calificado en farmacología ha adquirido la experiencia y las credenciales para manejar una farmacia. Quizá gane una retribución que compense la inversión en sus capacidades especializadas y en el capital físico de su farmacia mientras lleva a cabo las actividades que desarrollan los farmacéuticos en forma rutinaria y repetitiva. Pero cuando su medio económico cambia, su respuesta es igual a la de un empresario[33].

Es interesante anotar en ese sentido, que podemos considerar desde tal punto de vista, en cuanto a los desequilibrios económicos, a todos los agentes como empresarios y considerar en este contexto, como refiere SCHULTZ[34], que las ganancias esperadas de

---

[30] SCHULTZ, Theodore W. *Restablecimiento del equilibrio económico. Los recursos humanos en una economía en proceso de modernización.* Gedisa Editorial, Barcelona, 1992. Pág. 105.

[31] La teoría de la ventaja comparativa implica que los recursos de los miembros deberían asignarse a las diferentes actividades de acuerdo con sus niveles comparativos, o relativos, de eficiencia.

[32] SCHULTZ, Theodore W. (1992). Ob. Cit. Pág. 105.

[33] Loc. Cit.

[34] Ibíd. Pág. 41.

un empresario por el tiempo que dedica a las tareas empresariales está destinado a no ser menor que el valor de las ganancias alternativas del capital humano que pierde.

Con todo, esto resulta igualmente aplicable a la especialización fruto de la distribución del trabajo, en el seno de la familia. Ante un desequilibrio, esto es, ante el cambio de una determinada condición económica, la respuesta (y la estrategia del agente) fruto de su actividad empresarial generarán una conducta determinada que lo colocará en una determinada actitud o posición. Dicho resultado, como veremos más adelante, puede darse a efectos del otorgamiento, limitación temporal o extinción de la compensación por desequilibrio, tomada en cuenta o como indicio sobre las circunstancias personales de cada uno de los cónyuges o miembros de la pareja.

IV. La relación estratégica "tiempo-especialización" en la familia: La Distribución del Trabajo

Como sostuvimos en el apartado precedente, la especialización, se configuraba como un cauce de inversión en capital humano, en un contexto en el cual, la pluralidad exige por motivos de eficiencia, la distribución del trabajo. En ese orden de idea, existe una relación fundamental y "estratégica" entre la especialización y la distribución del trabajo. La medida de esta relación radica y se da, en función de la asignación de tiempo en la inversión.

BECKER[35] acertadamente nos dice que las decisiones óptimas sobre la asignación del tiempo en hogares multipersonales deben tomarse teniendo en cuenta las habilidades (aptitudes) de los distintos miembros de la familia y los conflictos entre los incentivos que los afectan (...). La teoría de la ventaja comparativa implica que los recursos de los miembros deberían asignarse a las diferentes actividades de acuerdo con sus niveles comparativos, o relativos, de eficiencia. (...) Las diferencias de capacidad son el resultado de otras experiencias y de otras inversiones en capital humano. (...) Los

[35] BECKER, Gary S. (1987) Pág. 231.

hogares multipersonales tienden a establecer una pronunciada división del trabajo entre sus miembros en la asignación de tiempo y en la acumulación de capital especializado.

Se trata de la administración y distribución del tiempo en favor de los distintos capitales humanos de la familia, a efectos de obtener los rendimientos más eficientes.

En cuanto a la distribución del trabajo y las estrategias involucradas en ella[36], resulta de gran utilidad, a efectos de nuestro planteamiento, considerar el comportamiento individual de los sujetos dentro de la familia de la misma manera que si actuara dentro de una organización[37]. Es necesario y fundamental, considerar además que existe un *proceso de interrelación* de los miembros en un grupo.

Así y en ese sentido, la *Teoría de la Organización* de MARCH y HERBERT[38] establece que respecto al comportamiento del individuo como de la organización en su conjunto hay refuerzos de comportamiento[39]. Así, en el individuo hay un refuerzo a través de la *percepción selectiva* y la *racionalización*[40]. Dentro de la unidad de la organización hay un refuerzo a través del *contenido de la comunicación de grupo* (podríamos suponer en ese sentido que en la familia el contenido puede ser el amor, el altruismo o la reciprocidad, por poner algún ejemplo). Del mismo modo, hay refuerzo a través de la *exposición selectiva a estímulos del medio ambiente*[41] (el mercado laboral podría suponerse parte de este refuerzo).

Esta interrelación o *interdependencia* a la que hacemos referencia a su vez, produce ciertos efectos interesantes; por un lado, la *división del trabajo en la*

---

[36] Tema que veremos en profundidad en el Capítulo III.

[37] En efecto y como veremos más adelante, la familia en muchos sentidos puede equipararse a una organización.

[38] MARCH, James G. y HERBERT, A. Simon; con la colaboración de Harold Guetzkow. *Teoría de la Organización*. Editorial Ariel. Barcelona, 1987. Pág. 168. Más adelante relacionaremos esta idea con el desarrollo teorías de la racionalidad.

[39] Podríamos llamarlos de igual manera, estímulos de conducta.

[40] Ibíd. Pág. 168.

[41] Ibíd. Pág. 169.

organización afecta a la información[42] que los miembros reciben[43]. Consecuentemente a ello, sostenemos que la división del trabajo se convierte en un *proceso* que involucra un problema de distribución eficiente de actividades entre individuos y entre unidades de organización[44], como lo es la familia.

Ahora bien, otro dato interesante en cuanto a la organización familiar, es que la *interdependencia* por sí misma no causa dificultad si el modelo de interdependencia es estable y fijo[45]. El modelo de interdependencia creemos está asimilado en el caso de la familia a las normas de convivencia doméstica (y en ese sentido los niveles de altruismo serán fundamentales).

En efecto, y siguiendo este razonamiento, cuanto mayor es la *repetitividad y predictibilidad de la situación*, mayor será la tolerancia de interdependencia. Y al revés; cuan mayores son los elementos de variación y contingencia, mayor será el peso de las actividades de coordinación[46].

Así se puede llegar a la predicción de que la especialización de proceso se llevará más allá en medios ambientes estables, y que bajo ciertas circunstancias que cambian rápidamente, *la especialización se sacrificará* para asegurar un mayor contenido propio de los programas separados. Una segunda predicción es que las organizaciones, para permitir un mayor grado de especialización de proceso, procurarán medios para aumentar la estabilidad y predictibilidad del medio ambiente[47].

En general, siguiendo esta teoría, y en particular en cuanto a la organización familiar, hay mucha asimetría en la ordenación, de manera que algunos elementos del proceso que no se transforma a menudo en factores estratégicos (los "límites de la

42 De igual manera, trataremos el tema de la información imperfecta en el contexto de las uniones afectivas.

43 Loc Cit.

44 Ibíd. Pág. 174.

45 MARCH, James G. y HERBERT, A. Simon. Ob. Cit. Pág. 175.

46 Ibíd. Pág. 176.

47 Loc. Cit. Esto es, acopio de información.

racionalidad") forman el núcleo estable de la estructura de la organización[48]. (Ver más adelante el Capítulo dedicado a la hipergamia y las estrategias familiares).

En esencia, el tema de la distribución del trabajo, como relación estratégica entre la asignación de tiempo y la especialización, radica en que "en la actividad organizada (como lo es la familia)[49], los individuos ejecutan diferentes tareas y cada uno disfruta de los productos del trabajo de los demás. Los dos problemas fundamentales de la organización en este sentido, son la distribución de las funciones y el reparto de las recompensas"[50].

Llevado esto al campo de la compensación por desequilibrio; sucede, que en términos generales, en un período de normalidad, la distribución de las funciones en la familia es libre, y el reparto de sus recompensas equilibrado en virtud del tácito consentimiento y la recíproca concurrencia de sus miembros.

El problema aparece en casos de crisis matrimonial, *a posteriori*, cuando el potencial de dichas funciones, fuera ya del contexto anterior, adquieren un valor distinto al de la situación anterior al matrimonio, y en ese sentido, el reparto de las recompensas resulta inequitativo ya sea a nivel objetivo o subjetivo. Ésta es la esencia (a nivel parcial)[51] en nuestra opinión, de la compensación por desequilibrio.

V. El concepto y amplitud del Capital Humano dentro de nuestro esquema

Llegados a este punto, y tras el desarrollo de este tema, cabría preguntarse: ¿por qué hemos incidido de una manera tan acusada en el capital humano?; a lo que de manera preliminar y en esencia, podríamos responder, que en la medida que el capital

[48] Ibíd. Pág. 188.

[49] El subrayado es nuestro.

[50] KNIGHT, Frank H. *Riesgo, incertidumbre y beneficio*. Ed. M. Aguilar. Madrid, 1947. Pág. 51.

[51] Fuera del reparto de funciones hay que considerar las transferencias y aportaciones.

humano aumenta el valor del tiempo humano [...], las capacidades adquiridas de individuos y familias, que son formas de capital humano, aumentan la capacidad empresarial de restablecer el equilibrio[52].

Si atendemos al capital humano con ocasión al potencial otorgamiento de una compensación por desequilibrio, estaremos en condiciones de valorar, tanto las *situaciones personales iniciales* (de entrada en la comunidad de vida), así como las *situaciones personales finales* (de salida de la comunidad de vida). Con ello creemos, se puede hacer un tanteo. Asimismo, podremos valorar cuáles han sido los costes de oportunidad en los que se ha incurrido, y si tales costes han tenido como destinatario a un capital humano distinto del que asumió dichos costes. Igualmente, al valorar el capital humano es posible valorar también, el potencial de restablecimiento personal del equilibrio, lo que puede de una manera u otra, modular el propio derecho de compensación por desequilibrio.

El capital humano en ese sentido, ostenta una gran importancia no sólo en el Derecho de familia, sino más aún en la distribución de los recursos en la familia. Ello, porque el concepto de capital humano, como refiere SCHULTZ, considera los ingresos que se dejan de realizar durante el período educativo como parte del coste de adquisición de este capital y conduce a la *teoría de la distribución del tiempo, de la función de producción doméstica*, y a *modelos para analizar los efectos sobre los precios e ingresos del valor del tiempo que las mujeres dedican a las actividades domésticas, incluyendo en ellas la producción y crianza de/ los niños*[53].

En efecto, en la medida que las circunstancias establecidas en el artículo 97° del Código Civil consideran tópicos tales como la edad y el estado de salud, la cualificación profesional y las probabilidades de acceso a un empleo, la colaboración a través de trabajo en las actividades mercantiles, industriales o profesionales del otro cónyuge, se está haciendo una referencia indirecta al capital humano, o incluso, en cuanto a la dedicación pasada y futura a la familia, al tema de la asignación de tiempo que

---

[52] SCHULTZ, Theodore W. (1992). Pág. 84.

[53] SCHULTZ, Theodore W. *Invirtiendo en la gente. La cualificación personal como motor económico.* Editorial Ariel. Barcelona, 1985. Págs. 62-63.

involucra entre otras cosas, un coste de oportunidad en perjuicio de la inversión en capital humano propio.

Existe una amplia variedad de estudios empíricos en el campo de la economía acerca toda una serie de consideraciones sobre este tema. En lo que respecta a los factores determinantes del precio del tiempo humano, actualmente se sabe bastante sobre los que determinan la oferta, pero el conocimiento de los que determinan la demanda sigue siendo fragmentario. La medición de los cambios reales en el valor del tiempo sólo ha recibido muy escasa atención[54]. Como pone de manifiesto SCHULTZ[55], no contamos con ninguna teoría que explique la distribución del tiempo de las mujeres para tener hijos, realizar las tareas del hogar (incluyendo la crianza de los hijos) y trabajar en el mercado laboral a medida que cambian las condiciones económicas.

El tema concerniente al capital humano en suma, es básicamente un tema que compete a las inversiones en material humano y en conocimiento. Una inversión implica que se comprometen recursos para la adquisición de ingresos y satisfacciones futuras. [...]. Toda la gente se ve limitada por la escasez de recursos. Las cosas que quieren no son gratuitas; por ende optan por usar los recursos de que disponen de la manera que mejor satisfaga sus preferencias[56]. Un elemento primordial en ese sentido, radica en la aplicación de estrategias (estrategias familiares), tema que veremos en el Capítulo III.

Ahora bien y para concluir; a efectos de conseguir una exposición coherente con vista a posteriores ideas dentro de nuestro esquema, hemos de considerar que si por un lado el ser humano es un *sujeto* de derecho, su capital humano ha de ser calificado como un *objeto* de derecho.

En ese orden de ideas, la existencia de *protección institucional* para los *sujetos de derecho* requiere *objetos de derecho* sobre los cuales recaerá la acción tuitiva. Dicha

---

[54] SCHULTZ, Theodore, W. (1985). Págs. 62-63.

[55] Ibíd. Pág. 193.

[56] Ibíd. Pág. 135.

protección institucional se materializa mediante la incorporación de determinados derechos personales o reales. En nuestra opinión, *el capital humano constituye un objeto de derecho de titularidad del sujeto de derecho en el cual se halla incorporado*[57].

Vistas así las cosas, aparentemente surge una difusa frontera en cuanto a la naturaleza *personal* o *real* del derecho proveniente de la protección institucional del capital humano: *la compensación por desequilibrio*. No obstante, entendemos que no existe conflicto alguno en ese sentido, más aún, sostenemos que ambas naturalezas constituyen una unidad plenamente coherente. Una discusión acerca de la naturaleza personal o real del derecho de compensación por desequilibrio, a estas alturas creemos no tiene sentido, por cuanto entre otras cosas, se dilucidará en el último capítulo de este trabajo. Sin embargo, podemos anticipar que nuestra posición respecto al tema se distancia diametralmente de una concepción dualista de los derechos (en el sentido de la distinción entre derechos personales y reales), y más bien, acude a una concepción de índole monista personalista.

Dicho esto, y retomando la dirección de nuestro discurso, en cuanto al capital humano en sí mismo y sus implicaciones, es importante considerar que a nivel socioeconómico general, los efectos a través de los precios y de la renta de los incrementos en el valor del tiempo humano incluyen la ampliación de la protección institucional. Dicha protección institucional, como bien señala SCHULTZ[58], favorece al capital humano en relación con los derechos de propiedad (aquí la confluencia que más adelante desarrollaremos: los derechos personales, al fin y al cabo, redundan desde determinado punto de vista, en los "derechos reales"). Los incrementos en el valor añadido por la mano de obra, en relación con el añadido por los materiales en la producción, o una reducción en las horas de trabajo en el campo laboral, por ejemplo; o una reducción en la fertilidad, y la rapidez con que se incrementa el capital humano, son una prueba palpable de ello.

---

[57] El subrayado es nuestro.

[58] SCHULTZ, Theodore, W. (1985). Pág. 75.

El agente humano se convierte cada vez más en capitalista en virtud de su capital humano personal, y busca apoyo político para la protección del valor de tal capital. El aumento del valor del tiempo humano plantea nuevas exigencias a las instituciones. Algunas instituciones políticas y jurídicas –como es el caso de la compensación por desequilibrio-[59] están especialmente sometidas a tales exigencias. Lo que se observa, es que dichas instituciones reaccionan de múltiples maneras. Se amplían los derechos –"sociales"[60]- (...), y en el proceso se recortan parcialmente los derechos de propiedad[61].

Éste es un poco el sentido, de nuestro posterior tratamiento –en particular, el del capítulo final-; en tal sentido, debemos partir de la idea de que el derecho de compensación por desequilibrio puede interpretarse como un medio de protección institucional sobre el capital humano y el valor del tiempo que cada sujeto atribuye a la *producción social*[62].

---

[59] El subrayado es nuestro.

[60] Nosotros añadimos dicho matiz "social". En otros ámbitos este hecho puede comprobarse si pensamos como pone de manifiesto SCHULTZ (1985), en el favorecimiento de los derechos de los arrendatarios, o la cada vez mayor, protección de la antigüedad y seguridad laboral. Pág. 75.

[61] SCHULTZ, Theodore, W. (1985). Pág. 75.

[62] Este concepto por su parte, de igual manera ha de asimilarse con el desarrollo que haremos en el capítulo final de la tesis expuesta por León Dugüit.

CAPÍTULO II

EL ALTRUISMO

I. Concepción y definiciones

II. Una breve historia académica del altruismo

   i. Mandeville, fábulas y abejas
   ii. *La Teoría de los Sentimientos Morales* y el germen espiritual de una "mano invisible"
   iii. Darwin y el problema de la colmena
   iv. «Jugando» con la economía se pueden hacer Leyes o cuando el Derecho se convierte en un «Dilema»

III. Una historia paralela: Egoísmo y altruismo. Una teoría acerca de dos íntimos enemigos: racionalidad y misticismo

   i. La influencia cristiana en la tradición jurídica occidental en torno al actual concepto de altruismo. La buena fe, la misericordia y el sacrificio.
   ii. El egoísmo desde el prisma del objetivismo de Ayn Rand.
   iii. La extrapolación de estos conceptos al Derecho. El pensamiento de Rudolf Von Ihering.

IV. El altruismo *per se*: una mirada dentro y fuera de casa

   i. Las relaciones y las transmisiones patrimoniales. Los actos y las motivaciones
      a)"El Dar"
      b) El altruismo como fenómeno de motivación
      c)La reciprocidad como proceso de motivación
   ii. El Altruismo en la familia
   iii. El Altruismo, el Derecho y la Justicia.
      a) El altruismo como base y fuente del Derecho intuitivo y espontáneo
      b) El altruismo desde la perspectiva de las teorías de ética social o Justicia
      c) Altruismo y Equidad: Roles domésticos y sociales
      d) ¿Altruismo jurídico en la pareja?: ¿solidaridad conyugal o a*ffectio maritalis*?
   iv. El Derecho de Familia, el Derecho de la Familia y el Derecho en la Familia

CAPÍTULO II

EL ALTRUISMO

«No amamos a la gente tanto por el bien que nos ha hecho,
sino por el bien que les hemos hecho»

León Tolstoi (1869)

«Todos los altruismos fecundos de la naturaleza se desarrollan de una forma egoísta.
El altruismo humano que no es egoísta es estéril»

Marcel Proust 1871-1922

«Comienza a manifestarse la madurez cuando sentimos
que nuestra preocupación es mayor por los demás que por nosotros mismos»

Albert Einstein. 1879-1955

El desarrollo del altruismo en una investigación dedicada a la compensación por desequilibrio entendemos, puede resultar cuando menos, llamativo o extraño. Somos conscientes de este hecho, y más aún, de las dificultades que implican incorporarlo en un tratamiento jurídico. No obstante, su incorporación tiene una razón específica, que apunta a algunas de las que entendemos, serán algunas de nuestras conclusiones más relevantes.

Se trata de la consideración del altruismo como el marco normativo u orden jurídico espontáneo (Derecho *intuitivo*), imperante en las relaciones patrimoniales de los miembros de una familia, en particular, de los cónyuges al interior de una comunidad de vida. Este particular y peculiar marco normativo tal como sostendremos, a la aparición de una crisis matrimonial colisiona con un conjunto de normas sociales (el Derecho en sentido estricto), que si bien es cierto provienen de una ampliación social del mismo altruismo por vía de procesos de reciprocidad, y de universalización de acuerdos sociales; cuenta con distintos parámetros de justicia como lo es la existencia de la equidad, esta última, como también sostendremos, en ocasiones inexistente, en *contextos* específicos de Derecho *intuitivo*, como el que manifiesta la familia.

En suma, entendemos que en alguna medida, se trata de ideas que a primera impresión suenan a rareza. Esta es la razón por la que tengamos en lo sucesivo, que dar cuenta de forma pormenorizada, y en ocasiones bastante amplia, y desde perspectivas multidisciplinares, una concepción del altruismo como fenómeno natural y a la postre, como instrumento de cooperación social e interrelación patrimonial, de la mano, de forma recurrente, de datos históricos acerca del pensamiento y las filosofías que han acompañado su idea.

I. Concepción y definiciones

Establecer una concepción global y completa del altruismo es quizá, una de las tareas más complicadas de este trabajo. De igual manera lo es, como veremos, el pretender contar con una única y preponderante definición. Como bien sentenciaba Friedrich Nietzsche; "*nada que tenga historia puede definirse*" y esto en gran medida puede servir como explicación de la ambigüedad que involucra el altruismo.

En efecto, la definición o el sentido actual del altruismo se erige en sus orígenes sobre un proceso filosófico con alto contenido moral, que a la postre, diversas disciplinas alimentan desde sus particulares laboratorios con vistas a incorporarlas a su dominio. Éste es el caso entre otros de ciencias como la biología (en particular, la etología), la psicología, la sociología o la economía. El altruismo en consecuencia, como veremos, ya sea por vía lingüística o normativa, biológica, psicológica, económica o filosófica ostenta una variedad considerable de significados, no todos equivalentes, sin embargo hasta cierto punto, complementarios.

El término altruismo tal como lo conocemos hoy en día, fue acuñado en el siglo XIX por el filósofo francés Auguste Comte, quien a través del vocablo francés *altruisme*, (sobre la base de la raíz latina *alter*), establece un nuevo término que encaje en su filosofía, en marcada oposición al concepto de egoísmo y a la vertiente individualista.

En esencia, el "espíritu positivo" de COMTE busca una justificación filosófica para la reorganización de la sociedad, poner fin al individualismo y la "antigua" moral individual (a la que repudia formalmente) y mostrar una "nueva" doctrina social común conducente al colectivismo. Discípulo y secretario de Saint-Simon (fundador del socialismo), COMTE asume mediante una ácida crítica al misticismo religioso y la función sacerdotal, que las doctrinas sobre la caridad y la benevolencia son insuficientes e individualistas, por lo que urge de un término equivalente a nivel secular. En realidad, la teoría de COMTE significa en nuestra opinión, una secularización del pensamiento cristiano mediante un supuesto fundamento racional ateo. No obstante, hereda en su formulación todos los componentes existentes en la doctrina cristiana. Dicho en otras palabras, permuta de manera irascible a Dios por la Humanidad, la que inclusive llama el "Gran Ser". No olvidemos, que COMTE escribe en 1849 su *Catecismo Positivista* y entre 1851 y 1854 cuatro volúmenes de su *Sistema de política positiva instituyendo la Religión de la Humanidad*.

Su filosofía puede quedar patente en este extracto del *Discurso sobre el espíritu positivo*:

> 1° *El antiguo régimen moral es individual*[63]
>
> 55.- Una apreciación más íntima y extensa, a la vez práctica y teórica, representa el espíritu positivo como el único susceptible, por su naturaleza, de desarrollar directamente el sentimiento social, primera base necesaria de toda moral sana. (...) Esta necesidad es reconocida ahora, al menos empíricamente, en cuanto al espíritu metafísico propiamente dicho, que nunca ha podido concluir, en moral en ninguna otra teoría efectiva que el desastroso sistema del egoísmo, tan en boga hoy, a pesar de muchas declamaciones contrarias; incluso las sectas ontológicas que han protestado seriamente contra semejante aberración no la han sustituido al fin más que por nociones vagas o incoherentes, incapaces de eficacia práctica. (...) Una tendencia tan deplorable (...) Sus fórmulas ordinarias no hacen más que traducir ingenuamente su espíritu fundamental; para cada uno de sus adeptos, el pensamiento dominante es constantemente el del yo; todas las demás existencias, sean cualesquiera, incluso humanas, se envuelven confusamente en una sola concepción negativa, y su vago conjunto constituye el no-yo; la noción del nosotros no podía encontrar aquí ningún lugar directo y distinto. (...) En efecto, ese carácter de personalidad constante pertenece, sobre todo, con una energía más directa, al pensamiento teológico (...) Los sentimientos benévolos y desinteresados, que son propios de la naturaleza humana, han debido sin duda, manifestarse a través de un régimen semejante, e incluso, en algunos aspectos, bajo su impulso directo; pero aunque su desarrollo no haya podido así ser sofocado, su carácter ha tenido que recibir con ello una grave alteración que probablemente no nos permite conocer todavía plenamente su naturaleza y su intensidad, por

[63] COMTE, Auguste. *Discurso sobre el espíritu positivo*. Alianza Editorial, Madrid, 1988. Pág. 92.

> falta de un ejercicio propio y directo. (...) sigue siendo indiscutible que el pensamiento teológico es, por su naturaleza, esencialmente individual, y nunca directamente colectivo.
>
> 2° *El espíritu positivo es directamente social*[64]
>
> 56.- Para él (el espíritu positivo), el hombre propiamente dicho no existe, no puede existir más que la Humanidad, puesto que todo su desarrollo se debe a la sociedad desde cualquier punto de vista que se le mire. (...) El conjunto de la nueva filosofía tenderá siempre a hacer resaltar, tanto en la vida activa como en la vida especulativa, el vínculo de cada uno con todos, en una multitud de aspectos diversos, de manera que se haga involuntariamente familiar el sentimiento íntimo de la solidaridad social, extendida convenientemente a todos los tiempos y todos los lugares. No sólo la búsqueda activa del bien público se representará sin cesar como el modo más propio para asegurar comúnmente la felicidad privada, sino que por un influjo a un tiempo más directo y más puro, al fin más eficaz, el ejercicio más completo posible de las inclinaciones generosas llegará a ser la principal fuente de la felicidad personal, incluso aunque no hubiera de procurar excepcionalmente otra recompensa que una inevitable satisfacción interior. Pues si, como no podría dudarse, la *felicidad* resulta, sobre todo, de una acertada actividad debe depender principalmente, por tanto, de los instintos simpáticos, aunque nuestra organización no les conceda de ordinario una energía preponderante; puesto que los sentimientos benévolos son los únicos que pueden desarrollarse libremente en el estado social que naturalmente los estimula cada vez más, al abrirles un campo indefinido, mientras que exige, con absoluta necesidad, una cierta represión permanente de los diversos impulsos personales, cuyo despliegue espontáneo suscitaría conflictos continuos.

Pues bien, ya sea por vía de la tradición cristiana o por la doctrina positiva de COMTE hemos heredado un concepto acerca del altruismo con contenido moral, en el cual el fundamento de la acción altruista se traduce en una motivación de desprendimiento, aunque desde nuestro punto de vista, antinatural y sin libertad, es decir, coactiva. Se plantea como un deber ser antes que como una característica o fenómeno natural.

Fuera de estas consideraciones, a nivel formal o normativo, hemos heredado una definición del altruismo bastante abierta, que prescinde de calificaciones morales, no así en cuanto al concepto de egoísmo. Siguen siendo ambos a nivel semántico sin embargo, antónimos.

El Diccionario de la Real Academia de la Lengua Española[65], define el altruismo, como *"la diligencia en procurar el bien ajeno aun a costa del propio"*.

---

[64] COMTE, Auguste. Ob. Cit. Pág. 94

Como vemos, ésta definición formal no hace referencia a contenido moral alguno, o a un juicio de valor. Se trata de una idea de acción de sacrificio llana, sin ningún contenido motivacional.

La definición que se otorga en cambio al egoísmo es el de "*inmoderado y excesivo amor a sí mismo, que hace atender desmedidamente al propio interés, sin cuidarse del de los demás*". Aquí por el contrario, salta a la vista la existencia de un juicio de valor propio en tres adjetivos (inmoderado, excesivo y desmedido) que dan una idea de exageración en la calificación del concepto[66].

Ahora bien, aunque como vimos, el término altruismo propiamente dicho no aparece sino hasta mediados del siglo XIX con un marcado contenido moral filosófico de orientación (un deber ser); como fenómeno natural, o al menos su idea, es bastante anterior. Como veremos, ya desde principios del siglo XVIII se comienza a forjar una idea acerca de lo que hoy por hoy entendemos por altruismo. Desde entonces y a través de los años distintas disciplinas han reivindicado el término altruismo a efectos de darle un contenido determinado. En esencia, el concepto del altruismo se ha forjado mediante un proceso histórico de definición interdisciplinar.

Con todo ello, y así, los conceptos de egoísmo y altruismo –en cada disciplina- conciernen a los motivos que tienen las personas para actuar de una manera determinada. El acto de ayudar a otros no se considera altruista (en términos psicológicos por ejemplo), a menos que el actor piense en el bienestar de los demás como un objetivo remoto. Por contraste, los conceptos evolutivos (referidos a conductas egoístas y altruistas en el sentido que se le puede otorgar en la biología) conciernen a los efectos del comportamiento sobre la supervivencia y la reproducción[67], e incluso algunas disciplinas como la economía suelen utilizar combinaciones de diversas motivaciones, tales como las anteriormente descritas.

---

[65] www.rae.es.22ª Edición.

[66] Es curioso observar que en diccionarios con tradición individualista y liberal no existe contenido moral sobre el egoísmo.

[67] SOBER, Elliott, WILSON, David S. *El comportamiento altruista. Evolución y psicología*. Siglo XXI. Madrid, 2000. Pág. XVII.

Una definición bastante estandarizada, es la que utiliza la economía. Según cualquier manual básico de economía; el altruismo se define como "*una variable positiva en el rendimiento del bienestar de una persona, en función al bienestar de otra*". En este sentido el "sacrificio" no opera como un fin en sí mismo, sino como un *medio* a través del cual se puede conseguir un fin superior, normalmente, bienestar psicológico.

Esta definición económica del altruismo, si es explorada a profundidad, puede revelar su fundamento tanto en la filosofía como en los resultados de las investigaciones realizadas en el campo de la biología y la genética.

El altruismo pues, como fenómeno ha experimentado una evolución conceptual a través de distintas épocas y disciplinas en función de distintas aplicaciones. En tal sentido creemos pertinente llevar a cabo un acercamiento a lo que significa el proceso histórico de la construcción de su heterogéneo concepto.

II. Una breve historia académica del altruismo

Como se ha puesto de manifiesto con anterioridad; resulta inevitable hablar del altruismo sin pensar o hacer referencia al egoísmo. El hecho de que ambos conceptos estén ubicados en las antípodas, y sean entendidos como antónimos, es en realidad, una muestra de su inseparabilidad y carácter complementario.

Este hecho queda patente en la historia del pensamiento acerca de ambos conceptos. En un principio, a nivel intelectual, la construcción de uno reposa sobre la destrucción del otro; no obstante, más tarde, ambos conceptos confluyen en un contexto en el cual las fronteras existentes entre ellos resultan casi imperceptibles.

En esencia, la transformación que sufren a nivel conceptual tales conceptos, obedecen a un tránsito en la historia del pensamiento. Resumiendo; todo puede reducirse al tránsito desde las "viejas ciencias" hacia las "nuevas". Este tránsito se da, no sólo de forma confluyente, sino paralela. La propia evolución de cada disciplina en cierta medida limita y modela las de otras hasta un punto en el cual, un fenómeno puede tener más de una explicación dentro de un contexto con plena coherencia multidisciplinar. A ésta coherencia multidisciplinar es a la que apuntamos con esta introducción.

Para dar un esquema meridianamente claro acerca de lo que sostenemos, hemos procurado un acercamiento a lo que representa la evolución académica acerca del concepto del altruismo. Para tal cometido, partimos de la existencia de un proceso histórico. Tal proceso histórico, a su vez, lo hemos dividido en cuatro etapas, las mismas que obedecen a la preponderancia de una disciplina determinada, o en algunos casos, el tránsito de una disciplina a otra con un autor de referencia a la cabeza.

Así, tenemos una *Primera Etapa* de contenido filosófico en la cual figura como protagonista Bernard De Mandeville y su obra *La Fábula de las Abejas*. Aunque pueden existir otros antecedentes, desde nuestra perspectiva, MANDEVILLE representa el germen filosófico más acusado de la relación entre el egoísmo y el altruismo en cuanto a correlación que ambos ostentan y sus paradojas inherentes. El concepto de "*afición a sí mismo*" de MANDEVILLE como fenómeno natural, busca explicar la interdependencia paradójica entre el bienestar público (un efecto del altruismo) a través de actos privados que podrían calificarse como egoístas[68].

La *Segunda Etapa* en dicho planteamiento representa el tránsito desde la filosofía hacia la ciencia económica. Esta razón nos hace definirla como filosófica-económica. Adam Smith en ese sentido, es un referente ineludible. A nivel filosófico con *La Teoría de los Sentimientos Morales* y a nivel económico con *Una investigación sobre la causa de la riqueza de las naciones*, SMITH maneja conceptos que logran congregar de manera armoniosa tanto a la idea de egoísmo como la de un primitivo altruismo. Hablamos de primitivo altruismo en tanto como vimos, el propio término no ve la luz sino hasta el siglo XIX, SMITH denomina a este primitivo altruismo; "*self-love*". Más aún, Adam Smith en esta etapa sugiere, lo que en años venideros habría de

[68] MANDEVILLE, Bernard. *La Fábula de las Abejas o los vicios privados hacen la prosperidad pública*. Fondo de Cultura Económica, México, 1982.

confirmarse, y es que el nivel de altruismo tiene una estrecha relación directamente proporcional con el grado de cercanía entre los sujetos.

La *Tercera Etapa* coincide con un planteamiento económico-biológico. Se trata del tránsito desde el pensamiento económico *smithiano* hacia lo que hoy conocemos como biología y más tarde como genética. Aquí y en ese sentido, por un lado se ofrecen ciertos datos que sugieren la influencia de Adam Smith en los trabajos de Charles Darwin y la *Teoría de la Selección Natural*.

Por otro lado, resulta curiosa la insistente preocupación de DARWIN por el comportamiento "altruista" de ciertas especies como la de las abejas. Más tarde, sobre esta base, John Burdon Sanderson Haldane establece lo que hoy se conoce como *Teoría de la Selección por Parentesco*. En dicha teoría entran a tallar elementos tanto de índole evolutiva como económica, en un contexto de emparentamiento.

A partir de aquí, es donde creemos que el concepto científico de altruismo que se estaba gestando, toma fuerza en cuanto al planteamiento de las inversiones en el plano familiar, lo cual representa parte de nuestro gran interés en este tema. En ésta etapa es en la cual, el concepto filosófico del altruismo es "tomado prestado" o adoptado de manera formal por diversas disciplinas a efectos de explicar desde sus respectivas perspectivas, el trasfondo de aquellas conductas que habían deslumbrado DARWIN.

La *Cuarta Etapa*, a la que denominamos psicológica o biológico-económica, muestra el tránsito desde los aportes resultantes de las coincidencias existentes entre la biología y la economía hacia lo que podría entenderse como un planteamiento psicológico del altruismo desde la perspectiva de las motivaciones. En esta etapa, ya de reciente data, entran a tallar la inclusión de análisis de costos-beneficios en el comportamiento, plasmadas en lo que se conoce como Leyes de Hamilton, las cuales tras algunos trabajos en el campo de la informática, traería como consecuencia, el desarrollo de lo que se conoce en la ciencia económica como *El Dilema del Prisionero* sobre la base de modelos de cooperación.

Desde este momento, de madurez científica ya, cada disciplina ha adquirido respecto al altruismo una cierta independencia en cuanto al planteamiento, no obstante y al mismo tiempo, se cuenta ya con una idea de interdependencia multidisciplinar. Por distintos cauces, de manera paralela y confluyente, todas las disciplinas han elaborado sus propias teorías acerca del altruismo y su estrecha relación con el egoísmo.

A nivel filosófico aparecen figuras como Ayn Rand[69], la que desde el objetivismo, se convierte en una defensora del egoísmo en el plano ético, y en marcada oposición a la tradición positivista *comteana*. En el campo de la economía, los trabajos son cuantiosos, desde la aplicación entre otros, del Dilema del Prisionero en la Teoría de los Juegos que implican el uso de la estadística y la econometría; hasta los planteamientos de Gary Stanley Becker en el campo de la familia, donde hacemos especial hincapié. Por su parte, otras disciplinas como la biología o la genética, la antropología, sociología o psicología han desarrollado sendas teorías que desembocaron en teorías como la del *gen egoísta* (Richard Dawkins), *teorías de la cooperación* (Robert Axelrod) o *teorías de la reciprocidad*. (Serge-Christophe Kolm) y trabajos como los de Elliott Sober y David S. Wilson en el campo de la psicología, si se quiere, desde un punto de vista evolutivo. En todos los casos, los planteamientos requieren cierta confluencia de distintas disciplinas.

Esta confluencia multidisciplinar, es la que nos sugiere una investigación exhaustiva acerca del concepto de altruismo, que de permitírsenos, intentaremos hacer incidir en el campo del Derecho. En este sentido, hemos creído pertinente traer a escena y desarrollar, el pensamiento de juristas como Rudolph von Ihering y Friedrich Karl von Savigny, en cuanto a lo que creemos, podría significar el concepto de altruismo en el Derecho, y a la postre en las crisis familiares.

Dicho todo esto, es momento a continuación, de relatar dos historias paralelas. Una, la de la evolución del pensamiento académico, y la otra, aquella que se encuentra escondida tras la razón pura, pero que en cierta medida nutre y alimenta a la primera; el instinto y el misticismo. En resumidas cuentas; aquella que discurre no a través de

[69] El pensamiento de Ayn Rand puede encontrarse tanto de forma filosófica o literaria, entre otras, en sus obras *"La virtud del egoísmo"*, *"El manantial"* o *"La rebelión de Atlas"*

planteamientos intelectuales sino a través de la transmisión *espontánea* de tradición y conocimiento.

i. Mandeville, fábulas y abejas

«El Orgullo y la Vanidad
han construido más Hospitales
que todas las Virtudes juntas»

Bernard De Mandeville, 1729

Probablemente, la primera aproximación filosófica acerca del altruismo y sobre todo, de su contradictoria regla de juego, la podamos encontrar en "*The Fable of the Bees*" de Bernard De Mandeville.

La primera edición inglesa de *La fábula de las abejas o los vicios privados hacen la prosperidad pública* data de 1729. En esta obra, MANDEVILLE, llamado el "archicínico" por sus detractores, sentenciaba a grandes rasgos, que *"lo que hacemos por nuestros amigos y parientes lo hacemos, en parte, por nosotros mismos"*[70].

Con ello, la obra de MANDEVILLE busca demostrar que la verdadera fuente de prosperidad social reposa en consideraciones de índole individualista. Aquí comienza el germen del futuro y largo enfrentamiento filosófico entre egoísmo y altruismo, encabezado como vimos por COMTE.

En efecto, sucede, tal como lo pone de manifiesto MANDEVILLE, que el egoísmo y el altruismo antes de estar disociados, están íntimamente ligados. MANDEVILLE[71] señala así, en el Tercer Diálogo entre Horacio y Cleómenes: "*imagino que para aumentar la preocupación que sienten las criaturas por su propia conservación, la naturaleza les ha dotado de un instinto mediante el cual cada individuo se estima superior a su valor real. (...) Afición a si mismo permíteme que así*

[70] MANDEVILLE, Bernard. *La Fábula de las Abejas o los vicios privados hacen la prosperidad pública.* Fondo de Cultura Económicaa, Mexico, 1982. Pág. 165.

[71] MANDEVILLE, Bernard. Ob. Cit. Pág. 439.

la llame". Complementa además; "*no es improbable que esta gran afición que tienen las criaturas a sí mismas sea el principio sobre el cual se basa se basa el amor a su especie*".

Como se puede observar a través de esta cita, MANDEVILLE establece una relación determinada entre la "afición a uno mismo" y el principio sobre el cual se basa el "amor a la especie", que nos atrevemos a considerar de manera preliminar, una suerte de espíritu altruista. Esta «*afición a sí mismo*» de MANDEVILLE, es desde nuestro punto de vista lo que más adelante, será el concepto manejado por Adam Smith al referirse al «*self-love*» en su *Teoría de los Sentimientos Morales*.

En suma, lo que MANDEVILLE, al referirse a la «*afición a sí mismo*», revela como una característica natural para la propia conservación; es bajo nuestra interpretación; una explicación y justificación de que toda motivación en la conducta humana persigue un fin egoísta. Así, el "*hipotético altruismo*" (éste término como dijimos, aún no existía) no es otra cosa, que una modalidad de conducta en la cual los beneficios personales están subordinados a un beneficio ajeno, pero no dejan de tener una motivación egoísta. Con este planteamiento, en *La Fábula de las Abejas*, MANDEVILLE rescata un modelo de conducta (un fenómeno), a partir del egoísmo, para sostener que a nivel general o social, los *vicios*[72] privados hacen el beneficio público.

Sin perjuicio de lo antes sostenido, en cuanto a MANDEVILLE como primer antecedente, no hemos querido dejar pasar por alto, una cita de VICO, el brillante jurista y filósofo napolitano, que antecediendo a MANDEVILLE, en lo que puede entenderse como una generación, nos vende de igual manera la "*gran paradoja*":

---

[72] Resulta curioso observar que aún en este planteamiento, los actos o conductas basadas en el egoísmo son asimiladas al vicio.

«De la ferocidad, la avaricia y la ambición,
tres vicios que descarrían al ser humano,
las sociedades extraen defensa nacional, comercio y política (...)
Este principio demuestra cómo las pasiones de hombres
absorbidos en la búsqueda de su privada utilidad
se retransforman en un orden civil,
que permite vivir en una sociedad humana»

Giambattista Vico 1668-1744

ii. *La Teoría de los Sentimientos Morales* y el germen espiritual de una "mano invisible"

«Por más egoísta que se pueda suponer al hombre,
existen evidentemente en su naturaleza algunos principios
que le hacen interesarse por la suerte de otros,
y hacen que la felicidad de éstos le resulte necesaria,
aunque se derive de ella nada más que el placer de contemplarla»

Adam Smith, *The Theory of Morals Sentiments*

"No es la benevolencia del carnicero, el cervecero o el panadero
lo que nos procura nuestra cena, sino el cuidado que ponen ellos en su propio beneficio.
No nos dirigimos a su humanidad sino a su propio interés,
y jamás les hablamos de nuestras necesidades sino de sus ventajas".

Adam Smith. *An Inquiriy in the Nature of the Wealth of Nations*

Consecuente al planteamiento de MANDEVILLE, hacemos referencia a una etapa filosófico-económica al ocuparnos de Adam Smith, en tanto éste representa en nuestra opinión, el tránsito entre la filosofía y la economía. Incluso podríamos afirmar como PATTEN, que se trata más bien de un tránsito desde el moralismo hacia la ciencia económica.

En su *Investigación sobre la naturaleza y causas de la riqueza de las naciones* de 1776, SMITH nos ofrece su frase más célebre: *"no es la benevolencia del carnicero, el cervecero o el panadero lo que nos procura nuestra cena, sino el cuidado que ponen ellos en su propio beneficio. No nos dirigimos a su humanidad sino a su propio interés, y jamás les hablamos de nuestras necesidades sino de sus ventajas".*

Ésta es posiblemente la frase precursora del planteamiento económico *smithiano* que conocemos a través de "*La Riqueza de las Naciones*", no obstante dicha cita, interpretamos; es un matiz aplicable a las transacciones de mercado de una teoría más amplia y unitaria, cuyos cimientos están contemplados ya con antelación, a nivel filosófico en *La Teoría de los Sentimientos Morales*.

El año de 1759 Adam Smith escribe "*The Theory of Moral Sentiments*" y con dicha obra, representa una teoría filosófica moral, que creemos, está basada en el desarrollo de lo que a la postre significó el descubrimiento de lo que hemos denominado "*altruismo hipotético*" como mecanismo de conducta en el ser humano.

En nuestra opinión, las ideas de SMITH, son el complemento inmediato de lo sostenido por MANDEVILLE en cuanto a la relación entre el egoísmo y el altruismo; entre los "vicios" privados, y el bienestar público. Sostiene SMITH en su *Teoría de los Sentimientos Morales* que *«por más egoísta que se pueda suponer al hombre, existen evidentemente en su naturaleza algunos principios que le hacen interesarse por la suerte de otros, y hacen que la felicidad de éstos le resulte necesaria, aunque se derive de ella nada más que el placer de contemplarla»*[73]. Esto era, en nuestra opinión, la base de lo que en adelante con una pertinente conjunción del concepto manejado en "*La Riqueza de las Naciones*" sería el altruismo para la ciencia económica, al margen de que dicha cita pertenece a su *Teoría de los Sentimientos Morales*.

Tal como sucede con MANDEVILLE, quien en cierta medida utiliza los vicios para aproximarse a una idea de egoísmo, SMITH era consciente de la complicación que involucraba desarrollar una teoría que, en esencia pudiera traer sospecha de la reivindicación de una figura tan susceptible de ser confundida con el egoísmo. *«No estamos dispuestos a imaginarnos a ninguna persona defendiendo el egoísmo»* nos decía ya alrededor de 1780. Así mismo como indicamos, no existía en aquella época un término que pudiera subsumir la paradoja inherente al egoísmo y el altruismo.

---

[73] SMITH, Adam. *The Theory of Moral Sentiments*. Edited by D.D. Rafael and A.L. Macfie, Clarendom Press. Oxford 1979. Pág. 9.

De esta manera, aparece la denominación *smithiana* de dicho concepto. SMITH, sin atreverse a llamar egoísmo a esta suerte de móvil de afectividad (en cierta medida creemos, porque sabía perfectamente que no se trataba sencillamente de egoísmo); bautiza a dicho fenómeno como "*self-love*". Se trata en suma, desde nuestra perspectiva, de la versión ampliada de SMITH respecto a la "*afición a sí mismo*" descrita por MANDEVILLE.

Desde el punto de vista filosófico, es importante considerar la profunda influencia de HUME[74] en SMITH, lo que permite entender la postura moralista de este "*self-love*" o "*altruismo hipotético*". Filosóficamente hablando, SMITH sostiene que los sentimientos morales están inspirados por este "*self-love*", es decir; "*estos principios inherentes a su naturaleza que le hacen interesarse por otros*". Así mismo, (y esto es una novedad) agrega, que la intensidad de estos sentimientos están ligados íntimamente con la cercanía que tengamos con las personas[75]. Es decir, sienta sin quererlo, las bases de lo que en el futuro se convertirá en la Teoría de Selección por Parentesco de J.B.S. HALDANE, a la que nos referiremos más adelante.

Con todo lo dicho, es muy común que se asocie a la célebre "mano invisible" de SMITH a "*La Riqueza de las Naciones*", no obstante, creemos que el "germen" de dicha mano invisible, reposa en esta visión filosófica expuesta en *La Teoría de los Sentimientos Morales*. Nos referimos a toda aquella marcada carga emocional basada en el "*self-love*"; en tanto SMITH, sostiene que obedece a *principios de orden natural* y la

---

[74] Aunque hay indicios de que la obra de la Escuela de Salamanca pasó desde GROCIO y PUFENDORF hasta HUTCHETSON, quien influyó a SMITH. GRICE–HUTCHINSON, Marjorie. *La escuela de Salamanca. Una interpretación de la teoría monetaria española 1544-1606*. Caja España. Salamanca, 2005. Pág. 137. HUME pensaba que los conceptos del bien y el mal no eran racionales, sino más bien, que nacían de una preocupación por la felicidad propia, así desde su perspectiva, el bien moral estaba basado en la benevolencia; que significaba un interés por el bienestar social que radica en el interés individual.

[75] Él pone un ejemplo base acerca de nuestra actitud, o mejor dicho de la actitud de un occidental frente a una catástrofe en oriente, específicamente en China (Ver SMITH, Adam. Ob. Cit, o el exquisito análisis que sobre esta obra hace COASE en su artículo *Adam Smith´s view of man*); en dicho ejemplo parte por imaginar que dicha nación es azotada por una gran catástrofe natural, en la cual está comprometida la vida y la salud de millones de personas y se hace la siguiente pregunta: ¿Qué pasaría si se nos dice que podríamos salvar a toda esa gente si nos cercenáramos un dedo? ¿sacrificaríamos uno de nuestros dedos en beneficio de millones de personas que viven a miles de kilómetros de nosotros?, el está convencido no del resultado, pero si de la inmediatez de nuestra respuesta; posiblemente pasaríamos noches enteras en vela pensando mientras nos atrevemos a sacrificar uno de nuestros dedos. Por otro lado, se pregunta, ¿qué pasaría si es nuestra madre o un ser cercano, cuya vida depende de nuestra decisión de desprendernos o no de un dedo?, ¿no es cierto acaso que lo cercenaríamos con mayor avidez o acaso sin pensarlo?.

obra de la "*Naturaleza*" (entendida muy subrepticiamente bajo el concepto de Naturaleza o Gran Hacedor del Universo)[76]. Si la "mano invisible" en el campo de las transacciones de mercado desde la palestra de *La Riqueza de las Naciones*, se funda en la interacción de los sujetos; el "germen" o móvil de dicha "mano invisible" (hablamos de la motivación), estimamos, reposa en la consideración de un fenómeno natural a nivel individual, expuesto en *La Teoría de los Sentimientos Morales*: nuestro "*altruismo hipotético*".

iii. Darwin y el problema de la colmena

«Así como Adam Smith fue el último moralista y el primer economista, así también Darwin fue el último economista y primer biólogo»

Simon N. Patten 1852-1922

«Porque también en alguna manera
moderan el amor a sus provechos ciertas especies de vivientes,
ya en orden a sus crías, ya en orden a otros de su especie:
lo cual creemos que procede en ellos
de algún principio inteligente extrínseco,
porque acerca de otros actos,
no menos difíciles que éstos
no manifiestan la misma inteligencia»

Hugo Grotius. *De iure belli ac pacis.* 1625

El origen de las especies fue escrito a finales de la década de 1850. Poco menos de 100 años después de que las obras de SMITH vieran la luz. Según nos cuenta

[76] Ronald Coase, en un brillante artículo llamado *Adam Smith´s View of a Man (*COASE, Ronald. *Adam Smith´s View of Man.* The Journal of Law and Economics Vol. 19(3), October 1976); hace un análisis extensivo sobre la filosofía de Smith e infiere que dada la época en la que vivió Adam Smith, una época de suma influencia y censura eclesiástica, así como de la inexistencia de teorías como las de Darwin o Mendel, acerca del origen de las especies y la selección natural, un hombre no podía concebir este orden natural si no era atribuyendo a Dios, a una "maquinaria natural universal" o a "una mano invisible", ese orden establecido en las tendencias humanas. No obstante esto, desliza una sospecha; Smith en aquel entonces utiliza distintos términos ambiguos que le permiten mediante un uso disimulado de la retórica no atribuir a divinidad alguna el orden existente, así pues COASE sospecha que en aquel entonces, Adam Smith tenía una idea clara, y enmascarándola, estaba marcando las bases de toda una teoría evolutiva natural -HAYEK nos refiere que *"las obras de Smith marcan el comienzo de un enfoque evolucionista que poco a poco fue desplazando la estática visión aristotélica"* – y lo que a la postre significaría a nivel global su término "mano invisible". El *equilibrio* al que pretendemos llegar. (HAYEK, F. A. *La Fatal Arrogancia. Los errores del socialismo.* Pág. 222. Friedrich A. Von Hayek además sostiene o supone la inspiración de Darwin a partir de los trabajos de Smith; *"Darwin se inspiró en la ciencia económica. Por sus notas manuscritas sabemos que estaba precisamente leyendo a Adam Smith cuando, en 1838, estableció las bases de sus propias teorías biológicas"*. HAYEK, F.A. Ob. Cit. Pág. 59).

DUGATKIN, Darwin tuvo un problema surgido de una pequeña dificultad que planteaban las abejas[77]. Según refiere el mismo autor, Darwin estaba deslumbrado con las abejas. Este es en suma, lo que hemos denominado "el problema de la colmena".

Uno de estos problemas, era la frecuente existencia de castas no reproductivas – es decir, estériles- en insectos tales como las abejas, las avispas y las hormigas. Hoy por hoy, afirmaríamos sin temor a equivocarnos, que las obreras integrantes de estas castas son *auténticas altruistas*.

¿Pero qué nos lleva a realizar tal afirmación? En primer lugar, no se reproducen y suministran todo tipo de recursos a las reinas, individuos de la especie que sí se reproducen. Esa única característica bastaría para calificarlas de altruistas, en el sentido de que pagan un costo individual para beneficiar a otros. No obstante, algunas de estas obreras estériles defienden la colmena sin cesar, sacrificando si es necesario, su propia vida. Semejante actitud también constituye un acto de altruismo, de suerte que las obreras estériles que también hacen de soldados en algún sentido, son doblemente altruistas. Más aún: las abejas que desempeñan estas tareas no tienen la misma constitución física que otros miembros de la colmena; las diferencias de tamaño y forma las hacen especialmente aptas para su misión altruista[78].

En el caso de las abejas, Darwin se vio obligado a preguntarse cómo podría explicar con su teoría de la selección natural la existencia de castas enteras de insectos que jamás se reproducen y sin embargo protegen a los reproductores incluso al precio de su propia vida. Las altruistas abejas obreras –que según lo reconoció Darwin, emprendían acciones "beneficiosas" para otros individuos de la colmena- parecían contradecir palmariamente la lógica de su teoría[79].

A lo largo de muchos años, Darwin ensayó diversas hipótesis que pudieran conciliar el problema de las castas altruistas con su teoría de la selección, problema

[77] DUGATKIN, Lee Alan. Qué es el altruismo. La búsqueda científica del origen de la generosidad. Katz Editores. Buenos Aires, 2007. Pág. 16.

[78] Ibíd. Pág. 17.

[79] Ibíd. Págs. 21-22.

cuyo eje eran los insectos, pero que tenía consecuencias para cualquier comportamiento que implicara la ayuda a otros a costa del propio individuo que la prestaba.

Por fin, conjeturó que las relaciones consanguíneas de parentesco podrían resolver el problema que planteaban los insectos estériles altruistas. Cien años más tarde, esas ideas iban a quedar asentadas en una fórmula que recibió el nombre de "Regla de Hamilton" y que revolucionaría el campo de la evolución y del comportamiento, pero su simiente estaba ya en "*El origen de las especies*"[80] y más aún, como indicamos, en la obra de Adam Smith.

En una sección de su libro titulada "*Objeciones a la teoría de la selección natural aplicada a los instintos: insectos neutros y estériles*", Darwin argumentaba que la contradicción entre la selección natural y la existencia de individuos estériles, que a menudo arriesgan la vida para proteger a otros y parecen ideados para cumplir esa función "disminuye o desaparece, cuando se recuerda que la selección, puede aplicarse *a la familia* lo mismo que al individuo, y puede de este modo alcanzar también su objetivo". "Ayuda a tus parientes –tu familia- y verás compensado el precio que debas pagar por ello"[81] se convirtió en una premisa fundamental.

En efecto, Charles Darwin logró encontrar un vértice común para el comportamiento de las abejas altruistas y el comportamiento de los miembros de una familia.

Así y continuando con el caso de las abejas altruistas; Darwin observó que éstas, aunque a menudo pagan un altísimo precio por defender a la colmena y dejan de reproducirse, *ese costo se compensa con los beneficios que entraña su actividad para los miembros de su familia*: por consiguiente, el comportamiento altruista en principio podría evolucionar.

En su gran libro sobre las especies, titulado "*Species book*", Darwin formulaba una hipótesis de que la selección podía favorecer a las obreras estériles porque, además

---

[80] Ibíd. Págs. 23-24.

[81] Loc. Cit..

de actuar como guardianas de la colmena, también se especializan en otras tareas, como la recolección de alimentos. Esa actividad beneficia a su vez a todos los miembros de la familia porque los exime de buscar alimentos, de suerte que, finalmente fue evidente para Darwin que "la producción [de las obreras] podía ser muy útil". Con el tiempo, se comprobó que las relaciones consanguíneas de parentesco y la colaboración entre parientes eran la clave para resolver los problemas de Darwin con respecto a la esterilidad y el altruismo[82].

Parecería que ya en 1848 Darwin advirtió la importancia de las relaciones de parentesco para explicar el "altruismo". En un manuscrito fechado en junio de ese año, sugería que las relaciones de parentesco eran importantes para explicar por qué algunas colmenas con castas estériles "predominaban" sobre otras colmenas, presumiblemente como resultado de las actividades desarrolladas por los miembros de la casta estéril para ayudar a sus parientes. (Según la terminología de Darwin, la selección natural actuaría sobre "las familias y no sobre los individuos". "Ayuda a tus parientes y te ayudarás a ti mismo, aunque indirectamente"). En los cien años que siguieron, esas ideas habrían de desarrollarse e integrar lo que hoy se conoce como *Teoría de la Selección por Parentesco*[83].

En efecto, como bien señalan SOBER y WILSON[84], Darwin explicaba estas características afirmando que la selección natural a veces actúa sobre los grupos, al igual que otras veces actúa sobre los individuos.

En algún sentido, al recurrir a la explicación consanguínea, Darwin planteó el enigma del altruismo y lo resolvió. Reconoció el problema –como en el caso de los insectos estériles- y formuló a la vez su solución, que hoy llamaríamos selección por parentesco[85].

---

[82] DUGATKIN, Lee Alan. Ob. Cit. Págs. 24-25.

[83] Loc. Cit.

[84] SOBER, Elliott, WILSON, David S. *El comportamiento altruista. Evolución y psicología*. Siglo XXI. Madrid, 2000. Pág. XV.

[85] DUGATKIN, Lee Alan. Ob. Cit. Págs. 27-28.

Resulta además sumamente curioso que las abejas hayan sido, en principio, la paradoja utilizada por Bernard De Mandeville, y a la postre, a nivel naturalista y de observación, para Charles Darwin, el punto de inicio para hallar la explicación científica de tal comportamiento[86].

Hasta aquí vamos obteniendo indicios importantes de lo que en adelante, nos llevará a afirmar que el altruismo es un fenómeno preponderantemente acusado en organizaciones familiares, e implica la cooperación económica particular entre sus miembros.

Aunque entendemos que existe una distancia ostensible entre el comportamiento de los seres humanos, y en este caso, las abejas u otros insectos estériles, sobretodo en cuanto a complejidad, no hemos querido apartarnos de consideraciones de índole natural que representan a gran escala, la muestra de la existencia de unas bases comunes.

Como ha sucedido para casi todas las ciencias, la teoría de Darwin ha significado como paradigma, un gran remolque al cual todas las nacientes disciplinas han anclado sus bases en busca de una movilidad científica.

Esta accesión o mimetismo de diversas disciplinas al planteamiento *darwinista* se sucede de manera acusada a lo largo de todo el siglo XX, época en la cual en virtud de dicho mimetismo, la propia teoría de Darwin (en cierta medida aún discreta en la primera mitad de siglo) toma especial relevancia, y toda teoría posterior bastante sentido.

En este contexto, a mediados del siglo XX, J.B.S. HALDANE, biólogo evolutivo británico, representó junto con Sewall Wrigth y Ronald Fisher en buena cuenta, el tránsito desde la biología hacia la genética poblacional. Para entonces, el altruismo ya ostentaba a nivel académico un significado más amplio que el otorgado por COMTE.

---

[86] No faltaron por supuesto detractores para estas ideas, Piotr Kropotkin (fundador del anarcocomunismo) objetó esta teoría sosteniendo que existía una motivación social de naturaleza humana.

HALDANE sugería por primera vez, cuál podía ser el modelo matemático para el parentesco y la evolución del altruismo, que describió en un artículo del año 1955 titulado *"Population genetics"*, publicado más de veinte años después[87].

Una cita interesante de HALDANE en ese sentido, es la siguiente: "*dudo que haya en el hombre muchos genes favorables al altruismo en general, aunque probablemente tengamos predisposición innata por la vida familiar. [...] Pues en la medida en que el altruismo favorece la supervivencia de los descendientes y los parientes cercanos, es una suerte de éxito reproductivo en el sentido de Darwin y cabe esperar que se propague por efecto de la selección natural*"[88].

J.B.S. HALDANE, sostiene que el altruismo puede propagarse en los grupos pequeños si "*los genes que lo determinan residen en un grupo de individuos emparentados cuyas probabilidades de dejar descendencia aumentan por la presencia de esos genes en un miembro del grupo cuya viabilidad individual reducen*". Esto quiere decir: si un gen que codifica un comportamiento altruista beneficia a los parientes consanguíneos, se puede diseminar por obra de la selección natural[89].

---

[87] Ibíd. Pág. 129.

[88] Fuente secundaria. DUGATKIN, Lee Alan. Ob. Cit. Pág. 134.

[89] DUGATKIN, Lee Alan. Ob. Cit. Pág. 134-135. HALDANE, en *"Population genetics"* propone un ejemplo para describir los efectos del parentesco sobre el altruismo: Supongamos que usted, lector, es portador de un raro gen que afecta a su comportamiento de modo tal que se lanza a un río crecido para salvar a un niño, y supongamos que su propia probabilidad de ahogarse es igual a uno sobre diez. Supongamos además que yo no soy portador de ese gen y me quedo en la orilla observando al niño. Si el niño es hijo o hermano suyo, hay igual probabilidad de que él sea portador del gen que usted posee, de modo que se preservarían cinco genes en la progenie por el que se pierde en un adulto. Si usted salva a un nieto o a un sobrino, la ventaja se reduce a 2,5 por cada gen perdido. Si salva a un primo hermano, la ventaja es muy pequeña. Salvando a un primo de primer grado, hay más probabilidad de que la población en su totalidad *pierda ese valioso gen* en lugar de conservarlo. [...] Es evidente que los genes que determinan conductas de ese tipo sólo tendrán probabilidad de propagarse en poblaciones relativamente pequeñas, en las cuales la mayor parte de los niños estén más o menos emparentados con el hombre que arriesga su vida. DUGATKIN, Lee Alan. Ob. Cit. Pág. 136. (Esto explica el porqué del ejemplo de Smith sobre la catástrofe en China, hay mucho menos probabilidades de compartir carga genética con alguien en la China).

Con todo ello y adicionalmente, J.B.S. HALDANE aporta en su trabajo ciertos cálculos explícitos[90]; que lo llevan a determinar que el coeficiente de relación genética entre padres e hijos es igual a 0,5[91].

Tras estas aportaciones, FISHER, en un artículo titulado *"The correlation between relatives on the supposition of Mendelian inheritance"*, presenta un cuadro que incluye los coeficientes de relación genética correspondientes a treinta grados de parentesco distintos[92].

Paralelamente, Sewall Wright en un artículo publicado en 1922, llamado *"Coeficients of inbreeding and relationships"* definió lo que denominó *"coeficiente de parentesco"* que se indica con la letra *r*. Así, WRIGHT demostró que la relación de parentesco entre un individuo y cualquiera de sus antepasados directos es igual a $(0{,}5)^n$, donde *n* es el número de generaciones que separan al individuo de ese hipotético antepasado[93].

Como podemos ver, llegados al siglo XX, el concepto de altruismo es tan amplio y profundo, que resulta imposible circunscribirlo a una sola disciplina. En cuanto a la

[90] Si el hombre que se lanza es portador del gen del altruismo, hay un 50% de probabilidades de que su hijo lo herede, lo que equivale a decir que el coeficiente de relación genética entre padres e hijos es igual a 0,5. DUGATKIN, Lee Alan. Ob. Cit. Pág. 136.

[91] Este es el antecedente de lo que se conoce como *coeficiente de relación genética*: la relación «*r*» entre cada padre y su prole es de 0,5. Desde el punto de vista de los progenitores, la probabilidad de transmitir un alelo determinado a su progenie es igual a 0,5 pues los gametos (óvulos y espermatozoides) contienen una única copia del gen del progenitor, mientras que sus otras células contienen dos copias de cada gen. Desde el punto de vista de la progenie, la relación genética con cada progenitor también es igual a 0,5, pues el hijo recibe una copia de cada gen de cada uno de sus progenitores.

[92] Ibíd. Pág. 142. La relación genética entre diversos grupos de parientes de Fisher obedecería al siguiente cuadro:

Generación	Hermano	Medio hermano	Primo hermano	Medio primo hermano	Primo segundo	Medio primo segundo
Propia	½	¼	1/8	1/16	1/32	1/64
Del padre	¼	1/8	1/16	1/32	1/64	1/128
Del abuelo	1/8	1/16	1/32	1/64	1/128	1/256
Del bisabuelo	1/16	1/32	1/64	1/128	1/256	1/512
Del tatarabuelo	1/32	1/64	1/128	1/256	1/512	1/1024

[93] Ibíd. Pág. 148.

biología y la genética, ya se habían establecido ciertas bases científicas, que nuevamente, prestarán una vertiente a otras disciplinas para sus respectivos planteamientos acerca del altruismo. Respecto a ciencias sociales como la sociología o la psicología, la biología y la genética condicionan y explican, en cierta medida el comportamiento. En cuanto a la economía, las investigaciones se profundizan, y más aún, sobre las bases de la selección por parentesco, el altruismo se convierte en un fenómeno mediante el cual la ciencia económica explica una serie de comportamientos en la familia.

iv. «Jugando» con la economía se pueden hacer Leyes o cuando el Derecho se convierte en un «Dilema»

«La psicología significa
tanto lo que la economía hace «de» la biología,
como lo que la biología hace «para» la economía»

El autor

Un declive de la teoría de la selección de grupos durante los años sesenta vino acompañado del auge de otras teorías, que constituyeron los cimientos para el estudio evolutivo del comportamiento social. Una de ellas fue la Teoría de Hamilton (1963, 1964) de la *aptitud inclusiva*, que Maynard Smith (1964) denominó *selección de parentesco*. Otra es la *Teoría del altruismo recíproco* (TRIVERS, 1971), que después se combinó con la teoría de juegos evolutiva (MAYNARD SMITH, 1982; AXELROD y HAMILTON, 1981). Una tercera fue la *Teoría del gen egoísta* (DAWKINS, 1976, 1982), que considera a los individuos como conjuntos de genes, cuyo único interés es replicarse a sí mismos[94].

No obstante, y aunque son numerosas las teorías y de amplia profundidad, desarrollaremos básicamente algunas que resultan más relevantes para esta investigación.

---

[94] SOBER, Elliott, WILSON, David S. *El comportamiento altruista. Evolución y psicología*. Siglo XXI. Madrid, 2000. Pág. 38.

William Donald Hamilton, otro biólogo evolutivo británico continuó y heredó las ideas expuestas por J.B.S Haldane, Ronald Fisher y Sewall Wright, considerados como unos de los fundadores de la genética, y padres de la genética poblacional, en medida tal, que se refería a ellos como "el gran triunvirato".

HAMILTON publicó su primer artículo científico *"The evolution of altruistic behavior"*, en el número de septiembre-octubre de 1963 del *American Naturalist*, [...] en él, planteaba un modelo que vinculaba la evolución del altruismo con el parentesco consanguíneo[95].

Para construir este modelo, HAMILTON utilizó el *"coeficiente de relación genética"* definido por WRIGHT (*r*) como medida de relación genética[96].

A continuación, -y ésto es lo importante; puesto que hace confluir los trabajos intelectuales previos, nuevamente con la economía- HAMILTON incluyó en el modelo la cuestión de los costos y los beneficios[97], (para lo cual *b* significa la ventaja que representa un acto altruista para el beneficiado y *c* el costo que entraña para el altruista)[98].

Así pues, en el modelo de Hamilton, la selección natural favorece el gen del altruismo siempre que $r \times b > c$. Esta fórmula se conoce en la actualidad como *Regla de Hamilton* y se puede explicar así: para que la selección natural favorezca un gen que entraña altruismo, el costo (c) del altruismo debe quedar compensado de alguna manera para el altruista[99]. En el modelo de Hamilton los beneficios o ventajas *(b)* brindados a

---

[95] DUGATKIN, Lee Alan. Ob. Cit. Pág. 168.

[96] Ibíd. Pág. 169.

[97] Es interesante a propósito de la consideración de los costes-beneficios y psicología, observar teorías de psicología social como la de ARONSON acerca de la atracción interpersonal, sobre lo que señala: *"Estos aspectos de la atracción interpersonal pueden agruparse bajo una generalización unicomprensiva: queremos a las personas cuya conducta nos proporciona la máxima recompensa con el mínimo costo"*. Y agrega algo que para los presentes efectos podemos relacionarlo a la función económica del matrimonio *"la cooperación conduce a la atracción (...) la atracción mutua aumenta cuando las personas cooperan entre sí"*. ARONSON, Elliot. *El Animal Social*. Alianza Universidad. Madrid 1994. Pág. 336.

[98] Ibíd. Pág. 170.

los parientes consanguíneos del altruista compensan el costo del acto del altruista porque esos parientes *pueden* ser portadores también del gen en cuestión. No obstante, los parientes tienen solamente cierta probabilidad *(r)* de poseer ese gen (la duración y éxito de un matrimonio también se reduce a una probabilidad), de modo que la ventaja o beneficio definitivo se ve reducido por esa probabilidad. En el frío lenguaje de la selección natural, la Ley de Hamilton explica que un gen altruista puede propagarse en una población si contribuye a la propagación de copias de sí mismo entre los parientes consanguíneos. De algún modo pues, confirma que el motor que impulsa la generosidad reside en la unidad familiar[100].

Tras esta idea, quedó así resuelto un debate de cien años que no solo abarcó la ciencia sino también la política, la religión y las teorías sobre enfermedades mentales.

En principio, era posible medir el grado de parentesco, los costos, los beneficios, y verificar así un modelo de parentesco y la evolución del altruismo. En consecuencia, la pregunta fundamental que había que responder no era ya "¿Se ayudan entre sí los parientes y hay algo especial en la familia?", sino "¿en qué condiciones precisas se ayudarán los parientes?"[101].

La respuesta a esta nueva pregunta, en adelante significaría un cúmulo de investigaciones de distintas disciplinas abocadas a resolver interrogantes como las que se congregan en este trabajo.

Es importante a su vez recalcar, que el modelo de Hamilton llenó además un vacío psicológico para todos los que estudiaban la evolución y el comportamiento[102]. A partir de aquí, la ciencia económica y la psicología confluyen de manera íntima en una serie de aspectos relacionados a las conductas altruistas.

---

[99] Es importante anotar, que desde la perspectiva de esta teoría, todas las transferencias altruistas se auto compensan

[100] Ibíd. 170-171.

[101] Loc. Cit.

[102] Ibíd. Pág. 172.

La regla de Hamilton pues, no solo permite explicar el altruismo entre hermanos, o entre abuelo y nieto, sino entre *cualquier par de parientes*. Conociendo los costos y beneficios asociados con un acto altruista, y conociendo también el coeficiente de la relación genética involucrado, la fórmula de Hamilton permite prever si la selección natural favorecerá el altruismo en ese caso y también para cualquier otra terna de valores de *r, b* y *c*. Cuanto más cercana sea la relación de parentesco, tanto más probablemente se desarrollará el altruismo[103].

Robert Frank[104] sostiene, que según Hamilton, un individuo puede favorecer su futuro genético sacrificándose a favor de otros que portan copias de sus genes [...] y que la selección de parentesco se ajusta bien al sistema darwiniano, y ha demostrado claramente que posee poder predictivo [...]. Así, considerado desde un punto de vista, el comportamiento que justifica la selección de parentesco, en realidad no es un comportamiento de sacrificio. Cuando un individuo ayuda a un pariente, solo está ayudando a la parte de sí mismo representada por los genes del pariente.

Así pues, la economía empezaba a involucrarse mediante parámetros de índole psicológica en la toma de decisiones. El análisis costo-beneficio, las teorías sobre racionalidad y funciones de utilidad toman preponderancia, incluso para saltar los esquemas propuestos por el parentesco y aplicar la teoría al comportamiento de sujetos no emparentados. Se empieza a investigar la *cooperación*.

Es decir, la historia aún no termina. Posteriormente a todos estos trabajos, en 1977, William D. Hamilton conoció a un especialista en Ciencias Políticas de la Universidad de Michigan llamado Robert Axelrod. En ese momento, AXELROD estaba desarrollando un modelo teórico del altruismo y la cooperación entre individuos no emparentados en el que utilizaba la Teoría de Juegos y la simulación en computadora. AXELROD hacía uso de un juego que se llama el Dilema del Prisionero[105].

---

[103] DUGATKIN, Lee Alan. Ob. Cit. Pág. 173.

[104] Cit. por SOBER, Elliott, WILSON, David S. *El comportamiento altruista. Evolución y psicología*. Siglo XXI. Madrid, 2000. Pág. 38. Fuente secundaria.

[105] No obstante como refiere DUGATKIN, AXELROD y HAMILTON no fueron los primeros en sugerir que el dilema del prisionero podía utilizarse para abordar la evolución de la cooperación y el altruismo. Robert Trivers en 1991 en un artículo titulado "*The evolution of reciprocal altruism*" había planteado la

El dilema del prisionero[106] es parte de lo que se conoce como Teoría de los Juegos. La teoría de los juegos es un conjunto de herramientas y un lenguaje para describir y predecir el comportamiento estratégico. En este sentido, mediante esquemas estratégicos se describen situaciones en las cuales a una persona le gustaría considerar, al tomar una decisión, cómo se comportaría la segunda persona, y a la segunda persona le gustaría hacer lo mismo. Los esquemas estratégicos típicamente suponen dos o más personas que toman decisiones, así como la posibilidad de conectar una primera decisión a una segunda decisión y viceversa[107].

A fin de comprender cómo se aplica el dilema del prisionero, para construir modelos evolutivos de la cooperación entre individuos no emparentados, imaginemos que se ha cometido un delito y que la policía ha detenido a dos sospechosos. Los interrogan por separado en dos cuartos distintos. Los detenidos tienen a su disposición dos opciones o estrategias: cooperar entre sí (es decir, permanecer callados y no decir nada a la policía) o traicionarse (es decir, "delatar" e informar a las autoridades que el otro sospechoso es culpable). Imaginemos además que, no habiendo confesión alguna por parte de ninguno de los sospechosos, la policía tiene pruebas suficientes para encarcelarlos a los dos por un año y que, si ambos deciden delatar al otro, irán a la cárcel durante tres años. Por último, si uno solo de los sospechosos delata al otro pero éste mantiene el silencio, el delator sale en libertad y su compañero va a la cárcel por cinco años[108].

---

hipótesis de que la selección natural favorecería a los genes del comportamiento altruista si los individuos dirigían sus actos altruistas exclusivamente a los que los habían ayudado en el pasado, es decir, si el altruismo era recíproco. DUGATKIN, Lee Alan. Ob. Cit. Pág. 252-253.

[106] El Dilema del prisionero fue inventado hacia 1950 por Merril Flood y Melvin Dresher, siendo formalizado poco después por A.W. Tucker. AXELROD, Robert. *La evolución de la cooperación.* Alianza universidad, Madrid 1986. Pág. 19.

[107] PICKER, Randal C. *Una introducción a la teoría de juegos y el Derecho.* En: POSNER, Eric A. (Compilador) Law & Economics. *El análisis económico del Derecho y la Escuela de Chicago.* Lecturas en honor de Ronald Coase. UPC. Lima, 2002. Pág. 69.

[108] DUGATKIN, Lee Alan. Ob. Cit. Pág. 254.

Esto se resume en el siguiente cuadro:

		Sospechoso 2	
		Cooperar	**Traicionar**
Sospechoso 1	**Cooperar**	R Condena a 1 año de cárcel	S Condena a 5 años de cárcel
	Traicionar	T No hay condena	P Condena a 3 años de cárcel

Donde; la matriz de retribuciones del sospechoso 1 será la siguiente:
T= Retribución vinculada con la tentación de delatar;
R= Retribución correspondiente a la cooperación mutua;
P= Castigo por la traición mutua y
S= "Retribución del tonto" por cooperar con su compañero cuando el otro lo ha traicionado[109].

El Dilema del Prisionero en ese sentido, puede darnos una idea de cómo puede funcionar el uso de estrategias (como veremos más adelante, la hipergamia en la familia representa una estrategia) ante una situación de información imperfecta (igualmente, consideraremos los contexto de información imperfecta dentro de una comunidad de vida).

A partir de aquí, surge la *Teoría de la Cooperación* (AXELROD) y la *Teoría de la Reciprocidad* (KOLM[110]).

La *Teoría de la Cooperación*, se funda en la investigación de individuos que persiguen su interés personal, sin la ayuda de una autoridad central que obligue a cada cual a cooperar con los demás. La razón de suponer que se busca el beneficio propio es que tal hipótesis permite examinar el difícil caso de que la cooperación no esté completamente basada en la preocupación por los demás, o en el bienestar del grupo en su conjunto[111]. Es interesante aquí hacer un paréntesis y observar cómo a nivel de

[109] Ibíd. Pág. 255.

[110] KOLM, Serge-Christophe. *The Theory of Reciprocity*. En: GÉRARD-VARET, L.-A., KOLM, S.-C. MERCIER YTHIER, J. *The economics of Reciprocity, giving and altruism*. MacMillan Press Ltd. London, 2000.

[111] AXELROD, Robert. *La evolución de la cooperación*. Alianza universidad, Madrid 1986. Pág. 18.

economía política, las ideas -sobretodo detractoras- acerca de la redistribución de la riqueza, en gran medida tendrán en cuenta estas hipótesis.

En opinión de AXELROD en consecuencia, la teoría de la evolución ha adquirido recientemente dos tipos de generalización, destinados a explicar la manifiesta existencia de cooperación, y las conductas grupales asociadas, como pueden ser el altruismo o la moderación en la competición. Estas ampliaciones son, a grandes rasgos, las teorías de *parentesco genético* y la *teoría de la reciprocidad*[112].

Sin perjuicio de ello, y a efectos de adentrarnos en el campo de la familia; de conformidad con las predicciones de la teoría, casi todos los casos claros de altruismo y casi toda la cooperación observada, se producen en contextos de gran emparentamiento, por lo común, entre miembros inmediatos de una misma familia[113].

El verdadero altruismo entonces, nos dice AXELROD; puede evolucionar cuando las condiciones del costo, beneficio y parentesco generan ganancias netas para los genes causantes del altruismo, residentes en los individuos emparentados. (...) En un Dilema del Prisionero simple, el cooperar es una especie de altruismo (el individuo está dejando de lado actitudes que pudo haber tomado –asumiendo costes de oportunidad-); así pues si los jugadores están suficientemente relacionados, pueden evolucionar conductas de este tipo[114].

Las condiciones entonces, para el nacimiento y sostén de la cooperación desde la óptica de esta teoría (que subrayamos: representa sólo una parte o perspectiva de nuestro planteamiento) están maduras cuando es verosímil que la cooperación prosiga durante largo tiempo, y a los jugadores les importe el futuro de su interacción conjunta[115].

---

[112] Ibíd. Pág. 90.

[113] Ibíd. Pág. 90.

[114] Ibíd. Pág. 97.

[115] AXELROD, Robert. Ob. Cit. Pág. 172.

Aquí es donde, de momento, el Derecho de familia, y en particular las expectativas matrimoniales toman su lugar respecto al altruismo. Y es que sucede que el verdadero fundamento de la cooperación no es la confianza, sino la perdurabilidad de la relación. Cuando las condiciones son idóneas, los jugadores pueden llegar a cooperar uno con otro, descubriendo las posibilidades de mutua remuneración que la cooperación ofrece, ya sea por tanteo, ya por imitación de otros jugadores venturosos, o incluso a través de un ciego proceso de selección de las estrategias (hipergámicas) más prósperas, que va eliminando las menos venturosas. El que los jugadores confíen, o no, el uno en el otro, tiene a la larga una importancia mucho menor que la idoneidad de las condiciones para la construcción de una norma estable de cooperación mutua[116].

Es desde esta perspectiva, en la que el Derecho se puede convertir en un juego. De hecho, desde nuestra perspectiva; como sostendremos más adelante, el equilibrio existente en una comunidad de vida no radica tanto en la imperatividad de la igualdad absoluta en las aportaciones, como en la existencia de reglas claras de juego. Seguridad jurídica lo suelen llamar los juristas. Asimismo, como expondremos en adelante, hablaremos de reglas de juego íntimas o intuitivas basadas en el altruismo.

Con todo esto, al potencial de cooperación pues, nos dice AXELROD[117], nace cuando cada jugador puede ayudar al otro. El dilema surge cuando la prestación de esta ayuda resulta costosa. Esto, en el contexto de las crisis familiares, significa un dilema para el Derecho. La ocasión para la ganancia mutua por cooperación se produce cuando las ganancias debidas a la cooperación por parte del otro, son mayores que los costos que a nosotros nos supone la cooperación por nuestra parte. En tal caso, ambos preferiremos la cooperación mutua a la mutua no-cooperación (la llamada «defección»).

Esta sería a grandes rasgos, si se quiere, tan solo una posible explicación de las crisis familiares. En tal caso, esta idea puede considerarse la base de la teoría que desarrollaremos al referirnos al "desequilibrio original subjetivo" como causa de un

---

[116] Loc. Cit.

[117] Ibíd. Pág. 164.

"desequilibrio económico ulterior" en el Capítulo VI. Bajo este esquema, las crisis se deberían a la aparición de una situación de "*defección*" en la pareja.

Para terminar, en lo que respecta a la historia relatada; si atendemos a ella desde la familia, podremos a nivel general, distinguir hasta dos niveles de altruismo. Se trata, en primer lugar, del altruismo por vía parental, de tinte meramente biológico o genético, el cual básicamente "*podría*" aplicarse a relaciones paterno o materno filiales, en el sentido de la teoría de DAWKINS. Es posible, no obstante; que el teórico del gen egoísta no sostenga que este es un ejemplo de altruismo, sino sencillamente otro ejemplo de genes egoístas que sólo están "interesados" en replicarse a sí mismos. En lugar de la palabra altruismo, se utilizarían frases como "*pseudoaltruismo*" (PIANKA, 1983), "*explotación mutua*" (DAWKINS, 1982), o "*rechazo egoísta a hacer el mal*" (GRAFEN, 1984)[118].

En segundo lugar, podríamos hablar del altruismo justificado en la cooperación mutua propia de una comunidad de vida, la misma que, por un lado podría estar motivada de forma compleja por el fin común que represente la prole, y por el fin común que representen otros distintos intereses. Este tipo de altruismo "*podría*" estar representado por la *teoría de la cooperación* (AXELROD) y la *teoría de la reciprocidad* (KOLM).

Esto sin embargo, supondría adoptar un planteamiento excesivamente simplista. El carácter multidisciplinar del altruismo al que hicimos referencia puede ofrecer una gama mucho más amplia de consideraciones.

Hay infinidad de teorías y posturas respecto a la proporción de egoísmo o "desprendimiento puro" existente en el altruismo. No obstante todas y cada una no dejan de ser teorías hasta cierto punto complementarias. A partir de aquí, para resolver el enigma del altruismo debemos considerar más allá de la genética y la economía, la psicología y otras ciencias sociales que nos harán incurrir en aspectos relacionados con la motivación en las acciones.

---

[118] SOBER, Elliott, WILSON, David S. *El comportamiento altruista. Evolución y psicología*. Siglo XXI. Madrid, 2000. Pág. 71.

La Teoría de la Reciprocidad, en tanto, interpretamos; acude al altruismo como fenómeno para instituirse como un proceso, creemos es una buena alternativa. En ella, vista de manera amplia, se consideran las motivaciones en la acciones como distintivo esencial en la calificación del altruismo. Estas ideas en particular, serán desarrolladas *a posteriori*, no antes de que consideremos nuestra historia paralela.

III. Una historia paralela: Egoísmo y altruismo. Una teoría acerca de dos íntimos enemigos: racionalidad y misticismo

«La humanidad no posee regla mejor de conducta que el conocimiento del pasado»

Polibio, *Historia del ascenso a Roma*

«El pasado me ha revelado como está hecho el futuro»

Teilhard de Chardin, 1881-1955

En realidad y preponderantemente, el tema del egoísmo o altruismo, al margen de su origen fenomenológico y científico, es a nivel convencional, parte de un juicio moral. Ello, evidentemente, complica nuestro planteamiento por la subjetividad que involucra. No obstante y en tal medida, hemos de encontrar distintas vertientes sobre uno y otro concepto. Para lo que nos compete en cuanto al altruismo, acudiremos a la historia en busca de la explicación de la actual y mayoritaria idea que se mantiene sobre este concepto. Del mismo modo, haremos con pensamientos detractores y conciliadores a nivel del Derecho.

i. La influencia cristiana en la tradición jurídica occidental en torno al actual concepto de altruismo. La buena fe, la misericordia y el sacrificio

«Un conocimiento innato de los dioses coexiste con nuestra propia existencia y dicho conocimiento es superior a todo juicio y elección deliberada, ya que subsiste con anterioridad a la razón y la demostración»

Jámblico de Siria

«Así como el instinto precedió a la costumbre y a la tradición,
así también estas últimas son anteriores a la propia razón.
Tanto desde el punto de vista lógico como desde el psicológico e histórico,
la costumbre y la tradición,
deben pues quedar ubicadas entre el instinto y la razón»

Friedrich A. von Hayek, 1899-1992

«Bienaventurados los misericordiosos, porque que ellos alcanzarán la misericordia»

Atribuido a Jesús de Nazaret. *Evangelio según San Mateo* (5,7)

«Sobrellevad los unos las cargas de los otros, y cumplid así la ley de Cristo»

Gálatas (6,2)

«El fondo pasa, las formas permanecen»

Julio Ramón Ribeyro, 1929-1994

«Lo obligatorio fue la religión de los romanos»

G.W.F. Hegel, 1770-1831

«La vida del Derecho no ha sido la lógica; ha sido la experiencia.
Las necesidades sentidas de la época,
las teorías morales y políticas prevalecientes,
las instituciones de la política pública, reconocidas o inconscientes,
incluso los prejuicios que los jueces comparten con sus semejantes,
han tenido mucho más que ver que el silogismo en la determinación de las reglas
con las que debiera gobernarse a los hombres»

Oliver Wendell Holmes 1881

Es difícil imaginar, o acaso pronosticar, en qué medida el Derecho está hecho a la medida de la naturaleza humana o, si la naturaleza humana se ha forjado paulatinamente a la medida de su Derecho.

Ello queda patente, cuando descubrimos que guardamos de manera inconsciente una serie de prerrogativas morales provenientes de leyes ancestrales y que somos el resultado de un cúmulo inimaginable de legislaciones, juicios, veredictos y costumbres, hoy por hoy derogadas a nivel formal por el paso del tiempo, pero aún presentes entre nuestro instinto y nuestra razón. Entre nuestra historia y nuestro futuro. El altruismo es un ejemplo claro de este fenómeno.

Planteada esta duda sobre el Derecho y la naturaleza humana, y considerando al Derecho como una manifestación de las relaciones personales y de convivencia colectiva, podemos realizar una prolongación desde el Derecho a la cotidianeidad, desde la tradición jurídica de Occidente, hasta nuestras actuales convenciones morales, a efectos de contar con un panorama más amplio y explicativo de los procesos sociales que implica la sociedad existente entre el altruismo y la reciprocidad.

Para llevar a cabo esta empresa de encontrar los orígenes morales de las ideas sobre el altruismo o el egoísmo –para entender las presentes, y en consecuencia justificar nuestros futuros planteamientos acerca de la compensación por desequilibrio- hemos de acudir a la historia, previa inclusive, al Derecho como sistema propiamente dicho. Hemos de recurrir pues al germen, el antecedente más antiguo del Derecho; el misticismo y la religión.

SIR JAMES GEORGE FRAZER[119], dedicado a la investigación de la historia de los mitos y la religión, nos revela que en etapas primitivas, la superstición, al fortalecer el respeto hacia ciertos bienes y situaciones, contribuyó a fomentar el cumplimiento de ciertas normas de moralidad (…). Así, como consecuencia de constituir una cosa en tabú, se dotaba a ésta de una energía sobrenatural o mágica, que la hacía prácticamente inaccesible a personas distintas del propietario. Se trata en esencia en nuestra opinión,

---

[119] Cit. por HAYEK, Friedrich. *La Fatal Arrogancia. Los Errores del Socialismo*. Obras Completas, Volumen I, Unión Editorial, Madrid 1990. Págs. 230-231.

de normas jurídicas primitivas. Tras este antecedente, en lo posterior, las religiones llamémoslas "formales" (en tanto se erigen no como mitología sino sobre dogmas), adoptan la tradición y sirven de vía evolutiva de este primitivo Derecho entendido como conjunto de normas sociales de convivencia.

En esencia, sucede que es imposible comprender el carácter revolucionario de la tradición jurídica occidental sin explorar su dimensión religiosa. Se ha dicho[120] que las metáforas de anteayer son las analogías de ayer y los conceptos de hoy. Así, las metáforas jurídicas del siglo XI fueron las analogías jurídicas del XII y los conceptos legales del XIII. Las metáforas jurídicas que dieron lugar a las analogías y conceptos legales fueron, principalmente, de carácter religioso. Eran metáforas del Juicio Final y del purgatorio, de la expiación de Cristo por la caída de Adán, de la transustanciación del pan y el vino en el sacramento de la eucaristía, de la absolución de los pecados en el sacramento de la confesión y del poder de los sacerdotes para "atar y desatar" (poder jurisdiccional)[121], es decir, imponer o remitir castigos eternos. Otras metáforas jurídicas eran principalmente feudales, aunque con matices religiosos: metáforas de honor, de satisfacción por mancha del honor, de prenda de fe, de lazos recíprocos de servicio y protección. Todas estas metáforas eran parte de una estructura unificada de rituales y mitos (la palabra mito no se usa aquí en el antiguo sentido de "fábula", sino antes bien en el sentido opuesto, hoy generalmente aceptado, de "verdad sagrada").[122].

En esencia, si consideramos como válida la opinión de BERMAN; la ciencia jurídica occidental es una teología secular, que a menudo no tiene sentido porque ya no se aceptan sus presuposiciones teológicas[123]. La ley religiosa por definición es una ley

---

[120] BERMAN, Harold J. *La Formación de la Tradición Jurídica de Occidente.* Fondo de Cultura Económica, México, 1996. Pág. 177.

[121] El subrayado es nuestro.

[122] BERMAN, Harold J. *La Formación de la Tradición Jurídica de Occidente.* Fondo de Cultura Económica, México, 1996. Pág. 177.

[123] Un ejemplo extravagante puede arrojar luz sobre las paradojas de una tradición jurídica que ha perdido contacto con sus fuentes teológicas. Si un hombre cuerdo queda convicto de asesinato y es sentenciado a muerte, pero antes de cumplida la sentencia se vuelve loco, su ejecución será aplazada hasta que recobre la cordura. En términos generales, esta es la ley en los países occidentales y también en muchos no occidentales. ¿Por qué? La respuesta histórica, en Occidente, es que si se ejecuta a un hombre mientras está fuera de sí, no tendrá oportunidad de confesar libremente sus pecados y recibir el sacramento de la sagrada comunión. Se le deberá permitir que recupere la razón antes de que muera, para que su alma no

moral, el Derecho secular en esencia, a su llegada lo que hace es desvincular (o mejor dicho, sustituir), la moralidad por la legalidad (distinta de la legitimidad como veremos en el Capítulo VIII, que es justamente donde confluyen moralidad y legalidad).

No obstante la moralidad al preceder a la legalidad incorpora en ésta última todas aquellas fórmulas que permitieron subsistir a la especie, se trata de la función de aprendizaje ínsita en la transmisión de la tradición.

Sabemos (creemos) que el Derecho que hoy conocemos es una elucubración evolutiva indeterminada proveniente de mecanismos de armonización social primitivos tales como el establecimiento de reglas sociales basadas en creencias míticas, y por ello nos hacíamos la pregunta, de en qué medida los argumentos de dichos mecanismos forman parte de nuestra actual forma de ver el mundo.

Para quienes –por lo menos a nivel educativo- hemos compartido una tradición judeo-cristiana, el sacrificio se plantea como titular de un *status* superior al de un valor, representa una virtud, por lo menos desde un punto de vista aristotélico, igualmente parte de nuestra tradición racional.

El "holocausto" original de Abraham sacrificando a su hijo en virtud de una petición sobrenatural en el Antiguo Testamento, y su renovación (en el sinónimo de revolución)[124], en el Nuevo Testamento en la de un Dios Padre[125] sacrificando a su hijo por la especie humana inspiró durante siglos en la humanidad un sentido fervoroso de esperanza y por ende, de confianza.

---

sea condenada al fuego eterno, sino que en cambio pueda expiar sus pecados en el purgatorio y por último, el día del Juicio Final, entrar en el Reino de los Cielos. Pero, donde no se cree nada de esto, ¿para qué conservar vivo al demente hasta que se recupere, y entonces matarlo? BERMAN, Harold J. *La Formación de la Tradición Jurídica de Occidente*. Fondo de Cultura Económica, México, 1996.Págs. 177-178.

[124] El Nuevo Testamento es el manifiesto de una "nueva era" en oposición a tiempos pasados, a partir de un revolucionario, (IUS NOVUM). Cabe anotar que resultan sorprendentes las similitudes entre el legado religioso occidental y el "*revolucionarismo*" socialista o comunista, por ejemplo.

[125] Nótese que los vínculos de parentesco siempre aparecen asimilados a la idea de algo "sagrado". (De esta manera se genera un vínculo de empatía con los sujetos pasivos de la legislación y en consecuencia se consigue la LEGITIMIDAD por vía de la moralidad).

Al margen de ello, la voluntad individual de Jesucristo –acatando la *auctoritas* paternal, (otro elemento de empatía –se trata de un modelo de conducta-)- mediante la cual, decide libremente sacrificar su vida en favor de la especie, significa un precedente que representa *todo el sentido espiritual* de lo que a la postre significaría toda una doctrina rectora de los principios morales imperantes para los individuos occidentales. La promesa del Edén resulta irresistible para una mayoría que urge por supervivir y encontrar el sentido de dicha supervivencia.

En tanto se dotó a la persona de Jesucristo de una jerarquía ambivalente entre la divinidad y mortalidad (dualidad) –estimamos, influenciados por lo que a nivel mitológico fue fecundamente desarrollado por Grecia[126]-, la correspondencia de la especie humana debía corresponderse con la santidad.

Sucede que no es extraño observar la reincidencia en la vocación de santidad la idea de auto sacrificio. La penitencia, el ayuno, o incluso el castigo y la autoflagelación son muestras de la idea del sacrificio como camino a la santidad, en suma, al Reino de los Cielos, la tierra prometida.

Ello, llevado a nivel secular llevó a generar la idea del mártir. A nivel convencional un mártir, (a ejemplo de Jesucristo por lo menos en cuanto a lo que respecta a la tradición cristiana), es decir, quien sufre martirio auto infringido, está destinado al heroísmo[127], a la mitificación. A ser un modelo de conducta. Ésto, curiosamente no solo sucede en Occidente, la inmolación en el mundo musulmán es una suerte de "pasaporte divino".

A nivel de exacerbación nacional no es poco común, encontrar la sangre de los antepasados como vínculo de identidad de los ciudadanos de una determinada tierra[128].

---

[126] No olvidemos que Grecia representa la cuna de Occidente, y el pensamiento Aristotélico la piedra angular del desarrollo escolástico de pensamiento jurídico occidental.

[127] Curiosa y coincidentemente, en occidente, al contrario que en Oriente lejano el suicidio como autoinmolación en base a principios de libertad individual y no en base a un beneficio ajeno al suicida es repudiado. Toda la lógica comparte la misma raíz.

[128] Algunos incluso reivindican el rojo de la bandera en este motivo.

En términos generales pues, el sacrificio, o llámese sencillamente, el sentido de altruismo es literalmente reverenciado por la cultura occidental. Esta idea ha pasado a formar parte de un esquema base en la formulación de sus preposiciones morales. Ésta es la idea de altruismo que maneja comúnmente la sociedad.

No obstante, en este contexto, han sido muchos los principios, conceptos o ideales que han dado forma a una particular visión del mundo, y que en consecuencia han dado forma al Derecho del que somos herederos, o son estos principios acaso, los que han inspirado al Derecho que nos ha hecho tales y como somos.

Estos conceptos entre otros, son los de *buena fe*, *misericordia* y *sacrificio*[129], y como sostendremos en lo sucesivo, guardan una íntima relación con los procesos que justifican ciertas interrelaciones patrimoniales en la familia, y a través de los cuales el altruismo se abre paso hacia el establecimiento de determinadas normas de conductas, en suma, Derecho.

La actual idea de la *buena fe* propiamente dicha, procede directa e indefectiblemente de los glosadores y post glosadores europeos que intentaron transformar y adaptar los textos justinianeos a los tiempos que corrían, y de esa manera, no solo reivindicar un conocimiento heredado, sino además, dotarlo de fundamentos que justificaran racionalmente su permanencia en el tiempo. Se trata en suma, en nuestra opinión, de un tránsito jurídico intelectual desde Roma a la Edad Media. Ésta es básicamente la empresa de la Patrística, de los Canonistas, y más tarde de la Escolástica (donde toma vital preponderancia la Escuela Salmantina con personajes como Francisco de Vitoria o Domingo de Soto) influenciada ideológicamente por Tomás de Aquino, en tanto, busca la razón en la fe, mediante la reinvención del mundo aristotélico.

En cuanto a la *buena fe* no faltan las observaciones que nos han de llevar a una traducción histórica de su actual concepto. El actual concepto a nivel de la doctrina del Derecho que se maneja de la buena fe, básicamente desde nuestro punto de vista, puede

[129] Véase más adelante, en el Capítulo VI la relación existente entre la evolución histórica de estos principios y el desarrollo de la equidad (heredera de la *epiqueya* griega y la *aequitas* romana) como fundamento jurídico de la compensación por desequilibrio.

resumirse en su aplicación a los derechos reales y a su aplicación en el derecho de obligaciones[130]. En uno o en otro caso, la *buena fe* adopta una prenda distintiva.

A efectos de los derechos reales[131], la *buena fe* está relacionada con un determinado código de conducta *a priori*, (un *facto*); en el caso del derecho de obligaciones[132] con un código de conducta *a posteriori* (un *animus*).

En los derechos reales la *buena fe* forma parte de un juicio sobre la conducta preexistente. Las presunciones en este sentido otorgan un beneficio en favor de la legitimidad de un determinado negocio jurídico o *status* jurídico en base a la situación anterior respecto a la cosa. Un ejemplo de ello es la presunción de propiedad del poseedor de buena fe[133]. Aquí entra la diligencia como código de conducta presupuesto como punto de partida y solo el dolo, el fraude, el engaño o el ardid, invalidan o acarrean la nulidad de un negocio o *status* jurídico determinado.

La *buena fe* del Derecho de obligaciones por su parte, básicamente involucra un compromiso de conducta futura. Un modelo convencional y "universalmente" establecido a efectos de la relación pacífica entre patrimonios, en el cual, primordialmente está afectada la manifestación o los vicios de la voluntad.

Al margen de ello, lo curioso a nuestro modo de entender, es la denominación que en uno u en otro acaso adopta este código de conducta. Es en éste sentido, en el cual nos resulta evidente el hecho, de que fueran los glosadores europeos quienes adaptasen a su visión y época los conceptos de los textos de Justiniano encontrados.

---

[130] En el Capítulo VIII veremos cómo finalmente ambos conceptos se subsumen en uno solo, en base al planteamiento de los derechos reales de PLANIOL y RIPERT.

[131] Artículo 464° del Código civil español, por citar el caso de los bienes muebles.

[132] Esta afirmación nos parece consecuente con el tenor del artículo 1258° del Código civil español.

[133] Artículo 464° C.c.

A efectos contractuales, podría llamarse la *buena fe*, sana predisposición, recto compromiso, ánimo diligente o justo, común intención[134] o incluso buen proceder. No obstante, al lado del adjetivo de bondad[135] se acompaña la palabra "*fe*". Ello, desde nuestro punto de vista, representa la incorporación de un elemento "extrajurídico" de carácter místico en el contenido formal y aparente del precepto que en principio no resulta ser un requerimiento objetivo (pero sorprendentemente, a nuestro juicio sí lo es). No obstante, tras un adecuado análisis resulta comprensible su incorporación y que sea además un elemento de esta naturaleza.

Se trata desde nuestra perspectiva en el fondo, de un tema básico en cualquier sistema jurídico, la competencia, la ley aplicable y la seguridad jurídica. Esta es además la razón y la explicación de la imperatividad de la religión para convertir a los paganos, y a quienes profesan otra religión. Al no existir un sistema jurídico desarrollado y mucho menos el concepto de fuero de competencia o de normas de sujeción (no olvidemos que lo que hoy conocemos como nación-estado, es resultado de la Revolución Papal de Gregorio VII, conocida también como Querella de las Investiduras o Reforma gregoriana)[136], la "conversión" se configura como la sujeción automática de los siervos o practicantes a un "Derecho" determinado. De esta manera, todos cuantos forman parte del grupo comparten una serie de normas y valores que serán una constante "de obligatorio y sagrado cumplimiento" en sus relaciones jurídicas. Se establece así la ley aplicable a los sujetos. La antípoda resolutiva de todos los problemas prácticos del Derecho internacional privado estaría reflejada imperceptiblemente, por ejemplo, ya en la Santa Inquisición española[137]. En términos estrictamente jurídicos, el encontrarse exento de una determinada creencia puede acarrear determinados incumplimientos.

[134] Artículo 1362° del Código civil peruano.

[135] En este sentido es factible también asimilar el concepto de bondad con un vínculo de visión religiosa.

[136] La Revolución Papal, fue desde luego, una revolución jurídica. (No obstante los textos antiguos de canonistas no utilizan la palabra revolución, le atribuyen el estatus de *Refomatio)*. Significó a nivel histórico la denuncia y reivindicación por parte de Gregorio VII de la competencia de la Iglesia sobre la Ley natural frente a la terrenal Ley de los Príncipes, que determinó la ruptura del orden legal preexistente basado en la ancestral presuposición o atribución de divinidad monárquica. Este es el origen de la nación-estado canónico, antecedente de todos los seculares.

[137] Resulta paradójico –o quién sabe, quizá coincidente- que el padre del Derecho internacional privado haya sido también español.

Así, aún cuando la fe (religiosa) "cualquiera que sea" es buena, "si no es única" conduce en este marco, y en nuestra opinión, a inseguridad jurídica y conflictos de aplicación de la ley.

Es decir; desde el punto de vista teológico o supra legal, al que acudimos, existe "mala fe", no cuando existe un comportamiento "antijurídico", es decir, un comportamiento que pueda resolverse y sancionarse en base al Derecho establecido, sino por el contrario, cuando existe un comportamiento "*disidente*" del Derecho establecido, podríamos llamarlo "a-jurídico". Es decir, lo que por citar como ejemplo, en el islamismo hace merecedor a un sujeto de la denomina "infiel" (se trata de una infidelidad al sistema de normas[138]). De hecho, en algún momento, la práctica de otra religión o el cuestionamiento de ella, se convirtió en lo antijurídico. Una objeción de conciencia, en estas circunstancias, habría sido equivalente a una renuncia del Derecho en general, en la adquisición del *status* de un paria. Esto representa en nuestra opinión una prolongación ideológica del monoteísmo judeo-cristiano; así, en la medida que existe un solo Dios que es bueno (además un Dios que es a su vez, Juez y legislador), existe una sola fe, que por ende, es la única que es buena. La idea de la *buena fe*, creemos, para los canonistas era en realidad, la única vía para aplicar el Derecho[139].

Ahora bien, y para mayor abundamiento, incluso no es ocioso apuntar que tal concepto fue importado como una adaptación de la *fides* o *fides bona* del Derecho romano. En efecto, la locución latina de la que parten los canonistas para construir la buena fe, es la *fides bona* romana. La *fides* pues, nos trae una sospecha o idea de tener relación con el concepto de fidelidad, de lealtad, de *confianza*[140]; no de fe (que son en efecto, los sentidos que pretendemos utilizar).

[138] Como veremos, *fidelidad* una situación opuesta a la *fides* romana que desarrollamos a continuación.

[139] Y las campañas de conversión una estrategia de expansión de su mercado potencial. No olvidemos el elemento tributario en toda esta trama. Sería interesante con todo esto, para confirmar o desmentir nuestra hipótesis, realizar una investigación acerca del equivalente de contenido conceptual y lingüístico de la *buena fe* en otras tradiciones jurídicas no provenientes del cristianismo.

[140] En realidad es una curiosa e ilustrativa coincidencia, que la palabra fe pueda asimilarse a "*la confianza en una expectativa*". En cierta medida la base de nuestro futuro planteamiento sobre la legitimidad del derecho a la compensación por desequilibrio

El concepto ético de la *fides* o *bona fides*, tomado en cuenta por el Derecho, sin retoques o modificaciones de ningún género, nos dice el profesor IGLESIAS, significa –por lo menos en el campo de los derechos reales- *la creencia leal, la honesta convicción de que no se lesionan intereses jurídicos ajenos* [...][141]. Tendríamos que agregar nosotros que en el caso del Derecho de obligaciones, significará ya no la creencia, sino la "voluntad" *(o el animus)* leal y honesta de no lesionar intereses jurídicos ajenos o el compromiso de una diligencia adecuada, así como la confianza en el cumplimiento efectivo de los compromisos y promesas.

Se trata pues, como dijimos anteriormente de un código o modelo ideal de conducta igualmente, pero que en este caso, prescinde de un contexto religioso, donde el dolo y la culpa son concebidos ya por GAYO como desviaciones del modelo ideal de conducta (la *fides bona*). El modelo pues, viene representado, unas veces, por la *fides* o *bona fides*, y otras, por la *diligentia* de un *paterfamilias* cuidadoso *–diligens paterfamilias*[142].

Sea uno o en otro sentido, el carácter vinculante varía. Así, la buena fe en el sentido religioso, en cuanto a la aplicación de normas, vincula a todo creyente o "bautizado" en base a un código moral, y la *fides bona* vincula "secularmente" a cualquier sujeto en base a un código ético. La vinculación está en este sentido, relacionada con los móviles personales que conducen a esta suerte de modelo convencional y "universalmente" establecido[143]. La religión en ese sentido, se configura como un factor de coacción.

A partir de este modelo, creemos, surge el *principio de reciprocidad*, para que el sistema pueda fundarse en un escenario social. La *buena fe*, es un por un lado, requerimiento de Dios que ofrece una promesa, pero por otro lado, es un requerimiento humano que "garantiza" una retribución análoga o en las mismas condiciones[144].

---

[141] IGLESIAS, Juan. Ob. Cit. Págs. 184-185.

[142] Ibíd. Págs. 303-304.

[143] Del que suponemos, forma parte "la obligación pasivamente universal" de Marcel Planiol. Este tema es abordado en el Capítulo VIII.

Es en ese sentido, que sostenemos que el *matrimonio* propiamente dicho, y en cuanto a su sentido de compromiso, guarda una cláusula de *buena fe*. *Buena fe* en el sentido canónico, y en el sentido de la *bona fides* romana.

La *buena fe* en el sentido canónico está representada por la adquisición de un *status* determinado, dentro del cual la voluntad de las partes queda adscrita. Ésta es la razón por la cual la Iglesia y el Derecho canónico no reconocen el divorcio, por cuanto la manifestación de voluntad solo afecta al consentimiento de entrar en la relación o en una determinada categoría. Sí por el contrario, aceptan la nulidad basados en el error, es decir, donde aún existe *buena fe*. El salir de la categoría (y con ello de los preceptos religiosos) es lo significa un acto de mala fe.

Esto no sucede el Derecho romano en tanto, el precedente inmediato u origen de esta lógica de la Edad Media se encuentra en el derecho feudal, en particular a los contratos feudales de homenaje o de lealtad sin homenaje.

Como bien apunta BERMAN[145], el contrato feudal (fuese de homenaje o de lealtad sin homenaje) era el contrato necesario "*para ingresar en una categoría*". En ese sentido, nos dice, era como el contrato de matrimonio, al que de hecho –y no nos sorprende- lo compararon los juristas del siglo XII.

En contraste con los contratos comerciales, por ejemplo, virtualmente todos los derechos y obligaciones del contrato entre señor y vasallo quedaban fijados por el derecho (consuetudinario) y no podían alterarse a voluntad de las partes[146].

La reciprocidad en el homenaje –y de donde viene la idea y fundamento de la reciprocidad conyugal- consistía en el hecho de que el vasallo pasaba a ser hombre del señor a cambio de que el señor pasara a ser señor del vasallo; ésta era la relación

[144] Nótese que opera de la misma forma que el establecimiento de normas altruistas. El criterio de retribución en base a la confianza siempre está presente.

[145] BERMAN, Harold. Ob. Cit. Pág. 321.

[146] Ibíd. Pág. 321.

vitalicia[147]. Curiosamente incluso, dicha relación o contrato era sellado por un beso, casi equivalente a un matrimonio[148]. Aquí se hace patente la relación entre rito y compromiso. GANDSHOF[149] declara que el beso "era simplemente un modo de confirmar las obligaciones contraídas por las dos partes, así como se empleaba para confirmar otras formas de contrato". La palabra "simplemente" puede ser engañosa. Todo el ritual por el cual se formaba el contrato simbolizaba efectivamente las obligaciones en las que entraban.

Tras esto, podemos sostener que el matrimonio conserva una cláusula de *buena fe*, expuesta y sancionada en el ritual de compromiso al invocar la fidelidad. La fidelidad en ese sentido, creemos, no debe ser relacionada con la actual idea de fidelidad o infidelidad sexual (para ello técnicamente existe la figura del adulterio), o afectiva en todo caso, sino en el más puro sentido jurídico. Se trata en nuestra opinión, de un sentido legal, de una fidelidad en el sentido de obligación de reciprocidad en cuanto al cumplimiento de las reglas establecidas.

Desde el punto de vista de la *fides* o *fides bona* romana, el sentido de la reciprocidad adquiere el mismo valor de fidelidad, lealtad, y *diligentia* no obstante prescinde del elemento exógeno determinado por la imposición de cláusulas morales irrenunciables como requisito de la suscripción del acuerdo. Prueba de ello, es la existencia del divorcio en Roma. Es más, en ausencia de un ritual o un beso, existe la *sponsio*. Institución de carácter religioso-jurídico, nos dice IGLESIAS[150], la *sponsio* tiene el alto valor que una vieja civilización atribuye a la palabra dada[151]. Frente al nexo corporal, la atadura de la palabra, el sentirse ligados a la propia declaración. Refiere igualmente que el significado espiritual de la *sponsio* equivale a un reconocimiento de la *fides*.

---

[147] Loc. Cit.

[148] Loc. Cit.

[149] *Feudalism.* Fuente secundaria.

[150] IGLESIAS, Juan. Ob. Cit. Pág. 234.

[151] Nótese en uno y en otro caso, la existencia de desconfianza. Resulta evidente que los místicos se valen de símbolos y los no místicos de la "palabra tangible".

Se hace evidente aquí también la influencia cristiana en nuestro actual Derecho, por cuanto, como vemos, la *sponsio* perdió el valor que tenía en Roma como *sello de compromiso*, como manifestación de voluntad con efectos constitutivos; y pasó a convertirse en *sello de sencillamente una promesa,* si bien es cierto, con cierta relevancia particular, pero a efectos contractuales de derechos conyugales perdió todo su valor, en tanto derechos conyugales están supeditados a una determinada formalización. Así, los esponsales se convierten únicamente ya no en una manifestación de voluntad o acaso perfeccionamiento contractual, sino en fuente de obligaciones civiles a raíz, no de un incumplimiento contractual, sino de la retractación de cumplimiento de un potencial, pero aún no existente, derecho contractual (conyugal).

En esencia, podemos establecer que la *buena fe* tal, como la hemos concebido, resulta convertirse finalmente, al igual que ciertos mecanismos altruistas, en un pacto de reciprocidad y juego limpio, en cuanto a unas determinadas normas de conducta.

Pues bien, tras este análisis sobre lo que creemos significa el concepto de *buena fe* y su relación con el altruismo en cuanto a las relaciones conyugales, a partir de ahí, hemos de abordar dos conceptos íntimamente relacionados, a efectos de terminar de comprender la influencia cristiana sobre el actual concepto de altruismo. Se trata de la misericordia y el sacrificio. Tras su análisis podremos comprender desde una perspectiva histórica, cómo la misericordia y el sacrificio, constituyen elementos de dirección (moral) tendentes al establecimiento de pactos sociales o cláusulas de un seguro social espontáneo sobre la base del altruismo (establecimiento del Derecho en virtud de teorías de contrato social), y que en gran medida a la postre, nos permitirán explicar y comprender, algunas tendencias sobre los actuales pretendidos fundamentos filosóficos del otorgamiento del derecho de compensación por desequilibrio.

La misericordia es un elemento incorporado por el cristianismo a la conciencia social que involucra no solo un reconocimiento de tipo espiritual, sino lo que es más importante, un premio o recompensa. Un buen ejemplo de ello es el buen samaritano. El buen samaritano es el altruista bíblico por antonomasia, y altruista en todo el sentido de la palabra, desde el punto de vista cristiano.

Coincidente y sorprendentemente, a beneficio de nuestra hipótesis, la parábola del buen samaritano se sucede a raíz de una discusión de tipo jurídico. Es la respuesta a una consulta realizada por un hombre de leyes a Jesucristo acerca de la aplicación del Derecho. No obstante, antes de explicar este tema debemos hacer ciertas precisiones.

Sucede, que entre Galilea y Judea[152] existe un territorio llamado Samaria, que es la tierra de los Samaritanos. Dentro de la tradición judía (tradición de carácter jurídico basado en sus antiguas escrituras y costumbres)[153] los samaritanos eran paganos y extranjeros. No pertenecían al Pueblo de Israel, y en ese sentido carecían de la calidad de "prójimo de un judío". Es decir; en términos expuestos en los párrafos precedentes, no compartían la esencia de lo que más tarde se convertiría en "la buena fe". En términos estrictamente jurídicos, no existía (o por lo menos ese era el sentido de la consulta) obligación legal de reciprocidad y de ningún tipo, por parte de un judío respecto a cualquier samaritano. Básicamente y atendiendo al sentido literal de la norma, la obligación estribaría en "amar (eventualmente al samaritano *si ostentase la calidad de prójimo*) como a sí mismo" El amor en este sentido es el equivalente al fundamento de la reciprocidad (¡como lo es en el matrimonio!). Volvemos a la idea de que el no compartir la misma fe es sinónimo de encontrarse fuera del Derecho establecido.

TOMÁS Y VALIENTE[154] acudiendo al principio de personalidad del Derecho: pone de manifiesto que en determinadas (...) agrupaciones sociales cerradas; quien no

---

[152] Antes de la muerte de Salomón, Israel era un reino unificado. A partir de ahí se dividió en dos reinos, uno situado al norte donde se hallaba Galilea y el Reino de Judea, al sur. Aunque Samaria llegó a pertenecer al Reino del Norte, tras la ocupación romana (época de la que data la parábola) Palestina estaba dividida en provincias, una de ellas era Samaria, ubicada geográficamente entre Galilea y Judea.

[153] Las leyes establecidas por Jehová a Moisés que se detallan en Levítico 19.18 ("No te vengarás, ni guardarás rencor a los *hijos de tu pueblo*, sino amarás a tu prójimo como a ti mismo") y 19.33-34 ("*Cuando el extranjero morare con vosotros en vuestra tierra*, no le oprimiréis", "*Como a un natural de vosotros tendréis al extranjero que more entre vosotros*, y lo amarás como a ti mismo; porque extranjeros fuisteis en la tierra de Egipto"), establecen básicamente que el prójimo debe ser hijo del Pueblo de Israel, no obstante para ser considerado como prójimo el extranjero debe profesar la misma fe y convivir con el Pueblo de Israel. Si no hay coincidencia entre fe y morada, en principio no se podría hablar de un prójimo. Esto es lo que sucede con los samaritanos. Es curioso además, a efectos de su relación con el Derecho de familia, observar que la "convivencia" es un elemento sumamente relevante como generador de un "*status*" determinado.

[154] TOMÁS Y VALIENTE, Francisco. *Manual de Historia del Derecho Español*. Editorial Tecnos. Madrid, 2001. Pág. 78.

fuese miembro de ellas no podía acogerse a su Derecho. El principio de personalidad del Derecho significa –en este sentido-, que éste está concebido para que por él se rijan exclusivamente las personas que forman parte de cada unidad política. Cada persona esta pues, sometida al Derecho de su grupo, y por lo mismo era extraña a cualquier otro ordenamiento jurídico, de tal manera que si entraba en relación con otra comunidad política, no podía acogerse al Derecho de ésta, para la cual era en principio un extraño o incluso un enemigo[155].

Pues bien, según el Evangelio de Lucas (10.25-37), donde está reflejada la parábola del buen samaritano, un maestro de la ley le formula una pregunta a Jesús, en la cual; si miramos con atención, encontramos que se traduce a la recompensa o retribución, que ha de esperarse por una determinada conducta: «Y he aquí, cierto maestro de la ley se levantó para probarle, diciendo: —*Maestro, ¿haciendo qué cosa poseeré la vida eterna?»*. Para responder, Jesús apela a un método positivo: «Y él le dijo: —*¿Qué está escrito en la ley? ¿Cómo lees?»*. «Él le respondió diciendo: —*Amarás al Señor tu Dios con todo tu corazón, con toda tu alma, con todas tus fuerzas y con toda tu mente; y a tu prójimo como a ti mismo.*». «Le dijo: —*Has respondido bien. Haz esto y vivirás.*».

Aquí y a continuación es donde literalmente se hace o se pretende una interpretación de la norma, propiamente dicha. Se trata de dilucidar a nivel interpretativo qué ha de entenderse a la luz de la Ley por "prójimo", y por ende a qué sujetos ha de aplicarse o inaplicarse el precepto.

«Pero él, queriendo justificarse, preguntó a Jesús: —*¿Y quién es mi prójimo?»*. Así Jesús, para dar una interpretación de la norma (y de esta manera sentenciar cuál ha de ser la "nueva"[156] interpretación de la norma), relata "*la parábola del buen samaritano*". «Respondiendo Jesús dijo: —*Cierto hombre descendía de Jerusalén a Jericó y cayó en manos de ladrones, quienes le despojaron de su ropa, le hirieron y se*

[155] Recordemos nuestra referencia a la calificación de "infiel" por ejemplo, en el islamismo, que en buena cuenta, radica en la denuncia de la existencia de un orden jurídico diferente.

[156] No olvidemos que en este sentido Jesús representa a un revolucionario en todo el sentido de la palabra, al declarar abolido "lo antiguo" y fundar "lo nuevo" (el "*ius novum*"). Todas las revoluciones parten de este principio. De igual manera y por el mismo principio, la Jurisprudencia es susceptible de ser revolucionaria.

fueron, dejándole medio muerto.» «Por casualidad, descendía cierto sacerdote por aquel camino; y al verle, pasó de largo.» «De igual manera, un levita también llegó al lugar; y al ir y verle, pasó de largo.» «Pero cierto samaritano, que iba de viaje, llegó cerca de él; y al verle, fue movido a misericordia.» «Acercándose a él, vendó sus heridas, echándoles aceite y vino. Y poniéndole sobre su propia cabalgadura, le llevó a un mesón y cuidó de él.» «Al día siguiente, sacó dos denarios y los dio al mesonero diciéndole: "Cuídamelo, y todo lo que gastes de más, yo te lo pagaré cuando vuelva."» «¿Cuál de estos tres te parece haber sido el prójimo de aquel que cayó en manos de ladrones?». «Él dijo: —*El que hizo misericordia con él.*». «Entonces Jesús le dijo: —*Vé y haz tú lo mismo.*».

Esta nueva interpretación es en nuestra opinión, la incorporación de la misericordia como referente a la aplicación en el Derecho. Se trata de una nueva idea de justicia que busca estandarizar a los sujetos de Derecho con independencia de su fe y su origen (hoy lo llamaríamos nacionalidad o vecindad) en base a un criterio objetivo, porque en tanto el Derecho reconozca a una universalidad se convertirá en universal, entre otras cosas, por ampliar su capacidad de convocatoria.

Queremos hacer aquí un excurso que radica en una reflexión que nos adentrará en el futuro tratamiento de la equidad en el Capítulo VI dedicado al equilibro. Ello, en virtud de comprender desde varias perspectivas, en este caso, la histórica; la relación existente entre el altruismo y la equidad, a efectos de considerar ambas como los fundamentos jurídicos de la compensación por desequilibrio.

En el orden de ideas expuesto por la doctrina cristiana, en la medida que Dios (Juez y Legislador) es justo y sabio, si la misericordia legalmente establecida es una máxima o principio, la Justicia ha de estar vinculada e inspirada necesariamente por ella. Así, si la justicia o la aplicación de la ley, resulta discrecionalmente excesiva para el afligido o la parte débil, la equidad habrá de remediarlo[157].

---

[157] Para mayor detalle véase todo lo concerniente a la equidad en el Capítulo VI.

Como hemos visto, la misericordia es un elemento clave para entender la actual concepción de esta suerte de visión del altruismo como virtud. De hecho, tal es su importancia que forma parte de una de las bienaventuranzas. El tema al que queremos llegar sin embargo es, que la misericordia y el altruismo están relacionados tanto en cuanto al fin como a los medios. Ambos son medios que conducen a un mismo fin, la búsqueda de recompensas.

La misericordia en esencia, plantea una alternativa al altruismo como norma de conducta, en la medida que establece para el misericordioso, una potencial promesa de retribución en caso de eventualmente, hallarse en una situación penosa ("reciprocidad putativa" como veremos más adelante). Se trata de la suscripción de un compromiso de reciprocidad, básicamente una póliza "convencional" de seguro "universal" para sujetos con alto grado de incertidumbre[158].

Con todo ello, hemos de considerar que la misericordia no es gratuita. Exige la asunción de un coste. Aquí es donde llegamos al sacrificio, y no nos extendemos más.

¿Cuál es el mensaje del buen samaritano? ¿Qué parábola correspondería a la pregunta: qué hacer cuando la misericordia resulta demasiado onerosa e involucra un sacrificio mediante el cual, en esencia se obra en contra de la "obra de Dios": uno mismo? Con parábola o sin ella, esa posiblemente sea la esencia de la fe, como del altruismo: *la confianza*. Creer ciegamente, en la promesa: *el sacrificio, será siempre recompensado*. Ése es el mensaje.

Actuar de *buena fe* en el marco de una unión conyugal en consecuencia, como lo sostendremos en lo sucesivo, significa la posibilidad y garantía de albergar la *confianza*, (y por ende, legítimamente, las *expectativas*) de que los *sacrificios* (todo lo aportado y lo asumido) serán, en virtud del Derecho (el orden jurídico alcanzado) *recompensados* (*restituidos*) en la medida que correspondan, gracias a la *equidad*. Esto es, más o menos, desde una visión evolutiva del Derecho, lo que entendemos, es el planteamiento primario de los fundamentos de la compensación por desequilibrio.

[158] Sobre incertidumbre, véase el capítulo siguiente.

«Podríamos decir que la promesa de salvación,
principal novedad, es un exorcismo tendiente a liquidar
el temible prestigio de la diosa Fortuna»

Mircea Eliade

ii. El egoísmo desde el prisma del objetivismo de Ayn Rand

«A lo largo de siglos de calamidades y desastres,
causados por tu código moral,
te has quejado de que ese código había sido violado,
de que las calamidades eran castigo por haberlo transgredido,
de que los hombres eran demasiado débiles y egoístas para derramar toda la sangre necesaria.
Maldijiste al hombre, maldijiste la existencia, maldijiste a esta Tierra,
pero nunca te atreviste a cuestionar tu código.
Tus víctimas aceptaron la culpa y siguieron luchando,
recibiendo tus insultos como premio por su martirio,
mientras seguías sosteniendo que tu código era noble,
pero la naturaleza humana no era lo suficientemente buena como para practicarlo.
Y nadie se puso en pié para hacer la pregunta:
'¿Buena? ¿Según qué criterio?»

Ayn Rand, *La Rebelión de Atlas*, 1957.

«No estamos dispuestos a imaginarnos a ninguna persona defendiendo el egoísmo»

Adam Smith

Posiblemente, aunque existen innumerables referencias, la mejor y más clara expositora acerca de "*La virtud del egoísmo*" sea desde nuestro punto de vista, Ayn Rand.

RAND[159] parte de la construcción de un marco ético (ética objetivista) basado en la preposición conceptual del egoísmo en contraposición con un erróneo concepto como la preocupación por los intereses personales.

En efecto, RAND sostiene que el significado que se da a la palabra "egoísmo" en el lenguaje popular no es meramente erróneo; sino que además representa una

[159] RAND, Ayn. *La virtud del egoísmo*. Editorial Grito Sagrado. Buenos Aires, 2006.

devastadora tergiversación intelectual, que es responsable, más que cualquier otro factor, de la paralización del desarrollo moral de la humanidad[160].

En uso popular, según refiere la citada filósofa, la palabra "egoísmo" es sinónimo de maldad; la imagen que evoca es la de un bruto sanguinario capaz de pisotear un sinnúmero de cadáveres para lograr sus fines, que no se preocupa por ningún ser viviente y que sólo persigue la satisfacción de caprichos súbitos e insensatos[161]. Sin embargo, el significado exacto de la palabra "egoísmo" y su definición de acuerdo con el diccionario[162] es: la preocupación por los intereses personales[163]. En definitiva, la observación de RAND radica en que dicho concepto no incluye una calificación moral; no nos dice si la preocupación sobre lo que a uno le interesa es buena o mala, ni que qué es lo que constituye los intereses reales del hombre, en tal sentido, la respuesta a esa pregunta corresponde a la ética[164].

Refiere y sostiene así, que la ética del altruismo ha creado como respuesta la imagen del bruto para lograr que los seres humanos acepten dos dogmas inhumanos: a) que ocuparse del interés personal es malo, sea cual fuere tal interés, y b) que las actividades de ese bruto son, de hecho, de interés personal (al cual debe el hombre renunciar, como le ordena el altruismo, a favor de su vecino)[165]. Ésta sería la filosofía que se opondría a la visión filosófica cristiano-comunista. Más aún, sería un juicio ético frente a la moral altruista.

Ésta es justamente la razón por la cual no hemos de profundizar más en el pensamiento de RAND. Simplemente se trata de echar un vistazo al otro lado del prisma. Lo que en principio significa la racionalidad frente al misticismo (aunque el

[160] RAND, Ayn. Ob. Cit. Pág. 9. No entraremos en profundidad a la filosofía de RAND, sin embargo para mayor detalle, véase "*La virtud del Egoísmo*".

[161] Loc. Cit.

[162] Se parte de una definición de egoísmo según diccionario anglosajón.

[163] Ibíd. Pág. 10.

[164] Loc. Cit.

[165] Loc. Cit.

misticismo como proceso hermenéutico realmente contenga vasta racionalidad colectiva).

En cuanto a lo que atañe al Derecho de familia, creemos que entre otras cosas, el factor biológico del altruismo, por ejemplo, o el concepto de altruismo que estamos manejando, pueden eximirnos de hacer una asimilación teórica a rajatabla de la ética randiana.

iii. La extrapolación de estos conceptos al Derecho. El pensamiento de Rudolf Von Ihering

«El hombre queda justificado ante la naturaleza
cuando puede emplear con ella este lenguaje:
"La prima que me has enseñado para la conservación de mi existencia,
no vale los tormentos y males que me has infringido;
por tu propia falta, ¡oh naturaleza!,
te devuelvo un presente que no tiene ya valor para mi
y que nada me obliga a conservar;
entre nosotros es necesario equilibrar las cuentas"...»

Rudolf Von Ihering
El fin en el Derecho

¿Cómo puede, con el egoísmo, existir todavía el mundo?, -se pregunta VON IHERING- porque el egoísmo lo quiere todo para sí. Pero el mundo lo toma a su servicio y le paga el salario que reclama[166].

Aunque VON IHERING no desarrolla un concepto del altruismo propiamente dicho, sí hace una distinción entre dos conceptos opuestos que nos permitirán llegar a una definición del altruismo fruto del equilibrio entre estos dos conceptos.

VON IHERING distingue así entre egoísmo y abnegación. La abnegación para su concepción *es el querer exclusivamente para otro, donde la ausencia de resultados*

[166] VON IHERING, Rudolf. *El fin en el Derecho*. Editorial Heliasta. Buenos Aires 1978. Pág. 23.

en otro produce abstención[167]. Podría sostenerse que esta es su versión de altruismo, pero en nuestra opinión no es así. Él concibe a la abnegación como el resultado de un sacrificio en sentido puro, con contenido romántico, por decirlo de alguna manera[168]. La abstención en ese sentido, creemos está referida a la ausencia de beneficio de quien ejerce la conducta abnegada.

Sin perjuicio de ello, desarrolla paralelamente el concepto del interés en las acciones humanas. Lo cual, vincula de manera estrecha con el egoísmo, y que significará a la postre, nuestro concepto de altruismo como el equilibrio entre dos manifestaciones de voluntad.

El interés –interesarse por un fin específico-, nos dice VON IHERING; *es la condición indispensable en toda acción humana. Obrar sin interés es un no ser, lo mismo que obrar sin un fin*[169].

En esencia pues, VON IHERING no concibe una acción ausente de un interés o un fin. Por ello, sostiene además que "*la misma naturaleza enseña al hombre a conquistar a otro para sus propios fines; y consiste en relacionar su propio fin con el interés del otro*"[170]. Este sería, en base a nuestra interpretación, el concepto de altruismo en palabras de Rudolf Von Ihering. Más tarde, y como no podía ser de otra manera, establece una relación entre estas ideas y la teoría general de los contratos.

Refiere así, que la unidad de la voluntad en el contrato (*consensus*) no es otra cosa que el acuerdo de las partes sobre la coincidencia completa de sus respectivos intereses. A lo que agrega, y que en adelante resultará de suma importancia en el planteamiento de este trabajo; que no es el interés objetivo de la operación lo que hace

---

[167] Ibíd. Pág. 29.

[168] Probablemente por ello sea que sostiene que "*para el psicólogo, la abnegación es un fenómeno tan maravilloso como si de repente viese todas las montañas cubiertas por el mar*". VON IHERING, Rudolf. Ob. Cit. Pág. 24.

[169] Ibíd. Pág. 31.

[170] Ibíd. Pág. 24.

llegar a realizarse, es la estimación subjetiva de su valor para los contratantes lo que hace inclinar la balanza[171].

En conclusión, y en cuanto al altruismo, las estrategias familiares, así como las distintas aportaciones y transmisiones de recursos en la familia; "*la concurrencia es el regulador espontáneo del egoísmo*"[172].

El "equilibrio de cuentas", al que hace referencia VON IHERING en la cita que encabeza el presenta apartado, y que en cierta medida, por la genial elocuencia de su autor, representa y congrega esta parte de nuestro discurso; se esconde tras la concurrencia, que en su caso, se llevará a cabo, mediante, lo que la "naturaleza" ha puesto a disposición de los sujetos en aras de la consecución del equilibrio; en nuestra opinión: el *altruismo*.

«...Pero la naturaleza ha tomado tales medidas,
que es raro que no esté la cuenta a su favor.
Ha establecido el equilibrio entre el bienestar y la pena de modo tal,
que por lo regular es el primero quien triunfa en la existencia.
Si no lo hubiese hecho así,
o fuere posible que el dolor triunfase sobre el placer,
habría procedido como el patrono
que por rebajar demasiado el salario de sus obreros,
es abandonado por éstos,
y todo el mundo hubiese perecido en la segunda generación»

Rudolf Von Ihering
El fin en el Derecho

IV. El altruismo *per se*: una mirada dentro y fuera de casa

El altruismo en general tiene diversos orígenes, formas y motivaciones, y más aún explicaciones. Aunque hemos intentado mostrar un panorama amplio y generalista por distintas vertientes, es muy complicado delimitar con certeza el campo que abarca; sobre todo en lo que respecta a las transmisiones de recursos dentro de la familia.

---

[171] Loc. Cit.

[172] Ibíd. Pág. 71.

Actualmente existen no solo diversas teorías y connotaciones acerca del altruismo, sino más aún, distintas visiones en función de la disciplina de que se trate. Como vimos, podemos hablar de altruismo en sentido de genética, biología, psicología, sociología, economía, filosofía, e incluso, como pretendemos mostrar en adelante, también para el campo del Derecho.

En efecto, la figura del altruismo parece sumamente fragmentada. El término altruismo puede ser entendido de muchas formas diferentes. No hay una esencia común para todas esas significaciones, aunque se suele mostrar una especie de "familia de afinidad". Por otra parte, las fronteras de cada uno de esos significados, es confusa. Es difícil por ejemplo dibujar una línea exacta o certera entre altruismo por un lado, y generosidad o solidaridad por otro. Más aún, las opiniones difieren acerca de cuando existe altruismo[173] y cuando no. Esta difusa división se ve acentuada cuando incluimos en el análisis teorías y planteamientos acerca de motivaciones sobre transmisiones a título gratuito, la reciprocidad, o incluso cuando escapamos del ámbito familiar y acudimos al comportamiento social.

Un ejemplo de esto, puede verse en la economía, en el hecho de que, como pone de manifiesto KOLM, algunos economistas[174], que han querido explicar todo el comportamiento mediante el egoísmo, -pero vivieron en una familia, anota-, se adhirieron a la opinión de que "hay altruismo dentro de la familia y egoísmo fuera de la familia".

Esta concepción desde luego, hoy por hoy, ante la conjunción de información de diversas disciplinas, resulta errónea y es resultado de un simplista punto de vista[175]. Más

---

[173] *Anders Nordgren and Claes-Göran Westrin. Pág. 14.*

[174] Richard Posner, por ejemplo, refiere sobre su planteamiento, que aunque en su explicación, el matrimonio puede parecerse a una asociación comercial, y el hogar, a una fábrica pequeña, hay diferencias importantes entre los negocios y la organización familiar. Una es la diferencia entre el altruismo, y el egoísmo propio de las transacciones de mercado. Sencillamente cada una de éstas son más o menos eficientes en la familia que en una organización mercantil, la otra es que las tareas específicas dentro del hogar no están dirigidas y supervisadas en forma jerárquica, burocrática o siquiera contractual. En el matrimonio hay un sustituto de los mecanismos de control que existen dentro de una empresa. Los economistas no llaman amor a este factor, pero lo describen como una forma de altruismo. POSNER, Richard. *El análisis económico del Derecho*. Fondo de Cultura Económica, México, 1992. Págs. 136-137.

aún, lo más reciente sobre economía familiar reconcilia de manera iterativa la multipolaridad con "*el dar*" y afectos positivos en base a la teoría de la familia en la reciprocidad (ARONDEL y MASSON). De hecho, las familias ofrecen toda forma de relaciones[176]. A estas relaciones hemos de dirigirnos para acercarnos propiamente al altruismo.

i. Las *relaciones* y *transmisiones* patrimoniales. Los actos y las motivaciones

La familia congrega una serie de *relaciones* bajo distintos títulos y fundamentos. Podríamos hablar por ejemplo de relaciones paterno filiales, (padre/madre-hijos) relaciones de afinidad en la pareja (cónyuges o parejas de hecho), relaciones de fraternidad (hermanos), o incluso de relaciones de índole político familiar (suegros, cuñados, etcétera). Y aún, todas éstas con menor grado de cercanía, en relaciones con abuelos, tíos o primos.

Dentro de todas o cada una de estas *relaciones de familia*, existen o pueden existir determinadas relaciones patrimoniales. En ese sentido, habría que entender por *relaciones patrimoniales*, al conjunto de actos y voluntades (confluyentes) que favorecen la movilidad o el intercambio de recursos tangibles o intangibles de una titularidad determinada a otra, o a ambas. En ese sentido, una *transmisión patrimonial* se configura como el acto de entrega de un recurso determinado. Dicho acto puede darse de manera unilateral, bilateral o multilateral, con concurrencia o sin ella. Así mismo, puede requerir tanto una contraprestación, así como una determinada conducta o compromiso sin carácter *sine quan non* para la realización de la transmisión. Ésta es, desde nuestro punto de vista, un poco la base de lo que en el Derecho se entiende por transmisión a título gratuito o a título oneroso.

[175] KOLM, Serge-Christophe. *Introduction to the Economics of Giving, Altruism and Reciprocity*. En: KOLM, Serge-Christophe, MERCIER YTHIER, Jean. (Editors). *Handbook of the Economics of Giving, Altruism and Reciprocity. Foundations*. Volume 1. North-Holland, Amsterdam, 2006. Pág. 43.

[176] Ibíd. Pág. 33.

Ahora bien, dichos actos o la naturaleza de cada uno, sostenemos; se determina en función de la existencia de distintas motivaciones. Nos referimos a los fundamentos o motivaciones de las distintas relaciones que puedan servir de base a diferentes transmisiones particulares. En efecto, la búsqueda de una compensación como efecto de una crisis matrimonial en el plano del Derecho de familia, está abocada a restituir el valor de una transmisión anterior en virtud de un título que ya no existe (la convivencia o el matrimonio).

Bajo dicho título, subyace el fenómeno del altruismo, o incluso la reciprocidad que justifican las propias transmisiones. En efecto, como veremos, el *altruismo* es un fenómeno presente en transmisiones patrimoniales, no así la *reciprocidad*, que constituye un proceso. Por ello, en la medida que nuestro interés se encuentra en las transmisiones que causan el ánimo compensatorio, hemos de dar tratamiento a las distintas modalidades de interacción patrimonial en la familia.

Así, enfocaremos al altruismo desde la óptica de las transmisiones a las que sirve de base. En ese sentido, habremos de referirnos a transferencias ("*el dar*") que pueden estar causadas por *motivos altruistas* (un regalo en todo el sentido de la palabra) o por *motivos no altruistas* (por reciprocidad o por intercambio).

a) "El Dar"

Para abarcar el tema de las transmisiones de recursos en la familia es fundamental establecer el concepto de la acción que genera la transmisión: "*el dar*"[177].

En términos genéricos, *"el dar"* es un acto voluntario e incondicional en favor de otra persona. En varias formas, constituye una relación social positiva. Siendo en general, más o menos costosa para el otorgante, es un sacrificio voluntario de dicho

---

[177] "*El dar*" es la traducción que damos a lo que en la literatura anglosajona se entiende por "*giving*". No obstante, es pertinente señalar, que KOLM entiende que existen cuatro tipos de transferencia económica; "el dar" entendido como regalo en sentido puro, la reciprocidad, el intercambio y la coacción o apropiación. KOLM, Serge-Christophe. *Introduction: The Economics of Reciprocity, Giving and Altruism*. En: GÉRARD-VARET, L.-A., KOLM, S.-C. MERCIER YTHIER, J. (Editors) *The Economics of Reciprocity, Giving and Altruism*. MacMillan Press Ltd. London, 2000. Pág. 7.

otorgante en favor del beneficiario. Por lo cual, -y es lo interesante de esto-, puede *a priori* constituir una relación robusta[178].

"*El dar*"[179] es pues, favorecer voluntariamente a alguien más o a una causa pública a costa de uno mismo sin requerimiento de retribución o contraparte[180]. Un acto "gratuito" en todo el sentido de la palabra. No obstante, la gratuidad en este sentido sostenemos, no debe entenderse como gratuidad bilateral o multilateral; puede ser gratuito sólo para el beneficiario, pero al mismo tiempo, costoso para el otorgante. La clave en ese sentido, está, no en el coste, sino en el eventual establecimiento o requerimiento de compromiso o retribución.

Así pues, "*el dar*", como acción genérica, puede ser *altruista* o *no altruista*, todo va a depender como veremos, de las motivaciones de la acción. Consecuentemente, es en el altruismo y en la reciprocidad donde se encuentran los distintos niveles motivacionales.

Graficando ésto; tenemos por un lado, *el dar altruista* en el cual se otorga de manera incondicional y sin requerimiento de retribución. Del otro lado, tenemos "*el dar*" *no altruista*. "*El dar*" *no altruista* en ese sentido, puede apuntar a la obtención de efectos sociales que conciernen juicios, la situación del otorgante y del receptor, o relaciones sociales, o en el favorecer el interés propio por varios caminos posibles - incluyendo efectos económicos o sociales indirectos, recompensas, o un regalo de vuelta[181].

"*El dar*" *no altruista* consiste en otorgar por una razón final distinta al beneficio o bienestar del receptor, o no sólo por ese motivo[182]. Adicionalmente, como se puede

---

[178] KOLM, Serge-Christophe (2006). Págs. 43-44.

[179] "*Giving*" en la literatura anglosajona.

[180] Ibíd. Pág. 80

[181] Ibíd. Pág. 55.

[182] KOLM, Serge-Christophe (2006) Pág. 20.

ver, no existe una petición de compromiso o retribución, el propio acto o sus efectos generan –o generarán- para el otorgante la compensación del otorgamiento.

Para comprender esto, podemos considerar que la gente a menudo siente que tiene que dar sin mucha consideración de la situación del beneficiario. El regalo debería ser útil, pero el centro de la intención está más bien sobre "*el dar*" que sobre el alivio o la ventaja que puede causar en el beneficiario. Sobre esta perspectiva, esto no es altruismo en absoluto, ya que el motivo no es una intención altruista. Este motivo está en la naturaleza de una obligación mental o la valoración, con varias intensidades posibles. Puede deberse a un deber u otra norma social, regla, valor o prescripción, y esto puede devenir en un hábito o una tradición benigna. Este motivo para "*el dar*" es normativo y deontológico, y no consecuencialista (como es, por ejemplo, el altruismo o el deseo de tener algún efecto social).

De ahí, para todos los motivos de esta clase, desde el punto de vista de un análisis puramente económico; describir los actos por la función de utilidad resulta inútil, aunque posible en la descripción, "la satisfacción de seguir o cumplir la norma", o "el descontento de no hacerlo"; permita tomar en cuenta el sentimiento sobre qué tanto, o poco, se sigue una norma. Este motivo no es la moral en el sentido del altruismo moral, y aún algún otro sentimiento de valor moral, norma o deber puede ser conectado a un acto de dar en sí mismo. El motivo puede ser sentido como una norma social, valor o no. Puede ser concebido igualmente, como esencialmente personal. Pero también puede ser visto como una norma social o el valor, y, entonces, esto puede relacionarse con el reconocimiento real o imaginado. Finalmente, este motivo no es, en sí mismo, el estar satisfecho de uno, aunque este sentimiento pueda acompañarlo[183].

Otros motivos para "*el dar*", siguiendo a "*el dar no altruista*", pueden ser clasificados en tres categorías principales enfocadas respectivamente sobre los efectos sociales del regalo, sobre "*el dar*" *no altruista normativo*, y sobre el *interés propio* más estrictamente concebido. Los efectos sociales, en ese sentido, y en opinión de KOLM[184] pueden ser divididos en las tres categorías de la *opinión* de otra gente, la *situación*

---

183 Ibíd. Pág. 84.

184 KOLM, Serge-Christophe (2006). Pág. 81

social resultante del otorgante y a veces del receptor, y las cuestiones de *relaciones sociales*.

Cabe añadir, que "*el dar*" es también a veces una norma o valor sin demasiado altruismo del otorgante, aun cuando éste pueda sentirlo como moral o simplemente social, como un deber o como la acción apropiada, y que puede inducir el reconocimiento (o la culpa) por el otorgante para sí mismo o por otra gente. Éste efecto último, es un aspecto de opinión social. Tal dar puede también reducirse a la *tradición*[185] o el hábito. Finalmente, el dar puede favorecer el *propio interés* del otorgante de varios modos, por los efectos indirectos de varios tipos - pensamiento económico de mercado o de otra manera social (por ejemplo político)-, en la inducción de un regalo de vuelta o el mantenimiento de un cambio secuencial, en la inducción de una recompensa, o en la inducción o el mantenimiento de una situación social o el estado que proporcionó alguna ventaja tangible[186].

A efectos de esquematización de estas ideas, podemos atender al siguiente gráfico[187], en el cual están expuesto los motivos para "*el dar*" *no altruista*, y que entendemos, puede ser de gran utilidad en nuestro posterior tratamiento.

[185] Aquí entrarían a tallar de manera tangencial los requerimientos de la misericordia y el sacrificio expuestos con anterioridad.

[186] Ibíd. Pág. 81

[187] Ibíd. Pág. 82

- Normativo No-altruista
  - Deber
  - Propiedad
  - Auto-satisfacción
  - Hábito
  - Tradición
- Efectos Sociales
  - Recepción opinión de terceros
    - Alabanza, estima; desaprobación, desprecio
    - Atracción/gusto
    - Gratitud
    - Estatus de virtud
  - Situación social
    - Desde y por nivel jerárquico
      - Alto
      - Bajo
    - Superioridad o baja inferioridad: Creación o supresión
      - Responsabilidad moral
      - Superioridad/ Inferioridad
      - Humillación
  - Relación social
    - Mantenimiento o inicio de una relación
    - Sello de acuerdos
    - Muestra de buena voluntad o intenciones pacíficas
    - Muestra y suministro de amor o atracción
    - Disfrute del proceso de dar
- Propio interés
  - Efecto indirecto
    - Mercado
    - Otros
  - Recepción regalo de vuelta
  - Recepción recompensa
    - De otros
    - De instituciones
    - En vida futura
  - Situación o *status*

Hechas las distinciones pertinentes entre lo que hay que entender a nivel de motivación por altruismo, y su eventual existencia en las transmisiones patrimoniales ("*el dar*"); es necesario realizar una aproximación a la relación existente entre dicho altruismo como fenómeno de motivación, la reciprocidad, e incluso el intercambio, a efectos de distinguir de igual manera su campo de acción, así como su forma de operar.

b) El altruismo como fenómeno de motivación

El altruismo en sí mismo, en principio es un *fenómeno*, que puede darse en función de distintos cauces. Entran aquí a tallar elementos tanto personales (de contenido biológico, psicológico y económico) como elementos sociales (en general procesos de cooperación).

Existe como veremos, una relación gravitante entre "*el dar*", el altruismo y la reciprocidad. Como refiere KOLM[188], "*el primer altruismo es el refrenamiento del daño. El primer regalo es el refrenamiento del robo. La primera reciprocidad es la respuesta del respeto con el respeto*".

Partiremos por sostener que el altruismo es en esencia, la preferencia por el bien de otra persona en sí mismo, y ello denota una acción a favor de ese bien *por ese motivo*[189].

Esta definición, tal y como es expuesta, en principio distaría de la económica, que a grandes rasgos, considera al altruismo sobre la base de una función de utilidad. No obstante, debemos advertir que siendo flexibles, puede entenderse consecuente con dicho planteamiento, en la medida de que la utilidad puede estar relacionada con el bienestar producido por el seguimiento *no altruista* de una norma determinada o un efecto social.

Ahora bien, sea como fuere, dicho altruismo dentro de las relaciones entre individuos, a nivel social tiene efectos positivos. De hecho, no puede existir ninguna sociedad sin un alto grado de altruismo voluntario, respeto por otros y por sus derechos y propiedades[190]. El altruismo como bien señala KOLM[191], es el lubricante de las

---

[188] KOLM, Serge-Christophe (2006). Pág. 40.

[189] Ibíd. Pág. 8.

[190] Ibíd. Pág. 40.

[191] Ibíd. Pág. 41.

relaciones sociales, necesario para el trabajo de la sociedad como el aceite lubricante lo es para las máquinas.

El efecto más importante del altruismo es probablemente en este sentido, y a nivel social; el respeto de otras personas y de sus derechos y propiedades, los cuales podrían no estar suficientemente bien protegidos solo mediante la autodefensa y la policía[192].

Ahora bien, dentro de toda esta perspectiva, el altruismo como tal, no siempre proviene de una misma fuente. Es más, puede dividirse, como nos muestra KOLM, en dos grandes grupos en función de sus causas o motivaciones, los cuales a su vez se subdividen en otras tantas especies. A efectos gráficos, esto puede quedar reflejado en el siguiente cuadro[193]:

[192] Ibíd. Pág. 6.

[193] Ibíd. Pág. 56.

Estructura y doce tipos básicos del altruismo:

			SENTIMIENTOS			APLICACIÓN
Altruismo	Natural o Hedonista		Afectivo	Afecto		*Familia*
				Simpatía		*Amistad, relaciones cercanas en general, necesidad, sufrimiento*
			Hedonista puro	Empatía	Directa	
					Asumida	
					Propia	
				Contagio emocional		
			Moral Hedonista	Compasión		
				Pena		
	Normativo		Normas y valores	Intuición moral		
				Norma social		
		Racional	"Egoísmo"	Sustitución		
				Reciprocidad putativa		
			Racionalidad social	Imparcialidad, justicia		
				Universalización		

Tal como se observa, a grandes rasgos, el altruismo es *hedonista (o natural)*, y *normativo*.

Para hablar de altruismo *natural* o *hedonista*, tenemos que considerar que ciertos fenómenos psicosociales como el afecto, la empatía, el contagio emocional, el compañerismo, la compasión, o la comparación, hacen a una persona sentirse feliz o triste, como consecuencia de la felicidad o el dolor, o la situación buena o mala, de otra persona. Estos motivos inducen el altruismo "*natural*" o "*hedonista*". El altruismo *natural* o *hedonista* en ese sentido, incluye el altruismo *afectivo* (afecto y simpatía)[194].

El altruismo *normativo* por su parte, se refiere a valores "intuitivos" morales y normas, a valores y normas sociales amorales, y a principios racionales morales (p.ej. imparcialidad y justicia, universalización, o reciprocidad putativa)[195]. El altruismo *normativo* está inducido en consecuencia, por la intuición moral, normas sociales amorales, o varias aplicaciones o usos de racionalidad[196].

El altruismo *natural* o *hedonista*[197], está referido a cuando estamos más felices porque alguien más es feliz, o porque ésta persona está en una situación que pensamos es mejor para ella; en dicho caso, nuestro propio hedonismo nos hace valorar el placer o el menor dolor del otro, o la mejora relevante de su situación. Este tipo de altruismo puede ser a su vez; *afectivo*, *hedonista puro* y *moral hedonista*.

En cuanto al altruismo *afectivo*, esto es, el afecto y la simpatía; pueden explicarse de la siguiente manera: el afecto *a priori* hacia alguien, por atracción, gusto o afinidad, implica directamente que el gusto o la atracción está bien para ella, y notablemente para su alegría o el alivio de su dolor. El afecto puede ser asociado con la empatía (notablemente cuando uno conoce bien a la persona gustada), y con el contagio emocional (notablemente si uno está cerca de ella, en el contacto frecuente donde ella se cae bajo la atención de alguien) pero esto es una causa apropiada de altruismo por sí mismo[198].

---

[194] KOLM, Serge-Christophe (2006). Pág. 41.

[195] Ibíd. Pág. 6.

[196] Ibíd. Págs. 54-55.

[197] Ibíd. Pág. 57.

[198] KOLM, Serge-Christophe (2006). P.59

En cuanto al *hedonismo puro*, la *empatía* está referida a que se puede imaginar uno mismo en el lugar de otra persona. Esta idea se denomina *sustitución*[199]. El *contagio emocional* por su parte, o "*imitatio affectuum*" hace sentir y compartir emociones que se observan en otros[200].

En cuanto al altruismo *moral hedonista* los motivos quedan reflejados en la *compasión* y la *pena*; esto es, sentimientos hacia otras personas en situación penosa[201].

Por otro lado, se encuentra el *altruismo normativo*. El altruismo *normativo* de un individuo es su preocupación por el bien de algunas otras personas como un valor *en sí mismo*, un final o el valor de final. Esta visión puede así concebir normas sobre ese bien. Puede estar motivada por *el dar* o el ayudar con asunción de los costos, o a pesar de ellos[202]. Existe también un "*dar normativo*" relacionado al regalo o la ayuda en sí misma, más que a la mejora en la situación del beneficiario, aunque tenga igualmente este último efecto. Dicha acción puede ser inducida por el consejo moral sobre la acusación o por normas sociales amorales o valores. Esto es clasificado como un tipo de "*dar no altruista*".

El altruismo *normativo* por su parte, se divide en tres categorías, las cuales pueden denominarse respectivamente; *intuitiva moral*, *social* y *racional*[203].

Dos son los tipos de moral en la naturaleza, nos dice KOLM[204], para referirse en este sentido al altruismo *normativo*: la del tipo *intuitivo* y la del tipo *racional*. Así, concluye que la *intuición moral* y el altruismo *social normativo* están referidos directamente a normas o valores, en oposición al *altruismo racional normativo,* en el

---

[199] Ibíd. Pág. 58.

[200] Loc. Cit.

[201] Ibíd. Pág. 59

[202] Ibíd. Pág. 60

[203] Loc. Cit.

[204] KOLM, Serge-Christophe (2006). Págs. 60-61.

cual algún razonamiento de naturaleza moral y lógica es básico (aunque sea a veces muy poco)[205].

En cuanto al *altruismo normativo racional*, tenemos el proveniente de una motivación egoísta, y puede clasificarse en *sustitución* y *reciprocidad putativa*. La *sustitución* está referida a aquella situación en la cual "una persona imagina que se encuentra en una posición determinada" (Imagina que te encuentras en esa situación[206]). La *reciprocidad putativa* en cambio, parte de otra premisa; "debemos ayudarlos porque ellos pueden ayudarnos si eso nos ocurriera"[207]. La *reciprocidad putativa* también a veces es ampliada: la creencia que le ayudarían si usted lo necesitara puede hacerle más propenso para ayudar a otros, incluso si ellos no son los que le ayudarían (una *reciprocidad generalizada supuesta*); y usted puede ser aún más propenso para ayudar a alguien, si usted sabe que ella ayudaría a otros si ellos lo necesitaran, incluso si ellas son otras personas distintas a usted (una *reciprocidad inversa supuesta*)[208]. Éste es el tipo de altruismo al que hicimos referencia anteriormente al referirnos a la norma religiosa-social de la misericordia.

Existen asimismo, dos tipos de *altruismo normativo racional* referidos a sentidos de *imparcialidad*, *justicia* y un mecanismo de *universalización*. Estos tipos de altruismo, sin embargo, serán descritos en líneas posteriores, sin perjuicio de lo cual podemos señalar que a través del altruismo como mecanismo de *universalización* se va

---

[205] Estos términos, en opinión del autor, requieren ciertas precisiones para el entendimiento de estas ideas. Explica así, que el adverbio "*intuitivo*" se propone para distinguir "intuición moral" de "moral racional". Es escogido debido al muy común uso del término "intuición moral" para describir la naturaleza de los valores en cuestión (esto es; el uso tradicional extrapola el sentido normal del término intuición que está referido a una especie de cognición sobre hechos, y en este sentido trata valores como si fueran verdades, que no lo son). Además, estos valores intuitivos morales son sin duda no menos sociales en el origen que otros valores a los cuales restringimos el término "social" por la brevedad y la conveniencia, y cuyo nombre amplio más exactamente debería ser "no moral social" (o amoral social). Aún, las dos categorías son *a priori* netamente distintas. Un valor moral o la obligación son sentidos como intrínsecos - incluso si esto se aplica en contextos específicos sociales-, esto puede implicar un deber, y el incumplimiento en ese sentido implica culpa. Un valor social (no moral) o la norma básicamente se refieren a un juicio "de la sociedad", o "de otra gente", dice que es apropiado o correcto, o que debe ser hecho, y el incumplimiento o la inobservancia de ello provoca la inquietud o la vergüenza.

[206] Ibíd. Pág. 68

[207] Loc. Cit.

[208] Loc. Cit.

a llegar, como veremos, a un proceso de reciprocidad, el mismo que involucra consideraciones acerca de justicia. En dicha confluencia, es donde encontraremos todas las relaciones existentes entre altruismo y equidad.

Lo que hemos relatado, es más o menos, la base del proceso que significa la reciprocidad social. Ahora bien, existe una distinción fundamental entre lo que ha de entenderse por altruismo y reciprocidad, sin perjuicio de considerar a uno y otro como un fenómeno y un proceso, respectivamente.

El altruismo implica preocupación por las asignaciones de otros. Pero la reciprocidad también generalmente implica preocupación, pero por los actos o transferencias *per se*[209].

Ésta sería básicamente, la explicación por la cual, como sostendremos más adelante, en caso de crisis familiares, desaparezca el altruismo, no obstante, permanezca la reciprocidad, sobre todo, en cuanto al ánimo de la compensación por desequilibrio.

c) La reciprocidad como proceso de motivación

Consideremos que los regalos son un tipo de transferencia económica y un hecho importante de las sociedades, y la reciprocidad -un conjunto de motivaciones interrelacionadas de ida y vuelta- constituye, en sus diversas formas, un generalizado fenómeno social y un proceso que es la principal fuerza en la constitución de sociedades[210]. En esencia pues, la reciprocidad constituye un proceso social[211].

La reciprocidad juega un papel de vital importancia a nivel social. De hecho, prácticamente toda vida en sociedad incluye e implica reciprocidad, y dicha reciprocidad ha estado vista como el adhesivo básico que hace a la gente constituir

---

[209] KOLM, Serge-Christophe. *The Theory of Reciprocity.* En: GÉRARD-VARET, L.-A., KOLM, S.-C. MERCIER YTHIER, J. (Editors) *The Economics of Reciprocity, Giving and Altruism.* MacMillan Press Ltd. London, 2000. Pág. 138.

[210] KOLM, Serge-Christophe (2000). Pág. 137.

[211] Ibíd. Pág. 118.

grupos o sociedades[212]. La importancia de la reciprocidad a nivel económico, o si se quiere a nivel incluso del Derecho, es que ésta constituye el atenuante estándar a los obstáculos para establecer y hacer cumplir los contratos debido a imposibilidades o costos de información, comunicación, o de establecimiento de coacción[213].

La reciprocidad está comúnmente asociada a varios tipos de sentimientos o motivaciones, tales como el propio interés, compañerismo, altruismo recíproco o inducido, endeudamiento moral, gratitud, equidad, sentido del equilibrio, buen comportamiento social, o la opinión y presión de otros sujetos, en diferentes proporciones[214].

En el caso de la reciprocidad, "*el dar*" opera de manera peculiar, distinta al dar en sentido llano. "*El dar*" o hacer un favor en un contexto de reciprocidad, es motivado por otro "*dar*" de vuelta. Por ejemplo, en la correspondencia o "retorno" de un regalo inicial, el regalo de vuelta de un regalo inicial, constituye una muy importante relación social de la reciprocidad. Esto es muy distinto al *intercambio "egoísta"* (*self-interest exchange*); donde cada transferencia (o favor) es otorgado bajo la condición de que el otro sea correspondido, y en consecuencia no es un regalo (en el sentido propuesto del término)[215].

Como vimos, "*el dar*" puede ser *altruista* o *no altruista* dependiendo del tipo de motivación que se trate, por un lado, el bienestar ajeno puede ser una motivación en sí misma, o puede haber motivaciones exógenas que no requieran la petición de un compromiso de conducta o retribución para el beneficiario.

Con todo ésto, en tanto entramos en terreno del altruismo y la reciprocidad, la lógica sigue la misma línea. Como dijimos, el altruismo puede ser *natural* o *normativo* en función de la expectativa de la acción. El altruismo no establece condiciones pero si

---

212 KOLM, Serge-Christophe (2000). Pág. 115.

213 Ibíd. Pág. 115.

214 Loc. Cit.

215 Ibíd. Pág. 25.

alberga expectativas. Y es en éste sentido que la frontera con la reciprocidad es muy difusa. En ciertas modalidades del altruismo y en la reciprocidad existe una condición hipotética que no está fundada en absoluto en la naturaleza o las características de los bienes o regalos que seguirán a "*el dar*", sino más bien, en el propio compromiso en sentido lato. En otras palabras, la condición no es el bien en sí mismo, sino "*el dar*" cualquiera que sea el bien de retorno, con un valor subjetivo equivalente. Es decir, la condición no es la devolución en sentido estricto, sino simplemente la voluntad ("la buena fe") de correspondencia, el simple compromiso de la puesta a disposición. Ésta es desde nuestra óptica, el sentido primario de las aportaciones en una comunidad de vida, ya sea conyugal, o de hecho.

Así, por otra parte, al dar el salto al *intercambio* (*exchange*), observamos que se pasa del compromiso al hecho. A diferencia de "*el dar*" altruista o recíproco, "*el dar*" no altruista basado en el *intercambio*, exige la contraprestación como requisito *sine qua non* para "*el dar*" primario.

En conclusión, la distancia existente entre "*el dar*" altruista y "*el dar*" no altruista radica en los niveles de compromiso y confianza que imponen los costes que han de asumirse por los riesgos e incertidumbres en las transacciones. Como veremos en profundidad en el Capítulo III, todos estos distintos niveles basado en los conceptos de riesgo e incertidumbre, se hayan presentes en las uniones de pareja.

Dicho ésto, y para dilucidar los distintos tipos de reciprocidad que pueden estar presentes en la familia; hemos de referir que la reciprocidad tiene tres tipos de motivaciones, las cuales pueden estar conjugadas. El *equilibrio recíproco* o *reciprocidad balanceada* (*Balance reciprocity*) que anima y mantiene un balance o equilibrio entre dos "cesiones" (a veces por un sentido de equidad o sentimiento de imparcialidad), o por un llamado de endeudamiento moral. En la *reciprocidad por afinidad sentimental* (*liking reciprocity*), el otorgamiento del retorno es efectuado porque el receptor inicial es del agrado o del gusto del otorgante inicial, no lo es porque reciba el regalo provisto con benevolencia, o porque a ella le guste el otorgante inicial (entonces es reciprocidad de sentimientos). Como sea, el retorno de la cesión puede también animar o inducir a un regalo posterior- esto es *reciprocidad continuada*. Aún, el último motivo conduce a una secuencia de transferencias recurrentes de dos vías, cada una de las cuales anima e induce la continuación de la relación, y la cual puede ser auto motivada o egoísta (*self-interest*): este *intercambio* (*exchange*) secuencial es de hecho –siguiendo la lógica expuesta anteriormente- más bien un tipo de *intercambio* que propia reciprocidad (como sea, la ultima transferencia no puede ser el interés propio si bien es previsto)[216].

Todas estas consideraciones expuestas, forman parte de la *Teoría de la Reciprocidad* a la que antes hicimos referencia. Puesta ya sobre el tapete, es momento de abordar ya de manera puntual, el papel específico del altruismo en la familia.

ii. El Altruismo en la familia

Tras este discurrir, y después de haber transitado por "*el dar*", tanto en sus funciones *altruista* y *no altruista*, así como por el altruismo propiamente dicho, la *reciprocidad* y el *intercambio*, podemos sostener, sin temor a equivocarnos, que absolutamente todas están –o pueden estar- presentes en la familia.

De hecho, las familias muestran todas las formas de relaciones, -*el dar*, el *intercambio*, e incluso la coacción-, pero son mejor vistas como una *red de reciprocidades*, donde las relaciones de distintos tipos, son de hecho, momentos con este más amplio trabajo de marco. En este contexto, la reciprocidad del tipo de *gusto* o *por afinidad* domina a los otros en cuanto a las relaciones de pareja[217]. Asimismo, dentro de este tipo de reciprocidad, el altruismo sería el sentimiento o fenómeno responsable de dicho afecto, el sentimiento que enturbia la frontera entre uno mismo y otro[218].

---

[216] KOLM, Serge-Christophe (2006). Pág. 25

[217] Ibíd. Pág. 33.

[218] Ibíd. Pág. 39.

Ahora bien, en cuanto a lo que nos compete respecto a las distintas transmisiones entre cónyuges o miembros de una pareja de hecho, es necesario resaltar la diversidad de motivaciones presentes en una relación.

Dichas motivaciones por su parte, pueden ser explicadas por las consecuencias o utilidades que acarrean en la relación. En este sentido, la economía puede permitirnos descifrar el trasfondo de la interacción de los miembros de una familia en base al establecimiento de sus funciones en el seno de la familia.

En esencia, el altruismo cumple desde un punto de vista económico a nivel de la familia, distintas funciones. Tratando de enumerarlas, tenemos que, en primer lugar, provee a sus miembros de diversas mercancías subjetivas como lo son la satisfacción emocional. En segundo lugar, se configura como un mecanismo de control en la producción familiar. En tercer lugar, opera como un «seguro» dentro de la familia ya que el altruismo contribuye a la protección que las familias ofrecen a sus miembros contra las desgracias económicas y otras consecuencias de la *incertidumbre*[219]: cada miembro de una familia altruista está asegurado parcialmente, ya que todos los demás se ven inducidos a soportar parte de la carga a través de las contribuciones del altruista[220]. Finalmente, y en cuarto lugar, y a nivel de las relaciones entre cónyuges, que es lo que nos compete en este trabajo, el altruismo resulta eficiente en la vida económica, ya que reduce los costes de transacción implícitos en cualquier actividad. Pensemos, por ejemplo, en contratos o acuerdos de larga duración, en los cuales una actitud de colaboración y el cumplimiento de la palabra dada reducen sustancialmente la necesidad de establecer salvaguardas[221].

En este contexto, es decir, el de una situación de información imperfecta, la naturaleza misma de *dar* como un sacrificio voluntario para el bien de otra persona, provee de una función crucial de información y demostración, induciendo su papel extendido para establecer o mantener una relación, en la exposición y el suministro de la

[219] Véase más adelante, en el Capítulo dedicado a la hipergamia y las estrategias familiares, todo lo referente a la incertidumbre.

[220] BECKER, Gary. Ob. Cit. Pág. 231.

[221] CABRILLO, Francisco. *Matrimonio, familia y economía*. Minerva Ediciones, Madrid, 1996. Pág. 38.

buena voluntad, intenciones pacíficas, gusto o amor, o en el sello de un acuerdo, entre otros. De hecho, el simple placer de la relación (...) en el proceso de dar, es un motivo en gran número de casos, y de vez en cuando, el único[222].

En particular, y de hecho, un regalo puede constituir una demanda de establecer una relación de varios tipos posibles, y su valor, o el sacrificio que esto implica para el otorgante, puede indicar la intensidad del deseo de esta relación[223].

Al final, y en acopio de diversas teorías y situaciones, el altruismo puede y es expresado en formas variadas. Puede ser individual, interpersonal, y unilateral, como dentro de la familia. También puede ser cooperativo y multilateral, siendo incluso susceptible de ser institucionalizado en las agencias de asociaciones de gobierno, voluntarias o filantrópicas privadas[224]. Así, a nivel exógeno y social, por medio de procesos de reciprocidad, se llega a consideraciones de justicia.

Al referirnos a procesos de reciprocidad, nos referimos a que en esencia, el altruismo requiere reglas de conducta, que, para que funcione de manera eficiente, deben ser respetadas por ambas o todas las partes. De no ser así, no habría correspondencia ni reciprocidad, y desaparecería la cooperación en virtud de la experiencia previa. Y es que un individuo se comporta de forma altruista con la esperanza de que, llegado el momento, le correspondan de la misma manera[225]. Por ello, el altruismo se aboca a la formación de *reglas* claras de juego para todos los intervinientes, lo que a la postre establece una situación o conducta de equilibrio. Un ejemplo de esta situación de equilibrio en los acuerdos por vía de reciprocidad, por citar alguno, es el de las mafias.

Entre los líderes de las mafias de Nueva York existe la convención de comer afuera con la propia amante los viernes, y con la propia esposa los sábados para evitar

---

[222] KOLM, Serge-Christophe (2006). Pág. 83.

[223] Ibíd. Pág. 86.

[224] Ibíd. Pág. 46

[225] CABRILLO, Francisco. Ob. Cit. Pág. 37.

encuentros embarazosos. Sabiendo ésto, un mafioso sigue esa práctica, adhiriéndose a la norma para no encontrarse con las esposas de ellos cuando comen fuera con sus amantes y viceversa. Por la misma razón desean que los demás también sigan la regla. Esto representa una muestra de cómo una vez establecidos esos equilibrios son sumamente robustos[226].

De igual manera y paralelamente, tan importante como pueda ser el futuro para crear las condiciones que permitan el establecimiento de la cooperación, lo es el pasado para supervisar y controlar cuál ha sido la auténtica conducta del otro jugador[227]. En virtud de ella, la conducta puede cobrar o perder fuerza. Consecuentemente a ello, y en función de los resultados dentro del proceso, las normas establecidas pueden mantenerse, derogarse/excluirse o modificarse.

Todas estas consideraciones preliminares acerca de la dinámica del altruismo en sede familiar, nos serán de suma utilidad en cuanto al futuro tratamiento de la compensación por desequilibrio, en tanto nos brindan luces acerca del trasfondo existente en los procesos de interacción patrimonial previos. Más aún, nos permite incidir en la relación entre el Derecho y el altruismo, en virtud de la función de este último, de proveer normas y mecanismos de establecimiento y aplicación de las mismas

iii. El Altruismo, el Derecho y la Justicia

Tras todas nuestras referencias y reflexiones en el presente capítulo, cabe preguntarse: ¿por qué es importante el altruismo en nuestro planteamiento?, a lo que deberíamos responder de manera general y preliminar que el altruismo es el fenómeno que da contenido a la interacción de los sujetos en la vida familiar. Dicha interacción involucra tanto la *transmisión de ciertos recursos* así como el *establecimiento de un marco normativo* a través de un proceso de reciprocidad.

---

[226] ELSTER, Jon. *Tuercas y tornillos. Una introducción a los conceptos básicos de las ciencias sociales.* Gedisa Editorial. Barcelona, 1991. Pág. 105.

[227] AXELROD, Robert. *La evolución de la cooperación.* Alianza universidad, Madrid 1986. Pág. 172.

En efecto, como argumentaremos en lo sucesivo; el altruismo es el fundamento, no sólo del establecimiento de un marco normativo en la familia, si no más aún y esto es lo más importante; es a su vez, el fundamento de las normas en sí mismas.

El altruismo así, y por esta vía como veremos, tiene respecto a la familia, una relación directa con el Derecho, y en cierta medida, una relación relativa, en cuanto a la concepción de justicia.

a) El altruismo como base y fuente del Derecho intuitivo y espontáneo

El altruismo tiene a nuestro juicio, una gran relación con el Derecho. Más de la que imaginamos. Dicho fenómeno, en nuestra opinión, y desde la perspectiva que planteamos, es la base del Derecho intuitivo en la familia.

Desarrollamos con anterioridad los tipos básicos de altruismo. Uno de ellos era el de tipo *normativo*. Dicho altruismo *normativo*, del tipo *racional social* mediante la conjunción de la *universalización* y la *imparcialidad*; es lo que a nivel general significa el fundamento de la sujeción al Derecho y su aplicación. En efecto, para lo que concierne al Derecho, en particular, el respeto general de derechos básicos ("o la libertad social ") –altruismo y/o reciprocidad- inducen a respetar la seguridad, y la correcta o apropiada adquisición de propiedad de otra gente[228].

La conjunción a que hacemos referencia, en nuestra opinión, opera de la siguiente manera: por un lado, la *universalización* implica la auto-imposición de un deber, en función de una conducta social hipotética. Esto podría graficarse en la preposición "*deberías actuar como si todo el mundo actuara de la misma manera*". Se trata de una fórmula que se universaliza sobre la base de un imperativo categórico kantiano: "actúa de una manera en la cual puedas esperar el máximo por tu acción, de manera que pueda convertirse en un principio universal a seguir"[229]. De otro lado, dicha *universalización* es acompañada de un sentido y compromiso de *imparcialidad*.

[228] KOLM, Serge-Christophe (2006). Págs. 68-69.

[229] Ibíd. Pág. 71.

Consideremos que si pensamos ambiguamente en Derecho y justicia, potencialmente estaremos pensando en *imparcialidad*. De hecho, la característica propia del Derecho y (del ánimo) de la justicia es pues, en términos generales; su *imparcialidad* entre individuos para las características escogidas de su situación.

Pensemos ahora en el establecimiento de los Principios Generales del Derecho, o más aún, a nivel particular por citar algún ejemplo, en la "presunción de inocencia" o "el debido proceso" desde el punto de vista del Derecho. El establecimiento de una regla como la "presunción de inocencia", es tanto, el compromiso de *universalización* de una conducta altruista respecto a terceros (una presunción *positiva* en favor de otro sujeto, en efecto implica, un mensaje de buena voluntad, o sana predisposición; y en consecuencia, puede interpretarse como altruismo); como una demanda y expectativa de comportamiento social recíproco en virtud de la misma *universalización*, para una situación hipotética en la cual ocupemos el lugar de quien es juzgado. Es decir, estamos dispuestos a presumir la inocencia de un sujeto, en la medida que la sociedad se comprometa a presumir la nuestra en su caso. Se trata en suma, de un altruismo individual que se convierte en social a través de la reciprocidad que requiere y exige la *universalización*. Esto mismo sucede con el establecimiento de la garantía de un "debido proceso". Todos estamos dispuestos a otorgar un juicio imparcial con reglas claras (y en su caso flexibilizar prejuicios) en la medida que requerimos el mismo trato. Flexibilidad en este caso, igualmente puede ser asimilado a altruismo.

La *imparcialidad* por su parte, puede ser, en nuestra opinión, interpretada desde dos perspectivas. Una, en cuanto al establecimiento de las normas *a priori*, en el sentido de sentar reglas sin distinciones ni favoritismos selectivos en el planteamiento. La otra, referida a la adopción y aplicación de juicios de valor *a posteriori*.

Desde esta perspectiva, un jurista y, (teóricamente) un legislador, son altruistas racionales sociales *a priori*; del mismo modo que, un Juez o un Jurado, lo serán (o por lo menos, deberían serlo) *a posteriori*.

Ahora bien, paralelamente al establecimiento de garantías, la *imparcialidad a posteriori*, nos lleva a considerar los compromisos respecto a los juicios de valor o de justicia. Aquí radica la distinción entre la relación directa entre el altruismo y el Derecho y la relación relativa entre el altruismo y la justicia: el juicio de valor.

Y es que sucede, o por lo menos, es lo que pretendemos sostener en este trabajo, que la diferencia principal entre el altruismo y la justicia estriba en el de punto de vista[230]. O dicho de otra forma; un juicio de valor es la distancia que separa y relativiza al altruismo y al Derecho, respecto de la Justicia.

Un juicio de justicia, en esencia, es el de un observador altruista externo. En este sentido, uno puede sostener que *la justicia es el altruismo de sociedad*[231]. Esto es lo que del pensamiento de HUME, HUTCHESON o SMITH, se podría asimilar a la figura de un "*espectador imparcial*" y lo que Thomas Nagel llama, la "*visión desde ninguna parte*"[232].

A la inversa, el altruismo *a priori* no requiere o implica las consideraciones de imparcialidad o justicia, pero está estrechamente asociado con ellos. Un tipo de altruismo como lo es el *normativo racional social*, es resultado de algún sentido de justicia, "*altruismo imparcial*". Para el resto; el altruismo en sí (máxime, si hablamos de altruismo en la familia), no requiere consideración alguna de justicia[233]. Este principio, como veremos más adelante, es lo que separa al altruismo de la equidad.

Es decir; no obstante, y a pesar de sus diferencias y oposiciones, altruismo y juicios de justicia se requieren el uno al otro. Específicamente, el sentido de la imparcialidad o la justicia hacia una persona implica la *preocupación* por algo que se asume, será favorable para ella (según cierta concepción). En suma, esto implica altruismo. De igual forma, nótese que reclamar justicia o imparcialidad para uno mismo, no es una excepción a esta conclusión. En efecto, la justicia ha de ser imparcial, y de ahí, es que sólo pueda ser justificada por criterios "objetivos" -más que porque uno sea

230 KOLM, Serge-Christophe (2006). Pág. 74.

231 Ibíd. Págs. 74-75.

232 Fuente secundaria. KOLM (2006).

233 Ibíd. Pág. 73.

el beneficiario-, y por lo tanto, esto se aplica también, a alguien en la misma situación relevante (incluso si, en un caso dado, uno resulta ser la única persona a la cual se aplica)[234].

Más aún, es curioso observar, que las relaciones entre la justicia y el altruismo, han sido siempre puestas a la vanguardia por una transformación histórica de la naturaleza del concepto de justicia en el pensamiento Occidental.

La justicia hoy por hoy, es para nosotros, una propiedad de un estado en sociedad, mientras que en la antigüedad, esto solía ser lo propio de actores individuales y de sus acciones hacia otros, y de hecho, un tipo de altruismo.

Como bien pone de manifiesto KOLM[235], en la antigüedad, por ejemplo, en los perspicaces análisis de Platón (*Leyes*) y Aristóteles (*Ética a Nicómano* y *Ética Eudemia*), la justicia es una virtud de la gente que la práctica. En contraste, pero con esta historia en mente, John Rawls[236] llama a la justicia "la virtud de instituciones". El significado antiguo permaneció durante mucho tiempo. Por citar otro ejemplo, Adam Smith en nuestra ya citada *Teoría de los Sentimientos Morales*, ve la justicia como una virtud y es, para él, motivada por "*el espectador imparcial*" que descansa "*en el regazo*" de cada uno de nosotros. Esta imparcialidad conduce a verse a uno mismo como cualquier otro de tantos seres humanos. Consecuentemente, a querer el bienestar de otras personas como uno quiere el propio interés, y de ahí, posiblemente, actuar favorablemente hacia otros. Puesto así, esto es altruismo. Aquí, volvemos a recalcar, podemos encontrar el germen espiritual de su "mano invisible".

Todo ello resulta además complementario a la *empatía*, donde uno imagina sus sentimientos como si estuviera en el lugar de otra persona.

---

[234] Loc. Cit.

[235] KOLM, Serge-Christophe (2006). Pág. 77.

[236] RAWLS, John. *Teoría de la Justicia*. Fondo de Cultura Económica. Madrid, 1979.

Toda esta concepción del altruismo como Derecho o justicia, si se mira a través de la *empatía*, en profundidad, podría ser resultado –como sugiere KOLM[237]- de la suficiente *empatía* practicada *equitativamente* hacia todos los otros. Nuestro "espectador imparcial" puede de hecho, ser imaginado como una persona especialista en el ejercicio de la "multiempatía", es decir, en sentir empatía por los sentimientos de todas las personas simultáneamente y con el mismo cuidado.

Se nos ocurre pensar al respecto, en las capacidades histriónicas o camaleónicas que un abogado puede exhibir en función de la posición que tenga que defender. En buena cuenta, un abogado puede (y suele) desplegar "multiempatía" dependiendo de a quién, o qué postura, le pidamos que defienda. De igual manera, la atenta y objetiva mirada de un Juez o un Jurado, requiere adoptar cierto ejercicio de "multiempatía" para encontrarse en disposición de emitir un juicio en cualquier dirección.

Dicho todo lo anterior, el altruismo desde nuestro enfoque, se configura por medio de estos mecanismos de *universalización* e *imparcialidad*, en la fuente de producción de un Derecho intuitivo y espontáneo, no sólo como veremos, a nivel familiar, sino inclusive a nivel social.

b) El altruismo desde la perspectiva de las teorías de ética social o justicia

Siguiendo el razonamiento antes esbozado, esto es, considerando a la justicia como esta suerte de "*altruismo de la sociedad*", podemos ver como existen diversas teorías que nos pueden dar luces acerca de cómo el altruismo se abre paso desde una unidad concentrada, para pasar a un acuerdo social global, en función de una perspectiva de justicia. Ello, como señalamos, se lleva a cabo a través de un *proceso*: la *reciprocidad*.

Sobre estas teorías en particular, profundizaremos en los capítulos VI y VIII, a propósito del desarrollo de la *equidad*; no obstante y sin perjuicio de ello, queremos dejar sentadas de manera preliminar, las bases generales del *proceso* en cuestión.

---

[237] Ibíd. Pág. 77.

Una familia de las teorías clásicas de *ética social* o *justicia* consiste en las teorías del "*contrato social*". Un contrato social es un acuerdo imaginario, hipotético, y supuesto o putativo entre las personas, cuyo resultado es tomado como el principio social ético por excelencia. Muchos casos de su uso pueden ser encontrados. Uno de ellos es la *Teoría de la Justicia* de RAWLS (1971)[238].

Otro uso del concepto se encuentra dentro de la definición de *contrato social liberal* que determina las diferentes maneras de contribuir individualmente en una dación conjunta. Este planteamiento puede encontrarse en BUCHANAN y BRENNAN[239].

Sin embargo, otra familia, y aún, uno de los casos más importantes de supuestos cambios normativos hoy en día, es el de "*seguro fundamental*". Esta teoría, a grandes rasgos, puede explicarnos, cuál es el proceso a través del cual la sociedad encuentra una vía de *compensación* para la *incertidumbre*[240]. Según este planteamiento, cuando la gente se diferencia por las características que les están dadas, uno puede imaginarse que, en un tiempo hipotético y teórico "antes de que" estas características les hayan sido atribuidas, ellos estuvieron de acuerdo sobre un seguro mutuo contra el riesgo de encontrarse uno mismo, con características de mala calidad y sus consecuencias, de perder estas características o en un momento en que éstas entran en decadencia. Luego, la puesta en práctica de este seguro constituye la transferencia que compensa más o menos una situación de pobreza y desigualdad, con lo cual proporciona una exposición razonada para determinadas transferencias compensatorias.[241]. Si esta teoría fuera cierta se pueden desarrollar sentimientos putativos de reciprocidad que se vuelven *reciprocidad fundamental*[242] en virtud de la *unanimidad*.

[238] KOLM, Serge-Christophe (2006). Pág. 70.

[239] Entre otras obras; BRENNAN, Geoffrey; BUCHANAN, James M. *La razón de las normas. Economía política y constitucional.* Unión Editorial. Madrid, 1985.

[240] Como veremos más adelante en profundidad, el concepto de incertidumbre es de vital importancia en nuestro planteamiento.

[241] KOLM, Serge-Christophe (2006). Pág. 70.

[242] Un ejemplo de ello, es el modelo de seguridad social europea frente al modelo estadounidense.

c) Altruismo y Equidad: Roles domésticos y sociales

Hemos establecido una relación fundamental entre el altruismo, el Derecho y la justicia. Ahora bien, dentro de dicha relación, existe un concepto que se erige como el *referente relativo de equilibrio* en estas relaciones, y que, como veremos en el Capítulo VI, constituye a su vez, el fundamento jurídico del equilibrio en una comunidad de vida con posterioridad a una crisis. Se trata de la "*equidad*".

En esencia, y como veremos en lo sucesivo; la *equidad* se constituye en términos generales como el equilibrio existente entre el Derecho y la justicia. Tanto desde su concepción como *criterio aplicación de la ley a circunstancias particulares*, *atenuante de la rigidez legal*, o *aplicación benevolente del Derecho* (en suma, tipos de altruismo); la equidad se constituye como un factor de humanización del Derecho y la justicia. Un puente entre la razón y el espíritu. No resulta extraño así, que el brillante jurista belga VANDER EYCKEN[243] vea en la equidad, «*el sentimiento del equilibrio*»; o que VÍCTOR HUGO por su parte, desde la literatura nos sugiera con similar espíritu, un fenómeno visto desde la perspectiva de lo *material* y lo *moral*, que podríamos extender y hacer corresponder con el Derecho y la justicia, o con el Derecho positivo y el Derecho subjetivo, respectivamente: "*El mundo material reposa sobre el equilibrio, el mundo moral sobre la equidad*".

Ahora bien, una de las características más significativas de la equidad, es su función, o capacidad de *relativizar* el Derecho y la concepción de justicia. Con ello, en términos generales, pretendemos argumentar, que la capacidad de relativización que ostenta la equidad, es una función directa del *nivel* o el *tipo* de altruismo existente.

En párrafos precedentes, señalamos que el altruismo como fenómeno, puede ser de distintas clases. Asimismo, que sólo el de una clase en particular, el *normativo racional social*, es aquel que tiene una relación directa con el Derecho y concepciones acerca de justicia. Más aún, argumentamos de igual manera, que fuera de este *tipo*, el

[243] Fuente secundaria. CASTÁN TOBEÑAS, José. La equidad y sus tipos históricos en la cultura occidental europea: discurso leído en el acto de su recepción como Académico de Número por el Excelentísimo Señor José Castán Tobeñas y contestación del Académico de Número Excelentísimo Señor Eloy Montero Gutiérrez : sesión del día 4 de junio de 1950. Instituto Editorial Reus, Madrid, 1950.

altruismo *a priori* no requiere o implica consideración alguna de justicia, no obstante está estrechamente asociado a ésta.

La equidad sin embargo y por su parte, no tiene sentido sin un juicio de valor o una postura que involucre una determinada concepción de justicia. Es en éste sentido, que puede asimilarse a lo que calificamos como *altruismo imparcial*. Así, la equidad será siempre el juicio de un *observador altruista externo* (ya sea éste, individual o social).

Ahora bien, otra distinción fundamental que resulta necesario tener en consideración en cuanto al altruismo y la equidad; es que el altruismo por su calidad de fenómeno natural no involucra jerarquización de principios o valores. Las nociones de equidad provenientes de acuerdos normativos sociales universales, por su parte, en ocasiones exigen que ésta se erija sobre principios y valores determinados preexistentes, como requisito *sine qua non*, sin el cual la equidad misma pierde todo su sentido. Es decir, en ocasiones, y desde cierta filosofía, la equidad sólo se justifica en tanto alcance el cumplimiento de determinados principios, valores o prioridades, usualmente asociados a la idea de igualdad, que se presume es inherente a su propia naturaleza.

Visto esto así, un juicio acerca de una conducta altruista y un juicio de equidad pueden llegar a ser bien coincidentes, o bien antagónicos. Es decir, pueden coincidir en un mismo punto de equilibrio, (esto es, si coinciden en la legitimidad o procedencia en la aplicación de un tipo de altruismo) o por el contrario, quedar dispuestos en una relación inversa (es decir, si para una situación dada, la aplicación de un tipo de altruismo resulta improcedente o ilegítimo).

En consecuencia a ello, puede existir entre ambos, una relación positiva y otra negativa; o si se quiere, una relación directa y otra inversa. A esto lo hemos querido llamar *relación de disociación relativa*.

Dicha relación de disociación relativa se da, en nuestra opinión, como veremos, por dos fuentes; una *a través del punto de vista*, y otra; *a través del contexto*.

Lo que sostenemos puede explicarse de una manera más clara si acudimos en concreto, a las transmisiones patrimoniales. En este aspecto, es fundamental hacer hincapié y especial mención, a la idea de la justicia distributiva.

Pues bien, debemos partir de la existencia de dos alternativas en cuanto a "*el dar*", y a su vez dos posturas acerca de la justicia en las consecuencias de cada una de dichas alternativas desde el punto de vista de la equidad.

Una alternativa es aquella que presupone que "*el dar*" (entendido como un acto mediante el cual se realiza una transmisión patrimonial o se produce una distribución determinada de recursos), es legítimo, (y en suma, plenamente equitativo en cuanto a los sujetos intervinientes, o a su vez, irrelevante desde el punto de vista de la equidad en cuanto a terceros), si dicho acto, su contenido y la determinación del beneficiario, obedece a la absoluta libertad del otorgante.

La otra alternativa es aquella en la cual, "*el dar*", para que sea legítimo, y en consecuencia equitativo, en virtud de un principio, norma o valor, la libertad del otorgante queda limitada en cuanto al contenido y/o la determinación del beneficiario. El principio o valor más recurrente en este sentido, por ejemplo, suele ser la igualdad, a la que se asimila con la concepción de equidad.

Ahora bien, en ambas alternativas existe altruismo, e incluso un efecto corrector de la desigualdad. En la primera el altruismo está presente en el acto de "*dar*", y a su vez dicho acto disminuye la desigualdad existente entre otorgante y beneficiario. En la segunda, el altruismo propiamente dicho, proviene de una norma o principio social que procura dirigir "*el dar*" con un contenido determinado, y/o hacia quien se considera debe ser el beneficiario para atenuar o impedir una potencial desigualdad.

Como se puede ver, la relatividad en las coincidencias o divergencias entre el altruismo y la idea de equidad o si se quiere de legitimidad, están dadas en función de un *punto de vista* o un *contexto*. Punto de vista, en este caso, el referente a la concepción que se tenga acerca de lo que es justicia distributiva, y contexto; el referente al tipo de altruismo del que se trate.

Ahora bien, esta gran paradoja o relación de disociación relativa, en la cual el altruismo y las ideas de equidad pueden ser confluyentes o antagónicas, puede por supuesto observarse en las familias, y nos darán en lo sucesivo, una idea acerca de los fundamentos filosóficos de la legitimidad de las expectativas objeto de compensación en el ámbito de las crisis matrimoniales, así como de nuestros fundamentos acerca de la irrelevancia de la equidad en el contexto del Derecho *intuitivo* familiar proveniente del altruismo.

En efecto, como bien pone de manifiesto KOLM[244], si provenimos de una familia con varios niños, probablemente habremos descubierto el pellizco de injusticia y la pacífica imparcialidad en la benevolencia de nuestra madre o nuestro padre, hacia nosotros y nuestros hermanos.

¿En qué radica este pellizco de injusticia y pacífica imparcialidad en la benevolencia paternal a los que hace referencia KOLM? Nosotros estimamos que en las diferencias en los resultados de distribución en base al altruismo. Se trata en suma, de diferencias en la distribución selectiva de tiempo, recursos, o incluso obligaciones respecto de cada miembro de la familia.

Como argumentamos con anterioridad en el Capítulo Introductorio de este trabajo, la producción familiar suele estar basada en la distribución de trabajo y especialización selectiva de cada uno de sus miembros, en función de sus respectivas aptitudes y potenciales. En términos generales podríamos afirmar que la familia hace uso del planteamiento *elitista*[245] en la distribución de las retribuciones al que se hizo referencia en el Capítulo I del presente trabajo.

En esencia, se puede sostener que en ciertas familias –y desde determinado punto de vista- las inversiones sobre sus miembros no son siempre igualitarias o equitativas, por el contrario, suelen ser selectivamente discriminatorias.

---

[244] KOLM, Serge-Christophe (2006). Pág. 71.

[245] Ver Capítulo I del presente trabajo.

Pensemos por ejemplo, en que en ocasiones los padres invierten desigualmente en sus hijos, en función de sus capacidades, aptitudes u otros tantos factores, como lo pueden ser la coincidencia con una efímera época de prosperidad o el simple favoritismo. Más aún, pueden establecer un marco en el cual, algunos hermanos deben sostener a otros (eventualmente dejando de estudiar); algunos otros son especializados en distintos oficios más o menos rentables comparativamente hablando, otros a su vez, pueden ser conducidos a heredar y regentar un comercio familiar, otros a dedicarse a tareas exclusivamente domésticas, (incluso esto suele suceder en función del género del miembro, lo que significa en esencia, una palmaria discriminación), otros sin embargo, pueden ser enviados a la universidad, (algunos realizar estudios en universidades públicas y otros en privadas) o incluso a realizar estudios de postgrado. Las distinciones inclusive, pueden radicar en impulsar a unos más que a otros a formar parte de determinados círculos sociales.

Más ampliamente, el altruismo parental proveyendo legados y educación es la fuente principal de desigualdad en la sociedad. Esto es la esencia misma de desigualdad de oportunidad, más aún si consideramos que la educación es un factor principal de ingresos. Por lo tanto, el altruismo de familia es una causa esencial, tanto en cuanto a la injusticia, como a la desigualdad tangible. ÉSTE ES UN *punto de vista*.

Todos estos juicios de valor a los que hacemos referencia en cuanto a la eventual discriminación en la familia, provienen desde un *punto de vista* externo que considera a la igualdad como un valor superior debe prevalecer y más aún, sobreponerse a las libres transacciones. Las transmisiones desde ese dicho punto de vista deben tener ánimo "equitativo" e igualatorio en lo que a oportunidades se refiere. En tanto la idea de igualdad del *observador altruista externo* no exista, el juicio de valor va a tender a calificar una injusticia o acaso ausencia de equidad.

Sin embargo, estos resultados son perfectamente justos y equitativos desde OTRO *punto de vista*: el de una concepción ético-social que defienda la legitimidad de libres transferencias y de sus consecuencias, ya que este tipo de inversiones parentales o fraternales son tales transferencias, mediante intercambios libres.

Estos son, como bien sostiene KOLM[246], dos principios básicos y opuestos de justicia en nuestras sociedades. Sus juicios sobre el altruismo en la familia, o en la caridad, milagrosamente reconcilia las dos enfrentadas concepciones de justicia: esto alivia la pobreza, satisface necesidades básicas, y disminuye la desigualdad entre el otorgante y el receptor; es a su vez, una transferencia libre.

No obstante, los conflictos pueden ser de tipo moral y normativo en función del *contexto,* es decir, en función del tipo de altruismo: todos deberíamos ayudar a un sobrino, en virtud del *altruismo normativo de la comunidad -o la familia-*, (un *contexto*) y aún, o al mismo tiempo, condenar el nepotismo en virtud de la *justicia imparcial universal* (otro *contexto*).

Como puede apreciarse, un mismo hecho en función del tipo de altruismo en el que se halle puede hacerse equitativo, inequitativo, o incluso irrelevante a efectos de la equidad. Podríamos ubicar en este caso, a "*el dar*", entendido como "la ayuda a un sobrino", en un contexto de altruismo *natural* o *normativo moral*, para los cuales la equidad puede resultar hasta cierto punto irrelevante; en un contexto de altruismo *normativo social,* para el cual puede o no ser equitativo atendiendo a las circunstancias y las normas específicas; o en un contexto de altruismo *normativo social universal,* para el cual es factible resulte inequitativo, ilegítimo, ilegal, antiético o incluso antijurídico[247].

Ahora bien, hemos desarrollado el tema del altruismo y la concepción de equidad en función de un hipotético espectador altruista externo, sin embargo; ¿qué podemos decir respecto de quienes están dentro del grupo? ¿Qué consideración hay en este *contexto* acerca de la equidad? ¿Dónde se encuentra el equilibrio que hace –o parece hacer- que todas las transmisiones recíprocas sean consideradas como legítimas

---

[246] KOLM, Serge-Christophe (2006). Pág. 72.

[247] Desde un punto de vista negativo, podemos pensar en las distintas calificaciones respecto de un delito de detención ilegal (artículo 163.1 del Código penal español) y la legitimidad social que ostenta un "castigo" parental. Más aún el establecimiento a nivel normativo de una circunstancia mixta de parentesco (artículo 23 C.P) da cuenta de lo que hemos denominado *relación de disociación relativa.*

en el seno de la familia? ¿Qué hace que en este contexto los juicios de valor o el sentido de la equidad sean sustituidos por el consenso?

Nosotros queremos aportar una explicación, o si se nos permite, una solución a todas estas interrogantes. Se trata de los *roles*.

En primer lugar, empecemos por responder algunas de las preguntas que nos hemos formulado, para lo cual tendremos que ubicarnos en la esfera de la familia.

¿Qué consideración pues, acerca de la equidad, puede haber en el *contexto "del o los" altruismos* involucrados en la familia en un estado de normalidad? En principio, creemos que ninguno. En un *contexto* (o en un determinado tipo de altruismo), donde la equidad es irrelevante, hablamos de *equilibrio*. ¿Cuál es entonces el sentido, de dicho *equilibrio*?, o, ¿dónde se encuentra el *equilibrio* que hace –o parece hacer- que todas las transmisiones recíprocas sean consideradas como legítimas en el seno de la familia?

En nuestra opinión, el *equilibrio* es fruto del *consenso* propio del altruismo como fenómeno y marco normativo; garantizado por la reciprocidad como proceso, en los actos y las transferencias. Paralelamente, se encuentra para nosotros la *funcionalidad* y la *perdurabilidad*. Dichos elementos; *funcionalidad* y *perdurabilidad*, son los que creemos, hacen que los juicios de valor o el sentido de la equidad sean sustituidos por el consenso.

Es en cuanto a la *funcionalidad*, que tenemos que referirnos a los roles. Ahora bien, partamos de la base de que cualquier grupo u organización, como es la familia, basa la convivencia (y su producción) mediante el establecimiento de normas. No obstante, ya nos referimos en su momento a la capacidad de disposición normativa del altruismo; reiteraremos que en el caso de la familia, la creación y establecimiento de normas se funda en el altruismo (base y fundamento del derecho intuitivo y espontáneo familiar). Así pues, preliminarmente consideraremos al altruismo, en una de sus cualidades, como contexto normativo.

Pues bien, y con ello, ¿qué deberíamos entender por una norma? SUNSTEIN[248] nos ofrece una definición, aunque escueta, muy pertinente. Dicho autor, nos dice que podríamos interpretar, de modo general, que las normas son actitudes sociales de aprobación y desaprobación, especificando qué se debe hacer y qué no se debe hacer. "*Eso no se hace*" (sentencia frecuente por ejemplo, en la educación de un niño) es una reacción frecuente frente a cierta conducta, aunque el "*eso*" relevante, en realidad se haga.

Ahora bien, sucede que en general, y en muchas ocasiones, dichas normas dirigen la conducta de un sujeto hacia la adopción de un rol determinado. Muchas normas en ese sentido, como señala SUNSTEIN[249], son intensamente, *rol-específicas*. (...) a su vez, cada uno de estos roles está acompañado por una red extraordinariamente compleja de normas apropiadas[250]. Creemos así, que en el proceso de aprendizaje-convivencia-producción, los miembros del grupo internalizan rápidamente las normas sociales (o familiares) que corresponden a sus roles.

Y aquí es donde entra a tallar el altruismo en cuanto a su relación con el Derecho, o en su función de proveedor de Derecho intuitivo y espontáneo en la familia. Sucede que el Derecho es, con frecuencia, un esfuerzo por prescribir roles[251].

Esta aseveración que mantenemos puede quedar en evidencia a nuestro favor, si caemos en cuenta que desde determinado punto de vista, el Derecho a través del establecimiento de normas acerca de derechos y obligaciones, lo que en realidad hace es establecer roles. Pensemos por ejemplo, que una determinada posición jurídica, contractual o incluso procesal es en suma, la adjudicación legal de un rol. Hablamos así de propietarios, poseedores, usufructuarios, deudores, acreedores, arrendadores,

---

[248] SUNSTEIN, Cass R. *Normas sociales y roles sociales*. En: En: POSNER, Eric A. (Compilador) Law & Economics. *El análisis económico del Derecho y la Escuela de Chicago*. Lecturas en honor de Ronald Coase. UPC. Lima, 2002. Pág. 212.

[249] Ibíd. Pág. 216.

[250] Loc. Cit.

[251] SUNSTEIN, Cass R. Ob. Cit. Pág. 218.

arrendatarios, fideicomitentes, fideicomisarios, fiadores, tutores, curadores, albaceas, representantes, cónyuges, demandantes, demandados, denunciantes, imputados, etcétera, etcétera y etcétera.

El Derecho así, asigna una función determinada a los sujetos en correspondencia al rol que cada uno adopte, y en la misma medida, el rol que adopte acarrea una serie de normas entendidas como adecuadas, o incluso de obligado cumplimiento.

Esto es desde nuestra perspectiva, lo que constituye y da sentido, a parte del papel que desempeña el Derecho en la construcción de las sociedades. En efecto, mediante la prescripción del comportamiento apropiado, el Derecho puede –y suele- ayudar a constituir roles sociales pertinentes (...); de hecho, muchos roles (a la larga) parecen "naturales", aunque deban su origen a los convencionalismos sociales e incluso legales[252].

Ahora bien, y más específicamente, esperamos llamar la atención respecto del hecho de que la concepción de las personas sobre una acción apropiada e, incluso, sobre su "interés", (lo que en gran medida puede llenar el vacío que deja la ausencia de consideraciones de equidad)[253] es en gran parte, una función del rol social (o familiar) particular en el que se encuentran[254]. (Esta confluencia entre la acción apropiada y el propio interés generan el consenso).

Así pues, el desempeño individual de un rol determinado (en gran medida también intuitivo y espontáneo), dota al grupo de una *funcionalidad* que sirve de fundamento a múltiples transferencias de ida y vuelta en todas las direcciones respecto a todos los sujetos. De esta manera, los roles naturales y legales; de padre, madre, hijo, hermano o abuelo; pueden verse complementados a través de otros roles o matices referidos o encaminados a la producción familiar de bienes tangibles e intangibles. Es

---

[252] Loc. Cit.

[253] El subrayado es nuestro.

[254] Ibíd. Pág. 210.

de esta manera, que creemos que los roles pueden darnos alguna respuesta acerca de las inversiones selectiva en la familia.

La *funcionalidad* permite el consenso en la mutua auto-compensación de las transferencias prescindiendo así de calificaciones de equidad. En el consenso la equidad sigue al equilibrio. En resumen, el establecimiento y distribución de roles y de recursos se da sin más, gracias al altruismo, como respuesta espontánea a una necesidad de unidad organizativa.

El otro elemento al que hicimos referencia respecto a la sustitución de los juicios de valor o la equidad por el consenso es la *perdurabilidad*.

La *perdurabilidad* es un tema que entraña la vocación de continuidad de los actos, transmisiones y compromisos. En términos prácticos, se subsume en la existencia de *confianza*. La confianza desde el punto de vista de la reciprocidad, en nuestra opinión, implica la suposición o expectativa de que no importa cuándo, o cómo, nuestra conducta, nuestros actos o concesiones serán compensados. No obstante, para que la confianza lleve a cabo su papel fundamental en las transmisiones patrimoniales, debe estar acompañada de un sentido o expectativa de perdurabilidad. Es decir, tal como anota AXELROD[255]; cuando es verosímil que la cooperación prosiga durante largo tiempo, y a los sujetos les importe el futuro de su interacción conjunta.

Sospechamos que a ello es a los que se refiere dicho autor[256] al señalar que el verdadero fundamento de la cooperación no es la confianza, sino la perdurabilidad de la relación.

Ahora bien, en una familia, el altruismo en gran medida es aquel que fenómeno que garantiza la *perdurabilidad* de la relación. En cuanto a los vínculos consanguíneos (como por ejemplo los que unen a un padre o una madre con sus hijos) la perdurabilidad de la relación (en principio y en teoría) está garantizada por el altruismo *natural* o *hedonista*, además de cualquier otro tipo que pueda confluir con éste y complementarlo.

---

[255] AXELROD, Robert. *La evolución de la cooperación*. Alianza universidad, Madrid 1986. Pág. 172.

[256] Ibíd. Pág. 172.

En cuanto a los vínculos por afinidad, la cuestión es totalmente distinta. En el caso particular de una pareja, la crisis que provoca la disolución de una comunidad de vida extingue el elemento *perdurabilidad* de la unión, lo que acarrea no sólo la desaparición de algún tipo de altruismo, sino más aún la desaparición del equilibrio existente hasta entonces. No hablamos aún de desequilibrio económico. Nos referimos al equilibrio descrito en las líneas precedentes, entendido como esta suerte de concurrencia, y sustituto de la noción de equidad.

En efecto, la ruptura del elemento *perdurabilidad* significa el abandono del equilibrio existente en el cual todas las transferencias son irrelevantes respecto a ideas acerca de la equidad.

Si atendemos a la definición que ELSTER da de equilibrio en las ciencias sociales podemos notar la estrecha relación existente entre dicho equilibrio y la presencia de lo que hemos llamado *perdurabilidad*. Según dicho autor, *el significado de equilibrio en las ciencias sociales es un estado en que los planes de las personas son coherentes entre sí*[257]. La coherencia aquí entendemos, no solo se refiere a la complementariedad de los planes, sino también a la suposición de que cualquier "plan" está siempre abocado a un futuro más o menos lejano.

Con todo ello, resulta que siendo que una crisis familiar, desde la perspectiva de la pareja, supone la desaparición de algún tipo de altruismo y con ello, todo el contexto por el cual las nociones de equidad son irrelevantes, en tanto habían estado sustituidas por el equilibrio del consenso altruista; a partir de entonces, todas las transferencias realizadas en el contexto anterior, han de ser resueltas bajo los criterios de la equidad. Dicho de otra forma; en la medida que la familia aglutina distintos tipos de altruismo muchos de sus actos prescinden de calificación de justicia, sin embargo al trascender esta esfera por pate de un *observador externo*, la equidad se constituye como corrector.

Incluso desde el punto de vista de la *funcionalidad* y los *roles*; cada individuo, respecto al otro, deja de cumplir el rol que tenía asignado, o lo que es lo mismo deja de

[257] ELSTER, Jon. *Tuercas y tornillos. Una introducción a los conceptos básicos de las ciencias sociales.* Gedisa editorial Barcelona, 1991. Pág. 104.

cumplir un rol familiar o doméstico para adoptar un rol social determinado. Y es que los roles domésticos y los sociales respecto de una persona no son los mismos. Ése es básicamente el fundamento de que los criterios de equidad en uno u otro contexto sean distintos.

En cuanto a los *roles* sociales y la *funcionalidad*, el altruismo puede constituirse en un medio de consecución de equilibrio a nivel intuitivo y con prescindencia de intervención externa.

SOBER y WILSON[258] nos proponen un ejemplo acerca del funcionamiento de las conductas altruistas en una sociedad ancestral desde el punto de vista de la información actual. Así, nos piden que imaginemos que somos unos antropólogos que estamos estudiando un grupo de cazadores-recolectores, cuyas vidas se parecen mucho a la condición humana ancestral. Sabemos que la carne es un recurso de importancia crítica para la aptitud, y también nos han enseñado la teoría de la selección de individuos, lo que nos hace esperar, que los cazadores intentarán quedarse con sus presas para sí y sus parientes. Si un cazador comparte algo con los que no son parientes, se hará de tal forma que estos le correspondan en el futuro. Lo que descubrimos no es en absoluto lo que esperamos. El reparto de la carne es totalmente justo. Incluso si medimos con una balanza la carne capturada durante semanas, no existe diferencia estadísticamente significativa entre la parte del cazador y la parte de los otros miembros del grupo, ni la carne se comparte de modo que pueda existir reciprocidad en el futuro. Algunos hombres son mejores cazadores que otros e invierten más tiempo en ello, pero también comparten de forma equitativa con los que aportan menos y no es probable que aporten más en el futuro. Nuestro sistema explicativo nos ha fallado por completo. Entonces, para nuestro alivio, descubrimos que, después de todo, existen algunos beneficios individuales de la caza. Resulta que las mujeres creen que los buenos cazadores son sexualmente atractivos y tienen más hijos con ellos, dentro y fuera del matrimonio. Los buenos cazadores también disfrutan de un estatus elevado entre los hombres, lo que conduce a más beneficios reproductivos. Por último, los individuos no comparten la carne por la bondad de sus corazones; negarse a compartir se combina con

---

[258] SOBER, Elliott, WILSON, David S. *El comportamiento altruista. Evolución y psicología.* Siglo XXI. Madrid, 2000. Pág. 117.

tomar. Estos nuevos descubrimientos nos hacen sentir mejor, porque el comportamiento aparentemente altruista de compartir la carne, que sería difícil de explicar, ahora parece ajustarse al sistema de la teoría de la selección de los individuos.

Éste sería un ejemplo del comportamiento y adaptación de los individuos sin intervención central, o con prescindencia de normas imparciales externas que involucren una idea determinada de justicia o un fin social determinado.

Existe por otra parte, casos de un altruismo imparcial externo (Derecho positivo) que buscan o pretenden conducir a resultados sociales determinados. Un ejemplo de ello es la sociedad judía en la España del siglo XIII.

En esta época, se aplicaba una ley según la cual si un hombre no pagaba sus impuestos, caería una mancha sobre su genealogía (MacDonald, 1994). En esta sociedad, la reproducción estaba muy reglamentada, y un matrimonio no podía celebrarse hasta consultar y aprobar genealogías del novio y la novia. Una mancha en la genealogía de una persona podía evitar un matrimonio. Por tanto, no pagar impuestos podía conllevar a costes muy graves, no sólo para el individuo sino también para sus descendientes. Unas leyes similares desanimaban a los individuos a convertirse a otra religión, o incluso a asociarse con miembros de otros grupos. De nuevo, tenemos un comportamiento primario (dar dinero al grupo), que por sí mismo podría considerarse muy altruista. El comportamiento primario está reforzado por un comportamiento secundario (la ley) que hace que las alternativas al comportamiento primario sean aún más costosas. Dar dinero al grupo ya no parece altruista, pero tenemos que explicar la ley que lo convierte en egoísta. El objetivo de la ley y su aplicación es fomentar el bienestar del grupo, que es la misma función del comportamiento primario. La diferencia está en los costes del comportamiento primario y secundario. A un individuo le cuesta mucho desprenderse de una gran parte de sus ingresos. Al supervisor de la genealogía apenas le cuesta marcar una mancha[259].

---

[259] SOBER, Elliott, WILSON, David S. *El comportamiento altruista. Evolución y psicología.* Siglo XXI. Madrid, 2000. Pág. 119.

En apariencia, la cuestión del altruismo frente al egoísmo se ha convertido en algo arbitrario, según las normas sociales que se establecen en la población[260]. Por tanto, existe la siguiente asimetría: la selección dentro de los grupos puede favorecer cualquier comportamiento, dependiendo de la norma social del grupo. La selección entre grupos favorece sólo a las normas sociales que conducen a grupos funcionalmente adaptativos[261].

Dicho ésto, ahora consideramos que dentro de la comunidad de vida, antes de la aparición de una crisis, las transmisiones patrimoniales y su respectiva calificación de equidad o justicia reposan en el altruismo; después de la aparición de una crisis, desaparecido el altruismo, se recurre a criterios de equidad social. Bajo este razonamiento, cabría referirse a ambas situaciones como estadios de equidad *ex ante* y equidad *ex post*.

Finalmente, podemos concluir en términos generales, respecto a la relación entre altruismo y equidad que, el altruismo como fenómeno, o más específicamente, determinados tipos de altruismo por sí solos permiten alcanzar una situación de equilibrio que conducen a que sea posible prescindir de calificaciones acerca de equidad. Este es el caso, por citar alguno, del altruismo que opera en la intimidad familiar en el contexto de determinados roles domésticos. Por otro lado, los juicios de equidad si suponen cierto grado de altruismo imparcial exterior o "multiempatía". Cuando los tipos de altruismo que son capaces de prescindir de juicios de equidad han desaparecido, o lo que es lo mismo, cuando ya no existe un tipo de altruismo que permite una situación de equilibrio, o que "justifica" la ausencia de criterios de equidad, en la medida que los roles domésticos han perdido sentido, es necesario incorporar a escena criterios de equidad social que regulen una nueva situación que ubica a los individuos en un nuevo rol, ya no doméstico sino social *universal*. Éste es el caso de una pareja tras una crisis, que involucra la ruptura de su anterior equilibrio, situación ésta, en la cual, habiendo desaparecido el altruismo íntimo y de consenso, recurre a la sociedad como *espectador altruista externo* para obtener un juicio de equidad de

---

[260] Ibíd. Pág. 125.

[261] Loc. Cit.

acuerdo a las circunstancias particulares de su anterior estado, que signifiquen una solución de justicia.

El altruismo en consecuencia, es el fenómeno o el sentido intuitivo que hace de la equidad un instrumento de consecución de equilibrio a nivel social universal. Así, la equidad es el corrector de equilibrio del altruismo en un contexto exterior. El altruismo en ese sentido, modula la naturaleza o los criterios de aplicabilidad de la equidad. El altruismo así, es la capacidad de modulación de un criterio de justicia en función de un contexto determinado. Dicha capacidad de modulación radica en la migración de un tipo de altruismo a otro, o de un nivel de altruismo a otro.

Hecho este resumen, y graficado así, es pertinente a efectos de nuestro planteamiento respecto a la compensación por desequilibrio, desarrollar una idea de lo que estimamos, debemos entender por altruismo dentro de una comunidad de vida desde el punto de vista jurídico, o más aún cuál es la manifestación jurídica del altruismo dentro de una comunidad de vida.

d) ¿Altruismo jurídico en la pareja? ¿solidaridad o *affectio maritalis*?

Hemos intentado desarrollar en las páginas precedentes una idea acerca del concepto del altruismo, que nos ha llevado a explorar múltiples dimensiones de este fenómeno desde diversas disciplinas; ahora, contando con un panorama general, pretendemos rastrear o indagar en el Derecho, alguna institución o principio que pueda acoger a este fenómeno.

A efectos de este cometido, habremos de preguntarnos a qué principio general del Derecho, obedece lo que en el presente trabajo hemos venido a llamar altruismo, en particular, en cuanto al matrimonio, o simplemente una unión afectiva. O dicho de otra forma, qué principio jurídico da cabida a los comportamientos en la pareja que involucran esta suerte de transmisiones patrimoniales y aportaciones o inversiones recíprocas.

Probablemente, con el altruismo en mente, la primera idea que surja sea la de *solidaridad*. Solidaridad, entendida desde el plano normativo, la que acoge los *deberes* de *socorro mutuo* y *protección*, plasmados en los artículos 66° y 67° del Código civil. De hecho, existen posturas que sostienen que la compensación por desequilibrio se fundamentaría en un principio de solidaridad familiar o post-conyugal.

Así se manifiestan, entre otras, la S.A.P. Núm. 8/1999, Melilla, Málaga (Sección 7), de 15 febrero, (AC 1999, 792), en tanto sostiene, *«que configurada la pensión compensatoria como una aportación económica periódica e inspirada en un principio de solidaridad, en cuyo mérito se trasvasan recursos económicos del patrimonio individual del cónyuge más favorecido comparativamente y en relación al otro consorte, a favor del que como consecuencia de la ruptura matrimonial ha quedado en peor situación, su «ratio iuris» responde a la necesidad de procurar equilibrio equitativo que tiene como norte el estado de facto anterior a la concreción de la separación o divorcio ...»*.

De igual manera, la S.A.P. Núm. 3/2000 Murcia, (Sección 1), de 11 enero, (AC 2000, 153) y la SAP Murcia 20 enero 1998 (análoga a AC 1997, 1280), refieren que *«tal pensión por desequilibrio económico, legislativamente plasmada en el art. 97 del Código Civil, responde a la necesidad de salvaguardar en la medida de lo posible, y siquiera sea en el ámbito estrictamente patrimonial, los vínculos de solidaridad que comporta la unión matrimonial y hacer frente al detrimento económico personal que supone, normalmente del lado de la mujer, la dedicación a las tareas estrictamente domésticas y familiares»*.

En el plano doctrinal, varios autores se han inclinado por establecer como fundamento de la compensación a este principio con diversos matices. HAZA DÍAZ[262] encuadra la compensación por desequilibrio en el marco de una relación obligatoria del Derecho de familia y fundamentada no en la propia ruptura sino en la anterior relación matrimonial. Sostiene así que dicha obligación nace como efecto de la *solidaridad familiar* que surgió entre los esposos al contraer matrimonio. Dicha autora pues, habla

[262] HAZA DÍAZ, Pilar, de la. *La pensión de separación y divorcio*. La Ley. Madrid, 1989. Pág. 16.

de *solidaridad familiar*, con lo que entendemos, extiende los vínculos por afinidad a un contexto relacionado con un concepto más amplio, el de familia. Señala pues en términos generales, que la compensación "es una obligación de Derecho de Familia, con lo que se indica que su fundamento se encuentra en el principio de *solidaridad familiar* que nació entre los esposos en el momento de la válida celebración del matrimonio y que se manifiesta incluso después de su disolución por divorcio a través de la pensión"[263].

Éste posiblemente sea el razonamiento que sigue en el plano jurisprudencial la SAT Palma de Mayorca 18.2.1984, al referir que "*la pensión es la respuesta legal al principio de solidaridad ínsito en una institución fundada en relaciones afectivas en cuyo desarrollo ha presidido la confianza y la buena fe recíprocas*".

Otros autores[264] por su parte, con similar razonamiento en el planteamiento, hablan de *solidaridad post-conyugal* como principio o fundamento inspirador de la compensación por desequilibrio.

Nosotros, de plano, hemos de rechazar tal tesis[265] en función de distintos fundamentos. En primer lugar, el referido a la eventual existencia de solidaridad tras la aparición de una crisis.

Como vimos con anterioridad al referirnos al espíritu del deber de fidelidad y nuestra "buena fe" en el matrimonio o una unión de hecho, ambos están directamente relacionados con un concepto de *reciprocidad*. Es decir, las obligaciones que recaen sobre los cónyuges (o en principio también por una pareja de hecho) están basadas en la

---

[263] HAZA DÍAZ, Pilar, de la. Ob. Cit. Pág. 27.

[264] Por citar algunos, PEÑA BERNALDO DE QUIRÓS, PÉREZ MATÍN, MARÍN GARCÍA DE LEONARDO y ROCA TRÍAS. Esta última reconoce que la "pretendida" *solidaridad post-conyugal* es más bien un modo de que uno de los cónyuges no dependa de sistemas públicos de mantenimiento. ROCA TRÍAS, Encarna. *Familia y Cambio Social (De la casa a la persona).* Civitas, Madrid 1999, Pág. 187.

[265] También rechazan esta tesis autores como ZARRALUQUI SÁNCHEZ-EZNARRIAGA. ZARRALUQUI SÁNCHEZ-EZNARRIAGA, Luis. *Derecho de Familia y de la Persona. Efectos y medidas de la ruptura conyugal.* Tomo VI. Editorial Bosch. Barcelona, 2007. Págs. 627-628.

fidelidad en el cumplimiento de determinadas normas, que en buena cuenta se traducen a la existencia de reciprocidad más no de solidaridad. Más aún, la connotación de solidaridad en este aspecto establece una diferenciación peyorativa sobre uno de los agentes. En nuestra opinión, la mal citada solidaridad responde al deber de socorro mutuo (reciprocidad igualmente) para lo que se refiere al sostenimiento de las cargas familiares, consagrado en los artículos 66° y 67° del Código civil español.

Ahora bien, dichas obligaciones pueden escindirse en función de un doble aspecto; en el de contenido y en el temporal. Con ello tenemos respecto al contenido las obligaciones respecto a los hijos y respecto a los cónyuges entre sí. En el ámbito temporal tenemos dichas obligaciones antes y después de una crisis.

En el primer caso, las obligaciones respecto a los hijos quedan incólumes en tanto, las obligaciones paterno-filiales no se extinguen con la disolución del vínculo matrimonial o la separación. Es decir, el aspecto temporal es irrelevante.

En el segundo caso, las obligaciones respecto de los miembros de una pareja entre sí, tienen distinta naturaleza en función del elemento temporal. Es decir, en función de si se encuentran antes o después de una crisis. En el caso de la disolución del vínculo matrimonial, hablamos de una extinción de las transmisiones propias de una comunidad de vida, como lo es una obligación alimentaria. En el caso de separación, hablamos un ánimo de quiebre -desde el punto de vista de la *affectio maritalis* como veremos-, de la reciprocidad (un tipo de altruismo ha desaparecido).

Las compensaciones referidas al desequilibrio económico estimamos en suma, no obedecen –ni deben obedecer jamás- a un principio de solidaridad, sino más bien, a la necesidad de restitución del valor de determinadas transmisiones.

En clara oposición a los conceptos de solidaridad familiar o post-conyugal, estimamos, que si queremos hacernos una idea de lo que puede entenderse por altruismo en dentro de una unión de pareja, es necesario referirse a la *affectio maritalis*.

Para desarrollar en este aspecto el concepto de *affectio maritalis,* y rastrear sus orígenes, tenemos que remontarnos de manera ineludible a Roma.

Nuestro "Derecho ancestral" por referirnos de alguna manera a los precedentes inmediatos del actual Derecho, como lo es el Derecho romano; desde nuestra perspectiva, siempre fue consciente de la existencia de un fenómeno como el altruismo en la familia, y en particular, en una comunidad de vida. Como trataremos de argumentar en lo sucesivo, a estas particulares circunstancias y características propias de la vida conyugal las llamó *«affectio maritalis»*.

Según refiere el profesor IGLESIAS[266], en el Derecho romano, las fuentes nos suministran dos definiciones de matrimonio. La primera es la de MODESTINO, según el cual *«nuptiae sunt coiunctio maris et feminae et consortiium omnis vitae, divini et humani iuris communicatio»* ("el matrimonio es la unión de hombre y mujer en consorcio de toda la vida y comunicación de derecho divino y humano"). Añade además, que dicha definición guarda relación con la que se lee en las *Instituciones* de Justiniano: *«Matrimonium est viri et mulieris coniunctio, individuam conserudinem vitae continens»* ("matrimonio es la unión de hombre y mujer con la intención de formar una comunidad de vida indisoluble").

Ambas definiciones, como pone de manifiesto el citado autor[267], nada nos dicen sobre la naturaleza jurídica del matrimonio, –y la verdad es que los romanos no entraron en la preocupación o en el intento de asignarle valor y función de categoría jurídica-, pero revelan fielmente su esencial característica. Pensamos que esta esencial característica representa el *elemento de perdurabilidad* de la relación, esta suerte de conjunción entre lo que se entiende por entonces por Derecho divino y humano: la *«affectio maritalis»*.

A efectos de delimitar la concepción de dicha figura, -trabajo bastante complicado por la ambigüedad que tanto la doctrina como la jurisprudencia hoy por hoy le otorgan-, y su papel en este trabajo, trataremos de aproximarnos a una concepción de

---

[266] IGLESIAS, Juan. *Derecho Romano*. Duodécima Edición, Ariel, Barcelona, 1999. Pág. 340.

[267] Loc. Cit..

ésta como el «*animus*» de permanencia en el tiempo de una situación de convivencia que devenga en una comunidad de vida propiamente dicha.

Para IGLESIAS[268] en efecto, la *affectio maritalis* es la intención de ser marido y mujer[269]. Forma parte pues de la *voluntas*, y se traduce en nuestra opinión, en la forma o modalidad de conducta, que adopta la propia voluntad para materializarse. Se trata en suma, de la consecuencia entre los actos y la voluntad. Es el "*modus*" a través del cual se lleva a cabo la "*voluntas*"; en suma: el "*animus*".

Dicha intención pues, creemos no debe ser sólo considerada desde el punto de vista de la manifestación de voluntad inicial a efectos de iniciar una comunidad de vida, sino más aún al ejercicio de una serie de conductas y decisiones dentro de la comunidad para consolidar en el tiempo dicha voluntad. El *animus* al que nos referimos así, no solo está ligado a la voluntad entendida como una suerte de "petición de principio" sino además como la realización de una serie de actos (y estrategias) que conduzcan (en consonancia y consecuencia con dicha petición de principio) a la realización y materialización manifiesta de la voluntad primariamente establecida. De esto se trataría en base a nuestro enfoque, la *affectio maritalis*.

Con ello, en nuestra opinión, la *affectio maritalis* es una condición y característica natural, espontánea e inherente al concepto de vida en común más que un concepto accesorio al Derecho de familia. IGLESIAS nos dice acertadamente, que dado que el matrimonio se endereza a la constitución de una comunidad perpetua, de un vivir común y duradero, no cabe sujetarlo a modalidades de condiciones o términos[270], en ese sentido, estimamos la *affectio maritalis* como el regulador espontáneo de la convivencia por afinidad. La concepción de matrimonio propiamente dicha, subsume ya, la de *affectio maritalis*.

---

[268] IGLESIAS, Juan. Ob. Cit. Pág. 340.

[269] Distinta, como dijimos antes, de la *sponsio*, que es la manifestación de dicha voluntad.

[270] IGLESIAS, Juan. Ob. Cit. Pág. 340.

Para mayor detalle sobre la actual consideración de la *affectio maritalis*, podemos considerar la opinión de ARCOS VIEIRA[271], en tanto, extrae de la jurisprudencia, la opinión del carácter de la «*affectio maritalis*» como elemento en el que radica la "*esencia*" del matrimonio, como "base y fundamento" del vínculo conyugal, o como elemento "estructural, espiritual y principal del matrimonio".

Asimismo, colige la citada autora de igual manera, en base a criterios jurisprudenciales[272], que en algún caso, la «*affectio maritalis*» se considera conformada, genéricamente, por los deberes de los artículos 66º a 68º CC., y la relación afectiva entre los cónyuges, describiéndose como «ese conjunto de *deberes y sentimientos*, totalmente entrelazados, sin los cuales difícilmente puede subsistir la convivencia. En efecto, en nuestra opinión, y la de la citada autora, la desaparición de la «*affectio maritalis*», ya se interprete como pérdida de la relación de afectividad preexistente, o como extinción en los cónyuges del deseo de mantener la comunidad de vida, no es, en absoluto, una circunstancia irrelevante desde una perspectiva puramente personal y subjetiva[273].

En este sentido ARCOS VIEIRA sostiene que la consideración de la «*affectio maritalis*» como relación afectiva o sentimental existente entre los miembros del matrimonio aparece casi siempre en combinación con otros matices que completan su significado, de manera especial con la comprensión y con el respeto mutuo[274], y que nosotros, ampliaríamos a la esfera de circunstancias como la convivencia, la comunidad de vida, la aportación a las cargas familiares[275], y evidentemente el equilibrio, durante la vigencia de la unión[276], tal como más adelante abarcaremos de manera más detallada.

---

[271] ARCOS VIEIRA, María Luisa. *La Desaparición de la Affectio Maritalis como Causa de la Separación y Divorcio*. Aranzadi Editorial, Navarra, 2000. Pág. 36.

[272] SAP Tarragona 25 marzo 1996 (AC 1998, 6159). ARCOS VIEIRA, María Luisa. *La Desaparición de la Affectio Maritalis como Causa de la Separación y Divorcio*. Aranzadi Editorial, Navarra, 2000. Pág. 36.

[273] ARCOS VIEIRA, María Luisa. *La Desaparición de la Affectio Maritalis como Causa de la Separación y Divorcio*. Aranzadi Editorial, Navarra, 2000. Pág. 71. Por esta razón interpretamos que tras la reforma introducida mediante la Ley 15/2005 de 8 de julio, la desaparición de la «*affectio maritalis*» resulta ya irrelevante, pero sencillamente porque su consideración puede ahora formar parte de un cúmulo de circunstancias subjetivas que lleven a la pareja a llevar a cabo la separación, y ya no como un presupuesto de viabilidad a efectos de su declaración judicial.

[274] ARCOS VIEIRA, María Luisa. Ob. Cit. Pág. 35.

Ahora bien, otra distinción acerca de la *affectio maritalis* y la solidaridad familiar o conyugal como manifestación del altruismo dentro de una comunidad de vida, está basada en el origen de cada uno de estos conceptos.

En uno y otro caso existe un origen endógeno y otro exógeno. La *affectio maritalis* representa una manifestación *endógena* del altruismo en la comunidad de vida. La solidaridad conyugal representa por su parte, en todo caso, una manifestación *exógena* del altruismo normativo social.

La *affectio maritalis* pues, desde nuestra perspectiva, representa la manifestación de aquel tipo de altruismo intuitivo proveedor del equilibrio existente en la comunidad de vida. Es pertinente observar que la *affectio maritalis* carece de consideración alguna de criterios de equidad. Se trata de una cualidad en sí misma no susceptible de apreciación de justicia. La *affectio maritalis* es la que es, en cada unión afectiva con total prescindencia de imposiciones normativas exógenas. Es más, cualquier consideración asimilable a una supuesta solidaridad, está ya, subsumida en la affectio maritalis en virtud de obligaciones de altruismo *moral* o *normativo*.

La solidaridad conyugal por su parte es un deber de la pareja impuesto de manera exógena; un compromiso legalmente impuesto a los cónyuges a cambio de su reconocimiento. Las reglas de juego que exige la ley. Podríamos asimilar la idea de la solidaridad conyugal si se quiere, a la materialización del altruismo imparcial social, (la exigencia de solidaridad, en esencia comporta una actitud altruista). Dicho de otra manera, se trata de un juicio de *equidad* externo.

---

[275] Es este sentido, nos parece coherente citar a EGEA, en tanto señala respecto al pronunciamiento de la SAP 30.11.1998 (AC2124) de la obligación de socorro mutuo que ésta (la obligación de socorro mutuo) *"(y, por extensión –se entiende- la de contribuir a las cargas familiares) «se fundamenta en el afecto mutuo y la solidaridad conyugal que dimana de la convivencia, por tal cosa se extingue, como obligación legal, con la separación matrimonial, persistiendo después la obligación concreta de alimentos o la pensión compensatoria»*. EGEA FERNÁNDEZ, Joan. *Comentaris al Codi de Familia, a la llei d´unions de situacions convivencials d´ajuda mútua*. EGEA I FERNÁNDEZ, Joan; FERRER I BIBA, Josep (Directores). Tecnos. Madrid, 2000. Pág. 95.

[276] Cabe agregar, al hacer referencia a la "unión" que acertadamente en nuestra opinión de ARCOS VIEIRA señala que "la existencia de «*affectio maritalis*» se ha apreciado asimismo fuera del contexto del matrimonio, para explicar el tipo de relación que mantiene los convivientes en una pareja estable". ARCOS VIEIRA, María Luisa. Ob. Cit. Pág. 39.

En cambio la *affectio maritalis* es un principio interior, un proceso heurístico, un adjetivo que no impone obligación positiva alguna, por el contrario, describe una situación de hecho susceptible de apreciación jurídica.

La *affectio maritalis* en sí misma no es otra cosa, que la calificación conceptual sobre un fenómeno; la solidaridad conyugal es, la imposición de unas obligaciones en base a una situación, eventualmente o no, un fenómeno. Por ejemplo, la solidaridad conyugal puede ser, y de hecho es impuesta a dos cónyuges en virtud del vínculo legal y jurídico que tienen: el matrimonio, aún cuando posiblemente no tengan ni el ánimo de permanecer juntos, ni mucho menos exista un sentimiento entre ellos. La solidaridad conyugal por decirlo de alguna manera, "grava al status jurídico, al vínculo legal o a la institución jurídica", mas no a el espíritu o la esencia de dicho vínculo. La *affectio maritalis* constituye dicho espíritu, sin el cual cualquier status jurídico resulta irrelevante a nivel intuitivo.

Este hecho puede quedar en evidencia, si caemos en cuenta del hecho anotado en líneas precedentes, de que los romanos atribuían a la *affectio maritalis* un status de voluntad susceptible de quebrar una unión a su pérdida. Como anotamos igualmente, desde el apogeo del Cristianismo (y en consecuencia cuando las normas revisten la influencia de la *Pietas* y *Charitas* cristianas), este principio desaparece, y la voluntad pasa a ser inicial, convirtiéndose el vínculo en indisoluble.

En conclusión, y desde nuestra perspectiva en función de todos los argumentos presentados; estimamos que para hablar de la manifestación natural e intuitiva del altruismo a nivel de pareja, hemos de referirnos a la «*affectio maritalis*».

iv. El Derecho de Familia, el Derecho de la Familia y el Derecho en la Familia

El distinguido profesor Harold Berman[277] nos señala que antes de la profesionalización y de la sistematización del Derecho, se dejaba más espacio a las

[277] BERMAN, Harold J. *La Formación de la Tradición Jurídica de Occidente*. Fondo de Cultura Económica, México, 1996. Pág. 88.

actitudes y creencias del pueblo y a sus ideas inconscientes, sus procesos de pensamiento mítico. Esto hizo surgir procedimientos jurídicos que dependieron del ritual y el símbolo, y que en ese sentido eran sumamente técnicos, mas, por lo mismo; el derecho sustantivo era flexible, y en gran parte no era técnico.

Derechos y deberes en ese sentido, no se ajustaban a la letra de los textos legales, sino eran, en cambio, un reflejo de los valores comunitarios, una ley viva que brotaba, según los términos de Fritz Kern, "*de pozos creadores del subconsciente*". Esto es más que probable, que sea lo que SAVIGNY quería decirnos al hablar del "*Volksgeist*" y sus reiteradas referencias a un "*derecho primitivo*", en perfecta consonancia con su visión historicista del Derecho[278].

En efecto, KERN[279] reconoció que el Derecho consuetudinario de este temprano período de la historia a menudo fue "vago, confuso e impráctico, técnicamente torpe", pero también que fue "creador, sublime y apropiado a las necesidades humanas".

Con SAVIGNY, este mismo fenómeno, descrito constantemente de manera "*literaria, mítica o simbólica*": "*pozos creadores del subconsciente*" y "*Espíritu del Pueblo*"; alcanza ya el impecable arte técnico, no obstante la *esencia* es la misma.

La idea es pues, la de un Derecho espontáneo, la de un espíritu popular creador, y añadimos, consecuente a la obra pragmática de ese mismo espíritu sentado en la *universalidad* de un consenso tácito[280].

¿Cuáles son las causas del nacimiento del Derecho General o en qué consisten las fuentes jurídicas?, se pregunta SAVIGNY[281]. Consecuentemente, sostiene que se

---

[278] No olvidemos que Friedrich Karl von Savigny es considerado el padre de la Escuela Histórica del Derecho.

[279] Fuente secundaria. BERMAN, Harold. Ob. Cit.

[280] Aquí podemos encontrar la cualidad de universalización del altruismo.

[281] SAVIGNY, Friedrich Karl von. *Los fundamentos de la ciencia jurídica*. En: SAVIGNY, KIRCHMANN, ZITELMENN y KANTOROWICZ. *La ciencia del Derecho*. Editorial Losada. Buenos Aires, 1949. Pág. 35.

podría suponer que el nacimiento del Derecho sea diferente por completo según la influencia del azar o de la arbitrariedad humana, de su inteligencia y sabiduría.

Pero a esta suposición, nos dice, se opone el hecho indudable que en todas partes donde aparezca en la conciencia una relación jurídica, desde hace largo tiempo existía para la misma, una regla, que, por ende, no hace falta, ni siquiera sería posible inventar.

En atención a esta cualidad del Derecho general, en virtud de la cual siempre tiene ya existencia real y dada en cualquier estado en el que pueda ser buscado, lo denominamos *Derecho positivo*.

Siguiendo dicho razonamiento, se pregunta por el sujeto en el que, y para el que, el Derecho positivo tiene su existencia. Así llega al "Pueblo" y consecuentemente a su *espíritu* como sujeto personal activo.

El Derecho positivo vive en la conciencia común del Pueblo, y por ello habremos de llamarlo también *Derecho del Pueblo*. Pero no debemos imaginarnos que los diferentes miembros del Pueblo produjesen el Derecho mediante su arbitrariedad, puesto que tal arbitrariedad de los particulares pudiera tal vez escoger el mismo Derecho por casualidad, pero con más probabilidad elegiría Derecho muy diverso. Más bien se trata del *espíritu* del Pueblo («*Der Volksgeist*») que en todos los individuos vive y actúa, y que produce el Derecho positivo. El mismo es, por ende, para la conciencia de cada individuo no causal, sino necesariamente un solo Derecho[282].

SAVIGNY[283] así revela que dondequiera que los hombres convivan y en cuanto la historia nos informa, siempre se hallan en una *comunidad espiritual* que en *el uso del mismo lenguaje* se evidencia, robustece y desarrolla. La sede de la producción del Derecho se encuentra en esta totalidad natural, ya que la fuerza de satisfacer la necesidad arriba reconocida reside en el espíritu común del Pueblo que matiza a los individuos.

---

[282] SAVIGNY, Friedrich Karl von. (1949). Pág. 35.

[283] Ibíd. Pág. 39.

Lo que forma un solo todo –nos dice SAVIGNY[284]-, es la universal creencia del pueblo, el sentimiento uniforme de necesidades íntimas, que excluye toda idea de un origen meramente accidental y arbitrario.

La síntesis de la opinión de SAVIGNY[285] y la nuestra, en suma; es que todo Derecho tienen su origen en aquellos usos y costumbres, a las cuales por asentimiento universal se suele dar -recordemos la *universalización* antes descrita-, aunque no con gran exactitud, el nombre de Derecho consuetudinario; esto es, que el Derecho se crea primero por las costumbres y las creencias populares y luego por la Jurisprudencia; siempre, por tanto, en virtud de una fuerza interior (lo que hemos venido a denominar un fenómeno), y tácitamente activa, jamás en virtud del arbitrio de ningún legislador.

La idea y los teoremas del Derecho, en ese sentido, no aparecen en ellos como creación arbitraria, antes bien, son verdaderos seres reales, cuya existencia y genealogía se las ha manifestado en virtud de un hábito familiar muy prolongado[286].

Aquella clara y natural condición, se manifiesta principalmente en el Derecho civil, y así como ocurre en cada hombre, que en virtud de la propia estimación adquieren importancia sus relaciones familiares y sus bienes, así por razones semejantes se hace posible que las decisiones del Derecho lleguen a ser cosa del conocimiento popular. Estas funciones intelectuales necesitan pues de un *organismo*, por decirlo así, material que procure estabilidad a su ejercicio[287]. La *affectio maritalis* sería, en nuestra opinión, este *organismo como función intelectual* dentro de una unión de pareja, como institución relevante en el Derecho.

Ayer, así como hoy en consecuencia, el Derecho vive y ha vivido, en el común conocimiento del Pueblo; y a considerarlo por ejemplo, como hace SAVIGNY en el

[284] SAVIGNY, Friedrich Karl von. *De la vocación de nuestro siglo para la legislación y para legislación y para la ciencia del Ciencia del Derecho.* La España Moderna. Madrid. Pág. 23.

[285] SAVIGNY, Friedrich Karl von. (1949). Pág. 28.

[286] Ibíd. Págs. 42-43.

[287] SAVIGNY, Friedrich Karl von. *De la vocación de nuestro siglo para la legislación y para legislación y para la ciencia del Ciencia del Derecho.* La España Moderna. Madrid. Pág. 24.

Derecho romano, se pone de manifiesto, que es esto cierto respecto de sus rasgos fundamentales, así en lo tocante a la índole general del matrimonio, de la propiedad, etc., etc.; pero luego se ve que no se puede decir lo mismo en cuanto a la infinita suma de detalles que nos presentan los *Pandectas*[288].

En efecto, como señaláramos con anterioridad, la tarea de sistematización del Derecho por parte de los Pandectas, entre otros, conjugó el *antiguo espíritu romano* con los preceptos morales heredados del Cristianismo, en suma, de la religión.

Como bien señala BERMAN[289], en los pueblos de Europa antes de la gran explosión de finales del siglo XI y comienzos del XII, los mitos populares que dominaron su pensamiento antes (y después) de la introducción del Cristianismo no establecieron una marcada división entre magia y lógica, o entre el destino y las reglas del Derecho penal por ejemplo. El cristianismo nunca estableció una clara división entre la fe y la razón. Este es, en nuestra opinión, el origen de aquellos elementos –o detalles a los que hace referencia SAVIGNY-, que distancian en el campo del Derecho de familia, a la *affectio maritalis* (un rasgo fundamental) de la *solidaridad conyugal* (un elemento técnico).

No nos resulta ocioso resaltar en tal sentido, una de las causas por las cuales, en las líneas precedentes hayamos recurrido a la *esencia* de una *institución* romana[290].

Fuera del paréntesis histórico hecho a cuenta de la *affectio maritalis*, consideremos nuevamente a esta institución y porqué no, también al altruismo, como el

---

[288] Ibíd. Pág. 26.

[289]BERMAN, Harold J. Ob. Cit. Pág. 89.

[290] En cuanto a la diferenciación, o si se quiere la dualidad de conceptos es interesante atender a la distinción que SAVIGNY hace respecto al *elemento político* y el *elemento técnico* del Derecho. SAVIGNY designa con la expresión *elemento político* del Derecho, la dependencia en que está respecto de la vida social del pueblo (el fenómeno o la *affectio maritalis*), designando además su vida separada y científica como *elemento técnico* (la teoría de la *solidaridad conyugal*). SAVIGNY, Friedrich Karl von. *De la vocación de nuestro siglo para la legislación y para legislación y para la ciencia del Ciencia del Derecho*. La España Moderna. Madrid. Pág. 27. A lo que con mucha razón agrega que lo que hace grande a Roma es su espíritu político (…) de modo que lo nuevo no fuese más que una continua explicación de lo antiguo, logrando al fin una justa proporcionalidad entre el elemento estable y el elemento progresivo. SAVIGNY, Friedrich Karl von. *De la vocación de nuestro siglo para la legislación y para legislación y para la ciencia del Ciencia del Derecho*. La España Moderna. Madrid. Pág. 45.

organismo al que se refiere SAVIGNY. No obstante, y para tal cometido, hemos de asimilar y hacer un paralelismo con la *universalidad* al estricto campo de la Familia.

El objeto de este planteamiento, y nuestras referencias históricas, y fenomenológicas u orgánicas acerca del altruismo y de la *affectio maritalis*, es responder a la necesidad de desentrañar la *esencia* de aquello sobre lo cual opera la institución jurídica que nos compete; la compensación por desequilibrio. Podríamos justificar esta empresa, nuevamente citando a SAVIGNY[291]: el propósito que como juristas perseguimos, ¿no tiende a revelar y a adivinar el *espíritu* de las instituciones, mediante el estudio histórico de las formas bajo que tal *espíritu* pudo y supo producirse?

Pues bien, y dicho ésto; ¿a dónde querríamos llegar haciendo paralelos, entre el *espíritu* del Pueblo y el *espíritu* de la Familia, entre los fenómenos como *organismos* y su racionalización intelectual a través de *instituciones*? La respuesta es, que queremos llegar a que la Familia es *productora* de Derecho. En efecto, a nivel íntimo e intuitivo, fruto de un *espíritu*, si se quiere; doméstico, y sobre la base del altruismo; la familia produce Derecho.

Es importante en este sentido, que no olvidemos la relación implícita entre el altruismo y el Derecho a la que hemos hecho referencia. Así; volvamos a considerar, ahora desde otra perspectiva (la jurídica), las *relaciones personales* (punto IV.i de nuestro trabajo).

El hombre se encuentra rodeado del mundo exterior; y el elemento más importante en éste su mundo circundante –nos dice SAVIGNY[292]- es el contacto con aquellos que le son iguales por su naturaleza y destino. Ahora bien; para que sea posible que seres libres coexistan, fomentándose mutuamente en su desenvolvimiento sin entorpecerse, es menester el reconocimiento de una *frontera invisible*, dentro de la cual la existencia y la eficacia de cada individuo, logre un campo de acción seguro y libre.

---

[291] Ibíd. Madrid. Pág. 113.

[292] SAVIGNY, Friedrich Karl von. *Los fundamentos de la ciencia jurídica*. En: SAVIGNY, KIRCHMANN, ZITELMENN y KANTOROWICZ. *La ciencia del Derecho*. Editorial Losada. Buenos Aires, 1949. Págs. 181-182.

La regla por la cual se determina aquella frontera y a través de ella este espacio libre, es el Derecho[293].

Es pues, a partir de aquí, donde la relación adquiere carácter jurídico. Desde este punto de vista, en consecuencia, concebimos cada relación jurídica individual como una relación entre una persona y otra persona determinada por una regla jurídica[294].

Entendemos, que sobre esta premisa; SAVIGNY[295] distingue en cada relación jurídica, dos elementos: en primer lugar, una materia o sea aquella relación en sí; y, en segundo lugar, la determinación jurídica de esta materia. De igual manera, designa al primer elemento como "*elemento material*" de las relaciones jurídicas o el mero hecho en ellas; y al segundo como "*elemento formal*" o sea aquel por el cual la relación fáctica es elevada a la forma jurídica.

Pero, y no obstante, como bien apunta; no todas las relaciones entre hombres pertenecen (*forzosamente*) al campo jurídico (*formal*)[296], siendo susceptibles y necesitadas de tal determinación por reglas jurídicas. Luego, distingue así, en este aspecto tres casos: relaciones humanas que pertenecen al campo jurídico o que son dominadas por reglas jurídicas por completo; otras que no lo son en absoluto; y otras, finalmente, que sólo lo son en parte.

Tras esta esquematización, subraya el citado autor, como ejemplo de la primera clase la propiedad, de la segunda la amistad y de la tercera el matrimonio, puesto que, como resalta, el matrimonio en parte pertenece al campo jurídico y en parte *trasciende* de él[297].

---

[293] A partir de aquí SAVIGNY hace referencia al parentesco y diferenciación entre el Derecho y la moral. Sostiene que el Derecho sirve a la moral, pero no mediante el cumplimiento de su mandamiento, sino por medio del aseguramiento del libre desarrollo de su fuerza ínsita en cada voluntad. Esto nos resulta llamativo en cuanto a lo referido a los motivos morales y normativos del altruismo tratados con anterioridad. SAVIGNY, F.K. (1949). Págs. 181-182.

[294] Ibíd. Pág. 183.

[295] Loc. Cit. Pág. 183.

[296] Los subrayados son nuestros.

[297] SAVIGNY, F.K. (1949). Pág. 183.

Aquí, ya en principio, podemos incluir ciertas ideas acerca de nuestro planteamiento. Es evidente que existe esta suerte de *frontera invisible* en cuanto al campo de acción del Derecho positivo y el Derecho intuitivo. En tal sentido, habremos de llegar a la conclusión de que en uno u otro lado de esta frontera, ya sea en cuanto al Derecho positivo *formal* o el Derecho intuitivo *informal* existe una regla jurídica. Nos referimos con esto, a la existencia de normas o reglas de reciprocidad. Nadie puede negar, por ejemplo, que aún cuando las relaciones de amistad no obedecen a reglas jurídicas formales, contienen códigos de conducta y reglas de recíproco cumplimiento. Lo mismo sucede en ciertos aspectos vinculados a las relaciones familiares, por ello, consciente de ello, SAVIGNY les otorga un carácter mixto dentro de esta clasificación.

La *trascendencia* a la que apela SAVIGNY, es desde nuestra perspectiva, el reconocimiento de la existencia de un conjunto de reglas paralelas (al Derecho formal) e igualmente legítimas en cuanto a las relaciones personales. Aquí es donde nos encontramos con el altruismo y la reciprocidad (fenómeno y proceso), como fuentes creadoras de Derecho intuitivo o "doméstico".

Siguiendo este razonamiento, SAVIGNY[298] realiza una distinción entre esta suerte de "mixtura" en las relaciones familiares y el Derecho de obligaciones propiamente dicho; análisis, que igualmente resulta relevante para nuestro planteamiento.

Dicho autor, señala que la familia ostenta de una naturaleza particular y específica que dista de lo que podríamos entender por una "relación obligacional convencional"[299]. La obligación tiene como objeto una acción aislada, la relación familiar, en cambio, a la persona como totalidad en cuanto es un miembro en el contexto *orgánico* de la humanidad entera. La materia de las obligaciones es de naturaleza arbitraria, puesto que se puede escoger como contenido de una obligación ora esta, ora aquella acción; la materia de las relaciones familiares se halla en cambio determinada por la *naturaleza orgánica* del hombre y reviste, por ende, el carácter de la

---

[298] SAVIGNY, F.K. (1949). Págs. 191-192.

[299] El subrayado es nuestro.

necesidad. Aquí podemos hallar el planteamiento de SAVIGNY, respecto de lo que nosotros hemos incido como *roles*.

La obligación, añade, es normalmente de naturaleza pasajera, la relación familiar está destinada a una existencia duradera (este es justamente el fundamento de la existencia del altruismo). Encontramos aquí en el planteamiento de SAVIGNY, lo que nosotros hemos denominado el elemento de *perdurabilidad*. Por ello –complementa- se desarrollan las diferentes relaciones familiares aisladas donde aparecen completas, en sociedades compuestas, que precisamente en atención a éste hecho llevan el nombre común de las familias.

Finalmente, en lo que atañe a este aspecto, SAVIGNY, entendemos, prolonga este razonamiento al campo de los derechos de propiedad a efectos de posicionarse en el campo del derecho patrimonial y distinguir o separar lo que entiende como "*derecho de familia aplicado*"[300] (recordemos ahora las *transmisiones* que siguen a las *relaciones*, punto IV.i de nuestro trabajo).

Así, sostiene que el Derecho de obligaciones trasciende un límite natural existente en el Derecho de familia en función de los derechos de propiedad. Refiere, que la obligación se encuentra más estrechamente emparentada con la propiedad, puesto que el poder que abarca, constituye una ampliación del poder individual más allá de su límite natural, mientras que la relación familiar, tiene el destino de completar la propia naturaleza en sí incompleta[301] de cada uno de los sujetos. Éste sería, para nosotros el planteamiento de SAVIGNY, respecto de la *funcionalidad*.

Con ello, establece que el Derecho de familia se encuentra, por tanto, más cerca de los llamados *derechos primitivos* y fundamentales que del Derecho patrimonial; (y

[300] (...) De análoga manera repercute la familia sobre el patrimonio. La primera y más inmediata consiste en que instituciones patrimoniales particulares anidan en las diferentes relaciones familiares: derechos reales y obligaciones que en esta forma y con este desenvolvimiento sólo pueden darse en el supuesto de determinadas relaciones de familia. Denominamos el conjunto de estos derechos patrimoniales el Derecho de familia aplicado; y éste precisamente da a la familia sobre todo su carácter propiamente jurídico. SAVIGNY, F.K. (1949). Pág. 221.

[301] Nuevamente con la referencia a una naturaleza incompleta podemos tener un acercamiento al tema de los roles.

afirmando que estos últimos se encuentran excluidos por completo del Derecho positivo), afirma de la familia, que sólo en parte pertenece al campo jurídico, mientras que el patrimonio pertenece al mismo completa y exclusivamente[302].

Llama la atención en este sentido, y tras haber dado una mirada a los elementos históricos existentes en este campo, como SAVIGNY hace referencia a *derechos primitivos*, o lo que es lo mismo, como vimos y sostenemos; al *Derecho intuitivo* en estado puro.

Con todo ello, SAVIGNY[303] sentencia –y así hace la distinción que queremos mostrar- que en cuanto a las relaciones familiares, la materia de cada una de estas relaciones es una relación natural, que como tal, inclusive trasciende los límites de la naturaleza humana (*ius naturale*). Por consiguiente, ha de atribuírsele, en atención a su existencia general, una necesidad independiente del Derecho positivo, si bien la forma particular, en la cual consiguen el reconocimiento, es muy diferente según sea el Derecho positivo de los diferentes pueblos (o entiéndase; de las distintas familias).

Complementa esta idea, sosteniendo que esta relación natural es para el hombre necesariamente, a la par, una relación moral; y añadiéndose, por último, aún la forma jurídica, abarca la familia tres formas inseparablemente unidas: la natural, la moral y la jurídica. Resulta aquí, sumamente interesante recordar, y hasta hacer un paralelo, con los altruismos *natural* o *hedonista*, el altruismo proveniente de *juicios morales* y el altruismo *normativo racional* (amoral) respectivamente, éste último, de donde coincidentemente, se extiende como vimos, la idea de imparcialidad y justicia.

En consecuencia; y para conglomerar nuestras ideas, sigamos a SAVIGNY[304] igualmente, en tanto formula una pregunta que busca incidir en el germen de las

---

[302] SAVIGNY, F.K. (1949). Págs. 191-192. Hemos de referir, sin embargo, que en este sentido, habremos de distanciamos parcialmente de la opinión de SAVIGNY, en cuanto a su concepción restrictiva del patrimonio personal, basados en lo que entendemos por capital humano como parte del patrimonio personal. En este sentido, y sin perjuicio de lo abarcado en el Capítulo I, se desarrollará en el último capítulo todo lo concerniente a la relación de estos tópicos con los derechos de propiedad.

[303] Ibíd. Págs. 193-194.

[304] SAVIGNY, F.K. (1949). Págs. 196.

relaciones de la familia; ¿qué nos queda entonces como contenido auténtico de las relaciones jurídicas pertenecientes a la familia? Dicho autor así, las considera al principio como complementos de la individualidad en sí imperfecta[305]. Por tanto, añade, consiste la verdadera esencia de las mismas en el papel que el individuo desempeña en estas relaciones; en que no sólo es un ser humano sino además especialmente marido, padre, hijo: en resumidas cuentas, en una forma de la vida sólidamente determinada, independiente del arbitrio individual y basada en un gran contexto natural[306].

Es ésta individualidad imperfecta a la que se refiere SAVIGNY, la que pretendemos asimilar a la idea de la asignación de *roles* y la *funcionalidad* en la familia, en la medida que dicha individualidad se perfecciona mediante, la continua interrelación de los sujetos individuales dentro del grupo.

En efecto, nos dice este autor, que cada relación de familia es considerada como natural-moral, completamente individual, consistiendo en una relación recíproca entre (...) individuos. Pero como relación jurídica que es, se trata de una relación de una persona con todos los demás hombres, consistiendo según su propia esencia en el derecho al reconocimiento general[307]. Esta idea, como veremos, puede ser aplicada tanto en cuanto a la familia como a la sociedad; idea ésta que en adelante contextualizaremos, en el concepto de la "*obligación pasivamente universal*" de PLANIOL y RIPERT[308].

Pues bien, este reconocimiento recíproco, nos dice SAVIGNY y concordamos con él en este sentido, produce, dado un contacto espacial de individuos; una necesidad de *equilibrio*, la que primeramente aparece como indeterminada, pero sólo como determinada puede hallar su satisfacción[309].

---

[305] Tómese en consideración, que desde el plano económico, el altruismo es considerado como un elemento de corrección espontánea de las imperfecciones de mercado tales como la información asimétrica, así como de los costes de transacción (véase para profundizar sobre este tema, el capítulo dedicado a la hipergamia y las estrategias familiares).

[306] Loc. Cit.

[307] Ibíd. Pág. 201.

[308] PLANIOL, Marcel y RIPERT, George. *Tratado práctico de Derecho civil francés. Tomo III*. Cultural S.A. La Habana, 1946.

[309] Ibíd. Pág. 211.

Entendemos, que el concepto de *indeterminación* en el que se incide, es aquella frontera invisible, que distancia el Derecho intuitivo del Derecho positivo; y en tal sentido, también la indeterminación de la idea de equidad o acaso, una idea de justicia.

En todo ente orgánico, (...), siguiendo esta idea, nos dice SAVIGNY, que el bienestar se obtiene a condición de que entre el todo y las partes haya un *equilibrio* perfecto, y de que a cada cual, se dé lo que es debido[310].

Aquí y consecuentemente, es donde puede observarse una referencia indirecta hacia un eventual concepto de equidad, o en todo caso, se encuentra una puerta abierta en cuanto a un juicio de valor.

El bienestar, que puede ser entendido tanto como un fin, como una consecuencia del equilibrio, es presentado bajo la condición de una norma –de equidad- respecto a la distribución de los recursos. ¿Qué es lo debido a cada cual?, tendríamos que preguntarnos. De esta manera volvemos a la *relatividad* de una respuesta que puede oscilar en función del *punto vista*. No obstante, y sin perjuicio de ello, en función del *contexto* (el tipo de altruismo), el equilibrio será intuitivo, y el equilibrio procedente de una noción de justicia externa será equidad. Esta última afirmación de SAVIGNY, es sin lugar a dudas en nuestra opinión, ambivalente y válida en cuanto a su carácter amplio. Revela una proposición susceptible de aplicación desde ambas perspectivas.

Lo que es debido, no requiere una definición, lo que es debido puede sin albergar reglas ser lo que es debido en virtud de la concurrencia y la mutua concesión. Desde el punto de vista del equilibrio intuitivo, puede alcanzar la perfección. En la intimidad familiar, el sentido intuitivo no suele cuestionar lo que es debido o no, simplemente se da por hecho. Se trata de un equilibrio espontáneo. En efecto, TOMÁS Y VALIENTE[311] sostiene que el Derecho sirve para implantar y conservar un cierto equilibrio entre conflicto y "*consensus*" social.

---

[310] SAVIGNY, Friedrich Karl von. *De la vocación de nuestro siglo para la legislación y para legislación y para la ciencia del Ciencia del Derecho*. La España Moderna. Madrid. Pág. 53.

[311] TOMÁS Y VALIENTE, Francisco. *Manual de Historia del Derecho Español*. Editorial Tecnos. Madrid, 2001. Pág. 26.

Lo que es debido a nivel del altruismo *normativo social*, para que exista consenso, debe partir de una clara definición previa, y es aquí donde se erige el concepto de equidad. La claridad y la seguridad de reglas previas en este sentido, constituye en nuestra opinión, la manifestación de una incertidumbre mucho más amplia presente en la sociedad, que en un grupo como la familia, donde las expectativas tienen un fundamento mucho más profundo y de verosímil cumplimiento. En cuanto a la sociedad, el equilibrio, cuando no es espontáneo, es a tipo de remedio, normativamente consensuado.

En suma, podemos –o pretendemos- interpretar que la explicación de esta divergencia desde el punto de vista de SAVIGNY, se encuentra –erróneamente, desde nuestra perspectiva- o radica en el elemento patrimonial de las relaciones, que requiere un Derecho positivo.

Refiere, en consecuencia, que la diferencia está, por consiguiente, en que la relación familiar sólo de manera imperfecta es dominada por las leyes jurídicas de suerte que en gran parte de la misma queda a merced exclusiva de las influencias morales. En cuanto a las relaciones patrimoniales, en cambio, el dominio de la ley jurídica se lleva a cabo por completo sin tener en consideración el ejercicio moral o inmoral de un derecho[312]. Esto es, hace una distinción entre el Derecho intuitivo y el Derecho positivo, o lo que resulta lo mismo, entre la intuición endógena de justicia y el juicio de justicia exógeno propiamente dicho, en función del elemento patrimonial[313]. Nosotros vemos la distinción en función de órdenes jurídicos, el tema patrimonial es un matiz.

Ahora bien, como sabemos, el Derecho ampliamente concebido, requiere de un elemento tanto coercitivo como coactivo, para el cumplimiento de las normas. En uno u otro lado, es decir, tanto en el Derecho intuitivo, como en el Derecho positivo, tenemos referentes de coacción en el cumplimiento de las normas. Así llegamos a los conceptos de *auctoritas* en el campo de la familia, respecto a quien la ejerza (individual o

[312] SAVIGNY, F.K. (1949). Págs. 213-214.

[313] Reiteramos en este sentido, la oposición de nuestra postura, en función de una teoría monista personalista, a desarrollarse en el Capítulo VIII.

colegiadamente), o del *imperio de la ley* en el campo social en cuanto al Estado o la sociedad como sujeto pasivo representado.

Ante este paralelo, como bien señala SAVIGNY[314], es plausible observar una analogía consistente en que en las familias se encuentran los gérmenes del Estado. Más aún, establece que la familia p. ej., tiene en su estructura duradera así como en la relación de gobierno y obediencia una semejanza inconfundible con el Estado[315] (...).

Con todo ello, con las reflexiones de SAVIGNY, cabría entonces calificar a esta suerte de fuente intuitiva consuetudinaria familiar como un orden jurídico determinado; como Derecho, un Derecho contenido en la idea general del Derecho propiamente dicho.

Ahora bien, SAVIGNY[316] partiendo de que el fundamento (del Derecho positivo) tiene su existencia y realidad en la conciencia del Pueblo; se pregunta; ¿mediante qué medios podemos conocer esta existencia invisible?, a lo que responde que la conocemos en cuanto se evidencia en actos exteriores, en cuanto se patentiza en usanzas, hábitos, costumbres. La uniformidad de una conducta continuada y duradera –continúa-, nos revela como su raíz común, opuesta al mero azar, la convicción del Pueblo.

Así, y en consecuencia, sostiene que si se considera dicha conducta como consciente y dimanante de la energía del espíritu, el descrito proceso no pone en peligro la dignidad del Derecho[317]. Esta sola afirmación entendemos, robustece nuestra apelación a la existencia espontánea de un orden jurídico diferenciado en el marco de una comunidad de vida; distinto, y eventualmente competitivo o concurrente con "el Derecho" en su sentido usual.

---

[314] Ibíd.

[315] Ibíd. Pág. 41.

[316] Ibíd. Pág. 51.

[317] Ibíd. Págs. 52-53.

En consecuencia, la costumbre (entendida para nosotros como esta fuente de Derecho intuitivo) es, pues, importante en dos aspectos para SAVIGNY[318]: como síntoma del Derecho Positivo y como causa productora concomitante. (...) Si por lo demás hemos afirmado que se puede considerar la costumbre del Derecho Popular en algunos casos como medio de su conocimiento, nos referíamos a un conocimiento *mediato*, necesario para aquellos que contemplen este Derecho de cierto modo desde fuera, sin pertenecer ellos mismos a los miembros de la comunidad dentro de la cual nació y continúa su vida duradera el Derecho del Pueblo. Puesto que para los miembros no es necesario desprender el Derecho de los diferentes casos de la práctica, siendo su conocimiento inmediato y descansando sobre la intuición.

De esta manera, considerar como lo hace SAVIGNY, que el matrimonio se relaciona a un mismo tiempo con el Derecho y con las costumbres, siendo ininteligible cualquier derecho sobre el matrimonio, si se prescinde de sus relaciones con tan necesarios complementos[319], es desde nuestro punto de vista, reconocer de manera categórica la existencia de esta fuente intuitiva en el seno de una comunidad de familia.

Con todo el tratamiento sugerido en cuanto a la capacidad de producción de Derecho por parte de la familia, y aunque este punto pueda significar en alguna medida, disidente en todo sentido de la concepción de Derecho que abarcamos; cabría preguntarse: ¿al hablar de *normas intuitivas* que escapan al ámbito del *Derecho positivo* podemos hablar de Derecho propiamente dicho?; es más, podríamos hacernos otra pregunta: ¿existe un derecho, por ejemplo, entre los *tiv* del norte de Nigeria, que tienen un sistema de control social basado en lealtades al clan y de linaje, en represalias de clan y en la reparación ritual para evitar el castigo por fuerzas sobrenaturales, pero que no tienen instituciones gubernamentales claras, no hay tribunales ni palabra en su lenguaje que designe la ley?; aún cuando aceptan entre ellos ciertas reglas como obligatorias, ciertas decisiones como de autoridad y ciertos procedimientos para declarar eficaces estas reglas y decisiones.

---

[318] Loc. Cit.

[319] SAVIGNY, Friedrich Karl von. *De la vocación de nuestro siglo para la legislación y para legislación y para la ciencia del Ciencia del Derecho*. La España Moderna. Madrid. Pág. 58.

El hecho de que *ellos* no distingan estos procedimientos, distinciones y reglas, de la religión, la política, la economía y la vida familiar, y no los llamen "ley", ¿significa que *nosotros* no deberíamos llamarlos ley? ¿No podemos decir que entre los *tiv* –y en muchas otras sociedades- *lo que llamamos derecho* es totalmente difuso, totalmente integrado a instituciones y procesos religiosos, políticos, económicos, familiares y otros?

A.S. DIAMOND, quien define el Derecho como las reglas de conducta cuya violación tropieza regularmente con sanciones impuestas por la comunidad por medio de procedimientos regulares, declara categóricamente que "los *tiv* no tienen Derecho". Según DIAMOND, con su orientación occidental, "el Derecho en todo el sentido de la palabra" consiste en "reglas de conducta aplicables por un órgano del Estado"; esta definición casi seguramente excluiría el Derecho germánico (incluyendo el anglosajón y el franco), el cual dice DIAMOND, en realidad solo estaba "cerca de los comienzos del Derecho"[320].

El paradigma de un orden social en que el Derecho es en gran parte difuso, en gran parte hundido en las instituciones y los procesos sociales, religiosos, políticos, económicos, familiares y otros –ya la tesis de que semejante orden precedió históricamente el desarrollo de los sistemas jurídicos de la civilización occidental- fue planteado hace más de un siglo en los escritos de sir Henry Maine. Maine escribió que los antiguos códigos de Derecho romano, griego e hindú, tanto en Oriente como en Occidente, "mezclaban ordenanzas religiosas, civiles y simplemente morales sin consideración a las diferencias de su carácter esencial", y que "la separación del Derecho de la moral, y la religión de la ley sólo corresponde a etapas *posteriores* del progreso mental".

Coincidimos plenamente con BERMAN[321], en el sentido de que responder a estas afirmaciones como lo hace DIAMOND, en lo cual, diciendo que los primeros contienen muy poca "materia religiosa", que son "enteramente seculares" y que "no

---

[320] BERMAN, Harold J. *La Formación de la Tradición Jurídica de Occidente*. Fondo de Cultura Económica, México, 1996. Págs. 89-90.

[321] Loc. Cit.

muestran ninguna confusión entre ley y religión", es cometer petición de principio sobre lo que es ley y lo que es religión.

Esta breve introducción, y su planteamiento preliminar puede ser considerado a nivel macro, no obstante, pretendemos, con la misma lógica y de manera analógica, ofrecer un planteamiento a nivel micro, en cuanto al Derecho de familia.

Si apelamos en este cometido a considerar el factor histórico en la formación del Derecho, resulta no menos que revelador el hecho de que hasta el día de hoy, evidentemente en virtud de una evolución, las normas sobre responsabilidad y diligencia "social" reflejan en nuestros códigos la influencia de un Derecho familiar "ancestral" como lo es el Derecho romano en cuanto a la *auctoritas* del *paterfamilia*[322] al referirse a la diligencia de un *buen padre de familia*.

Es decir, el Derecho tal como lo conocemos, se ha erigido en gran medida, sobre ciertas normas, antes más bien privadas, y circunscritas a un ámbito doméstico. No se trata más aún del único caso respecto a las ciencias modernas. La Economía, por citar un ejemplo, como nos recuerda VELASCO[323], debe su nombre a las raíces griegas *oikos* que significa "casa" y *nem* en su acepción de "administrar".

---

[322] Es curioso en ese sentido observar, respecto a la evolución y que ciertas normas de Derecho provengan de ámbitos distintos, que en su origen, la palabra "*familia*" no significa el ideal formado por una mezcla de sentimentalismo y disensiones domésticas del mojigato de nuestra época; al principio, entre los romanos, ni siquiera se aplica a la pareja conyugal y a sus hijos, sino tan solo a los esclavos. *Famulus* quiere decir «esclavo doméstico», y la familia designa el conjunto de los esclavos pertenecientes a un mismo hombre" –de hecho, en la antigua Roma, la familia solía ser transmitida por vía testamentaria – y dicha expresión, fue inventada para designar un nuevo organismo social en donde el *paterfamilia* gozaba de la propiedad de mujer, hijos y esclavos. ENGELS, Friedrich. *El origen de la familia, la propiedad privada y el Estado*. Sarpe. Madrid, 1983. Págs. 74-75. Este hecho, significa para nosotros que en la actualidad como concepto de *auctoritas* del *paterfamilia* hemos asimilado a las normas de diligencia, en sus orígenes estaba referido a cualidades u atributos de la propiedad. Este concepto podría haber subsumido el *ius abutendi* y el *ius disponendi* en cuanto a los sujetos pertenecientes a la familia. Quizá después de todo, quién sabe, la diligencia de un *buen padre de familia*, podría haber sido perfectamente la diligencia de un *buen propietario*, lo cual, en nuestra opinión, y en cuanto a los resultados no tendría nada de descabellado.

[323] VELASCO, Carmen. En: *El derecho de familia. De Roma al Derecho actual*. Ramón Lopez-Rosa, Felipe del Pino-Toscano (Eds.) Universidad de Huelva, 2004. Página 793.

A pequeña escala pues, consideramos que todas las familias gozan de un Derecho consuetudinario, único, privado y ciertamente legítimo con los límites impuestos por el altruismo *normativo social*.

Extendemos a partir de la afirmación de BERMAN[324], la misma que compartimos; que el Derecho consuetudinario de los pueblos de Europa de los siglos VI a X, aún cuando era inextricable de la religión y la moral[325], era sin embargo, Derecho. Se trataba de un orden jurídico, una dimensión legal de la vida social, el sentimiento compartido de los miembros de cualquier comunidad. Así, y de la misma manera, hasta una familia, un vecindario o una escuela, que son regidos por derechos y deberes mutuos derivados de una autoridad reconocida por ellos, ostentan de un Derecho intuitivo que escapa en un determinado contexto a la común idea que tenemos como Derecho propiamente dicho. En cuanto a la familia, nos referimos a este *«Volksgeist»* savigniano a nivel doméstico.

Por otra parte, y en ese sentido, habría que considerar el elemento de legitimidad en el Derecho, o como refiere TOMÁS Y VALIENTE, su última dimensión, su legitimación[326]. De un puente, de una máquina, de una obra de arte no se dice que sean no o justos. Del Derecho, sí. Y parece ineludible que así sea, puesto que así ha sido siempre. Toda norma jurídica se presenta a sí misma como justa, como racional, y en cuanto tal es defendida por quienes la crean. Al menos, por ellos; quizá sólo por ellos. El Derecho es una realidad pretendidamente justa. O injusta. Porque sucede de hecho que esa misma norma jurídica o el conjunto de todas ellas es a veces considerado injusto por muchos o algunos de los individuos obligados a cumplir el Derecho vigente. De este modo, el Derecho, que sirve para juzgar conductas individuales o colectivas, es a su vez juzgado por sus destinatarios[327].

---

[324] BERMAN, Harold J. Ob. Cit. Pág. 92.

[325] Pensemos por ejemplo en las Tablas de Moisés con los Diez Mandamientos, hoy por hoy para muchos, son sólo literatura, o acaso historia, aunque esto último sea de igual forma discutible, sin embargo, para muchos otros siguen siendo Leyes con plena vigencia.

[326] TOMÁS Y VALIENTE, Francisco. *Manual de Historia del Derecho Español.* Editorial Tecnos. Madrid, 2001. Pág. 26.

[327] Ibíd. Pág. 26.

El Derecho –nos dice TOMÁS Y VALIENTE[328]- actúa en la sociedad construyendo instituciones por medio de las cuales la sociedad resulta organizada. Pero, ¿qué es una *institución jurídica*?, se pregunta. Dicho autor, entiende por institución el conjunto formado por unas relaciones sociales homogéneas y el marco normativo que las regula. En las sociedades primitivas, de tradición oral, y escasa división del trabajo, ese marco normativo estaba compuesto de manera indiferenciada (o sólo de manera parcialmente diferenciable) por reglas religiosas, éticas y jurídicas. A través del tiempo y de la construcción de sociedades más complejas, el marco normativo que regula la mayoría de relaciones sociales es jurídico. Son, por consiguiente, instituciones jurídicas aquellos conjuntos formados por unas relaciones sociales homogéneas y por el marco jurídico normativo que las regula.

Advierte asimismo, que algunos juristas atribuyen el concepto de institución jurídica sólo al conjunto de normas, dejando fuera como "*metajurídico*", es decir, como una realidad ajena al Derecho, el contenido de intereses y conflictos sociales que estas normas tratan de regular, lo que califica como una actitud de carácter metodológico.

Así, TOMÁS Y VALIENTE, de acuerdo con el concepto de Derecho defendido en sus páginas, hemos de entender que la institución jurídica –y en consecuencia, el Derecho-[329]está compuesta tanto por el marco normativo como por el contenido del mismo integrado por relaciones sociales homogéneas. El matrimonio, y (...) son meros complejos normativos. Conceptos con éste, son incomprensibles si los vaciamos de su contenido, pues de éste les viene a las instituciones su real razón de ser y su propio e interno dinamismo[330].

Ahora, bien hechas estas apreciaciones conducentes a incluir en una misma alforja a todas las normas intuitivas en gran medida con contenido ético o moral, religioso o de otra índole, en tanto regulan las relaciones humanas; es posible que uno se pregunte o afirme entonces; ¿qué pasa con las normas morales o de otra naturaleza?,

---

[328] Ibíd. Pág. 31.

[329] El subrayado es nuestro.

[330] TOMÁS Y VALIENTE, Francisco. *Manual de Historia del Derecho Español.* Editorial Tecnos. Madrid, 2001. Pág. 31.

o mejor dicho; ¿no existe una diferencia ostensible entre una norma jurídica y una norma moral?, y sin lugar a dudas, estos planteamientos o interrogantes, son plenamente legítimos.

En este sentido, aunque TOMÁS Y VALIENTE[331] hace una distinción de impecable lucidez técnica y conceptual, con muy buen juicio, sostiene que no todas las normas o reglas de conducta son jurídicas. En la sociedad actual –nos dice- es fácil distinguir entre normas morales (como las que obligan al creyente a asistir a sacrificios u oficios religiosos), normas jurídicas (como un artículo del Código penal) y simples usos sociales (como los que nos obligan a saludar de forma convencional o a ir vestidos a la moda)[332].

Podría aquí en consecuencia encontrarse una distinción en el *Derecho convencional*[333], y este otro Derecho al que hacemos referencia, y que podemos llamar *no convencional*. Sin embargo; nos preguntamos nosotros: ¿no es cierto acaso que el Derecho *convencional* está plagado de normas morales?, o, ¿qué nos quedaría como contenido del Derecho *convencional* si sustraemos de él todo tipo de convención moral?

Puede afirmarse, que las normas morales sólo adquieren la naturaleza de norma jurídica en tanto son absorbidas, mediante algún precepto jurídico al Derecho formal, convencional o positivo en el estricto sentido del término. Y a nivel técnico es lo que sucede, sin embargo, nuestro propósito es trascender los elementos meramente técnicos o formales.

Sin embargo, y de hecho es lo que sucede, el Derecho convencional tanto filosófica como técnicamente, subsume y otorga validez (en buena cuenta compite) a Derechos no convencionales.

---

[331] Ibíd. Págs. 23-24.

[332] Aunque hemos de matizar, si bien es cierto no se trata de normas en sentido estricto, en ocasiones, su incumplimiento, puede acarrear ciertas "sanciones" sociales.

[333] Hemos de entender por el término convencional, no la ausencia de consenso, puesto que ambos lo existe, sino en su sentido o idea usual o habitual.

Si esta afirmación que realizamos no fuera cierta; ¿qué podríamos decir acerca del *derecho de resistencia,* la *desobediencia civil* o la *objeción de conciencia*? Dichos principios, forman parte del Derecho *convencional*, pero estimamos, por una razón, el reconocimiento de status de otros Derechos *no convencionales*.

¿Qué hace pues, que la *desobediencia civil* pueda ser considerada en el Derecho convencional, y más aún, en función de sus circunstancias gozar de reconocimiento jurídico? ¿Qué criterio permite a un testigo de Jehová negarse a realizarse una transfusión de sangre en un contexto *jurídico-convencional* en el cual, dicho comportamiento resulta antijurídico?

Nosotros creemos, que el Derecho *convencional* puede y de hecho reconoce, trayendo a su esfera "otras fuentes de Derecho" que a su vez erigen un Derecho absolutamente legítimo y paralelo al *universalmente* establecido. De esta forma, reconoce en este otro Derecho *no convencional* un carácter normativo equiparable, o desde otro punto de vista; el Derecho *no convencional*, limita el campo de acción del Derecho *convencional universal*.

Todo ésto que sostenemos se puede justificar o resumir en una idea. La diferencia entre lo que hemos denominado Derecho convencional y Derecho no convencional, está en el *consenso* del altruismo, en tanto sea *social o universal*. El Derecho *convencional* goza dentro de un grupo social determinado, un criterio de *universalidad*, el Derechos no convencional por su parte es *universal* en un ámbito reducido y excluyente. Hablamos pues de un Derecho contenido y otro continente, pero al fin y al cabo Derecho en uno y otro caso. En un caso estamos ante un altruismo *imparcial universal* respecto a la sociedad o a los criterios sobre los que descansan conceptos como soberanía o imperio de la Ley. En el otro caso, hablamos de un altruismo de tipo indeterminado pero igualmente *universal* sólo respecto al grupo en cuestión, como lo puede ser una familia. Esa es nuestra explicación.

Éste sería el principio de personalidad del Derecho al que hace referencia TOMÁS Y VALIENTE[334], al remontarse históricamente a grupos humanos como la "gentilitas" de los pueblos hispánicos prerromanos, en los que, como agrupaciones sociales cerradas, quien no fuese miembro de ellas no podía acogerse a su Derecho. Este principio de personalidad del Derecho, nos dice pues, significa que éste está concebido para que por él se rijan exclusivamente las personas que forman parte de cada unidad política. Cada persona esta pues, sometida al Derecho de su grupo, y por lo mismo era extraña a cualquier otro ordenamiento jurídico, de tal manera que si entraba en relación con otra comunidad política, no podía acogerse al Derecho de ésta, para la cual era en principio un extraño o incluso un enemigo.

Pues bien, en cuanto un niño invoca los principios de igualdad, congruencia y adherencia a una promesa o regla –para argüir, por ejemplo, que tiene derecho a cierto juguete, porque su hermano lo tuvo antes y porque siempre se lo turnan, y porque es suyo y porque su padre lo dijo-, entonces sí tiene sentido hablar de una apelación al Derecho o a la Ley[335].

De igual manera, cuando un padre o una madre, despliega su autoridad (autoridad *universalmente* reconocida) y poder de coacción, infringiendo un castigo o determinando una sanción como respuesta a una conducta inapropiada de uno de sus hijos, para el conjunto de normas domésticas, no está haciendo otra cosa que aplicar el Derecho establecido a nivel familiar.

Si hay una expresión que puede describir lo que tienen en común todos estos diversos *órdenes jurídicos*, en opinión de BERMAN[336], ésa es la santidad de la costumbre. Ésta es sagrada, como sagradas son sus normas. En palabras de Sófocles, en *Antígona*: "*estas leyes no son para hoy ni para ayer, están vivas para siempre; y nadie sabe quién nos las enseñó primero*" (*Antígona*).

---

[334] TOMÁS Y VALIENTE, Francisco. Ob. Cit. Pág. 78.

[335] BERMAN, Harold J. Ob. Cit. Pág. 92.

[336] Ibíd. Pág. 92.

En este tipo de *orden jurídico* la ley no es algo que pueda ser hecho y rehecho conscientemente por sus autoridades centrales; puede haber una legislación ocasional pero, en la mayor parte, la ley es algo que brota de las pautas y normas de conducta de los modos y costumbres populares, de la propia comunidad o en este caso, a menos escala, de la propia familia. Además, y esto es lo más interesante, en este tipo de orden legal la costumbre no es sometida a un escrutinio racional consciente, sistemático y continuo de los juristas.

Como anota el autor antes referido, en este contexto, la costumbre es tan sagrada que acaso no se le debiera llamar sagrada; tan solo es respetada, indiscutida e indiscutiblemente[337].

A pesar de todo, podemos considerar que la ciencia jurídica que hoy conocemos, es por lo mismo, mucho más que una realización intelectual, mucho más que un método de razonar o de organizar el pensamiento. Sus normas eran y son, tan morales como intelectuales. Expresa valores y políticas sustantivas. En este sentido, la reconciliación de reglas jurídicas opuestas (juicios de valor y nociones de equidad) formaba en sus orígenes, -si miramos con atención- parte de un proceso más general de intentar reconciliar la ley estricta con la equidad, la justicia con la piedad, la igualdad con la libertad[338].

Aquí es donde encontramos otra coincidencia entre los diversos *órdenes jurídicos*, que hemos llamado Derecho *convencional* y Derecho *no convencional*, la función del Derecho como mecanismo mediador para la consecución de la unidad y la reconciliación. Desde el punto de vista estrictamente familiar, las normas a nivel general así como en su función de asignación de roles, están abocadas al mantenimiento de unidad y estabilidad doméstica.

---

337 Loc. Cit.

338 Ibíd. Pág. 176. Los subrayados son nuestros.

Si echamos un vistazo a la historia desde una determinada perspectiva, como la adoptada por BERMAN[339], podemos ver que el Derecho, como el arte, el mito y la religión y como el lenguaje mismo, no era para los pueblos de Europa, en las primeras etapas de su historia, sólo cuestión de hacer y aplicar reglas, para determinar la culpa y decidir el juicio, no junto de principios, sino, antes bien, cuestión de mantener unido al pueblo, de reconciliación. El Derecho era concebido principalmente como un mecanismo mediador, un modo de comunicación y no, en lo fundamental, como un proceso de legislatura y de toma de decisiones.

A este respecto, el Derecho consuetudinario germánico y de otros pueblos de Europa por ejemplo, tenía mucho en común con ciertas filosofías jurídicas orientales[340]. En la tradición de los sufistas del Medio Oriente, uno de los relatos sobre Mulla Nasrudin lo pinta como magistrado, atendiendo su primer caso. El quejoso habla tan persuasivamente que Nasrudin exclama: -"*Creo que tienes razón*". El amanuense del tribunal le pide contenerse, pues aún hay que oír al acusado. Al escuchar los argumentos del acusado, Nasrudin vuelve a entusiasmarse tanto que grita: -"*Creo que tienes razón*". El amanuense del tribunal no puede tolerarlo. -"*Su señoría*", le dice, -"*no pueden tener la razón ambos*". -"*Creo que tienes razón*", replica Nasrudin. Ambos están en lo correcto, pero no pueden tener la razón ambos. Y la respuesta no se encontrará haciendo la pregunta ¿quién tiene la razón? Se encontrará salvando el honor de ambos bandos y, así, restaurando la relación que debe haber entre ellos.

Como en muchas culturas no occidentales, el derecho básico de los pueblos de Europa de los siglos VI a X, del cual somos herederos; no fue un conjunto de reglas impuesto desde arriba, sino, antes bien, una parte integral de la "conciencia común" de la comunidad, el «*Volksgeist*» del que habla SAVIGNY. El pueblo mismo en sus asambleas legislaba y juzgaba; y cuando los reyes afirmaron su autoridad sobre la ley, lo hicieron principalmente para guiar la costumbre y la conciencia jurídica del pueblo, y no para rehacerla. Los lazos de parentesco, de unidades señoriales y de comunidades territoriales *eran* ley. Si se violaban esos nexos, la respuesta inicial era buscar venganza, pero suponíase que la venganza cedería –y habitualmente así ocurría- a la negociación,

[339] BERMAN, Harold J. Ob. Cit. Pág. 88.

[340] Locución antes citada. Pág. 89.

por sanciones pecuniarias y reconciliación. A menudo, la adjudicación era una etapa del proceso de reconciliación. Y así la paz, una vez perturbada, sería restaurada por la diplomacia. Más allá de estas cuestiones de justicia e injusticia estaba la cuestión de la reconciliación de las facciones en guerra. Lo mismo puede decirse de la ley de muchas sociedades contemporáneas llamadas primitivas de Asia, África y América del Sur, así como de muchas civilizaciones antiguas, del pasado y del presente[341].

En la tradición de los pueblos de Asia que han vivido la poderosa influencia del pensamiento budista y confucianista por su parte, el dominio social no se encuentra básicamente en la asignación de derechos y deberes por un sistema de normas generales, sino en el mantenimiento de las relaciones adecuadas entre miembros de la familia y unidades de señorío dentro de comunidades locales, bajo el emperador. La armonía social es más importante que dar a cada quien los suyo. En realidad, "cada quien" no se concibe como un ser distinto de su sociedad –o del universo-, sino como parte integral de un sistema de relaciones sociales sujeto al Principio del Cielo. Por ello, en las antiguas civilizaciones de Asia se subrayan los lados de la vida tradicional, colectiva e intuitiva, y los lados intelectual, analítico, legal eran fundidos y subordinados a ellos[342].

Estos hechos, no hacen suponer, o en todo caso intuir, que hipotéticamente, el Derecho intuitivo de la familia se constituye como un mecanismo que además de establecer normas de convivencia, permite en base a las mismas normas (que otorgan roles en cuando al elemento de funcionalidad) mantener la unidad y estabilidad del grupo. Dice BERMAN de forma simbólica, que "*la paz vence al derecho, y el amor vence a la justicia*"[343], y con ello queremos entender que en cuanto a los lazos de pareja no existe una solución, cuando la reconciliación no es posible, cuando la paz no es capaz de vencer, y el amor (o el altruismo) no responden a la justicia intuitiva; esto es cuando se sucede una crisis en la familia, en particular en la pareja, el Derecho intuitivo de la familia, en una faceta ha fracasado, es decir, no ha sido capaz de mantener la unidad. En dicho caso, el altruismo del tipo que se haya tratado, desaparece y entonces

[341] BERMAN, Harold J. Ob. Cit. Págs. 87-88.

[342] Ibíd. Pág. 89.

[343] Ibíd. Pág. 94.

se recurre al altruismo *normativo social*, aquel *altruismo imparcial* del *espectador externo* en el cual existe determinada concepción de equidad. Aquí es donde aparece la compensación por desequilibrio.

Con todo lo dicho, y en base a estas reflexiones, creemos que en cuanto a la familia, podemos entender que confluyen tres versiones o visiones en función de los distintos *órdenes jurídicos*. Se trata del Derecho de familia, el Derecho de la familia y en Derecho en la familia.

El *Derecho de la familia* estaría representado por esta suerte de Derecho intuitivo y espontáneo, no convencional y privado, al que nos hemos referido.

El *Derecho en la familia* está referido al Derecho positivo, o Derecho *convencional* aplicado a la familia, o en todo caso, superpuesto al *Derecho de la familia* en base del altruismo *normativo social universal*. Hemos de recordar que SAVIGNY[344] ya había hecho una distinción en cuanto a un Derecho de familia y un *Derecho de familia aplicado*.

El *Derecho de familia*, por su parte y en nuestra opinión, debería ser aquel que integre y subsuma ambos, y así ofrecer un campo abierto en el cual los criterios de equidad puedan ser perfectamente consecuentes, en atención a las particularidades de cada caso, al conocimiento de la previa elaboración de un *Derecho intuitivo*.

[344] SAVIGNY, F.K. (1949).

CAPÍTULO III

LA HIPERGAMIA Y LAS ESTRATEGIAS FAMILIARES

I. Concepción
II. La asimetría entre el capital humano y altruismo. La función de la estrategia: la equivalencia
III. Relación altruismo-riesgo-incertidumbre
IV. ¿Una piedra en el camino, o una flor en el desierto? La teoría de la racionalidad limitada de Simon Herbert.
V. La búsqueda del equilibrio y el "óptimo familiar"

CAPÍTULO III

LA HIPERGAMIA Y LAS ESTRATEGIAS FAMILIARES

«Todas las familias felices se parecen,
pero las infelices lo son cada una a su manera»

León Tolstoi 1828-1910.

I. Concepción

La hipergamia está referida a las estrategias reproductivas de uno y otro género como causa de su comportamiento dentro de sus relaciones personales[345]. Tal como sucede con el altruismo, la hipergamia se manifiesta como un comportamiento racional por naturaleza. Es decir, desde un plano tanto biológico como psicológico, la hipergamia, se configura como una pauta de conducta consecuente con el nivel de altruismo existente, y que hace más o menos posible el desarrollo eficiente de la distribución de recursos en la familia. Se trata de la base de la distribución del trabajo en la pareja. Por ello, la hipergamia nos puede dar una idea de las diferencias existentes entre las aportaciones de hombre y mujer en sus uniones, así como de los eventuales potenciales comportamientos oportunistas por parte de cada miembro en función del género.

En buena cuenta, se puede afirmar que la hipergamia como fenómeno, es en sí una estrategia. A partir de ella se desarrolla lo que se conoce como estrategias familiares.

GARRIDO MEDINA y GIL CALVO[346] definen las estrategias familiares, como aquellas asignaciones de recursos humanos y materiales a actividades relacionadas entre

---

[345] Sobre la hipergamia, y para ahondar en el tema, ver CABRILLO, Francisco, Ob. Cit.

[346] GARRIDO MEDINA, Luis y GIL CALVO, Enrique. *El concepto de estrategias familiares*. En: GARRIDO MEDINA, Luis y GIL CALVO, Enrique. (Eds). *Estrategias familiares*. Alianza Editorial, Madrid, 1993. Pág. 15.

sí por parentesco (consanguíneo o afín) con el objeto de maximizar su aptitud para adaptarse a entornos materiales y sociales.

Por su parte, REQUENA Y DIEZ DE REVENGA[347], estima que en su sentido más lato, las estrategias no son otra cosa que movimientos conscientes e intencionales que deben dar lugar a una u otras formas de convivencia, a una u otras estructuras domesticas.

En efecto, las estrategias familiares no son más que el conjunto de decisiones, asignaciones, inversiones y sacrificios de determinados miembros de la unidad familiar en favor de otro miembro, o de la familia en su conjunto; en virtud de una motivación que tienda a incrementar el nivel general (y por ende personal) de bienestar sobre la base del altruismo.

Todas estas pequeñas decisiones, -nos dicen GARRIDO MEDINA y GIL CALVO[348]-, de las que depende al agregarse el futuro de cada familia, se toman con una relativa libertad, sin tener que obedecer ciegamente a fuerzas deterministas de naturaleza cultural o económica (*ausencia de juicios de equidad*[349]). Y, en la medida en que efectivamente se tomen con algún margen de libertad, nos hallaremos ante la estrategia de la familia (aunque los actores piensen encontrarse ante muestras de amor o de voluntad divina), que prescribe, restringe o prohíbe las actividades de sus miembros (qué hacer y qué dejar de hacer, cuándo hacerlo y cuándo dejar de hacerlo) con la esperanza de que ello redunde en el mayor o mejor bien de la familia. En suma, todas las familias, por muy constreñidas que estén por la necesidad física, disponen de recursos y alternativas, que administran con su mejor voluntad para sacar partido a la escasez. Y en tanto que lo hagan es que adoptan estrategias.

---

[347] REQUENA Y DIEZ DE REVENGA, Miguel. *Formas de familia en la España contemporánea*. En: GARRIDO MEDINA, Luis y GIL CALVO, Enrique. (Eds). *Estrategias familiares*. Alianza Editorial, Madrid, 1993. Pág. 251.

[348] Ibíd. Págs. 16-17.

[349] La anotación es nuestra.

Estas estrategias asimismo, están determinadas en gran medida por la propia experiencia. Las familias, aunque abriguen siempre las mejores intenciones, no orientan sus actos por sus buenos deseos, sino que, mucho más realistamente, los orientan por la experiencia previa, es decir, por los resultados anteriormente producidos, coincidan o no con sus intenciones. Sencillamente, a la luz de la experiencia anterior, y en función del método de la prueba del error, las familias van tomando decisiones y seleccionando así su comportamiento para ajustarlo a las pautas que anteriormente más éxito tuvieron, pues lo que cuenta para ellas no son tanto los buenos deseos como los resultados eficaces (y miel sobre hojuelas, si es que coinciden). Esto es estrategia familiar[350].

Dichas estrategias sin embargo, están directamente relacionadas con los modelos familiares tradicionales, y en la actualidad, en una sociedad en la que las mujeres se involucran más en el mercado laboral y abandonan el trabajo doméstico dichas estrategias hipergámicas menguan. De hecho, según CABRILLO[351], con la reducción del grado de hipergamia, hemos de esperar matrimonios cada vez más igualitarios y, al mismo tiempo, crecientemente inestables.

No obstante ello, no es inútil tener un acercamiento de algunos matices de dichas estrategias, a propósito de las distintas condiciones biológicas en la aportación a las cargas familiares y por el hecho, de que aún en muchas familias las conductas hipergámicas siguen gozando de especial relevancia.

Así pues, podemos decir que -por lo menos en virtud de la teoría-, las aportaciones en capital humano a las cargas familiares difieren entre hombres y mujeres en el sentido de que las de los primeros son extensivas y las de éstas últimas, intensivas. He ahí aparentemente, la causa de la hasta no hace mucho, aún existente, tendencia de muchos Jueces a otorgar a la madre la custodia de los hijos menores, ya que considerando el interés supremo del menor, con esto, no hacían otra cosa que asegurar que éstos permanecieran con quien entendían realizan mayores inversiones intensivas en su desarrollo. Este hecho sin embargo, tal como lo afirmamos con anterioridad, se basa en una teoría del tipo económico. A nivel del Derecho, en base a principios legales y en

---

[350] GARRIDO MEDINA, Luis y GIL CALVO, Enrique. Ob. Cit. Pág. 19.

[351] CABRILLO, Francisco. *Matrimonio, familia y economía.* Minerva Ediciones, Madrid 1996. Pág. 112.

cuanto al orden legislativo, hoy por hoy la tendencia se inclina hacia la custodia compartida.

II. La asimetría entre el capital humano y altruismo. La función de la estrategia: la igualdad (equivalencia)

En términos generales, podemos adelantar que la hipergamia, o llámese la estrategia en sí, es desde nuestra perspectiva, un mecanismo equilibrador entre el capital humano y el nivel de altruismo en las relaciones personales.

En nuestra opinión existe, por lo general, una ostensible asimetría entre el capital humano o valor individual de un sujeto y su nivel de altruismo estratégico[352] a nivel de pareja.

Ello, si interpretamos la opinión de CABRILLO[353] acerca del altruismo, puede tener una explicación de índole evolutiva. Dicho autor afirma que, durante el proceso de civilización y desarrollo de economías y sociedades más avanzadas se crearon mecanismos que tenían como fin elevar el valor de los miembros menos productivos, rebajando sus altos costes por medio de incentivos de tipo espiritual o psicológico que tenían la capacidad de recompensar al individuo que se hacía cargo de ellos.

Este hecho, a nivel de la organización familiar tuvo dos efectos, que se configuran como el fundamento de dicha conducta (y de la citada asimetría). El primero está referido a la reducción de costos de transacción (facilitar la distribución de recursos de titularidades privadas en el seno de la familia), y el segundo, en base a dicha distribución de recursos, operar como un seguro que una persona contrata ante la incertidumbre que le ofrece su propio futuro, en la medida que todas las aportaciones que se hayan realizado fundadas en la conducta altruista (y que son las que generan riqueza y establecen el nivel de vida óptimo de bienestar al que ha optado la familia),

---

[352] Para actuar, el altruismo se sirve de una estrategia.

[353] CABRILLO, Francisco. Ob. Cit. Pág. 37.

tengan *a posteriori* (esto es en caso de aparición de una crisis), una fuente de rentabilidad, o por lo menos un compromiso o promesa moral de retribución.

Así CABRILLO y CACHAFEIRO, opinan que el comportamiento de un sujeto dentro del matrimonio tenderá a un mayor nivel de altruismo cuanto peor haya sido su situación anterior a él[354]. Es decir, aquí encontramos la asimetría existente entre el capital humano (o en todo caso una situación patrimonial privilegiada) y el nivel de altruismo. El elemento corrector de tal asimetría es la estrategia personal, que en confluencia, a nivel colectivo se hace estrategia familiar.

De esta manera, la estrategia familiar alcanza en nuestra opinión su marcada función; se trata de la *igualdad nominativa*, o de la *equivalencia de las prestaciones de las partes*.

Entendemos que la igualdad propiamente dicha, es antes que un hecho, un valor. Más aún, confiamos en que la igualdad absoluta es no solo inviable, sino hasta perniciosa, en tanto la igualdad hace de la complementariedad una tautología sin sentido. A eso nos referimos con *igualdad nominativa*. Creemos que la igualdad ha de entenderse como equivalencia. Las personas pueden ser desiguales y diferentes, pero no por ello, dejar de ser equivalentes. La distinción, es también un valor, sobre todo cuando involucra inversiones y trabajo personales. La *equivalencia* es un concepto que permite alcanzar la *igualdad del valor* dentro de la desigualdad en las características.

Así, entendemos que el espíritu o la ratio de los principios generales del Derecho y los valores o juicios éticos que persigue "la igualdad" normativa, no es más que, en base a las contradicciones filosóficas que exponemos, una *igualdad nominativa*.

Por el contrario, y paralelamente, nosotros nos inclinamos por hablar de equivalencia. Si desglosamos esta palabra, podríamos hacernos una idea del concepto que encierra: *equilibrio en el valor*. Y es que en eso, más o menos, radica el ánimo de la compensación por desequilibrio como veremos, en el equilibrio de valores.

---

[354] CABRILLO, Francisco y CACHAFEIRO, Maria Luisa. *Estrategias nupciales*. En: GARRIDO MEDINA, Luis y GIL CALVO, Enrique. (Eds). *Estrategias familiares*. Alianza Editorial, Madrid, 1993. Pág. 152.

La *equivalencia* (intuitiva) en suma, va a conducir a la consecución de la *igualdad nominativa* (positiva y externa).

Sucede, que el "valor" de las distintas actividades resultantes de la distribución del trabajo no siempre es el mismo, pero a través del altruismo estratégico se equilibran, se vuelven equivalentes. De esta manera, se equiparan las aportaciones y se constituye un régimen de igualdad en cuanto a los derechos y deberes de los cónyuges en el actual artículo 66° del Código Civil y que se corresponde con el *status* de igualdad de los cónyuges dentro del matrimonio.

En efecto, el altruismo estratégico corrige las posibles desigualdades existentes en las situaciones de los cónyuges con anterioridad al matrimonio, no obstante, ello no excluye que cada uno de los miembros aproveche mejor o peor tal ocasión mediante propia estrategia. CABRILLO[355] nos dice en ese sentido; que una situación de desigualdad en el punto de partida (del matrimonio o de la vida en común) puede dar origen no solo a diferencias importantes en la división familiar del trabajo, sino también en las ventajas que cada uno de los cónyuges obtiene del matrimonio.

Es decir, la existencia de estrategias hipergámicas, va a determinar de una u otra manera la preexistencia de una situación de desigualdad en el inicio de las aportaciones a las cargas familiares. CABRILLO[356] entonces se pregunta; ¿cuáles son los efectos de la hipergamia sobre las relaciones en el seno del matrimonio y el reparto de los beneficios que produce la convivencia? [...]; tras lo que concluye que la hipergamia da oportunidad al marido para apropiarse en mayor grado que la esposa de los beneficios producidos en el matrimonio [...], la hipergamia refuerza la estabilidad de la institución matrimonial al hacer más costosa su ruptura para las mujeres.

---

[355] CABRILLO, Francisco. Ob. Cit. Pág. 107.

[356] CABRILLO, Francisco. Ibíd. Pág. 111. Por ende, a medida que las mujeres tienen mayor incidencia en el mercado, la hipergamia resulta ser menos relevante en las relaciones de pareja y en consecuencia, en los resultados de sus relaciones patrimoniales. La ausencia de hipergamia apunta a la plena igualdad de los cónyuges, sin embargo dicha hipergamia obedece a factores evolutivos de índole biológica, así que nunca, o por lo menos difícilmente, podremos a hablar de ausencia de conductas hipergámicas a nivel general.

La hipergamia pues, establece un régimen de igualdad transitorio, en el cual, matrimonio constante, todas las aportaciones, sea cual sea su valor, son mutuamente compensadas. Llegada la crisis, es posible que el resultado de las conductas hipergámicas revele el valor original de las aportaciones y potencial de las especializaciones, con lo cual todos los costes de oportunidad sumergidos generan desequilibrios.

III. Relación altruismo-riesgo-incertidumbre

«El beneficio es el resultado de riesgos sabiamente seleccionados»

T. N. Carver.

La asimetría previa que describíamos en el apartado anterior no es solamente la función de la estrategia, sino uno de sus matices. En realidad existe otra asimetría posiblemente más acusada; la asimetría en la información. La información imperfecta genera incertidumbre, y dicha incertidumbre propicia conductas y estrategias determinadas.

Tanto en el campo de las transacciones de mercado como en lo que respecta a la distribución de recursos en el ámbito del derecho de familia, la información no es perfecta. Probablemente, una de las principales causas de las crisis matrimoniales sea, justamente, la falta de información sobre la pareja.

Si partimos de la base que el matrimonio o la situación de convivencia, revelan una decisión acerca de un nuevo *status* de vida, o dicho de otra forma, de la adquisición de un determinado bienestar emocional, podemos hablar de un incremento de nuestro nivel de riqueza personal en sentido amplio (subjetivo). Sería plenamente válido afirmar entonces, que nuestras decisiones *a priori* incrementan nuestro nivel de riqueza (la riqueza involucra por supuesto satisfacciones emocionales). Por lo común, nadie tomará una decisión que, evaluados los costes y beneficios, produzcan pérdidas.

No obstante, la complejidad de las situaciones que determina la inexistencia de un marco de información perfecta involucra cierta relatividad en esta afirmación.

En términos generales, cualquier decisión (como lo es el iniciar una vida en común), ante información imperfecta, involucra riesgos e incertidumbres.

Ahora bien, cabría preguntarnos entonces: ¿por qué la gente adopta riesgos? Es una pregunta aparentemente complicada, no obstante BRENNER[357] nos ofrece una respuesta sumamente satisfactoria. Dicho autor opina que la asunción de riesgos está relacionada con un deseo de cambiar nuestra posición dentro de la distribución de la riqueza.

Así, podemos concluir que si empeora nuestra posición relativa en la distribución de la riqueza, nos arriesgaremos a apoyar con mayor frecuencia ideas nuevas, acto que se puede definir como la actividad de pensamiento[358].

Esta conclusión es en cierto sentido similar a la que se refiere a la decisión de arriesgarse a participar en un acto delictivo; ambas decisiones representan desvíos de la conducta habitual. La prueba es también similar: supongamos que no proponemos una idea nueva sino que simplemente sigamos la costumbre y el hábito, para que la señal de desigualdad se invierta. Cuando disminuye nuestra riqueza relativa, nos superan nuestros semejantes. Al participar en riesgos que antes nos negábamos a tomar, que aquí equivalen al acto creativo, podemos restituir o incluso mejorar nuestra posición en la distribución de la riqueza (que también puede llamarse el *statu-quo* personal). Para simplificar, la gente cambiará su forma de pensar cuando su posición relativa en la distribución de la riqueza sea alterada en forma significativa: para que aquellos que se vuelvan más pobres aumentará, ya sea el incentivo de empezar a pensar (es decir, a proponer ideas nuevas) o el de volverse "ambicioso" o sentirse "motivado". Como Samuel Johnson lo expuso hace mucho tiempo, "*la mente pocas veces es estimulada a*

[357] BRENNER, Reuven. *La historia, albur del hombre*. Fondo de Cultura Económica. México, 1990.

[358] Es curioso que en algunos idiomas, el verbo "pensar" tenga la misma raíz que el verbo "sopesar las posibilidades" (en francés, *penser* viene de *peser*, en su acepción de pesar).

una actividad muy rigurosa, excepto por el dolor o por el temor al dolor"[359]. El acto de arriesgarse pues, ya sea delictivo, artístico o científico, en opinión de BRENNER[360], se debe a la percepción de la desigualdad y a los inesperados cambios repentinos en la distribución de la riqueza. En teoría, este argumento es aplicable incluso al juego. El citado autor, señala de igual manera, que cuando baja la posición de un individuo en la distribución de la riqueza, aumenta la probabilidad de que juegue y ofrezca nuevas ideas, en especial acerca de la distribución de la riqueza[361].

Ahora bien, por supuesto que la decisión de iniciar una vida en común no es una desviación de la conducta normal, ni mucho menos, la decisión que involucra, comparable a la de un acto delictivo[362]; sin embargo, en términos generales la decisión tendente a iniciar una comunidad de vida y los compromisos que involucra representan un riesgo que busca, en principio como dijimos, elevar el nivel de renta o bienestar, incluso emocional.

En esencia, la diferencia estriba en que el matrimonio o una comunidad de vida ofrecen un riesgo bastante menor (incluso desde el punto de vista de la legalidad), y en principio ofrece incentivos y garantías de tipos económico y espiritual, ante las cuales las personas suelen asumir riesgos con mayor facilidad.

Sea como sea; ya sea por un deseo de cambio de posición en la distribución de la riqueza, o por el simple deseo de incrementar el bienestar, cuando nos referimos a la decisión, hablamos de actividad empresarial en el sentido expuesto en el Capítulo I.

En ese orden de ideas, es interesante anotar los puntos de vista de Theodore W. Schultz (1980) acerca de la actividad empresarial en relación con la posición en la distribución de la riqueza a la que hacemos referencia. Precisamente, este autor infiere que la actividad empresarial de los sujetos a partir de un cambio en la distribución de la

[359] BRENNER, Reuven. *La historia, albur del hombre.* Fondo de Cultura Económica. México, 1990. Pág. 43.

[360] Ibíd. Pág. 57.

[361] Ibíd. Pág. 157.

[362] No obstante, en cierta medida si puede asimilarse al juego.

riqueza significa un *desequilibrio económico*; o dicho en otras palabras, los desequilibrios económicos impulsan la adopción de riesgos para revertir la situación consistente en el cambio de la posición en la distribución de la riqueza.

En efecto, SCHULTZ[363] argumenta que la actividad empresarial de los sujetos depende de los desequilibrios económicos. Aún cuando SCHULTZ nunca define con precisión ni los desequilibrios ni la actividad empresarial, sugiere que esta habilidad humana es en verdad suministrada cuando *disminuye nuestra riqueza relativa: semejante cambio se puede definir como desequilibrio*[364].

Desde luego en el caso del inicio de una comunidad de vida no hablaríamos de desequilibrio, sino por el contrario, de la búsqueda de un nuevo equilibrio. A su vez, en caso de una crisis matrimonial, de un desequilibrio, entendido como un descenso en el nivel de riqueza relativa.

¿Qué significa todo ello desde nuestro punto de vista? Básicamente que con el matrimonio o la vida en común, en principio, nos enriquecemos. No obstante, dicha decisión involucra *riesgos* e *incertidumbres* que en ocasiones involucran altos costes asociados a la decisión inicial.

Los riesgos siempre pueden ser asumidos en su totalidad, transferidos o minorados. En el ámbito del Derecho de familia, los *riesgos* e *incertidumbres* pueden ser minorados mediante el *altruismo*. Es decir, el *altruismo* opera como una pauta de conducta que busca equilibrar las cuentas mediante la minoración del riesgo o incertidumbre. Ello, en nuestra opinión, se da por una sencilla razón. El remedio tradicional de un riesgo es un seguro. Sucede que el *altruismo* opera como un «seguro» dentro de la familia ya que el altruismo contribuye a la protección que las familias ofrecen a sus miembros contra las desgracias económicas y otras consecuencias de la *incertidumbre*: cada miembro de una familia altruista está asegurado parcialmente, ya

---

[363] SCHULTZ, Theodore W. *Restablecimiento del equilibrio económico. Los recursos humanos en una economía en proceso de modernización.* Gedisa Editorial, Barcelona, 1992.

[364] BRENNER, Reuven. Ob. Cit. Pág. 47.

que todos los demás se ven inducidos a soportar parte de la carga a través de las contribuciones del altruista[365].

No obstante, y sin perjuicio de lo anteriormente señalado, hemos de distinguir los conceptos de *riesgo* e *incertidumbre* a efectos de una comprensión conveniente de nuestro planteamiento.

KNIGHT[366] hace una distinción teórica acerca de lo que debemos entender por *riesgo* e *incertidumbre*. Sostiene que la incertidumbre debe ser tomada en un sentido radicalmente distinto de la noción familiar[367] del riesgo, del cual nunca ha sido propiamente separada [...]. El hecho esencial es que riesgo significa en algunos casos una cantidad susceptible de medida, mientras que en otros es una cosa totalmente distinta; y hay radicales diferencias de gran alcance en los efectos del fenómeno, que dependen de cuál de los dos es el que realmente está presente y operante. Existen también otras ambigüedades en el término riesgo [...]. Parece ser que una incertidumbre mensurable, o riesgo propio, tal como emplearemos este término, es tan diferente de una inmedible que, en efecto, no es de ningún modo una incertidumbre. De acuerdo con ésto, restringiremos el término incertidumbre a los casos de tipo no cuantitativo. Esta verdadera incertidumbre y no el riesgo, como se ha querido demostrar, es lo que forma la base de de una teoría válida del beneficio y explica la divergencia entre la competencia real y la teórica por ejemplo en el campo de la teoría económica.

Para conservar la distinción establecida entre la incertidumbre mensurable y la no mensurable, KNIGHT usa el término riesgo para designar la primera, y la palabra incertidumbre para la segunda. La palabra riesgo es usada generalmente en una forma muy amplia, para referirse a cualquier clase de incertidumbre considerada desde el punto de vista de la contingencia desfavorable, y el término incertidumbre, en forma similar, con referencia al resultado favorable. Hablamos del riesgo de una pérdida y de la incertidumbre de una ganancia; pero si nuestro razonamiento en cierto modo es

---

[365] BECKER, Gary. *Tratado de Familia*. Pág. 231.

[366] KNIGHT, Frank H. *Riesgo, incertidumbre y beneficio*. Ed. M. Aguilar. Madrid, 1947. Págs. 17-18. KNIGHT sostiene que la competencia imperfecta se debe al riesgo e incertidumbre.

[367] Con el término familiar aquí se hace referencia a un sinónimo de habitual.

correcto efectivamente, existe una ambigüedad fatal en estos términos, que deben ser evitados, y el uso del término riesgo, en relación con las incertidumbres mensurables o probabilidades, de seguro, determina alguna justificación para especializar las palabras indicadas. Añade el citado autor, que es factible emplear también los términos probabilidad objetiva y subjetiva para designar el riesgo y la incertidumbre respectivamente, puesto que estas expresiones tienen ya un uso general con un significado idéntico al propuesto[368].

La práctica diferencia entre las dos categorías, riesgo e incertidumbre, está en que en la primera la distribución de los eventos en un grupo de casos es conocida (ya sea mediante cálculo *a priori* o partiendo de estadísticas de la experiencia pasada), mientras que en el caso de la incertidumbre esto no es cierto, por la razón, en general, de que es imposible formar un grupo de casos, porque la situación que se presentaba es en alto grado única[369].

En ese sentido, podemos y hemos de entender a efectos del planteamiento de este trabajo, al divorcio como un *riesgo a priori* y una eventualidad *a posteriori*. Y al efectivo cumplimiento de las obligaciones inherentes a la vida en común (incorporadas a las *expectativas*), así como al mantenimiento de un determinado valor de los distintos intercambios durante la vigencia de la unión como *incertidumbres*.

Así, cuan más altas sean las inversiones y cuan menores sean las garantías de retorno, nos encontraremos ante una situación de elevada incertidumbre.

Entendemos asimismo, que desde cierto punto de vista, la incertidumbre puede ser sinónimo de pobreza. Considérese desde el más puro enfoque contractual que siempre suscribimos un acuerdo en medio del riesgo de su efectivo cumplimiento, así como de la incertidumbre de que las consecuencias del acuerdo mantengan un valor determinado. Los riesgos e incertidumbres contractuales son precios adicionales que se

368 KNIGHT, Frank H. *Riesgo, incertidumbre y beneficio*. Ed. M. Aguilar. Madrid, 1947. Pág. 209.

369 KNIGHT, Frank H. Pág. 209.

asumen con miras de aumentar el nivel renta existente al momento de la suscripción del contrato. Si no fuese así, pensamos, ningún contrato tendría sentido[370].

Ahora bien, todos estos conceptos y precisiones en lo que respecta a la compensación por desequilibrio, pueden traducirse en el campo de las recompensas. De esta manera, tal como refiere KNIGHT, supondremos que si un hombre sufre un sacrificio por causa de un beneficio futuro, la recompensa esperada debe ser mayor cuando el sacrificio que se impone se ha de considerar como contingente que cuando se considera como cierto, y que habrá de ser mayor, por lo menos en una proporción general en relación con el grado de incertidumbre percibida en la previsión[371]. Esta creemos que es la explicación de que tras la separación o divorcio (riesgos) el equilibrio de cuentas sea resultado de la liquidación objetiva de los gananciales en su caso, cosa distinta en caso de compensación por desequilibrio en tanto todas sus aportaciones formaban parte de una incertidumbre.

En el fondo, el problema de la incertidumbre en economía, nos dice KNIGHT, está el carácter de visión del futuro de los procesos económicos mismos. Los bienes se producen para satisfacer las necesidades; la producción de bienes requiere tiempo, y se presentan dos elementos de incertidumbre, correspondientes a las dos clases diferentes de previsión, que deben realizarse: primero, el final de las operaciones productivas debe ser calculado al comenzarlas; es notoriamente imposible afirmar con exactitud, al comenzar la actividad productiva, cuáles serán sus resultados en términos físicos, qué cantidades y qué calidades de bienes resultarán del empleo de ciertos recursos dados; y segundo, las necesidades que han de satisfacer los bienes son también de igual extensión en el futuro, y su predicción implica una incertidumbre de la misma manera. Por tanto, el productor debe calcular: primero, la demanda futura que trata de satisfacer; y segundo, los resultados futuros de sus operaciones productivas para satisfacer aquella demanda[372]. Ésta es la base o el horizonte de su comportamiento estratégico.

---

[370] ORTIZ SOLÉ, Abelardo J. *La injusticia del principio de igualdad en el "servicio esencial" de suministro de energía eléctrica. Reflexiones acerca de la exposición de motivos y el artículo 10º de la Ley 54/1997 del Sector Eléctrico*. Artículo inédito.

[371] KNIGHT, Frank H. *Riesgo, incertidumbre y beneficio*. Ed. M. Aguilar. Madrid, 1947. Pág. 212.

[372] KNIGHT, Frank H. Ob. Cit. Pág. 213.

Considerando pues, la mutua concurrencia de la pareja en el plano sus distintas transmisiones patrimoniales en base al altruismo con vista a su propio futuro, se puede concluir como afirma KNIGHT, que la cantidad de incertidumbre efectiva en una situación de la conducta, es el grado de confianza subjetiva sentida en el acto observado como una correcta adaptación al futuro[373].

El riesgo en sí mismo pues, (si entendemos como tal a la situación de convivencia *a priori*) puede tener la naturaleza de un juego, comprendiendo una gran proporción de factores inherentemente no pronosticables[374] (incertidumbres), dentro de los cuales se hallan inmersas las inversiones y sacrificios que a la postre pueden significar o configurar una situación de desequilibrio económico para uno de los miembros de la pareja.

En conclusión, y aplicando los criterios generales de mercado esbozados por KNIGTH a la esfera del Derecho de familia y a la compensación por desequilibrio; el fundamento del problema estaría ahora claro: la incertidumbre de toda vida y conducta exige el ejercicio del juicio en los negocios, la economía de la división del trabajo, que obliga a los hombres a trabajar en grupos y a delegar la función de control a medida que se especializan las demás funciones, los hechos de la naturaleza humana que hacen necesario que aquel que dirige las actividades de los demás asuma la responsabilidad de los resultados de las operaciones, y, finalmente, la situación de competencia que enfrenta el juicio de cada empresario con el mundo de los negocios al ajustar las rentas contractuales que debe pagar antes de obtener su propio beneficio[375].

Con todo ello pues, queda patente que las estrategias consideran en su planteamiento riesgos e incertidumbres en función de sus futuros objetivos. En función de tales incertidumbres (así como considerando el potencial del capital humano acumulado), el nivel de altruismo va a ser uno u otro. No obstante y sin embargo, no deja de existir un problema (y una explicación) que se plantea, sobretodo en situaciones de crisis matrimonial, con respecto a la complementariedad entre el altruismo y la

---

373 Ibíd. Pág. 217.

374 Ibíd. Pág. 245.

375 KNIGHT, Frank H. Ob. Cit. Pág. 247.

estrategia familiar. Nos referimos al objeto individualista de las decisiones (racionalidad). Lo que antes representaba una inversión, en caso de ruptura del vínculo se convierte en pérdida, o en su caso, por obra de la ley, en crédito.

IV. ¿Una piedra en el camino, o una flor en el desierto? La teoría de la racionalidad limitada de Simon Herbert

A estas alturas de nuestra exposición, tras desarrollar todo lo concerniente al altruismo, y en medio del desarrollo de las estrategias familiares, en ellas incluidas, los riesgos e incertidumbres; nos encontramos con un escollo no fácilmente franqueable. Se trata de todo lo concerniente a la toma de decisiones[376] que involucra la adopción de una estrategia determinada dentro de un grupo, como lo es en este caso, la familia. Asimismo, hemos de considerar de igual manera dentro del análisis, la toma de decisiones concernientes a la entrada o salida de una comunidad de vida.

En ese sentido, nuestro planteamiento preliminar parte de la teoría económica de la decisión o dicho de otra forma, de la visión de la racionalidad humana del *homo œconomicus* que busca maximizar sus beneficios.

Simon A. Herbert[377], trayendo a análisis elementos psicológicos hace una acusada crítica a dicha teoría y postula que en un marco de información imperfecta, los agentes no buscan soluciones óptimas, sino simplemente satisfactorias. Este planteamiento, parte de una teoría, toma el nombre de racionalidad limitada.

Sobre la base de esta teoría, en colaboración con James Gary March, desarrolla una Teoría de la Organización que es aplicable al comportamiento de los sujetos dentro de una organización empresarial. Ahora bien, tanto por cuenta de la teoría de la racionalidad limitada como por cuenta de la teoría de la organización, hemos

---

[376] El tema relativo a la toma de decisiones es de vital importancia para el posterior tratamiento de la *extinción* del derecho a compensación por desequilibrio.

[377] MARCH, James G. y HERBERT, A. Simon; con la colaboración de Harold Guetzkow. *Teoría de la Organización*. Editorial Ariel. Barcelona, 1987.

considerado pertinente tomar nota de ciertas ideas compatibles con la toma de decisiones en la familia[378], apropósito de una situación de crisis o desequilibrio. Cabría entonces preguntarnos, ¿qué relación guarda la familia con una organización empresarial o administrativa?

Pues bien, tomando en consideración la naturaleza económica de la familia como una unidad de producción y consumo; existen grandes similitudes entre una empresa y una unidad familiar. Sin perjuicio de ello, como bien señala POSNER, aunque el matrimonio puede parecerse a una asociación comercial, y el hogar, a una fábrica pequeña, hay –también- diferencias importantes entre los negocios y la organización familiar.[379] Aquí es donde entra a tallar el altruismo.

Una –nos dice POSNER- es la diferencia entre el altruismo (existente en la familia), y el egoísmo propio de las transacciones de mercado. Sencillamente, cada una de éstas son más o menos eficientes en la familia que en una organización mercantil, la otra es que las tareas específicas dentro del hogar no están dirigidas y supervisadas en forma jerárquica, burocrática o siquiera contractual. En el matrimonio hay un sustituto de los mecanismos de control que existen dentro de una empresa. Los economistas no llaman amor a este factor, pero lo describen como una forma de altruismo.

En consideración de este dato, nos proponemos extraer cierta información que nos permitan dar un desarrollo más amplio y heterogéneo al tema que abordamos.

---

[378] Dicha teoría de la organización es desarrollada en primer lugar, tomando nota de algunas características de la racionalidad humana, que pesan sobre los procesos de toma de decisiones en las organizaciones. Luego se analiza como la toma de decisiones en una organización se estructura en "programas" o estrategias. Seguidamente, se vuelven a examinar los fenómenos de la identificación en la organización a la luz del análisis introductorio para ver hasta qué punto es un proceso inteligente más que un proceso de motivación. Después se consideran las implicaciones del proceso de toma de decisión para la división del trabajo, y finalmente, se estudian las comunicaciones, expedientes y procesos que se presentan a consecuencia de la división del trabajo. MARCH, James G. y HERBERT, A. Simon; con la colaboración de Harold Guetzkow. *Teoría de la Organización*. Editorial Ariel. Barcelona, 1987. Págs. 150-151.

[379] POSNER, Richard A. *El Análisis Económico del Derecho*. Fondo de Cultura Económica. México, 1992. Pág. 136.

En esencia pues, MARCH y HERBERT[380] para delimitar el concepto de racionalidad a la Teoría de la Organización, se preguntan: ¿cómo puede compararse la racionalidad del hombre administrativo[381] con la del hombre racional de la moderna estadística de la decisión? Y establecen que el hombre racional de la teoría económica de la decisión y de la teoría estadística hace las selecciones "óptimas" en un ambiente muy especificado y claramente definido.

Especifican dicha postura en base a ciertas apreciaciones. Refieren que en base a la teoría clásica de la decisión, cuando encontramos a dicho hombre racional, por primera vez en la situación de toma de decisión, *ya ha planteado ante él todo el conjunto de alternativas entre el cual escogerá su acción*. Este conjunto de alternativas se "*da*" sencillamente; la teoría no dice cómo se obtiene[382]. Ésta es una primera apreciación crítica.

Del mismo modo, señalan que en dicho supuesto, a cada alternativa se une un grupo de consecuencias; es decir, los acontecimientos que se producirán si se escoge esta alternativa particular. Es aquí donde los conceptos de riesgo en incertidumbre cobran protagonismo en la toma de decisiones.

Los citados autores nos revelan que aquí, las teorías existentes caen dentro de tres categorías, a saber; a) *Certidumbre*: las teorías que suponen que el que toma la decisión tiene un conocimiento completo y exacto de las consecuencias que seguirán a cada alternativa; b) *Riesgo*: las teorías que suponen el conocimiento exacto de una distribución de la probabilidad de las consecuencias de cada alternativa, y c) *Incertidumbre*: las teorías que suponen que las consecuencias de cada alternativa pertenecen a algún subconjunto de todas las consecuencias posibles, pero que la toma de decisión no puede designar probabilidades definidas a la ocurrencia de consecuencias particulares[383].

---

[380] MARCH, James G. y HERBERT, A. Simon; con la colaboración de Harold Guetzkow. *Teoría de la Organización*. Editorial Ariel. Barcelona, 1987. Pág. 150.

[381] Al hablar de hombre administrativo hacen referencia a un sujeto dentro de una organización.

[382] Ibíd. Pág. 151.

Con ello, y en esencia, desde la teoría clásica, partimos del presupuesto que desde el primer momento, el que toma la decisión tiene una "*función de utilidad*", una "*preferencia de ordenación*" que jerarquiza todos los conjuntos de consecuencias desde los más preferidos a los menos preferidos[384].

Consecuentemente; el que toma la decisión *selecciona la alternativa que conduce al grupo preferido de consecuencias*. Aplicando las teorías a las diversas alternativas, tendremos que en el caso de la *certidumbre*, la selección no es ambigua. En el caso de *riesgo* («separación o divorcio» como vimos), la racionalidad se define generalmente como la selección de la alternativa para la cual la compensación esperada es mayor. *La compensación esperada se define aquí como el promedio de las compensaciones correspondientes a todas las consecuencias posibles, ponderando según las probabilidades de ocurrencia*. En el caso de la *incertidumbre*, («mantenimiento del valor de las aportaciones») la definición de racionalidad se hace problemática. Una proposición que se ha presentado con frecuencia es la *regla del "riesgo mínimo"*: considerar el peor grupo de consecuencias a que puede dar lugar cada alternativa, luego seleccionar la alternativa "*cuyo peor grupo de consecuencias*" se prefiera a los peores grupos unidos a otras alternativas[385].

Simon Herbert pues, adopta en cuanto a la racionalidad y la toma de decisiones, un punto de vista fenomenológico. Sostiene así, en ese sentido, que sólo podemos hablar de *racionalidad relativa* a un marco de referencia, y este marco de referencia se determinará por las limitaciones del conocimiento del hombre racional[386], básicamente, lo que anteriormente denominamos *información imperfecta*.

La teoría de la elección racional de Simon Herbert, o la Teoría de la Racionalidad Limitada así, incorpora a la Teoría de la Organización (en lo que nos compete, asimilable a la familia), dos características fundamentales: la primera es que *la*

---

[383] Tómese aquí en consideración lo establecido por KNIGHT en cuanto al riesgo y la incertidumbre.

[384] MARCH, James G. y HERBERT, A. Simon. Ob. Cit. Pág. 151.

[385] Ibíd. Págs. 151-152.

[386] Ibíd. Págs. 152-153.

elección se hace siempre respecto de un "modelo" limitado, aproximado, simplificado, de la situación real. MARCH y HERBET llaman al modelo del que elige su *"definición de la situación"*. La segunda, es que los elementos de la definición de la situación *no se "dan"* –es decir, no están considerados como datos de la teoría-, *sino que son ellos mismos consecuencia de los procesos psicológicos y sociológicos*, (método heurístico) incluyendo las propias actividades del sujeto que elige y las actividades de otros en su medio ambiente[387].

En esencia, MARCH y HERBERT, entendemos acertadamente, sustituyen la abstracción clásica, por otra nueva, que reconoce que los miembros de las organizaciones (o en nuestro caso, de las familias), tienen necesidades, motivos e inclinaciones, y son limitados en sus conocimientos y en sus capacidades para aprender y solucionar problemas[388]. Un ejemplo de ellos a nivel familiar, puede ser la ambigüedad primaria en la decisión de permanecer casados o divorciarse, con miras a la estabilidad emocional de los hijos.

V. La búsqueda del equilibrio y el "óptimo familiar"

Como señalamos anteriormente, las estrategias tienen una función referida a la *igualdad nominativa* o la equivalencia de las aportaciones, sin embargo, esto no es más que un presupuesto necesario dentro del fin último de la estrategia: la búsqueda de un equilibrio. Sin estrategias recíprocas que hagan posible la equivalencia de las aportaciones, es teóricamente inviable llegar a una situación de equilibrio. Ambos conceptos pues, están estrechamente ligados.

Ahora bien, es necesario resaltar, que en nuestra opinión, la búsqueda del equilibrio tiene a su vez, una duplicidad de sujetos y duplicidad de momentos, a efectos de aplicar nuestra teoría desde distintas perspectivas. Nos referimos a los distintos matices que hemos de observar a efectos de aplicar la teoría a la formación de un

---

[387] Ibíd. Pág. 153.

[388] MARCH, James G. y HERBERT, A. Simon. Ob. Cit. Pág. 150.

equilibrio en la familia, así como por ejemplo, en lo sucesivo, estimar ciertas ideas en función de la potencial extinción del derecho de compensación por desequilibrio.

En cuanto a la duplicidad de sujetos hemos de referirnos primero al *sujeto individual* y al *sujeto colectivo*; es decir al miembro de la familia, y a la familia en su conjunto.

Ello es importante, por cuanto, tenemos pues, la dificultad de compaginar el concepto mismo de estrategia familiar con el imprescindible requisito del individualismo metodológico: quienes se comportan estratégicamente no son las familias, sino las personas individuales que forman parte como miembros de las familias. (...). Por eso cada miembro de una familia aparece desgarrado entre sus dos estrategias contradictorias: su estrategia personal, en tanto que actor racional (que selecciona sus actos en función de su propio interés)[389], y su estrategia familiar, en tanto que miembro de esa empresa colectiva que es toda la familia[390].

Ahora bien, en cuanto a la duplicidad de momentos, hemos de referirnos a lo que en adelante llamaremos «situación inicial», y «situación final». Por *situación inicial* ha de entenderse el *status* personal previo a la entrada en la comunidad de vida. Por *situación final*, en cambio, aquel *status* en el cual se encuentra el individuo (cualquiera de los miembros de la pareja), tras la crisis, es decir a su salida de la comunidad de vida.

Ello es importante, a efectos de delimitar la búsqueda individual y colectiva del equilibrio. Al ubicar una *situación inicial* en el marco del equilibrio o desequilibrio; a la entrada en una comunidad de vida (la toma de una decisión), se produce un *cambio*. Tras dicho cambio, el agente, mediante su actividad empresarial, realiza una búsqueda de una nueva situación que lo ubique en un equilibrio respecto a esta nueva situación: la comunidad de vida. En este sentido, ha de buscar una estrategia individual que en sintonía con la de los demás miembros, lo conduzca a una *nueva situación de equilibrio*. En efecto, el posicionarse en una situación de equilibrio, *implica una constante búsqueda* y múltiples descubrimientos. En dicho proceso, la familia, y sus miembros a

[389] Para encontrar la "explicación" acúdase a la teoría del "*rotten kid*" de Gary S. Becker.

[390] El problema. Se trata del dilema del "*free rider*". Ver análisis de OLSON. GARRIDO MEDINA, Luis y GIL CALVO, Enrique. *El concepto de estrategias familiares*. En: GARRIDO MEDINA, Luis y GIL CALVO, Enrique. (Eds). Estrategias *familiares*. Alianza Editorial, Madrid, 1993. Pág. 22.

nivel individual desarrollan una serie de normas (normas *rol específicas*, parte del Derecho *de la* familia) que guían y condicionan su conducta en aras de un determinado estadio (óptimo o satisfactorio, como veremos más adelante).

Ahora bien, hecha esta introducción, nos referimos al proceso de búsqueda, aplicable tanto a la situación inicial, como a la situación en la comunidad de vida, con miras a alcanzar la *situación final*, de salida.

La actividad –empresarial-[391] (individual o de la organización) – nos dicen MARCH y HERBERT[392]- puede generalmente perseguirse retrospectivamente hasta llegar a un estímulo del medio ambiente de un tipo u otro (...). Las respuestas a los estímulos, -refieren- son de varias clases. En un extremo, un estímulo evoca una respuesta –a veces muy elaborada- que ha sido desarrollada y aprendida tiempo antes como respuesta adecuada a un estímulo de esta clase. Este es el fin "*rutinizado*" del fenómeno continuo cuando el estímulo exige un programa de actuación casi instantánea.

En el otro extremo, un estímulo evoca una cantidad mayor o menor de técnicas de solución de problemas dirigidas a encontrar actividad productiva con lo cual completar la respuesta. Esta actividad se distingue por el hecho de que puede abolirse una vez que se ha aprendido el *programa productivo de rendimiento* (particular). Las actividades técnicas de solución de problemas pueden identificarse generalmente por la extensión en que incluyen la búsqueda, búsqueda dirigida hacia el descubrimiento de alternativas de acción o consecuencias de acción. *El "descubrir" alternativas puede comportar el inventar y elaborar programas completos de actuación cuando éstos no se hallan disponibles en el repertorio de soluciones de que ha de solucionar el problema* (Katona, 1951)[393].

---

[391] El subrayado es nuestro.

[392] MARCH, James G. y HERBERT, A. Simon; con la colaboración de Harold Guetzkow. *Teoría de la Organización.* Editorial Ariel. Barcelona, 1987. Págs. 153-154.

[393] Loc. Cit.

El programa productivo de rendimiento al que hacen referencia MARCH y HERBERT es, desde nuestra perspectiva, la estrategia propiamente dicha; y más aún, la alternativa de estrategia elegida.

La búsqueda es en parte casualidad, pero en la efectiva solución de problemas no es ciega. El proyecto del proceso de *búsqueda* es a menudo, en sí mismo, un objeto de decisión racional[394].

Ahora bien, el tema a tratar ahora es el referente a qué tipo de equilibrio está abocada la búsqueda, o en otras palabras cuál es el contenido del equilibrio que se busca. En esencia, cuál es la dirección de la decisión racional.

A partir de la teoría de la racionalidad limitada y sus bases, MARCH y HERBERT, realizan una distinción, -para la Teoría de la Organización también, pero aplicable de igual forma a la familia- entre «*standards* satisfactorios» frente a «*standards* óptimos» como objeto de la decisión.

Así, refieren que las clases de búsqueda y de otras actividades de solución de problemas (actividad empresarial) que son necesarias para descubrir un campo de alternativas y consecuencias para la elección, dependen del criterio que se aplica a la elección misma. En particular, -nos dicen- el encontrar la alternativa óptima es un problema radicalmente diferente del de encontrar la alternativa satisfactoria. Una alternativa es *óptima* si: 1) existe un grupo de criterios que permita sean comparadas todas las alternativas, y 2) la alternativa en cuestión es preferida por estos criterios a todas las demás alternativas. Una alternativa es *satisfactoria* si: 1) existe un grupo de criterios que describe como mínimo alternativas satisfactorias, y 2) la alternativa en cuestión se conforma con o sobrepasa estos criterios[395].

En función del la teoría de la racionalidad limitada, debido a los límites de las capacidades intelectuales humanas en comparación con las complejidades de los problemas que se presentan a los individuos y a las organizaciones, un comportamiento

[394] Ibíd. Pág. 154.

[395] Ibíd. Pág. 155.

racional requiere modelos simplificados que capten los aspectos principales de un problema sin captar sus complejidades.

En ese sentido, en la teoría de la racionalidad limitada, en primer lugar, la búsqueda del punto óptimo es sustituida por la del punto satisfactorio –la necesidad de obtener los niveles satisfactorios de las variables de criterio. En segundo lugar, las alternativas de acción y consecuencias de acción se descubren unas a otras a través de los procesos de búsqueda, en tercer lugar, los repertorios de los programas de acción (estrategias) son desarrollados por organizaciones e individuos, y éstos sirven como alternativas de elección en situaciones repetitivas y en cuarto y último lugar, cada programa específico de acción (estrategia) trata con un número restringido de situaciones y un número restringido de consecuencias[396].

La mayor parte de las decisiones humanas, ya sean individuales o de organización, se refieren al descubrimiento y selección de alternativas satisfactorias; sólo en casos excepcionales se ocupan del descubrimiento y selección de alternativas óptimas. Para optimizar, –dentro de la lógica de HERBERT-, se necesitan procesos de mucho mayor complejidad de los necesarios para satisfacer[397].

Sin perjuicio de esto, el planteamiento descrito anteriormente, reconoce también que es fácil comprender que las alternativas elegidas no estarían muy lejos de ser las óptimas, habida cuenta del coste de la búsqueda. Dado que los *standards* humanos tienden a asumir esa característica en muy diversas condiciones, algunos teóricos han intentado mantener el modelo de "optimización" introduciendo en él explícitamente la consideración de los costes de la búsqueda[398].

Es decir, bajo esta perspectiva, se puede considerar, que tanto a efectos de la comunidad de vida propiamente dicha, como de la *situación final* (e incluso la situación posterior de nuevas nupcias o convivencia marital con otra persona que preludia la extinción del derecho a compensación por desequilibrio) resulta inviable alcanzar una

[396] MARCH, James G. y HERBERT, A. Simon. Ob. Cit. Pág. 154.

[397] Ibíd. Pág. 155.

[398] Loc. Cit.

situación que pueda calificarse como óptima, en función de la existencia de un contexto de información imperfecta, y en consecuencia, de lo costosa que resultaría la búsqueda de una situación óptima.

Con ello, podríamos preguntarnos; el equilibrio resultante de las estrategias familiares ¿es óptimo o satisfactorio?, en uno u otro caso, ¿qué ha de perseguir la compensación por desequilibrio?, ¿el restablecimiento de un nivel óptimo o satisfactorio? Esto tiene sentido meramente conceptual. No obstante entendemos, que aunque el nivel es simplemente satisfactorio (pensemos que a nivel general, en la intimidad, todos tienen una crítica al matrimonio o la convivencia), no obstante los costos de búsqueda y la escasa disponibilidad de recursos, hacen de éste un nivel óptimo "en un momento determinado", lo que llamaremos en adelante el *statu quo*.

En ese sentido, y más aún en tales circunstancias, creemos que el *status* satisfactorio que involucra el equilibrio determinado ha de calificarse como óptimo en la medida de que si bien es cierto, supone la asunción de una alternativa simplemente satisfactoria, en el curso del tiempo, las estrategias que se van adoptando sobre él están abocadas no a mantener simplemente dicho status satisfactorio, sino por el contrario, tienden siempre a su optimización. Ésta es la razón por la cual, estimamos que dentro de la familia se produce una búsqueda continua del óptimo familiar. Importa pues en este sentido, más la voluntad que los resultados, en tanto las inversiones (que es lo que nos interesa) se justifican en la voluntad de los agentes, más que en los resultados alcanzados.

Finalmente, ¿cuál es el sentido o relevancia de estas ideas dentro de nuestro planteamiento respecto a la compensación por desequilibrio? En tanto, lo que importa es más la voluntad en los *procesos* que los resultados mismos, desde el punto de vista del Derecho la compensación de la expectativas y su legitimidad, reposarán sobre la ausencia de causa sobre los resultados, o el cumplimiento de los compromisos asumidos.

CAPÍTULO IV

LOS COSTES DE OPORTUNIDAD Y LA TEORÍA SUBJETIVA DEL VALOR

CAPÍTULO IV

LOS COSTES DE OPORTUNIDAD Y LA TEORÍA SUBJETIVA DEL VALOR

«El matrimonio nos priva del derecho a la soledad»

Alberto Escobar
(En la pluma de Julio Ramón Ribeyro)

«El valor de un artículo no depende de su naturaleza esencial
Si no de la estimación de los hombres»

Diego de Covarrubias 1554.

Aunque posiblemente, la primera referencia a los costos de oportunidad propiamente dichos, las encontremos en el siglo XX, a partir de la reformulación de la teoría subjetiva del valor propuesta a finales del siglo XIX por Carl Menger, el origen de la teoría que le da cabida, se encuentra en la obra de un grupo de escolásticos tardíos tales como Francisco de Vitoria, Domingo de Soto, Martín de Azpilcueta, Diego de Covarrubias y Leiva, Tomás de Mercado, Francisco García, Luis Saravia de la Calle, Luis de Molina y Francisco Suárez, pertenecientes a la Escuela de Salamanca.

Sucede que en la primera mitad del siglo XVI, la llegada de las remesas de plata desde las minas hispanoamericanas provocó, por primera vez en una economía europea desde la desaparición del Imperio romano, un proceso de inflación aguda[399]. Así, ante la

[399] GRICE -HUTCHINSON, Marjorie. *La escuela de Salamanca. Una interpretación de la teoría monetaria española 1544-1606*. Estudio introductorio Luis Perdices de Blas y John Reeder. Traducción José Luis Ramos Gorostiza. Caja España. Salamanca, 2005. Pág. 40. Existen al respecto referencias específicas de los autores salmantinos de la época como Martín de Azpilcueta; *"En España, el tiempo que había menos dinero, por mucho menos se daban las cosas vendibles, las manos y trabajos de los hombres, que después que las Indias descubiertas la cubrieron de oro y plata". Martín de Azpilcueta Navarro, Comentario resolutorio de cambios, Salamanca, 1556.* Por su parte Martín González de

necesidad de explicarse tales fenómenos, así como de buscar una solución a tal coyuntura, plasmaron en vastos tratados sobre ética y jurisprudencia, una teoría económica, cuya original contribución, en opinión de GRICE-HUTCHINSON[400] fue la formulación de una teoría psicológica del valor aplicada tanto a bienes como al dinero; esto es, el germen y la cuna de la teoría subjetiva del valor.

Con todo ello, no fue sino hasta finales del siglo XIX en que dicha teoría tomó fuerza en manos de la escuela austriaca, representada por personajes como Carl Menger, Max Weber, Eugen von Böhm-Bawerk, y más tarde, Friedrich von Hayek.

Ahora bien, la importancia de la teoría subjetiva del valor en este trabajo, radica en que es la única, capaz de explicar de manera satisfactoria el funcionamiento de las relaciones familiares[401]. Es en ésta línea de pensamiento, en que los costes de determinados bienes o actividades en la familia sólo puedan ser consideradas bajo el tamiz de la teoría subjetiva del valor, dado que para una teoría objetiva, el valor de un bien obedece más un ejercicio numérico, y el triunfo de la teoría subjetiva del valor sobre ésta, radica no solamente en explicar fenómenos que la teoría objetiva es incapaz de describir, sino que escapa de un planteamiento meramente numismático y deja confluir en ella una serie de consideraciones psicológicas y "humanas", propias de un desenvolvimiento familiar. En conclusión, si para la teoría objetiva, el precio de un bien es equivalente a su costo de producción, o al gasto, para la teoría subjetiva del valor significará, «el costo de oportunidad».

Cellórigo; *"Esto vieron los romanos en más breve tiempo cuando Paulo Emilio, como cuentan las historias, trajo el oro y la plata del reino de Macedonia, con que la estimación de las cosas, subió (según Plinio y Plutarco, y otros lo refieren) la tercera parte. Y cuando Julio César hizo traer a Roma los despojos de Egipto, la usura y cambio dieron gran baja, y el precio de las cosas subió mucho. A los nuestros sucedió esto en el Perú". Martín González de Cellórigo, Memorial de la política necesaria y útil restauración a la República de España, Valladolid, 1600.* Incluso Tomás de Mercado comenta sobre esto; *"si este depósito y robo tan manifiesto se hubiere remediado desde el principio que las Indias se descubrieron estoy por decir, hubiera más oro y plata en España que había en la sola Jerusalén reinando Salomón". Tomás de Mercado, Tratos y contratos de mercaderes, Salamanca, 1569.*

[400] Ob. Cit. Pág. 122.

[401] Tal como lo hace patente Gary S. Becker, en su *Tratado de Familia.* No podemos olvidar que entendiendo que la determinación objetiva es imposible o excesivamente onerosa, el criterio debe ser subjetivo, es decir mediante costos de oportunidad se ven materializados, mediante la rentabilidad, los aportes subjetivos altruistas.

Con toda esta breve reseña, podemos decir que para la teoría subjetiva del valor, el costo de cualquier recurso no significa un valor contable, sino un valor subjetivo entendido como "la mejor alternativa dejada de lado" como consecuencia de la acción aprehensiva de dicho recurso. El costo de oportunidad así, puede ser definido como "*el equivalente al lucro cesante que este mismo bien habría podido generar si alternativamente se le hubiese utilizado de la mejor manera posible*"[402].

Por otra parte, es importante anotar, respecto a la *equivalencia*, o *equilibrio en el valor* de las aportaciones al que se hizo referencia en el capítulo anterior, que el planteamiento de la teoría subjetiva del valor puede ser muy útil a nivel explicativo, y más aún, puede servir de un marco que ofrezca coherencia a nuestros postulados.

Con todo, desde cierta perspectiva, el tema radica pues, en los costos de oportunidad asumidos por uno de los cónyuges como resultado de invertir su tiempo al hogar conyugal, –o desinvertir en un propio capital humano lo suficientemente rentable a expensas de incrementar la renta neta familiar -.

Resulta interesante pues, con todo ello, hacer ciertas precisiones al respecto. En una familia tradicional, muy lejos de lo que puede haberse creído o pensado durante mucho tiempo, atribuyendo al hombre de manera exclusiva el generar toda la renta monetaria en la familia, tuvo que ver tanto o casi tanto como él en dicha tarea, la esposa. Esto por los costes de oportunidad, ya que, la capacidad del esposo de obtener ingresos se puede deber mucho a los esfuerzos de la esposa. (...) Ella incurrió en un coste de oportunidad para incrementar la capacidad de ganancia de él.[403]

Aún cuando los modelos de familia tradicional, y algunos de los datos que nos brindan, pueden resultar, ya hoy en día, poco relevantes para el análisis, no por ello creemos, dejan de ser útiles o ilustrativos. En tal sentido, cabe anotar que citando los trabajos de REUBEN GRONAU[404], POSNER[405] desvela que el valor de las

---

[402] SHÄFER, Hans-Bernd; OTT, Claus. *Manual de Análisis Económico del Derecho Civil*. Tecnos. Madrid. 1986. Pág. 75.

[403] POSNER, Richard A. Ob. Cit. Pág. 141.

aportaciones no pecuniarias de la esposa puede ser tan grande como el de las aportaciones pecuniarias del esposo, o mayor aún, -se ha estimado que, en promedio, el valor de la producción familiar de la esposa es igual a más de 70% del ingreso monetario (del mercado) de la familia después de impuestos, lo que significa que la producción familiar de la esposa genera 40% del ingreso total de la familia-.

Normalmente se ha menospreciado, o mejor dicho no se ha observado con minuciosidad este aspecto. El valor del trabajo en el hogar, (aunque hoy tenga una menor incidencia) se ha visto así mucho tiempo, "a la sombra" del trabajo de mercado y esto es, porque aunque suene paradójico "el tiempo asignado completamente al sector doméstico no tiene un valor monetario sino un *precio sombra* igual al producto marginal del tiempo en el hogar[406]. En este caso, los costes de oportunidad están representados por lo que se ganaría en una actividad alternativa pero remunerada[407].

Ahora, si bien es cierto este trabajo en el hogar no ha recibido durante mucho tiempo un reconocimiento acorde a las dimensiones de su aporte en la economía familiar a nivel explícito, objetivo, y con nombre propio; a nivel social e institucional si se ha otorgado una protección especial a este trabajo en observancia de su importancia a un nivel "casi imperceptible" –justamente por ser consecuencia del orden evolutivo–. Así pues tenemos por ejemplo toda esta suerte de romántico "hasta que la muerte nos separe" y todo un arsenal de normas directrices en materia patrimonial dentro del matrimonio.

BECKER[408], explica esto de otra forma mucho más clara; él nos dice que puesto que las mujeres casadas –en la familia tradicional- se han especializado en la crianza de

---

[404] Autor de artículos sobre este tema tales como "*Home Production – A forgotten industry*", "*An Economic Approach to Marriage: The Intrafamily Allocation of Time*", "*The Effect of Children on the Housewife's Value of Time*", "*The Intrafamily Allocation of Time: The Value of Housewives' Time*", "*The Allocation of Time of Israeli Women*", "*Leisure, Home Production and Work -- Do Wife's Earnings Matter?*", "*The Theory of Home Production — The Past Ten Years*", entre otros.

[405] POSNER, Richard A. Ob. Cit. Pág. 142.

[406] BECKER, Gary. Ob. Cit. Pág. 22

[407] SHÄFER, Hans-Bernd; OTT, Claus. Ob. Cit. Pág. 76.

los hijos y otras actividades domésticas, han exigido a sus maridos contratos de larga duración para protegerse contra el abandono conyugal y otras adversidades[409]. Puede complementarse además esta idea con otra observación que hace notando que las diferentes legislaciones sobre el matrimonio protegen contra el divorcio, el abandono conyugal y otros tipos de conductas injustas principalmente a las mujeres que están especializadas en tareas domésticas.

Sin embargo, estos no son los únicos costes de oportunidad en el hogar, el marido –recuérdese que hablo en términos generales y en descripción de una familia tradicional (eventualmente, en vías de extinción) y en lo absoluto como una descripción antagónica-, también tiene ciertos costos de oportunidad. Uno de ellos; su rol frente a los hijos luego de la ruptura matrimonial a raíz de la capitalización-monopolización de la esposa en tareas de cuidado, crianza y dedicación a los hijos sobretodo en edad temprana. ESCOHOTADO[410] pone de manifiesto un hecho mediante una cita que textualmente dice: *"…una veterana feminista francesa publica una amplia investigación sobre el "papel secundario, ridículo casi" que las sociedades occidentales reservan al progenitor masculino. Le parece inquietante la sociedad que nacerá de esos "hijos sin padres" cuya educación es un monopolio práctico de las madres. La mujer actual no solo tiene los hijos que quiere, sino que en caso de separación los conserva casi siempre; de este modo, no solo puede convertir en padre a un hombre que no lo desea, sino privar de paternidad a quien aspire a ella"*.

Definido así el coste de oportunidad, y dibujados los distintos conceptos económicos relacionados a la institución familiar podemos adentrarnos en el concepto doctrinario de la compensación por desequilibrio, e ir deshilvanando toda la

---

408 El subrayado es nuestro. A manera de ejemplo BECKER refiere sobre éste aspecto, los casos de la ley musulmana cuando estipula que todas las esposas de un marido que practique la poliginia deben recibir un trato igual y que la dote debe devolverse total o parcialmente cuando se repudia a una esposa sin causa; así como los contratos judíos de matrimonio, que estipulan las cantidades que deben pagarse a las esposas en caso de divorcio o viudedad; agrega que estas características se han observado en contratos de matrimonio de entre siglos X y XV. BECKER. Ob. Cit. pág. 47. Nótese la relación existente entre la independencia económica de la esposa (debido a su inclusión en el mercado) y normas cada vez menos anti-divorcistas y obsérvese en consecuencia que el papel tuitivo de las normas anti-divorcistas están más relacionadas a mujeres sin independencia económica (esto es, aquellas que asumieron los costes de oportunidad de no ingresar al mercado y trabajar en el hogar).

409 BECKER, Gary. Ob. Cit. Pág. 30.

410 ESCOHOTADO, Antonio. Ob. Cit. Págs. 165-166.

información previa para descifrar su naturaleza filosófica. El tratamiento de la doctrina en este sentido será somero, habida cuenta que de profundizar en él haríamos esta exposición bastante densa, y en todo caso, lo que se pretende es dar una idea del porqué de ciertas reglas o apartados en las normas referidas a la compensación por desequilibrio y afines.

BASES JURÍDICO-ECONÓMICAS DE LA COMPENSACIÓN POR DESEQUILIBRIO

CAPÍTULO V

EL EQUILIBRIO

I. Los fundamentos jurídicos del equilibrio en la familia
   i. La Equidad (la equivalencia, la proporcionalidad y la legitimidad (*en contraste con la legalidad*))
      1. Antecedentes histórico-ideológicos
      2. Naturaleza filosófico-jurídica
      3. La Equidad, el Derecho y la Justicia
      4. La idea de *equidad* dentro de nuestro planteamiento

II. La definición y la dualidad del equilibrio en el Derecho de familia: el equilibrio endógeno y el equilibrio exógeno

III. La naturaleza y concepto del equilibrio a partir de la concepción del desequilibrio del artículo 97° del Código civil

IV. Nuestra teoría acerca de las causas de desequilibrio. Especial referencia al Derecho de Familia. El "desequilibrio original subjetivo" como causa de un "desequilibrio económico ulterior"

V. El equilibrio como *«statu quo»* de la comunidad de vida

CAPÍTULO V

EL EQUILIBRIO

«El mundo material reposa sobre el equilibrio;
el mundo moral sobre la equidad...»

Víctor Hugo

I. Los fundamentos jurídicos del equilibrio en la familia

Nuestra tesis considera al *altruismo* como el fundamento jurídico de la compensación por desequilibrio en el plano del Derecho *intuitivo*. Entrados en terreno social, o fuera del *contexto* íntimo de la familia, dicho fundamento jurídico, es la *equidad*.

En cuanto a lo que concierne al *contexto social*, en efecto, la equidad representa el equilibrio entre la norma y las circunstancias particulares, y en esencia, ello quiere decir a nuestro juicio, que la equidad constituye el *equilibrio* entre los *procesos* y *circunstancias* propias del Derecho *intuitivo* proveniente del *altruismo*, y el Derecho *objetivo*. Es decir, la equidad no solo cumple la función de establecer el equilibrio entre la norma y las circunstancias en un *contexto social*, sino que además, en el campo del Derecho de familia, cumple la función de establecerlo entre dos órdenes jurídicos distintos en razón a su orden consecutivo o sucesivo.

La *equidad* en suma, en consideración a un criterio histórico, ha de buscar en nuestra opinión, equilibrar las condiciones de justicia de las normas sociales en consideración a las circunstancias y procesos que se generaron en el Derecho *intuitivo*[411].

---

[411] En beneficio de estas afirmaciones, podemos poner de manifiesto que TRENDELENBURG sostiene que la equidad implica la *inmediatividad* de la relación entre el Derecho y el hecho, o sea la ausencia de la condición lógica de una relación jurídica típica o de una *specie iuris* entre los fenómenos concretos, de un

En consecuencia, a efectos de fundamentar las afirmaciones que anteceden, es esencial realizar un análisis profundo y detallado de la equidad, al tiempo de delimitar su incidencia en la compensación por desequilibrio.

i. La Equidad (la equivalencia, la proporcionalidad y la legitimidad)

El hecho de que la idea de equidad represente un tema tanto fundamental, como angular dentro de esta investigación, nos conduce a la necesidad de su desarrollo desde un análisis histórico de las tendencias ideológicas sobre su formulación, a partir de las cuales se construye lo que puede entenderse por su naturaleza filosófico-jurídica[412]. Sobre esa base, la ubicaremos a nivel general en el marco filosófico del Derecho y la justicia, y más tarde, ofreceremos, lo que entendemos ha de ser la concepción de la equidad dentro de nuestro planteamiento respecto a la compensación por desequilibrio.

1. Antecedentes histórico-ideológicos

La sabiduría antigua ha sobrevivido sin interrupción, pero sólo a condición de haberse transformado, nos dice BERMAN[413]. Esto es de importancia especial para una comprensión del redescubrimiento y el resurgimiento del Derecho romano, así como de

---

lado, y el tratamiento jurídico de estos fenómenos de otros. Fuente secundaria. Cit. Por IGINO PETRONE en CASTÁN TOBEÑAS. Ob. Cit. Pág. 29. Sin perjuicio de ello, el pensamiento de TRENDELENBURG acerca de la equidad puede encontrarse en TRENDELENBURG, A. *Drito naturale. Sulla base dell´ ética.* Niccola Jovene. Nápoli, 1873. Págs. 177-179.

[412] Hemos de advertir en tal sentido, dada la incuestionable riqueza y elocuencia de la obra de Don José Castán Tobeñas, así como el hecho, de que posiblemente represente en cuanto a los trabajos existentes sobre la equidad, el más calificado e importante referente en lengua castellana; la presencia de reiteradas referencias en lo sucesivo, a dos de sus brillantes discursos dedicados a la equidad, sobre los cuales nos permitimos y nos complacemos, de erigir gran parte de nuestras ideas en el presente capítulo.

[413] BERMAN, Harold J. *La Formación de la Tradición Jurídica de Occidente.* Fondo de Cultura Económica, México, 1996. Pág. 13.

igual manera, del concepto de la equidad. Las mismas fórmulas tenían significados muy diferentes en función del espacio-tiempo[414].

Seguramente esa sea la razón de que el concepto de equidad, aún hoy tenga una definición muy vaga. Oscuridad lo llama CASTÁN[415]. Probablemente muchas de las imprecisiones provengan de que la equidad es un concepto complejo, elaborado históricamente; una idea que no ha tenido siempre un sentido ni un concepto invariable, y que hoy se nos presenta como una síntesis de elementos y aportaciones muy diversos[416].

En este contexto, y desde esta perspectiva, el Occidente no es Grecia ni Roma o Israel, sino los pueblos de la Europa occidental regresando a los textos griegos romanos y hebreos en busca de inspiración, y *transformando* esos textos en formas que habrían asombrado a sus autores[417].

La equidad que actualmente conocemos, como otras tantas figuras e instituciones, ha sido el resultado de esta suerte de evolución adaptativa del pensamiento a los nuevos tiempos. En ese sentido, nos aproximaremos a lo que ha sido a nuestro juicio, la trasformación ideológica del concepto a través de sus distintas vertientes.

En principio, en cuanto a lo que se refiere a ideologías, hemos de referir a efectos de una conveniente esquematización, en consonancia con CASTÁN TOBEÑAS,

---

[414] Ni haciendo el mayor esfuerzo de imaginación podríamos identificar el sistema jurídico, por ejemplo, de la ciudad libre de Pisa en el siglo XII, que adoptó muchas reglas del derecho romano encontradas en los recién redescubiertos textos del emperador bizantino Justiniano, con el sistema jurídico del Imperio en que reinó éste. Las mismas fórmulas tenían significados muy diferentes. BERMAN, Harold J. Ob. Cit. Pág. 13.

[415] CASTÁN TOBEÑAS, José. *La idea de equidad y su relación con otras ideas morales y jurídicas, afines*: discurso leído en la solemne apertura de los tribunales, celebrada el 15 de septiembre de 1950. Instituto Editorial Reus, Madrid, 1950. Pág. 9.

[416] CASTÁN TOBEÑAS, José. *La equidad y sus tipos históricos en la cultura occidental europea*: discurso leído en el acto de su recepción como Académico de Número por el Excelentísimo Señor José Castán Tobeñas y contestación del Académico de Número Excelentísimo Señor Eloy Montero Gutiérrez : sesión del día 4 de junio de 1950. Instituto Editorial Reus, Madrid, 1950. Pág. 16.

[417] BERMAN, Harold J. *La Formación de la Tradición Jurídica de Occidente*. Fondo de Cultura Económica, México, 1996. Pág. 13.

la existencia de tres grandes formaciones ideológicas, a saber: a) la *epiqueya* de los griegos, b) el *aequum et bonum* y el *ius aequum*, en oposición al *ius strictum*, de los romanos, y c) la *aequitas-pietas* de la literatura eclesiástica y canónica[418].

En cuanto a la idea de la equidad en la filosofía griega –nos dice CASTÁN TOBEÑAS[419]- ésta tiene su doctrina más destacada sobre la idea de equidad en ARISTÓTELES. Surge así dicha doctrina de la combinación de dos puntos de vista: la idea de igualdad, que ha de ser diferenciada de esta idea en la matemática (pitagórica), y la del Derecho natural, de gran relieve en la cultura griega. La idea de igualdad procedía de la filosofía pitagórica, para la cual la justicia era, ante todo, *igualdad*, es decir, correspondencia entre términos contrapuestos. De esta doctrina partió ARISTÓTELES, aunque al referirse a ella le ponga objeciones y la modifique.

Concebía ARISTÓTELES la justicia, al igual que PLATÓN, como uno de los aspectos de la virtud; pero tuvo de ella un concepto más completo y más específicamente social que su maestro, pues mientras éste la había contemplado como *virtud universal*, coordinadora y unificadora de todas las demás virtudes, o lo que es igual, como principio regulador de toda la vida individual y social, el filósofo de Estagira, al lado de la *justicia universal* (justicia en sentido amplio) estudió la justicia particular (justicia en sentido estricto), llamada a gobernar las relaciones de hombre a hombre en el seno de la comunidad social, y dentro de ésta última registró formas diversas, de las cuales, hizo un análisis admirable[420]. Entre otras muchas especies de justicia distinguió ARISTÓTELES una justicia natural, que se funda sobre la naturaleza invariable del hombre, y una justicia positiva o legal, establecida por las leyes sociales. Pues bien: la equidad, en la teoría aristotélica, parece destinada, como ha observado AHRENS[421], a servir de término medio entre las prescripciones de la justicia natural y las disposiciones, con frecuencia demasiado severas o rígidas, de la justicia positiva.

[418] Ibíd. Págs. 17-18.

[419] Loc. Cit.

[420] Ibíd. Pág. 20.

[421] AHRENS, E. *Curso de Derecho natural ó de Filosofía del Derecho completado en las principales materias, con ojeadas históricas y políticas.* Tercera edición española. Carlos Bailly-Bailliere. Madrid, 1873. Pág. 242.

En la *Retórica*, no obstante, ARISTÓTELES (...) expone, en palabras de CASTÁN TOBEÑAS[422], su "maravillosa concepción de la equidad". Hay para él dos suertes de leyes: la ley *particular*, escrita o no escrita, que cada pueblo ha definido para sí, y la ley *común* o ley *natural*, universal y eterna, expresión de una justicia –aquella de la que nos habla Antígona de SÓFOCLES- de que todos los hombres tienen conciencia.

Sin perjuicio de ello, en la *Ética a Nicómano*, el análisis admirable que ARISTÓTELES hace de la equidad, congruente con el contenido en la *Retórica*, alcanza todavía un grado superior de precisión, y sobre todo de altura filosófica. Certeramente plantea ARISTÓTELES el tema de la equidad como una manifestación del problema filosófico de la oposición entre unidad y variedad. Comprende el filósofo del Liceo que la ley necesariamente tiene que crear tipos, tiene que encerrar bajo una sola regla toda una serie de casos de la vida real y tiene que expresarse con una cierta generalidad; pero considera al mismo tiempo que la vida crea incesantemente nuevas necesidades, nuevas formas de relación entre los hombres, y consiguientemente, casos singularísimos que exigen, al igual que los previstos por la ley, una regulación jurídica. (...). A estas exigencias responde la *epiqueya*, concebida por ARISTÓTELES como una *corrección de la generalidad de la ley*, que no se propone abolir la norma, sino precisamente «restablecerla en aquellos puntos en que falla a causa de la fórmula general de que se ha servido», no sólo rectificándola, sino también supliendo sus vacíos[423].

Para ARISTÓTELES pues, la equidad no es otra cosa, en esencia, que la corrección de la ley positiva conforme a la intención del legislador y a las exigencias de la justicia natural, o en términos más sencillos, la corrección del Derecho positivo por el natural[424], (nosotros diríamos, el paso de un tipo de altruismo a otro).

Epiqueya y justicia no son así «ni cosas absolutamente idénticas ni tampoco de un género esencialmente diferente». *Lo equitativo*, siendo también justo, es «lo justo en una circunstancia dada». Siendo buenos ambos, lo equitativo es aún mejor que lo justo.

---

[422] Ibíd. Pág. 20.

[423] Ibíd. Págs. 21-22.

[424] CASTÁN TOBEÑAS, José. Ob. Cit. Pág. 66.

La explicación de ello está en que lo equitativo, sin dejar de ser justo, «no es lo justo legal, sino una feliz rectificación de la justicia rigurosamente legal»[425].

En cuanto a lo que concierne a la *aequitas* o *aequm et bonum* de los romanos, CASTÁN de igual manera, opina que la *aequitas* romana viene a ser una especie de exigencia moral (nosotros en ese sentido discrepamos, en tanto creemos que en principio, debe hacerse una disociación temporal, se trata de una exigencia de índole ética, por lo menos hasta antes del período bizantino) que, sin confundirse con el Derecho socialmente establecido (Derecho positivo le llamamos hoy) sirve a éste de principio inspirador y valorativo[426].

La conexión de la idea de equidad con la de justicia aparece también en la siguiente definición de la *Rethorica ad Herennium*, lib. III, c.2: Justicia es la equidad que otorga a cada uno su derecho según su dignidad (*iustitia est aequitas, ius unicuique tribuens pro dignitate cuiusque*)[427].

Resulta fundamental en cuanto a nuestro planteamiento, comprender, lo que en palabras de CASTÁN TOBEÑAS, significa que el propio Derecho civil viene a ser igualmente una parte de la equidad, o matizamos, una manifestación sistemática de la equidad: se le define como «equidad constituida por los ciudadanos para obtener lo que les pertenece» (*ius civile est aequitas constituta iis qui eiusdem civitatis sunt, ad res suas obtinendas*)[428].

En la época bizantina y justinianea, sin que cambiase el concepto fundamental de la *aequitas*, se contempla ésta desde nuevos y más variados puntos de vista, merced, sobre todo, a una doble influencia: la de la cultura griega y la del cristianismo[429].

---

[425] Ibíd. Págs. 22-23. Ésta es probablemente la razón por la cual, mas tarde, las Escuelas de la Edad Media, y en particular la Escolástica atribuyera a ARISTÓTELES la siguiente definición de equidad: *correctio legis in quo déficit propter universitatem.*

[426] Ibíd. Pág. 26.

[427] Cit. por CASTÁN. Ob. Cit. Pág. 31.

[428] Cit. por CASTÁN. Ob. Cit. Pág. 32 Fuente secundaria. *Tópica* edición francesa de BORNECQUE. París, 1924.

Los principales matices que adopta en este período (bizantino) la idea de equidad pueden ser condensados en la acertada opinión de CASTÁN, en los tres siguientes: la equidad como justicia natural (*aequitas naturalis*); la equidad como criterio de interpretación amplia y flexible del Derecho (*aequum ius*) y la equidad como criterio de aplicación benigna y humana (*benignitas, humanitas*)[430].

En el Derecho mismo, la piedad se afirmó como principio con el nombre grecorromano de *aequitas* ("equidad"). En la "equidad canónica", el rigor de la ley estricta debía ser mitigado en casos excepcionales en que así lo pidieran la buena fe, la honradez, la conciencia o la misericordia[431].

La *benignitas* cristiana y la *aequitas* canónica, por su parte, es en nuestra reiterada opinión, no solo la heredera ideológica de todos los anteriores conceptos, sino más aún, la materialización de una formulación sistemático-conceptual.

La interpretación de la equidad como benignidad tiene ya, según vimos, antecedentes claros no solo en el pensamiento místico de las culturas antiguas, desarrollados por sus leyes y revelaciones, sino de igual manera como revela CASTÁN TOBEÑAS, en el Derecho romano. Mas la legislación en Roma, en este punto, hay que indicarlo, obedeció fundamentalmente, a la influencia cristiana. Fue el cristianismo el que suavizó las justicias pagana y bárbara, siendo, al propio tiempo, factor predominante de un nuevo concepto de equidad[432].

Bajo la influencia del cristianismo y también de las ideas estoicas y neoplatónicas adoptadas por la filosofía cristiana, se hicieron cambios[433], entre otros por

---

[429] Ibíd. Pág. 35.

[430] CASTÁN TOBEÑAS, José. Ob. Cit. Pág. 35.

[431] BERMAN, Harold J. Ob. Cit. Pág. 209. Recordar acápite de misticismo.

[432] CASTÁN TOBEÑAS, José. Ob. Cit. Pág. 41. Recordemos lo desarrollado acerca de los antecedentes de la buena fe y la aplicación de la ley en cuanto a los samaritanos.

[433] "*este general concepto de la equidad pasó del pensamiento estoico y luego a la cristiandad, oriental y occidental. Se manifestó en el derecho romano de Justiniano por medio de doctrinas tan equitativas como las de la buena fe, el enriquecimiento injusto y la justicia sustancial. Sin embargo, al revivir la filosofía aristotélica y el derecho romano, la Iglesia de finales del siglo XI y comienzos del XII dio un nuevo*

ejemplo: 1) en el derecho de familia, dando a la mujer una posición de mayor igualdad ante la ley, requiriendo el consentimiento mutuo de ambos cónyuges para la validez del matrimonio, haciendo más difícil el divorcio (que para entonces era un paso hacia la liberación de la mujer) y aboliendo los poderes paternos de vida y muerte sobre los hijos (*patria potestas*) [...] 3) en relación entre la aplicación estricta de la ley y la equidad, fortaleciendo el concepto de equidad y moderando lo estricto de las prescripciones generales[434].

Resalta el profesor CASTÁN en ese sentido, que la equidad resulta mencionada en 10 versículos de la Biblia, «reflejando una atenuación del rigor de la justicia, como una manifestación de la misericordia divina que aminora el rigor del Juez Supremo»[435]. Anota que la Patrística hace correr por los cauces de la equidad las exigencias de la benignidad y suavidad cristianas[436].

La *Escolástica*, a su vez, no fue extraña a esta concepción de la equidad; más, en general, siguió más bien las huellas de la filosofía aristotélica, significando un retorno parcial a ella[437].

El enunciado *corpus iuris Romani* no fue empleado por los romanos, sino por canonistas y romanistas europeos de los siglos XII y XIII, quienes extrapolaron el concepto de la obra de aquellos que, uno o dos siglos antes, habían descubierto los antiguos textos de Justiniano y los enseñaban en las universidades europeas. La técnica escolástica del siglo XII consistió en reconciliar contradicciones y derivar conceptos

---

contenido moral y cultural al concepto de equidad. En particular, tanto el derecho canónico como el real, añadieron al anterior y más general concepto de equidad varios requerimientos específicos de la conciencia cristiana: la protección de los pobres y desamparados (incluso viudas y huérfanos), la aplicación de relaciones de confianza –"buena fe"-*(...) y otros requerimientos*". BERMAN, Harold J. *La formación de la tradición jurídica de occidente*. Pág. 542.

[434] BERMAN, Harold J. *La Formación de la Tradición Jurídica de Occidente*. Fondo de Cultura Económica, México, 1996. Pág. 180.

[435] CASTÁN TOBEÑAS, José. Ob. Cit. Pág. 41.

[436] Ibíd. Pág. 42.

[437] Loc. Cit. Pág. 42.

generales a partir de las reglas y casos, y fue la primera que hizo posible coordinar e integrar el derecho romano de Justiniano[438].

El método de los juristas europeos del siglo XII fue pues, una transformación (y conciliación) de los métodos de razonamiento dialéctico característicos de la filosofía griega antigua y del derecho romano clásico y posclásico[439].

Los Apologistas y los Santos Padres, que hicieron suya la concepción platónica de la justicia como virtud total o universal, no sólo ligaron la idea de justicia con la de equidad, sino que unieron una y otra con las ideas cristianas de *Pietas* y *Charitas*. Es así que SAN AGUSTÍN a su vez, comprende el nexo íntimo e indisoluble que existe entre la equidad y la justicia, y el error que significaría reducir la idea de equidad, conforme a su sentido etimológico, a una simple idea de igualdad (*aequitas, aequalitas*)[440].

Así, y como resultado de ello, se formó en el Medievo una doble noción de equidad: por un lado, la que identificaba la equidad con la misericordia misma (...); y por otro, la que concibió a la equidad como una yuxtaposición de las ideas de justicia y misericordia[441].

Bástanos con recordar, que es pauta constante en el Derecho canónico atender a la benignidad como criterio interpretativo general y considerar a la equidad como regla de interpretación benigna del Derecho escrito[442].

Se trata en esencia de una historia compleja; la equidad en la concepción de las escuelas medievales y modernas de la Europa continental quedó establecida en dos tendencias distintas sobre la teoría medieval de la *aequitas* (base y punto de partida de

---

[438] BERMAN, Harold J. *La Formación de la Tradición Jurídica de Occidente*. Fondo de Cultura Económica, México, 1996. Pág. 19.

[439] BERMAN, Harold J. Ob. Cit. Pág. 143.

[440] CASTÁN TOBEÑAS, José. Ob. Cit. Págs. 42-43.

[441] Loc. Cit.

[442] Ibíd. Pág. 45.

la teoría moderna de la misma); una teológico ética, que enlazando con ARISTÓTELES alcanza su punto culminante en las obras de ALBERTO MAGNO y SANTO TOMÁS DE AQUINO, y otra jurídica, en la que, dándose gran relieve a las ideas de CICERÓN y a los textos del Derecho romano, colaboraron por igual, canonistas y civilistas[443].

La filosofía escolástica en ese sentido planteó, más que el problema de la *aequitas*, en sus varias facetas, el de la *epiqueya*, o sea la equidad considerada en su aspecto judicial e interpretativo o de aplicación del Derecho. Por medio de la *epiqueya* se interpreta la ley benigna y prudentemente, según las circunstancias del tiempo, lugar y persona, y se la corrige atendiendo a la intención del legislador más bien que a la letra de la ley[444].

Sucede, que tras una evolución tan compleja, plagada de distintas vertientes heredadas de realidades en suma harto distintas, la escuela del Derecho natural y racional de los siglos XVII y XVIII tuvo de la equidad una idea poco fija y no siempre bien orientada desde el punto de vista jurídico. Así más tarde aparecen los clásicos, que vienen a reformular y reconstruir una doctrina como sistema jurídico efectivo en función de distintas percepciones de los antecedentes.

En este contexto, GROCIO deja de lado los sentidos, en gran parte de inspiración romana, que habían atribuido a la equidad los juristas medievales y resucita la noción de ARISTÓTELES, al definirla de esta manera: *virtus voluntatis correctrix eius in quo lex per universitatem déficit.*[445]

Por su parte, PUFENDORF se adhiere también al pensamiento de ARISTÓTELES de que la equidad es el criterio mediante el cual viene prácticamente corregido cuánto hay de defectuoso en la ley por causa de los términos demasiado generales en que está concebida[446].

---

[443] Ibíd. Pág. 46.

[444] Ibíd. Pág. 48.

[445] Ibíd. Pág. 53.

No obstante, LEIBNITZ expuso ideas más originales y nos dio varios conceptos de la equidad. Esta tiene, en primer lugar, para LIEBNITZ, un concepto muy general, coincidente con el de la justicia. Así como está, en su significado generalísimo, responde a una idea de armonía, congruencia y proporción, la equidad entraña ese mismo elemento esencial: *Aequitas seu aequalitas, id est duorum pluriumve ratio pel proportio consistit in harmonia seu confruuentia*[447].

PACCHIONI por su parte, uniendo el triple concepto de la equidad individualizadora (básico en el pensamiento aristotélico), la equidad igualitarista (tan destacada en el pensamiento ciceroniano) y la equidad humanitaria (característica del pensamiento cristiano), considera, en definitiva, a la equidad como una propiedad o cualidad de la norma jurídica, que se caracteriza por responder ésta, en sus aplicaciones concretas a determinadas exigencias, que pueden ser reducidas fundamentalmente a tres, a saber: «Primera, que las cosas y las relaciones iguales sean igualmente tratadas y que no sean, por el contrario, tratadas igualmente las cosas y las relaciones desiguales o diversas; segunda, que al juzgar de cada singular relación se tenga escrupulosa cuenta de todas sus particularidades individuales y de las circunstancias que la precedieron y acompañaron, y tercera, que entre las varias soluciones lógicamente posibles se dé siempre, *en concreto*, la preferencia a aquella que resulte más suave y humana»[448]. Se encuentran aquí pues, los elementos objetivos de la equidad y además los rezagos de una connotación moral sobre la equidad.

El concepto moderno de la equidad gira pues, sobre todo, nos dice CASTÁN TOBEÑAS, en torno a dos distintas ideas: la idea aristotélica, de norma individualizada, adaptada a las circunstancias de un caso concreto (*epiqueya* de los griegos), y la idea cristiana, de mitigación del rigor de la ley para un caso particular (*humanitas, pietas, benignitas*). Hay así un concepto simple (a la vez muy general o amplio) de la equidad, como adaptación del Derecho a la realidad mediante la apreciación exacta de todos los

[446] PUFENDORF, Samuel. *Le droit de la nature et des gens*. Traduction par Jean Barbeyrac. Caen. Centre de Philosofhie politique et juridique de l'Université de Caen. 1989.

[447] Ibíd. Pág. 54.

[448] PACCHIONI, Giovanni. *Dirito civile italiano. Parte prima. Le preleggi. Volume I. Delle leggi in generale e della loro retroattività*. Padova, CEDAM, 1937. Pág. 50.

elementos de hecho que en el caso concurran, y un concepto más complejo (a la par que restringido) de ella, como adaptación del Derecho, a las particularidades del caso concreto, para dar a éste un tratamiento más blando y benévolo[449].

En conclusión, podemos entender que el concepto de equidad se ha formado con aportaciones históricas muy diversas, lo que explica la variedad de aspectos y significados que tiene hoy dicha expresión, no solo en el lenguaje científico, sino también en el vulgar, y, a la vez, las diferentes funciones y aplicaciones prácticas que la equidad puede llenar. Pero, en realidad, los tipos a través de los cuales se ha manifestado la idea de la equidad en la cultura occidental están históricamente muy enlazados. Puede hablarse, en sentido unitario, de una idea de equidad, propia y característica de dicho ciclo cultural, que se formó con elementos griegos, romanos y cristianos, y que se ha incorporado definitivamente, a través de brillantes creaciones filosófico-jurídicas y jurídico prácticas, tanto al Derecho anglosajón como al de casi todos los países del continente europeo y americano[450].

2. Naturaleza filosófico-jurídica

La equidad es probablemente, en nuestra opinión, el concepto con más riqueza, profundidad y complejidad a nivel filosófico de la ciencia jurídica. Este hecho, es sin duda alguna, la explicación de la indeterminación conceptual que la acompaña, y que requiere la conglomeración de distintas connotaciones, matices o definiciones paralelas, que unidas, pretenden otorgar una idea satisfactoria del amplísimo espectro que abarca.

Es así, que la tarea de su entendimiento está sujeta a la comprensión de diversos procesos y matices, entre ellos, el de una paulatina evolución histórica del pensamiento,

[449] CASTÁN TOBEÑAS, José. *La equidad y sus tipos históricos en la cultura occidental europea*: discurso leído en el acto de su recepción como Académico de Número por el Excelentísimo Señor José Castán Tobeñas y contestación del Académico de Número Excelentísimo Señor Eloy Montero Gutiérrez : sesión del día 4 de junio de 1950. Instituto Editorial Reus, Madrid, 1950. Pág. 57.

[450] Ibíd. Págs. 65-66.

que constante, llega hasta nuestros días. Esta es la razón por la cual hemos ofrecido una visión histórico-ideológica que abre en adelante, un tratamiento filosófico-jurídico.

Dicho tratamiento filosófico-jurídico será enmarcado en adelante, a lo que CASTÁN TOBEÑAS[451], entiende como idea de la equidad en la ciencia moderna y contemporánea.

Desde lo que podemos entender como una visión estrictamente jurídica, el citado autor nos dice que hay que distinguir, ante todo, en el pensamiento moderno dos grandes grupos de concepciones: las que para caracterizar la idea de equidad utilizan principalmente elementos de orden *negativo o subjetivo*, y las que ponen en juego elementos *objetivos*.

En el primero de estos grupos de teorías han de ser destacadas en su opinión: la que, con criterio puramente *negativo*, considera a la equidad como una *justicia extralegal*; la que la conceptúa como una *especie de justicia arbitral, de aplicación discrecional*, y la que la concibe como una *justicia instintiva o intuitiva, producto del sentimiento*, más que de la reflexión del jurista.

En el otro grupo hay que diferenciar tres grandes direcciones: la que liga la idea de equidad a la de *igualdad*; la que la vincula a la de *justicia y*, consiguientemente, también a la de *Derecho*, y la que entronca más bien con la *moral* (pauta personal de interpretación). Y dentro del segundo de estos subgrupos han de ser todavía distinguidas las fórmulas que sitúan la equidad en la esfera de las ideas y principios jurídicos generales (bien sean éstos los propios de un Derecho natural absoluto o los de la conciencia social de cada pueblo y época), y aquellas otras que la desenvuelven en la zona de lo individual, con relación a las circunstancias particulares de los casos concretos; posición esta última que admite aún dos modalidades, según se juzgue esa individualidad del caso con puro criterio de justicia o con criterio de benevolencia.

---

[451] CASTÁN TOBEÑAS, José. *La equidad y sus tipos históricos en la cultura occidental europea*: discurso leído en el acto de su recepción como Académico de Número por el Excelentísimo Señor José Castán Tobeñas y contestación del Académico de Número Excelentísimo Señor Eloy Montero Gutiérrez : sesión del día 4 de junio de 1950. Instituto Editorial Reus, Madrid, 1950. Págs. 19 y ss.

En consecuencia, tras esta preliminar exposición, en cuanto a las *concepciones de tipo negativo o subjetivo* podemos realizar ciertas precisiones.

En cuanto a la equidad como justicia extralegal o de aplicación discrecional, el autor de en referencia, anota que las definiciones de tipo negativo son harto simplistas: se contentan con caracterizar la equidad como justicia no escrita o extralegal, o bien como justicia de aplicación discrecional, confundida a veces con el arbitrio judicial.

En tal sentido, -añade- como los conceptos así formulados giran en torno a los caracteres puramente externos de la equidad, nada nos dicen de su esencia íntima, es muy explicable que los autores que siguen esta orientación negativa suelan completarla con elementos tomados de otras direcciones[452].

Por otro lado, en cuanto a la equidad como justicia intuitiva, es decir, la dirección subjetivista; ve en la equidad una especie de instinto, sentimiento inconsciente y no razonado de las exigencias del Derecho, que encuentra, sin rodeos, la solución mejor y más conforme a los fines jurídicos[453]. Tal es el pensamiento de GÉNY, que define la equidad en ese sentido –aunque reconoce que tiene alguna otra acepción- como «*sentimiento, inconsciente y no razonado, de las exigencias del Derecho*», o bien «una especie de instinto que, sin invocar el razonamiento (*raison raisonnante*), va por si mismo perfectamente recto a la solución mejor y más conforme al fin de toda organización jurídica», concibiéndola, en definitiva como el sentido de lo justo, afinado por la educación jurídica[454].

En general, ésta es la posición dominante en las escuelas, francesa y belga. Así, GASTON MAY[455] entiende la equidad como «una suerte de *instinto* jurídico que hace las veces del razonamiento y que permite llegar a la buena solución del litigio, inspirándose en la idea de que cada uno se forja de lo que es justo. Y VANDER

---

[452] CASTÁN TOBEÑAS, José. Ob. Cit. Pág. 21.

[453] Ibíd. Pág. 22.

[454] GÉNY, François. *Método de interpretación y fuentes en Derecho privado positivo*. Segunda edición. Editorial Reus. Madrid, 1925. Pág. 558.

[455] MAY, Gaston. *Introduction a la Science du Droit*. Marcel GIARD. París, 1925.

EYCKEN[456] ve en ella «*el sentimiento del equilibrio*» o, en otros términos, «la opinión espontánea y subjetiva del Derecho», una opinión personal, que se contrapone a la ley, opinión general y oficialmente sancionada.

Las concepciones de tipo objetivo por su parte, son un poco más complicadas y variadas, en ese sentido CASTÁN TOBEÑAS, nos ofrece un amplio espectro de lo que él entiende por dichas tipologías ideológicas.

La equidad como justicia igualitaria, una de las más antiguas concepciones de equidad es la que la basa en la idea de igualdad[457]. Tanto la equidad como la justicia en general implican una cierta *igualdad inicial*, pero también *presuponen la distinción y diferenciación obligada por las circunstancias y factores individuales de cada especie jurídica*[458].

La equidad como justicia natural (dirección iusnaturalista), considera la equidad como lo que es conforme a la conciencia jurídica universal humana, viendo en ella la norma coincidente con el Derecho de naturaleza[459].

La equidad como justicia ideal de cada pueblo y momento histórico (dirección histórico-positivista), por su parte, tiene un matiz respecto a la justicia natural. Los positivistas y los partidarios de lo que se llamó «nueva concepción del Derecho natural» coinciden con los iusnaturalistas clásicos en ligar la equidad a las ideas de justicia y derecho natural, pero éstas tienen para ellos significación muy distinta, pues el Derecho natural a que aluden es un mero *Derecho ideal*, no concebido ya como norma absoluta e inmutable, sino, meramente como una expresión de las idealidades jurídicas de una época determinada[460].

---

456 *Méthode positive de l´interprétation juridique*, Bruxelles-París, 1907. Fuente secundaria.

457 Ibíd. Pág. 24.

458 Ibíd. Pág. 25.

459 Loc. Cit.

460 Ibíd. Pág. 27.

También aparece la equidad como justicia corregida o singularizada (dirección singularista, clásica y escolástica), fundada en la consideración de los elementos individuales del Derecho.

Desde esta perspectiva, en su concepto más amplio, nos dice el ilustre profesor DE ROMA[461], equidad no significa mitigación, sino la exigencia de la adaptación a la realidad de las formas del Derecho, que obliga a considerar todos los elementos de la realidad para determinar el equilibrio o la proporción correspondiente a las relaciones entre persona y persona o, en otros términos, la apreciación exacta de todos los elementos de hecho en cuanto pueden tener interés para el Derecho.

En Francia FRANÇOIS GÉNY, sin perjuicio de recoger otras acepciones de la palabra equidad, habla de la que se llama *equidad individualizadora*, que no es otra cosa que la consideración de las circunstancias particulares de una situación concreta y determinada (cualidad de las personas, resultado de la decisión, apreciación de la opinión pública, etc.) con miras a la adaptación de la idea de justicia a los hechos, saltando sobre las ideas generales o modelándolas en la medida de los elementos concretos[462].

La equidad como justicia benévola (dirección humanitaria cristiana), por su parte, es aquella que relaciona la idea de justicia con la *Pietas* y la *Charitas* cristiana que procura no solo otorgar un juicio benévolo, sino más aún, en caso de conflicto, dirimir en favor del menos favorecido.

Otra de las concepciones de tipo objetivo es la de la equidad como regla moral que traspasa la propia justicia (dirección eticista). La idea, muy viva en importantes sectores de la doctrina francesa mediados del siglo XX, de que el Derecho positivo está influido y dominado, más todavía que un vago Derecho natural o un ideal de justicia,

---

[461] *Los principios generales del Derecho*, trad. de Ossorio Morales, Barcelona, Bosch, 1933. Fuente secundaria.

[462] GÉNY, François. *Método de interpretación y fuentes en Derecho privado positivo*. Segunda edición. Editorial Reus. Madrid, 1925. Pág. 558.

por la ley moral, ha engendrado lógicamente esta concepción de la equidad como regla que persigue la moralización del Derecho por encima de la justicia, traspasándola[463].

En la doctrina aristotélica y clásica la equidad sirve de correctivo de la ley, pero no se contrapone a la justicia ni al derecho natural. En la concepción a que ahora nos referimos, la equidad, según nos dice el profesor belga JEAN DABIN[464], es el correctivo aportado a la misma justicia, aun después de adaptada la ley a la especie concreta, y representa una de las manifestaciones del dualismo que con frecuencia se da en la vida social entre las soluciones ofrecidas por la Moral y las aportadas por el Derecho, que la equidad resuelve elevando a jurídica la regla moral, en virtud de consideraciones subjetivas, de solidaridad y humanidad que traspasan la propia justicia.

Sucede -nos dice el autor antes citado- que las exigencias de la justicia se revelan, en determinadas circunstancias, o demasiado rigurosas o demasiado cortas. En su preocupación de equilibrio exacto y en cierto *modo impersonal*, la justicia corre el riesgo de desatender ciertos aspectos de humanidad personal y viviente. En muchos casos, para evitar esto, la equidad exige tomar en consideración un elemento extrínseco, la enfermedad, las cargas, la situación de fortuna, la buena fe de una de las partes; títulos imperfectos todos ellos que podrán corregir las confusiones de la justicia estricta y darle un sentido más profundamente humano. En este sentido, y en conclusión, conceptúa como manifestaciones de pura equidad aquellas reglas generales establecidas ya por el legislador, ya por la jurisprudencia, mediante las que el Derecho estricto y cierto es aquí sacrificado metódicamente a las consideraciones obtenidas de ciertas circunstancias particulares y subjetivas –tales como la buena fe, los recursos pecuniarios o las cargas familiares- circunstancias que parecen sin pertinencia y extrañas al debate[465].

---

[463] Ibíd. Pág. 35. Ésta es en nuestra opinión, la idea de la equidad que permite a John Rawls levantar su Teoría de la Justicia.

[464] *La philosophie de l´ordre juridique positif, spécialement dan les rapports de droit privé*, París, Sirey, 1929. Fuente secundaria.

[465] Loc. Cit.

En este orden de ideas, bien se ve pues, que la equidad resulta aquí, no sólo un criterio de elaboración y de aplicación del *Derecho objetivo* (punto de vista clásico), sino también un criterio de determinación y ejercicio de los *derechos y deberes subjetivos*[466].

Con todo ello, y tras analizar todas las vertientes filosóficas del concepto de equidad, CASTÁN TOBEÑAS nos ofrece lo que el resalta como una perspectiva racional en torno a la equidad, y que en nuestro planteamiento puede asimilarse a las ideas antes descritas en cuanto al Derecho intuitivo.

Nos dice así, que *sea cualquiera la posición que hoy se adopte en orden a los problemas filosóficos y sociológicos del Derecho, es indudable que, superados ya los puntos de vista del positivismo y del formalismo jurídico que han dominado durante algún tiempo la doctrina científica, se ha de reconocer que al lado del Derecho preestablecido, formulado de antemano (Derecho estatuido), emanado de las llamadas fuentes formales (principalmente, ley y costumbre), hay un Derecho no formulado (Derecho no estatuido), llámese Derecho natural, como en la concepción clásica e hispana, Derecho discrecional, Derecho intuitivo, Derecho libre, Derecho científico, o de cualquier otro modo, y que se caracterizaría, fundamentalmente, por ser un Derecho extralegal, que, llegado el caso litigioso, las partes, sus consejeros o el Juez han de extraer de su conciencia, de las concepciones morales o de la apreciación directa de los hechos sociales, sin la intermediación de las fuentes oficiales*[467].

A esta esfera, y no a la del Derecho formulado, pertenece el principio o criterio de equidad. Esta es algo que se configura y funciona fuera del campo del Derecho estatuido e independientemente de él, siquiera exista entre una y otra relación en influencias recíprocas. La equidad actúa sobre el Derecho legislado, en cuanto puede servir de modelo y tipo de comparación para juzgar las normas de éste último

---

[466] CASTÁN TOBEÑAS, José. Ob. Cit. Pág. 37.

[467] Ibíd. Págs. 39-40.

(conceptuándolas equitativas o inequitativas). La ley actúa sobre la equidad en cuanto señala los límites dentro de los cuales puede la equidad ser aplicada[468].

Con ello, y a modo de resumen, se puede entender que para la concepción iusnaturalista, la equidad representa el Derecho racional o ideal frente a la Ley o Derecho positivo. Para la concepción singularista, representa aquélla, el Derecho particularizado, concretado y adaptado a la vida, frente al Derecho formal, general y abstracto. Pues bien, en opinión de CASTÁN TOBEÑAS[469], ambas concepciones han de integrarse y completarse mutuamente; la una contempla la equidad en su base; la otra, en sus funciones. Ese derecho natural, base de la equidad, exige, para ser debidamente aplicado a la vida, que se realice la singularización o individualización de la especie jurídica, que es propia de la equidad.

Con ello, CASTAN TOBEÑAS, estima en conclusión, que los conceptos de equidad natural y equidad individualizadora (o *epiqueya*), lejos de ser incompatibles, se armonizan o integran. No es lícito, -nos dice-, y entendemos nosotros, "no es *legítimo*"; al juzgar prescindir de las ideas generales que constituyen las bases de la justicia, ni de las circunstancias particulares que matizan cada especie jurídica. Equidad es el criterio de justicia, individualizado y adecuado a las particularidades de cada caso concreto, pero adaptado también a los ideales jurídicos de una sociedad y, sobre todo, a los principios supremos del Derecho[470].

Es preciso pues, tener en cuenta todos estos elementos tanto los de orden ideal como los de orden real o positivo, para determinar el equilibrio o proporción en las relaciones entre los hombres que la justicia y, como parte de ella, la equidad persiguen[471].

---

468 Loc. Cit.

469 Ibíd. Pág. 42.

470 Loc. Cit.

471 Loc. Cit. Esta es, entre otras, una de las razones por las cuales nos referimos a las circunstancias del artículo 97° CC, como de legitimidad de otorgamiento.

El sentido antiquísimo de la equidad como igualdad puede también ser armonizado fácilmente con su sentido, tan corriente hoy, de justicia del caso concreto. El concepto de la equidad supone, en realidad, dos elementos: a) el de igualdad de trato (según su etimología *aequitas*, *aequalitas*); b) el de individualización de trato (puesto de relieve por la tradición doctrinal, a partir de ARISTÓTELES). Así la equidad es a la vez, justicia igualitaria y justicia individualizadora[472].

Puede parecer a primera vista que hay contradicción entre los dos elementos a que acabamos de referirnos. Pero en realidad son perfectamente compatibles y responden a los dos elementos que resplandecen también en la idea del Derecho[473].

La equidad pues, tanto puede imponer la igualdad como la desigualdad (nosotros hablamos de *equivalencia*): obliga a tratar con igualdad los casos iguales (aquellos en que predomina lo típico o genérico sobre lo individual), y con desigualdad los casos desiguales (aquellos en que predomina lo individual y propio sobre lo genérico o típico)[474].

La idea de flexibilidad en la aplicación del Derecho, y la de singularización e individualización, están, sin duda, muy unidas con la de benignidad, y de otra parte, lo están, también con la matización de la equidad como criterio subjetivo y sentimental. La función singularizadora de la equidad conduce, por lo general, a un resultado benigno, el cual, antes que delimitado por la razón, resulta aconsejado y exigido por el estado emotivo, por la percepción instintiva de quien juzga[475].

El profesor CASTÁN también ofrece una formula respecto a la equidad. En su opinión, equidad es el criterio de determinación y de valoración del Derecho, que busca la adecuación de las normas y de las decisiones jurídicas a los imperativos de la ley natural y de la justicia, en forma tal que permita dar a los casos concretos de la vida, con

[472] Loc. Cit.

[473] Ibíd. Págs. 42-43.

[474] Ibíd. Pág. 43.

[475] Loc. Cit.

sentido flexible y humano (no rígido y formalista), el tratamiento más conforme a su naturaleza y circunstancias[476].

Tras este repaso de lo que significan las distintas concepciones del concepto de equidad, CASTÁN TOBEÑAS, nos ofrece a su vez, las clasificaciones de la equidad en base a tres criterios diferenciados. Así tenemos:

1) Por la relación de la equidad con el Derecho estatuido. Cabe distinguir desde este punto de vista una equidad *constituyente* (equidad natural o equidad ideal) y una equidad *constituida* (equidad positiva, jurídica, legal o civil). La primera es la que, integrada por la razón o justicia natural, y confiada a la conciencia del juez, aspira a convertirse en Derecho estatuido, pero sin haberse convertido ya en Derecho vigente. La segunda es la equidad ya recogida por el Derecho positivo (*aequitas a iure concessa*) a través de las cristalizaciones de la ley o de la jurisprudencia de los Tribunales[477].

2) Por su naturaleza y formas de inspiración y revelación. Cabe distinguir a este respecto una equidad subjetiva, que nacida del sentimiento o de la pura apreciación individual, sólo representa el criterio de valoración jurídica sustentado por el juez o por la persona que de cualquier modo aplica o investiga el Derecho, y una equidad objetiva, que responde a criterios supraindividuales de Derecho natural o ideal. Puede ser subdividida ésta última en equidad natural (inspirada en la ley natural, universal e inmutable) y equidad ideal o social (que traduce el sentimiento o aspiración de un pueblo en un determinado momento histórico)[478].

3) Por el órgano o sujeto que la aplica. La equidad como criterio de formación del Derecho pertenece más a la Moral que al Derecho. La equidad como criterio de

[476] Ibíd. Pág. 51.

[477] Ibíd. Pág. 52.

[478] CASTÁN TOBEÑAS, José. Ob. Cit. Pág. 53.

formación del Derecho por el legislador (equidad *legislativa*) pertenece más bien a la política que a la ciencia jurídica[479].

Sin perjuicio de la clasificación precedente, finalmente, en cuanto a la naturaleza de la equidad, que entendemos nosotros queda circunscrita a un análisis filosófico-jurídico; no cabe duda de que se trata de una idea polifacética. Sus bases y fundamentos discurren a través de diversas concepciones provenientes de distintas escuelas. Como bien apunta CASTÁN, las escuelas subjetivistas la conceptúan como un sentimiento; las positivistas, como un ideal; las direcciones iusnaturalistas, como una virtud, principio o exigencia ética. En realidad, tiene la equidad diversísimos aspectos, fundamentales unos y accidentales o secundarios otros[480].

3. La Equidad, el Derecho y la Justicia

Desarrollamos con anterioridad, en el Capítulo II, un apartado dedicado a "*el altruismo, el Derecho y la justicia*", en cual tratamos de poner de manifiesto una serie de ideas que involucraban a la *equidad* como elemento primordial de análisis, y que es necesario traer ahora a escena. Dijimos, y es conveniente recordar, entre otras cosas, que *la equidad es el equilibrio entre el Derecho y la justicia*; que *existen determinadas funciones de relativización*, así como que *existe una relación estrecha, en nuestra opinión, en cuanto a los juicios de equidad en función de los roles domésticos y sociales*; asimismo, que *existen contextos y puntos de vista que hacen o pueden hacer relevante o irrelevante un juicio de equidad*. Igualmente, *equiparamos al altruismo como fenómeno, y a los procesos de reciprocidad a una fuente espontánea e intuitiva de Derecho*.

Con estos antecedentes, el presente punto, pretende completar dichas ideas, ahora; desde el punto de vista exclusivo de la *equidad*.

---

[479] Ibíd. Pág. 54.

[480] Ibíd. Pág. 55.

Tal como sostuvimos en los párrafos precedentes, la concepción de la equidad, es harto compleja y relativa. Citando los trabajos del profesor CASTÁN TOBEÑAS, pudimos tener un acercamiento de la equidad desde una perspectiva tanto histórico-ideológica, como filosófico-jurídica. Los exquisitos análisis de dicho autor, elaborados desde una perspectiva estrictamente jurídica, sin embargo, *no alcanzan ciertas concepciones de equidad en cuanto a lo que se refiere a determinados objetivos sociales y más aún, a procesos sociales*.

Para referirnos a este tema, en primer lugar, hemos de advertir la existencia de al menos, dos *posiciones normativas*[481] respecto a la *equidad*. La primera puede considerarse la de los *derechos naturales*, y la segunda, la *contractualista*[482].

La equidad, tanto para los defensores de los *derechos naturales* como de los del *contractualismo*, puede ser polivalente. En esencia, y a grandes rasgos, dicha polivalencia obedece a la ideología que acompañe a la teoría.

En cuanto a los *derechos naturales* por un lado podemos encontrar a autores como ROTHBARD[483], que reposan los derechos naturales sobre los *derechos de propiedad* y la *libertad individual*; o en otro, a otras posturas en las que los derechos naturales están asimilados a la *igualdad* de los seres humanos, sobre todo en cuanto a

[481] Estas *posiciones normativas* a las que nos referimos están relacionadas con teorías constitucionales, y por ello, sólo haremos referencia a aquellas que resulten relevantes para nuestro análisis. Para ahondar en este sentido; BRENNAN, Geoffrey; BUCHANAN, James M. *La razón de las normas. Economía política y constitucional.* Unión Editorial. Madrid, 1985.

[482] En el capítulo final de este trabajo, dichas teorías tomarán un papel preponderante en el desarrollo de las bases filosófico-jurídicas de la compensación por desequilibrio.

[483] Según ROTHBARD solo tiene sentido entender los derechos como derechos de propiedad. De esta manera, todos los derechos de un ser humano se encuentran integrados en el patrimonio personal. Entiende el citado autor, que los derechos de propiedad son el criterio angular que dota de sentido a los derechos humanos. En efecto, entiende que, "en primer lugar, los derechos de propiedad se identifican con los derechos humanos en dos sentidos: uno, que la propiedad *sólo* puede atribuirse a los seres humanos, de modo que una persona tiene derechos de propiedad precisamente porque es un ser humano. Y dos, que el derecho de la persona sobre su propio cuerpo, su libertad personal, es tanto un derecho de propiedad sobre su persona como un derecho humano". ROTHBARD, Murray N. *La Ética de la Libertad.* Unión Editorial, Madrid, 1995. Pág. 166.

igualdad en el *nivel de oportunidades* y acceso a los bienes, *criterios de justicia distributiva* y lo que se ha venido a llamar *discriminación positiva*[484].

Estas son teorías de *derecho natural*, que sostienen que los sujetos ostentan por su condición, determinados derechos superiores e inalienables con carácter previo a cualquier consideración de justicia. En otras palabras, la justicia es una condición de la existencia de dichos derechos naturales como contexto natural previo. Los derechos naturales son pues desde esta perspectiva, tanto un antecedente incontestable, como un valor en sí mismo. Se trata de un objetivo social a proteger, un resultado social en virtud de un determinado valor.

En cuanto a la *posición contractualista*, se pueden encontrar en uno u otro espectro a autores como RAWLS o BUCHANAN y BRENNAN. La posición contractualista presta más atención a las reglas que a los resultados, sin embargo en una u otra teoría se pueden observar matices. Como bien señalan BUCHANAN y BRENNAN[485], las diferencias entre la *posición contractualista* y los teóricos de los *derechos naturales* surgen de fuentes muy distintas a las diferencias frente a los reaccionarios del *statu quo* y los *evolucionistas*[486]. El *contractualismo* deriva todo valor de los individuos que participan en la comunidad y rechaza las fuentes externamente definidas, incluidos los "*derechos naturales*"[487].

Aunque RAWLS se nos ofrece como un defensor de la libertad[488], como bien señala HAYEK[489], tal vez presionado por la necesidad de ofrecer algunas propuestas de

---

484 Recuérdense las teorías *elitista* y *egalitaria* del Capítulo I, referente al capital humano.

485 BRENNAN, Geoffrey; BUCHANAN, James M. *La razón de las normas. Economía política y constitucional.* Unión Editorial. Madrid, 1985. Pág. 59.

486 Ha de entenderse el evolucionismo no solo desde la perspectiva *darwiniana*, sino de igual manera de la perspectiva *hayekiana* de evolucionismo cultural.

487 Esta pequeña distinción, es entre otras, la que a nosotros, nos lleva a promover en este trabajo la tesis, de un Derecho intuitivo, y hablar de éste en consonancia con el contractualismo, antes que de un Derecho natural.

488 En obras como "*Teoría de la justicia*" o "*Liberalismo político*".

489 BELL, Daniel. "*On meritocracy and Equality*". Public Interest. (1972). Fuente secundaria.

reforma, ha forzado sus conclusiones hasta el punto de hacer que una formulación liberal, en su esencia, parezca a algunos «el esfuerzo más amplio y comprensivo de la filosofía moderna para justificar la ética socialista». En efecto, si bien es cierto, RAWLS en su planteamiento parte de una visión contractualista, establece ciertos valores supremos como objetivos y garantías de justicia (como si se tratara de una versión híbrida entre el contractualismo y los derechos naturales). RAWLS en su *Teoría de la Justicia*[490], nos habla de una *imparcialidad* –recordemos la imparcialidad de nuestro espectador multiempático-, que reposa en el establecimiento de un *velo de ignorancia* tras el cual se busca justificar la igualdad de oportunidades entendida como *equidad*. En este sentido, como puede verse aunque se trata de una posición contractualista, se asume la preexistencia de valores superiores, de una concepción previa de justicia, suscrita unánimemente por todos los sujetos.

BUCHANAN y BRENNAN[491] por su parte, nos ofrecen un planteamiento distinto. Se trata de una *posición contractualista* necesariamente deontológica. Para dichos autores, el criterio de valoración –de justicia o equidad- tiene que ser aplicado a *reglas y procedimientos* más que a estados finales o resultados, al menos en un sentido directo. Como tal, no hay medio alguno de evaluar un resultado, porque no hay un valor externo a través del cual pueda valorarse. Los estados finales o *resultados* tienen que ser evaluados sólo por medio de los *procesos* que los generan.

En éste sentido, y a nuestro modo de ver, BUCHANAN y BRENNAN tienen una ventaja en el planteamiento respecto a la formulación de RAWLS, sin quitarle por supuesto, ningún mérito a la de este último. Antes de utilizar el elemento del *velo de la ignorancia*, BUCHANAN y BRENAN utilizan la *incertidumbre*. Así, los sujetos no parten de una situación hipotética y hasta cierto punto inverosímil de *ignorancia*, sino de una más real, en la cual albergan *incertidumbres* sobre su situación.

Puesto esto así, tenemos que declararnos contractualistas en el sentido *buchaniano*, ya que como sostuvimos en el Capítulo III, la *incertidumbre* se erige como

[490] RAWLS, John. *Teoría de la Justicia*. Fondo de Cultura Económica. Madrid, 1979.

[491] BRENNAN, Geoffrey; BUCHANAN, James M. Ob. Cit. Pág. 82.

el contexto en el cual se producen las distintas transmisiones en el seno de una familia y de una unión de pareja.

Ahora bien, hechas estas menciones, y a efectos de desarrollar el concepto de equidad desde una perspectiva metajurídica (que pueden entenderse como filosófica o económica)[492], es necesario prestar atención al hecho de que las concepciones ortodoxas de la justicia (algunas de las cuales son tanto de *derechos naturales* como *contractualistas*) apelan a la noción de *justicia distributiva* o "*equidad*". La tesis de RAWLS es una de ellas.

Es decir, al margen de la concepción estrictamente jurídica, brillantemente expuesta en todas sus vertientes por el profesor CASTÁN TOBEÑAS, existe comúnmente una idea bastante extendida, acerca de la *equidad* como sinónimo de la llamada *justicia distributiva*. Para esta concepción, la justicia o injusticia de un resultado, es una propiedad intrínseca al resultado mismo e independiente del contexto. Para determinar si un resultado social es más "justo" que otro desde esta perspectiva, se necesita simplemente investigar las *posiciones relativas* de cada uno de los individuos. Dichas posiciones relativas, a su vez, son mensurables por referencia a la *riqueza o renta de los individuos* (...)[493].

El hecho es, que de igual manera, ésta interpretación ortodoxa, es la que (inadecuadamente en nuestra opinión) se suele comúnmente adoptar de la *equidad* a efectos de determinar la procedencia de la compensación por desequilibrio.

Para RAWLS[494], los sujetos, en un contexto de *ignorancia* sobre su posición relativa particular, suscriben un pacto originario, mediante el cual establecen un marco dentro del cual la equidad (entendida como igualdad de oportunidades) es un horizonte, un valor a perseguir. Es decir, una concepción de justicia básica previa es necesaria.

---

[492] Es interesante en este sentido anotar que la economía hace uso de un concepto de equidad bastante distinto al estrictamente jurídico.

[493] BRENNAN, Geoffrey; BUCHANNAN, James M. Ob. Cit. Pág. 153.

[494] RAWLS, John. Ob. Cit.

Para BUCHANAN y BRENNAN, en cambio, la *ignorancia* es sustituida por un conjunto de *incertidumbres regresivas*, fruto de intercambios libres e interacciones individuales espontáneas.

De esta manera, y en nuestra opinión, la visión de RAWLS en cuanto a la *equidad*, puede asimilarse a la de un *objetivo social*[495], y la de BUCHANAN y BRENNAN, a la de un *proceso social*[496].

Dicho todo ésto, y en todos los sentidos, cabría hacerse una serie de preguntas que pretendemos responder en lo sucesivo: ¿de dónde proviene la *equidad*?, ¿de un juicio social, privado, o de ambos?; ¿en qué contextos o circunstancias resulta *relevante* o *irrelevante*, y por qué? ¿Cuándo el *equilibrio* resulta una demanda, un resultado o un presupuesto? ¿Qué relación guarda la *equidad* respecto al Derecho y la justicia? ¿Dónde se encuentra el *altruismo* en todo esto?, ¿y la *reciprocidad*?; y ¿cuál será entonces, desde nuestra perspectiva, el papel de la *incertidumbre* en cuanto a la consecución de la *equidad*, y en consecuencia, de ésta como fundamento jurídico del *equilibrio* en la familia?

Para resolver estas interrogantes, y así plantear nuestra tesis, empezaremos por desarrollar nuestra *posición contractualista*, en el sentido *buchaniano*, a medida que iremos haciéndola corresponder con una serie de conceptos previamente establecidos.

Para dicho cometido, en primer lugar, es necesario referirse a la idea de justicia desde el punto de vista del contractualismo de BUCHANAN, para lo cual previamente ha de desarrollarse el concepto de *reglas*.

En la lógica del planteamiento de BUCHANAN[497], el primer argumento para el estudio de las *reglas* descansa en el reconocimiento del papel que las reglas desempeñan

[495] Basado en una intervención externa.

[496] Basado en la reciprocidad.

[497] BRENNAN, Geoffrey; BUCHANAN, James M. Ob. Cit. Págs. 54-55.

en la obtención de *resultados* de *equilibrio* o cadenas de resultados para una comunidad de protagonistas sociales con capacidades y objetivos dados.

Sostiene en este sentido, que la interacción entre las personas, en cualquier sociedad, puede generar cualquier número de resultados sociales, *según sean las reglas existentes*. Pero, y asimismo, que sólo son posibles aquellos resultados que pueden ser generados como un *equilibrio* bajo un marco institucional. Por esta razón, -estima- es erróneo examinar el conjunto de todos los resultados sociales concebibles y seleccionar como ideal el que mejor se corresponde con algún criterio normativo externo e independiente. Ello significa como vimos, renunciar a una posición de *derechos naturales*, o incluso una *contractualista* con valores externos predeterminados. La justicia, o acaso la equidad deberán obedecer en este sentido, a un criterio endógeno. ¿Pero, cuál es ese criterio endógeno? Esto tiene que ver con las *reglas*, las *conductas*, los *procesos* y los *resultados*.

En efecto, se trata en suma, de una dimensión del *argumento normativo* que presta más atención a las *reglas* que a los *resultados*. Esto implica la afirmación de que no pueden evaluarse con exactitud los resultados normativamente, a menos que se tenga información sobre *cómo se producen* tales resultados. Puede enunciarse dicha afirmación sobre la base de que el *proceso* tiene intrínsecamente una *relevancia normativa* o sobre la base de que la *información* acerca del proceso proporciona, a cambio, una *información* sobre el *resultado*[498], sin la cual la evaluación es difícil o imposible[499].

Con este razonamiento, en otros contextos, el *resultado* de una carrera, -nos dice BUCHANAN- por ejemplo, puede no tener significancia normativa. Este es en principio, como veremos en adelante, la explicación de la *relevancia* o *irrelevancia* de

---

[498] Conveniente recordar, sobre el papel de la *incertidumbre* y la *información*, coincidentemente, y en favor de nuestro planteamiento, aquellas referencias acerca de que la *división del trabajo* afecta a la información que los miembros de un grupo pueden recibir; de igual manera, que "*el dar*" al que hicimos alusión en páginas anteriores, provee de una función crucial de *información* y demostración en sus procesos de reciprocidad. Incluso, que el propio Derecho, es un sistema para consolidar la información indispensable para la toma de decisiones, y de esta manera, se configura como un medio de reducción de "*incertidumbre* en un mundo de escasez".

[499] BRENNAN, Geoffrey; BUCHANAN, James M. Ob. Cit. Págs. 55-56.

un juicio de equidad en contextos determinados. Cualquier *resultado* puede ser aceptable, con tal que las *reglas* sean justas y obedecidas. En otros casos, no basta con que los resultados sean normativamente relevantes; también tienen que serlo los *procesos*. Es posible que un inocente sea erróneamente condenado por un crimen, pero puede servirnos de consuelo que el proceso judicial fue enteramente justo, aunque incluso así el jurado emitió un fallo equivocado. Del mismo modo, un hombre manifiestamente culpable puede ser declarado inocente tras un juicio en toda regla, aun cuando el resultado sea debido a prejuicios. En ambos casos, tanto el *proceso* como los *resultados tienen importancia* (nosotros lo denominamos *relevancia) a efectos normativos*[500].

Estas reflexiones nos conducen de manera directa, a lo que podríamos o deberíamos entender en lo sucesivo, desde este enfoque, por un juicio de justicia, para lo cual es imprescindible hacer referencia a la relación existente entre *reglas* y *justicia*.

La afirmación específica de la teoría de BUCHANAN y BRENNAN, es que la *justicia* deriva su significado de las *reglas* del orden social[501] dentro del cual se van a aplicar las nociones de justicia. *Apelar a consideraciones de justicia es apelar a reglas relevantes*. Carece de sentido pues, hablar de *justicia* sin referencia a esas *reglas*. Si esta afirmación se acepta, se deduce que el reconocimiento de la justicia como valor comporta, en sí mismo, una *razón*[502] para el establecimiento de *reglas*. P.137

En esta conceptualización alternativa, las *reglas* son la base de la *justicia*. Las *reglas* son anteriores desde un punto de vista lógico[503]. Decimos conceptualización

---

[500] Ob. Cit. Pág. 56.

[501] Es preciso señalar que dicha teoría es de bases político-constitucionales, motivo por el cual se hace referencia a un orden social, no obstante, en la medida que hemos disgregado distintos órdenes jurídicos en función de determinados grupos sociales –como la familia-, hemos estimado conveniente traer a tratamiento estas ideas.

[502] Esta es la tesis principal, y la idea que da sentido a la obra de estos dos autores; "*La razón de las normas*". Las normas en este sentido, son sinónimo de normas sociales, lo cual resulta plenamente coherente con nuestra postura respecto a que reglas domésticas pueden ser "equivalentes" a normas jurídicas en un contexto determinado, en otras palabras, a lo que denominamos, una fuente de Derecho intuitiva y espontánea.

[503] BRENNAN, Geoffrey; BUCHANAN, James M. Ob. Cit. Pág. 137.

alternativa, en la medida que la concepción ortodoxa está preocupada, más bien, y en sentido contrario, por la *justicia* de las *reglas*; lo cual para nosotros, *en función del contexto*, puede resultar *irrelevante*.

Pero a todo ésto; ¿en qué están basadas dichas *reglas*, sus *procesos* y *resultados*? Entendemos que en el *altruismo*, la *reciprocidad* y la *incertidumbre* respectivamente. El *altruismo*, como ya se expuso en detalle, es la base normativa, la *reciprocidad* es el *proceso* que pretende garantizar y brindar *información* acerca del cumplimiento de las normas, y la *incertidumbre* es la justificación (necesidad) de la adopción de determinadas pautas de *conducta* con miras a *resultados* con *relevancia* a futuro. La *equidad* en este sentido, y en consecuencia, como veremos en adelante, estará basada en las *expectativas*[504] *legítimas*.

Con todo ello, y en consonancia con los términos antes expresados, BUCHANAN y BRENNAN hacen referencia, y una importante distinción, entre las nociones de lo que entienden por "*conducta justa*" y "*reglas justas*".

La primera implica *justicia* dentro de las *reglas*, considera la *justicia* como criterio para evaluar la *conducta* dentro de un marco institucional definido por *reglas* pre-existentes. La segunda implica *justicia* entre *reglas*, considera la *justicia* como un criterio para evaluar conjuntos alternativos de *reglas*[505].

La *conducta justa* así, consiste en no violar las *reglas* a las que hemos dado previamente nuestro consentimiento. El papel del *consentimiento* implica, como elemento esencial, la proposición de que se requiere el acuerdo, sea implícito o explícito, para *legitimar* las *reglas*. Las *reglas* así *legitimadas* se convierten en el punto de referencia con arreglo al cual puede fijarse la *conducta* de los individuos[506].

---

[504] No olvidemos, que el altruismo en general, o incluso "*el dar*" tanto en sus versiones altruistas o no altruistas, o dicho de otro modo; al margen de toda motivación, siempre alberga expectativas.

[505] BRENNAN, Geoffrey; BUCHANAN, James M. Ob. Cit. Pág. 137.

[506] Ibíd. Pág. 138.

En consecuencia; en cuanto a la distinción entre "*conducta justa*" y "*reglas justas*" y en cuanto a las *expectativas* y su *legitimidad*; la *conducta justa* no es otra que aquella que resulta conforme con las *reglas* acordadas voluntariamente. Es la adecuación a estas *reglas* y no a un criterio externo a ellas lo que configura la *conducta* como justa y viceversa. Esto es así, porque el *consentimiento* voluntario de las *reglas* genera una *promesa* de conducta que no podemos defraudar[507], pues perjudica claramente, a los que *legítimamente* esperan de nosotros conformidad con la *promesa* dada[508].

Dicho lo dicho, y una vez aceptado este enfoque, no se considera ya a la *justicia*, tanto como un criterio externo de evaluación de *reglas* alternativas y/o órdenes sociales, sino como una parte intrínseca de la estructura normativa *relevante*. Las consideraciones sobre la *justicia* no se refieren tanto a la reconstrucción o reforma de las *reglas* cuanto a entender por qué las *reglas* actuales prevalecen o cómo sirven para conciliar conflictos, incoherencias y ambigüedades entre las *reglas* prevalentes. A la *justicia* se la contempla como una exigencia de armonización de las *reglas* y posiblemente como una ampliación de la *conducta* gobernada por las *reglas*[509].

Así, es importante resaltar, que no se entiende la *justicia* como algo que proporciona una norma independiente sobre la base de que sería posible estructurar *ab initio* un conjunto ideal de *reglas*. Es el *consenso* o *consentimiento* el que lleva a cabo esta función normativa básica. En la conceptualización que traemos a escena, son las *reglas* las que establecen los términos de la *justicia* y no al revés. Por esta razón, la *justicia* adquiere un cierto matiz "no teleológico", dependiente de lo histórico. No es posible hacer una relación de las cosas a las que la *justicia* obliga, en términos de *conducta* o de naturaleza de *reglas*, pues es enteramente abstracta, general y

---

[507] El *criterio jurídico* que consideramos en cuanto a esta defraudación, es el *empobrecimiento ilegítimo*. Distinguimos así lo que puede entenderse como un *criterio* y un *fundamento* jurídico. Un criterio es una regla dentro de un esquema racional o un proceso, regla que le da sentido y mantiene coherencia. La equidad en ese sentido, es nuestro fundamento jurídico.

[508] BRENNAN, Geoffrey; BUCHANAN, James M. Ob. Cit. Pág. 18.

[509] Ibíd. Pág. 138.

descontextualizada. Lo que la *justicia* requiere depende de las *reglas* particulares en las que los individuos puedan estar de acuerdo[510].

Tras la exposición preliminar de estas ideas, podríamos concluir anticipadamente, a manera de paréntesis y ejemplo, que la justicia o la injusticia del *desequilibrio económico* en caso de renuncia previa al derecho de compensación, es *irrelevante*, no obstante y sin embargo, la justicia o injusticia de su concesión con dicha circunstancia puede ser *relevante*, y en ese sentido, incluso injusta.

En esencia, lo que caracteriza a la injusticia en estos casos, es la violación de las *reglas*, *reglas* que *legítimamente* debíamos esperar que se aplicasen a todos. Estas *reglas* originan ciertas consideraciones que son importantes para el *resultado* del suceso y para la determinación de recompensas; no obstante, también dan pie a otra serie de consideraciones que son explícitamente o implícitamente *irrelevantes*[511].

Aquí entramos en el fondo de lo que hemos estimado relevante señalar en cuanto a las *expectativas* y su *legitimidad*. Este es a nuestro juicio, un tema de vital importancia en lo que se refiere a la compensación por desequilibrio. Y es que lo que nos parece crucial aquí es la *legitimidad* de las *expectativas* de los participantes de que las *reglas* serán seguidas (…). Si estas *expectativas* son verdaderamente *legítimas*, entonces las personas que basan su *conducta* en ellas no merecen ser defraudadas. La base de este argumento es la observación de que las *reglas* proporcionan información acerca de cómo actuarán los demás, aquellos de cuyas acciones depende el bienestar propio[512].

Como sostuvimos en su momento[513], en ocasiones el *altruismo* no establece condiciones pero en cambio, si alberga *expectativas*. Así mismo, en consideración a que el *altruismo* y sus *procesos* de *reciprocidad* se erigen como marco normativo, éstos constituyen un conjunto de *reglas* y *conductas* con una *motivación* determinada. La

---

[510] Loc. Cit.

[511] Ibíd. Pág. 139.

[512] Loc. Cit.

[513] Capítulo II dedicado al altruismo, y en particular a los actos, las conductas y las motivaciones.

motivación a su vez, por lo común, en sus diversas modalidades puede subsumir ciertas *expectativas*.

En ese orden de ideas, desde nuestro punto de vista contractualista, deberíamos resaltar que cuando las *reglas* hacen nacer *expectativas legítimas*, entran en escena las cuestiones de *justicia*. En este sentido, las *reglas* implican la *relevancia* de la *justicia*, y la *conducta justa* es, al menos presuntamente, *conducta* obediente a las *reglas* en vigor[514], (aun cuando *a posteriori* opere el *altruismo normativo social*).

Ahora bien, cabe agregar, que en la medida que hemos afirmado que una persona que viola una *regla legítima* se comporta injustamente respecto a aquellos que actúan con la *expectativa* de que tal *regla* sería respetada, surge la cuestión de qué es lo que hace *legítima* una *regla*[515]. Así, podemos sostener, que una *regla* es *legítima* y sus violaciones constituyen una *conducta* injusta cuando dicha *regla* es objeto de *consentimiento* voluntario entre los participantes en ese orden gobernado por *reglas*[516]. Ergo, una *expectativa* es *legítima*, cuando proviene y es consecuente, a un acuerdo basado en *reglas legítimas*.

Si consideramos todos estos hechos, o asumimos la validez de estas ideas, es conveniente traerlos a la esfera de lo que definimos como *Derecho intuitivo* en la familia y sus respectivas *crisis*, desde el punto de vista de la *equidad*.

Dentro de las *reglas* que componen el *Derecho intuitivo* vigente en una unión afectiva, las distintas transmisiones se encuentran en un *equilibrio* consistente en las constantes y sucesivas auto compensaciones respecto a la atribución de valor de los distintos recursos. En este escenario, cualquier consideración acerca de la *equidad* resulta *irrelevante* (el equilibrio en sí mismo es suficiente). Aquí resulta importante considerar la presencia de *promesas* implícitas en los *procesos reciprocidad*. Dichas *promesas*, pueden entenderse como el fundamento primario de las *expectativas*, que

---

[514] BRENNAN, Geoffrey; BUCHANAN, James M. Ob. Cit. Pág. 140.

[515] Loc. Cit.

[516] Loc. Cit.

como dijimos, serán *legítimas*, en la medida que se hayan generado en base a las *reglas* establecidas.

A la llegada de una *crisis*, dicho *equilibrio*, (aún no hablamos de desequilibrio económico) se rompe con la separación o divorcio, tras lo cual, queda pendiente un *juicio*[517] respecto a las *promesas* y las *expectativas*. En ese sentido, el *Derecho* espera de los sujetos *conductas justas*. ¿Pero qué debemos entender por *justicia* en este marco?

Según la concepción de BUCHANAN y BRENNAN, la *conducta justa* es una *conducta* acorde con las *promesas* hechas. Una persona rompe una *promesa* cuando por sus propias razones morales actúa de forma diferente a como piensan que actuará aquellos a los que hizo la *promesa*[518]. Ésta sería, más o menos y parcialmente, la explicación de la ruptura consistente en la *separación* o *divorcio*[519]. Ahora bien, como señalamos, la *separación* y el *divorcio* eran *riesgos a priori*, y *eventualidades a posteriori*, lo que quiere decir que su producción no significa en sí misma, una injusticia. Los *juicios de justicia* o *equidad*, por el contrario y sin embargo, estarán dirigidos a las *promesas* en función de las *expectativas* y su *legitimidad*. Ello, porque la relevancia de la *equidad* en este sentido opera sobre las *incertidumbres*, es decir, sobre el *efectivo complimiento de la promesa*, y el *mantenimiento de valor* de los recursos que hayan implicado las distintas transmisiones cuando el título sobre el cual se produjeron (unión conyugal) ya no existe.

En este contexto, sucede que en cierta clase de literatura, la "*justicia*" de vivir bajo acuerdos se presenta como enteramente contingente respecto de la *justicia* del *statu quo*, noción esta última de la "justicia" que habitualmente apela a la *posición relativa de la renta* entre las partes[520]. Esta es la visión a la que comúnmente se apela en lo que se refiere a la compensación por desequilibrio, sin embargo nosotros discrepamos de ella. Debe ser vista desde otra perspectiva, aquella que fuera de la consideración acerca de la

[517] Nos referimos a un juicio de *equidad* o de *justicia*.

[518] Loc. Cit.

[519] Dicha explicación será complementada en acápites posteriores.

[520] Ibíd. Pág. 142.

posición relativa de riqueza, atienda a la legitimidad de las expectativas en función de los compromisos previos.

BUCHANAN y BRENNAN[521] definen la *justicia* específicamente como aquella *conducta* que no viola las *reglas* convenidas mutuamente. La principal ampliación de este planteamiento es que la *justicia* no es un concepto "primario", Más bien se deriva de dos conceptos lógicamente anteriores: primero, que los pactos implican la obligación moral de conducirse con arreglo a ellos, y segundo, que las apelaciones a la *justicia* tienen lugar dentro de un *contexto* institucional que es el que da a la *justicia* su significado[522].

Con ello, podemos argüir que ante la existencia de *promesas* y *expectativas legítimas*, fuera del *contexto institucional* en el cual existía un *equilibrio* de compensación automática, la *justicia* se convierte en algo *relevante* sólo cuando se acepta como dada la fuerza del pacto voluntario previo, independientemente de la posición relativa de riqueza. La *equidad* entonces se convierte en el mecanismo de consecución de la *justicia*; el *equilibrio* entre el *Derecho* (*reglas*) y la *justicia* (el cumplimiento de las *promesas* en función de las *expectativas legítimas*).

Ahora bien, aquí entonces aparece un elemento fundamental en cuanto a la amplitud de la *equidad* sobre los pactos voluntarios previos: el elemento *privado* o *social*, y en ese sentido, la *incertidumbre* es el fundamento de la suscripción de dichos pactos.

¿Cuál es entonces el papel de la incertidumbre en la consecución de la equidad? BUCHANAN y BRENNAN[523] nos refieren acertadamente a nuestro juicio, que la *incertidumbre* introducida en cualquier elección entre *reglas* o *instituciones* sirve a la saludable función de hacer que el acuerdo potencial sea más probable. Así, enfrentando a una *incertidumbre* genuina acerca de cómo su posición se verá afectada por el

---

[521] Ibíd. Pág. 150.

[522] Loc. Cit.

[523] Ibíd. Pág. 68.

funcionamiento de una *regla* particular, el individuo se ve impulsado por su cálculo de interés, a concentrarse sobre una elección de opciones que eliminan o minimizan las *expectativas* de resultados potencialmente desastrosos.

Como sostuviéramos en el Capítulo III, desde el punto de vista de las transmisiones propias de una unión de pareja; el efectivo cumplimiento de las obligaciones inherentes a la vida en común, así como al mantenimiento de un determinado valor de los distintos intercambios durante la vigencia de la unión, son *incertidumbres*. Esta *incertidumbre* puede entonces considerarse que es; en el fondo y a nivel general; sobre la *posición relativa de riqueza*. Visto desde este punto de vista, la *incertidumbre* respecto a los resultados de la interacción entre los sujetos en cualquier grupo, -como lo es la familia- entendida como fundamento de la necesidad normativa, puede ir ampliándose, hasta ser el fundamento de los acuerdos sociales.

Como bien señalan BUCHANAN y BRENNAN, las decisiones colectivas se toman mediante alguna clase de *regla* que combina expresiones individuales de preferencia[524], o dicho de otra forma, el individuo en su *elección privada* puede intentar elegir entre opciones presentes como forma de ir construyéndose a sí mismo como conciencia continua en períodos subsiguientes, en orden a conseguir una vida coherente[525], en *equilibrio*, diríamos nosotros.

Recapitulando así ideas, en el ámbito del Derecho de familia, nos encontraremos ante *reglas* basadas en *estrategias* (normalmente hipergámicas y rol-específicas, privadas, que tienden a hacerse colectivas) que buscan minimizar las *incertidumbres*. A nivel social sucede algo parecido. En la medida en que una persona, enfrentada a una elección (...), carece de certeza acerca de su *posición* bajo opciones de elección separadas, tenderá a aceptar normas que pueden ser llamadas *justas*, en el sentido de que las secuencias de *resultados* generados bajo ellas gozarán de amplia aceptación, con

---

[524] Ibíd. Pág. 113.

[525] Ibíd. Pág. 115.

independencia del lugar que cada participante ocupe en los *resultados*[526]. Aquí es donde aparece el *equilibrio* o la *equidad*, en su caso.

Pero, ¿dónde toman valor dichos pactos tanto a nivel de un grupo reducido como a nivel social? Nosotros creemos que en la *universalización* a través del *consenso* frente a la *unanimidad*. La *unanimidad* permite *universalizar* el *consenso* individual. Dicha unanimidad por su parte, es facilitada por el *altruismo*.

La *unanimidad* así, vista desde el punto de vista de lo individual hacia lo social, significa ciertas renuncias, concesiones y asunción de costes individuales en compensación de *incertidumbre*. La *equidad* social, materializa los *compromisos* y las *expectativas* individuales *compensando* la *incertidumbre* de los acuerdos normativos sociales iniciales. No se trata de un pacto respecto a valores, sino de un pacto respecto de las *incertidumbres* de todos y cada uno de los individuos. Un tipo de *altruismo normativo* por vía de *reciprocidad putativa* mediante un mecanismo de *universalización*, en suma.

La *equidad* social pues, está fundamentada en un pacto de *imparcialidad* respecto a las *reglas* (y por ende a las circunstancias). No olvidemos, que la *equidad*, siempre es el *juicio* de un *espectador altruista imparcial*. Aún cuando nosotros mismos intentemos llegar a un juicio de *equidad* acerca de una conducta propia; para poder llevarlo a cabo, tendremos que abstraernos a una posición objetiva ajena. La *equidad* social se erige como un marco en el cual estamos dispuestos a reconocer *legitimidad* y *justicia* respecto a ciertas *reglas* externas, en la medida que dichas *reglas* nos brinden cierta *información* que minimice nuestra *incertidumbre*, y además, sean susceptibles o capaces de, en su caso, modularse a tenor de *circunstancias individuales* especiales, es decir, capacidad de apreciación de *contextos*.

Es conveniente resaltar, y explicar en este sentido, nuestra referencia a una *equidad social*, porqué la *equidad* siempre es el *juicio* de un *espectador altruista*

---

[526] Ibíd. Pág. 68. Esta es la posición de BUCHANAN y BRENNAN, como alternativa al velo de ignorancia *rawlsiano*.

imparcial, y porqué en determinados *contextos* (como ante el *consenso privado*) resulta *irrelevante*.

Pensemos por un momento en que la razón de ser de la *equidad*, en gran medida, es el contar con un criterio de armonía ante la disputa. Por definición, este criterio no puede ser elaborado por una sola parte, pues no sería *imparcial*. Tampoco por dos o más, respecto a un hecho que sólo los vincula a éstos. En dicho caso nos encontraríamos ante un contrato. El establecimiento previo de *reglas* a través de un acuerdo libre y voluntario y la recíproca imposición en la obligatoriedad de su cumplimiento hacen de la *equidad* un concepto *irrelevante*. Aún cuando dichas reglas vulneren ciertos acuerdos normativos sociales, podemos hablar de *orden público*, *nulidad* o *anulabilidad* (en caso de vicios o determinadas solemnidades, por poner algún ejemplo) mas no, de ausencia de *equidad*. En general, de todo aquello que sea susceptible de acuerdo en virtud de la *autonomía privada*, no puede hacer una calificación de inequidad, a menos que (como comúnmente suele suceder) se haga erróneamente, desde una postura ideológica determinada, (por ejemplo, aquella inspirada en la preexistencia de determinados valores y criterios de justicia distributiva). Más aún, lo que normativamente está proscrito a la *autonomía privada*, lo está en razón de un juicio *altruista externo* e *imparcial*.

El criterio debe pues ser elaborado, por una *parte ajena* (al menos en parte) al acuerdo y sus consecuencias, a efectos de contar con una *imparcialidad* determinada. Decimos en parte, ya que el acuerdo socialmente fijado es de aplicación universal *hipotética*. El carácter *hipotético* en este aspecto, da el sentido a la *imparcialidad*. No obstante, el término *parte ajena* ha de entenderse en un sentido relativo. Ello se explica a través de la *unanimidad*; «lo ajeno aquí, es sinónimo de lo común» (el consenso respecto a la norma de aplicación hipotética). La *equidad* pues, es en ese sentido, un juicio *ajeno* pero que al mismo tiempo, podría ser *de cualquiera* de nosotros. En ello precisamente radica la *imparcialidad*.

Esta es la razón por la cual, en ausencia de un *espectador imparcial*, en la esfera de acuerdos voluntarios privados hablemos de *equilibrio* o de *irrelevancia* de la *equidad*. Por el contrario, ante un *espectador imparcial*, la *equidad* es un criterio necesario de valoración. Aquí la *equidad* se abre paso para constituir un nuevo *equilibrio*. La *equidad* en este contexto es *relevante*. Es el fundamento jurídico del *equilibrio* en la familia desde el punto de vista normativo social, como lo es el *altruismo* desde el punto de vista íntimo y privado del grupo.

Esto nos da cabida a referirnos a lo que hemos resaltado como los *contextos*. Existen pues, diversos *contextos* en los cuales pueden operar distintos *órdenes jurídicos* (*reglas*), *Derecho intuitivo* y *espontáneo* proveniente del *altruismo* como lo graficamos en su momento, o *Derecho positivo social* proveniente de acuerdos normativos sociales. Existen determinadas *relaciones* y *transmisiones patrimoniales* que en ocasiones, trascienden uno solo de dichos órdenes jurídicos. Este es el caso de determinadas transmisiones realizadas en la familia durante la vigencia de una unión conyugal. Lo que en un momento formaba un *equilibrio* y donde los juicios de *equidad* respecto a dichas transmisiones eran *irrelevantes*, al producirse un crisis, y con ello la ruptura de un vínculo, ya sea por vía de la separación o el divorcio, aún con *compromisos* y *expectativas* de por medio, urgen de un criterio *imparcial* de solución: aquí es donde la *equidad* se hace *relevante* en mérito a los acuerdos sociales de los que todos formamos parte. Se ha pasado así, de un *contexto* a otro.

¿Cuál es entonces aquí, y en estos casos, la esencia de la función de la *equidad*? Creemos que ser un elemento de *modulación* del *altruismo* en función del *contexto* en el cual se haya de aplicar. Ello conducirá a uno u otro juicio de *justicia* aplicado hacia y en función, a un *contexto particular* determinado. *Equidad* en suma.

Consideramos particularmente, que un *contexto* puede ser entendido como el marco dentro del cual opera un determinado *tipo* de *altruismo* (un fenómeno que provee un conjunto de *reglas* o un *orden jurídico* específico). Así y en virtud de ello, consideremos por ejemplo, que no sería *justo* exigir a un «amigo» que realice las mismas inversiones que realizaría un «padre», que un «vecino» hagas las veces de «madre», ni que un «extraño» tenga una conducta y haga concesiones y sacrificios como si fuese un «hermano». Son *contextos* distintos[527]. La *equidad* en ese sentido, en

[527] También *roles* distintos.

ocasiones, *modula* la aplicación de las *reglas*, *equilibrando* las normas *intuitivas* y *sociales* (distintos *órdenes jurídicos*) a los distintos *contextos*, y de esta manera otorga *justicia*. Se sienta así un nuevo *equilibrio*, consistente en la *armonía*: la paz social, la *unidad*.

Finalmente, resulta con todo, no menos que curioso, en cuanto a la consideración del Derecho como una cuestión de mantener unido a un pueblo y de reconciliación[528]; que como apunta CASTÁN TOBEÑAS[529], la palabra *equidad* proviene de las palabras latinas *aequitas*, *aequus*, *a*, *um*, liso, llano, igual, en relación con *aequor*, la llanura del campo y la del mar, que, a su vez, se derivan de una raíz que significa igualdad y *unidad*, visible en griego, y en las sáncritas *aikas*, uno y *aikatuan*, unidad, semejanza.

4. La idea de *equidad* dentro de nuestro planteamiento

Hemos ya dejado palmariamente sentadas, en el apartado precedente, las bases y fundamentos de lo que entendemos por *equidad*, desde una postura que aglutina diversos fenómenos como el *altruismo*, así como sus respectivas ampliaciones en virtud de *procesos sociales* desde un análisis filosófico. No obstante y sin perjuicio de ello, lo que ahora nos ocupa, es ofrecer una visión que permita la concurrencia de todos los elementos que hemos involucrado, y en virtud a ello, adecuarnos a lo que podría entenderse por un planteamiento jurídico de la *equidad*, en función exclusiva de la compensación por desequilibrio.

Con dicho cometido, la exposición antes presentada acerca de la *equidad* desde lo que hemos denominado, sus visiones *histórico-ideológica*, *filosófico-jurídica* o incluso desde lo que podríamos llamar una visión *filosófico-social-normativa*; ha de verse de forma conjunta a efectos de contar con una idea acerca de la *equidad* en sentido amplio. No es posible (o acaso recomendable) en nuestra opinión, ver a la *equidad* desde una perspectiva única y estrictamente jurídica, sino por el contrario, hay que verla

---

[528] BERMAN, Harold J. Ob. Cit. Pág. 88.

[529] CASTÁN TOBEÑAS, José. Ob. Cit. Pág. 11.

también desde una perspectiva que integre la opciones y los *acuerdos sociales* o grupales existentes en torno a ella, en buena cuenta, desde los *procesos* mismos que la generan.

Con ello en mente, no obstante; con el objeto de delimitar y enfocar nuestra idea de la *equidad* a un plano jurídico, buscaremos encauzar este amplio contenido dentro de dicho marco, de manera que pueda desde éste, justificarse la presencia de la *equidad* en el tratamiento legislativo de la compensación por desequilibrio.

La fórmula de CASTÁN TOBEÑAS en este aspecto y acerca de la equidad, nos resulta muy útil en cuanto a nuestra consecuente formulación. Como sostuvimos con anterioridad, el referido autor sostiene que la *equidad* representa «el criterio de determinación y de valoración del Derecho»[530], y nosotros hemos sostenido que la *equidad*, consiste en un «elemento (o criterio) que *modula* la aplicación de las *reglas*, *equilibrando* normas *intuitivas* y *sociales* a diferentes *contextos*».

En beneficio de esta última afirmación, es conveniente poner de manifiesto que el propio CASTÁN TOBEÑAS[531], sostiene que cuando los Códigos modernos aluden expresamente a la *equidad* o a lo *equitativo*, no parecen referirse a principios o ideales generales, sino a *normas de conducta* o *de juicio* muy particularizado.

Un ejemplo de ello, es en nuestra opinión, el artículo 3° del Código civil español, el cual literalmente señala:

> 1. *Las normas se interpretarán según el sentido propio de sus palabras, en relación con el contexto, los antecedentes históricos y legislativos, y la realidad social del tiempo en que han de ser aplicadas, atendiendo fundamentalmente al espíritu y finalidad de aquellas.*
>
> 2. *La equidad habrá de ponderarse en la aplicación de las normas, si bien las resoluciones de los Tribunales sólo podrán descansar de manera exclusiva en ella cuando la ley expresamente lo permita.*

---

[530] CASTÁN TOBEÑAS, José. *La idea de equidad y su relación con otras ideas morales y jurídicas, afines*: discurso leído en la solemne apertura de los tribunales, celebrada el 15 de septiembre de 1950. Instituto Editorial Reus, Madrid, 1950. Pág. 51.

[531] Ibíd. Pág. 44.

Ahora bien, nuestro objeto de subsumir nuestra concepción de la *equidad* a un planteamiento jurídico, y de esta manera, develar el tratamiento de ésta en la compensación por desequilibrio, pasa por congregar ciertos elementos *subjetivos* y *objetivos* presentes en las concepciones modernas de la equidad.

Desde la *concepción subjetiva* así, y como no podía ser de otra manera, suscribimos el planteamiento de la *equidad* como un criterio *intuitivo*, *instintivo*, *emocional*. Es en suma la *equidad*, desde la *escuela subjetivista*, un *sentimiento*, (proveniente –matizamos- de un *fenómeno* como lo es el *altruismo*, y alimentado por *procesos* de *reciprocidad*).

En efecto, tal como señalamos, autores como VANDER EYCKEN[532], encuentran en la *equidad* «*el sentimiento del equilibrio*», «la opinión *espontánea* y *subjetiva* del Derecho», el «*sentimiento, inconsciente y no razonado, de las exigencias del Derecho*» (GÉNY[533]), o bien «una suerte de *instinto* jurídico» (GASTON MAY[534]).

Dicho «*sentimiento*» o «*instinto*» por su parte, puede ser tanto privado como colectivo. Efectivamente, dentro de la escuela subjetivista, algunos autores reputan a la *equidad* simplemente como un sentimiento individual. Otros ven en ella un sentimiento colectivo; entre ellos, FERRARA[535] la define como «el *sentimiento* ético viviente en la conciencia *social*, que tiene por función adaptar la norma de Derecho a una relación particular *individualizada* por sus circunstancias, o lo que es igual, elaborar un reglamento para el caso concreto».

Sea de una u otra forma, (privado o colectivo), podemos afirmar sin temor a equivocarnos, y es en gran medida la esencia de esta tesis, que dicho *sentimiento*, *instinto* o *sentido intuitivo*, determina el *contenido* de la *equidad*: el *equilibrio*. Aunque el profesor CASTÁN TOBEÑAS, opina que no es posible asignar a la *equidad*

---

[532] *Méthode positive de l'interprétation juridique*, Bruxelles-París, 1907. Fuente secundaria.

[533] GÉNY, François. *Método de interpretación y fuentes en Derecho privado positivo*. Segunda edición. Editorial Reus. Madrid, 1925. Pág. 558.

[534] MAY, Gaston. *Introduction a la Science du Droit*. Marcel GIARD. París, 1925.

[535] Fuente secundaria. Cit. por CASTÁN TOBEÑAS. Ob. Cit. Ibíd. Págs. 55-56.

contenido material alguno[536], si reconoce que el *contenido* material de la *equidad* se lo dan, factores muy complejos, y no hay que desdeñar, entre ellos, los *elementos subjetivos*[537]. Esta sola afirmación, fundamenta lo que venimos sosteniendo; en virtud de lo cual, el determinante del *contenido* de la *equidad* (el *equilibrio*), es el *altruismo*, si queremos entender por tal, esta suerte de complejo *fenómeno* asimilable a una esfera sentimental, instintiva, espontánea e intuitiva.

Este *contenido* de la *equidad*, asimismo, requiere la adopción de una *forma* objetiva determinada con miras a su aplicación específica. Es así que a partir de dicho *contenido*, el jurisconsulto belga VANDER EYCKEN[538], despliega una serie de fórmulas resultantes de la condensación de gran número de preceptos legales, que a nuestro modo de ver representan la *forma*: "quien tiene la ventaja debe tener la carga"; "todo trabajo merece salario"; "nadie puede obtener un beneficio de su propia falta"; "todos los ciudadanos son iguales ante la ley"; "las convenciones deben ser cumplidas de buena fe"; "las convenciones deben tener causa válida"; "se ha de adoptar la solución más verosímil, ésto es, la más conforme al curso ordinario de las cosas", etcétera.

Cabe apuntar siguiendo la lógica que venimos exponiendo, que como puede verse en todas estas preposiciones hay dos o más sujetos, hechos o situaciones, dispuestas de manera tal, que adquieren en el propio enunciado, con carácter de sentencia, un *equilibrio* determinado.

Máximas jurídicas tales como; "*quien tiene la ventaja debe tener la carga*", (la carga *debe*[539] *equilibrarse* con la ventaja); "*todo trabajo merece salario*" (el trabajo y el salario congregados en la misma oración, representan un *equilibrio* en virtud de la concurrencia de dos prestaciones); "*nadie puede obtener un beneficio de su propia falta*" (representa la negación de un desequilibrio proveniente de la existencia de una incongruencia sobre un sujeto, el beneficio y la falta); "*no hay derecho sin deber*" (aquí

---

[536] Ibíd. Pág. 62.

[537] Ibíd. Pág. 69. No es posible asignar "contenido jurídico" alguno, ya que la fenomenología presente, excede ampliamente la esfera jurídica, sin embargo si admitimos al altruismo tal y como lo hemos expuesto, desde la perspectiva del Derecho intuitivo, puede la equidad contar con un contenido material.

[538] Fuente secundaria. CASTÁN TOBEÑAS, José. Ob. Cit. Pág. 61.

[539] El "*debe*" es el que configura el carácter de sentencia.

aparece también, la idea de las prestaciones y contraprestaciones, este enunciado da la idea básica del *equilibrio* existente entre *algo que se recibe* (el derecho) si también *algo se otorga* (el deber o la obligación), en esencia, un criterio de *reciprocidad*), apelan a un determinado equilibrio. De igual manera, en algunas de estas preposiciones, el *equilibrio* involucra la aplicación de los mismos preceptos, de las condiciones a los sujetos: "*todos los ciudadanos son iguales ante la ley*"; "*las convenciones deben ser cumplidas de buena fe*" (por ambos); "*las convenciones deben tener causa válida*" (siempre); "*se ha de adoptar la solución más verosímil, esto es, la más conforme al curso ordinario de las cosas*" (para todos).

Puede en consecuencia, sostenerse que la *equidad* es un concepto ampliamente complejo y abstracto, en virtud del fenómeno que la determina, y que a su vez, contiene una serie de principios o preceptos que no muestran su sustancia sino hasta que son convenientemente *individualizados*. Dicha *individualización* por su parte, es realizada en virtud de los elementos objetivos de la propia *equidad*.

Desde la *concepción objetiva* por su parte, el sentido de la *equidad* está relacionado con la *flexibilidad*, *singularización* e *individualización*.

En efecto, en cuanto a la *equidad*, nos dice CASTÁN TOBEÑAS; tanto la idea de *flexibilidad* en la aplicación del Derecho, como la de *singularización* e *individualización*, están, sin duda, muy unidas con la de *benignidad*, y de otra parte, lo están, también con la matización de la *equidad* como *criterio subjetivo* y *sentimental*. La función singularizadora de la *equidad* –añade dicho autor- conduce, por lo general, a un resultado benigno, el cual, antes que delimitado por la razón, resulta aconsejado y exigido por el *estado emotivo*, por la percepción instintiva de quien juzga[540].

Nuestra intuición, nos sugiere que CASTÁN, al hablar de *percepción instintiva* y *sentimental*; y al relacionar la *flexibilidad*, la *singularización* y la *individualización* como atributos de la *equidad* con la *benignidad*, en el fondo, hace –muy probablemente, sin quererlo-, una referencia al *altruismo* en sentido expuesto en este trabajo.

---

[540] CASTÁN TOBEÑAS, José. Ob. Cit. Pág. 43.

La *flexibilidad* en ese sentido, está referida a la atenuación de la rigidez legal en la aplicación del Derecho. Esta característica tiene en nuestra opinión, un claro trasfondo *altruista*. La atenuación en la rigidez como vimos, es tanto una *demanda* como un *compromiso* por parte de los individuos. Más aún, se trata de una demanda y un compromiso no solo de los individuos entre sí, sino de igual manera, de los individuos hacia el Derecho. Si el Derecho no contempla la *flexibilidad* en la aplicación de las normas jurídicas (esta forma de benevolencia), su rigidez puede conducir a los individuos a deslegitimarlo. Un ejemplo de ello es, en el cristianismo (entendido como un sistema jurídico), la *misericordia* consistente en el perdón de los pecados. Si no existiese el perdón de los pecados, cualquier creyente, al primer pecado, en ausencia de *perdón* y *misericordia*, podría al verse sin otra opción o incentivo, abandonar su fe o declararse apóstata. En este aspecto, la *equidad* puede ser un *calibrador de las externalidades en la aplicación de la justicia*.

A este criterio o elemento de *flexibilidad* creemos, es a lo que se refiere JEAN DABIN al señalar que las exigencias de la justicia se revelan, en determinadas circunstancias, o demasiado rigurosas o demasiado cortas, y es así que en su preocupación de *equilibrio* exacto y en cierto modo *impersonal*, la justicia corre el riesgo de desatender ciertos aspectos de humanidad personal y viviente. En muchos casos, para evitar ésto, -nos dice-, la *equidad* exige tomar en consideración un elemento extrínseco, la enfermedad, las cargas, la situación de fortuna, la buena fe de una de las partes; títulos imperfectos todos ellos que podrán corregir las confusiones de la justicia estricta y darle un sentido más profundamente humano.

En este orden de ideas, y en conclusión, conceptúa como *manifestaciones* de pura *equidad* (la *forma*) aquellas reglas generales establecidas ya por el legislador, ya por la jurisprudencia, mediante las que el Derecho estricto y cierto, es aquí sacrificado metódicamente a las consideraciones obtenidas de ciertas circunstancias particulares y subjetivas –tales como la buena fe, los recursos pecuniarios o las cargas familiares- circunstancias que parecen sin pertinencia y extrañas al debate[541].

---

[541] Ibíd. Pág. 36. Fuente secundaria. *La filosofía del orden jurídico positivo.*

En cuanto a la *singularización* e *individualización*, GÉNY, sin perjuicio de recoger otras acepciones de la *equidad*, habla de *equidad individualizadora*, que no es otra cosa que la consideración de las circunstancias particulares de una situación concreta y determinada (cualidad de las personas, resultado de la decisión, apreciación de la opinión pública, etc.) con miras a la adaptación de la idea de justicia a los hechos, saltando sobre las ideas generales o modelándolas en la medida de los elementos concretos[542].

Por su parte, DE ROMA[543], se adhiere a esta concepción, en tanto opina que *equidad* no significa mitigación, sino la exigencia de la adaptación a la realidad de las formas del Derecho, que obliga a considerar todos los elementos de la realidad para determinar el equilibrio o la proporción correspondiente a las relaciones entre persona y persona o, en otros términos, la apreciación exacta de todos los elementos de hecho en cuanto pueden tener interés para el Derecho.

Para la concepción *singularista*, nos dice CASTÁN TOBEÑAS[544], la *equidad* representa el Derecho particularizado, concretado y adaptado a la vida, frente al Derecho formal, general y abstracto.

Pues bien, en opinión del citado autor, ambas concepciones (*subjetiva* y *objetiva*) han de integrarse y completarse mutuamente; puesto que una contempla la *equidad* en su *base*, y la otra, en sus *funciones*. Ese Derecho natural (como sinónimo de *intuitivo*), *base* de la *equidad*, exige, para ser debidamente aplicado a la vida, que se realice la *singularización* o *individualización* de la especie jurídica, que es propia de la *equidad*.

---

[542] GÉNY, François. Ob. Cit. Pág. 558.

[543] *Los principios generales del Derecho*, trad. de Ossorio Morales, Barcelona, Bosch, 1933. Fuente secundaria.

[544] Ibíd. Pág. 42.

Concordamos plenamente con esta afirmación. En efecto, estimamos que tanto la concepción *subjetiva* como la *objetiva*, confluyendo, forman el concepto amplio de la *equidad*, tal como lo entendemos.

Partiendo de lo anterior, podríamos suscribir estas afirmaciones desde la perspectiva de que la *base* corresponde al *contenido*, y la *forma* sirve para el desempeño de las *funciones*. La *base* o *contenido* formarían así parte de la concepción *subjetiva* y la *forma* y sus *funciones* de la concepción *objetiva*.

Este hecho puede ser corroborado en virtud de nuestra teoría, si es visto desde el punto de vista del *altruismo* en cuanto a la *equidad*. El *altruismo* también tiene una *base* y unas *funciones*. El *altruismo* pues, como fenómeno y patrón de conducta, representa un *marco normativo básico*, a la vez que desempeña diversas *funciones* como vimos; de brindar *información*, disminuir *riesgos* e *incertidumbre* y reducir costes de transacción.

En beneficio de esta idea, si pensamos en el *altruismo* como marco normativo, cabe preguntarse como CASTÁN TOBEÑAS, si es la *equidad* una norma. Acertadamente dicho autor afirma que la *equidad* en sí misma no es una norma jurídica, (el *altruismo* tampoco lo es) sino más bien una propiedad o cualidad que toda norma de Derecho puede tener cuando en su aplicación a las relaciones concretas realiza las exigencias de la justicia. Pero aún así, muchos autores ven en la *equidad* las características de una norma (...); como observa VIAZZI, ésta aparece como un "*complejo indeterminado de normas que no forma parte del Derecho vigente*"[545]. Es en esta versión, en la que la *equidad* podría ser circunscrita al *altruismo,* en cuanto a su eventual naturaleza normativa.

Nótese, sin embargo, que la *equidad* incorporada a una norma positiva pierde su característica propia. La *equidad* convertida en norma jurídica determinada, incorporada por tanto al Derecho positivo formulado, cambia de naturaleza; así tendrá de la *equidad*

545 Ibíd, Págs. 56-57.

el origen y el nombre, pero ha perdido sus caracteres típicos y su función de mediadora y conciliadora entre la norma y la realidad[546].

En consecuencia; la *equidad* actúa sobre el Derecho legislado, en cuanto puede servir de *modelo y tipo de comparación* para juzgar las normas de éste último (conceptuándolas equitativas o inequitativas). La ley por su parte, actúa sobre la *equidad* en cuanto señala los límites dentro de los cuales puede la *equidad* ser aplicada[547] (distintos contextos). Nos referimos pues, a la antes señalada capacidad de modulación.

Pero entonces, y a todo ésto; ¿cómo se manifiesta la *equidad* a nivel normativo, y en particular, sobre la compensación por desequilibrio?

Desde lo que hemos calificado como una noción de lo *intuitivo*, o desde una *concepción subjetiva*, probablemente, la idea de *equidad* se manifieste al interior de la familia, a través de lo que se ha venido a conocer en la doctrina como *naturaleza de los hechos*.

El reconocido profesor CASTÁN TOBEÑAS, nos revela que la noción imprecisa, pero no infecunda de la *naturaleza de las cosas*, presentada a la ciencia jurídica en 1791 por el germanista RUNDE (en sus *Grundsätze des germeinen deutschen Privatrechts*), no ha cesado desde entonces de ser mencionado por los escritores alemanes como una fuente, *lato sensu*, del Derecho positivo, subsidiaria de las fuentes formales, y que descansa sobre este postulado: «*que las relaciones de la vida social, o de modo más general, los elementos de hecho de toda organización jurídica, llevan en sí las condiciones de su equilibrio y descubren, por decirlo así, por sí mismas, la norma que las debe regir*»[548].

De la ciencia alemana pasó la idea a la italiana, en la que algunos escritores consideran a la llamada *naturaleza de los hechos* como fuente del Derecho,

---

546 CASTÁN TOBEÑAS, José. Ob. Cit. Pág. 57.

547 Ibíd. Pág. 40.

548 Ibíd. Pág. 87.

sustancialmente equivalente a la *equidad*[549]. Así, para ASQUINI por ejemplo, la *naturaleza de los hechos* es una expresión elíptica que sirve para indicar «la representación que de la función de las *relaciones sociales* y de sus exigencias económicas hace la conciencia humana»[550].

Puesto de esta manera, y en virtud de lo sostenido en este trabajo -dando cómo válidos nuestros planteamientos-; si entendemos a la familia como una *organización jurídica*, o inclusive sin ello; simplemente como una esfera o apartado de la vida social con relevancia tal, que puede generar y/o descubrir un *modus operandi* propio, estaremos en condiciones de suponer que esta entidad colectiva es capaz de generar un Derecho propio. Es más, en pro de la especificidad, de *descubrir* su propio Derecho.

Este *Derecho*, al que hemos llamado anteriormente *Derecho de la familia*, constituido por un conjunto de *normas* y *reglas* intuitivas, espontáneas y privativas de cada familia, es en nuestra opinión, a la vez, *fuente* y *resultado* del *equilibrio*, más no de la *equidad*, puesto que la idea aún está incompleta. Un juicio de *equidad* como dijimos, es siempre el juicio de un *observador imparcial externo*, o en todo caso, interno pero hipotéticamente externo. Desde el punto de vista de la *naturaleza de los hechos* en consecuencia, no se puede hablar de *equidad*, sino de *equilibrio*. En otras palabras, hablamos de un *contexto* de *irrelevancia* de la *equidad*. El razonamiento obedece a que si son las propias entidades en base a la *naturaleza de las cosas o los hechos*, las que *descubren* cuáles son las *normas* que las deben regir, cualquier juicio del *exterior*, -como lo es uno de *equidad*- resulta *irrelevante* para la situación o el *contexto*.

A favor de esta afirmación nuestra, como bien apunta el profesor CASTÁN TOBAÑAS[551], aunque se haya querido equiparar la *naturaleza de las cosas* o la *naturaleza de los hechos* a la *equidad* misma, vista a través de un prisma social, e

---

549 Loc. Cit.

550 Ibíd. Pág. 87-88.

551 CASTÁN TOBEÑAS, José. Ob. Cit. Pág. 88.

investigada por un método sociológico, a su juicio, no se debe llegar tan lejos. La *equidad* –refiere-, tiene una relación muy íntima, pero no se confunde con la *naturaleza de los hechos*, o sea con la índole de las *relaciones sociales* que el Derecho rige. Este es sencillamente uno de los elementos que han de concurrir a la formación del juicio de *equidad*. Para formular este juicio, es factor importantísimo tener en cuenta las circunstancias del caso y exigencias del hecho a que el Derecho debe dar satisfacción. Pero éstas no son factor único ni constituyen la *equidad* misma.

En efecto, la *naturaleza de los hechos*, sólo nos da luces acerca del *contenido* de la *equidad*: el *equilibrio*. Para hablar de *equidad* propiamente dicha, hace falta incorporar el *objeto*, la *forma* y las *funciones*. Como muy bien señala STAMMLER[552], las *circunstancias* de hecho son precisamente el *objeto* sobre el que recae el juicio; pero la pauta la tiene que dar una concepción de principio (la *naturaleza de los hechos*)[553].

Aquí es donde surge la necesidad de complementar la idea de *equidad* con la *singularización* e *individualización*, así como del elemento de *imparcialidad*, (que a la vez, lo es de *universalización*; recordemos que aquí lo ajeno es sinónimo de lo común). Dicho complemento, se encuentra en la *concepción objetiva* de la *equidad*.

Desde lo que podría entenderse como una noción «*social imparcial*» de la *equidad* por consenso, llamémosla positiva, nos encontramos con la vertiente proveniente de la *concepción objetiva*, que apunta al *objeto*, la forma y las *funciones* de la *equidad*. A ellas obedece, lo que se conoce, o se ha venido a llamar *normas indeterminadas*.

Hay en las leyes –nos refiere CASTÁN TOBEÑAS-, un elemento muy interesante, constituido por aquellas *reglas indeterminadas y flexibles* –llamadas «máximas de experiencia» por los alemanes, «conceptos válvulas» por algunos tratadistas italianos, *standards* jurídicos por la doctrina inglesa y «directivas» por modernos juristas franceses- que el legislador, o la jurisprudencia en su caso, dejan a la

[552] Haciendo referencia a ARISTÓTELES en nota al pie. STAMMLER, Rudolf. *Tratado de filosofía del Derecho*. Editorial Reus. Madrid, 1930. Pág. 383.
[553] El paréntesis es nuestro.

concreción del juez o del jurista, y ha de fijar éste extrayendo su contenido de las realidades prácticas de la vida sin excluir, claro es, la aplicación de los criterios morales objetivos[554].

Fácilmente se advierte que *equidad* y *conceptos válvulas* tienen una función coincidente: realizar la adaptabilidad del Derecho a la vida y la consiguiente individualización de sus soluciones. Los conceptos de los que se trata forman parte, no de la esfera del Derecho estricto, sino de la del Derecho *equitativo*. La *equidad* tiene, con respecto a ellos, el papel de completar la norma indeterminada, dándole en cada caso un contenido adaptado a la respectiva situación[555].

Es, -en particular en la compensación por desequilibrio- a través de las *normas indeterminadas* o *conceptos válvulas*, que se materializan la *individualización*, *singularización* y *universalización* de los juicios y soluciones. Si bien es cierto por una parte, la apertura y flexibilidad de las *normas indeterminadas* obedece a la necesidad de que puedan ser susceptibles de aplicarse a casos concretos y singulares, lo es de igual manera, para que puedan aplicarse a una generalidad de casos, es decir, a todos de manera heterogénea. Es en este sentido, que sostenemos que las *normas indeterminadas* cumplen tanto la *función* de *individualizar* como de *universalizar*. Se trata de una misma función en dos direcciones opuestas; las consistentes en las del *Derecho* (y la sociedad) frente a los *sujetos*, y las de los *sujetos* frente al *Derecho* (y la sociedad).

Para explicar ello, debemos volver a nuestro juicio, a la idea de la *imparcialidad* y el carácter *externo* de un *juicio de equidad*.

Fuera de la esfera de lo *privativo* e *intuitivo* (familia), todos los sujetos a nivel individual forman parte de una esfera *social objetiva* más amplia (sociedad), para la cual también establecen *normas*, a través de *procesos* de *consenso*, que pueden tanto delimitar de sus respectivos *Derechos intuitivos*, como incluso, en determinadas situaciones, protegerlos de éstos. Se trata en suma, de una póliza de seguro que los individuos suscriben como sociedad, para hacer frente a las «imperfecciones» de sus

[554] CASTÁN TOBEÑAS, José. Ob. Cit. Pág. 86.

[555] Ibíd. Pág. 87.

particulares *órdenes jurídicos espontáneos, intuitivos y privativos*, (en el campo de lo jurídico se suele llamar *seguridad jurídica*). Éste es el sentido de las teorías contractualistas a las que anteriormente hicimos referencia y de las que nos declaramos partidarios.

En este orden de ideas, los conceptos o fórmulas de *equidad* llegan también a través de *procesos* de *consenso*. Como en dicho proceso existen múltiples *incertidumbres* y altos *costes de información*, se apela al establecimiento de principios y reglas generales susceptibles de aplicación hipotética a todos y cada uno de los sujetos. Esta posibilidad de aplicación de las normas en dos direcciones es la que configura la *imparcialidad*. La *imparcialidad* así es una fórmula que permite que todos concurran en virtud de que sean de manera alternativa y desde el punto de vista social, hipotéticamente protegidos e hipotéticamente obligados. La sociedad en su conjunto así, y su *carácter externo* representa una garantía que da paso a la *universalización*.

Ahora bien, fuera del *contexto íntimo* que supone la familia, con el quiebre de una comunidad de vida, o a tenor de la ley, tras la separación o divorcio; al desaparecer el *equilibrio* imperante (que no tiene porqué ser económico), entra a tallar entonces la idea de *equidad externa imparcial* pactada con anterioridad a nivel social. Aquí si hablamos de *equidad* propiamente dicha. Sin embargo, las circunstancias particulares y la naturaleza de los hechos han de apreciarse históricamente; como dijimos, es necesario contemplar a la *equidad* desde ambos ámbitos, y de manera concurrente y complementaria.

La *forma* de esta fórmula está determinada por la utilización de *normas indeterminadas*. Como explicaremos más adelante, adicionalmente, aparecen aquí «*dos dimensiones*» de la *equidad*, una, «la social» inspirada en principios e ideales redistributivos, y que hace las veces de "pretendida base moral", y otra, «la legal o jurídica» consistente en la adaptación técnica y del Derecho estricto a las circunstancias particulares en virtud de, en su caso, la modulación de las citadas bases morales.

La compensación por desequilibrio es entonces, a nuestro juicio, una institución que busca fundamentarse en una idea de *equidad social*, la cual *se manifiesta* a nivel del

Derecho estricto, a través del artículo 97º del Código civil, el mismo, que representa un *objetivo* de *equidad* mediante la adopción de la *forma* de *norma indeterminada o concepto válvula*.

II. La definición y la dualidad del equilibrio en el Derecho de familia: el equilibrio endógeno y el equilibrio exógeno

La definición de *equilibrio* ostenta una gran complejidad, relatividad e indeterminación. El Diccionario de la Real Academia Española[556] le dedica gran amplitud conceptual, definiéndolo de diversas formas, tales como:

> 1. *Estado de un cuerpo cuando fuerzas encontradas que obran en él se compensan destruyéndose mutuamente.*
> 2. *Situación de un cuerpo que, a pesar de tener poca base de sustentación, se mantiene sin caerse.*
> 3. *Peso que es igual a otro y lo contrarresta.*
> 4. *Contrapeso, contrarresto, armonía entre cosas diversas.*
> 5. *Ecuanimidad, mesura, sensatez en los actos y juicios.*
> 6. *Actos de contemporización, prudencia o astucia, encaminados a sostener una situación, actitud, opinión, etc., insegura o dificultosa.*

La complejidad de la definición del *equilibrio* a la que nos referimos, radica en nuestra opinión, en el hecho de que una *definición* implica –o puede implicar- tanto *conceptualización* como *delimitación*.

Este hecho, propio del conflicto entre la generalidad y la particularidad, es una manifestación de la *relatividad* y *circunstancialidad* del equilibrio, como lo es en cuanto a la *equidad*, en el campo del Derecho. A nivel específico, la compensación por desequilibrio muestra estos matices y así su vertiente de equidad y objeto de equilibrio.

En efecto, parte la doctrina[557] y jurisprudencia como la SAP Rioja 02 Marzo 1998 (AC 1998 682), con criterios entendemos, acertados, la conciben como de «naturaleza *circunstancial* y *relativa*», en función de su necesaria singularización y comparación. La Sentencia Audiencia Provincial Barcelona (Sección 18), de 14 abril

---

[556] Vigésima segunda edición.

[557] Entre otros, ZARRALUQUI SÁNCHEZ-EZNARRIAGA.

2000, (AC 2001, 1899) por su parte, es más específica al señalar literalmente: «*en cuanto al alcance y contenido de la misma, se configura como un derecho relativo, condicional, y sobre todo, limitado en el tiempo. Relativo y circunstancial por cuanto depende de la situación personal, familiar, laboral y social del beneficiario; condicional, ya que una modificación de las concretas circunstancias concurrentes al momento de su concesión o reconocimiento puede determinar su modificación o supresión*». Igual criterio mantiene la Sentencia Audiencia Provincial Cádiz (Sección 5), de 27 marzo, (AC 2000, 4915) al establecer que «*...la pensión compensatoria, es configurada en el terreno jurisprudencial, no como un derecho absoluto ni vitalicio, sino relativo, circunstancial y eventualmente limitado...*».

El *equilibrio* puede ser definido pues, mediante cualidades generales; relacionadas si se quiere a su condición de *estado* o *situación*. Sin embargo, las cualidades generales por lo común, poco o nada nos dicen sobre el *contenido* del *equilibrio*, o de «*un equilibrio*» en específico, para lo cual hemos de acudir a cualidades específicas que se dan en función de *circunstancias* y *contexto* determinados. La particularidad así delimita el *contenido*.

Siendo la definición así de compleja e indeterminada en virtud de la circunstancialidad y relatividad del equilibrio, así como de las múltiples fuentes disciplinares disponibles, intentaremos aproximarnos al *significado del equilibrio* desde la visión de las *ciencias sociales*.

Dentro de este campo, la idea más acertada y conveniente para lo que entendemos a nivel general por la familia, y en particular por una comunidad de vida o unión conyugal, es la ofrecida por ELSTER[558]. Según dicho autor, *el significado de equilibrio en las ciencias sociales, es un estado en que los planes de las personas son coherentes entre sí.*

---

[558] ELSTER, Jon. *Tuercas y tornillos. Una introducción a los conceptos básicos de las ciencias sociales.* Gedisa editorial Barcelona, 1991. Pág. 104.

Bajo la premisa establecida por esta idea, podemos interpretar que el *equilibrio* en el *contexto* citado, es un «*estado específico, consistente en un marco de coherencia de voluntades concurrentes*».

Desde este punto de vista, el *equilibrio* se configura en función de la concurrencia de las voluntades y la coherencia de sus respectivos *actos* confluyendo en análoga dirección.

Por otra parte, la propia *coherencia* es también *relativa*, en función del *sujeto* y la *relación*; y es que el *equilibrio* es el *resultado* de una *relación*. Dicha *relación* consta de *dos dimensiones* o *contextos*, es decir, aquella que discurre entre la distinción de la generalidad y la particularidad, o en sentido aristotélico, de la dualidad entre la unidad y la variedad, que nosotros podríamos calificar como individual privado y lo individual social[559]. Se trata de las *relaciones* de los individuos entre sí a nivel privado, y la de los individuos, a su vez, como miembros de la sociedad.

Dentro de esta concepción, nos encontraremos, en una dimensión, ante un *equilibrio espontáneo*, producto de la *naturaleza de las cosas y los hechos*; relacionado al *Derecho intuitivo* y el *Derecho de la familia*. La formación de dicho equilibrio está determinada entonces, por elementos *endógenos*. Éste es el *equilibrio* propiamente dicho, en el cual intervienen sólo la voluntad y libertades individuales de los sujetos dentro de un marco determinado, y en el cual, las nociones de *equidad* son *irrelevantes*.

En otra dimensión de las *relaciones*; la de los individuos como miembros de la sociedad, estaremos ante un *equilibrio exógeno*, que es el terreno propio de la *equidad: la búsqueda de la coherencia en la concurrencia de voluntades, mediante reglas, máximas y principios generales, objetivos, imparciales y externos.*

Este es el sentido de la adecuación de los *actos* y *relaciones* privadas al Derecho común. Al margen y sin perjuicio de órdenes jurídicos *intuitivos* y *espontáneos*, el *Derecho común* pretende y se aboca a establecer, -en presencia o ausencia de ley

[559] Ver más adelante, en el Capítulo VIII nuestra referencia a León Dugüit.

formal-, mediante la *equidad* un nuevo equilibrio, fundamento de la paz social. Ciertamente, el profesor IGLESIAS[560] resalta, en beneficio de esta afirmación, que hay cuestiones que la ley deja sin contestar, sea por defectuosa dicción, sea por su angostura formal, sea porque el espíritu de los nuevos tiempos la ha agotado y envejecido; y que si tal cosa ocurre, interviene la *aequitas*, restableciendo la justa proporción, el exacto equilibrio entre Derecho y vida. «*Aequitas*» y «*aequus*», nos dice el mismo autor, son términos expresivos de la adecuación del Derecho positivo a los hábitos, costumbres, sentimientos e instintos morales e intelectuales arraigados en la conciencia colectiva[561].

La referencia de la *equidad* que recibimos del profesor IGLESIAS apunta a un *equilibrio* entre el *Derecho común* y el *Derecho intuitivo*, entre la norma en sentido amplio y su adecuación a la conducta y conciencia individual y sus relaciones.

En consecuencia y a diferencia del *equilibrio endógeno*, se trata de un estado proveniente de juicios de valor externos, es decir de elementos *exógenos*. Éste es básicamente en nuestra opinión, el objeto de una institución como la compensación por desequilibrio, si atendemos a la definición expuesta por la Sentencia de la Audiencia Provincial núm. 48/1999 Segovia (Sección 2), de 18 febrero, (AC 1999, 3860): «*...prestación satisfecha normalmente en forma de renta periódica, al margen de toda culpabilidad, dirigida fundamentalmente a restablecer el equilibrio entre las condiciones materiales de los esposos, roto con la cesación de la vida matrimonial...*».

El *endógeno* es el equilibrio propiamente dicho, el *exógeno* para configurarse requiere recurrir a la idea de *equidad*. Sólo cuando nos encontramos ante el equilibrio *exógeno* podemos hablar de la *equidad* en sentido amplio, aunque ésta sea siempre relativa, puesto que la *equidad*, al ser compleja, puede involucrar otros juicios de valor opuestos a la solución externamente propuesta. Este sería un caso de conflicto entre *equidad* y *justicia*.

Más aún, y visto de otra manera, es posible que la distinción de estas dos *dimensiones* o *contextos*, podamos encontrarlas, en lo que se entiende, es la diferencia

[560] IGLESIAS, Juan. *Derecho Romano*. Duodécima Edición, Ariel, Barcelona, 1999. Pág. 58.

[561] Loc. Cit.

existente entre la *equidad* y la *epiqueya*. Según apunta el profesor CASTÁN TOBEÑAS[562], algunos canonistas creen encontrar una diferencia más neta entre la *equidad* y la *epiqueya* cuando nos dicen que la *equidad* propiamente dicha, o equidad jurídica, es un juicio objetivo que se refiere al fuero externo, siendo aplicable por la autoridad pública competente, mientras que la *epiqueya* es un juicio subjetivo de una persona particular, que hace relación al fuero interno. La *epiqueya*, en este sentido restringido, es pues, una especie de equidad de índole privada o moral.

III. La naturaleza y concepto del equilibrio a partir de la concepción del desequilibrio del artículo 97° del Código civil

Delimitando nuestro análisis a tenor del artículo 97° del Código civil, en principio podría interpretarse el equilibrio a través de una definición negativa de la idea de desequilibrio que encontramos en el artículo 97° del Código Civil.

El artículo 97° del Código Civil reza literalmente: «*El cónyuge al que la separación o el divorcio produzca un desequilibrio económico en relación con la posición del otro, que implique un empeoramiento en su situación anterior en el matrimonio, tendrá derecho a una compensación que podrá consistir en una pensión temporal o por tiempo indefinido, o en una prestación única, según se determine en el convenio regulador o en la sentencia. A falta de acuerdo de los cónyuges, el Juez, en sentencia, determinará su importe teniendo en cuenta las siguientes circunstancias:*

1ª Los acuerdos a que hubieran llegado los cónyuges
2ª La edad y el estado de salud
3ª La cualificación profesional y las probabilidades de acceso a un empleo
4ª La dedicación pasada y futura a la familia
5ª La colaboración con su trabajo en las actividades mercantiles, industriales o profesionales del otro cónyuge
6ª La duración del matrimonio y de la convivencia conyugal
7ª La pérdida eventual de un derecho de pensión
8ª El caudal y medios económicos y las necesidades de uno y otro cónyuge
9ª Cualquier otra circunstancia relevante»

---

[562] Ibíd. Pág. 89.

A partir de la descripción literal establecida por la norma, en primer lugar hemos de tomar nota de que se trata de un *desequilibrio económico*. Con ello, si recordamos nuestra definición acerca del desequilibrio económico, podemos establecer que se trata de «*un cambio consistente en la disminución de riqueza relativa*». Esta preposición a su vez, contiene el elemento comparativo presente también en el artículo 97° del Código civil consistente en la referencia: «*en relación con la posición del otro*». La "*relatividad*", en el sentido expuesto con anterioridad, subsume la idea de de "*respecto a*" o de comparación.

Sin perjuicio de ello, y pese a que nuestra concepción del adjetivo "*económico*", puede ser susceptible de subsumir también una serie de elementos de tipo psicológico o emocional; en cuanto la percepción personal de bienestar, excede ampliamente los recursos estrictamente materiales; entendemos que el objeto de la norma es el desequilibrio económico, en sentido estrictamente material. Prueba de ello, es en nuestra opinión, que la doctrina y la jurisprudencia –como veremos en adelante-, hagan referencia explícita al "*nivel de vida*" y no a un "*índice de bienestar*[563] *o felicidad*" determinado.

Hechas estas apreciaciones podemos incidir en otro matiz de la definición parcialmente desarrollado en los párrafos precedentes. Se trata del *contenido* del desequilibrio económico.

Partiendo de la definición de la RAE del *equilibrio*, ZARRALUQUI[564] formula una definición negativa del "*desequilibrio económico*" consistente en "*el estado en que dos economías, que se encuentran en comparación no son iguales y se contrarrestan*". Así, aplicando estos conceptos al matrimonio –nos dice-, parece partirse de la base de que económicamente las economías de los cónyuges son iguales antes de la separación o divorcio.

---

[563] Entiéndase bienestar en sentido general, no estrictamente económico, el que si es considerado a nivel jurisprudencial. Entre otras sentencias, se pueden citar la SAP 1ª Jaén 18. 1.1998.

[564] ZARRALUQUI SÁNCHEZ-EZNARRIAGA, Luis. *Derecho de Familia y de la Persona. Efectos y medidas de la ruptura conyugal.* Tomo VI. Editorial Bosch. Barcelona, 2007. Págs. 562-563.

Éste parece ser el razonamiento de cierta jurisprudencia al entender al desequilibrio como desigualdad y al empeoramiento como una consecuencia o acaso como un hecho aislado. Ello se puede interpretar en función de los artículos gramaticales empleados en la descripción del concepto. La Sentencia de la Audiencia Provincial de Guipúzcoa (Sección 2), de 18 de noviembre 1999, (AC 1999,2106), entiende acerca de la compensación por desequilibrio que «*dicha obligación nace por imperativo de la ley si se dan determinadas circunstancias, básicamente el desequilibrio "o" la desigualdad económica entre los cónyuges o ex-cónyuges, "y" el empeoramiento del que queda con menos recursos respecto de la situación económica gozada durante el matrimonio*».

Por su parte, la Sentencia de la Audiencia Provincial de Guipúzcoa, (Sección 2), de 18 de noviembre 1999, (AC 1999,2106), señala que «... *la pensión compensatoria es la obligación que puede tener uno de los cónyuges tras la separación o el divorcio de entregar a otro periódicamente una cantidad de dinero; dicha obligación nace por imperativo de la ley si se dan determinadas circunstancias, básicamente el desequilibrio "o" la desigualdad económica entre los cónyuges o ex- cónyuges y el empeoramiento del que queda con menos recursos respecto de la situación económica gozada durante el matrimonio*...».

No obstante, el citado autor reconoce que esta pretendida igualdad sólo será cierta si la pareja se encuentra casada en gananciales –u otro régimen consorcial- y ambos tienen bienes privativos equivalentes, pues de lo contrario el desequilibrio existirá dentro del matrimonio y la ruptura quizá lo aumentará, pero no lo creará.

De esta manera, advierte que "literalmente", [...] el equilibrio es igualdad y el desequilibrio, por lo tanto, desigualdad. Sin embargo, la interpretación jurisprudencial, [...] no es ésta. A pesar de que los económicos son factores mensurables y, por lo tanto, sobre los que se pueden aplicar los conceptos aritméticos de igualdad o disparidad, no se trata de analizar tal identidad –o su falta- sino de que exista o no cierto grado de similitud entre las posibilidades de mantenimiento de un *nivel de vida*, equiparable al disfrutado en el matrimonio[565].

En efecto; aunque pueda desprenderse desde una interpretación literal que una situación de equilibrio equivale a una de igualdad, esto no es así. Se trata de una interpretación imprecisa. *La igualdad en la dualidad representa unidad y no equilibrio*. El *equilibrio* precisamente supone e involucra disparidad o desigualdad puesto que su esencia es la de "*contrarrestar*", la razón de ser del *equilibrio* es la conciliación de la disparidad o diversidad. *Estados*, *situaciones* u *objetos* que son iguales, no se contrarrestan, se identifican. No tiene sentido equilibrar cosas que son iguales, ya que siendo iguales, no requieren equilibrio alguno. Otra cosa significa que en igualdad, o ante igual identidad, las *magnitudes* sean dispares, y éste es precisamente el sentido de la definición del equilibrio. La definición de *equilibrio* de la RAE habla de "*peso que es igual a otro*". La referencia en cuanto al *equilibrio*, es de *magnitud*, no de *identidad*.; así las economías, no han de ser iguales, sino equivalentes. Pero aún en ese sentido, la interpretación sigue siendo imprecisa. El *objeto* del *equilibrio* aquí, trata más bien de los *resultados* de la interacción de las economías que de sus similitudes, puesto que una comunidad de vida, refleja no solo una situación o un estado, sino también diversos *procesos* con determinados *resultados*.

Hablando en términos estrictamente económicos, desde una perspectiva subjetivista, (teoría subjetiva del valor), la *magnitud* no es una unidad objetiva, sino todo lo contrario, es *subjetiva*. Asimismo, la magnitud aplicada al caso, no puede ser delimitada en función del peso u otra unidad de medición, sino en virtud de su «*valor*»[566].

Este hecho nos lleva a considerar la *magnitud* de los bienes a través de su *valor*, y en especial, de la atribución de valor con la que cuentan, en especial, en

[565] ZARRALUQUI SÁNCHEZ-EZNARRIAGA, Luis. *Derecho de Familia y de la Persona. Efectos y medidas de la ruptura conyugal.* Tomo VI. Editorial Bosch. Barcelona, 2007. Págs. 564.

[566] Esto guarda estrecha relación con lo desarrollado con anterioridad respecto a la *equivalencia.* Nótese además, que en este contexto, peso y valor se convierten en sinónimos.

circunstancias de interrelación. El *nivel de vida* así, no es tanto un *estado o situación*[567] determinados, como una aproximación al *resultado* de la interrelación de los bienes en función de su *valoración relativa* en *contextos* determinados.

En realidad, si atendemos al sentido de la norma, la igualdad o desigualdad de patrimonios, no importa tanto como los *resultados* (manifestados en el *nivel de vida*) de la *interrelación* de distintos patrimonios, que en base a dicha confluencia e interrelación crearon, en el *contexto* de una comunidad de vida: una situación económica común. Esta *situación* por su parte, es a la que alude la ley cuando se refiere al *empeoramiento*.

Precisamente, este aspecto; el del *empeoramiento*, puede darnos ciertas luces acerca del *contenido* del desequilibrio. El artículo 97° C.C. establece que dicho *desequilibrio* debe *implicar un empeoramiento*[568] *en la situación anterior al matrimonio*. En consecuencia, resulta de vital importancia el sentido que se le otorgue al término "*implicar*".

El Diccionario de la Real Academia Española entiende por *implicar*: envolver, enredar, contener, llevar en sí o significar. Más aún, si atendemos a otros sinónimos, aparecen términos como comprometer, suponer, simbolizar, conllevar, comprender, acarrear.

Ello pone de manifiesto un doble sentido del término *implicar*; por un lado, el de un *contenido* y por otro, el de una *causa*. Es decir, un sentido referido a contener o significar, y otro referido a provocar o conllevar. Y en este aspecto, es pertinente preguntarse cuál es el sentido de dicho término en la norma, puesto que de ello va a depender la idea del *contenido* que manejemos.

En función de la idea o sentido del término *implicar*, el desequilibrio puede adquirir un determinado contenido, o por el contrario quedar vacío y ser, sin definición

---

[567] El estado o *situación*, como veremos, lo es el de *normalidad*.

[568] Dicho empeoramiento ha de ser, en nuestra opinión, por un tema de coherencia, económico, en sentido limitado, es decir, no en el sentido amplio que hemos venido desarrollando, sino económico material. Los elementos emocionales o psicológicos que podrían incluirse no han de ser considerados.

alguna, simplemente causa o antecedente de un *empeoramiento* de situación anterior en el matrimonio.

Si la idea está relacionada al sentido de contener o significar, el *contenido* del desequilibrio va a estar representado en particular por el *empeoramiento* (*un desequilibrio económico [...] que implique un empeoramiento [...]*); o si por el contrario, lo entendemos el sentido de provocar o conllevar, *empeoramiento* se convertirá en una consecuencia del desequilibrio, y el *contenido* del desequilibrio estará subordinado a elementos de otro tipo.

Estas distinciones nos resultan importantes, en tanto, existen apreciaciones jurisprudenciales, en virtud de las cuales se puede suponer que existe un común entendimiento del desequilibrio y el empeoramiento, muy probablemente, en base a la interpretación del sentido del término implicar. Este es el caso de la Sentencia de la Audiencia Provincial Núm. 74/1999, de Cantabria (Sección 1), de 11 febrero, (AC 1999, 3857), la misma que señala: «...*por tanto el empeoramiento o desequilibrio económico, que no significa paridad o igualdad absoluta entre dos patrimonios*».

La segunda idea asigna al término *implicar* el significado de provocar o conllevar. Esta podría en principio, ser considerada como una interpretación correcta por el siguiente razonamiento: el *equilibrio* (y en consecuencia el desequilibrio), es un *estado* o *situación* y el *empeoramiento*, entendido como "ir a peor" es una *tendencia*, y como tal, representa un *proceso*[569]. Sin embargo, este tipo de concepción puede llevar a que el *proceso* se haga indeterminado y el *empeoramiento* se presente como atemporal.

Este hecho, o ésta sola interpretación, puede coadyuvar a que el empeoramiento no sea apreciado como cierto y existente, pudiéndose abrir la puerta para que sea supuesto o predicho al ser considerado como una opción o eventualidad futura. Justamente en este sentido se pronuncia la S.A.P. Núm. 37/1999, León (Sección 2), de 27 enero, (AC 1999, 2926), al sostener que «...*a consecuencia de la separación, una*

[569] Podría entenderse que es factible hablar de una situación de empeoramiento, sin embargo, no creemos que sea acertado. Una situación por definición, suele ser estática, el proceso tiene una vocación de continuidad, y hablar de una situación de empeoramiento, sería equivalente a asumir que existe un conjunto de situaciones sucesivas. El empeoramiento además hace referencia no a un estado, sino más bien a una *tendencia*.

evidente situación de desequilibrio económico, en relación con la posición de su esposo que va a implicar para aquella un empeoramiento en su situación anterior en el matrimonio...».

Debemos agregar en ese sentido, que aunque estimamos, es menester prestar atención a los posibles efectos futuros, éstos por sí sólo no bastan para declarar el derecho en cuestión. Debe existir en consecuencia, un *empeoramiento* cierto, tangible y presente al momento de la determinación del derecho.

En efecto, parte de la doctrina[570] reconoce que todos los aspectos del desequilibrio que produzca la ruptura conyugal, tienen en realidad, que guardar relación con una situación presente y no ser relativos al futuro.

Así es que el *empeoramiento* debe ser visto desde sus dos dimensiones; la de acción o *proceso* (*tendencia*), y la de efecto (*resultado*).

En consecuencia, para la apreciación del desequilibrio, y la consecuente determinación del derecho, el empeoramiento debe estar asociado a la interpretación del empeoramiento también como un *resultado*: "el encontrarse en peor situación".

Consideremos entonces, tanto al término *implicar* como el *empeoramiento* en distintas dimensiones, y así, este último significando un proceso acarreará a su vez un resultado en un momento determinado. Asimismo dicho resultado "implica" una nueva y peor situación, considerada en el presente, en ese sentido el *contenido* está determinado por las *circunstancias* del nuevo y el viejo *contexto*.

Así llegamos al siguiente tema de especial relevancia en cuanto al *contenido* del desequilibrio: el referido a las ocho circunstancias establecidas en el artículo 97° CC. El citado artículo establece en su última parte, que a falta de acuerdo de los cónyuges, el Juez, en sentencia, *determinará el importe* de la compensación teniendo en cuenta las circunstancias en cuestión.

---

[570] ZARRALUQUI SÁNCHEZ-EZNARRIAGA, Luis. *Derecho de Familia y de la Persona. Efectos y medidas de la ruptura conyugal.* Tomo VI. Editorial Bosch. Barcelona, 2007. Pág. 563.

Ello nos lleva a preguntarnos si la *determinación del importe* de la compensación, es en alguna medida, parte de la definición del desequilibrio (y consecuentemente, del equilibrio anterior). En otras palabras; si las circunstancias establecidas en el artículo 97° CC, forman parte del *contenido del equilibrio*.

Nuestra opinión apunta a que dichas circunstancias, en efecto, forman parte de la definición de positiva del desequilibrio o negativa del equilibrio. Como dijimos, la definición del equilibrio, en parte, es delimitación, y siendo el *monto* una medida de magnitud, la determinación de dicha magnitud –la que depende de las circunstancias- es parte de la definición.

Este criterio a nivel jurisprudencial lo podemos encontrar en un sinnúmero de sentencias, tales como la Sentencia Audiencia Provincial núm. 31/1999 Palencia, de 5 febrero, (AC 1999, 3738), al afirmar que «*como ya tuvo ocasión de afirmar esta Sala en Sentencia de fecha 17 de diciembre de 1997 el desequilibrio económico que fundamenta el señalamiento de la referida pensión no viene dado por la comparación patrimonial de la situación que queda a los cónyuges después de la separación o divorcio, sino que para su determinación han de ser valoradas gradualmente las ocho circunstancias a que se refiere el citado artículo*...». La Sentencia Audiencia Provincial núm. 42/2006 León (Sección 3), de 27 de febrero, (AC 2006, 606), por su parte, se pronuncia estimando que «... *las circunstancias personales y laborales de ambos cónyuges, [puestas de manifiesto en detalle en la sentencia de instancia], revelan precisamente una situación de desequilibrio económico para la esposa frente a la estabilidad de las percepciones económicas del esposo que justifican la fijación de dicha pensión a su favor, encaminada a corregir el desequilibrio en el nivel de vida de la esposa que se produce en relación al que ambos venían disfrutando al tiempo inmediatamente anterior al cese de la convivencia conyugal*...».

Por todo lo dicho, y siendo en consecuencia, las *circunstancias* personales y sus *contextos*, parte integrante del *equilibrio*, la concepción de éste último se hace en extremo, indeterminada. Este hecho es, en nuestra opinión, la explicación de la recurrencia a conceptos alternativos más asimilados a *estados* o *situaciones* que a definiciones. No olvidemos, que el *equilibrio*, es finalmente, un *estado* o *situación*. Así se habla en doctrinal y jurisprudencia de «*nivel de vida*» o «*situación general de normalidad*».

A manera ejemplificativa, podemos citar la Sentencia de Juzgado de Primera Instancia Santander, Cantabria (Núm. 1), de 24 septiembre 2003, (AC 2004, 31) la cual reza literalmente que: «*... la pensión compensatoria se caracteriza por constituir una prestación que tiende a evitar que la separación o el divorcio supongan para uno de los cónyuges un descenso en el nivel de vida efectivamente gozado durante el matrimonio, o mejor en el último período de normalidad matrimonial, de donde se desprende que el desequilibrio económico del cónyuge que reclama la pensión en relación con la posición del otro, que implique un empeoramiento en su situación anterior en el matrimonio, ha de existir en el momento y ha de producirse con la ruptura de su convivencia conyugal, sin que las circunstancias sobrevenidas o las alteraciones posteriores den derecho a pensión, si no lo hubo en aquel momento*[571]».

Igualmente, la S.A.P. núm. 129/1999 Lugo, de 13 de febrero, (AC 1999, 540), establece que «*... ha de tenerse presente en primer término si efectivamente con la separación conyugal se ha producido o no el desequilibrio económico en relación con la posición del esposo, en este caso, a que se refiere el art. 97 CC; lo que equivale, en síntesis, tanto como a mantener en la esposa, en su caso, un similar nivel de vida al que tenía durante su matrimonio*».

De forma similar, otros criterios jurisprudenciales, como el presente en la Sentencia Audiencia Provincial núm. 11/1999 Jaén (Sección 1), de 18 enero, (AC 1999, 2965), hacen referencia a el "*bienestar real*" gozado antes de la crisis. En efecto, dicha sentencia refiere así literalmente del desequilibrio: «*...pérdida real del bienestar que se gozaba antes de la ruptura matrimonial, y del que se vería privado el cónyuge con menos bienes o rentas*».

---

[571] Como puede verse, esta Sentencia también hace referencia al criterio de inmediatez en la configuración del desequilibrio.

Esta alusión a un común *nivel de vida*, a su vez, ha promovido una ineludible distinción de la idea del equilibrio y la de una pretendida equiparación de los niveles económicos de los cónyuges.

En efecto, la tendencia de ubicar al *equilibrio* en lo que se entiende por un determinado nivel de vida, prescinde de equiparar o igualar las economías individuales. Así se manifiestan entre otras, la Sentencia Audiencia Provincial núm. 567/1998 Zaragoza (Sección 4), de 29 septiembre, (AC 1998, 6572), al sostener: «*... de modo que dicha pensión tiende a evitar que la crisis conyugal sitúe a uno de los esposos en una situación desfavorable, económicamente hablando, respecto del otro, sin que con ella se pretenda una equiparación total entre los mismos*». De igual manera, la Sentencia Audiencia Provincial Madrid (Sección 22), de 23 septiembre, (AC 1999, 7797), señala: «*..por cuanto que la pensión compensatoria no es un mecanismo igualador de economías dispares...*». El mismo razonamiento sigue la Sentencia Audiencia Provincial Núm. 323/2002, Córdoba (Sección 3), de 13 diciembre, (AC 2002, 1959), la misma que establece: «*... no debiendo entenderse como un derecho de nivelación o de indiscriminada igualación, determinado automáticamente por el mero hecho de contraer matrimonio y que se actualiza al tiempo de producirse la separación o el divorcio*».

Otros pronunciamientos en este sentido, se pueden encontrar en la Sentencia Audiencia Provincial, Barcelona (Sección 18), de 19 enero 1999, (AC 1999, 2983), ésta establece que la finalidad de la compensación por desequilibrio «*... no radica en que ambos esposos, tras la separación tengan unos ingresos y patrimonios iguales o semejantes, sino que en la misma sea otorgada con base a un criterio equitativo que favorezca el menor trauma económico para el cónyuge más perjudicado...*»; y la Sentencia de la Audiencia Provincial de Madrid (Sección 22), de 6 febrero 1998, (AC 1998, 446), por su parte, establece que la compensación por desequilibrio «*... no es un instrumento de automática nivelación o aproximación de dispares posibilidades económicas*».

Esta negación de la equiparación de economías, como un posible significado del equilibrio nos resulta adecuada, ya que, como lo veremos más adelante, entendemos al *equilibrio* como un *resultado* de la *interacción* de economías. La *interacción*, deducimos, por definición, se basa en la *diversidad*, de la que se consigue la complementariedad y armonía.

Dicho todo ésto; y entendiendo que la naturaleza y concepto del *equilibrio* es indeterminada en función a que su *contenido* está definido por *circunstancias* específicas y heterogéneas para cada caso, la ausencia de una definición específica procura atender a los *resultados* manifiestos de la *interacción* de las economías que conduce a un estado de *equilibrio*. Así hablamos de una *situación* (temporal) resultante de un *estado* de *normalidad*: el común *nivel de vida*.

Finalmente, sobre una definición negativa del desequilibrio, tal y como se encuentra expuesto en el artículo 97° CC, queda poco por decir. Una aproximación al *equilibrio* en ese sentido, puede ser la de aquella «situación previa a la separación o divorcio» (en un estado de normalidad) en la cual, las circunstancias establecidas en el artículo 97° C.C. forman parte "potencial y tentativa" del contenido de dicho equilibrio como elementos de *delimitación* y *magnitud*; y en la cual los detalles de *interacción* de las economías particulares generan como resultado un *común nivel de vida*.

IV. Nuestra teoría acerca de las causas de desequilibrio. Especial referencia al Derecho de Familia. El "desequilibrio original subjetivo" como causa de un "desequilibrio económico ulterior"

Siguiendo en cierta medida la lógica de algunos de nuestros planteamientos anteriores acerca de la *hipergamia*, y las teorías de *racionalidad* y *elección*; y sobre la base, de que la familia se constituye y se comporta de manera análoga a la de una organización, hemos creído conveniente traer a análisis una serie de cuestiones que nos servirán de base para establecer, lo que estimamos es una tentativa e instrumental teoría acerca del desequilibrio en las crisis familiares.

HERBERT y MARCH nos revelan que la decisión de participar en una organización, se encuentra en la base de la teoría de lo que BARNARD (1938) y

SIMON (1947) han llamado "*equilibrio de la organización*", y que refleja *las condiciones de la supervivencia de una organización*[572]. El *equilibrio* –nos dice dicha teoría-, refleja el éxito de la organización al establecer *compensaciones* para sus participantes, apropiadas para motivar su participación continua[573].

La teoría de Barnard-Simon del *equilibrio* en la organización, es esencialmente una teoría de *motivación*; –una declaración de las condiciones bajo las cuales una organización puede inducir a sus miembros a continuar su participación y así asegurar la supervivencia de la organización[574]. Sus postulados centrales son establecidos por Simon, Smithburg y Thompson, como sigue[575]:

1. Una organización es un sistema de comportamientos sociales interrelacionados de un número de personas que llamaremos participantes en la organización.
2. Cada participante y cada grupo de participantes recibe *compensaciones* de la organización, a cambio de lo cual realiza *contribuciones* a la organización.
3. Cada participante continuará su participación en una organización sólo mientras las *compensaciones* que se le ofrecen sean iguales o mayores (medidas en términos de su valoración y en términos de las alternativas que se le abren) que las *contribuciones* que se le piden.
4. Las *contribuciones* realizadas por los varios grupos de participantes constituyen la fuente de la cual la organización obtiene las *compensaciones* ofrecidas a los participantes.
5. Por lo tanto, una organización es "solvente" y continuará existiendo sólo mientras las *contribuciones* sean suficientes para producir *compensaciones* en la medida suficiente para seguir obteniendo esas *contribuciones*.

A partir de dicho esquema preliminar, que resume básicamente el planteamiento, reproducen una serie de conceptos acerca de los elementos involucrados en el análisis. Tomaremos nosotros nota de sólo aquellos que resulten relevantes para nuestra teoría. Se trata de lo que en esta teoría se entiende por *compensaciones* y *contribuciones*.

---

[572] MARCH, James G. y HERBERT, Simon. *Teoría de la Organización*. Ariel Economía. Barcelona, 1987. Pág. 91.

[573] Ibíd. Pág. 91.

[574] No quisiéramos llegar muy lejos, ni a la impertinencia, considerando a la familia, o a la pareja, en su calidad de sociedad, como una organización; sin embargo, el planteamiento que ofrecemos a continuación, nos presenta una serie de ideas y consideraciones que, entendemos, pueden resultar de especial atención en virtud de la analogía.

[575] Ibíd. Págs. 91-92.

Las *compensaciones* son en ese sentido, y en virtud de dicha teoría, *los pagos hechos por (o través de) la organización a sus participantes*[576]. En lo que atañe a las *contribuciones*, la teoría parte de la suposición de que un participante hace ciertos "*pagos*" a la organización. Estos pagos son entendidos como *contribuciones*[577].

Dentro de este esquema preliminar, y hechas las salvedades pertinentes, consideremos a la familia o, de manera más específica, a la pareja como una organización; y a sus miembros a nivel individual, como participantes. En este contexto, asumiremos que cada uno de los cónyuges realiza *contribuciones*, que pueden entenderse dentro del marco de las *cargas familiares*, y asimismo, que las *compensaciones* formarán parte de lo que podemos entender por un "paquete" de *derechos* y *expectativas* personales.

Es importante añadir al respecto, que tanto *contribuciones* como *compensaciones*, en tanto sean asimiladas y aplicadas a la familia, habrán de considerar una serie de recursos inmateriales, en su gran mayoría, de contenido psicológico, emocional, espiritual o afectivo.

Dentro de toda esta lógica, el *equilibrio* (la supervivencia de la comunidad de vida), entonces estaría determinado por el contrapeso existente entre *contribuciones* y *compensaciones*, reflejado con un índice positivo en el balance personal (mutuo) de *utilidad compensación-contribución*.

---

[576] Estos pagos, –nos dicen- se pueden medir en unidades que son independientes de su utilidad para los participantes. En consecuencia; podemos especificar un conjunto de compensaciones para un participante individual representando cada componente del conjunto una dimensión diferente de las compensaciones ofrecidas por la organización. Así, cada componente de las compensaciones puede medirse aislada e independientemente de las utilidades que le reconozcan o atribuyan los participantes. En cuanto a las *utilidades de la compensación*, se señala que para cada componente del conjunto de *compensaciones* hay un valor de utilidad correspondiente. Ibíd. Págs. 92-93.

[577] Las *contribuciones* pueden medirse también en unidades que son independientes de su *utilidad* para los participantes. En consecuencia, para cualquier participante individual podemos especificar un grupo de *contribuciones*. Es preciso asimismo, referir que sobre las *utilidades de la contribución*, nos dice la teoría, que una función de utilidad que transforma las *contribuciones* en *utilidades* del contribuyente individual puede definirse de más de una manera. Una definición razonable de la utilidad de una contribución es *el valor de las alternativas a las que renuncia el individuo para hacer la contribución*. Esto, como puede apreciarse, queda definido entonces, como el *coste de oportunidad*, tal y como ha quedado definido en el Capítulo IV. Ibíd. Pág. 93.

Con ello, un indicio o muestra de la situación de *equilibrio* o *estabilidad*, puesta en evidencia a través de la permanencia individual (una elección), involucra un análisis personal de *coste-beneficio*, así como un balance de utilidad de *compensación-contribución*. En consideración de ello, esta teoría nos dice que para estimar directamente el balance de utilidad de *compensación-contribución*, el tipo de medida más lógico es alguna variante de la *satisfacción individual*. Parece así, razonable suponer que cuanto mayor es la diferencia entre *compensaciones* y *contribuciones*, mayor será la satisfacción individual[578].

Ahora bien, en un *estado* de *satisfacción* tanto personal como colectivo, por lo común, se corresponde con un *equilibrio*, sin embargo, el cambio en ciertas *circunstancias* (específicamente de interrelación), o en la *atribución de valor* de ciertos recursos, pueden generar la percepción (también particular o colectiva) de desequilibrio en la escala de *contribuciones-compensaciones*. En otros términos; los índices de *satisfacción* pueden disminuirse paulatinamente, en tanto se acreciente una percepción de desequilibrio, esta disminución, se traduce en la aparición de *insatisfacción*.

En efecto, la *teoría de la organización* nos dice, que en cualquier momento de la vida de una "organización", cuando se hace un cambio –que *a*) altere explícitamente las *compensaciones* ofrecidas a cualquiera de los grupos de participantes (cambio de *resultado* en los acuerdos)[579]; b) altere explícitamente las *contribuciones* que se les pide, o c) altere la actividad de la organización de cualquier manera que afecte a las *compensaciones* o a las *contribuciones* (por ejemplo, distribución de los roles, cargas futuras, cuidado de los hijos, asignación de tiempo, etc.)-, en cualquiera de estas ocasiones *se puede predecir el efecto del cambio en la participación*[580].

[578] La *satisfacción* puede considerar una escala personal. El "punto cero" crítico de la escala de satisfacción y el balance de utilidad de compensación-contribución no son necesariamente iguales. El *punto cero* de la escala de *satisfacción* es el punto en que se empieza a hablar de grados de "*insatisfacción*" más que de grados de "*satisfacción*". El *punto cero* en la escala de la *utilidad* de *compensación-contribución*, en cambio, es el punto en el cual el individuo es indiferente a dejar o no la organización. Ibíd. Págs. 93-94. Esta medida de *satisfacción*, en alguna medida, podría explicar nuestras referencias a las elecciones *óptimas* o *satisfactorias* desarrolladas con anterioridad a propósito de la *teoría de la racionalidad limitada*, del propio HERBERT. La distancia que separa una elección óptima de una satisfactoria es la cantidad y calidad de la información.

[579] El paréntesis es nuestro.

[580] Ibíd. Pág. 97.

Este *efecto en el cambio de la participación*, o una *alteración en la interacción*, es la respuesta a un *desequilibrio* en todo sentido. Dicha respuesta a su vez, puede orientarse, tanto a restablecer el equilibrio en base a una *tendencia*, o por el contrario, a iniciar la búsqueda de nuevos equilibrios fuera de la organización, en particular de la comunidad de vida. Así, la teoría nos dice que cuando las condiciones dentro o alrededor de una "organización" cambian de una manera que afecta adversamente a su balance de *compensación-contribuciones* y pone en peligro su supervivencia, los miembros de la organización pueden iniciar cambios en actividades y actividades nuevas para establecer un balance favorable[581]. Este balance favorable puede también ser entendido como un *equilibrio* entre las *contribuciones* y *compensaciones* personales frente a la "organización".

En lo que a la familia se refiere, este balance, o el eventual desbalance, puede ser explicado de manera conveniente a través del *altruismo*. Convenimos que el altruismo, en una de sus tantas facetas, se erige como marco normativo y de motivación en el grueso de las interrelaciones patrimoniales de pareja, las mismas, que conducen a un *resultado* que se manifiesta en un estado de *equilibrio* determinado. Así, es pertinente resaltar que este mismo altruismo resulta más eficiente en un grupo cuando es practicado por igual por todos sus componentes[582]. En un marco de interrelación como lo puede ser una comunidad de vida, el problema surge cuando un individuo es "egoísta" e intenta beneficiarse de la conducta del grupo altruista. Si el altruismo no es igual por ambas partes, [es decir, si las *reglas* establecidas, no son cumplidas por todos y por igual][583] se puede llegar en algunos casos a situaciones ineficientes[584]. Con esta lógica, si una persona altruista observa que otros miembros de su familia no lo son, adoptará medidas de salvaguarda que impidan su explotación y reducirá al mínimo sus

[581] Ibíd. Pág. 119.

[582] CABRILLO, Francisco. Ob. Cit. Pág. 42.

[583] El paréntesis es nuestro. Entiéndase en este aspecto el término "egoísmo" como un sinónimo de oportunismo.

[584] CABRILLO, Francisco. Ob. Cit. Pág. 42. Es por esto, que resulta de fundamental importancia regular el oportunismo contractual en las relaciones jurídico-patrimoniales del Derecho de Familia.

relaciones con todos aquellos familiares de los que no espera una conducta cooperativa recíproca[585].

En este contexto, en el cual se producen ciertos cambios en las *circunstancias*, tales como que la *atribución de valor* de los participantes es divergente respecto a determinados recursos, y se acrecienten los grados de *insatisfacción* por la percepción de desequilibrios y una conducta consecuente con las *reglas* y los niveles de *altruismo*, se producen las *crisis matrimoniales*.

En cierta forma, se puede asumir, o por lo menos, deducir, que en toda crisis matrimonial existe un alto componente de insatisfacción. Dicha *insatisfacción* hace el movimiento más deseable y también (al estimular la búsqueda) lo hace ver como más factible[586]. En efecto, la *insatisfacción* es uno de los indicios del comportamiento de búsqueda; búsqueda que comprende *situaciones* o *estados* alternativos, puede así tratarse de la *separación*, el *divorcio* u otra *estrategia matrimonial* en base a la negociación.

Sea como sea la percepción de este desequilibrio, bien exclusiva de uno, o compartida, hemos considerado que *una necesidad sentida de toma conjunta de decisión* y *la existencia de diferencias de objetivos o diferencias de percepciones*, o ambas, son necesarias para el conflicto, y que las condiciones bajo las cuales se presenta éste son (en parte) predecibles partiendo de un conocimiento de la "organización"[587].

Así, tras la *búsqueda* (de información y alternativas), y la aparición del *conflicto*, la *crisis matrimonial* se convierte en un marco en el cual se busca restablecer el *equilibrio* consistente en la *coherencia* entre sí de los planes individuales de cada miembro de la familia.

A partir de ahí, la *separación* o *divorcio*, es una consecuencia de la *insatisfacción* final del *proceso* de *crisis*, en el cual el *desequilibrio primario* u *original*

---

585 Ibíd. Pág. 42.

586 Ibíd. Pág. 115.

587 Ob. Cit. Pág. 149.

subjetivo no ha podido ser restablecido. Adicionalmente, este *desequilibrio primario* puede poner de manifiesto otros *desequilibrios ulteriores*, como lo es el *económico*, en base a que muchas de las *expectativas* y *compromisos* futuros integrados en los procesos de interacción quedan en estado suspensivo.

Y es aquí donde entran en juego las consideraciones acerca de la *legitimidad* de las *expectativas* y el carácter de *justicia* de su cumplimiento, desarrolladas en líneas precedentes.

El estado suspensivo o negativo en el cumplimiento de estas expectativas y compromisos, la *incertidumbre* que generan en el acreedor de éstas, así como una impresión de desproporcionalidad en el balance de contribuciones-compensaciones dan luces acerca de una situación de *desequilibrio económico ulterior*, el único desequilibrio susceptible de arreglo en Derecho formal.

V. El equilibrio como *«statu quo»* de la comunidad de vida

«Dependiendo esencialmente la equidad
de las circunstancias particulares de cada caso,
considerado individualmente,
no puede sentarse ninguna regla establecida
ni ningún precepto fijo de equidad
sin destruir su verdadera esencia
y reducirla a no ser más que un Derecho positivo»

Sir William Blackstone, *Commentaries on the Laws of England*, 1765

Cuando ocurre un desequilibrio -nos revela SCHULTZ[588]-, puede tratárselo por medio de supuestos especiales. El tratamiento corriente es a partir de una *hipótesis sobre la tendencia*, basada en la proposición de que existe dicha tendencia hacia el equilibrio en economía. Un camino alternativo es transformar cualquier desequilibrio en un equilibrio hipotético a través de varios conceptos de costos de transacción, de

---

[588] SCHULTZ, Theodore W. *Restablecimiento del equilibrio económico. Los recursos humanos en una economía en proceso de modernización*. Gedisa Editorial, Barcelona, 1992. Pág. 24.

información y de riesgos y expectativas subjetivos[589]. Esta es la vía a la que apelamos, sin perjuicio de considerar la existencia efectiva de una *tendencia* (parte igualmente, de una hipótesis) hacia el *equilibrio*.

Teniendo por válida la definición de ELSTER acerca del equilibrio, es decir; *aquel estado en que los planes de las personas son coherentes entre sí*[590], hemos de recapitular una serie de elementos que constituyen el *contexto* del estado o la situación de *equilibrio* en la pareja.

En tal sentido, y en primer lugar, debemos considerar al *altruismo* como *marco normativo* y de *interrelación*. Dicho altruismo como dijimos, cumple distintas funciones tales como la de servir de base a ciertos *procesos* de reciprocidad. Un elemento fundamental en este sentido, es lo que entendimos como una manifestación de tipo jurídico del *altruismo* en la pareja: la *affectio maritalis*, proveniente de un elemento voluntario de *perdurabilidad*. La prolongación de dicha *perdurabilidad* en el tiempo representa un *proceso* (de reciprocidad), que requiere a su vez, de un elemento de *funcionalidad*, por lo general, asociado al establecimiento de *roles*.

No obstante, el establecimiento de *roles* dentro de la familia, involucra una constante *interrelación*, que supone *incertidumbre* y a forma de remedio (adicional al propio altruismo), constantes negociaciones en virtud de *estrategias matrimoniales*. Así llegamos a una situación en la cual se produce una interacción patrimonial[591] (*contribuciones* y *compensaciones)* dentro de más que una sociedad determinada, a nuestro juicio, un acuerdo o "*plan*" determinado: la *comunidad de vida*.

La *comunidad de vida* así, puede ser entendida tanto como un *contexto*, como un intrincado *proceso* de *reciprocidad*. La constitución y paulatina construcción de una

---

589 SCHULTZ, Theodore W. Ob. Cit. Pág. 24.

590 ELSTER, Jon. *Tuercas y tornillos. Una introducción a los conceptos básicos de las ciencias sociales*. Gedisa editorial Barcelona, 1991. Pág. 104.

591 El sentido aquí de "lo patrimonial" es el de todo aquello incorporado a un sujeto, es decir, tanto capital humano, como capital pecuniario.

comunidad de vida involucra una determinada motivación, y una serie de elementos concurrentes en las *relaciones* y *transmisiones* patrimoniales.

Cabe por lo tanto, delimitar convenientemente el sentido de una *comunidad de vida*. La jurisprudencia ha tenido en ese aspecto diversos pronunciamientos de sumo interés. La Sentencia Audiencia Provincial núm. 28/2006 Cádiz (Sección 3), de 28 marzo, (JUR 2006, 231396) sostiene que una *comunidad de vida* «*...se traduce en interdependencia en lo corporal y lo espiritual, que es algo más que la simple amistad o el trato íntimo, también unidad de domicilio y por último estabilidad, aunque no sea definitiva. La jurisprudencia no ha identificado la convivencia –necesaria según el precepto- con la relación afectiva de tipo noviazgo, ni con la mera relación sentimental. Y es que la convivencia marital no cabe confundirla con el uso de la libertad sexual, esporádica y no continuada, sino que precisa que tales relaciones gocen de intensidad, continuidad y publicidad suficientes, como para ser tenidas por el común de las gentes como semejantes a las que mantienen las personas unidas en matrimonio sin estarlo, y que consistan en una apariencia cierta de cumplimiento de deberes de convivencia, ayuda y fidelidad que se impone en los artículos 67 y 68 del Código Civil, lo que ha de tener proyección, también, en lo económico, como datos más objetivables, como cuentas conjuntas o disfrute de bienes comunes, que en interpretación sociológica de las normas lleve a un juicio de certeza, de comunidad de vida en que se inserta el concepto vida, «more uxorio»*.

Como puede apreciarse del tenor de la Sentencia en cuestión, confluyen aquí diversos elementos que configuran el carácter especial de la *comunidad de vida*. La continuidad, es uno de ellos, asimilable en nuestro planteamiento a la *affectio maritalis*, por otra parte, el elemento de interdependencia, susceptible de ser traducido como *funcionalidad*, *complementariedad*.

Existe pues en nuestra opinión, en toda *comunidad de vida*, una vocación de *interdependencia* de carácter atemporal, o por lo menos de duración indefinida. Este *contexto*, tiene como contenido una serie de *actos*, *conductas* y *motivaciones* que le confieren una especialidad determinada. Hay en suma, un tipo de *altruismo* relevante jurídicamente, existe *affectio maritalis*[592].

La pregunta aquí se convierte en ¿cuál es el contenido específico de esta suerte de "quinta esencia" de la *comunidad de vida*?. La STS 13 diciembre1991 y STS 4 junio 1993, parecen darnos una satisfactoria respuesta. «*Habrá que estar,* -nos dicen las citadas Sentencias- *como ya se ha dicho, al supuesto, a la existencia de pactos, promesas o la creación y el sostenimiento de situaciones de facto de las que, por la vía de los "facta contundentia" se pueda deducir que hubo ese proyecto de vida en común*... ».

En efecto, la Sentencia antes citada nos da idea de *pactos*, *promesas*, *compromisos* y *situaciones* que revelen la existencia real de esta vocación de continuidad, lo que nosotros hemos asimilado a la *affectio maritalis*. Pero esta *affectio maritalis* es sólo el marco dentro del cual se desenvuelven todas las *circunstancias* que configuran una *comunidad de vida* determinada. Precisamente son estas *circunstancias* las que determinan el real contenido de los *procesos* de *interacción*.

Como vimos con anterioridad, en todo tipo de *relación* y *transmisión* patrimonial, existen una serie de *actos*, *conductas* y *motivaciones* que conducen a la formación de *procesos* determinados. Estos *procesos* se erigen sobre la *interrelación* e *interacción* de los sujetos y sus respectivos patrimonios personales. Parte de esta *interrelación* se encuentra definida por las *reglas*, acuerdos, *compromisos* y *expectativas*, que en gran medida, por sí solas, configuran *un tipo de relación determinada*, y que confiere a cada uno de los sujetos un *rol* determinado en dicha *relación*, con una determinada *relevancia*.

Dichas *reglas*, *compromisos* y *expectativas*, en estos *procesos* de *reciprocidad*, por lo común, están incorporados de forma *intuitiva* y *tácita*, y conllevan a que la propia

---

[592] La existencia de la *affectio maritalis* como elemento constituyente de una comunidad de vida puede quedar de manifiesto en tanto, se puede apreciar la eventual irrelevancia para una *comunidad de vida*, de la existencia de un título determinado (como el matrimonio), o de una situación de hecho, como lo puede ser la convivencia extramatrimonial. Es decir, existe en toda *comunidad de vida*, una esencia, elemento fundamental y circunstancial que puede superponerse a la presencia o ausencia de un título formal.

interacción se realice de forma *espontánea* y sin un acusado y formal control de cumplimiento de las *reglas*; o dicho de otra manera, sin otro mecanismo de control que no sea el propio *altruismo*.

En tal sentido, conviene citar a EGEA[593], en cuanto sostiene que teniendo en cuenta que el matrimonio se fundamenta muy sustancialmente en una relación de complacencia en la que los flujos patrimoniales generados en la convivencia se producen normalmente al margen de la estructura obligacional y que, por tanto, será extraño que, en unas circunstancias ordinarias de relación, los cónyuges planteen reclamaciones basadas en el incumplimiento del otro o en el resarcimiento por una contribución excesiva; lo más normal será que actúen en base al mutuo entendimiento y, por tanto, que no lleven una especial contabilidad de lo que contribuya cada uno.

De manera similar, y con análogo fundamento se pronuncia en este aspecto, MARTÍN MELÉNDEZ[594] al sostener, que existen desplazamientos inter-patrimoniales, -a los que a nivel de la sociedad de gananciales PEÑA BERNALDO QUIRÓS denomina "incidencias de la relación jurídica básica"-, que se encuentran fundamentados en el carácter «de base» de una relación matrimonial.

Esta autora profundiza además al respecto, refiriendo que una de las vías, o como ella los denomina, "conductos posibilitadores" de la comunicación entre masas, es la libre contratación de los cónyuges[595]; sin embargo sostiene de la misma manera que existe otra vía, tan antigua como la sociedad de gananciales, y que, por lo general, tiene mucha mayor importancia que la anterior en los matrimonios sometidos a ella, no sólo desde una perspectiva cuantitativa, sino también cualitativa, dadas las funciones que desarrolla. Se refiere a los desplazamientos patrimoniales que se originan como consecuencia inevitable de dos afirmaciones de hecho indiscutibles en el ámbito en el que nos movemos por ser sus presupuestos: la existencia de matrimonio y la existencia

[593] SEOANE PRADO, Javier. Ob. Cit. Pág. 106.

[594] MARTÍN MELÉNDEZ, Mª. Teresa. *La liquidación de la sociedad de gananciales. Restablecimiento del equilibrio entre masas patrimoniales*. McGraw-Hill, Madrid, 1995. Págs. 38-39.

[595] MARTÍN MELÉNDEZ, Mª. Teresa. Ob. Cit. Pág. 37. Lo que resulta coherente con el planteamiento acerca de la autonomía privada.

de sociedad de gananciales –o la existencia de *affectio maritalis* o una unión estable de pareja-[596]. El primero –nos dice-, impone a los cónyuges, una serie de deberes entre los cuales nos interesan especialmente dos de ellos: por una parte, que deben «ayudarse mutuamente y actuar en interés de la familia» (art. 67); por otra, que «están obligados a vivir juntos» (art. 68). Del uno –continúa- se deduce un deber o principio de colaboración entre esposos; del otro, el deber de convivencia, supone no solo las de marido y mujer, sino también la de sus patrimonios, tanto de los privativos como del común. El segundo, viste bajo su nombre una determinada forma de organizar la economía del matrimonio, resultado de una peculiar estructura normativa que configura conceptos y principios propios y exclusivos de este régimen[597]. Esta última reseña a una *peculiar estructura normativa*, es sin lugar a dudas, en nuestra opinión, una referencia directa a lo que entendemos y hemos venido exponiendo como *altruismo*.

Pues bien, esta *interrelación espontánea* y las normas *intuitivas* que la regulan, se lleva a cabo en medio de un *proceso* en el cual los detalles o particulares *circunstancias de interacción* producen un determinado *resultado*: el *equilibrio*. Es precisamente ese, en nuestra opinión, el sentido del *equilibrio*, la *interacción*[598].

Ésta es la situación que se ofrece de escenario o *contexto* en el cual los cónyuges o miembros de una pareja hacen interactuar sus recursos y potenciales, y con ello, procuran alcanzar un alto número de transmisiones con objetivos individuales y colectivos. Dentro de este *proceso*, la pareja, -o la familia- "tiende" a colocarse en la mejor situación posible respecto a las capacidades y posibilidades -de capital humano y recursos pecuniarios- de sus miembros, y la sinergia de sus relaciones. Esta *situación* es por definición *satisfactoria*, e incluso, en intervalos determinados y en virtud de la existencia de *información imperfecta*; *óptima*. Dicha *situación*, fruto de acuerdos tácitos

---

596 El subrayado es nuestro.

597 Ibíd. Pág. 38.

598 Ello, puesto que como señalamos la idea de *equilibrio* ha de involucrar cierta disparidad o diversidad entre los elementos que interactúan, de manera tal, que en la complementariedad, hayan su punto de *equilibrio*. Este es en parte, el fundamento de la incoherencia del *equilibrio* como paridad de economías.

e *intuitivos*, es la que a grandes rasgos podríamos calificar de "óptimo familiar"[599]; de carácter indeterminado a nivel conceptual, pero asimilado a las ideas de "*nivel de vida*" y "*situación de normalidad*".

En efecto, tal como sostuvimos con anterioridad el concepto de *equilibrio* es indeterminado, razón por la cual se apela a una aproximación a sus *resultados*. En consecuencia, podemos concluir que las referencias al *nivel de vida* y *situación de normalidad*, no son definiciones de un *estado* o *situación* de *equilibrio*, sino parte de la descripción del *resultado* de la *interacción* de dos *circunstancias* personales confluyendo en un *contexto* determinado.

Tales aproximaciones o resultados, han de estar asociados a un elemento temporal, que si bien es cierto puede circunscribirse al matrimonio constante, no es necesariamente consecuente con el ánimo de una *comunidad de vida* propiamente dicha. La jurisprudencia, por efecto de un ánimo de objetividad ha definido y ubicado tal situación como inmediatamente anterior al cese de la convivencia. Así se manifiesta la Sentencia Audiencia Provincial núm. 337/2004 Valencia (Sección 10), de 27 mayo, (AC 2004, 2234), al señalar que «... *el desequilibrio que se ha de valorar para que propicie el derecho a la misma, es el que se produce en el momento de la ruptura de la convivencia, comparándolo con el estado inmediatamente anterior de normalidad matrimonial y ese cese de la vida en común...*»[600].

---

[599] Este "nivel de vida" al que la compensación por desequilibrio persigue como estamento del reequilibrio es aplicable a ese óptimo familiar al que presuponiendo la autonomía de la voluntad, se ha determinado como nivel óptimo de vida y referente objetivo de rendimiento en las aportaciones o inversiones. EGEA señala que "*el nivel de vida lo fijan ambos cónyuges de común acuerdo. Normalmente se va perfilando a través de la actuación diaria de la familia y se predica por igual de todos ellos, con independencia que los medios económicos de cada uno sean muy desiguales*". EGEA FERNÁNDEZ, Joan. *Pensión compensatoria y pactos en previsión de una ruptura matrimonial.* En: Estudios jurídicos en homenaje al profesor Luis Diez Picazo. Tomo III Thomson Civitas. Madrid 2003. Pág. 99.

[600] De manera análoga se pronuncia las Sentencia Audiencia Provincial núm. 42/2006 León (Sección 3), de 27 de febrero, (AC 2006, 606): «...*las circunstancias personales y laborales de ambos cónyuges, puestas de manifiesto en detalle en la sentencia de instancia revelan precisamente una situación de desequilibrio económico para la esposa frente a la estabilidad de las percepciones económicas del esposo que justifican la fijación de dicha pensión a su favor, encaminada a corregir el desequilibrio en el nivel de vida de la esposa que se produce en relación al que ambos venían disfrutando al tiempo inmediatamente anterior al cese de la convivencia conyugal...*» y la Sentencia Audiencia Provincial Sevilla (Sección 5), de 10 enero, (AC 2001, 423): «...*se deduce que el desequilibrio económico que debe valorarse a efectos de generar derecho a pensión compensatoria es el que se produce en el momento de la ruptura de la convivencia comparado con la situación inmediatamente anterior de normalidad matrimonial*».

Considerando que los elementos de índole subjetiva son fundamentales, para nosotros, el *equilibrio* está determinado más que por una situación temporal concreta y objetiva, por un *statu quo* entendido como "*mutua disposición de los agentes en los actos*", en el contexto de una *comunidad de vida*. En ella, la atribución de valor de los distintos recursos, obedece a la vigencia de los *compromisos*, y en consecuencia alberga *legítimas expectativas*.

El *desequilibrio* en ese sentido, significa o implica, la frustración en el cumplimiento de ciertos compromisos y sus futuros efectos en el marco normativo del *altruismo*, el mismo que, como dijimos, no establece condiciones, pero en cambio, si alberga *expectativas*. El *statu quo* sería así, aquel en el cual, se produjeron las *transmisiones*, se asumieron los compromisos y se albergaron las *expectativas*.

Todo este tema sin embargo, parece ser, que en el campo del Derecho halló su cauce a través de lo que se conoce como *técnica de las recompensas*, y con fundamento en la *equidad*.

MARTÍN MELÉNDEZ[601], partiendo de una premisa tal como la existencia de esta suerte de *interrelación espontánea*, deduce –acertadamente- que ésta es la razón entre otras circunstancias, de la confusión de dinero u otros bienes fungibles, y en este sentido sea necesario, o entendible que surja lo conocido en el derecho francés, como técnica de las recompensas, como mecanismo reequilibrador[602]. Dicha técnica de las recompensas se fundamenta en el nacimiento de un derecho de crédito en favor, del sujeto que "se empobreció" con dicho desplazamiento patrimonial, y es donde hace su aparición en escena la doctrina del enriquecimiento injusto en aras de atender a un pretendido criterio de *equidad*.

[601] Ibíd. Pág. 38.

[602] Ibíd. Pág. 39-40.

En efecto, MARTÍN MELÉNDEZ[603] opina que el fundamento último sobre el que reposa la teoría de las recompensas es la equidad, y el fundamento, llamemos mediato, el mantenimiento del *equilibrio* entre patrimonios.

Con este mismo razonamiento posiblemente, sea que la Sentencia Audiencia Provincial núm. 397/2000 Alicante (Sección 7), de 6 noviembre, (AC 2002, 2410), declare: «*Así, la S.A.P. de Lérida de 6 de febrero 1998 dice que el fundamento de la institución de la pensión por desequilibrio o compensatoria, que regula el art. 97 del CC, no es el mantenimiento de un determinado status económico, lo que, normalmente, deviene en imposible al producirse simultáneamente con la separación; es una institución cuya finalidad es evitar que las consecuencias negativas desde el punto de vista patrimonial que se derivan normalmente de la quiebra de la vida en común, graviten de forma desproporcionada y desequilibrada sobre uno de los miembros de la pareja, como consecuencia de la diferente situación en que se encuentran a raíz de las diferentes posiciones ostentadas durante el tiempo que duró la vida en común, tanto en el desempeño de trabajos subordinados al bienestar familiar como a la formación de un patrimonio privativo, así como evitar situaciones contrarias a principios de equidad o a criterios de una mínima solidaridad post conyugal*».

No obstante, como sostuvimos con anterioridad, el concepto de *equidad* a que hace referencia en este caso, en nuestra opinión es el correspondiente a una vertiente determinada, y que desde la economía desarrolla la idea de justicia distributiva. Por otro lado, sostuvimos que el concepto de *equidad* a su vez, es *irrelevante* respecto estos actos y transferencias espontáneos existentes bajo el gobierno de normas provenientes del *altruismo*.

---

[603] MARTÍN MELÉNDEZ, Mª. Teresa. Ibíd. Págs. 55-56. Es importante anotar sin embargo, que el contexto al que apuntan las afirmaciones de la citada autora es el de una situación previa a la liquidación de régimen económico. Visto así, podemos deducir que, la técnica de las recompensas, en cierta medida lo puede ser de objetivización del *altruismo* reinante en la vida familiar, y la compensación por desequilibrio un mecanismo residual, un elemento corrector *a posteriori* fundado en todos los criterios subjetivos que posiblemente pasados por alto. Otra posible causa para el uso de la equidad como fundamento, es que los costos de determinar las aportaciones al equilibrio sea demasiado oneroso, y lo más fácil aparentemente, sea que el juzgador resuelva optar por esta pretendida equidad ,y en la medida de lo posible, equiparar a ambo, mediante un criterio de compensación que persiga el óptimo económico alcanzado por éstos durante la vigencia de su comunidad de vida.

De hecho, y en beneficio de esta última afirmación, tal como pone en evidencia EGEA[604], nuestra praxis jurisprudencial demuestra, efectivamente, que estas reclamaciones (aquellas concernientes a transmisiones espontáneas) coinciden con situaciones de crisis matrimonial y la consiguiente liquidación del régimen económico. Es decir; la *visualización jurídica* de esta obligación se produce, precisamente, cuando se quiebra la convivencia que no es su fundamento, o en otras palabras, cuando aparece el juicio imparcial externo, el de *equidad*.

La idea de *equidad* o de justicia, ha de provenir para nosotros, no de la aplicación de principios determinados, sino del cumplimiento de los *compromisos* derivados de ciertas *reglas* y que procuran de *legitimidad* a las *expectativas*.

La vía, cauce o si se quiere, fundamento de dicha compensación desde la mirada del Derecho, debería proceder desde el cumplimiento de los compromisos y la honra de legítimas expectativas.

Para avalar este razonamiento, podemos considerar el tratamiento que SALVADOR CODERCH y RUIZ GARCÍA dan al artículo 1107° del Código civil, al señalar que cada parte tiene derecho a esperar de la otra o del ordenamiento jurídico que el cumplimiento voluntario o forzoso del contrato la deje donde y como habría llegado a ser si el contrato se hubiera cumplido, de acuerdo a sus propias condiciones y previsiones[605].

Este mismo principio, se encuentra presente a nivel *intuitivo* en las *reglas* gobernadas por el *altruismo*; puesto que entendiendo que un alto grado de altruismo llegará a un número más elevado de acuerdos y a una mayor cooperación[606], -así como que lo más habitual es que el grado de altruismo hacia alguien sea una función directa del grado de proximidad que se tenga con esa persona[607]-; un individuo se comporta de

[604] EGEA FERNÁNDEZ, Joan. Ob. Cit. Pág. 106.

[605] SALVADOR CODERCH, Pablo y RUIZ GARCÍA, Juan Antonio. Ob. Cit. Pág. 56.

[606] CABRILLO, Francisco. Ob. Cit. Pág. 38.

[607] Ibíd. Pág. 39.

forma altruista con la esperanza de que, llegado el momento, le correspondan de la misma manera[608].

Tal como señala ELSTER[609], la realización de un *equilibrio* depende de los detalles de interacción (circunstancias)[610], y mientras algunas de las desviaciones del *equilibrio* se corrigen a sí mismas, otras se escapan de las manos.

El *equilibrio* o la coherencia conseguidos en el marco de una *relación* seria involucra, por un lado, un *compromiso* y por el otro, -ya que hablamos de equilibrio o consecuencia-, una respectiva y legítima *expectativa*. El *equilibrio* como *statu quo* de la *comunidad de vida* no es, por mucho que lo parezca, un concepto estático, muy por el contrario, es dinámico; puesto que pretende que sus *resultados*, sean coherentes con el *proceso* que los genera.

608 Ibíd. Pág. 37.

609 ELSTER, Jon. *Tuercas y tornillos. Una introducción a los conceptos básicos de las ciencias sociales.* Gedisa editorial Barcelona, 1991. Pág. 110.

610 El paréntesis es nuestro.

CAPÍTULO VI

UNA ANTESALA A LA COMPENSACIÓN POR DESEQUILIBRIO

I. Origen
II. Algunas consideraciones previas
    i. La autonomía privada y el "Teorema de Coase"
    ii. Las cargas en la familia
    iii. El empobrecimiento ilegítimo
    iv. El régimen económico matrimonial
        1. Primario, de Sociedad de Gananciales y Participación
        2. Régimen de Separación de Patrimonios
            a) La Sobrecontribución y el artículo 1438° C.c. Las aportaciones e inversiones desmedidas

CAPÍTULO V

UNA ANTESALA A LA COMPENSACIÓN POR DESEQUILIBRIO

I. Origen

El origen de la compensación por desequilibrio, obedece como todas nuestras instituciones a un *proceso evolutivo*, y posiblemente su más temprano vestigio a nuestro modo de entender, se encuentre en los alimentos. Dicho *proceso* evolutivo al que hacemos referencia, lo entendemos desde dos dimensiones; la *institucional* y la *conceptual*.

Desde el punto de vista *institucional*, los distintos fenómenos y necesidades sociales van confluyendo progresivamente de manera tal, que dan vida a *instituciones* que regulan tanto su propio funcionamiento así como sus consecuencias, y de manera paulatina (espontánea o no) interiorizan nuevas aplicaciones o utilidades sociales.

Este hecho es de fácil apreciación en los alimentos. Los alimentos como *institución* ha servido para otorgar asistencia, socorro, y solventar las necesidades básicas de ciertos individuos, fundamentado en una ampliación a nivel social normativo del *altruismo* propio de las relaciones familiares. Ahora bien, y sin perjuicio de ello, la complejidad de las distintas relaciones involucradas en dicha institución, ha promovido y facilitado el hecho de que a nivel *intuitivo* y de manera progresiva, dicha institución internalice otra variedad de funciones jurídico-económicas. La *institución* de los alimentos pues, tras un *proceso* paulatino adquirió una *versatilidad institucional* que permitió anexar a ella, una serie de funciones, conceptualmente aún poco delimitadas pero existentes.

Esta *versatilidad institucional* sería la explicación de la complejidad analítica de los alimentos. Según POSNER[611], la "*antigua*" deuda de alimentos parece desempeñar por lo menos tres funciones económicas distintas: 1) *es una forma de los daños por el incumplimiento matrimonial*; 2) *es un método para pagar a la esposa su parte de los activos de la sociedad matrimonial.* A menudo, el principal activo, aquel que ha contribuido con su trabajo en el hogar o el mercado; y por último 3) *que es posible que la función económica más importante de la pensión alimenticia sea dar a la esposa una forma de indemnización por despido o de subsidio por desempleo.* En un modelo de familia tradicional, (frecuente hasta hace relativamente poco en nuestra sociedad), en la cual la esposa se especializa en la producción doméstica, todas las habilidades que haya tenido en la producción de mercado se deprecian, y a la postre, sus principales posibilidades de empleo –si se disolviera su matrimonio- se reducirán a la perspectiva de volver a casarse y formar una nueva familia en la que pueda desempeñar dicho su oficio.

Una pensión de alimentos como puede verse aquí, aunque a tenor de la ley, -esto es, en cierta medida a nivel *conceptual*-, estuviera delimitada en su naturaleza, función y contenido; era por obra de la *intuición* judicial, capaz de subsumir, "*en aras de la ceguera de la justicia*", en una misma naturaleza, una serie de funciones y contenidos relacionados, más aún, en la medida, que éstos podían resultar de una muy complicada cuantificación económica.

En efecto, desde el punto de vista estrictamente jurídico, confluyen aquí obligaciones de distinta naturaleza, pero no por ello, incompatibles. Con referencia a la primera función antes citada; la del *resarcimiento de daños por incumplimiento matrimonial*, tendríamos que pensar en la sanción que constituye un incumplimiento contractual en función de las expectativas de los cónyuges ante la existencia de *riesgos* e *incertidumbre*. SALVADOR CODERCH y RUIZ GARCÍA[612] en ese sentido, señalan acertadamente que cada parte tiene derecho a esperar de la otra o del ordenamiento

---

[611] POSNER, Richard. Ob. Cit. Pág. 143.

[612] SALVADOR CODERCH, Pablo y RUIZ GARCÍA, Juan Antonio. En EGEA I FERNÁNDEZ, Joan y FERRER I Riba. (Directores). *Comentaris al Codi de Familia, a la Llei d´unions estables de parella i a la Llei de situacions convivencials d´ajuda mútua.* Pág. 56.

jurídico, que el cumplimiento voluntario o forzoso del contrato la deje dónde y cómo habría llegado a estar, si el contrato se hubiera cumplido, de acuerdo a sus propias condiciones y previsiones.

La segunda función, referida al *pago de la parte de los activos de quien permaneció en el hogar*, habría de relacionarse con la frecuente inexactitud en la liquidación del régimen económico matrimonial y la determinación de los aportes a las cargas familiares. En la práctica, la liquidación de los bienes tangibles se suele realizar con relativa facilidad ya que son susceptibles de tasación y consecuente valoración económica; no así ciertas aportaciones intangibles, las cuales en muchas ocasiones son incorporadas por "tanteo" al monto global de los alimentos.

Finalmente, la tercera función económica alude a una forma de *indemnización por despido o de subsidio por desempleo*. En ella, las inversiones en capital humano y especialización, y el hecho de que, en principio, el matrimonio en ocasiones significa la garantía de un espacio de desarrollo de actividades productivas para cualquiera de los cónyuges, su disolución terminará por cercenar todas sus expectativas de producción y subsistencia.

Dicho razonamiento por mucho que parezca peculiar, ha tenido en la doctrina española respecto a la compensación por desequilibrio, alguna referencia; LACRUZ y RAMS[613], refiriéndose a las circunstancias establecidas en el artículo 97° CC apuntan, que éstas establecen unos parámetros muy variados, en cuanto a su significación, en orden a la determinación graduada del montante económico de la pensión, de los cuales unas confieren a ésta (la compensación por desequilibrio), el carácter de un *salario diferido* (dedicación a la familia, ayuda en la profesión o negocios del otro esposo) o incluso, el de un *salario futuro* (dedicación futura a la familia) y hasta, en último extremo, un cierto carácter alimentario (edad, salud, posibilidades de empleo).

---

[613] LACRUZ BERDEJO, José Luis y RAMS ALBESA, Joaquín. *Elementos de Derecho Civil IV. Derecho de Familia.* José María Bosch Editor, Barcelona 1990. Pág. 251.

Por otro lado, EGEA[614] refiere que la participación de uno de los cónyuges en la actividad profesional o empresarial del otro –llevado de excepciones, como ahora algún tipo de colaboración esporádica- no tiene una relación directa con el deber de ayuda mutua, sino que se corresponde más con una *relación de tipo laboral* o, si es el caso, societaria, por la cual las cuestiones de valoración se han de resolver estrictamente con criterios de mercado laboral o del contrato de sociedad. ALBALADEJO[615] por su parte, con un razonamiento parecido refiriéndose al artículo 1438° CC, dedicado a la compensación por trabajo en el hogar, sostiene que en su opinión, dicha figura podría llamarse compensación final, y es como una especie de *indemnización por paro*, que se debe a que el cónyuge que trabaja fuera de la casa y percibe así rendimientos, no deja de obtener medios por la cesación del matrimonio, mientras el que trabajaba para la casa queda sin empleo, y como no ganaba, sino ahorraba gastos, necesita ahora algo aparte para mantenerse, ya que antes su mantenimiento estaba entre las cargas familiares.

Sin perjuicio de lo señalado con anterioridad, POSNER[616] agrega ciertas funciones adicionales que pueden estar incluidas en una sentencia de divorcio de la mano del establecimiento de un derecho de alimentos. Así, anota que aparte de *prescribir la división del trabajo de los activos familiares*, la sentencia de divorcio podría ordenar que el esposo pague a la esposa: 1) una suma fija periódica, *a menos que ella vuelva a casarse* –él arguye que se trata de una pensión alimenticia para la mujer, sin embargo no es otra cosa que un matiz de la compensación por desequilibrio, nótese que el artículo 101° del Código civil español establece la extinción de la pensión compensatoria por nuevo matrimonio, y 2) *una parte del costo de crianza de los hijos* del matrimonio y *parte de los costes de oportunidad* asumidos por la madre en tanto asume la custodia de éstos.

Como se puede observar por lo general, las *instituciones* jurídicas suelen ser más amplias que su delimitación *conceptual*. Este hecho a su vez, de la mano de

---

[614] EGEA FERNÁNDEZ, Joan. En *Comentaris al Codi de Familia, a la llei d'unions de situacions convivencials d'ajuda mútua.* EGEA I FERNÁNDEZ, Joan; FERRER I BIBA, Josep (Directores). Tecnos, Madrid 2000. Pág. 112.

[615] ALBALADEJO, Manuel. *Curso de Derecho Civil, Tomo IV, Derecho de Familia.* 1982.

[616] POSNER, Richard A. Ibíd. Pág. 142.

determinados cambios sociales, es normalmente la causa de las reformas legislativas o la creación de nuevas y más específicas *instituciones*.

Éste fue en nuestra opinión, el caso particular tanto de los alimentos como de la compensación por desequilibrio. Desde el punto de vista *conceptual* los alimentos se hicieron insuficientes y a la vez, emergió *la compensación por desequilibrio*: una nueva *institución*.

La existencia de un modelo de familia tradicional, en el cual la producción femenina forma parte de un insumo desvalorizado y subestimado, un mercado sin ampliación suficiente, en el que aún no se producen parte de los insumos que las mujeres suelen producir en el hogar, y en consecuencia la dependencia económica que mantiene la esposa respecto a su consorte, sirven no solo de un marco explicativo a nivel socioeconómico, sino de igual manera como veremos de pensamiento a nivel general. Los alimentos pues, sirvieron así tanto *institucional* como *conceptualmente*, de vía a través de la cual se procuraba dar solución al dilema patrimonial surgido tras la separación o divorcio, en lo posible, en todos sus aspectos.

Más tarde, en un contexto en el cual el mercado empieza a expandirse, la oferta de bienes y servicios es más amplia y la progresiva necesidad de capital humano cualificado elevan ostensiblemente los costes de oportunidad femeninos asociados a su permanencia en el hogar. La negociación hipergámica ahora a nivel social normativo requiere una garantía respecto a las nuevas condiciones, así como un remedio a las ya existentes y desfavorables para algunas mujeres. Estos hechos, se configuraron como el preludio de una modificación legal (reforma de 7 de julio de 1981), así como de la reformulación y limitación de *conceptos* a nivel jurídico en virtud de modelos ya existentes en países como Francia (*prestation compensatoire*) o Italia (*assegno per divorzio*).

La reformulación y limitación de conceptos a nivel jurídico pues, parte de realizar distanciamientos entre las naturalezas jurídicas de las *instituciones* relevantes.

En esencia y en ese sentido, se puede sostener que la tarea de los juristas tendente a delimitar la naturaleza jurídica de una *institución*, es en el fondo, un esfuerzo por prescribir el *rol* del Derecho sobre los individuos en función de dicha *institución* y no de otra. Se remarcar la naturaleza jurídica de una *institución* determinada para desvirtuar a otra. En ese sentido, la «nueva» naturaleza jurídica de la compensación por desequilibrio vino a desvirtuar el pretendido carácter asistencial propio de los alimentos. Análoga es la función jurisprudencial en este sentido. Trasmite el *paulatino tránsito* de las concepciones y la adecuación de las *instituciones* a su real (o pretendida) naturaleza.

Paulatino tránsito, en efecto, como ya pusimos de manifiesto, se trata de un *proceso*. Aún cuando la compensación por desequilibrio había entrado ya en escena, conceptual y jurisprudencialmente se siguió en cierta medida apelando aún a los alimentos. De acuerdo a esta paulatina evolución, LACRUZ[617] señalaba que la *pensión compensatoria* viene a sustituir a la antigua deuda de alimentos, y que cumple una función alimenticia que, incluso, se potencia (...); por lo que la pensión se presenta como integradora y superadora a la vez de la antigua deuda de alimentos, siendo su alcance mayor en la actualidad, como resultado de esa renovación de tipo cualitativo.

Este fenómeno puede apreciarse claramente a su vez, a nivel jurisprudencial. Según la Sentencia Audiencia Provincial Núm. 93/1999 Lleida (Sección 1), de 14 junio, (AC 1999, 7130) el «*...concepto de pensión compensatoria, en la que ciertamente pueden englobarse los antiguos y ya extinguidos derechos alimenticios, quedando por tanto concentradas bajo tal ropaje jurídico tanto las finalidades estrictamente compensatorias como las de índole alimenticia*».

De igual manera, se hace evidente la continuidad en la aplicación de la compensación por desequilibrio bajo criterios alimentistas. La Sentencia Audiencia Provincial Núm. 4/2000 Toledo (Sección 2), de 10 enero, (AC 2000, 160) señala: «y, así, *la desaparición de la las necesidades de los hijos como alimentistas, no debe conllevar que la esposa haya de quedar absolutamente desprovista de cualquier percepción*. Percepción que, entonces y ahora, debe tener el carácter de compensatoria, aunque en el convenio, dejara de aludirse, literalmente, a esa naturaleza de la misma, y

[617] LACRUZ BERDEJO, José Luis y RAMS ALBESA, Joaquín. Ob. Cit. Págs. 1162-1163.

sin esta consideración contradiga, en el caso, el carácter jurídico-privado y los principios de disponibilidad y rogación, propios de esa suerte de compensación por desequilibrio económico (arts. 97 y ss. del CC). Porque, además, en ningún momento de los sucesivos avatares judiciales por los que han venido atravesando los ahora ex-cónyuges, se ha mostrado otra cosa distinta de que la mujer ha venido dedicando su vida al cuidado y atención de la familia, y que pertenece a una generación de mujeres que, por sus condicionamientos, carecen de capacitación profesional, habiendo llegado a una edad en la cual es muy difícil pensar que puedan adquirir una autonomía económica».

Más tarde, en medio de cambios sociales, legislativos y de concepción a nivel general; conceptualmente, y por ende jurisprudencialmente, se fueron marcando distancias en cuanto a distintas naturalezas jurídicas; una nueva *institucionalidad*. Los cambios sociales y legislativos, son en buena cuenta también cambios intelectuales.

Tal es el sentido entre otros, de la Sentencia Audiencia Provincial núm. 3/2000 Murcia, (Sección 1), de 11 enero, (AC 2000, 153), al referir que en cuanto a la compensación por desequilibrio *«se trata, en definitiva, de una medida no de índole o carácter alimenticio*, conforme quedó claramente recogido en el debate parlamentario de la *Ley 30/1981 de 7 de julio (RCL 1981, 1700 y ApNDL 2355)*, sino por el contrario de naturaleza reparadora o compensatoria tendente a equilibrar en lo posible, como decimos, el descenso que la separación o divorcio puedan ocasionar en el nivel de vida de uno de los cónyuges en relación con el que conserve el otro». De la misma forma se pronuncia la Sentencia Audiencia Provincial núm. 89/2001 Málaga (Sección 6), de 8 febrero, (AC 2001, 339), al anotar que *«la pensión compensatoria que estatuye el artículo 97º del Código Civil carece de naturaleza alimenticia, siendo un mero mecanismo corrector del perjuicio económico que la separación o el divorcio pueda producir en uno de los cónyuges…»*.

El principal argumento sobre el cual se erige esta nueva institucionalidad a la que hacemos referencia, y que radica en la delimitación de una naturaleza jurídica autónoma de la compensación por desequilibrio en caso de divorcio *respecto a los antiguos alimentos* es a nuestro entender, la extinción de la obligación alimentaria.

Según se desprende del artículo 143° CC, la obligación de alimentos se extingue tras la disolución del vínculo conyugal. Este es un hecho con trascendencia jurídica a nivel de determinadas consecuencias jurídico-patrimoniales. Sin embargo, la distancia entre una u otra figura habría de verse desde nuestra perspectiva, además en función de ciertos fundamentos filosóficos.

¿Qué es lo que realmente distancia a los *alimentos* de la *compensación por desequilibrio*? La legitimidad y titularidad de los distintos recursos involucrados en las transmisiones patrimoniales. Más allá de consideraciones acerca de requisitos de configuración, criterios de tipicidad u otros elementos de apreciación en uno u otro caso, resulta necesario distinguir el papel de la titularidad tanto en cuanto a los alimentos como en la compensación por desequilibrio.

Ello nos ofrece un fundamento filosófico hacia la nueva *institucionalidad* puede radicar en la titularidad.

En el caso de los *alimentos*, la titularidad sobre ciertos recursos pasa de una mano a otra en función de una obligación determinada abocada a atender las necesidades de quien legítimamente requiere su satisfacción. En la *compensación por desequilibrio* ocurre cosa distinta, la titularidad sobre ciertos recursos permanece (o debería permanecer) incólume, no así su disponibilidad. Por efecto de las distintas interrelaciones patrimoniales la disponibilidad de los bienes puede no ser correspondiente a la titularidad, o incluso, su titularidad es dudosa. La compensación por desequilibrio, busca en nuestra opinión restituir tanto la disponibilidad como el valor de determinados recursos en función de las promesas hechas y sus expectativas definiendo la titularidad de los recursos. En el fondo la determinación de un derecho de compensación por desequilibrio es el reconocimiento y delimitación de la titularidad de un agente sobre un patrimonio determinado mediante la asignación de un derecho sobre éste mismo patrimonio, que se traduce en una obligación de restitución. La compensación en este sentido está referida al ajuste en las diferencias en el valor de los bienes.

Es decir, nuestra opinión es que existen ciertas transmisiones patrimoniales cuya titularidad es incierta en la medida que aparece escondida tras una tenue frontera entre la necesidad y el requerimiento legítimo. Esta fue la base de la primaria confusión nivel conceptual entre la compensación por desequilibrio y los alimentos. Esa es la razón del requisito del *desequilibrio* y *una relación de causalidad.* Si no existe un *desequilibrio*, a nivel interno las transmisiones se realizaron de manera tal, que no acusaron al cese de la relación un resultado *relevante*, en tal sentido, lo más adecuado es dejar las cosas como están.

Sin embargo, el *desequilibrio* es visto en muchas ocasiones, como una *fuente de necesidad* de una de las partes, un llamamiento a la solidaridad; y no tiene, pensamos, porqué serlo de esta manera.

En ello radica creemos, la distinción en cuanto a la *legitimidad* del reconocimiento del derecho a una compensación por desequilibrio. Si se asimilara a la compensación por desequilibrio como un requerimiento acerca de la necesidad de uno de los ex cónyuges y su disminución relativa de riqueza, y que obliga al otro a compensar esta pérdida de bienestar, estaríamos ante un fundamento alimentista.

Si por el contrario, se asume que quien sufre el desequilibrio, mantiene la titularidad sobre determinados recursos, no obstante no dispone de ellos en función de una distribución asimétrica y que urge le sean restituidos en virtud de un derecho de propiedad que ostenta sobre éstos, así como de la compensación en la pérdida del valor de dichos recursos, nos encontraremos ante un fundamento restitutivo o compensatorio.

Y es que, lo inaceptable en este sentido no es, desde el punto de vista *conceptual*, la aparición de un desequilibrio (suele ser en gran medida inevitable), sino el tratamiento que se dé respecto a la *titularidad* de los recursos. El perjudicado por un *desequilibrio* no necesita contar con instrumento de materialización de la solidaridad y consecuente redistribución de riqueza, sino de reconocimiento de su *titularidad* sobre un patrimonio, y la delimitación y asignación de sus derechos de propiedad.

Esta breve introducción sobre el origen de la compensación por desequilibrio, pretendemos no solo nos otorgue una perspectiva histórico-institucional de la figura en cuestión, la compensación por desequilibrio, sino además sirva como el hilo conductor para las sucesivas conclusiones que buscamos ofrecer. Comprender el origen de la compensación por desequilibrio en este orden de ideas, puede ayudarnos a resolver una serie de dudas acerca de su funcionamiento y su sentido.

No queremos sin embargo, inducir a confusiones en cuanto a su origen en los alimentos, ni su paralelo con distintas naturalezas jurídicas. No se trata en lo absoluto de una institución híbrida, una «nueva» prolongación de los antiguos alimentos, o acaso un apartado o matiz específico de alguna o varias de las funciones antes incluidas a nivel intuitivo en la obligación legal de alimentos o en las obligaciones derivadas de una sentencia de divorcio, a las que hicimos referencia. Se trata de una *institución* que tras la evolución de otras instituciones, de contextos sociales determinados y concepciones, ha adquirido una *autonomía* determinada.

Podemos citar y adherirnos en ese sentido a la opinión de DE LA PUENTE Y LAVALLE[618] en tanto refiere: *"ocurre aquí en el campo del Derecho, algo similar a lo que ocurre en el campo de la Química, en que la unión de dos elementos, doble proporción de hidrógeno con una de oxígeno, no da lugar a que haya una suma de hidrógeno y oxígeno, sino que resulta un producto nuevo que no es hidrógeno ni oxígeno, sino que es agua"*.

II. Algunas consideraciones previas de interés

Aunque si bien es cierto, el tratamiento que hemos venido brindando como marco de la compensación por desequilibrio transita sobre una tenue frontera entre lo que hemos denominado un Derecho *intuitivo* y *espontáneo* y otro Derecho *estricto* o

[618] DE LA PUENTE Y LAVALLE, Manuel. *Estudios del contrato privado.* Tomo I, pág. 152. Fuente secundaria. Ver ARIAS-SCHREIBER PEZET, Max, ARIAS-SCHEREIBER, Ángela, VEGA MERE, Yuri, MURO ROJO, Manuel. *Contratos Modernos.* Gaceta Jurídica editores, Lima, 1999. Pág. 105.

positivo; dicha distinción era mantenida a efectos explicativos y demostrativos. Así, en la medida que "*el Derecho*" en sentido amplio, debe considerar ambos ámbitos, es necesario reconocer que si pretendemos realizar un análisis de la compensación por desequilibrio tenemos que centrarnos en su aspecto *normativo social* (sin perjuicio del *normativo intuitivo*). Es decir, hemos de subordinar la *perspectiva normativa intuitiva* personal o colectiva, a la *perspectiva normativa social*.

Para dichos efectos, estimamos de suma importancia dedicar un apartado a ciertas consideraciones previas, acerca de la *autonomía privada*, las *cargas familiares*, el *enriquecimiento injusto* y el *régimen económico matrimonial*, en la medida que en uno u otro caso, guardan estrecha relación con la compensación por desequilibrio en función de nuestra propuesta teórica.

i. La Autonomía Privada y el "Teorema de Coase"

El tema de la *autonomía privada* resulta fundamental en la presente exposición en cuanto a lo que respecta al papel del Derecho respecto a la *información* con la que cuentan los individuos o grupos determinados para la toma de sus *decisiones* estratégicas. Para hablar de ella, debemos establecer una relación con lo que se conoce como el "*Teorema de Coase*"[619].

Dicho teorema establece que: «*siendo la delimitación de derechos un preludio esencial para transacciones mercantiles (o para lo que nos compete, también relaciones jurídico-patrimoniales en la esfera del derecho de familia); cuando los costos de transacción son nulos, el resultado último (que maximiza el valor de la producción) es independiente de la decisión legal*».

Para entender este teorema debemos detenernos a observar ciertas premisas que configuran y constituyen sus fundamentos.

[619] Término acuñado por George J. Stigler para subsumir las hipótesis de Ronald H. Coase acerca de las imperfecciones del mercado y de la presunta necesidad de una intervención estatal para corregirlas. Para ahondar sobre este tema véase R. H. COASE. *«The Problem of the Social Costs »*.

Son cuatro tales premisas, que esquematizadas por GHERSI[620]; se muestran de la siguiente manera: 1) *el mercado es un mecanismo costoso en el que no se pueden adoptar todas las decisiones*, 2) *toda transacción cuesta algo a quien la realiza, independientemente de sus propios propósitos*. Este costo de transacción está compuesto por el *tiempo* y la *información* indispensables para que la actividad se lleve a efecto, 3) *cuanto más compleja es una economía, mayores serán los costos de transacción*; y 4) *el Derecho se configura como institución mediadora para reemplazar a las personas individuales y al mercado en aquellas funciones en que los costos serían insufragables en un contexto de intercambio puro*.

Con esta base, es que toman forma las "*Leyes de Coase*", a efectos de determinar que *el Derecho no es indiferente al óptimo económico*[621], en tanto garantice una situación en la que nadie puede mejorar su propia posición a costa de que la de otro empeore; y que el Derecho en sí mismo es un instrumento de reducción de los costos de transacción. Es en este último sentido, en el que debe procurar definir y delimitar derechos de propiedad, dotar de seguridad jurídica a los contratos y establecer un sistema de responsabilidad extracontractual[622].

Dado que el Derecho -nos dice GHERSI- procura disminuir los costos de transacción, su función económica principal estriba, entonces, en *reducir el tiempo y consolidar la información, indispensables para tomar decisiones*. Esta información está compuesta, a su vez, por la *acumulación de experiencias, valores, juicios y fracasos de los demás*. Luego, el Derecho permite utilizar más información de la accesible a cada persona individualmente[623]. Esto se resume en lo que en opinión de éste autor, significa la *reducción de "incertidumbre en un mundo de escasez*" y la posibilidad de realizar un conjunto de actividades que en un contexto de intercambio puro resultarían imposibles[624]. Bajo esta perspectiva pues, el Derecho se entiende «*como el instrumento*

[620] GHERSI, Enrique. *El Costo de la Legalidad. Una aproximación a la falta de legitimidad del Derecho*. Pág. 5.

[621] Ver más adelante el principio del "Óptimo de Pareto".

[622] GHERSI, Enrique. *El Costo de la Legalidad*. Pág. 6.

[623] Loc. Cit.

proveedor de información que, junto con el conocimiento del tiempo y del lugar, establece el marco dentro del cual se decide»[625].

Como sostuvimos en capítulos anteriores, la *ausencia de un marco de información perfecta* hace de la *incertidumbre* un elemento fundamental en la toma de *decisiones estratégicas*. Las decisiones en otras palabras, consideran la *incertidumbre* y la interiorizan. En el plano de la compensación por desequilibrio; el cumplimiento efectivo de las obligaciones y promesas inherentes a la vida en común, así como el mantenimiento del valor de las expectativas son *incertidumbres*.

Dijimos a su vez, que la existencia de tal *incertidumbre* supone la necesidad de establecer ciertas salvaguardas. En el campo del *Derecho intuitivo* dicha tarea la cumple el *altruismo*. En el campo del *Derecho estricto* o *positivo*, la cumple la *ley*. La ley en ese sentido ha de ser entendido como el conjunto de normas del ordenamiento y los juicios y criterios jurisprudenciales, que pueden orientar o permitir predecir un determinado resultado normativo.

Ahora bien, sin perjuicio pues, de que tal como sostuviéramos, determinados actos y transferencias en el seno de una comunidad de vida, en muchas ocasiones están gobernados, bajo reglas y criterios provenientes del *Derecho intuitivo* de la familia, sería una falacia afirmar que dicho orden jurídico es absolutamente independiente, y que el *Derecho positivo* no condiciona ciertos actos, conductas y estrategias personales.

En otras palabras, las transmisiones patrimoniales pueden darse en función de reglas establecidas en virtud de mecanismos altruistas espontáneos, sin embargo la *incertidumbre* respecto a las eventuales consecuencias de dichas transmisiones, hacen a los individuos observar las potenciales vías de resolución, y el tratamiento que las normas sociales atribuyen a situaciones análogas. Estas situaciones potenciales, con la motivación que otorga la *incertidumbre*, en gran medida van a orientar determinadas

---

[624] Id. Tratemos de imaginar cómo se llevarían a cabo las relaciones patrimoniales de los cónyuges o miembros de una pareja si el derecho no regulara sus efectos en caso de crisis, serían o ostensiblemente onerosas o acaso inexistentes.

[625] Loc. Cit.

conductas en la intimidad del funcionamiento familiar y de pareja. El *Derecho estricto*, así se convierte una fuente de *información* cualificada.

En resumidas cuentas pues, el *altruismo* y sus *procesos de reciprocidad* cumplen a nivel *intuitivo* la función informativa (limitada por altos costes de información); en la esfera *normativa social* lo hace el *Derecho positivo*. Sin embargo cualquier *información* del *Derecho positivo* se hace *relevante*, en cuanto a las decisiones y estrategias dentro del *Derecho intuitivo*.

Ahora bien, la distancia existente entre el *Derecho intuitivo* y el *Derecho positivo* está dada en función de la *autonomía de la voluntad*, y la diferencia entre ambas, va a traducirse por lo común, en distintos niveles de eficiencia.

En principio pues, en virtud del «teorema de Coase», cualquier individuo que quiera invertir sus recursos, tiempo y conocimiento en una actividad deberá evaluar *grosso* modo, por un lado, lo que puede costarle cumplir con las obligaciones legales, y, por otro, lo que puede obtener de la ley a cambio de ese cumplimiento[626]. Con ello, el consecuente análisis personal o colectivo de costes y beneficios, conducirá a los distintos órdenes jurídicos (*Derecho intuitivo* y *Derecho positivo*) a competir entre sí. La victoria de dicha contienda corresponderá entonces, al que otorgue los mejores niveles de eficiencia. Sucede que por lo común, el *altruismo* es más eficiente en la familia que mecanismos de mercado o disposiciones jurídicas exógenas. Posiblemente en esto radique la eventual *irrelevancia* de la *equidad* en la familia. Una familia, en determinadas ocasiones puede (y suele) sacrificar *equidad* por *eficiencia*.

Sin perjuicio de ello, el *Derecho positivo* goza del privilegio de delimitar el campo de acción del *Derecho intuitivo*. Como acertadamente sostiene EGEA[627], -desde el punto de vista del *Derecho positivo*- hace falta que el ordenamiento jurídico establezca el marco en que debe moverse dicha autonomía (ámbito imperativo) y a su vez defina las obligaciones en términos generales, estableciendo unas reglas por

[626] GHERSI, Enrique. Ob. Cit.

[627] EGEA FERNÁNDEZ, Joan. *Pensión compensatoria y pactos en previsión de una ruptura matrimonial. En: Estudios jurídicos en homenaje al profesor Luis Diez-Picazo. Tomo III*, Thomson Civitas, Madrid, 2003. Pág. 4559.

defecto (*función informativa*), es decir, de naturaleza dispositiva, que reflejen la común concepción sobre el modo de actuar en el matrimonio. Los contrayentes, respetando en cualquier caso las normas imperativas, solo negociarán un acuerdo a su medida, si sus preferencias se apartan de las bases que fijan las normas por defecto.

En este contexto, la afirmación del «teorema de Coase» es que, en caso de que la norma legal (*Derecho positivo*) no cumpla esta función de reducción de costos de transacción, o, los pactos celebrados en virtud del ejercicio de la autonomía privada, determinen menores costos, sea *indiferente* la solución o regla establecida por ley, en tanto, la transacción se ha llevado a cabo de la manera más eficiente[628]. Aquí, la *equidad* podría hacerse *irrelevante* a nivel *intuitivo*.

La *autonomía privada* así, podríamos definirla como *la capacidad individual (y colectiva por concurrencia) de producir Derecho*. Con tal definición, la autonomía privada puede ser asimilada al *Derecho intuitivo* en el plano de la intimidad familiar. Si asumimos como válida tal definición, la producción o creación de un *Derecho* determinado puede radicar igualmente a la *renuncia* a un determinado orden jurídico.

En este aspecto, a nivel *social normativo* se estipula la posibilidad de *renuncia* a la compensación por desequilibrio. Ello nos lleva a la disponibilidad de dicho derecho y la consideración acerca del carácter vinculante y de *justicia* de las *reglas intuitivas*.

No obstante ello, y aún cuando la compensación por desequilibrio cuenta con un amplio consenso en cuanto a su *carácter disponible*, así como de su sujeción al principio de *rogación*; no es poco usual encontrar en ciertos criterios jurisprudenciales un acusado paternalismo que prepondera un ánimo redistributivo y de juicio de valor en cuanto a la justicia proveniente de la capacidad y autonomía de los intervinientes.

Un ejemplo de ello es el pronunciamiento contenido en la SAP núm. 93/1999 Lleida (Sección 1), de 14 junio, (AC 1999, 7130) , el mismo que sostiene, que «*...del hecho de no haberse efectuado petición ni pronunciamiento sobre la pensión*

---

[628] Siempre y cuando, claro está, se ajuste a los criterios de legalidad establecidos por el ordenamiento jurídico.

compensatoria en el proceso de separación seguido entre las partes por haberse renunciado a ella en el convenio regulador de separación, no puede entenderse como dejación definitiva del derecho a percibir la pensión compensatoria, puesto que los procesos de separación y divorcio son distintos entre sí, y tanto puede ser planteada en uno u otro o en ambos, como establece el art. 97º del CC, viniendo condicionada tan solo por el efectivo desequilibrio patrimonial que se produce entre los cónyuges con ocasión de la constitución de tal situación jurídica de disolución del matrimonio –en el caso de divorcio, al disolverse el matrimonio, desaparecen los deberes de ayuda y socorro mutuo entre los cónyuges, no pudiendo, por tanto, reclamarse alimentos los ex –cónyuges- por ello, cualquier reclamación económica asistencial entre cónyuges, no solo en la litis de divorcio (sino también en la separación), ha de encontrar su único cauce adecuado en el marco del art. 97º del CC bajo el concepto de pensión compensatoria, en la que ciertamente pueden englobarse los antiguos y ya extinguidos derechos alimenticios, quedando por tanto concentradas bajo tal ropaje jurídico tanto las finalidades estrictamente compensatorias como las de índole alimenticia».

Aunque existe diversidad de opiniones, -lógicas, pero aún así discutibles- en cuanto a la *disponibilidad* del derecho a compensación por desequilibrio[629] y su posibilidad de *renuncia*; como puede observarse, dicha sentencia considera en cierta medida y bajo ciertos criterios, «no suficiente» la renuncia a efectos de la procedencia o improcedencia de su concesión.

Con la misma tónica, existe incluso algún criterio que ha supuesto la incapacidad de las partes para establecer una *renuncia* y en ese sentido califica de ineficaz el acuerdo. La Sentencia Audiencia Provincial Tarragona (Sección 1), de 20 abril, (AC 2000, 3421) señala: «*si la demandada en el momento de firmarse el convenio regulador carecía de capacidad necesaria para conocer y querer la renuncia efectuada en dicho momento a percibir la pensión de cualquier género debe estimarse ineficaz*».

[629] Autores como PEÑA BERNALDO QUIRÓS o GARCÍA CANTERO, se inclina por la indisponibilidad, no así autores como MARÍN GARCÍA DE LEONARDO o ROCA TRÍAS que apelan a favor de su disponibilidad.

Desde nuestro punto de vista, dichas posturas son incongruentes. Ya sea desde la consideración de insuficiencia de una *renuncia* personal hasta la falta de capacidad para conocer y desear sus eventuales consecuencias hablamos de imprecisiones conceptuales.

La *renuncia* de un derecho desde nuestra postura -posible aún cuando sus presupuestos no se hayan configurado-, obedece al fuero interno de cada interviniente, y como bien señala la Sentencia del Tribunal Supremo de 2 de diciembre de 1987, no tiene porqué en él intervenir de modo coactivo el poder público, suponiendo que la *justicia* es un concepto previo a las *reglas* que debe superponerse a la voluntad individual. La *justicia* como dijimos -y como veremos en detalle en el siguiente capítulo-, en el ámbito de normas no imperativas, está subordinada al cumplimiento de las *reglas* comúnmente aceptadas y establecidas; y no a un juicio exógeno de *justicia* preexistente a las *reglas*. La *renuncia* en este sentido, ha de ser válida y plenamente justa. La *injusticia* por su parte y en esta línea, se configura como la imposición arbitraria de una consecuencia jurídica contraria al común consenso de acuerdos privados.

En cuanto a la referencia de la sentencia antes citada, acerca de la falta de capacidad necesaria para conocer y querer la renuncia, la incongruencia consiste a nuestro parecer, en considerar la *incertidumbre* como un vicio en el consentimiento. Nos distanciamos diametralmente de dicho argumento; sobre la base de que la *incertidumbre* es en esencia, un elemento fundamental en cualquier acuerdo. La falta de capacidad necesaria para conocer un hecho futuro es en general una *incertidumbre* y, en mayor o menor medida, siempre existe. Más aún, tal como lo expusimos en su momento, la *teoría de la racionalidad limitada* puede darnos luces acerca de cómo las decisiones son calificadas como *satisfactorias* y no como *óptimas*, en la medida que estima que la razón humana es incapaz de contar con toda la *información* posible para la toma de decisiones. Dicho de otra forma: ¿quién puede determinar la suficiencia o insuficiencia de capacidad o información frente a un acuerdo?, ¿cuánta es la capacidad necesaria? aun con ello, ¿qué pasa con niveles de aversión al riesgo bajos, o con otro tipo de incentivos? Otro tema incoherente es en nuestra opinión; la capacidad de querer la renuncia. Si se entiende que existe incapacidad en la medida de que no se puede renunciar a un derecho inexistente, como dijimos, el planteamiento es discutible, aun cuando nos mantenemos en una postura que estima que derechos aún no constituidos es plenamente renunciable.

De otro lado, otros criterios jurisprudenciales nos ofrecen una postura, que en nuestra opinión resulta coherente, de autonomía de la voluntad plena en cuanto a la compensación por desequilibrio. Ella queda reflejada en la Sentencia Audiencia Provincial núm. 194/2000 Murcia (Sección 1), de 9 mayo, (AC 2000, 1104), en consonancia con la Sentencia del Tribunal Supremo de 2 de diciembre de 1987; en cuyo tenor se sostiene que «*hay, pues, un derecho subjetivo, una situación de poder concreto, entregada al arbitrio de la parte, que puede hacerlo valer o no, sin que deba intervenir en tal aspecto y de modo coactivo el poder público al no afectar al sostenimiento de la familia, ni a la educación o alimentación de los hijos comunes, ni a las cargas del matrimonio, salvaguardadas por otros preceptos; se pretende sólo mantener un equilibrio y que cada uno de los cónyuges pueda continuar con el nivel económico que tenía en el matrimonio*». La aplicación de la anterior doctrina al caso enjuiciado lleva a la conclusión de que en materia de pensión compensatoria *rige plenamente el principio dispositivo, de ahí que sea admisible la renuncia a dicha pensión, siempre que no contravengan los términos del artículo 6.2 del Código Civil, lo que aquí no ocurre, pues la renuncia a la pensión compensatoria no contraviene el interés o el orden público (...), ni perjudica a tercero*».

En igual sentido, la Sentencia Audiencia Provincial núm. 137/1999 Las Palmas (Sección 1), de 19 febrero, (AC 2000, 3883) apela a la eficacia de un acuerdo en virtud de la mera manifestación de voluntad respecto a la *renuncia*. Señala así: «*...se observa que en la cláusula sexta, último párrafo, del convenio regulador los esposos formularon de manera expresa e incondicional la renuncia a cualquier tipo de pensión compensatoria, presente o futura, por ser ambos autosuficientes. La renuncia, suscrita en estos términos tan categóricos, surte efectos para ambas partes (sin que tengamos que descender ahora a determinar la vigencia o no de la autosuficiencia de los dos, en especial de la esposa)...*».

Inclusive, y es interesante observarlo, la amplitud de la *renuncia* al derecho abre la puerta para consideraciones accesorias al derecho en sí mismo. La Sentencia

Audiencia Provincial núm. 122/2001 Zaragoza (Sección 2), de 7 marzo, (AC 2001, 474), nos da luces acerca de ello, señalando literalmente: «*el pacto IV del Convenio Regulador de 23 de septiembre de 1998 al determinar que la convivencia con tercera persona no es causa de modificación o extinción de la pensión no puede considerarse nulo por ser contrario a lo establecido en el artículo 101 del Código Civil y vulnerar norma legal (artículos 6 del Código Civil y 1255 del Código Civil) por cuanto en el indicado convenio regulador se estipulaba que el uso del domicilio conyugal recaía en el hoy apelado, por lo que la fijación de aquella pensión iba íntimamente unida a la salida de la esposa de aquel domicilio, pudiéndose pactar el mantenimiento de la pensión aunque la esposa conviviera con tercera persona, por cuanto dicho pacto afecta a normas o derechos que son de derecho dispositivo no de ius cogens, por cuanto si la pensión compensatoria (artículo 97 del Código Civil) es renunciable como tal (Sentencia de 2 de diciembre de 1987 RJ 1987, 9174) cualquier norma que afecte a la misma (artículo 101 del Código Civil) también lo será por cuanto al margen de cualquier distinción sobre a qué tipo de convivencia se refería la indicada cláusula, el pacto es válido por lo que la supresión o minoración de la pensión compensatoria pactada sólo se podrá obtener a través de la modificación de las circunstancias que en su día se tuvieron en cuenta para su fijación (artículo 100º del Código Civil) por lo que procede estimar el recurso revocando la Sentencia apelada manteniendo la pensión compensatoria estipulada en el convenio regulador*».

Con todo lo anteriormente expuesto, entendiendo que el Derecho se configura como un contexto de *información* para los sujetos, la *autonomía privada*, en tanto se trate de derechos disponibles, y no existan normas imperativas determinadas, es la capacidad de producir Derecho mediante el establecimiento de *reglas* particulares, y un referente de *justicia* en la medida que se cumplan dichas *reglas* acordadas voluntariamente, -con independencia de la decisión legal, esta es la aportación del *teorema de Coase*-. En ese sentido, cualquier *juicio de justicia* externo con referencia a un eventual derecho de compensación por desequilibrio, ha de observar, el conjunto de *reglas* establecidas con anterioridad y que por lo común han regido las distintas *relaciones* y *transmisiones* patrimoniales.

ii. Las Cargas *en la* Familia

Hemos sostenido que el comportamiento de los sujetos puede variar, y generar distintas conductas o estrategias respecto a sus *relaciones* y *transmisiones* patrimoniales, en función de la *información* que provean, no solo los comportamientos de los demás sujetos involucrados, sino además, el ordenamiento jurídico, y en particular el *Derecho positivo*.

Ahora bien, un gran cúmulo de dicha *información*, así como de la asignación de tiempo y recursos durante la vigencia de una comunidad de vida, está dada a través de *normas sociales* concernientes a la contribución a las *cargas en la familia*.

No obstante, y sin perjuicio de ello, el tipo de *información*, "*puede*" depender, en gran medida de la amplitud del concepto de *carga* al que hagamos referencia. Dicha amplitud sin embargo, es en realidad, de tipo jurídico. La doctrina se refiere –haciendo diversas distinciones conceptuales- a cargas *matrimoniales* o cargas *familiares* en función de distintos matices. No entraremos aquí a discernir sobre dichas distinciones, o sobre la pertinencia de una u otra denominación. Esa es la razón por la cual nos referimos a las cargas *en la* familia.

En efecto, como bien señala PEREDA GÁMEZ[630], existe una amplia dificultad de construir una concepción unitaria de las *cargas familiares* a partir de los textos legales, sobre todo, por el lastre que supone la dependencia de la noción de cargas familiares de la regulación de los efectos económicos del matrimonio y de cada régimen económico matrimonial en particular.

Este hecho también se hace sentir en el campo de la *información* que reciben los miembros de la pareja en cuanto a sus *transmisiones* patrimoniales. La ambigüedad normativa en la referencia a cargas *matrimoniales* y cargas *familiares*, nos hacen

[630] PEREDA GÁMEZ, Francisco Javier. *Las cargas familiares. El régimen económico de las familias en crisis*. La Ley. Madrid, 2007. Pág. 188.

acercarnos a un problema de delimitación, sobre todo, en cuanto a la *información* que reciben los sujetos.

Es evidente que no cabe una definición unívoca de *cargas familiares*, pues cada grupo de preceptos atiende a un contexto determinado cuando se refiere a ellas[631]; puesto que existe una oscura frontera entre lo que podría entenderse por cargas *matrimoniales* o *familiares*, no en función del título, sino en cuanto al destino y objeto de las contribuciones, lo que finalmente, puede en una u otra medida, modular el comportamiento contributivo de los sujetos.

Así, en esencia podemos establecer como PEREDA GÁMEZ[632], que desde el punto de vista jurídico, la definición de las *cargas familiares* se construye por la concurrencia de tres grupos de normas: las que regulan la crisis matrimonial (90, 91, 93, 103.3 CC), las de relación paterno-filial (155 y 156 CC.) y las de régimen económico (1318, 1362 y 1438 CC.). Es tal el sentido; la diversidad de ámbitos en los cuales las cargas *en la* familia se hacen presente, el que dificulta su delimitación en función de la compensación por desequilibrio. Adicionalmente, y sin perjuicio de ello, dicha dificultad estriba, según palabras de MIRALLES[633], en que su determinación dependerá de las necesidades y de las circunstancias específicas de cada grupo familiar concreto, puesto que las necesidades de la familia tampoco pueden quedar determinadas abstractamente por ley.

Otra consideración, en cuanto a la dificultad en la delimitación de las cargas *en la* familia, es en nuestra opinión, la disparidad de las fuentes de contribución. Tal como anota EGEA[634], respecto al planteamiento de las *cargas familiares* en el Código civil, se pueden establecer ciertos medios de contribución; así, señala literalmente que se enumeran (en el C.c.) unos medios de contribución que hemos podido calificar de

---

[631] PEREDA GÁMEZ, Francisco Javier. Ob. Cit. Pág. 193.

[632] Ibíd. Pág. 194.

[633] MIRALLES GONZÁLES, Isabel. Ob. Cit. Pág. 422.

[634] EGEA FERNÁNDEZ, Joan. En *Comentaris al Codi de Familia, a la llei d'unions de situacions convivencials d'ajuda mútua.* EGEA I FERNÁNDEZ, Joan; FERRER I BIBA, Josep (Directores). Tecnos, Madrid 2000. Pág. 109.

primer nivel (trabajo doméstico, colaboración personal o profesional para el otro cónyuge y los recursos procedentes de actividad o rendimiento de los bienes), entre los que, además, hemos podido subdistinguir los que constituyen un medio directo e inmediato de contribución –caso del trabajo doméstico- y los que lo son indirectos, como la destinación de las ganancias obtenidas por el trabajo fuera de casa; y otro de *segundo nivel* (la sustancia del patrimonio), en el sentido que éste presupone la insuficiencia de los medios anteriores para cubrir las cargas; es decir, si uno de los cónyuges obtiene ingresos y el otro no, pero disfruta en cambio de suficiente patrimonio, habrá de contribuir con el capital o sustancia de este patrimonio. Esta esquematización puede resumirse, en virtud del planteamiento de PASTOR ÁLVAREZ[635] en contribuciones de *carácter económico* y contribuciones de *carácter personal*.

En nuestra opinión, y siguiendo en cierta medida este esquema, las contribuciones a las *cargas familiares* se pueden llevar a cabo de dos formas, o mejor dicho mediante dos medios distinguibles en función a su origen inmediato[636]; uno, mediante contribuciones en *capital humano*; y dos, mediante contribuciones en *recursos pecuniarios*.

Ahora bien, atendiendo a lo anteriormente expuesto, es preciso anotar la evidente relación en cuanto a las distintas vías de contribución a las cargas familiares y a las circunstancias potenciales de concesión de la compensación por desequilibrio en caso de crisis. Y es que sucede, que dicha relación radica en nuestra opinión, en la disparidad de los resultados procedentes de valoraciones de las contribuciones en diferentes contextos, esto es; antes y después de la crisis.

Dicho en otras palabras; las contribuciones en *capital humano* tienen dentro de la convivencia un *valor elevado*, y representan una aportación fundamental, no obstante, por lo general, fuera de dicho contexto, o lo que resulta lo mismo, tras una crisis suelen

[635] PASTOR ÁLVAREZ, María del Carmen. *El deber de contribución a las cargas familiares constante matrimonio*. Universidad de Murcia, 1998. Pág. 238 y ss.

[636] Establecemos el matiz de origen inmediato porque una aportación puede darse directamente mediante recursos pecuniarios, sin embargo dichos recursos pueden provenir de la rentabilización del capital humano, lo que significaría que dicha aportación tendría un origen mediato en el capital humano.

no sólo devaluar las capacidades potenciales de mercado de quien las realizó, sino además depreciarse de manera considerable.

Es un efecto directo del quiebre del *equilibrio en las contribuciones*. En opinión de ANGOSTO[637], hay equilibrio mientras el matrimonio se desarrolla con normalidad, pero no, cuando hay tal igualdad de una aportación si cesa tal convivencia[638]. En virtud a ello, considera que el fundamento de que sea el otro cónyuge el que haya de compensar (...) es la falta de homogeneidad de unas aportaciones al matrimonio que debían ser iguales.

Hemos de reiterar, lo que en nuestra opinión significa la inadecuación de la expresión igualdad en este ámbito, y la distinción entre igualdad y equivalencia, tratada *in extenso* en el capítulo precedente. Sin perjuicio de ello, podemos insistir en que precisamente el equilibrio lo es tal, porque hace equivalente dos prestaciones aún cuando son distintas. Hablando en términos estrictamente lógicos, consideremos que el equilibrio es una situación resultado de un intercambio determinado. Siendo ello así, no tiene ningún sentido que las prestaciones sean iguales, puesto que así el intercambio no tendría razón de ser. Otra cosa, es que se pretenda referirse a la igualdad no como medida cualitativa, sino como medida cuantitativa, en cuyo caso habría que hablar de equivalencia. En cualquier transacción los objetos de dicho negocio, no son iguales pero se hacen equivalentes mediante el intercambio. La homogeneidad en ese sentido, busca su sentido en el campo de la atribución de valor. Si a las aportaciones de uno u otro lado se les atribuye el mismo valor, son homogéneas, equivalentes.

Éste es el problema al que nos enfrentamos desde el punto de vista de las cargas *en la* familia. La disparidad de valoración en las contribuciones en distintos espacios y tiempos. En determinadas circunstancias dicha disparidad procura ser corregida mediante el reconocimiento y concesión de una compensación por desequilibrio.

---

637 ANGOSTO SÁEZ, José F. Ob. Cit. Pág. 140.

638 ANGOSTO SÁEZ, José F. *La concesión con carácter temporal de la pensión por desequilibrio del art. 97 C.c.* En: Homenaje al Profesor Bernardo Moreno Quesada. Volumen I. Almería, 2000. Pág. 139.

Ahora bien, aunque el equilibrio y las equivalencias propias de las libres transferencias en el curso de una comunidad de vida pueden brindar resultados satisfactorios; sus resultados fuera de dicho *contexto* pueden aparecer como desproporcionados. El paliar o intentar evitar estos hechos es la razón de ser de las *normas sociales ex ante* y *ex post*. Como señalamos, las *normas sociales* tienen no solo una función de *información*, sino además una *función delimitadora* a efectos de reducir otros costes de transacción (la de información es una de las versiones de la función de reducción de costes).

Así pues, las *normas sociales ex ante* prevén la «igualdad» (equivalencia diríamos nosotros) de las contribuciones, no solo como un fundamento, sino también como un objetivo con miras a una eventual crisis. Las *normas sociales* referidas a las cargas *en la* familia son en este sentido, normas *ex ante* respecto a la compensación por desequilibrio. La regulación de las cargas *en la* familia no es solo un marco normativo, sino además, uno de previsión futura. Ello en nuestra opinión, sería la explicación del carácter *imperativo* que ostentan.

En efecto, la regulación de las cargas *en la* familia tiene una naturaleza imperativa, puesto que como bien señala PEREDA GÁMEZ[639], existe un interés del Estado –entre otras-[640] por una función señalizadora del régimen matrimonial frente a otras uniones informales.

No obstante ello, creemos que la imperatividad en este sentido, no está abocada tanto al fiel cumplimiento de sus disposiciones, (pensemos que en la intimidad familiar, o en el *Derecho intuitivo* con relativa facilidad se pueden modificar las estipulaciones legales en cuanto a las contribuciones) sino a los resultados. La imperatividad es pues, no tanto una guía de cómo se ha de contribuir, sino una fuente de *información* de cómo se aplicará la justicia, y cuáles serán sus criterios en caso de divergencias.

---

[639] PEREDA GÁMEZ, Francisco Javier. *Las cargas familiares. El régimen económico de las familias en crisis*. La Ley. Madrid, 2007. Pág. 154.

[640] La puntualización es nuestra.

Se trata de un elemento exógeno, irrelevante mientras la comunidad de vida mantiene su dinámica y las contribuciones son equivalentes, no obstante, aplicable al quiebre de dicha comunidad. Normativamente a nivel social, se equiparan dichas contribuciones y así se mitiga la falta de *información* respecto a las *incertidumbres* concernientes al mantenimiento del valor.

En cuanto a las *normas sociales ex post*, podemos mencionar tangencialmente las referidas a los regímenes económicos matrimoniales y sus respectivas liquidaciones; y directamente las referidas a la compensación por desequilibrio.

Así, la distribución de recursos en la contribución a las cargas *en la* familia, está basada a nivel general (*ex ante* respecto a la compensación por desequilibrio) por lo establecido en los artículos 66° y 68° del Código civil; sin embargo en cada régimen económico matrimonial existen distintos matices, como lo veremos más adelante *in extenso*.

Sin perjuicio de ello, y en ese orden de ideas, podemos anotar citando a EGEA, que si bien es cierto, el modelo de organización familiar que está presidido por los principios de igualdad y de cooperación, que ahora se traducen en el socorro mutuo, la dirección y actuación conjunta, el deber de contribución a las cargas familiares y la actuación en interés de la familia[641], están formados por normas que, siguiendo la terminología acuñada por la doctrina francesa, constituyen el denominado *régimen primario*, y que, en principio, rigen al margen de cuál sea el particular régimen económico"[642]; y establecen que la contribución se incardina en un régimen más global, que no se agota con los actos concretos de contribución y satisfacción de cada carga, sino que tiene en cuenta todo el conjunto[643]; y "su fundamento no radica estrictamente en el matrimonio, sino en la convivencia y en la mutua solidaridad que caracterizan todos estos tipos convivenciales[644], así, con el cese de la convivencia las necesidades de

[641] EGEA FERNÁNDEZ, Joan. Ob. Cit. Pág. 94-95.

[642] Loc. Cit.

[643] EGEA FERNÁNDEZ, Joan. Ob. Cit. Pág. 95

[644] Ibíd. Pág. 95.

los cónyuges pasan a tener consideración estricta de individuales[645], y a la postre, dichas contribuciones, significarán a efectos de un re-equilibrio en su situación patrimonial, una fuente de rendimiento.

Con todo lo expuesto previamente, y en resumen, ¿cuál es entonces la relación existente entre las cargas *en la* familia y la compensación por desequilibrio?

En buena cuenta, -nos dice BAYO DELGADO[646]-, la compensación por desequilibrio, tiene mucho que ver con la proyección *sui generis* de las consecuencias económicas que los deberes recogidos en los artículos 67° y 68° del Código Civil tienen durante la normalidad matrimonial.

Del mismo modo, PEREDA GÁMEZ[647], muy acertado desde nuestra concepción, refiere que la compensación por desequilibrio implica, en parte, la desaparición de las *cargas familiares* mediante una compensación fruto de la proyección de la forma de contribución cualitativa a otra cuantitativa.

Por todo ello, siguiendo al citado autor, el sistema de *cargas familiares* se erige en clave de bóveda de la regulación de los efectos patrimoniales de la convivencia (y va incluso más allá de los cónyuges y de la institución matrimonial misma). En ese sentido, la inclusión del sistema de *cargas* en las normas de régimen primario y su gran amplitud de efectos hace de dicho régimen no solo un referente general e indirecto de los efectos patrimoniales entre cónyuges sino que se constituye en paradigma fundamental de la regulación legal de los efectos del matrimonio como convivencia, con una trascendencia de *ius cogens*, que prevalece en algunos aspectos sobre la autonomía de la voluntad en este ámbito[648].

---

[645] Loc. Cit.

[646] BAYO DELGADO, Joaquín. *Los límites de la pensión compensatoria. En: Temas económicos y patrimoniales importantes en las rupturas matrimoniales.* Asociación española de abogados de familia. Dykinson. Madrid, 1997. Pág. 179.

[647] PEREDA GÁMEZ, Francisco Javier. Ob. Cit. Pág. 542.

[648] Ibíd. Pág. 199.

Podemos concluir así en consideración a lo antes expuesto, que la relación existente entre las cargas *en la* familia y la compensación por desequilibrio es una de *tipo histórico* y radica en la *información* que brinda el ordenamiento jurídico y reciben los miembros de la pareja.

Así, en este contexto institucional –nos dice PEREDA GÁMEZ[649]-, no es difícil configurar la pensión compensatoria como la institución «heredera» de la atención de parte de las *cargas familiares*, la referida al mantenimiento del cónyuge beneficiario apta para las compensaciones por pérdida de expectativas y sobrecontribución. En este sentido –añade- las compensaciones históricas se integran en la fijación final de la pensión, liquidando en este apartado el sistema de *cargas familiares*[650].

Finalmente, frente a todo este panorama, estimamos de suma importancia anotar que resulta fundamental atender a las *situaciones iniciales* al matrimonio o la vida en común de los cónyuges. Dichas situaciones en gran medida van a determinar el *tipo* de contribución de cada uno. El nivel personal de *altruismo*, así como la *estratégica hipergámica* adoptada va a condicionar los tipos de aportaciones y su intensidad en virtud de la *división del trabajo*. Un matrimonio es una sociedad y los individuos suelen posicionarse en función de sus aptitudes y expectativas de rendimiento y distribución selectiva de tiempo y tareas. En dicho cometido, las distintas aportaciones o inversiones adquieren una equivalencia recíproca de valor, un punto de equilibrio. En él vamos a encontrar las distintas y particulares asimetrías entre el capital humano de cada individuo, sus niveles de altruismo y de solvencia patrimonial, así como las distintas vías de contribución. Esta delimitación es de especial importancia tanto a efectos de la liquidación del régimen económico matrimonial, como de la contabilización de las contribuciones a las cargas familiares, y ulteriormente, para la determinación de una eventual compensación por desequilibrio.

---

[649] Ibíd. Pág. 543.

[650] Sobre todo en cuanto a la quinta circunstancia del artículo 97° del Código civil.

iii. El empobrecimiento ilegítimo

Dentro de esta "*antesala*", que venimos planteando acerca de la compensación por desequilibrio, reviste especial importancia un criterio jurídico, el cual, como veremos, para gran parte de la doctrina representa base y fundamento ineludible en su tratamiento. Se trata del que ha venido a denominarse en la doctrina; *enriquecimiento injusto*, *enriquecimiento indebido*, *enriquecimiento sin causa* o *desplazamiento patrimonial sin causa*.

La aparente distinción entre dichos términos encuentra su base en fundamentos de tipo filosófico o jurídico-técnico, en función de la relación que guarde el enriquecimiento con una *causa* o con un *juicio de justicia*.

En ese sentido, la referencia o denominación más antigua y divulgada ha sido en nuestra opinión la del *enriquecimiento injusto*; y ello probablemente, por la procedencia romana del razonamiento que acoge. Como apunta DIEZ-PICAZO[651], el *enriquecimiento sin causa*, tiene su origen en la *condictiones* romanas, y ya en textos de POMPONIO, nos dice el citado autor, se dejaba ver un postulado concreto, "*nadie puede enriquecerse injustamente con daño de otro*".

No entraremos a discernir en cuanto a las posibles interpretaciones de este precepto, sin embargo sí queremos dejar algunas ideas sobre el tapete. La primera es que el concepto de daño, es a nuestro entender, imprecisa. Es decir, en función de uno u otro sentido del daño, este criterio sería aplicable o erróneo. Pensemos por ejemplo, en un combate de boxeo, y así consideremos que los boxeadores básicamente, suscriben un pacto mediante el cual, procuran *enriquecerse* en virtud de hacerse *daño* mutuamente. La reciprocidad en el daño, aunque pueda entenderse como una tautología, es en ese sentido irrelevante, puesto que el precepto requiere el daño de uno de los sujetos, con independencia de la respuesta, que igualmente será calificada de injusta.

651 DIEZ PICAZO, Luis y GULLON, Antonio, Antonio. *Sistema de Derecho Civil Volumen II*. Editorial Tecnos, Madrid 1992. Págs. 107 y 572.

La segunda idea está asociada con la preconcepción de la *injusticia* en la producción de un *daño*, y ello, a su vez, es consecuente con la preconcepción de la *justicia* de la *norma* o el *Derecho*. Como bien señala TOMÁS Y VALIENTE[652]; toda norma jurídica se presenta a sí misma como *justa* [...] así como el Derecho es una realidad "pretendidamente" *justa*. Así, resulta que si modificamos ligeramente el texto del precepto y decimos ahora: "*nadie puede enriquecerse con daño de otro*", entendemos que, presuponiendo la *justicia* de la norma, el *enriquecimiento* con daño de otro es *injusto*, ante lo cual, el término *injustamente*, sobraría.

Más aún, si desde una postura *iusnatulista*[653], se entiende que la producción de un *daño* es de por sí *injusta*, sería ahora la referencia al *enriquecimiento* la que sobraría. La única explicación que daría coherencia al postulado, en este contexto literal, creemos que sería aquella que incluya o establezca una *relación de causalidad* entre el *enriquecimiento*, el *daño* y la *injusticia*. Aquí, el término *enriquecimiento injusto* habría perdido vigencia técnica, y sería reemplazado en lo sucesivo doctrinalmente por el *enriquecimiento sin causa*.

Así, aparentemente, (creemos), la posterior interpretación se basa en que el sentido del criterio, es que la *injusticia*, –ya sea por vía normativa o *iusnaturalista*- consiste en *enriquecerse* a costa de causar un *daño* a otro. Ahora bien, ¿qué se ha de entender en este contexto por *daño*, a efectos de mantener una coherencia respecto a la pretendida *relación de causalidad*? Antes que un concepto, estimamos se realiza una delimitación en torno al *daño*. Para mantener la referida coherencia, el *daño* entonces, ha de ser *no un resultado* del *enriquecimiento per sé*, sino más bien, *un resultado del proceso del enriquecimiento*. El *proceso* en este sentido, y a nuestro modo de ver, puede entenderse como un sinónimo de *causa*. Ésta es la *relación de causalidad* entre el *daño* y el *enriquecimiento*.

---

[652] TOMÁS Y VALIENTE, Francisco. Ob. Cit. Pág. 26.

[653] El propio DIEZ-PICAZO sostiene que este principio plasmando en los textos de POMPONIO, más adelante pasó a ser considerado como una expresión de los *iusnaturalistas*, y su inclusión dentro del marco de los principios generales del Derecho propició la *actio in rem verso* del Derecho común. DIEZ PICAZO, Luis y GULLON, Antonio. Ob. Cit. Pág. 572.

Sin embargo y sin perjuicio de lo anteriormente expuesto, ha de existir otra *relación de causalidad*: la del *proceso* (causa) y la *justicia*. Ello nos lleva a examinar la *legitimidad* de las *reglas* en los *procesos*.

Éste es el punto donde los conceptos de *enriquecimiento injusto* y *enriquecimiento sin causa* pueden, o bien confluir, o bien tomar ostensible distancia; desde el punto de vista de un *juicio de justicia*.

Aunque en ocasiones se utilice indiscriminadamente el concepto de *enriquecimiento injusto* o de *enriquecimiento sin causa*, bajo la impresión de que se trata de conceptos análogos, es todo lo contrario. No se trata de sinónimos.

Desde un punto de vista estrictamente lógico, cualquier *enriquecimiento* obedece a una *causa*. Una *causa* es un hecho, una circunstancia (eventualmente justa o injusta) que produce un resultado determinado (eventualmente también justo o injusto); lo *injusto* es un juicio de valor. Otra cosa es que desde otra perspectiva, la *ausencia de causa* en el ámbito de un *enriquecimiento*, se repute como una *injusticia*. Y este hecho en particular, se sucede en tanto la ausencia de causa esté subordinada a una relación jurídica de dos o más personas, o lo que es lo mismo pertenezca al plano contractual.

DIEZ-PICAZO[654] acertadamente nos dice en este sentido, que en relación con los contratos, puede decirse que en su normativa jurídica las valoraciones de *justicia* y de *injusticia* de los resultados contractuales, quedan subordinados al postulado de que sean obra de la iniciativa y de la autonomía de las partes. Lo justo, lo exigido por la dignidad personal, es un mundo de contratos libres, por los que los *enriquecimientos* conseguidos a través de ellos no son nunca *injustos*. Asimismo, complementa que la regla que veta el *enriquecimiento injusto* queda relegada a las relaciones de naturaleza no contractual[655].

---

[654] DIEZ PICAZO, Luis y GULLON, Antonio. Ob. Cit. Pág. 575.

[655] Ibíd. Pág. 575.

Podría sin embargo argüirse, que las *transmisiones patrimoniales* inherentes a la vida en común en la esfera familiar -básicamente comprendidas en el sostenimiento de las cargas familiares- exceden el planteamiento estrictamente contractual que puede justificar el artículo 1323° del Código civil, y que en esa medida, limitando dichas transferencias a un *marco institucional*, el concepto de *enriquecimiento sin causa* es válido en lo concerniente a los resultados de dichas transferencias. Sin embargo, creemos que al margen de cualquier formalidad o tipicidad contractual, cualquier transferencia patrimonial, por minúscula que sea, trae consigo y por lo general un requerimiento intrínseco de tipo contractual: una *retribución* (que puede ser de tipo material o espiritual) o una *expectativa*. Es con este fundamento que sostenemos que han de considerarse tales *transmisiones* desde el *plano teórico* de un *contractualismo racional*, no estrictamente técnico-jurídico. Es decir, puede sostenerse que ciertas transmisiones conyugales escapen al ámbito contractual desde un punto de vista positivo, no obstante, ha de considerarse que a nivel *intuitivo* dichas transmisiones pueden estar comprendidas en un derecho contractual que contemple como una causa legítima una de tipo emocional o psicológica.

Ahora bien, delimitado el marco del *enriquecimiento sin causa* y los *juicios de justicia* en el ámbito exclusivo de la autonomía de la voluntad y de una visión contractualista, hemos de volver a *relación de causalidad* existente entre el *proceso* entendido como *causa* y la *justicia* como *juicio de valor*.

Como vimos en profundidad en páginas precedentes[656], la *justicia* siempre está definida por *reglas previas*. En un marco de *autonomía privada*, son las *reglas* las que definen la *justicia* y no al contrario. La *justicia* no es un valor preexistente que juzga las *reglas* libremente pactadas.

Pues bien, en principio tenemos que considerar que todo *proceso de enriquecimiento* –en suma, "*la causa*"-, en el cual participan dos o más individuos, involucra ciertas *reglas*. En ese orden de ideas, la *justicia* o *injusticia* de los *resultados* de dicho *proceso*, va a estar determinada por el cumplimiento de las *reglas*. Dichas *reglas*, por lo común establecen ciertas condiciones en los pactos, y pueden estar

---

[656] Específicamente, en el apartado dedicado a "*el Derecho, la equidad y la justicia*" del Capítulo V.

referidas a *retribuciones*, *prestaciones* o *contraprestaciones*, en función de ciertas situaciones o circunstancias, como lo pueden ser las *expectativas*.

Sucede que muchas de las *transmisiones patrimoniales* internas de la familia, y en particular, las de los cónyuges, contienen intrínsecamente compromisos tácitos, indeterminados, pero existentes. En ellos no se establece un plazo o forma de cumplimiento de dichos compromisos, tanto como una voluntad general e indeterminada de su cumplimiento. Son compromisos provenientes de mecanismos altruistas. Así, una de las partes puede realizar una *transmisión patrimonial* en atención no al tipo de bien con el que se retribuya, o las características de éste, sino al compromiso *per sé*, consistente en una *expectativa* particular, indeterminada materialmente, pero determinada a nivel *intuitivo*. Cuando una *expectativa* forma parte de las *reglas*, de las condiciones pactadas, o más aún, cuando es su objeto; su incumplimiento o imposibilidad, significan la *ausencia de una causa legítima* en el *enriquecimiento*, y habiendo sido preconcebida en las *reglas*, el eventual *enriquecimiento* o *empobrecimiento* se hace *injusto*, puesto que existe una *causa* no es legítima. Ha de entenderse aquí la *ausencia de la causa* como ausencia de una *causa legítima*. Es decir, la *injusticia* del *enriquecimiento* está fundamentada en la *ilegitimidad* de la *causa* (no de su ausencia) en función de las *reglas* en los *procesos*. Habríamos de hablar en principio por ello, de *enriquecimiento ilegítimo*.

Es interesante apreciar en ese sentido, lo anotado por las STS de 17 junio 2003 y STS de 12 septiembre 2005, en las cuales se señala que «*la falta de causa no es otra cosa que la carencia de justificación jurídica que fundamente la situación. La causa (en el sentido de "razón" o "base" suficiente) no es, desde el punto de vista jurídico, otra cosa –como sostiene un importante sector doctrinal- que un concepto-válvula para poder introducir elementos de carácter valorativo, y decidir de tal manera acerca de la justificación, o falta de la misma, en un supuesto determinado*».

Con todo, más allá de la consideración de *enriquecimiento sin causa*, o nuestra referencia inicial a un *enriquecimiento ilegítimo*, la doctrina actual ha refinado el concepto, hablando ya no de un *enriquecimiento*, sino de un *desplazamiento patrimonial*, entendiendo que la *injusticia* -o la *ilegitimidad* diríamos nosotros-, no solo concierne al incremento patrimonial de un sujeto, sino inclusive al *empobrecimiento* de otro, aún cuando no exista un enriquecimiento material correlativo. Se trata en suma, de un cambio patrimonial susceptible de concretarse en dos direcciones. Hemos de añadir, que nos adherimos a tal razonamiento, y refinando también nuestro planteamiento, tendríamos que hablar consecuentemente, de un *desplazamiento patrimonial ilegítimo*.

Sin perjuicio de lo anotado, y al margen de contar con una denominación como la de *desplazamiento patrimonial ilegítimo*, como reiteramos, en nuestra opinión, conceptual y técnicamente idónea; el *enriquecimiento injusto* es de igual forma, entendido en ocasiones como una «concepción abierta», susceptible de albergar diversos matices específicos.

Éste probablemente sea el espíritu con el que la STS de 17 junio 2003 y STS de 12 septiembre 2005, refieren y reconocen que: «*el enriquecimiento, como ya advierte la mejor doctrina, se produce, no solo cuando hay un aumento de patrimonio, o la recepción de un desplazamiento patrimonial, sino también por una no disminución del patrimonio ("dammum cessans"). El empobrecimiento no tiene porqué consistir siempre en el desprendimiento de valores patrimoniales, pues lo puede constituir la pérdida de expectativas y el abandono de la actividad en beneficio propio por la dedicación en beneficio de otro*».

Dentro de esta cualificada doctrina, dicha referencia podría estar representada por lo que DIEZ-PICAZO[657] entiende por *enriquecimiento negativo*. Según dicho autor, el *enriquecimiento negativo* se da cuando es evitada una disminución del patrimonio. En este sentido, -apunta-, un *no gasto* es equivalente a un *ingreso*. Se comprenden aquí todos los casos en que hay un consumo de cosas pertenecientes a otro, o servicios recibidos, o expensas hechas por un tercero, si el *enriquecimiento* ha evitado de esta forma un *gasto*. Los servicios realizados por un tercero, en ese sentido, son también fuente de *enriquecimiento*.

Al respecto, el mismo autor hace una referencia de nuestro interés mediante un ejemplo de la jurisprudencia francesa: "*a causa de una promesa de matrimonio trabaja*

[657] DIEZ-PICAZO, Luis y GULLON, Antonio. Ob. Cit. Pág. 578.

en casa de su patrón una empleada, que es al mismo tiempo su prometida y su concubina. No habiéndose llevado a cabo el matrimonio, el Tribunal declara el derecho a la restitución del enriquecimiento logrado por el patrono, quien se ha enriquecido ahorrándose el salario de una empleada. Ella por su parte se ha empobrecido por su retribución"[658]. Si observamos con atención el argumento de esta sentencia podemos apreciar que el elemento consistente en las *expectativas*, son en último término, las que *legitiman* la pretensión y compelen al Tribunal a otorgar el reconocimiento de un derecho de restitución. Aunque básicamente la solución legal es equivalente a la de los esponsales, el tratamiento no ha sido el mismo. Se ha recurrido al *enriquecimiento injusto* en atención al valor y razón de *expectativas* depositadas en cada una de las *transmisiones patrimoniales* realizadas. La intuición judicial estimamos, observa aquí la existencia de un *acuerdo tácito* consistente en *expectativas* mutuamente aceptadas y entiende que muy probablemente de no haber existido dichas expectativas, tales transmisiones patrimoniales, o bien nunca se habrían sucedido, posiblemente habrían sido realizadas de manera distinta, o acaso, habrían sido bastante más modestas. El nivel de *enriquecimiento* pues, ya sea positivo o negativo es una función directa del nivel de *expectativas* existente en las transmisiones de ida.

Ahora bien, no obstante las sentencias antes citadas exponen un criterio permisivo en cuanto a la apertura de los matices del *enriquecimiento injusto*, en su formulación general, mantienen en nuestra opinión, una concepción hermética acerca de la *correlación* entre el *enriquecimiento* y el *empobrecimiento* de los actores.

Dichas sentencias definen una situación de *enriquecimiento injusto*, según la cual ésta "[…] tiene lugar cuando se ha producido un *resultado* por virtud del cual una persona se *enriquece* a expensas de otra que, correlativamente, se *empobrece* careciendo de justificación o de causa (base) que lo *legitime*, (de tal manera que surge una obligación cuya prestación tiende a eliminar el beneficio del *enriquecimiento indebido* "*in quantum locupletiores sunt*")". Asimismo, señala que "[…] la correlación entre ambos es la medida en que uno determina el otro […]".

[658] Loc. Cit.

Como puede observarse, se establece aquí, no sólo una relación de causalidad entre un hecho y un resultado, sino además una de correspondencia entre las posiciones relativas entre el enriquecimiento y el empobrecimiento. Desde otro punto de vista, como bien señala ZARRALUQUI[659], el *enriquecimiento injusto* de una persona implica, por definición, el *empobrecimiento injusto* de otra, y una relación de causa a efecto entre ambos fenómenos, pero puede haber también *empobrecimientos injustos* sin contrapartida; o al menos donde no importe si ha habido o no un enriquecimiento simultáneo para alguien.

A tenor de este juicio, para APARICIO AUÑÓN[660], -postura que compartimos con algunos matices-, es más interesante, en cuanto a la compensación por desequilibrio, la aplicación de un principio específico, el de *empobrecimiento injusto*.

En efecto, la aplicación del *enriquecimiento injusto* a la esfera de la compensación por desequilibrio, debe en nuestra opinión y terminología, subsumirse a la de un *empobrecimiento ilegítimo*.

Más aún, respecto a los efectos o consecuencias del tratamiento de la figura del *enriquecimiento injusto*, según LASARTE[661], radican en procurar el *reequilibrio* patrimonial de los sujetos afectos por las situaciones de *enriquecimiento sin causa*.

Según el tenor del artículo 97° del Código Civil, «*el cónyuge al que la separación o el divorcio produzca un desequilibrio económico en relación con la posición del otro, que implique un empeoramiento en su situación anterior en el matrimonio, tendrá derecho a una compensación [...]*».

De acuerdo con este planteamiento legislativo, sin bien es cierto se atiende a ambas posiciones relativas, es el empeoramiento de solo uno de ellos el hecho

[659] ZARRALUQUI SÁNCHEZ-EZNARRIAGA, Luis. *Derecho de Familia y de la Persona. Efectos y medidas de la ruptura conyugal.* Tomo VI. Editorial Bosch. Barcelona, 2007. Pág. 630.

[660] APARICIO AUÑÓN, Eusebio. *La Pensión Compensatoria.* Revista de Derecho de Familia N° 5. Octubre, 1999. Pág. 39.

[661] LASARTE, Carlos. *Principios de Derecho civil. Tomo II Derecho de Obligaciones.* 9ª edición, Madrid 2004. Pág. 326.

determinante a efectos de la configuración del derecho a la compensación por desequilibrio. Es decir, aún cuando exista un desequilibrio económico, cuando éste no implique el empeoramiento de uno de los cónyuges en su situación anterior; el derecho, en principio, no habría de configurarse.

De otro lado, el citado precepto legal no hace mención a algún eventual enriquecimiento por parte del cónyuge deudor, por lo que estimamos, el enriquecimiento resulta o innecesario o irrelevante.

Como bien se puso de manifiesto, si bien es cierto, puede existir una clara correlación entre el *enriquecimiento* y el *empobrecimiento*, puede suceder todo lo contrario; una no correspondencia o relación geométrica entre una situación y otra. Pero, en lo que nos compete, ¿cuáles serían esos casos? Creemos que todos aquellos en los cuales se haya producido una modificación negativa en el *valor* de las aportaciones o contribuciones a favor del otro cónyuge, y en el que las *expectativas* relacionadas con dichas transmisiones patrimoniales, hayan desaparecido.

Es interesante al respecto, atender a lo que LASARTE[662] denomina "*deuda de valor*"; a la que define, como la correspondiente a todos aquellos supuestos en los que el deudor cumple también finalmente entregando una suma de dinero, pero ésta no se encuentra concreta y directamente determinada en el título constitutivo o genético de la obligación.

Esta definición estimamos, puede perfectamente albergar el caso de obligaciones en las cuales se encuentran interiorizadas ciertas *expectativas* provenientes de *transmisiones altruistas*. Dichas *transmisiones* se suelen dar en función de la existencia de un marco de convivencia (una situación determinada), y fuera de dicha situación, pierden el *valor* subjetivo inicial por el que fueron realizadas, más aún, dicho *valor* antes y después de la crisis, en la mayoría de ocasiones es tan difuso, que es objeto de de estimación judicial.

---

[662] LASARTE, Carlos. *Principios de Derecho civil. Tomo II Derecho de Obligaciones*. 9ª edición, Madrid 2004. Pág. 98.

Así, -continúa LASARTE- desde el preciso instante en que la *deuda de valor* sea objeto de fijación convencional o de liquidación judicial, en su caso, es evidente que se transforma automáticamente en deuda de dinero propiamente dicha y, por ende, pasa a ser líquida y exigible, por conocerse el montante de unidades monetarias que han de ser entregadas por el deudor[663].

Finalmente, podemos añadir que en términos generales, la compensación por desequilibrio en opinión de PEREDA GÁMEZ[664], "compensa" –valga la redundancia- un *enriquecimiento injusto* de carácter patrimonial sólo cuando tal colaboración (la de uno de los cónyuges en favor del otro) no haya revertido en la creación de un patrimonio común (ganancial o pro-indiviso). Dicho de otra manera, y en nuestras palabras; la compensación por desequilibrio es la vía particular de saneamiento de una situación en la cual se haya producido una situación de *empobrecimiento ilegítimo* en el marco de *transmisiones* patrimoniales de una comunidad de vida, en consideración no sólo a los bienes y recursos tangibles objeto de dichas transferencias, sino también, en atención a las *reglas* preexistentes, las *expectativas* (condiciones) que acompañaron tales *transmisiones*, y el *valor histórico* de los activos personales presentes y futuros.

iv. El Régimen Económico Matrimonial

Comúnmente se ha discutido de manera amplia la naturaleza *institucional* o *contractual* del matrimonio, en función de que si bien es cierto, es un acuerdo libre entre dos personas, su celebración, introduce a sus miembros en una categoría especial y determinada, con efectos jurídicos particulares y socialmente fundamentales. En buena cuenta, es un contrato, que representa un acta de fundación institucional.

---

[663] LASARTE, Carlos. Ob. Cit. Pág. 98.

[664] PEREDA GÁMEZ, Francisco Javier. Ob. Cit. Pág. 543.

Al margen de cualquiera que sea dicha naturaleza o sus fundamentos, nosotros partimos de una postura contractual, puesto que entendemos que aún las propias instituciones, tienen un germen contractual en su constitución.

En efecto, la economía, y en particular BECKER[665], a través de sus estudios de análisis económico de la familia, entiende y plantea al matrimonio como un «*contrato de larga duración*». El hecho es que dichos «*contratos de larga duración*», en el fondo, están referidos no solamente al matrimonio en sí mismo, o circunscritos a su duración, sino justamente todo lo contrario. Dicha expresión simbólica, está erigida en nuestra opinión, y entendemos que también en la del citado autor, en base a los *riesgos* e *incertidumbres* existentes en cuanto a las *transmisiones* patrimoniales dentro de la sociedad compuesta por la pareja.

Esto tendría una explicación evolutiva. Según nos refiere CABRILLO[666], en el contexto de un estricto análisis económico; el mercado en el que se relacionan los hombres y las mujeres está segmentado en dos tipos de sub-mercados. En el primero, que podríamos denominar «informal», se «negocian» las relaciones extramatrimoniales, mientras el segundo es el matrimonial (o «formal»), entendido este término en el sentido amplio de convivencia estable y existencia de derechos y obligaciones recíprocas. Según el referido autor, el auge del matrimonio respecto a las uniones extramatrimoniales, en principio estuvo relacionado a que los miembros del sexo femenino que a lo largo de la evolución aceptaron participar en el mercado informal, no tuvieron tanto éxito reproductivo como las que negociaron con el sexo masculino para conseguir algún tipo de ayuda para sus hijos.

Pues bien, dentro de este sub-mercado matrimonial, las ventajas mutuas son fruto de la negociación entre los miembros de uno y otro sexo. Así llegamos a uno de sus pliegos, consistente en el régimen económico. Éste a su vez, es posiblemente, el punto en el cual convergen de un lado, la imperatividad de las normas referidas a las cargas *en la* familia y la *autonomía privada* susceptible de ser ejercida por medio del régimen económico matrimonial. Ahora bien, la *autonomía privada* a que hacemos

[665] BECKER, Gary. *Tratado sobre Familia*. Alianza Editorial, Madrid 1987. Pág. 30.

[666] CABRILLO, Francisco. Ob. Cit. Págs. 104-105.

referencia en ese sentido, está definida en nuestra opinión por la libre posibilidad de opción respecto a uno u régimen dentro de un espectro determinado en el ordenamiento plasmado en el artículo 1315° del Código civil. La libertad de opción entre distintos regímenes económicos es el primer paso que va a configurar la dinámica de las distintas *relaciones* y *transmisiones* patrimoniales en el futuro de la sociedad en consonancia con la imperatividad propia de cada régimen y las normas específicas acerca de las cargas *en la* familia.

En términos generales, hemos de decir que un contexto de interrelación patrimonial gobernado por las normas acerca de las cargas *en la* familia y el régimen económico matrimonial, como *normas sociales ex ante* respecto a la compensación por desequilibrio, entendemos que dicha compensación, en términos generales reposa sobre un régimen matrimonial primario, sin perjuicio de la existencia ciertos matices particulares en cada régimen específico.

Este criterio es mantenido por un sector de la doctrina, que como SEOANE[667] opina en el sentido de que se exija una comunidad de vida, no quiere decir que sea necesario un régimen económico matrimonial de comunidad para que el desequilibrio pueda ser apreciado, sino aquella que resulta de las obligaciones de ayuda y socorro mutuo impuestas en los artículos 67° y 68° CC y del régimen económico primario (arts. 1318° a 1324° CC.), pues ningún precepto del Código Civil supedita la procedencia de la pensión compensatoria a la vigencia de un régimen económico matrimonial concreto.

Es pertinente señalar, lo que a nivel legislativo –más no, a nivel doctrinal-; significa un vacío, esto es, la comunicación entre la liquidación del régimen económico matrimonial y la compensación por desequilibrio –aunque por la naturaleza *ad exemplum* del artículo 97° CC., puede incluirse en una valoración global. A esta circunstancia, se refiere CAMPUZANO[668] al afirmar que una nota de gran

[667] SEOANE PRADO, Javier. *Prestaciones económicas: Derecho de alimentos y pensión compensatoria.* En: GONZÁLES POVEDA, Pedro, y GONZÁLES VICENTE, Pilar. (Coordinadores) Tratado de Derecho de familia. Aspectos sustantivos y procesales. Sepín Editorial Jurídica. Madrid, 2005. Pág. 433.

[668] CAMPUZANO TOME, Herminia. La pensión por desequilibrio económico en los casos de separación y divorcio. Especial consideración de sus presupuestos de otorgamiento. Librería Bosch, Barcelona. 1986. Pág. 48. ANGOSTO por su parte, entiende que en el régimen de gananciales la situación de una denegación (de la pensión compensatoria) es injusta no porque se haya denegado la pensión sino por la

trascendencia que el legislador francés ha incluido en su formulación y que sin embargo, no lo ha hecho el español, es la concerniente a la liquidación del régimen económico matrimonial como posible elemento corrector del inicial desequilibrio o disparidad de condiciones entre los cónyuges.

Del mismo modo se manifiesta EGEA[669], respecto a las contribuciones a las cargas *en la* familia, en tanto señala, que hasta que no se liquide la contribución tampoco no se puede hablar de compensación con las deudas de otra naturaleza.

Por su parte, SEOANE[670] señala que el régimen matrimonial existente, o más propiamente, su liquidación, debe ser tenida en consideración a la hora de valorar la real situación de desequilibrio y la cuantía de la pensión procedente, -postura a la que nos adherimos- de tal modo que en algunos la atribución de bienes en el proceso liquidador puede ser bastante para anular cualquier posible desequilibrio; y LACRUZ[671] que se ha de tener en cuenta el régimen de bienes, en la medida que su liquidación pueda contrarrestar o evitar un posible desequilibrio económico entre los cónyuges, con un empeoramiento de uno de ellos en su situación matrimonial anterior.

Estos planteamientos sin embargo, aún cuando no están consignados positivamente, si han sido incorporados como criterios orientadores en cierta jurisprudencia. Un ejemplo de ello, es la Sentencia Audiencia Provincial núm. 180/2001 Badajoz (Sección 2), de 21 junio, (AC 2001, 1233); cuyo tenor establece: «*...el Tribunal entiende que con tales antecedentes no cabe fijar pensión compensatoria a favor de la esposa. Los beneficios que producen los bienes gananciales alcanzan una cifra que por su cuantía excluyen las posibilidades de desequilibrio...*».

---

inexistencia de vías legales para hacer valer su mayor contribución al levantamiento de las cargas del matrimonio en la liquidación del régimen. ANGOSTO SÁEZ, José F. *La concesión con carácter temporal de la pensión por desequilibrio del art. 97 C.c.* En: Homenaje al Profesor Bernardo Moreno Quesada. Volumen I. Almería, 2000. Pág. 135.

[669] EGEA FERNÁNDEZ, Joan. *Comentaris al Codi de Familia, a la llei d´unions de situacions convivencials d´ajuda mútua.* EGEA I FERNÁNDEZ, Joan; FERRER I BIBA, Josep (Directores). Tecnos. Madrid, 2000. Pág. 107.

[670] SEOANE PRADO, Javier. Ob. Cit. Pág. 433.

[671] LACRUZ BERDEJO, José Luis y RAMS ALBESA, Joaquín. *Elementos de Derecho Civil IV. Derecho de Familia.* José María Bosch Editor, Barcelona 1990. Página 1164.

En suma, consideramos que la previa liquidación del régimen económico matrimonial reviste una especial trascendencia respecto al eventual otorgamiento de una compensación por desequilibrio, en función de su eventual carácter paliativo del desequilibrio, o incluso de sustituto frente a probablemente un innecesario proceso judicial tendente a la consecución de dicha compensación. Hablamos en buena cuenta de un espíritu de eficiencia y responsabilidad frente a una decisión judicial que puede promover una *litis* susceptible de ser evitada.

1. Régimen Primario, de Sociedad de Gananciales y de Participación

La idea básica y general de nuestro planteamiento, respecto a los regímenes económicos matrimoniales, es que cada uno de ellos y sus consecuentes reglas, se erigen, en nuestra opinión, en función por una parte, de la *necesidad o intención de mayor o menor interrelación de patrimonios a efectos de la consecución de un determinado resultado; y por otra parte, de una u otra posición de los miembros de la pareja, respecto a los riesgos e incertidumbres existentes de cara a una eventual crisis matrimonial.*

En esencia y de manera preliminar, podemos afirmar que la elección de un régimen económico determinado, es en buena cuenta, parte de una *estrategia hipergámica* (personal y colectiva). Ello conlleva a que dicha decisión bilateral involucre determinados hechos y circunstancias asociadas a las *posiciones iniciales* de ambos miembros de la pareja. Por lo común, las *posiciones iniciales* de cada uno de los cónyuges influyen –entre otros factores- de manera especial en la elección del régimen económico que regirá la sociedad conyugal. Factores asociados al *capital humano* o la capacidad adquisitiva, se relacionarán no sólo a la mejor opción de interrelación patrimonial y consorcio de producción intrafamiliar, sino también, -y en la medida de lo posible en equilibrio-, a los *riesgos* y *incertidumbres* propios de las probabilidades existentes de aparición de crisis matrimoniales.

Los *riesgos* e *incertidumbres*, a los que nos referimos, y tal como fueron definidos en el Capítulo III; respecto al régimen económico matrimonial están determinados por los desplazamientos patrimoniales propios de la contribución a las cargas *en la* familia, sobretodo, los que implican bienes y servicios no susceptibles de valoración económica objetiva, entre estos podemos destacar las inversiones intensivas en el hogar y las aportaciones altruistas indeterminadas.

Expuesto así, en función de los *riesgos* e *incertidumbre*, el *régimen primario* se asienta como la base y regla mínima de distribución de recursos (el marco que la ley establece para la categoría concreta), el *régimen de sociedad de gananciales*, como una ampliación del régimen primario, con un elevado margen de *riesgo*; el *régimen de participación*, como un sistema mesurado de *riesgo*, y el *régimen de separación de patrimonios* como el régimen de menor *riesgo*. ¿Pero cuál es el contenido concreto de dicho *riesgo* en este *contexto* y quién lo soporta?

Los *riesgos* están asociados siempre al "*patrimonio personal*"[672], y lo están en función de los eventuales resultados de las *relaciones* y *transmisiones* que involucran. Sin perjuicio de ello, y en adición, en el *proceso*, la *incertidumbre* por su parte, es modulada en virtud de los mecanismos altruistas presentes. Los *riesgos*, en principio son soportados por ambos cónyuges, sin embargo como dijimos, las *estrategias hipergámicas* en ocasiones, posibilitan que uno de ellos (por lo común quien realiza menos inversiones en el hogar y más inversiones en el mercado) asuma menores *riesgos* que el otro. Los *riesgos* por ello, y en ese sentido, están representados por las probabilidades de desmedro patrimonial *personal*.

La legislación y las normas propias de cada régimen económico por su parte, establecen la posibilidad de reintegro, liquidación o compensación, en caso de que cada uno de estos *riesgos*, se hagan tangibles y efectivos tras la crisis.

En cuanto a lo que se ha venido a llamar el *régimen primario*, la regla general está determinada por el artículo 1319º CC, a tenor literal del cual "*cualquiera de los*

[672] El "*patrimonio personal*" ha de ser entendido en la amplitud de los *property rights* anglosajones, en el cual se haya incluido entre otras cosas, las características personales asociadas al *capital humano*.

cónyuges podrá realizar los actos encaminados a atender las necesidades ordinarias de la familia, encomendadas a su cuidado, conforme al uso del lugar y a las circunstancias de la misma. De las deudas contraídas en el ejercicio de esta potestad responderán solidariamente los bienes comunes y los del cónyuge que contraiga la deuda y, subsidiariamente, los del otro cónyuge. El que hubiere aportado caudales propios para la satisfacción de tales necesidades tendrá derecho a ser reintegrado de conformidad con su régimen matrimonial".

Es precisamente esta última frase, la que establece el marco de generalidad del régimen primario, al referir que el eventual "*reintegro*" al que puede tener derecho uno de los cónyuges, ha de ajustarse a su régimen matrimonial respectivo. Asimismo, cobra especial relevancia, la referencia a los "*caudales propios*", entendidos desde nuestra perspectiva, como este concepto amplio de *patrimonio personal* e *individual*, continente tanto de *capital humano* como de *recursos materiales*. De hecho, -y es un fundamento de nuestra apreciación-[673], es interesante anotar la distinción existente entre la referencia a "*caudales propios*" a distinción de la de "*bienes privativos*" del artículo 1346° CC.

Por lo que respecta al régimen económico de *sociedad de gananciales*, la regla general está determinada por lo establecido en concordancia de los artículos 1362.1° CC, ("*serán de cargo de la sociedad de gananciales los gastos que se originen por [...] el sostenimiento de la familia, la alimentación y educación de los hijos comunes y las atenciones de previsión acomodadas a los usos y a las circunstancias de la familia*"); y el artículo 1364° CC, ("*el cónyuge que hubiere aportado bienes privativos para los gastos o pagos que sean de cargo de la sociedad tendrá derecho a ser reintegrado del valor a costa del patrimonio común*").

Por último, la regla general del *régimen de participación* esta estatuida por los artículos 1427° CC, ("*cuando la diferencia entre los patrimonios final e inicial de uno y otro cónyuge arroje resultado positivo, el cónyuge cuyo patrimonio haya experimentado menor incremento percibirá la mitad de la diferencia entre su propio incremento y el del otro cónyuge*"); y 1428° CC, ("*cuando únicamente uno de los*

[673] Aún cuando a nivel legislativo la distinción obedezca o haya obedecido a otro criterio.

patrimonios arroje resultado positivo, el derecho de participación consistirá, para el cónyuge no titular de dicho patrimonio, en la mitad de aquel incremento").

En general pues, en cada régimen económico se establecen, -en lenguaje del régimen primario-, reglas de restitución de "*caudales*", así como, con ciertos matices, ciertos enunciados de equiparación de *contribuciones* y *resultados* patrimoniales; como el último caso. Ello se debe, en nuestra opinión, a que aunque en regímenes donde se prevé escasa interrelación patrimonial, no dejan de haber *actos* y *conductas altruistas* (con *motivaciones* y *expectativas* específicas), mediante las cuales los "*patrimonios personales*" adquieren resultados que distan de la prevista o pretendida autosuficiencia patrimonial personal. Fuera de los remedios estatuidos por las normas específicas de cada régimen, la compensación compensatoria es en la práctica, (en ocasiones perniciosamente acusado) una puerta abierta a una segunda instancia de pretendido equilibrio.

El régimen económico matrimonial así, cualquiera sea su tipología constituye un *precedente* fundamental en cuanto a la compensación por desequilibrio; sin embargo, como veremos, en algún extremo puede ser incluso, un elemento de corrección y delimitación preliminar, y así poner de manifiesto su carácter de norma *ex ante* frente a la compensación por desequilibrio. Éste es el caso a nuestro juicio, del régimen de separación de patrimonios.

2. Régimen de Separación de Patrimonios

El *régimen de separación de patrimonios* es un caso bastante peculiar en cuanto a la compensación por desequilibrio; en particular, como su precedente, puesto que el fundamento de este régimen económico, en nuestra opinión, radica no en la interrelación de los patrimonios, sino más bien, y por el contrario, en su clara distinción.

En cuanto a este régimen, la regla general está determinada por el artículo 1438° CC, el mismo que establece: «*los cónyuges contribuirán al sostenimiento de las cargas del matrimonio. A falta de convenio lo harán proporcionalmente a sus respectivos recursos económicos. El trabajo para la casa será computado como contribución a las cargas y dará derecho a obtener una compensación que el Juez señalará, a falta de acuerdo, a la extinción del régimen de separación».*

Como sostuvimos en líneas precedentes, existen determinadas *relaciones*, *transmisiones* y *actos* o *conductas altruistas*, que por su naturaleza, pueden desencadenar en un *resultado* patrimonial indeterminado, y en ese sentido, resultar sumamente *riesgosos* (en cuanto a los efectos económicos a los que puede conducir en caso de crisis, tales como el desequilibrio). Parte de ellos está determinado por los *actos encaminados al sostenimiento de la familia*, y en particular, atañen al *trabajo para la casa*. Ello justifica, que se establezcan salvaguardas determinadas como lo es el derecho a obtener *compensaciones específicas*. Éste es a nuestro juicio, el sentido de la parte final del artículo 1438° del Código civil.

a) La «sobrecontribución» y el artículo 1438° CC Las aportaciones e inversiones desmedidas

«El hombre es la medida de todas las cosas»

Protágoras

El artículo 1438° del Código civil establece en su primera parte, *que los cónyuges contribuirán al sostenimiento de las cargas del matrimonio, y que, a falta de convenio, lo harán proporcionalmente a sus respectivos recursos económicos*. En base a este enunciado, nos resulta conveniente realizar ciertas precisiones que estimamos de interés.

En primer lugar, lo referente a la *contribución a las cargas matrimoniales*. El citado artículo hace referencia a "*los cónyuges*", lo cual puede interpretarse como una exigencia y obligación de "*ambos*", lo cual es consecuente con lo establecido por los artículos 68° y 1318° CC, y en consecuencia, habríamos de deducir que no cabe un pacto mediante el cual uno de los cónyuges quede eximido de dicha obligación. No obstante, cosa distinta, es en nuestra opinión, la *distribución* de dichas contribuciones a las cargas matrimoniales. Éste es el sentido de nuestra segunda reflexión; la *subsidiariedad del criterio de proporcionalidad*.

A falta de convenio, -reza el artículo en cuestión-, *lo harán proporcionalmente a sus respectivos recursos económicos*. Sobre este postulado, para llevar a cabo nuestras reflexiones, hemos de delimitar los conceptos de *convenio* y *recursos económicos*.

¿Qué hemos de entender entonces por *convenio*, o cuál ha de ser amplitud? Aunque es evidente a tenor de la legislación, que se trata de un instrumento formal, tal como lo pueden ser las *capitulaciones matrimoniales*, pretendemos hacer un análisis más amplio, en consecuencia con lo expuesto en capítulos anteriores. ¿Es posible entonces, –a efectos del análisis de circunstancias particulares de la familia- que por *convenio* pueda entenderse cualquier *acuerdo o consentimiento tácito* de los cónyuges tendente a llevar a cabo determinadas interrelaciones patrimoniales? O dicho de otra manera, y en nuestros términos, ¿puede entenderse por *acuerdo*, cualquier norma de *Derecho intuitivo* de la familia? Si ello fuera así, aún cuando ambos cónyuges están obligados a contribuir con las cargas, nada impediría que celebrasen acuerdos libres respecto a la *distribución* y *proporcionalidad* de éstas. Así, el artículo 1438° CC, en nuestra opinión, establece un criterio de *proporcionalidad* de manera *subsidiaria* o en ausencia de un *convenio*.

De otro lado; ¿qué hemos de entender por *recursos económicos*? ¿El "*patrimonio personal*" en sentido amplio, o los recursos materiales o pecuniarios de cada cónyuge? Porque, las cualidades y aptitudes personales, el talento, las habilidades, la *especialización*, en suma, el *capital humano* propiamente dicho, representa un *recurso económico*.

Ello quiere decir, que si consideramos los *recursos económicos* sencillamente como el *conjunto de recursos materiales*, la *proporcionalidad* nos diría que la contribución se da en función de llamémosla "capacidad adquisitiva"; es decir, quien ostenta mayor capacidad adquisitiva, está en la obligación de contribuir en mayor medida que la de su consorte, quien tiene una capacidad adquisitiva menor. Sin embargo, si entendemos a los *recursos económicos* en un sentido amplio, -postura a la que nos adherimos- la *proporcionalidad* nos diría, que la *contribución* debería ser diferenciada en función a las distintas disponibilidades de recursos, lo que hace a la regla totalmente distinta. Así pues, las menores *contribuciones* en determinados recursos, se suplen con la *contribución* en otras especies. Del mismo modo, la *contribución* exclusiva y suficientemente cualificada a nivel de consenso (dentro del equilibrio existente matrimonio constante), podría en función de la misma *proporcionalidad*, requerir menores *contribuciones* en otras especies o recursos.

En este sentido, entendemos, el *criterio de proporcionalidad* incluido en el artículo 1438° del Código civil, debe ser visto, no desde una idea de "*igualdad de contribuciones*", sino más bien, de "*equivalencia de contribuciones*", lo que puede traducirse de manera negativa, como "*equivalencia en la tasa de desmedro patrimonial*".

Hecho este análisis, podemos considerar que una de estas "*especies*" con la que es factible contribuir a las cargas *en la* familia es el *trabajo para la casa*. De hecho, el propio artículo 1438° CC lo establece y reconoce formalmente.

Precisamente, este es el objeto de la segunda parte en cuestión. Lo que con los precedentes expuestos, nosotros entendemos como una *disociación* relativa al *trabajo para la casa* como fuente de *contribución* a las cargas *en la* familia, y como *objeto de derecho* a obtener una compensación.

Dicha *disociación* es realizada en nuestra opinión, en función de que, el *trabajo para la casa*, (un *recurso* de *especie* específica) es tanto, una tarea imprescindible en la convivencia, susceptible de ser calificada como contribución a las cargas *en la* familia – al margen del régimen económico imperante-, e incluso, a tenor del artículo 68° CC una responsabilidad que *debe ser compartida*; como una común y potencial causa de desequilibrio económico tras una crisis conyugal.

Este hecho se explica, en virtud a que gran parte de la interrelación patrimonial de los cónyuges, en concreto, de la *contribución* a las cargas *en la* familia; se funda en la *asignación de tiempo* a aquellas tareas propias de las economías domésticas de escala; dicha *asignación de tiempo*, por su parte, suele acarrear como problema real, la materialización del *riesgo* de una escasa rentabilidad de mercado y si involucra *especialización*; depreciación del *capital humano* del sujeto que las realiza.

Esta es en nuestra opinión, la razón por la cual, por un lado, la ley reconoce y admite la posibilidad de *contribución* a las cargas matrimoniales mediante *trabajo para la casa* y por otro lado, y al mismo tiempo, otorga una *salvaguarda* consistente en una *compensación*, a quien contribuyó con esta *especie*, en la medida que supone o prevé, que por lo común, en caso de crisis, dicha *contribución* deprecia el *capital humano* de quien las realizó de cara al mercado, a la salida del matrimonio.

Ahora bien, en este contexto, nos encontramos ante dos potenciales compensaciones, una, la del artículo 1438° CC y otra, la del artículo 97° CC; ya que en ambas, pueden en su formulación acoger al *trabajo para la casa* fuente de procedencia.

Aunque tanto a nivel doctrinal[674] como jurisprudencial[675], se acepta que ambas compensaciones son compatibles, merece especial consideración por nuestra parte, la relación entre ambas compensaciones y el fundamento de su compatibilidad, así como la calificación de sus objetos.

En primer término, y en consideración a lo expuesto en líneas precedentes, es oportuno tener en cuenta, que es posible que el *trabajo para la casa* haya sido la <u>*única forma de contribución*</u> a las cargas *en la* familia por uno de los cónyuges (aunque sea bastante infrecuente, y hasta en cierta medida inverosímil en un régimen de separación de patrimonios), o por el contrario, que haya sido <u>*una actividad exclusiva*</u> de uno de éstos, aún cuando existían otros medios de contribución disponibles, y en efecto, aportados.

---

[674] Entre otros, ZARRALUQUI. ZARRALUQUI SÁNCHEZ-EZNARRIAGA, Luis. *Derecho de Familia y de la Persona. Efectos y medidas de la ruptura conyugal.* Tomo VI. Editorial Bosch. Barcelona, 2007. Págs. 560-561.

[675] Así se manifiestan las SAP Toledo 09.11.1999 y Madrid 12.01.01, así como la STSJ de Cataluña 31.10.1998 y STSJ de Cataluña 27.4.2000. Es pertinente señalar que el estudio que realizan éstas últimas, acoge también lo establecido por el artículo 41° CFam.

Sea uno u otro caso, en nuestra opinión, es menester calificar las circunstancias particulares preexistentes y las eventuales renuncias, a efectos de que la liquidación del régimen económico arroje una nueva situación de equilibrio, en virtud o no, de la compensación del artículo 1438° CC. Dicha situación puede que a su vez y a la postre, requiera la necesidad de recurrir a la compensación por desequilibrio.

Dicho de otra manera, volvemos a resaltar la *relación de tipo histórico* existente entre la liquidación del régimen económico matrimonial y la compensación por desequilibrio. Esta misma relación histórica, o la calidad de *norma ex ante* del régimen económico respecto a la compensación por desequilibrio, es la que justifica la *compatibilidad* de ambas compensaciones.

Sin perjuicio de lo antes señalado, y al margen de la relación de tipo histórico de ambas compensaciones; cabe preguntarse: ¿cuál ha de ser la calificación de los *objetos* de dichas compensaciones? O incluso, ¿cabe una cuantificación retroactiva respecto al objeto de la compensación?

Para resolver estas dudas, hemos de partir de lo establecido en el artículo 1438° del Código civil, y referirnos de manera específica, a lo que la doctrina ha venido a llamar «*sobrecontribución*».

Si volvemos a atender a lo dispuesto por el artículo 1438° CC, nos encontramos con que el *trabajo para la casa* es susceptible, tanto de cómputo como contribución a las cargas matrimoniales, como de compensación. Visto esto así, o en aras de dilucidar dicha duplicidad –lo que nosotros hemos llamado disociación- la doctrina ha recurrido a múltiples criterios que la justifiquen. La base de dichos criterios reposa en la mayoría de argumentos en <u>*consideraciones de tipo cuantitativo*</u> en el preciso momento de contribución, esto es, matrimonio constante.

Así, autores como SEOANE[676], consideran el caso del artículo 1438° CC, como una compensación en favor del cónyuge que haya prestado *trabajo para la casa* en mayor medida de la que le correspondía como *contribución* al matrimonio.

En la misma línea, SOLÉ RESINA[677] aunque respecto al artículo de análogo contenido del Código de Familia catalán; reflexiona de esta forma: *"nótese que la actividad que se toma en cuenta* -haciendo referencia al *trabajo para la casa- coincide con una de las formas de contribución a los gastos familiares establecida en el artículo 5°. Desde luego, la misma actividad no puede computarse a la vez como obligada de contribución a las cargas de la familia y como actividad que da derecho a la compensación económica, pues se produciría una duplicidad contable carente de justificación. De ahí que la doctrina ponga de manifiesto que solamente cabe la compensación de lo que ha venido a denominarse la <sobrecontribución> del cónyuge acreedor; esto es de la actividad que sobrepase la contribución exigida por el artículo 5° del Códi de Familia"*.

Aquí pues, encontramos una referencia a la *sobrecontribución*, entendida como aquella actividad que sobrepasa la contribución exigida por la ley.

MIRALLES[678] por su parte, en atención al artículo 1438° del Código civil, refiere citando a LACRUZ, que en el proyecto del Gobierno se reconocía el derecho a obtener una *compensación equitativa si el otro cónyuge se había enriquecido durante el matrimonio*. Sostiene además, que en la versión definitiva de dicho artículo, se suprimió dicha expresión, aunque, [...] no la idea; la misma que según opina, debe mantenerse porque es la única que sirve para justificar la valoración económica a la contribución.

En dicho orden de ideas y a continuación, sostiene que *hay enriquecimiento por entender que se ha producido un desequilibrio en las prestaciones, en el momento*

676 SEOANE PRADO, Javier. Ob. Cit. Pág. 431.

677 GETE-ALONSO y CALERA, M.ª del Carmen; YSÁS SOLANES , María; SOLÉ RESINA, Judith. *Derecho de Familia Vigente en Cataluña*. Cálamo producciones editoriales, Barcelona, 2003. Pág. 318-319.

678 MIRALLES. Ob. Cit. Pág. 431.

contributivo. Con esta idea, se pone todo el peso del art. 1438° C.c. (*in fine*) en el momento que se producen las aportaciones. [...]

Hemos de manifestarnos en desacuerdo este planteamiento en base a lo que se podemos entender como un *criterio temporal*. Dicho *criterio temporal* está asociado al *momento de contribución* y *de calificación* de las *contribuciones*.

En nuestra opinión, no resultan acertadas –por lo menos en el presente ámbito- las *calificaciones exógenas y extemporáneas* respecto a las *contribuciones*. Conviene recordar nuestra referencia a que la *relaciones* y *transmisiones* patrimoniales existentes en la familia, se encuentran, en el momento en el que se llevan a cabo, gobernadas por ciertas *reglas* (esta suerte de *Derecho intuitivo* al que hemos apelado en denominar) determinadas a su vez, en gran medida, por mecanismos altruistas y procesos de reciprocidad privados. Ahora, si bien es cierto, los *resultados* de dichas *relaciones* y *transmisiones* pueden estar determinados en función de *procesos* provenientes de dichas *reglas*, dichos *procesos*, no pueden ser calificados con prescindencia de las mismas *reglas* que los generaron. Dicho de otra manera, a efectos de calificar un *resultado*, no creemos pertinente utilizar un método que busque una calificación retroactiva mediante criterios exógenos.

Pero las reflexiones de MIRALLES -y para ser más precisos, también de gran parte de la doctrina-, no quedan ahí en cuanto a este tema. La citada autora consecuente con su planteamiento preliminar, concluye que entendiendo que el *trabajo para la casa*, valorado económicamente, resulta superior a las aportaciones económicas del otro: uno de los dos cónyuges está aportando más que el otro en relación a los recursos. Y a éste resultado -prosigue-; se llegará cuando en la liquidación del régimen se aprecie que solo el cónyuge que trabaja fuera del hogar tiene ahorros. Los cónyuges tienen derecho –ambos- a un mismo nivel de vida constante matrimonio (e incluso –en ciertas circunstancias- a mantenerlo después de la disolución) y, si resulta que uno aporta su trabajo en el hogar –lo que constituye todo su capital- y otro, sólo parte de sus ingresos, uno de ellos no está contribuyendo en la medida de sus posibilidades. Esta medida, establecida como un sistema tendente a paliar las consecuencias negativas del régimen de separación de bienes, en relación al cónyuge que no obtiene ingresos, implica la existencia de un crédito a favor de uno de los cónyuges (el que efectúa el trabajo) que legitimaría su reclamación[679].

Dentro de la misma lógica de nuestras anteriores aseveraciones, hemos de hacer una crítica a esta postura en función de lo que hemos llamado *criterio de valoración*. El *criterio de valoración* está asociado a la amplitud conceptual de un "*recurso*" tal y como lo expusimos en líneas precedentes, así como de la *cualificación cuantitativa* de las *contribuciones*.

Para analizar este punto debemos en consecuencia, reiterar nuestro planteamiento en torno a la *amplitud conceptual* de un *recurso*. Los recursos en ese sentido, máxime en lo que concierne la vida familiar o conyugal, exceden ampliamente en nuestra opinión, la de recursos *estrictamente* pecuniarios –aunque este sólo, sea el objetivo de la interpretación de la norma-; y en tal sentido, involucran pues, las capacidades y potencialidades personales. Este hecho es, en buena suma, el que determina una determinada disponibilidad de recursos a nivel familiar.

Entendemos, que el análisis en cuestión no considera este hecho; se habla simplemente de capacidad de ahorro. Suponemos que ello por su parte sucede, o bien, porque se pretende sobrevaluar un tipo de contribución, (que justifique) como señala de igual manera MIRALLES, o se pretende que quien ostenta de mayor capacidad monetaria, aporte además de dichos recursos también de trabajo para la casa.

En nuestra opinión, es una postura estrictamente material. Con esta lógica, si el valor de ambas contribuciones es igual, tendríamos que admitir que el otro cónyuge podría por ejemplo pedir una compensación por el tiempo que a diferencia del otro, no pasó con sus hijos, por asignar su tiempo al mercado, y no al hogar. Pero no sucede así, el hecho real es que existe una tendencia por castigar sólo al patrimonio material.

[679] MIRALLES. Ob. Cit. Pág. 431-432.

Cosa distinta es que los cónyuges aporten con distintos *recursos*. Y es evidente que el problema se convierte en uno de valoración, porque en tal caso, uno de los tipos de recurso se deprecia con mayor intensidad a la llegada de una crisis.

Sea como sea, cierto sector de la doctrina apunta a calificar el origen del desequilibrio en un hecho al que califican como sobrecontribución, es decir, como un aparente exceso en la contribución originaria, y que sería el objeto de la compensación.

Nuestra postura se manifiesta en marcada oposición a este razonamiento. Entendemos que no existe teóricamente sobrecontribución como tal, o una contribución excesiva en el momento contributivo, sino un *juicio de equidad externo* y extemporáneo.

Hay que ser sumamente cauteloso en nuestra opinión, para referirse de manera cuantitativa a las contribuciones realizadas en una comunidad de vida, y más aún para calificarlas como excesivas. La calificación estimamos, no debe concentrarse en el desequilibrio en la aportación -puesto que hasta entonces había una situación de equilibrio- sino en las expectativas y la modificación de su valor.

Si partimos de la base, que dentro de una relación de convivencia existen una serie de actos y desplazamientos patrimoniales que se realizan de manera llamemos <natural o automática>, respecto de los cuales no existe una especial consideración por parte de los cónyuges respecto a su valoración económica o contable, es precisamente por la existencia del *altruismo*. Esto se explica, porque el altruismo es un mecanismo que permite disminuir los costos de transacción, (imaginemos que todos los matrimonios, independientemente del régimen económico al que se han acogido tuviesen que llevar un registro meticuloso, que involucre entre otras cosas, manifestaciones de voluntad previas por parte de ambos cónyuges para su realización. En este contexto, probablemente, "ninguno cogería una escoba", y si lo hiciesen, es posible que llegasen a un acuerdo mediante el cual, realizar las tareas domésticas los conduciría directamente al divorcio. Esto, entre otras cosas porque cada uno reivindicaría todos y cada uno de los días de la relación su respectiva sobrecontribución.

"Pero, felizmente existe el altruismo". El altruismo así, facilita la distribución de tiempo y recursos dentro de la familia[680].

Como sostuvimos con anterioridad, los detalles de interacción que definen el equilibrio, dependen en gran medida del nivel de *altruismo* existente entre los sujetos y las reglas específicas que gobiernen su *relación*. Es así, que calificaciones extemporáneas acerca de las cualidades de las contribuciones puede resultar inexacta.

La sobrecontribución, de entrada, involucra en nuestra opinión, la delimitación de una frontera, que si bien es cierto en un régimen de separación de patrimonios puede ser medianamente clara, no creemos que el trabajo para el hogar suponga un tópico que deba incluirse en ésta frontera, entre otras cosas, porque de ser así, habría que determinar hasta qué medida uno u otro acto doméstico puede resultar relevante o acumulable con otros, a efectos de su cuantificación global como trabajo para la casa, lo que conduciría a un círculo vicioso insostenible e incluso a acudir a una situación parecida a la "prueba diabólica".

Retomando lo dicho, la sobrecontribución establece la concepción de límites exógenos, pasados los cuales existe un exceso. Es en este sentido, que podemos hacernos dos preguntas; 1) si establecemos *a priori* determinados límites, y hablamos de "sobrecontribución" incluso en tanto un matrimonio y su situación de convivencia gozan de vigencia, ¿qué sentido tiene saber que podremos formar parte de una comunidad de vida en la cual posiblemente estemos sobre contribuyendo, y que dicha sobrecontribución no va a tener solución sino hasta llegada una crisis? Tras esta pregunta, digamos que sobrecontribución es un término que incluye un "vicio originario"; porque si regulamos los efectos de la sobrecontribución como consecuencia de una crisis, estamos aceptando tácitamente que tal sobrecontribución es factible y

---

680 Precisamente en nuestra opinión, el efecto "no necesario o eventual" más significativo de una separación o fractura de la comunidad de vida, a nivel de los resultados en las relaciones patrimoniales entre los cónyuges, es justamente, la desaparición del *altruismo*; que paradójicamente coincide con la desaparición del deber de socorro establecido en el artículo 64° CC. Sin perjuicio de esto, cabe apuntar que puede interpretarse sin embargo, que la desaparición lo es, de la *affectio maritalis* y no del altruismo, sin embargo, estimamos que el altruismo es una condición necesaria de la *affectio*, y la que precisamente provee los mecanismos de distribución de recursos en los que se basa el óptimo familiar. En todo caso, ésta no deja de ser una apreciación de mera opinión, y que en nada contiene un carácter determinante para el planteamiento de este trabajo.

aceptable dentro de la vigencia de la propia convivencia; y 2) considerando, que es la propia pareja la que determina su propio nivel de vida, o punto de equilibrio, ¿quién puede determinar que existe una sobrecontribución durante la vigencia del matrimonio, si las aportaciones altruistas son subjetivas?

Entendemos sin embargo, que el ánimo del término sobrecontribución es el de aproximarse al hecho o hechos generadores del desequilibrio, y se presenta no tanto como una definición como "una suerte de...".

Toda esta indeterminación recurrente, en parte se debe a lo oneroso que resulta cuantificar todos y cada uno de los actos involucrados en una situación de convivencia, en suma, la cuantificación del altruismo.

Podemos sin embargo, para una definición indeterminada, establecer un concepto indeterminado, pero a la vez, explícito. Consideremos que las aportaciones –e inversiones-[681] altruistas al interior de una comunidad de vida nunca han sido cuantificadas, ello, entre otras cosas tales como que su cuantificación es demasiado onerosa, así como que dicha cuantificación durante la vigencia de la relación no es, ni factible, ni apropiada, en la medida que existe una presunción –y no está de más decirlo, también por un deber- de confianza y buena fe en los actos. Ello revela que tales aportaciones han carecido de medición durante la vigencia de la unión, y a efectos de ser consecuente con su origen altruista podemos referirnos a ellas como *desmedidas*[682].

Esta denominación si se mira con detenimiento, resulta versátil y sumamente gráfica, ya que el término "desmedido", al momento de producirse una crisis, es decir cuando eventualmente desaparece el altruismo, adquiere el sentido y connotación de

[681] Una aportación o contribución, puede ser al mismo tiempo, una inversión.

[682] Cabe señalar que dichas aportaciones, durante la vigencia del vínculo matrimonial, pueden ser entendidas como prestaciones, en tanto, son ejecutadas porque reciben una contraprestación consistente en otro tipo de mercancías, normalmente inmateriales. CABRILLO señala que "*los comportamientos humanos que reflejan una actitud altruista a lo largo de un período de tiempo más o menos dilatado suelen fundarse, en la existencia de una posible recompensa, material o psicológica. Se trata, por tanto, de un altruismo racional y consciente*". CABRILLO, Francisco. Ob. Cit. Pág. 36.

desproporcionado, "excesivo", sentido del que no goza durante la vigencia de unión, el cual es el de altruista, dadivoso o entregado.

Por otro lado, el calificativo de tales aportaciones, se funda en el hecho de que hasta que no se configure una la crisis no resulta necesario cuantificarlas. En ese orden de ideas, en el supuesto en el cual existe una situación de convivencia y en tanto el altruismo opere aún en las relaciones patrimoniales, preferimos hablar de algo que aún no ha sido medido, y hasta que no haga falta no es procedente, ni pertinente[683].

Pertinencia o impertinencia aquí pueden ser asociada a la ideas de *relevancia* e *irrelevancia*. Las cuantificaciones y calificaciones provenientes de juicios externos de *equidad*, serán relevantes o irrelevantes en función del *contexto* en el cual se ubiquen.

En cuanto a la determinación de su cuantía, resulta evidente, que al igual que la compensación por desequilibrio, se atienda a las peculiaridades de cada familia. En este sentido, GONZALES POVEDA[684] señala que para fijar la cuantía de esta compensación, habrá que tenerse en cuenta las circunstancias de la familia. Estas circunstancias a su vez, pueden subsumir reglas específicas de distribución del trabajo en sentido amplio. Así, al margen de que se trate de un régimen de separación de bienes, el criterio imperante debe ser el de la proporcionalidad, y en ese sentido, la desproporcionalidad no tiene porqué ser necesariamente imputada a una actividad en particular.

---

[683] Coincidentemente con este criterio se muestra MARTÍN MELÉNDEZ al afirmar que "hay que tener en cuenta que la no exigibilidad de los créditos entre sociedad y los cónyuges, y viceversa, durante la vigencia de la sociedad de gananciales, se debe fundamentalmente a la toma en consideración de razones de moralidad (lo que nosotros consideramos altruismo) motivadas por la existencia del vínculo conyugal que conduce a pensar que cada esposo debe ser lo más benévolo posible con el otro en todas estas cuestiones, de modo que los arreglos de cuentas entre ellos sólo han de realizarse en el último momento, cuando sea realmente necesario". MARTÍN MELÉNDEZ, Mª. Teresa. Ob. Cit. Pág. 67. Asimismo, sostiene que el abono de "las recompensas" debe ser realizado al momento de la liquidación del régimen económico matrimonial en tanto, "ha de aplicarse con elasticidad al deber combinarse con otros principios que inspiran la regulación de la sociedad de gananciales en general e, incluso, del matrimonio mismo. Nos referimos al principio de colaboración entre cónyuges, que supone no solo la cooperación con la masa común de los patrimonios privativos, sino también de aquella hacia éstos, y el de actuación en interés de la familia". MARTÍN MELÉNDEZ, Mª. Teresa. Ob. Cit. Pág. 71.

[684] GONZALES POVEDA, Pedro. *Regímenes económico matrimoniales. Liquidación*. En: GONZÁLES POVEDA, Pedro, y GONZÁLES VICENTE, Pilar. (Coordinadores) Tratado de Derecho de Familia. Aspectos sustantivos y procesales. Sepín Editorial Jurídica. Madrid, 2005. P. 541.

Dicho esto, y sin perjuicio de lo antes expuesto, no cabe duda que la cuantificación de las aportaciones e inversiones desmedidas, a partir de una crisis matrimonial es una tarea harto complicada, en la que tienen que tomarse en consideración una serie de circunstancias subjetivas. Sin embargo, esto no impide, que la ley en su función proveedora de información e instrumento de reducción de costos de transacción determine una fórmula que pretenda objetivar dichas aportaciones o inversiones, a efectos de su ulterior cuantificación.

Ésta es la tarea particular del artículo 1441° CC, estableciendo una presunción *iuris tantum* respecto de todos aquellos bienes cuya titularidad que resulta difícil determinar, y entre los que fácilmente en algún caso pueden incluirse las aportaciones o inversiones desmedidas.

GONZALES POVEDA[685] en este sentido señala que los supuestos de titularidad dudosa los resuelve el artículo 1441° CC que establece una presunción de titularidad pro-indiviso; dice así: cuando no sea posible acreditar a cuál de los cónyuges pertenece algún bien o derecho corresponderá a ambos por la mitad. Se configura así una presunción *iuris tantum* que admite prueba en contrario.

Solo un comentario final. En nuestra opinión, es tan costoso cuantificar las transmisiones provenientes del *altruismo* (en la medida que abarca un tema estímulos y motivaciones) que con la presunción del artículo 1441° ni siquiera se pretende reducir sus costos de cuantificación, sino lo que es más asombroso: se pretende "eludirlos": "cincuenta por ciento para cada uno y todos a su casa" susurra la ley.

---

[685] GONZALES POVEDA, Pedro. Ob. Cit. Pág. 540.

SEGUNDA PARTE

CAPÍTULO VII

LA COMPENSACIÓN POR DESEQUILIBRIO

I. Los Presupuestos de la Compensación por Desequilibrio
   i. Separación o Divorcio
   ii. Desequilibrio Económico –respecto del otro cónyuge-
   iii. Empeoramiento de situación anterior en el matrimonio. "Especial referencia al Oportunismo"

II. Circunstancias
   i. Los acuerdos a que hubieren llegado los cónyuges
   ii. La edad y estado de salud
   iii. La cualificación profesional y las probabilidades de acceso a un empleo
   iv. La dedicación pasada y futura a la familia
   v. La colaboración con su trabajo en las actividades mercantiles, industriales o profesionales del otro cónyuge
   vi. La duración del matrimonio y de la convivencia conyugal
   vii. La pérdida de un eventual derecho de pensión
   viii. El caudal, los medios económicos y las necesidades de uno y otro cónyuge
   ix. Cualquier otra circunstancia relevante

III. Temporalidad

IV. Sustitución

V. Modificación

VI. Extinción

VII. Las Características de la Compensación por Desequilibrio
   i. Naturaleza
   ii. Objeto
   iii. Finalidad
   iv. Fundamento

VIII. El planteamiento de la compensación por desequilibrio y la compensación económica por razón de trabajo en el hogar en Cataluña
   i. La Compensación por Desequilibrio Catalana
   ii. La Compensación Económica por Razón de Trabajo

CAPÍTULO VII

LA COMPENSACIÓN POR DESEQUILIBRIO

«En el fondo; si pensamos en un modelo de familia tradicional;
las circunstancias que legitiman a una mujer
tras la separación o divorcio
a recibir una compensación de su marido,
son exactamente las mismas que las que en la intimidad,
tras una discusión,
la legitiman para mandarlo a dormir al sofá»

El autor.

La fuente primaria de la compensación por desequilibrio es el artículo 97° del Código civil, el mismo que establece que *«el cónyuge al que la separación o el divorcio produzca un desequilibrio económico en relación con la posición del otro, que implique un empeoramiento en su situación anterior en el matrimonio, tendrá derecho a una compensación que podrá consistir en una pensión temporal o por tiempo indefinido, o en una prestación única, según se determine en el convenio regulador o en la sentencia. [...]»*. Asimismo, de manera complementaria o subsidiaria, el artículo 99° CC establece que en cualquier momento puede convenirse su sustitución por una *renta vitalicia*, el *usufructo* de determinados bienes o la *entrega de capital en bienes o dinero*.

Como manifiesta el citado artículo, el contenido del derecho es una *compensación*, la misma que a su vez, puede revestir diversas modalidades, tales como las de "*pensión temporal*", "pensión *por tiempo indefinido*", "*prestación única*", "*renta vitalicia*", "*usufructo de bienes*", o "*entrega de capital en dinero o bienes*".

Lo más usual a la vista de la jurisprudencia analizada, es que el otorgamiento se haga mediante una pensión o renta periódica; ello entendemos, desde el punto de vista económico, se debe a que teniendo en cuenta que la unión puede haber sido prolongada y los costes de oportunidad asumidos por el beneficiario o sus expectativas pendientes sean ostensibles, es posible que el deudor no pueda cumplir con dicha obligación en una sola entrega[686], o incluso que el pago en una sola entrega origine una situación inversa, y significarle tras el pago en una entrega una nueva situación de desequilibrio, con lo cual, la compensación ocasionaría una incongruencia en términos de la su propia finalidad[687].

Esta suerte de habitualidad en el otorgamiento de la compensación por vía de renta periódica o pensión, es la que entendemos, ha promovido a nivel doctrinal y jurisprudencial la denominación de "*pensión compensatoria*" o "*pensión por desequilibrio*". Dichas denominaciones sin embargo, en tanto hacen referencia a una modalidad en específico, no nos resulta precisa o adecuada para hacer mención del derecho, o la institución en genérico. Nosotros nos inclinamos por hacer referencia, tal como lo justificaremos, a la *compensación por desequilibrio*.

I. Los Presupuestos de la Compensación por Desequilibrio

Son bajo nuestro punto de vista, tres los elementos o presupuestos configuradores de la compensación por desequilibrio, a saber; 1) *la separación o divorcio*, 2) *el desequilibrio económico –respecto del otro cónyuge-* y 3) *un empeoramiento en la situación anterior en el matrimonio*.

Sin perjuicio de ello, hay quienes, como SEOANE, entienden como único presupuesto de la compensación, el desequilibrio económico, al que dotan de un concepto más amplio, el mismo, que por motivos metodológicos y de planteamiento, disgregamos en este trabajo. Según dicho autor, dentro del concepto de desequilibrio están subsumidas las circunstancias determinadas por el empeoramiento respecto a la situación anterior al matrimonio, y otra, respecto a la situación respecto al cónyuge. Así, nos dice, "*para determinar si esta situación de desequilibrio se ha producido, es preciso desarrollar un examen que se desenvuelve en dos dimensiones, una temporal,*

[686] POSNER, Richard. Ob. Cit. Pág. 143.

[687] En efecto, el cumplimiento de la obligación en una sola entrega en capital por ejemplo, puede colocar al deudor, en una situación análoga, a aquella que la compensación por desequilibrio pretende remediar.

en la que se compara si la situación posterior a la separación o divorcio es peor que la que ostentaba en el matrimonio, y otra dimensión personal relativa, que atiende sólo a la situación posterior a la crisis del matrimonio, y en la que se pretende establecer si la situación en que queda cada uno de los cónyuges es peor que la del otro. Sólo en el caso de que la situación actual de un cónyuge sea peor que la pérdida y a la vez peor que aquella en la que queda el otro cabe establecer que se ha producido una situación de desequilibrio"[688].

Otros criterios, como el manifestado por la SAP Madrid 5 junio 1991, refieren que desequilibrio y empeoramiento son circunstancias diferenciadas en cuanto el desequilibrio tiene como referencia la posición del otro cónyuge y el empeoramiento, la situación anterior al matrimonio, de tal modo que no basta comprobar la existencia del primero para entender concurrente del segundo, pues el empeoramiento matiza el desequilibrio imprentándole una circunstancia de graduación, de forma que un desequilibrio de escasa entidad o que no cambie la cotidianeidad económica resultara insuficiente (e ineficiente por los costos que significa)[689] para producir el crédito. En este sentido, la separación o divorcio, serían el presupuesto formal.

Sea cual sea la interpretación del artículo 97° CC, o la consideración de uno o más presupuestos, existe un criterio que congrega todos los elementos presentes en el tipo legal. Este doble elemento comparativo, el temporal y el personal, confluyen en virtud de una relación de causalidad, la misma que es la base de la procedencia del otorgamiento del derecho.

De esta manera se manifiesta la Sentencia Audiencia Provincial Barcelona (Sección 18), de 6 de mayo 1999, (AC 1999, 5919) al establecer que «... *en cuanto a la pensión compensatoria, esta Sala ya ha venido declarando reiteradamente que para*

---

688 SEOANE PRADO, Javier. *Prestaciones económicas: Derecho de alimentos y pensión compensatoria.* En: GONZÁLES POVEDA, Pedro, y GONZÁLES VICENTE, Pilar. (Coordinadores) Tratado de Derecho de familia. Aspectos sustantivos y procesales. Sepín Editorial Jurídica. Madrid, 2005. Pág. 432. Esta es a nuestro juicio, una posición bastante acertada, sin perjuicio de lo cual, la disgregación del desequilibrio y el empeoramiento no nos resulta inadecuada. Se trata en todo caso reiteramos, de opciones metodológicas de planteamiento.

689 El subrayado es nuestro.

que la pensión compensatoria pueda concederse, es preciso que se pruebe adecuadamente el soporte fáctico descrito en el párrafo primero del artículo 97 del Código Civil, consistente en que se produzca un desequilibrio económico en un cónyuge en relación con la posición del otro que implique un empeoramiento en su situación anterior en el matrimonio; se determina pues, sobre un doble elemento comparativo, por un lado, de carácter temporal (empeoramiento en su situación anterior en el matrimonio), y por otro, de índole subjetiva (estatus económico inferior al del cónyuge contra el que se dirige la pretensión), exigiéndose así la combinación de ambas condiciones comparativas para que pueda surgir en el ámbito legal y consiguiente reconocimiento judicial».

En buena cuenta pues, como señala la Sentencia Audiencia Provincial Madrid 5 junio 1991, «*...el hecho constitutivo tiene una estructura catenular, en cuanto sus elementos están ordenados concatenadamente...*». Este hecho, la concatenación de los presupuestos condiciona y dificulta el tratamiento de los presupuestos de manera aislada, en tanto a menudo confluyen de forma espontánea, no obstante y sin perjuicio de lo cual, desarrollaremos en la medida de lo posible los presupuestos antes descritos en detalle y de forma independiente.

i. Separación o Divorcio

«¡Ah!, se habla de los lazos del matrimonio!.
¡Pero los lazos del divorcio son aún más indisolubles!...»

Alfred Capus, 1858-1922

El primer presupuesto para que se configure el derecho a la percepción de una compensación por desequilibrio, estriba en la causa que origina los otros dos (el desequilibrio y el empeoramiento de la situación anterior en el matrimonio), ésto es; la *separación* o el *divorcio* y además, debe observarse entre dicha separación o divorcio una relación de causalidad[690] con los otros dos presupuestos.

Ahora bien, con respecto a este presupuesto existen ciertos matices a los que consideramos hay que prestar atención. Éstos tienen que ver con la objetividad y subjetividad de los términos y los conceptos que el legislador ha dispuesto sobre la ley, a propósito de la determinación de dicha pensión y del momento en el cual se configure.

El artículo 97° CC establece como causa necesaria del desequilibrio económico y el empeoramiento de situación anterior en el matrimonio, la separación o el divorcio; esta referencia, nos parece objetiva. Sin embargo, CAMPUZANO sostiene a nuestro juicio acertadamente, que el Código civil recoge un sistema de divorcio basado en el hecho objetivo del «cese efectivo de la convivencia conyugal»[691]. Nuestra opinión, es que la causa genérica llamada separación o divorcio, de manera objetiva, está referida al «presupuesto formal» de procedencia de la pensión, sin embargo, es el cese de la comunidad de vida, un «presupuesto subyacente esencial»[692], puesto que sólo a partir de éste es posible determinar en base a criterios subjetivos la pensión compensatoria, efectos del análisis comparativo que implica dicha determinación.

La doctrina mayoritariamente, entiende ésto en el mismo sentido. LACRUZ[693] señala que el desequilibrio ha de referirse al momento de producirse la ruptura de la convivencia, por su parte, CAMPUZANO[694], refiere que el momento que el Juez ha de tener en cuenta para la fijación del desequilibrio es aquel en el que tiene lugar la

---

[690] GARCÍA VARELA Román. En: SIERRA GIL DE LA CUESTA, Ignacio, (Coordinador) Comentario del Código Civil, Tomo II, Bosch, 2006. Pág. 159. El autor sostiene que es necesaria la existencia de una relación de causalidad. En la misma línea se pronuncia la jurisprudencia como es el caso de la SAT Bilbao, 11 de noviembre de 1982, que establece que el desequilibrio *"ha de tener su origen o causa precisamente en la separación o en el divorcio"*.

[691] CAMPUZANO TOMÉ, Herminia. Ob. Cit. Pág. 87.

[692] Este planteamiento nuestro, resulta coherente con la SAT Bilbao, 22 julio 1986, a tenor de la cual *"el derecho de resarcimiento nace, no de la cesación del vínculo jurídico, sino más bien de la cesación de la convivencia"*.

[693] LACRUZ BERDEJO, José Luis. *Elementos de Derecho Civil IV*. Dykinson, Madrid 2005. Pág. 104.

[694] CAMPUZANO TOME, Herminia. La pensión por desequilibrio económico en los casos de separación y divorcio. Especial consideración de sus presupuestos de otorgamiento. Librería Bosch, Barcelona. 1986. Pág. 88.

cesación de la convivencia conyugal, y SEOANE[695], entiende que el momento final al que ha de atenderse para establecer la comparación que exige el art. 97° CC es la ruptura de la convivencia, no cuando se promueve el proceso matrimonial ni cuando se dicta la sentencia.

No resulta raro pues, que siendo el cese de la comunidad, el hecho generador del desequilibrio, a observarse en la separación o divorcio, la jurisprudencia haya incluido dentro de los supuestos de procedencia de la pensión compensatoria, no sólo las uniones matrimoniales, sino también las extramatrimoniales que hayan contado con un proyecto de vida en común y cuya comunidad de vida haya sido fracturada. Al respecto, SEOANE señala que en principio la compensación por desequilibrio exige la preexistencia de un matrimonio válido, pero la jurisprudencia ha extendido su aplicación al supuesto de la extinción de la unión extramatrimonial[696].

En efecto, a nuestro juicio, la idea del cese de la convivencia como «presupuesto subyacente esencial» para el otorgamiento del derecho de compensación por desequilibrio está presente en el plano jurisprudencial en innumerables sentencias. La Sentencia Audiencia Provincial núm. 337/2004 Valencia (Sección 10), de 27 mayo, (AC 2004, 2234) establece que «*...el desequilibrio que se ha de valorar para que propicie el derecho a la misma, es el que se produce en el momento de la ruptura de la convivencia, comparándolo con el estado inmediatamente anterior de normalidad matrimonial y ese cese de la vida en común respecto de los hoy litigantes, tuvo lugar con ocasión del precedente del juicio de separación, que por tanto, era el marco procedimental y el momento adecuado para examinar si concurrían o no los requisitos para conceder pensión compensatoria a la esposa, lo que así se hizo, y siendo esto así, es claro que si esta cuestión fue estudiada en dicho juicio y resuelta, ese pronunciamiento resulta vinculante, sin que pueda pretenderse ahora su revisión, pues, como se ha dicho, el momento para ponderar el desequilibrio, tanto en lo referente a la cuantía como a la duración, fue aquel en que se produjo el cese de la convivencia y no el presente, de ahí que por lo expuesto, se esté en el caso de revocar la sentencia de*

[695] SEOANE PRADO, Javier. *Prestaciones económicas: Derecho de alimentos y pensión compensatoria.* En: GONZÁLES POVEDA, Pedro, y GONZÁLES VICENTE, Pilar. (Coordinadores) Tratado de Derecho de familia. Aspectos sustantivos y procesales. Sepín Editorial Jurídica. Madrid, 2005. Pág. 433.

[696] SEOANE PRADO, Javier. Ob. Cit. Pág. 434. SSTS 327/2001, 700/2001 ó 74499/1997.

instancia en este punto habida cuenta de que los cónyuges en el convenio por ellos suscrito para la separación ya acordaron que no existía desequilibrio alguno como consecuencia de la separación, lo que impide poder apreciar tal desequilibrio en una demanda posterior de divorcio...»

Esto conlleva a la consideración de que un requisito esencial de configuración del derecho, sea la existencia de la convivencia, la misma que entendemos, sirve de base y fundamento a la comunidad de vida como parte de los cimientos sobre los cuales se erige la interacción de la pareja. En favor de esta afirmación creemos, se manifiesta la Sentencia Audiencia Provincial núm. 535/1999 Santa Cruz de Tenerife (Sección 1), de 12 junio, (AC 1999, 7496) al sostener que «... *es preciso que haya existido una convivencia previa al momento de la pretensión...*».

Con esta lógica pues, un título formal, como lo es el matrimonio no es garantía de la configuración del derecho, más aún, dicho derecho tal y como afirman multitud de sentencias no es de configuración automática.

En esta línea se manifiesta la Sentencia de la Audiencia Provincial Núm. 397/2000, de Alicante (Sección 7), de 6 noviembre, (AC 2002, 2410), al determinar que «...*el derecho a pensión compensatoria no puede tener carácter automático [...] en el mismo sentido, la SAP de Murcia de 8 de febrero de 1990 (al decir que) la pensión por desequilibrio económico no constituye un efecto primario de separación o divorcio que opere automáticamente, sino una consecuencia eventual y secundaria que ha de producirse en casos de diferencia de ingresos entre uno y otro de los cónyuges...*». De forma análoga se pronuncia la Sentencia Audiencia Provincial núm. 3/2000 Murcia, (Sección 1), de 11 enero, (AC 2000, 153): «...*de ahí que tal pensión compensatoria, a la que se refieren, además, los artículos 99 a 101, no constituya un efecto primario de la separación o divorcio que opere automáticamente, sino una consecuencia eventual y secundaria*».

Este carácter eventual y circunstancial al que se hace referencia en función a la configuración del derecho, no obstante, está también determinado en nuestro modo de ver, por el momento en el cual se busque su otorgamiento. Parece ser, que en cuanto a este tema, hay un criterio unánime por parte de la jurisprudencia, la misma que sostiene que debe existir una suerte de *criterio de inmediatez* (basado en una consideración de certeza real en la relación de causalidad) entre la separación o divorcio (cese de la convivencia) y el desequilibrio económico.

Ello podemos observarlo en pronunciamientos como el de la Sentencia del Juzgado de Primera Instancia de Santander, Cantabria (Núm. 1), de 24 septiembre 2003, (AC 2004, 31), que reza: *«por tanto, el empeoramiento de la situación económica del cónyuge que pretende la pensión ha de existir en el momento y ha de producirse con la ruptura de la convivencia conyugal, puesto que si se entendiese lo contrario, no se estaría subviniendo a un desequilibrio producido por la ruptura sino por circunstancias económicas posteriores...».* Igualmente, la Sentencia de la Audiencia Provincial de Sevilla, (Sección 5), de 10 enero, (AC 2001, 423), recalca que *«...se deduce que el desequilibrio económico que debe valorarse a efectos de generar derecho a pensión compensatoria es el que se produce en el momento de la ruptura de la convivencia comparado con la situación inmediatamente anterior de normalidad matrimonial. Por ello no es posible fijar pensión compensatoria cuando la misma se solicita después de un prolongado tiempo de separación de hecho en el que los cónyuges han vivido de forma independiente».*

De manera más categórica, la Sentencia de la Audiencia Provincial de Sevilla, (Sección 8), de 11 diciembre, (AC 2002, 1855), sostiene que *«...si en el momento de crisis y ruptura matrimonial no existe desequilibrio ya no se puede establecer posteriormente pensión alguna entre cónyuges, pues el desequilibrio sobrevenido ya no tiene su origen en la ruptura sino en el devenir de la vida independiente de cada cónyuge, por lo que por mucho que crezcan los recursos económicos de uno y disminuyan los del otro con posterioridad a la ruptura ya no se puede pedir el establecimiento de una pensión, que no tendría ninguna causa que la justificara legalmente».*

En efecto, esta potencial circunstancia en consideración resulta ser para la S.A.P. Núm. 248/1998 Pontevedra (Sección 1), de 30 abril, (AC 1998, 4679), un hecho específico que la inclina a la denegación del derecho en los términos que siguen:

«...*basta con atender a los hechos que el demandante narra en su demanda como substrato de la pretensión deducida para desestimarla. Según la propia demanda la situación de infortunio que el marido dice padecer sobreviene con ocasión de los avatares del demandante en Angola, país donde emigró tras obtener la separación, de manera que la situación de empobrecimiento que dice padecer el marido es posterior a la separación de ambos y en modo alguno reconoce su causa en la ruptura matrimonial*».

Sin perjuicio de la afirmación de la sentencia precedente, otros criterios pueden conducir a interpretar al desequilibrio y al empeoramiento posterior, como situaciones aisladas en función del presupuesto representado por la separación o divorcio, lo que conduciría a uno u otro resultado en cuanto a la concesión del derecho a compensación.

Este es a nuestro juicio, la opinión reflejada en la Sentencia Audiencia Provincial núm. 16/2000 Ceuta, Cádiz (Sección 6), de 7 febrero, (AC 2000, 3900), la misma que sostiene: «...*en la sentencia de separación no se fijó pensión compensatoria, y que la misma presupone la existencia de un desequilibrio económico en ese momento, excluido el empeoramiento que se pueda producir con posterioridad, debido a otras causas*...». En virtud de este razonamiento, cabría interpretar la posible existencia del desequilibrio –y por ende la concesión del derecho-[697] con un margen temporal de puesta en evidencia del empeoramiento mayor o menor, en cuyo caso, podría asumirse, o bien que el desequilibrio aún cuando existe puede implicar un empeoramiento *a posteriori*, o por el contrario, que el desequilibrio sin contar con un empeoramiento real y actual ha de tener mérito para el otorgamiento de la compensación. Esta contradicción a nuestro juicio no cuenta con una única y genérica respuesta, debe resolverse en atención a las circunstancias particulares.

Con todo ello, y aún cuando desde un determinado punto de vista, las opiniones puedan ser divergentes, parece ser que desde la jurisprudencia hay cierto consenso acerca de este criterio, según el cual, como refiere SEOANE[698]; el momento final al que ha de atenderse para establecer la comparación que exige el art. 97 CC es la ruptura de

[697] Si estimáramos por ejemplo, la existencia de "un solo" presupuesto consistente en el desequilibrio.

[698] SEOANE PRADO, Javier. Ob. Cit. Pág. 433.

la convivencia, no cuando se promueve el proceso matrimonial ni cuando se dicta la sentencia; nos conduce a considerar que la compensación por desequilibrio se restringe a los casos en que existe una comunidad de vida anterior a la separación o al divorcio que persiste hasta entonces, de tal modo que cada uno de los esposos haya consolidado un determinado estatus que se ve interrumpido. Será improcedente por tanto cuando la disgregación familiar tenga lugar con mucha antelación al proceso matrimonial, o cuando la escasa duración del matrimonio impida entender que haya podido tener impacto en el desarrollo vital de los esposos[699], o que alguno de ellos haya alcanzado un determinado estatus que merezca protección[700].

En este sentido se pronuncian los tribunales en sentencias tales como la SAP Núm. 93/1999 Lleida (Sección 1), de 14 junio, (AC 1999, 7130) con el siguiente tenor: «*la jurisprudencia es mayoritaria en el sentido de que, no es posible fijar pensión compensatoria cuando la misma se solicita después de un prolongado período de separación, en el que los cónyuges hayan tenido economías independientes, viviendo de forma autónoma en el ámbito económico, sin ayudas recíprocas, lo que conlleva una fundada pretensión de estabilidad económica excluyente*». La Sentencia Audiencia Provincial núm. 32/2000 Zamora, de 28 enero, (AC 2000, 152) por su parte, refiere que «*...parece lógico pensar que, producida la separación de hecho, si se deja transcurrir un largo período de tiempo sin interesar pensión compensatoria, ello significa que la separación de hecho no había producido el desequilibrio económico como presupuesto de aplicación de la norma, artículo 97 del Código Civil. Si con posterioridad, uno de los cónyuges, viene a peor fortuna por las razones que sean, lo que no cabe es que exija pensión compensatoria al otro cónyuge. Sin embargo, aparte de que en el caso de autos no consta que hubiera existido renuncia a una pensión compensatoria y que el período de tiempo transcurrido desde la fecha de la separación de hecho hasta el momento en que la esposa ya pidió extrajudicialmente la pensión compensatoria no fue excesivo,*

[699] La jurisprudencia discrecionalmente, establece como insuficientes plazos que van desde cinco meses hasta tres años. Es interesante observar, que este último límite, los tres años, coincide con los períodos señalados por FISHER y otros como tendenciosamente naturales de separación en base a criterios socio-biológicos. Cabe mencionar, sobre este tema, la SAT Barcelona, 7 octubre 1986, que se manifiesta en el siguiente sentido: "*En autos, son circunstancias de singular importancia, ya valoradas por el Juez a quo para denegar la pensión, la existencia de una corta convivencia conyugal, inferior a dos años, y la separación efectiva desde hace más de treinta y cinco años*".

[700] SEOANE PRADO, Javier. Ob. Cit. Pág. 433.

aproximadamente año y medio, durante cuyo período de tiempo debió vivir con los pocos recursos recibidos en capitulaciones matrimoniales y otras ayudas de amistades, hemos de considerar que no nos encontramos en el supuesto alegado y recogido en la sentencia de instancia».

Tras estas consideraciones, finalmente, no nos queda más que reflexionar acerca de una posible consideración de este "ínterin" sea en sede jurisprudencial tanto un referente o presunción de restablecimiento del equilibrio, como una posible voluntad o estímulo a que a nivel individual, se pretenda la independencia y autosuficiencia económica.

ii. Desequilibrio Económico –respecto del otro cónyuge-

El segundo de los presupuestos de la compensación es el *desequilibrio económico* existente entre los *patrimonios personales* de cada uno de los dos cónyuges o miembros de la pareja a partir de la separación o divorcio.

En palabras de CAMPUZANO[701], el desequilibrio económico aparece, en principio, como una alteración patrimonial negativa experimentada por uno de los cónyuges en sus condiciones de vida materiales como consecuencia de la separación o divorcio.

Dicha autora, hace a nuestro juicio, una importante y reveladora distinción acerca de dos matices de dicho desequilibrio. Según ella existen dos teorías que explican el desequilibrio; una la objetiva, en virtud de la cual por desequilibrio económico hay que entender el mero hecho objetivo de la disminución patrimonial experimentada por uno de los esposos con posterioridad a la separación o al divorcio, siempre que esta disminución lo sea en relación con la posición del otro cónyuge y la situación gozada durante el matrimonio. En tal caso, -continúa- en la práctica, la función del Juez para ver si procede o no la entrega de una pensión (compensación diríamos

---

[701] CAMPUZANO TOME, Herminia. Ob. Cit. Pág. 76.

nosotros), quedará reducida a la mera comparación del patrimonio de uno y otro cónyuge, de forma que cuando el de uno de ellos fuera inferior al del otro e inferior a aquel del que podía disponer durante la vida matrimonial, entenderá que existe derecho a pensión a favor del perjudicado, sin tener en cuenta ninguna otra circunstancia.

La segunda nos dice, obedece a un criterio subjetivo; a tenor de cuya interpretación, la expresión desequilibrio económico abarcaría un concepto más amplio, englobando no solamente el hecho objetivo de ser el patrimonio de uno de los esposos inferior a la del otro, sino también otra serie de factores subjetivos, personales de los cónyuges y conformadores de la vida matrimonial: dedicación a la familia, pérdida de expectativas futuras, estado de salud, cualificación profesional, edad, etc.[702].

Para dilucidar convenientemente este tema, es preciso tomar ciertas consideraciones acerca del concepto de *patrimonio personal* y el *tipo de bienes* o *recursos* involucrados en la determinación del desequilibrio.

A propósito de ésto, es conveniente anotar que el profesor LACRUZ[703] señala que se debe plantear, si a los efectos de la compensación se ha de tener en cuenta para valorar la posición del esposo potencialmente deudor todo su patrimonio, incluidos los bienes raíces, el capital e incluso aquellos que son improductivos, o sólo determinada clase de bienes y recursos. Así dicho autor, señala que parece ser que se han de apreciar aquellos bienes y recursos que significan realmente una disponibilidad económica de su titular y ponen de relieve el poder adquisitivo de una determinada persona, en este caso el cónyuge potencialmente deudor, siempre que hayan contribuido a fijar el nivel de vida del matrimonio.

Agrega LACRUZ que la posición del otro cónyuge a los efectos de la pensión no puede ser valorada con independencia del marco en el que se desenvuelve la misma: "el matrimonio y la posterior crisis matrimonial" [...] "con el reconocimiento del derecho a la pensión, en cierta medida, se pretende perpetuar tras la ruptura de los cónyuges la

---

702 Ibíd. Pág. 30.

703 LACRUZ BERDEJO, José Luis. *Matrimonio y Divorcio.* Comentarios al Título IV del Libro Primero del Código Civil. Editorial Civitas, Madrid 1994. Pág. 1163.

situación económica mantenida en la convivencia o en el matrimonio [...] sólo en la medida que sus bienes y recursos hayan trascendido en la fijación del nivel de vida del matrimonio en crisis"[704].

Pues bien, LACRUZ nos revela que a efectos de la determinación de la compensación por desequilibrio, han de considerarse los bienes y recursos que signifiquen una disponibilidad económica sólo en la medida de que éstos hayan trascendido en la fijación del nivel de vida, no obstante, es fundamental para nosotros no dejar de considerar que el bien primordial con el cual cuenta un sujeto, y en buena cuenta, sobre el que construye un plan de vida es el que se haya incorporado en él mismo; su *capital humano*.

Es pertinente recordar entonces, lo que estimamos, debe entenderse como *patrimonio personal*; a saber: «el derecho de propiedad[705] sobre todos y cada uno de los recursos de los que dispone una persona», entre los cuales se pueden incluir, además de bienes tangibles, todas aquellas capacidades, habilidades y especializaciones, en suma, el capital humano y recursos materiales.

Estas consideraciones acerca de la amplitud del *patrimonio personal* son las que en esencia, nos aproximan a manifestarnos en pro de la teoría subjetiva, la que entendemos, debe ser tomada en cuenta a efectos de la determinación del desequilibrio, sin perjuicio de que como en adelante precisaremos, ciertos elementos objetivos sean traídos a observación.

Dentro de este razonamiento creemos, CAMPUZANO refiere que partiendo de una interpretación subjetiva del desequilibrio económico [...] no basta, pues, con que acredite que después de la separación o divorcio su patrimonio objetivamente apreciado –en términos monetarios- es inferior al del otro e inferior al que poseía durante el matrimonio[706]; puesto que en opinión de la misma autora no se intenta conseguir una igualdad aritmética entre los patrimonios de los esposos una vez producido el divorcio,

---

[704] Ibíd. Págs. 1163-1164.

[705] Véase más adelante el tratamiento de este aspecto en el Capítulo VIII.

[706] CAMPUZANO TOME, Herminia. Ob. Cit. Pág. 86.

sino que lo que se persigue es impedir que como consecuencia de la ruptura del vínculo se produzca entre los cónyuges una desigualdad considerable en sus condiciones de vida materiales[707]; por el contrario, "de lo que se trata, es de evitar que como consecuencia de la ruptura de la vida matrimonial, uno de los esposos, quede en una situación tal, que a vista de las circunstancias que rodearon la vida matrimonial así como las personales de los cónyuges, se revele manifiestamente injusta"[708].

Desde esta lógica, y en función de las teorías subjetiva y objetiva, podemos concluir, que el desequilibrio objetivo solo muestra el «resultado» de las *interacciones*, y por el contrario, el desequilibrio subjetivo muestra los «medios» mediante los cuales se ha interactuado. Al respecto, nos resulta, pertinente citar a GHERSI[709], en tanto afirma que las decisiones (un antecedente de la situación de equilibrio) vienen determinadas por experiencias subjetivas. Sin embargo, se reflejan objetivamente (a través del nivel de vida y la capacidad adquisitiva)[710] en resultados verificables y cuantificables que, a su vez, actúan como fuentes de información respecto de las nociones subjetivas.

En consecuencia, al margen de un aparente objetivismo en la terminología del artículo 97° CC, podemos afirmar que existe una tendencia subjetivista contenida en una serie de factores expuestos *ad exemplum* como algunas de las circunstancias relevantes de dicha norma. Son pues, dichas circunstancias u otras eventuales (eminentemente subjetivas –las del artículo 97°, y sobre las que más adelante hablaremos-) las que en opinión de CAMPUZANO unidas a la desfavorable situación económica en que, como consecuencia de ellas, puede quedar alguno de los miembros de la relación conyugal, las que van a determinar la aparición de un desequilibrio patrimonial capaz de originar un derecho a pensión[711]. Ello conduce, a que la situación del cónyuge que no ha tenido

[707] Ibíd. Págs. 83-84.

[708] CAMPUZANO TOME, Herminia. Ob. Cit. Pág. 84.Nuevamente, aquí podemos observar como una determinada distribución de recursos puede acarrear un juicio de valor acerca de la injusticia de un resultado; como manifestamos con anterioridad, no necesariamente pertinente.

[709] GHERSI, Enrique. *El Costo de la Legalidad.* Pág. 8.

[710] Los paréntesis son nuestros.

[711] CAMPUZANO TOME, Herminia. Ob. Cit. Págs. 30 y 78.

posibilidades de acumular durante el matrimonio unos ingresos propios, va a quedar sensiblemente deteriorada. En tal caso, puede hablarse de desequilibrio económico susceptible de compensación.

Ahora bien, este planteamiento da ocasión de reflexionar, en consideración a la amplitud del patrimonio personal, acerca de las circunstancias de interacción que han determinado esta menor o mayor capacidad individual de acumular riqueza. Para desarrollar este aspecto, a nuestro modo de ver, hay que atender en nuestra opinión a dos momentos diferenciados o dos desequilibrios económicos en concreto, uno el desequilibrio existente al inicio de la relación, y dos, el desequilibrio acaecido como fruto de la crisis matrimonial, tema que guarda una importante relación con el empeoramiento en la situación de uno de los cónyuges respecto al otro, otro de los presupuestos de la pensión compensatoria, que trataremos in extenso en el siguiente apartado. Sin embargo, conviene hacer ciertas precisiones acerca de estos dos momentos en el desequilibrio, en tanto considera la situación personal y las diferencias existentes entre los cónyuges, a propósito del *patrimonio personal* de cada uno de ellos.

Es importante pues, hacer hincapié en el hecho que al inicio de una relación de pareja o de un matrimonio existen desigualdades en las condiciones naturales y personales de cada uno de los contrayentes (lo que a la postre significará diferencias patrimoniales en consideración al concepto de *patrimonio personal* antes referido). De hecho, según creemos, la razón de ser de una relación específica desde el punto de vista de la complementariedad, atiende tanto a las diferencias como a las similitudes.

Existe en consecuencia, al inicio de una relación cierta situación de desigualdad, la misma que por un lado va a condicionar y modelar *las interacciones* de los sujetos[712], de la misma manera que, por otro lado, va a determinar en algunos casos ciertas "distinciones" o diferenciaciones en cuanto a la distribución de los recursos.

[712] Recuérdese la teoría de los hogares unipersonales y la distribución de trabajo en la familia en base la teoría de ventaja comparativa, mediante la cual los recursos de los distintos miembros de la familia se asignan a distintas actividades de acuerdo con sus niveles comparativos o relativos de eficiencia.

En efecto, CABRILLO[713] sostiene, a nuestro juicio acertadamente, que una situación de desigualdad en el punto de partida (del matrimonio o de la vida en común) puede dar origen no sólo a diferencias importantes en la división familiar del trabajo, sino también en las ventajas que cada uno de los cónyuges obtiene del matrimonio.

El punto es aquí, que parte de dichas diferencias o desigualdades, se fundan precisamente en cierto matiz del *patrimonio personal*, el *capital humano* con el que se ingresa a la vida en común, sin ningún tipo de inversión o desmedro a raíz del matrimonio o la vida conyugal, y las cuales a la aparición de una crisis, se ponen de manifiesto por el simple hecho de no existir ya más la *interrelación* anterior.

Con relación a esta idea suponemos, CABEZUELA[714] pone de manifiesto de manera muy sistemática y conveniente que *"no toda desigualdad equivale a desequilibrio"*, lo cual sospechamos está referido justamente al «back-up» previo –o constante- de cada de cada uno de los cónyuges.

Conviene agregar en este sentido, lo que según CAMPUZANO significa que el matrimonio constituye una comunidad de vida voluntariamente aceptada por ambas partes, y que el hecho de que una de ellas acceda al mismo sin ningún tipo de formación cultural, mientras la otra lo hace con un alto nivel profesional, no quiere decir, en modo alguno que producida la disolución del matrimonio, el Juez haya de proceder a igualar a los esposos en sus condiciones personales y profesionales[715]. Así, tal pretensión devendría en absurda y de imposible materialización[716]; a lo que matiza que lo que en realidad ha de perseguirse ante tal situación es procurar compensar a aquel de los cónyuges que llegó al matrimonio en inferior posición, personal y profesional, de las consecuencias que se han derivado de tal inferioridad y que una vez disuelto el matrimonio le llevarían a soportar unas difíciles condiciones de vida[717]. No obstante, y

---

713 CABRILLO, Francisco. Ob. Cit. Pág. 107.

714 CABEZUELA ARENAS, Ana Laura. *La limitación temporal de la Pensión Compensatoria en el Código Civil.* Estudio Jurisprudencial y Doctrinal. Editorial Aranzadi, Navarra, 2002.

715 CAMPUZANO TOME, Herminia. Ob. Cit. Pág. 42.

716 Ibíd. Pág. 42.

con ello, conviene traer nuevamente a análisis a LACRUZ[718], en tanto sostiene, que los bienes o el patrimonio susceptible de consideración, han de tenerse en cuenta sólo en la medida en que hayan trascendido en la fijación del nivel de vida del matrimonio en crisis.

En atención al objeto de la compensación, podemos señalar que si bien objetivamente se observa entre los esposos una desproporción en sus respectivas formaciones culturales y profesionales, no es a esta «disparidad» (a la que debe atenderse como objeto de la compensación) sino que la desigualdad que a estos efectos adquiere relevancia es la que surge en las condiciones de vida de una de las partes una vez disuelto el matrimonio como consecuencia de esta ruptura[719]. Y es evidente que dicha desigualdad no debe ser el objeto de la compensación, sino más bien, «los efectos de dicha desigualdad». Hemos de añadir, trayendo a escena lo sostenido por LACRUZ; en tanto, provengan de una la interacción que dio como resultado el nivel de vida que gozaban, y correspondan a legítimas expectativas.

Por ello, y además de estas consideraciones, coincidimos con CAMPUZANO[720] cuando refiere que un afán excesivo de igualación entre los esposos podría conducir a situaciones anormales, y los criterios de delimitación de la compensación por desequilibrio no pueden prescindir de esta idea; no sólo porque dicha igualación puede conducir al oportunismo en desmedro de quien ostenta mayor capacidad y potencial a nivel privado, sino incluso, por lo que para nosotros puede significar un pésimo precedente en cuanto a la calificación de la compensación como un instrumento de equidad, si éste, lejos de procurar el equilibrio entre lo aportado y lo merecido, se concentra en otorgar una ciega y pretendida igualdad en base a principios, que en nada corresponden, a nuestro juicio, con un espíritu de justicia. Es pertinente pues, a nuestro modo de ver, atender en este sentido a VON IHERING, en tanto señala que “los juristas miran expresamente el principio de la igualdad como el principio fundamental de la

---

[717] Ibíd. Pág. 42.

[718] LACRUZ BERDEJO. Ob. Cit. Págs. 1163-1164.

[719] Siguiendo a CAMPUZANO TOME, Herminia. Ob. Cit. Pág. 42.

[720] Loc. Cit.

societas, entendiendo por aquélla, no la igualdad *externa, absoluta, matemática*, que da a una parte lo mismo que a la otra, sino la igualdad *interna, relativa, geométrica*, que mide la parte de cada uno según lo aportado por éste. Establecer esta igualdad, -agrega- es la misión del *boni viri arbitrium*, resultante de la naturaleza del *bonae fidei judicium*. No se detenían en la idea de igualdad abstracta de los individuos aislados, sino que se fijaba en la del *equilibrio* entre lo aportado y los beneficios. Es la idea de *equilibrio* aplicada a la sociedad[721].

«¿Por qué el Derecho debe tender al establecimiento de la igualdad
cuando toda la naturaleza la contradice?
Y ¿qué vale la igualdad como tal?
Puede ser muy bien la igualdad en la miseria.
¿El criminal se consolará al saber que la pena que sufre alcanza a todo criminal como él?
El amor a la igualdad parece más bien tener su profundo origen
en los más vergonzosos repliegues del corazón humano:
la malevolencia y la envidia.
¿Qué nadie sea más dichoso que yo, y, si soy miserable, que los demás lo sean también!»

Rudolf Von Ihering,
El fin en el Derecho.

iii. Empeoramiento de situación anterior en el matrimonio
"Especial referencia al Oportunismo"

«Ya no te sacrifiques, Cordelia.
¿Tú me ves sacrificada? No lo andes creyendo.
¿Ves resignación en mi mirada? ¿Verdad que no? Estoy tranquila. ¿Sabes por que?
No. Dímelo tú.
Creo... es decir, imagino... que él sabe más lo que va a venir que lo que ya pasó»

Carlos Fuentes.
Todas las Familias Felices.

El tercer presupuesto para la configuración de la compensación por desequilibrio, está determinado por el empeoramiento en la situación de uno de los cónyuges o miembros de la pareja, respecto a la situación en la que se encontraba durante la vigencia de la comunidad de vida.

---

[721] VON IHERING, Rudolf. *El fin en el Derecho*. Editorial Heliasta Buenos Aires. 1978. Pág. 181.

El tema del empeoramiento, tal y como lo pusimos de manifiesto en el título precedente, reviste para nosotros vital importancia en función de los eventuales oportunismos que pueden acompañar la determinación del derecho de compensación por desequilibrio.

Tal como sostuvimos con anterioridad, tanto la hipergamia como las diferencias o desigualdades presentes en una relación, gozan de especial relevancia en cuanto a la formación de una situación de equilibrio y la consecuente determinación de sus resultados.

Pues bien, hemos de partir de la base de que, entendiendo que el marco normativo imperante en una comunidad de vida es el determinado por el altruismo; el comportamiento de un sujeto dentro del matrimonio tenderá a un mayor nivel de altruismo cuanto peor haya sido su situación anterior a él[722], y del mismo modo, entendiendo que el altruismo, en alguna medida cuenta con cierta cuota de egoísmo, considerar que a menos que esté restringido por las normas sociales y códigos mínimos de honor el egoísmo se convierte en oportunismo[723].

Sin perjuicio de ello, o más aún, en base a ello, los cónyuges contratan, formal o informalmente. La contratación formal sería aquí la susceptible de ser circunscrita en el artículo 1323° del Código civil y la contratación informal en ese sentido, ha de asimilarse a las *interacciones* espontáneas en el marco de la convivencia sin título específico que las sustente.

En este marco, o en ambos *contextos*, tanto si hablamos de contratación informal en virtud del altruismo como base normativa, como del formal en virtud de normas sociales, según refiere SALVADOR CODERCH y RUIZ GARCÍA[724] la concepción

---

[722] CABRILLO, Francisco y CACHAFEIRO, Maria Luisa. *Estrategias nupciales*. En: GARRIDO MEDINA, Luis y GIL CALVO, Enrique. (Eds). *Estrategias familiares*. Alianza Editorial, Madrid, 1993. Pág. 152.

[723] ELSTER, Jon. *Tuercas y tornillos. Una introducción a los conceptos básicos de las ciencias sociales*. Gedisa editorial Barcelona, 1991. Pág. 66.

contractualista del matrimonio significa y permite que en aplicación de la teoría general del contrato al análisis jurídico de las reglas del matrimonio y sus efectos, cada parte tiene derecho a esperar de la otra o del ordenamiento jurídico que el cumplimiento voluntario o forzoso del contrato la deje donde y como habría llegado a ser si el contrato se hubiera cumplido, de acuerdo a sus propias condiciones y previsiones.

Y ésta es a grandes rasgos, la base de nuestra interpretación acerca del empeoramiento. El *empeoramiento* así, desde esta perspectiva, significa la pérdida de expectativas en el cumplimiento de determinados *compromisos*, en función del tránsito de una situación a otra, en particular, de la vida en común, a la separación o divorcio, en un *contexto* de contratación *informal*.

De forma consecuente, tal como agregan los citados autores, el planteamiento citado responde al intento de los legisladores dirigido al evitar el *oportunismo* contractual de una u otra parte. Es decir, se trata de dificultar que una de ellas incumpla voluntariamente, cuando la otra ya haya realizado, las inversiones fundamentales que le corresponden llevar a término[725].

En este sentido, resulta imprescindible distinguir, lo que para éstos autores son dos tipos de oportunismo en función de quien sea el sujeto oportunista, ya sea como potencial deudor o acreedor de la compensación por desequilibrio.

En efecto, SALVADOR CODERCH Y RUIZ GARCÍA[726] opinan que en esta circunstancia, (refiriéndose al incumplimiento voluntario de una de las partes cuando la otra ya haya realizado su parte de inversiones fundamentales) el incumplidor puede tratar de apropiarse de los beneficios resultantes del contrato sin haber puesto de su parte lo que, según el contrato (o los compromisos informales)[727] le corresponde; a lo

---

[724] SALVADOR CODERCH, Pablo y RUIZ GARCÍA, Juan Antonio. En EGEA I FERNÁNDEZ, Joan y FERRER I RIBA, Josep. (Directores). *Comentaris al Codi de Familia, a la Llei d´unions estables de parella i a la Llei de situacions convivencials d´ajuda mútua*. Pág. 56.

[725] Ibíd. Pág. 56.

[726] SALVADOR CODERCH, Pablo y RUIZ GARCÍA, Juan Antonio. Ob. Cit. Pág. 56.

[727] El paréntesis es nuestro.

que matizan, considerándolo una apropiación de las cuasi-rentas del matrimonio que constituye uno de los casos más claros del oportunismo contractual[728]. Éste en particular, sería un caso típico de oportunismo masculino[729] en un modelo de familia tradicional.

Por otro lado, opinan los mismos, acerca de lo que califican de un típico oportunismo femenino[730], que la otra parte puede comportarse de forma oportunista, y en tal supuesto; "refugiándose del cumplimiento voluntario o forzoso, realizar inversiones excesivas en el contrato (así, la mujer-madre puede tratar de atrincherarse en una posición de dependencia y negarse a realizar cualquier tipo de inversión en precauciones tendentes a evitar los daños del incumplimiento del contrato por el marido: puede relajar su disposición a trabajar en el mercado, no tener cura de su preparación, confiar excesivamente, en definitiva, en la perpetuidad de una compensación por desequilibrio que convierta el matrimonio en una aseguradora de vida a favor de la mujer: cuanto más grande es el desequilibrio consecuencia del divorcio más grande es la compensación[731].

El fundamento de estas conductas asumimos, tiene su vórtice en la *hipergamia* y las *estrategias matrimoniales*. En este aspecto, conviene atender a CABRILLO[732] en tanto se pregunta; ¿cuáles son los efectos de la hipergamia sobre las relaciones en el seno del matrimonio y el reparto de los beneficios que produce la convivencia? [...] la hipergamia da oportunidad al marido para apropiarse en mayor grado que la esposa de los beneficios producidos en el matrimonio [...] la hipergamia refuerza la estabilidad de la institución matrimonial al hacer más costosa su ruptura para las mujeres.

---

[728] SALVADOR CODERCH, Pablo y RUIZ GARCÍA, Juan Antonio. Ob. Cit. Pág. 56.

[729] Es conveniente señalar que la calificación de los oportunismos como "masculinos" o "femeninos" se debe, por lo menos en cuanto entendemos, a la descripción de hechos que han sido usuales en modelos de familia tradicional hasta hace poco vigentes, y que de ninguna manera buscan o pretenden catalogar o estigmatizar conductas en función de un género determinado.

[730] También referido al modelo de familia tradicional. Para los modelos familiares modernos viene siendo típico de la parte que no produce en el mercado.

[731] SALVADOR CODERCH, Pablo y RUIZ GARCÍA, Juan Antonio. Ob. Cit. Págs. 56-57.

[732] CABRILLO, Francisco. Ibíd. Pág. 111.

No podemos olvidar que la hipergamia es en esencia una estrategia, o mejor aún, la confluencia o colisión de dos estrategias individuales. Partiendo de esta idea, cabe la posibilidad o el caso, en el que ha de considerarse al oportunismo contractual como parte de una estrategia basada en el incumplimiento o el cumplimiento estratégico de las prestaciones y los compromisos involucrados en el matrimonio o la vida en común.

Así, no es de extrañar pues, que la "hipergamia masculina" de oportunidad marido para apropiarse en mayor grado que la esposa de los beneficios producidos en el matrimonio[733], y la "hipergamia femenina" fomente a la esposa a realizar excesivas o «desmedidas» aportaciones en el área doméstica[734].

Finalmente, refieren los citados autores, en nuestra opinión, acertadamente, que el Derecho trata de buscar un equilibrio entre un tipo de abuso y el otro con el objeto de evitar o, al menos, de minimizar el oportunismo de ambas partes: el de la parte que incumple, pero también en el caso del contratante cumplidor, tanto las inversiones insuficientes por parte de quien teme el incumplimiento ajeno como las excesivas que puede tender a realizar la misma parte que espera confiada un aseguramiento vitalicio del matrimonio, un seguro a todo riesgo[735].

Es decir, el oportunismo debe ser enfocado tanto desde el punto de vista de quien obtiene un beneficio económico a costa de quien realizó las inversiones, como de quien basado en una desigualdad aspira a tener un nivel de vida incongruente con su potencial de rendimiento a nivel privado. De esta manera también, adicionalmente se impulsa a invertir de manera intensiva, sin que ello suponga un alto riesgo de pérdida, puesto que, en tanto la ley brinde información, las aportaciones pueden llevarse a cabo de manera más fluida. Desde el punto de vista de la equidad en buena cuenta; una situación equitativa no sólo reposa en la proporcionalidad de la delimitación de los

---

[733] CABRILLO, Francisco. Alocución antes citada.

[734] Aclaramos que al referirnos a "hipergamia masculina" o "hipergamia femenina", nos referimos a los términos científicos de los modelos de conducta determinados a nivel conceptual, en función de si proceden de uno u otro género, y no por calificar de masculina o femenina una determinada conducta.

[735] Ibíd. Pág. 57.

derechos, sino también en la proporcionalidad en la fijación de límites ante eventuales oportunismos.

Es decir, teniendo en consideración los eventuales oportunismos, ha de tomarse en consideración en nuestra opinión, un "*empeoramiento real*", en el cual el desequilibrio, en la medida de lo posible, escapa a estrategias oportunistas "*económicamente relevantes*"[736].

Con todo ello, el empeoramiento como es bien sabido, debe atender de forma ineludible a un elemento temporal que sirve de base para la comparación de dos situaciones perfectamente distinguibles. Esta distinción, a nuestro juicio, y como veremos más adelante, también es pertinente con miras al oportunismo antes citado.

Efectivamente, en la acertada opinión de CAMPUZANO, en cuanto al *empeoramiento*, deben distinguirse dos momentos, uno de normalidad y otro de no normalidad[737]. Así, el significado de la expresión «situación anterior en el matrimonio»

---

[736] En nuestra opinión, esta consideración puede ser claramente apreciada por el Juez, a partir de la configuración de las circunstancias expuestas en el artículo 97° CC. Así, la existencia de ciertas circunstancias serviría de base para la determinación de la existencia del desequilibrio, sin embargo, "la medida" de dichas circunstancias pueden dar una idea acerca de la relevancia económica de dicho desequilibrio. Es interesante en este sentido, citar la opinión de MARÍN GARCÍA DE LEONARDO; según ella, "*hay que pensar que cuando se trata de matrimonios que se separan o divorcian con un período breve de convivencia, sin haber tenido hijos y, por tanto, sin que se pueda alegar que la dedicación a la familia haya supuesto una merma en el desarrollo profesional, el perjuicio económico a valorar en términos de desequilibrio económico evidentemente será prácticamente inexistente. Si se parte de un criterio objetivo en estos casos se llegaría a pensiones meramente simbólicas, lo que no parece ajustado al carácter indemnizatorio de la figura*". MARÍN GARCÍA DE LEONARDO, Teresa. *Temporalidad de la pensión compensatoria en la Ley 15/2005, de 8 de julio.* En: Comentarios a las Reformas de Derecho de familia de 2005. VERDA Y BEAMONTE, De, José Ramón (Coordinador). Thomson Aranzadi, Navarra, 2006. Pág. 225. Por su parte, y acerca de esta idea de relevancia económica, según la SAP de Madrid de 5 de junio de 1991 "*el empeoramiento matiza el desequilibrio imprentándole una circunstancia de graduación, de forma que un desequilibrio de escasa entidad o que no cambie la cotidianeidad económica, resultaría insuficiente para producir el crédito*".

[737] En este sentido, la SAT Bilbao, de 15 de septiembre de 1982; "*la pensión regulada por los artículos 97, 99, 100 y 101 del CC, se caracteriza por constituir una prestación compensatoria que tiende a evitar que la separación o el divorcio supongan para uno de los cónyuges un descenso en el nivel de vida efectivamente gozado durante el matrimonio o, mejor en el último período de normalidad matrimonial, de donde se desprende que el desequilibrio económico del cónyuge que reclama la pensión en relación con la posición del otro, que implique un empeoramiento en su situación anterior en el matrimonio, ha de existir en el momento y ha de producirse con la ruptura de su convivencia conyugal, sin que las circunstancias sobrevenidas o las alteraciones posteriores den derecho a pensión si no lo hubo en ese momento*". En: ALBÁCAR LÓPEZ, José Luis; MARTÍN GRANIZO Y FERNÁNDEZ, Mariano. *Código Civil. Doctrina y jurisprudencia. Tomo I.* Trivium. Madrid, 1991. Pág. 726. Aquí podemos establecer una

ha de ser asimilado con la «plena comunidad de vida entre los cónyuges»[738]. Por su parte, GARCÍA VARELA[739] estima que la situación a la que debe atenderse para determinar el empeoramiento es la inmediatamente precedente a la separación o divorcio, como hecho formal pero observado, inmediatamente después del cese de la comunidad de vida.

La jurisprudencia es en este sentido, es consecuente con estos planteamientos, y con lo que ha venido a denominarse, período de normalidad. La Sentencia Juzgado de Primera Instancia Santander, Cantabria (Núm.1), de 24 septiembre 2003, (AC 2004, 31), sostiene así: «*...la pensión compensatoria se caracteriza por constituir una prestación que tiende a evitar que la separación o el divorcio supongan para uno de los cónyuges un descenso en el nivel de vida efectivamente gozado durante el matrimonio, o mejor en el último período de normalidad matrimonial...*». La Sentencia Audiencia Provincial Sevilla (Sección 5), de 10 enero, (AC 2001, 423), por su parte, refiere que «*...se deduce que el desequilibrio económico que debe valorarse a efectos de generar derecho a pensión compensatoria es el que se produce en el momento de la ruptura de la convivencia comparado con la situación inmediatamente anterior de normalidad matrimonial* ». Tenor similar, puede extraerse de la Sentencia Audiencia Provincial Núm. 337/2004 Valencia (Sección 10), de 27 mayo, (AC 2004, 2234): «*...el desequilibrio que se ha de valorar para que propicie el derecho a la misma, es el que se produce en el momento de la ruptura de la convivencia, comparándolo con el estado inmediatamente anterior de normalidad matrimonial...*».

Hemos de anotar que esta interpretación y calificación generalizada respeto a la "*normalidad*" apunta a nuestro juicio, a la voluntad del legislador de retrotraerse precisamente a una *situación* o *contexto* libre de eventuales oportunismos, con ocasión del conocimiento de una inminente crisis, que pueda en alguna manera distorsionar, las

---

relación entre la «situación de normalidad» a la que se apela como situación análoga del «*statu quo*» de equilibrio.

[738] CAMPUZANO TOME, Herminia. *La pensión por desequilibrio económico en los casos de separación y divorcio. Especial consideración de sus presupuestos de otorgamiento.* Librería Bosch, Barcelona, 1986. Pág. 93.

[739] GARCÍA VARELA, Román. En: SIERRA GIL DE LA CUESTA, Ignacio, (Coordinador) *Comentario del Código Civil, Tomo II*, Bosch, 2006. Pág. 160.

que hasta entonces, han sido *interacciones* naturales y *espontáneas*, en buena cuenta, de normal y buena fe.

No obstante, si atendemos a cierta jurisprudencia respecto a qué momento debe retrotraerse el juzgador a efectos de determinar el punto de partida, y la consecuencias del empeoramiento, nos encontramos con lo que en nuestra opinión, significan algunas inconsistencias dignas de destacar.

La Sentencia Audiencia Provincial Núm. 218/2002, Córdoba (Sección 3), de 18 septiembre, (AC 2002, 1336), a propósito de la finalidad de la compensación por desequilibrio, se pronuncia en el siguiente sentido; «*...su legítima finalidad no puede ser otra que la de colocar al cónyuge perjudicado por la ruptura del vínculo matrimonial en una situación de potencial igualdad de oportunidades simplemente laborales y económicas a la que habría tenido de no haber mediado vínculo matrimonial...*». Para mayor abundamiento, la Sentencia de la Audiencia Provincial de Barcelona, (Sección 18), de 14 abril 2000, (AC 2001, 1899), con parecido razonamiento, establece: «*por cuanto su legítima finalidad no es otra que paliar el desequilibrio económico producido a uno de los cónyuges por la crisis del matrimonio, separación o divorcio, colocándole en una situación de igualdad de oportunidades a la que habría tenido de no haber mediado el vínculo matrimonial,...*».

La S.A.P. Núm. 285/1999, Cuenca, de 14 octubre, (AC 1999, 8078), por su parte, y con referencia a la extinción del derecho de compensación, señala: «*...al haber accedido la demandada al mercado laboral percibiendo los ingresos antedichos, que se estiman suficientes para poder atender a su subsistencia, ya que la hija común ha quedado bajo la custodia del padre, existe una variación de sus circunstancias de carácter sustancial y determinante para la extinción del derecho a percibir pensión compensatoria, al haber desaparecido la inicial desigualdad de oportunidad laboral y económica a la que habría tenido de no haber mediado el vínculo matrimonial...*».

Como puede apreciarse, los criterios jurisprudenciales antes expuestos, parecen retrotraerse en cuanto a los efectos del desequilibrio, las oportunidades personales, y por ende, en cuanto al empeoramiento, a una situación previa a la comunidad de vida. Es preciso matizar con ello, que no hay que dejar fuera de consideración, tal como bien señala la Sentencia de la Audiencia Provincial de Guipúzcoa, (Sección 2), de 18 de noviembre 1999, (AC 1999,2106), que el empeoramiento, lo es «...*respecto de la situación económica gozada durante el matrimonio*... ».

El horizonte en este sentido creemos, no está dado por una *situación hipotética* en la cual no ha mediado el vínculo matrimonial, sino por el contrario, aquella *situación real*, en la cual se encontraría el cónyuge de no haberse disuelto el vínculo o cesado la comunidad de vida. Es posible por tanto, y a nuestro modo de ver, que tal detalle obedezca a una interpretación errada en cuanto a la acepción *anterior en el matrimonio* propuesta por el artículo 97° CC.

Sin perjuicio de ello, no resulta inútil a nuestro juicio, a efectos de calificar y observar el *empeoramiento* dar mirada a esa situación, en base a la existencia de tres momentos diferenciados. Uno es el de la *situación anterior al matrimonio*, la que hemos llamado «situación inicial». Otro es el de la *situación de matrimonio o comunidad de vida constante* (de "*normalidad*"). El último es el de la situación *posterior a la separación o divorcio* o «situación final».

En efecto, teniendo en cuenta, tal y como sostuvimos en líneas precedentes, que una situación de desigualdad entre los cónyuges en el punto de partida (esto es: en la «situación inicial») puede dar origen a diferencias importantes en la distribución de *roles* y las ventajas que cada uno de los cónyuges obtiene, ello nos puede dar ciertos indicios de apreciación, acerca de la situación personal en la que el cónyuge beneficiario ingresó a formar parte de la sociedad matrimonial.

Este hecho es de vital importancia a nuestro juicio, en la medida que cabe considerar la posibilidad de que el empeoramiento sea causa de una desigualdad o desequilibrio originarios. Ello significa que el empeoramiento y la pérdida de expectativas pueden producirse en tanto desaparece la unión y la *interacción* que justificaban el nivel de vida que venía manteniéndose, y no precisamente como consecuencia de la convivencia en sí.

En consecuencia, a efectos de la calificación tanto del desequilibrio como del *empeoramiento* que éste implica, ha de partirse a nuestro juicio, de la «situación o posición final» de ambos cónyuges, con vista a las *interacciones* y *circunstancias* existentes en la *situación de matrimonio constante* y que determinaron su *equilibrio*; sin perjuicio, de atender a la «situación o posición inicial» de los mismos, a efectos de contar con una información que no deja de ser relevante y pertinente.

Esto nos permite afirmar para concluir; -y es plenamente consecuente con la autonomía privada-, que máxime en el ámbito de las relaciones jurídico-patrimoniales imperantes en el Derecho de familia, los *compromisos* y las *expectativas* que han de ser consideradas a efectos de la determinación de la compensación por desequilibrio, lo han de ser, con carácter *pacta sunt servanda rebus sic stantibus*, en virtud del *marco normativo* alternativo y el *contexto* dinámico, versátil y cambiante sobre los que se erige y manifiesta el *altruismo*.

II. Circunstancias

«Todas las familias felices se parecen,
pero las infelices lo son cada una a su manera»

León Tolstoi, 1828-1910.

«Dependiendo esencialmente la equidad
de las circunstancias particulares de cada caso,
considerado individualmente,
no puede sentarse ninguna regla establecida
ni ningún precepto fijo de equidad
sin destruir su verdadera esencia
y reducirla a no ser más que un Derecho positivo»

Sir William Blackstone, *Commentaries on the Laws of England*, 1765

El artículo 97º del Código Civil estipula de forma taxativa nueve apartados que estima como bases o circunstancias de consideración para la determinación de la pensión compensatoria.

Una de las principales discusiones acerca de éstas circunstancias, es la referente a si éstas, deben ser consideradas en la valoración del fondo de otorgamiento, o por el contrario, solo lo deben ser como simples referencias de curso, venidas *a posteriori* de dicho otorgamiento.

Parece ser, que la opinión mayoritaria, es al igual que la nuestra, como ya sostuvimos, la que se inclina por considerar las circunstancias como un «elemento indivisible del espíritu global del artículo 97º»[740].

Al respecto, y en esta línea, CAMPUZANO[741] opina que tales circunstancias (artículo 97 CC) van a servir al juez para determinar si procede o no el derecho a recibir una compensación. Estas circunstancias no constituyen algo ajeno a la idea de desequilibrio económico, sino que han de operar como partes integrantes del mismo.

Por su parte, MARÍN GARCÍA DE LEONARDO[742], sostiene que las circunstancias del art. 97 CC deben tenerse en cuenta no solo en la determinación de la cuantía de la pensión, sino en la valoración de la procedencia o no de concederla.

En este sentido, nos mostramos partidarios de considerar las circunstancias como un «elemento vinculante a las consideraciones acerca de la procedencia de otorgamiento de la pensión compensatoria» en consideración a la concepción de dichas circunstancias como «potenciales causas originarias» del desequilibrio económico al que se aboca el primer párrafo del artículo 97º, al referirse a la separación o divorcio. Es decir, lo que en palabras de RUIZ-RICO RUIZ-MORÓN, se traduce en que el desequilibrio [...] tiene que ser el resultado de una serie de circunstancias previas íntimamente conectadas con la vida en común.

---

[740] Muestra opinión contraria GARCÍA CANTERO, quien sostiene que la procedencia o improcedencia debe determinarse conforme al primer párrafo del artículo 97º. GARCÍA CANTERO, Gabriel. En: *Comentarios al Código civil y compilaciones forales*. Dir. ALBALADEJO, Manuel. Tomo II. Madrid, 1982. Pág. 432.

[741] CAMPUZANO TOME, Herminia. *La pensión por desequilibrio económico en los casos de separación y divorcio. Especial consideración de sus presupuestos de otorgamiento*. Librería Bosch, Barcelona, 1986. Págs. 86-87.

[742] MARÍN GARCÍA DE LEONARDO, Teresa. *Temporalidad de la pensión compensatoria en la Ley 15/2005, de 8 de julio*. En: Comentarios a las Reformas de Derecho de familia de 2005. VERDA Y BEAMONTE, De, José Ramón (Coordinador). Thomson Aranzadi, Navarra, 2006. Pág. 225.

En similar punto de vista, ANGOSTO opina que las circunstancias operan también a la hora de la decisión judicial sobre la concesión de la pensión y que la existencia simultánea de desequilibrio y empeoramiento son requisitos necesarios pero no suficientes [...]... para descubrir la causa que lo ha motivado[743] así como que las circunstancias referidas a la convivencia matrimonial pasada no están enumeradas para indemnizarlas, sino para servir de pauta en la comprobación de si el desequilibrio ha tenido su causa en la convivencia matrimonial[744].

Así pues, las circunstancias establecidas en el artículo 97°, más que criterios delimitadores, son en nuestra opinión, «posibles o potenciales causas» de su otorgamiento, y esto es lo que le otorgaría, lo que en opinión de algunos autores significa las "características de circunstancialidad y relatividad"[745] de la compensación por desequilibrio.

En nuestra opinión, la circunstancialidad está referida a la existencia –valga la redundancia- de una u otra circunstancia que motive el desequilibrio, la relatividad, al grado de valoración de dicha circunstancia y de otros elementos de influencia, y el carácter de *numerus apertus,* la apertura de una consideración relativa a otras posibles circunstancias.

En efecto, la Sentencia Audiencia Provincial núm. 840/1999 Málaga (Sección 6), de 29 diciembre, (AC 1999, 8497) manifiesta la existencia de un carácter *númerus apertus* de las circunstancias contenidas en el artículo 97° del Código civil. Refiere así: «*...dicha prestación (...) cuya obligatoriedad y cuantía habrá de fijarse a tenor de las circunstancias que, como «numerus apertus», se fijan en el artículo 97 del Código Civil*».

---

[743] ANGOSTO SÁEZ, José F. *La concesión con carácter temporal de la pensión por desequilibrio del art. 97 C.c.* En: Homenaje al Profesor Bernardo Moreno Quesada. Volumen I. Almería, 2000. Pág. 136-137.

[744] ANGOSTO SÁEZ, José F. Ob. Cit. Pág. 138.

[745] ZARRALUQUI SÁNCHEZ-EZNARRIAGA, Luis. *La pensión compensatoria y otras prestaciones económicas derivadas de la separación, el divorcio y la nulidad matrimonial.* Cuadernos de Familia. La Ley Julio 2000.

Dicho ésto, respecto a la referencia realizada al carácter de *numerus apertus* de las circunstancias del artículo 97°, deseamos hacer ciertas precisiones a efectos de defender nuestra postura. Se trata de diferenciar en este ámbito la connotación del *numerus apertus* frente al calificativo de *ad exemplum*. Entendemos que una circunstancia basada en un carácter de *numerus apertus* se funda más en una posibilidad de exposición desvinculada, que al fundamento del carácter *ad exemplum*, abocado a la puesta a disposición, de potenciales motivos de observación, que la ley de manera tácita reconoce como causa susceptible de amparo. Un razonamiento parecido parece tener HIJAS FERNÁNDEZ[746] al sostener que el desequilibrio y el empeoramiento han de condicionar necesariamente tanto el reconocimiento inicial del derecho como su vigencia en el tiempo, lo que no implica que aquéllos sean los únicos determinantes de su posible sanción judicial, pues las propias circunstancias recogidas, *ad exemplum*, en el artículo 97, en orden a la cuantificación del derecho, pueden convertirse, en ocasiones, en determinantes principales de su sanción judicial, o de su denegación, no obstante existir, en este último supuesto, una situación de claro desequilibrio económico, de esta manera, -continúa- o puede desligarse el desequilibrio económico existente al momento de la ruptura convivencial de sus causas originadoras.

Éste es pues, en nuestra opinión, el matiz que hace distinta respecto a la compensación por desequilibrio, la consideración de sus circunstancias como *numerus apertus* o *ad exemplum*. No obstante ello, hay que reparar en el hecho de que puedan revestir distintas connotaciones, el carácter *ad exemplum*, no deja de ser al mismo tiempo un *numerus apertus*. Y en dicha consideración radica la relatividad de los usos de cada familia en específico, puesto que si bien es cierto, el artículo 97° por un lado reconoce algunos supuestos de otorgamiento, deja una ventana abierta, y un margen de

[746] HIJAS FERNÁNDEZ, Eduardo. *La pensión compensatoria y sus condiciones*. En: Diez años de abogados de familia. Asociación española de abogados de familia. La Ley. Madrid, 2003. Pág. 451. Esto puede considerarse en una situación en la cual producida la ruptura, el desequilibrio es consecuencia inmediata de la separación o divorcio, pero no a causa de una determinada circunstancia previa, sino de por ejemplo, una determinada conducta negligente por parte de potencial deudor, inmediatamente posterior a la ruptura e inmediatamente anterior a la declaración del derecho. En cuyo caso, el otorgamiento de dicha pensión debería pasar por otro examen de procedencia.

libertad en beneficio de posibles circunstancias especiales. Esta circunstancia, en opinión de MURILLO PEÑARANDA[747] dota al sistema de mayor eficiencia.

Es decir, desde nuestra perspectiva, las circunstancias del artículo 97°, son además de causas ejemplificativas de otorgamiento, «presupuestos de legitimidad», y dicha consideración, la fundamos en que con el sólo planteamiento de dichas circunstancias en el marco normativo, se está realizando un pre-reconocimiento tácito de legitimidad, y al mismo tiempo la descripción de algunos de los costes de oportunidad que le ley reconoce como compensables. Este sería el matiz del carácter *ad exemplum*; y la posibilidad de considerar otros costes de oportunidad; el matiz adicional del también carácter de *numerus apertus*.

No obstante, tanto se opte por una u otra postura, respecto a la incidencia de éstas circunstancias en la valoración de procedencia, dichas circunstancias van a incidir directamente en la determinación de la compensación por desequilibrio. En opinión de LACRUZ las contingencias, módulos[748] o criterios del artículo 97° guardan una gran conexión con la idea de desequilibrio económico recogido en el primer inciso de la norma (artículo 97° CC). Dicha relación asimismo, en opinión del citado autor, no se concreta en ser los primeros simplemente moralizadores de la cuantía obtenida por la apreciación objetiva de tal desequilibrio, sino que tales circunstancias, en gran medida integran su contenido, en el sentido de ser el mismo soporte del desequilibrio económico a los efectos de la pensión, marcando incluso, sus límites[749]. Con ello, opina acertadamente, que se ha de tener presente la interconexión que existe entre las distintas circunstancias y entre éstas y el desequilibrio económico" y que no deben considerarse como partidas separadas que se suman para obtener una determinada cantidad[750].

---

[747] MURILLO PEÑARANDA, María de los Ángeles. *Numerus Apertus Vs. Numerus Clausus. Cuál es el sistema que conduce a la eficiencia.* En: Ius Et Praxis N° 27. Universidad de Lima. Lima, 1997. Págs. 192-204.

[748] Esta referencia a módulos es plenamente coherente con el carácter de *conceptos válvulas*, antes desarrollado.

[749] LACRUZ BERDEJO, José Luis. *Matrimonio y Divorcio.* Comentarios al Título IV del Libro Primero del Código Civil. Editorial Civitas, Madrid 1994. Pág. 1180.

[750] LACRUZ BERDEJO, José Luis. Ob. Cit. Pág. 1180. Asimismo, advierte que esta neta separación que parece imponer la norma entre "desequilibrio" y "circunstancias" puede tener consecuencias realmente importantes. Pues podría generar la impresión de que la simple celebración del matrimonio es causa

A partir de esta visión de las circunstancias pues, en opinión de ANGOSTO, la predicción del Juez sobre la evolución de la situación económica de los cónyuges se concreta en un cálculo de probabilidad[751]. Dicho cálculo de probabilidad, versará sobre la concertación y confluencia de cada una en particular a efectos de sopesar la medida de la compensación, en base a consideraciones acerca del capital humano, la especialización, la distribución del trabajo y asignación de tiempo, tal como lo veremos a continuación.

i. Los acuerdos a que hubieren llegado los cónyuges

La primera de las circunstancias establecidas en el artículo 97° del Código civil está referida a los acuerdos a que hubieren llegado los cónyuges, y está relacionada a un tema de autonomía individual, así como a la eficiencia de los acuerdos privados a los que se pueda llegar -eficiencia plena si consideramos el Teorema de Coase[752].

En primer lugar, en cuanto a esta circunstancia es importante resaltar lo señalado por la STS 2 de diciembre de 1987, la misma que sostiene que el artículo 97° del Código civil "*no es una norma de derecho imperativo, sino dispositivo, que puede ser renunciada*". Con igual criterio, la SAT Bilbao, 6 de marzo 1984, afirma que la compensación por desequilibrio "*entraña, estricta naturaleza jurídico-privada, sin interferencia en el mismo de intereses de orden público, de intereses que no sean los puramente particulares de los cónyuges supuestamente acreedor y deudor de la pensión, y como tal, disponible y aun renunciable –artículo 6.2 del CC-*".

---

suficiente para reconocer sin más a los cónyuges un derecho de nivelación en su situación económica, que cobraría virtualidad, una vez acontecida la separación o el divorcio, a través del derecho de pensión. Por todo lo dicho, parece conveniente propugnar una interpretación integradora del artículo 97, y con esta idea se ha insistido reiteradamente en que la pensión debe ser consecuencia fundamentalmente de las condiciones, en las que se ha desarrollado la vida conyugal, lógicamente apreciadas desde el punto de vista de su trascendencia económica". Ob. Cit. Pág. 1180.

[751] ANGOSTO SÁEZ, José F. Ob. Cit. Pág. 137-138.

[752] El *teorema de Coase* establece que siendo la delimitación de derechos un preludio esencial para transacciones mercantiles; cuando los costos de transacción son nulos, el resultado último (que maximiza el valor de la producción) es independiente de la decisión legal.

En opinión de DE LA CÁMARA[753], en este sentido, no estamos ante la renuncia a un derecho, sino más bien "*ante una renuncia a la ley*", renuncia a la que en su opinión, -la misma que compartimos-, ha querido referirse el artículo 6.2, del Código civil al hablar de «la exclusión de la ley aplicable». Una opinión divergente, y con la cual nos mostramos en desacuerdo, es la de GARCÍA CANTERO[754], quien sostiene que tal derecho no puede ser previamente renunciable, puesto que un acuerdo de tal tenor, podría ser gravemente perjudicial para uno de los cónyuges. A nuestro juicio, en todo caso, una apreciación de este tipo sólo podría estar dirigida a lo que en opinión de EGEA[755] consiste en considerar que no cabe asegurar los intereses de los hijos con grave detrimento de solo uno de los cónyuges.

No obstante, la Sentencia Audiencia Provincial Sevilla (Sección 5), de 10 enero, (AC 2001, 423), parece dar solución al debate, siendo bastante ilustrativa al respecto, en tanto refiere literalmente: «*por otra parte se ha señalado reiteradamente por la jurisprudencia que la pensión compensatoria es cuestión de estricto derecho privado y se rige por los mismos principios que gobiernan esta parcela jurídica, entre ellos los de rogación y disposición. Así lo han resuelto numerosas resoluciones*

---

[753] DE LA CÁMARA ÁLVAREZ, Manuel. *En torno a la llamada pensión compensatoria del artículo 97 del Código Civil.* En: Estudios jurídicos en homenaje a Tirso Carretero. Madrid, 1985. Pág. 120.

[754] GARCÍA CANTERO, Gabriel. En: *Comentarios al Código civil y compilaciones forales.* Dir. ALBALADEJO, Manuel. Tomo II. Madrid, 1982. Pág. 433.

[755] EGEA FERNÁNDEZ, Joan. *Pensión compensatoria y pactos en previsión de una ruptura matrimonial.* En: Estudios jurídicos en homenaje al profesor Luis Diez Picazo. Tomo III, Thomson Civitas. Madrid 2003. Pág. 4564. EGEA para tal razonamiento parte de una premisa; la indisponibilidad de propio status. él nos dice que "*partiendo de la base de que es bueno que el ordenamiento jurídico permita que los individuos tengan la facultad de elección y, por tanto, que las personas capaces puedan estructurar sus relaciones (sean éstas comerciales o personales –salvo lo referido al propio status-) en la forma que mejor les convenga, no debe perderse de vista que en la relación matrimonial, y antes aún, en la previa negociación suele haber una parte débil (normalmente la mujer), cuya posibilidad de elección puede estar muy limitada, o no existir. A partir de ahí, se plantea la discusión sobre cuándo concurre un auténtico consentimiento y hasta dónde alcanza la imperatividad de las normas que disciplinan esta materia*". Ob. Cit. Pág. 4559-4560. En ese sentido, continúa diciendo, que *"la doctrina ha centrado el ámbito de la imperatividad en las siguientes esferas: i) la libre elección, información* (relacionar con costos de información con emparejamiento y motivo de ruptura y crisis matrimoniales) *y racionalidad, lo que comporta vedar los pactos en los que ha intervenido coacción, déficit de información o falta de capacidad y, en general, los que impliquen una imposición basada en un abuso de situación de poder, ii) la protección de los hijos y del cónyuge débil, iii) e interés del Estado en preservar la función señalizadora del contrato matrimonial frente a las uniones informales, (cabe señalar que justamente, las uniones tienden a la informalidad en la medida que la formalidad es demasiado onerosa, y en ese sentido la ley que le sirve de soporte ineficiente) y, finalmente, iv) que no es válida la renuncia de derechos que aún no han nacido*". Ob. Cit. Pág. 4560. Opinión ésta distinta a la que considera que la renuncia es de la ley y no del derecho.

emanadas de las Audiencias Provinciales, y se desprende también del artículo 91 del Código Civil, que no menciona esta medida entre las que el Juez debe acordar necesariamente en toda sentencia de nulidad, separación matrimonial o divorcio, o en su ejecución. Más concretamente, la Sentencia de la Sala 1ª del Tribunal Supremo de 2 de diciembre de 1987 (RJ 1987, 9174) afirma que el artículo 97 del Código Civil no es una norma de derecho imperativo, sino dispositivo, que puede ser renunciada por las partes, no haciéndola valer, y que no afecta a las cargas del matrimonio, precisamente por no afectar a los hijos, respecto a los cuales si se refiere la función tuitiva. En definitiva, se sostiene jurisprudencialmente que la pensión compensatoria es enteramente disponible al no afectar el sostenimiento de la familia, ni a la educación o alimentación de los hijos comunes, ni las cargas del matrimonio, puesto que, a diferencia de lo que sucede con otras medidas derivadas de los procesos de crisis matrimoniales que afectan a esos intereses, está regida, no por el principio de «ius cogens» sino por el dispositivo, y en cuanto tal sometido, tanto al de autonomía de la voluntad de las partes en el ámbito material cuanto al de rogación en su aspecto procesal, puede en consecuencia ser renunciado bien expresamente o bien no haciéndola valer como se razona en la citada sentencia de fecha 2 de diciembre de 1987, dictada precisamente en recurso en interés de Ley».

Sin perjuicio de lo anteriormente señalado, es decir, la autonomía privada en este aspecto, y de la necesaria vigencia de los acuerdos privados previos, como un síntoma de legitimidad y justicia en los resultados; vale la pena incidir en un hecho en concreto, y que a nuestro juicio es pertinente dilucidar. Se trata del eventual mantenimiento y vigencia de los acuerdos previos frente a un cambio en las circunstancias que propiciaron su celebración; -y en principio generan un desequilibrio económico- y por ende, de la capacidad del juzgador de superponerse a dichos acuerdos.

Este hecho en particular, puede ser de clara apreciación en el caso al que se aboca a resolver la Sentencia Audiencia Provincial núm. 377/2001 Granada (Sección 3), de 19 de mayo, (AC 2001, 1500). Sus antecedentes tal y como son expuestos por dicha sentencia se revelan de la siguiente manera: *«Es preciso señalar que los cónyuges, antes de contraer matrimonio, suscribieron capitulaciones matrimoniales para establecer que su régimen económico es el de separación de bienes, pactando, además entre otras estipulaciones, que ambos comparecientes convienen que la «separación o disolución del futuro matrimonio, en ningún caso, llevará como consecuencia de ello la fijación de la pensión compensatoria a que se refiere el artículo 97 del Código Civil, por no producir desequilibrio entre los cónyuges»*. A continuación la sentencia en cuestión, realiza una serie de calificaciones jurídicas en virtud de las cuales estima que *«...esta cláusula contenida en las capitulaciones matrimoniales es claramente atípica, atendiendo a lo que entiende por capitulaciones matrimoniales el artículo 132 del CC. Pero es válida, puesto que la pensión por desequilibrio es un derecho disponible, según ha podido declarar el TS en su importante sentencia de 2 de diciembre de 1987 (RJ 1987, 9174), y, por tanto, es perfectamente renunciable. Así lo acordaron mutuamente los futuros contrayentes cuando firmaron la escritura pública en fecha de 27 de diciembre de 1991. Con la celebración del matrimonio el 7 de enero de 1992, los pactos capitulares adquirieron plena eficacia de acuerdo con lo dispuesto en el artículo 1334 del CC, y, por ello, también la cláusula de renuncia recíproca a una futura pensión por desequilibrio económico. Se puede calificar como un pacto con vistas a una futura separación (el TS no rechaza, en principio, los acuerdos de separación no homologados por una resolución judicial –SS. 22 abril 1997 [RJ 1997, 3251], 19 diciembre 1997 [RJ 1997, 9110] y 21 diciembre 1998 [RJ 1998, 10485]-)»*.

Consecuente con su posterior a su razonamiento y la exposición de los antecedentes establecen el marco en el cual se desenvuelve la situación que el juzgador tiene a la vista, es decir, unas nuevas circunstancias. Refiere así: *«En el momento en que se redactó la cláusula, los futuros cónyuges tenían sus propios ingresos al estar ejerciendo cada uno su profesión. Aún cuando este pacto vincula a ambos cónyuges, cuando la esposa presenta la demanda de separación solicita, no obstante, la pensión compensatoria, porque las circunstancias son, a su juicio, ahora muy distintas a las que sirvieron de base para pactar aquella cláusula. Es un hecho cierto, y además expresamente reconocido, que el marido trabaja para una empresa de laboratorios farmacéuticos como representante, por cuyo trabajo se veía obligado a desplazarse fuera de la capital, acompañándole su esposa. También es un hecho constatado, igualmente no negado por el marido, que la esposa, antes de casarse, trabajaba, dejando su trabajo al momento de casarse. Desde entonces, la esposa no ha realizado actividad profesional alguna, siguiendo a su marido en los distintos destinos laborales*».

Es entonces, cuando en virtud de lo que el juzgador entiende por teoría de la base objetiva del negocio jurídico, hace un juicio de valor en cuanto a la vigencia de los acuerdos previos y válidos, en función de que las nuevas circunstancias, ponían de manifiesto la ausencia de la causa que motivó el acuerdo. En efecto; continúa la exposición de la sentencia sosteniendo: «*Esta circunstancia ya es suficiente por sí sola para entender que las bases para la suscripción de aquel pacto han dejado de existir, pudiendo, por tanto, pedir la pensión compensatoria si se dan las circunstancias previstas en el art. 97 del CC. Se puede traer aquí a colación la teoría de la base objetiva del negocio jurídico, tímidamente admitida en algunas resoluciones del TS (SS. 30 junio 1948 [RJ 1948, 1115], 30 de diciembre 1985 [RJ 1985, 6619] y 20 de abril 1994 [RJ 1994, 3216]), que puede tener lugar cuando la base o la causa que se tuvo en cuenta en el acuerdo negocial desaparece al no tener ya ningún sentido su mantenimiento. Entre las circunstancias cabe señalar que, además de la dedicación de la esposa al marido durante seis años, incluso atendiendo durante algún tiempo a un hijo de éste, carece, a excepción de los ahorros que no superan los tres millones de pesetas, de medios económicos suficientes para poder vivir independientemente, careciendo igualmente de vivienda propia, sin contar, en la actualidad, con un puesto de trabajo y tampoco con una proyección más o menos inmediata para incorporarse en el mundo laboral, aun cuando tiene los títulos de pedagogía, magisterio y de idiomas, teniendo en cuenta, por otra parte, su estado psíquico, admitido por el propio marido. Todas estas circunstancias la hacen acreedora a la esposa de 41 años, de una pensión compensatoria «ex» artículo 97 del CC...*».

Para puntualizar este razonamiento e interpretar desde nuestro planteamiento la teoría de la base objetiva utilizada, es pertinente atender en primer lugar al tema de la *información* presente en la formación de los acuerdos.

Al respecto, autores como EGEA señalan que cabe reflexionar acerca de la suscripción por parte de los miembros de la pareja, de acuerdos referidos a la compensación por desequilibrio, el importante papel que desempeña la existencia de información. No obstante, en algunos casos, el enfoque que se le otorga, es el de su asimetría y los efectos de ésta sobre el poder de negociación de los sujetos. Así pues, EGEA[756] opina que mediante ésta (la información que provee el ordenamiento jurídico), debe evitarse que, en la formación del pacto, una de las partes ostente una posición negociadora que le permita, de hecho, determinar unilateralmente su contenido y, por consiguiente, asignar las cargas contractuales al otro. Así, y de esta manera, concluye el citado autor, que cuando los pactos no son expresión de una comunidad de vida en igualdad de derechos, los tribunales pueden intervenir restableciendo dicha igualdad con base en la concurrencia de error, dolo o intimidación o, en su caso, la mala fe o el abuso de derecho.

Ésta desde luego es una interpretación; según la cual, se podría colegir que las nuevas circunstancias son consecuencias o efecto de la asimetría original de información en la suscripción del pacto. No obstante, el motivo o fundamento jurídico que propicia el pronunciamiento es otro: la ausencia de la causa, el mismo que, como veremos igualmente está asociado a un tema de información.

Es preciso atender que en la formación de un acuerdo, ambos sujetos parten de una situación en la cual cuentan con cierta *información, o aún con la ausencia de ésta*; éste precisamente, es el sentido de la presencia de *incertidumbre* en la celebración de acuerdos.

Con ello, a nuestro juicio, el tema de la *información* no debe ser evaluado desde el punto de vista de una asimetría original en la información; sino y por el contrario, como un *proceso* en el cual la información va cambiando.

Si bien es cierto, un acuerdo primario puede establecer *compromisos* determinados, en un *proceso* de *interrelación*, la *información* se va generando paulatinamente, a raíz de la aparición de nuevos hechos, no existentes o desconocidos por ambos con anterioridad. Tales nuevos hechos, condicionan las conductas y las

---

[756] EGEA FERNÁNDEZ, Joan. Ob. Cit. Págs. 4561-4562.

decisiones de los sujetos a su adaptación, la cual, probablemente pueda desatender dichos compromisos.

Como señalamos con anterioridad, el espíritu de la *affectio maritalis*, no debe ser sólo considerada desde el punto de vista de la manifestación de voluntad inicial a efectos de iniciar una comunidad de vida, sino más aún, al ejercicio de una serie de conductas y decisiones dentro de la comunidad para consolidar en el tiempo dicha voluntad. Así, el elemento de *perdurabilidad* que acompaña al proyecto de la pareja está ligado no sólo a la voluntad inicial entendida como una suerte de "petición de principio" sino, además, a la realización de una serie de actos (y estrategias) que conduzcan (en consonancia y consecuencia con dicha petición de principio) a la realización y materialización manifiesta de la voluntad primariamente establecida, o en su caso, en virtud de nuevas circunstancias, a su modificación.

Así pues, si bien es cierto, con fundamento en anteriores reflexiones, la *justicia* debería seguir al cumplimiento de los *compromisos* válidamente asumidos; es importante considerar que el carácter de justicia ha de ha de seguir también los nuevos y consecutivos acuerdos *tácitos y espontáneos* en virtud de los cuales, en cierta medida, se amplían, modifican o invalidan algunos de los anteriores compromisos. Es importante asumir que en ocasiones, la sola conducta es una fuente de información y de obligaciones. La *conducta* (reflejo de los actos y las motivaciones) en un *contexto* como el de una comunidad de vida es la señal de la *coherencia de los planes* en los que se fundamenta el equilibrio imperante, y puede por supuesto; generar nuevas expectativas, inexistentes en virtud de compromisos formales o informales anteriores.

En otras palabras, y para terminar; la referencia a la desaparición de la base o causa a la que apela el criterio jurisprudencial antes expuesto, es a nuestro juicio, plenamente consecuente con la aparición de otra base o causa en función ya no de acuerdo formal alguno, si no de otro marco o *contexto* normativo válido e igualmente relevante: el determinado por el *altruismo* mediante *reglas* y *compromisos espontáneos* e *intuitivos*.

ii. La edad y estado de salud

La segunda circunstancia hace referencia explícita a la edad y estado de salud; y aunque en principio pueda interpretarse ambigüedad de la ley en cuanto la particularización de los sujetos, tanto la doctrina como la jurisprudencia han cubierto cualquier duda al respecto. Como bien señala LACRUZ[757], debe considerarse la edad de ambos cónyuges, ya que esto es un indicativo de los recursos disponibles y de las necesidades existente. Esta opinión, a su vez, se encuentra presente en un sinnúmero de pronunciamientos jurisprudenciales.

La Sentencia Audiencia Provincial núm. 61/2000 Valladolid (Sección 3), de 22 febrero, (AC 2003, 3889) de igual manera nos da un indicio de la necesaria observancia de la edad de ambos cónyuges, en consonancia con otras circunstancias afines e igualmente incluidas en el artículo 97º CC. Dicha sentencia señala textualmente: «... *no cabe olvidar la elevada edad de ambos cónyuges, con las lógicas expectativas de vida; la larga duración de su matrimonio hasta la crisis (47 años), y la evidente dedicación de la esposa a la familia por el gran número de hijos matrimoniales. Ello lleva a la convicción de la Sala la necesidad de que ambos cónyuges tras su separación dispongan de paritarios recursos económicos, porque la separación les depara parecidos perjuicios*».

En cuanto al estado de salud, los criterios de inclusión son similares, no obstante, es de interés anotar que aunque se trata de una circunstancia esencial, no deja de ser orientativa. Con esto, nos referimos a que algún criterio jurisprudencial como el contenido en la Sentencia Audiencia Provincial núm. 32/2000 Zamora, de 28 enero, (AC 2000, 152)[758], asume que si bien el estado de salud puede ser precario, ello no debe conllevar a suponer un estado de incapacidad para el trabajo.

---

757 LACRUZ BERDEJO, Jose Luis. *Matrimonio y Divorcio*. Comentarios al Título IV del Libro Primero del Código Civil. Editorial Civitas, Madrid 1994. Pág. 1169.

758 Reza literalmente la citada Sentencia en sus considerandos: «...*la enfermedad que padece la esposa, que no consta sea incapacitante para el trabajo*...».

En esencia, la consideración legal de la edad y del estado de salud, a efectos de la eventual concesión de una compensación por desequilibrio, radica a nuestro juicio, en la capacidad productiva, la fuerza de trabajo, y las expectativas de rentabilidad en el tiempo; ya que como bien señala BECKER[759], los salarios cambian con la edad del individuo, debido a la acumulación de capital humano que resulta de las decisiones concernientes a la asignación del tiempo y otros recursos a inversiones, y en la medida que la edad puede depreciar la capacidad de una persona[760], no sólo para los rendimientos que éste puede ostentar en el mercado laboral, sino aún también, en lo que podemos llamar «mercado de emparejamiento», ya que una determinada edad puede, y de hecho lo hace, aumentar o disminuir las probabilidades de formar una nueva pareja; esto, en caso de que dicho sujeto opte por formar una nueva comunidad de vida, supuesto al que hace referencia el artículo 101° del Código Civil.

iii. La cualificación profesional y las probabilidades de acceso a un empleo

Para tener un acercamiento a esta circunstancia conviene atender a GARCÍA VARELA[761], cuando señala que por cualificación profesional no se entiende la mera posesión de un título académico o profesional que sirva para el ejercicio de una profesión determinada, sino la real capacidad y aptitud para desempeñar esa profesión.

Con esta idea, podemos partir de la premisa que el término cualificación profesional, debe ser entendida desde el punto de vista de la especialización adquirida, sea ésta de corte profesional o del mero desarrollo de determinadas habilidades y aptitudes. En tal sentido, la cualificación a la que se refiere la ley podría ser interpretada en nuestra opinión, a nivel general como "pericia en una actividad productiva determinada" susceptible de ser una fuente de rentabilidad.

---

[759] BECKER, Gary. Ob. Cit. Pág. 24-25.

[760] POSNER, Richard. Ob. Cit. Pág. 143.

[761] GARCÍA VARELA, Román. En: SIERRA GIL DE LA CUESTA, Ignacio, (Coordinador) *Comentario del Código Civil, Tomo II*, Bosch, 2006. Pág. 161.

Por otro lado, respecto a las probabilidades de acceso a un empleo, es conveniente resaltar que dicha consideración en nuestra opinión, ha de tener en cuenta, no solo la inmediatez en la que se obtenga una salida laboral, sino también la rentabilidad o ingresos que tal empleo devengue. En este sentido, en opinión de HIJAS FERNÁNDEZ[762], la probabilidad de acceso inmediato, o a corto plazo, a un empleo remunerado [...] podría igualmente ser determinante no sólo de la cuantía de la pensión, sino igualmente de la exclusión *ab initio* del derecho, en tanto aquella incorporación al mercado laboral haya de suponer una situación de autonomía pecuniaria, en un nivel similar al disfrutado durante el matrimonio. No obstante, como lo señaláramos antes, en casos en los cuales uno de los cónyuges haya permanecido en el hogar, sus oportunidades de rendimiento en el mercado matrimonial se han visto considerablemente depreciadas, y aún en caso de conseguir un empleo de forma inmediata, no siempre esto significa una garantía de ostentar un nivel de vida análogo al gozado matrimonio constante. Por ello, es importante observar, lo que en palabras de LACRUZ[763] significa observar la cualificación profesional (entendida para nosotros como pericia en una actividad determinada), para valorar la trascendencia económica de la actividad a que se refiere; así en tal valoración debería considerarse las probabilidades "reales" de acceso a un empleo, las oportunidades disponibles y el monto del salario.

Finalmente, hemos de resaltar un detalle que nos parece digno de ser tomado en cuenta. De una lectura literal del inciso en cuestión "cualificación profesional y probabilidades de acceso a un empleo", inferimos que no es ocioso interpretar una vocación de otorgar de cierto carácter indisoluble de los conceptos que abarca. Así, partiendo de la consideración de una determinada cualificación profesional o desempeño en un oficio, el término "probabilidades" nos debería sugerir más la posibilidad de acceder a un empleo acorde con dicha especialización. Ello, tomando en cuenta que el término probabilidad es un vocablo –que en nuestra modesta opinión-

---

[762] HIJAS FERNÁNDEZ, Eduardo. *La pensión compensatoria y sus condiciones.* En: Diez años de abogados de familia. Asociación española de abogados de familia. La Ley. Madrid, 2003. Pág. 453.

[763] LACRUZ BERDEJO, José Luis. Matrimonio y Divorcio. Comentarios al Título IV del Libro Primero del Código Civil. Editorial Civitas, Madrid 1994. Pág. 1170.

denota una posibilidad por lo menos de mayor dificultad o más remota[764]. Pensamos que si bastara con que el potencial acreedor consiguiera un empleo cualquiera, la ley habría hablado de posibilidad más no de probabilidad. Mediante esta interpretación, estimamos, se dotaría a tal inciso de una interpretación con ánimo de equilibrar la cualificación con la probabilidad de rentabilizar el capital humano en su especialidad, y no la mera posibilidad de acceso a un empleo cualquiera.

Sin perjuicio de lo antes señalado, y para terminar, nos resulta interesante citar una apreciación de CAMPUZANO[765] acerca de este tema. Dicha autora resalta, lo que para ella significa que el ordenamiento admita "que un esposo no tiene la misma necesidad de trabajar o, mejor, la misma obligación, cuando la actividad profesional que fuera conforme a su capacidad, no fuera apropiada a las condiciones de vida desarrolladas por la pareja durante el matrimonio". Este hecho, creemos queda patente si se observa el contexto descrito en la Sentencia Audiencia Provincial núm. 48/2000 Las Palmas (Sección 5), de 15 de febrero, (AC 2000, 3681): *«...el marido exhibe un historial laboral de cerca de 13 años durante los cuales ha constituido la única fuente acreditada de ingresos económicos de la familia por lo que es evidente que al escapar posteriormente del control del otro cónyuge esa fuente de ingresos se resiente, sensiblemente en su posición actual máxime cuando sin titulación académica o profesional y con 47 años de su acceso al mercado de trabajo se augura muy pesimista»*.

No conocemos los detalles particulares del expediente sobre el cual se pronuncia la sentencia, es decir, no conocemos la correspondencia existente entre el trabajo desempeñado por el esposo durante 13 años y su real cualificación. Sin embargo, podemos deducir, en tanto no se hace referencia a dicha cualificación profesional, que es factible que su historia laboral haya sido realizada en un ámbito para el cual

[764] Ello, sin perjuicio de un caso en el cual el potencial deudor ostente una edad determinada, un estado de salud en concreto o ciertas características personales por las cuales, el término probabilidad esté referido a la dificultad propia de dicha persona acceder a cualquier tipo de empleo. Sin embargo, considerando que la edad y estado de salud son elementos que han de ser considerados, en uno u otro caso, se debe abocar a compatibilizar la especialización y el medio en el cual se desarrolle dicha especialización.

[765] CAMPUZANO TOME, Herminia. *La pensión por desequilibrio económico en los casos de separación y divorcio. Especial consideración de sus presupuestos de otorgamiento.* Librería Bosch, Barcelona, 1986. Pág. 60.

posiblemente no haya estado cualificado, o incluso, sobre cualificado; más aún, puede tratarse de un historial laboral de 13 años de itinerancia en distintos trabajos de mayor o menor duración. No obstante ello, a efectos del otorgamiento de una eventual compensación por desequilibrio, la simple observación de los *resultados* y las circunstancias anteriores, sospechamos, resultan para el juzgador, ya *irrelevantes*; parecen existir sólo consideraciones acerca de los resultados, y no de acerca de cómo se produjeron.

A nuestro juicio, se ha de ser muy cauteloso en la consideración de las circunstancias que rodearon la consecución de ciertos resultados económicos, y su análisis no puede contar en ningún caso con atisbo de ligereza.

Es conveniente anotar que cierta jurisprudencia ha resaltado algunas circunstancias a observar respecto a la reinserción laboral de acreedor de la compensación por desequilibrio. La Sentencia Audiencia Provincial núm. 24/2001 Murcia (Sección 5), de 23 enero, (AC 2001, 729) señala que «*...el hecho de que la esposa comience a trabajar o intente adquirir otros ingresos diferentes o propios, no es sino un loable intento de mejora y superación, que en modo alguno debe de influir en una pensión compensatoria que tiene su referencia en el momento de la separación. Lo que no implica que una mejora real en su situación económica pueda dar lugar a la modificación de las medidas, pero ello ha de ser patente. Lo que no ocurre en el presente caso, que se trata de un trabajo esporádico y poco remunerado*». Como puede apreciarse, parece ser que la sentencia en cuestión pretende decirnos que un trabajo esporádico y poco remunerado no es suficiente para considerarse, sin que atendamos a la real capacidad y cualificación del acreedor, o incluso de la estabilidad laboral del deudor.

Más aún la Sentencia Audiencia Provincial Tarragona (Sección 1), de 11 enero 2000, (AC 2000, 3022), a efectos de la extinción del derecho, aunque no por ello, irrelevante para este punto, hace referencia a una reinserción laboral plena, al establecer que «*...la plena reinserción laboral con carácter definitivo es el único dato que, conforme al art. 101 CC determinaría la extinción de la pensión compensatoria. En este caso debe mantenerse la pensión habida cuenta que esta prestación no es susceptible de* *suspensión o pago intermitente, como pronuncia la sentencia apelada, porque no tiene el carácter de alimentos, cuya obligación deba desaparecer cuando el favorecido pueda cubrir sus necesidades, sino que viene fijada por el desequilibrio económico que la ruptura matrimonial produce (comparación entre la situación económica de ambos cónyuges y con la que tenían durante el matrimonio) y no puede cesar hasta tanto no cese este desequilibrio de una forma definitiva».*

Nos gustaría pensar que estos criterios de estabilidad laboral y todas sus circunstancias afines, fueron considerados para apreciar las condiciones que rodearon al cónyuge deudor para adquirir el patrimonio que a la salida de la comunidad de vida, servirá de base para la determinación de una compensación por desequilibrio. Este hecho, creemos es una razón por las cuales ha de atenderse también a las situaciones iniciales de los cónyuges a las que hemos hecho referencia en líneas precedentes.

iv. La dedicación pasada y futura a la familia

El tercer inciso del artículo 97° del Código civil hace hincapié en la dedicación pasada y futura a la familia, la cual es en nuestra opinión, en términos generales el principal cometido o la base de la compensación, tal como se puede colegir del tenor de lo sostenido por la Sentencia Audiencia Provincial Murcia 20 enero 1998 y Sentencia Audiencia Provincial núm. 3/2000 Murcia, (Sección 1), de 11 enero, (AC 2000, 153) y : *«...tal pensión por desequilibrio económico, legislativamente plasmada en el art. 97 del Código Civil, responde a la necesidad de salvaguardar en la medida de lo posible, y siquiera sea en el ámbito estrictamente patrimonial, los vínculos de solidaridad que comporta la unión matrimonial y hacer frente al detrimento económico personal que supone, normalmente del lado de la mujer, la dedicación a las tareas estrictamente domésticas y familiares...».*

Es conveniente además, considerar de forma aislada la dedicación pasada y la dedicación futura, en tanto, estimamos que una y otra tendrán una determinación diferenciada, sin perjuicio de que ambos puedan ser considerados en términos económicos como costes de oportunidad.

Con ello, y en referencia a la dedicación pasada a la familia, es conveniente atender a DIEZ-PICAZO[766], quien sostiene que con todo, se trata de compensar a aquel de los cónyuges cuya dedicación a las necesidades de la familia haya supuesto una pérdida de expectativas[767]. Consecuente con tal idea se manifiesta, a nuestro juicio, el tenor de la Sentencia Audiencia Provincial núm. 377/2001 Granada (Sección 3), de 19 de mayo, (AC 2001, 1500), al establecer que «*la esposa, antes de casarse, trabajaba, dejando su trabajo al momento de casarse. Desde entonces, la esposa no ha realizado actividad profesional alguna, siguiendo a su marido en los distintos destinos laborales. Entre las circunstancias cabe señalar que, además de la dedicación de la esposa al marido durante seis años, incluso atendiendo durante algún tiempo a un hijo de éste, carece, a excepción de los ahorros que no superan los tres millones de pesetas, de medios económicos suficientes para poder vivir independientemente, careciendo igualmente de vivienda propia, sin contar, en la actualidad, con un puesto de trabajo y tampoco con una proyección más o menos inmediata para incorporarse en el mundo laboral, aun cuando tiene los títulos de pedagogía, magisterio y de idiomas, teniendo en cuenta, por otra parte, su estado psíquico, admitido por el propio marido. Todas estas circunstancias la hacen acreedora a la esposa de 41 años, de una pensión compensatoria «ex» artículo 97 del CC….*».

En tal sentido, y en lo que creemos significa una prudente apreciación del contenido de la sentencia, estimamos necesario un matiz respecto a la pérdida de expectativas, en la medida que en nuestra opinión, se trata de compensar a aquel cónyuge cuya pérdida de expectativas por su dedicación a la familia, haya causado en éste un desequilibrio económico; de no ser así, y entendido de la otra forma, nos

---

[766] DIEZ-PICAZO, Luis y GULLON, Antonio. *Sistema de Derecho Civil Volumen IV*. Editorial Tecnos. Madrid, 1983. Pág. 161.

[767] En ediciones posteriores, como la décima (Tecnos, Madrid, 2006), se hace mención y el matiz, a nuestro juicio acertado, acerca de la pérdida de expectativas *traducibles económicamente*. A nuestro entender, DIEZ-PICAZO estima a esta circunstancia en particular, como el rasgo general del objeto de la compensación. DIEZ-PICAZO, Luis y GULLON, Antonio. *Sistema de Derecho Civil Volumen IV*. Editorial Tecnos. Madrid, 2006. Pág. 125.

encontraríamos ante un supuesto de indemnización por pérdida de la chance, y no ante un supuesto de compensación por desequilibrio económico[768].

Sin perjuicio de lo antes señalado, y en atención a ello, LACRUZ[769] establece las formas de determinación cuantitativa de la dedicación pasada a la familia. Él sostiene que a efectos de sopesar dicha circunstancia de un lado se ha de computar la posible remuneración o satisfacción por la labor desarrollada en el seno de la familia; y a tal fin, a falta de criterio general, dado que se está ante una actividad no susceptible, en principio, de apreciación económica en toda su integridad, se debe poner en relación con la fortuna del obligado al pago de la pensión, y apreciar en qué medida ha contribuido a la obtención de los recursos que integran el patrimonio actual. Asimismo complementa, que cuando la dedicación a la familia haya sustituido a un trabajo que se desempeñaba al contraer matrimonio, o impida, con posterioridad al mismo, el acceso efectivo a un empleo, se ha de tener en cuenta esta remuneración dejada de percibir o no percibida para fijar la posible trascendencia económica del cuidado de la familia a efectos de la pensión[770]. Este criterio parece ser el utilizado en los considerandos por la Sentencia Audiencia Provincial Tarragona (Sección 1), de 27 abril 2000, (AC 2000, 2200), al mencionar: «*...además la esposa ha venido dedicándose durante los veinticinco años de su convivencia conyugal a la atenciones de la familia, habiendo abandonado su trabajo de carnicera para dedicarse a ella...*».

En efecto, como bien señala LACRUZ, la dedicación a la familia no es susceptible de determinación puesto que como antes indicáramos obedece a un precio sombra. Sin embargo, parece ofrecer una "fórmula de promedio" para tal determinación.

Esto quiere decir, que la capacidad adquisitiva del deudor, no solo va a dar luces acerca de la disponibilidad que ostenta en caso de una eventual pensión, sino de un referente a observar, con el cual se puede restablecer medianamente un antiguo equilibrio, para cuyos efectos, el otro referente a considerar –esto es el referente

---

[768] Véase más adelante, lo concerniente a la indemnización por pérdida de la chance.

[769] LACRUZ BERDEJO, Jose Luis. *Matrimonio y Divorcio*. Comentarios al Título IV del Libro Primero del Código Civil. Editorial Civitas, Madrid 1994. Pág. 1172.

[770] Ibíd. Pág. 1172.

personal de la otra parte- está determinado por el trabajo efectivo que desempeñaba y la remuneración percibida o dejada de percibir. Dicho en otros términos, la mejor alternativa dejada de lado; el coste de oportunidad. Así, el reequilibrio, creemos interpretar de este autor, puede determinarse, en términos generales realizando un promedio entre la capacidad adquisitiva de uno, y la mejor alternativa abandonada de otro. Con todo; al margen de parecernos convenientes las apreciaciones tanto de DIEZ-PICAZO y LACRUZ, a nuestro juicio no deberían ser interpretadas como una causa de compensación *strictu sensu,* sino más bien como un referente de su determinación.

Más allá de esto, parece ser que el criterio general a tener en cuenta respecto a la dedicación pasada, es el que el propio LACRUZ[771] pone de manifiesto señalando que se ha de apreciar o tener en cuenta el hecho de que se le haya aliviado al otro cónyuge de la atención que requiere la familia[772], en beneficio de una mayor dedicación a su trabajo, de lo que se ha beneficiado y de lo que se puede seguir beneficiando, pudiéndose apreciar en este supuesto una suerte de enriquecimiento injusto del esposo no dedicado exclusivamente a la familia, que en el momento de la separación o el divorcio no solo cuenta con lo obtenido por su trabajo –y que ha tenido que compartir con su esposo o esposa-, sino con un empleo del que disfruta, en contraposición al otro cónyuge que queda a su merced.

Por otro lado, en base a la dedicación futura a la familia, es necesario realizar ciertas precisiones. Sucede que ciertos efectos de la separación o divorcio, generan consecuencias directas respecto al mercado de emparejamiento (mercado selectivo) que generalmente están configuradas por la asunción de ciertos costes. Uno de ellos, y el más importante, es el referente a la asignación de tiempo que un sujeto dedica a miembros "parcialmente ajenos" a una nueva comunidad de vida. Esto puede explicarse atendiendo a lo que en palabras de BECKER significa que la custodia de la mujer de los hijos desincentiva nuevos matrimonios[773]. Así pues, considerando que el mercado de

[771] LACRUZ BERDEJO, José Luis. Ob. Cit. Pág. 1172.

[772] Cabe anotar sin embargo, que la permanencia en el hogar, o la ausencia en el mercado laboral, otorga de igual manera una serie de beneficios que tienen o pueden tener valor económico. Un ejemplo de ello es el disfrute de mayor tiempo en compañía de los hijos.

[773] BECKER, Gary. Ob. Cit. p. 292. Esto no significa que la custodia de los hijos no se pueda llevar a cabo por parte del padre, por supuesto que si, sino que algo que no se puede negar, es que en la práctica,

emparejamiento es selectivo, y en la búsqueda de pareja, inciden una serie de factores; serán mucho más atractivos un hombre o una mujer solteros que divorciados, si son divorciados; sin hijos que con hijos, y si tienen hijos; sin su custodia que con su custodia, es decir, para el nuevo o potencial cónyuge normalmente la presencia de hijos significa un coste que en muchas ocasiones se niega a sufragar y en ese sentido recae sobre el progenitor que goza de la custodia y pretende formar una nueva familia. Así pues, considerando el caso específico de la mujer, la dedicación futura a la familia concebida bajo el vínculo previo suele acarrearle altos costes a nivel de producción en el mercado monetario y de "búsqueda de nuevas oportunidades" en el mercado matrimonial, máxime si ha asignado su tiempo durante un largo período al matrimonio o el hogar, sobre todo, si se entiende que una forma de escapar de la situación de desequilibrio es formar una nueva comunidad de vida.

Finalmente, hemos de considerar ciertas ideas o consideraciones acerca de la magnitud que en principio debería revestir la compensación por la dedicación futura a la familia. En ese sentido, en opinión de LACRUZ hay que distinguir ciertos matices, uno dirigido a tener en cuenta el supuesto del esposo acreedor exclusivamente dedicado a la familia, ya por requerirlo las propias circunstancias familiares (número de hijos), ya por la imposibilidad de acceder a un empleo[774] y por otro lado, el supuesto del cónyuge acreedor cuente con un puesto de trabajo compatible con la dedicación futura a la familia, por incidir obviamente de forma muy diversa sobre el montante de la pensión[775].

En términos generales sin embargo, ésto es, por dedicación total a la familia, es preciso determinar la amplitud del tal concepto. Así, GARCÍA CANTERO[776] sostiene que hay que entender por dedicación no sólo la actividad laboral o profesional encaminada para hacer frente a las necesidades del hogar, sino la atención total prestada

un hombre con la custodia de sus hijos es mucho más atractivo para una mujer, que lo que lo es una mujer en esta situación para un hombre. De todos modos incidimos en que tal referencia se debe a la generalización sobre la base de un modelo de familia tradicional.

[774] LACRUZ BERDEJO, José Luis. Ob. Cit. Pág. 1172.

[775] Ibíd. Pág. 1172.

[776] GARCÍA CANTERO, Gabriel. En: *Comentarios al Código civil y compilaciones forales*. Dir. ALBALADEJO, Manuel. Tomo II. Madrid, 1982. Pág. 434.

a la familia, quizá en circunstancias excepcionales (cónyuge enfermo asistido por el otro; cónyuge en paro o imposibilitado de trabajar por cualquier causa, asumiendo el otro el sostenimiento de la familia). En estos casos, añade dicho autor, en que el sacrificio de uno ha sobrepasado lo normal, parece justo compensarle de alguna manera con una notable pensión por desequilibrio. Este punto de vista, en nuestra opinión resulta discutible en función de la visión que se le otorgue al concepto de dedicación a la familia. Así, en opinión contraria, la cual compartimos, en tanto se consideren ciertos matices del concepto de dedicación a la familia, DE LA CÁMARA entiende que si bien es cierto, el trabajo doméstico de la mujer (buena parte de la dedicación a la familia, y finalmente el que genera el grueso de la desproporción) puede justificar una compensación, ello no significa que ésta haya de ser de una cuantía tal que la permita mantener el mismo rango económico y social que el alcanzado gracias a su matrimonio[777]. En este sentido, hemos de matizar que tanto el trabajo doméstico, como la atención a determinadas eventualidades debe ser sopesado, en la magnitud que éste haya revestido, y sobretodo responder a un principio de proporcionalidad de aportaciones.

v. La colaboración con su trabajo en las actividades mercantiles, industriales o profesionales del otro cónyuge

Dentro de esta circunstancia se encuentran incluidos todos aquellos casos por los cuales uno de los miembros de la pareja, además de permitir la especialización en el mercado monetario de su pareja, contribuye con él en dicha tarea. Esta colaboración igualmente, equivale a un coste de oportunidad personal una vez producida la ruptura del vínculo matrimonial, ya que los rendimientos procedentes de estas actividades son rentabilizadas sólo por aquel que recibió la colaboración. En tal supuesto, el colaborador puede, entre otras cosas reducir considerablemente la magnitud de sus aportaciones a las cargas familiares, o incluso llegar a sufragar por completo estudios de especialización profesional o académica y con esto, revalorizándolo en el mercado laboral, lo que significa a la postre para éste, mayores ingresos personales.

---

[777] DE LA CÁMARA ÁLVAREZ, Manuel. *En torno a la llamada pensión compensatoria del artículo 97 del Código Civil.* En: Estudios jurídicos en homenaje a Tirso Carretero. Madrid, 1985. Pág. 116.

No obstante, en relación a esta colaboración, en opinión de LACRUZ[778] tales circunstancias han de ser apreciadas de forma muy diversa a aquellos casos en los que la colaboración, iniciada durante el matrimonio, no vino a sustituir ninguna otra actividad laboral, profesional o mercantil, o esta colaboración supuso una experiencia o aprendizaje de una profesión o trabajo, de cuyo conocimiento o actitud se carecía con anterioridad.

Es decir, es posible, que en defecto del trabajo para la casa, uno de los miembros de la pareja se haya encargado de la administración de un negocio o empresa determinada, ostentando un cargo que involucre un cierto grado de conocimientos que no poseía y termina significándole una nueva y más rentable fuente de especialización de la que tenía antes de formar una comunidad de vida con su consorte. En este caso, puede suceder, en caso de que la relación llegue a su fin, que quien dedicó su trabajo a la empresa mancomunada goce de un nuevo capital humano que le permita acceder a otro tipo de mercado laboral al que no le habría permitido acceder el trabajo para la casa o la especialización con la que entró al matrimonio. En estos casos, -y en la medida que las ganancias obtenidas por la actividad en cuestión, sean proporcional y legítimamente distribuidas, quien se dedicó a tal tarea puede no sufrir un desmedro tan ostensible como el que lo sería en otra situación, ya que ahora, -es decir, a la llegada una eventual crisis- su especialización goza de mayor rentabilidad. En todo caso, la eventual compensación en virtud de esta circunstancia gozará de la calidad de *restitución*, tema sobre el cual profundizaremos en lo sucesivo.

vi. <u>La duración del matrimonio y de la convivencia conyugal</u>

La duración del matrimonio y de la convivencia conyugal reviste especial relevancia en tanto se considere esta circunstancia no sólo como una referencia de la cantidad de inversiones realizadas, sino incluso, en la determinación de la procedencia o improcedencia de la propia compensación por desequilibrio.

---

[778] LACRUZ BERDEJO, José Luis. *Matrimonio y Divorcio. Comentarios al Título IV del Libro Primero del Código Civil.* Editorial Civitas, Madrid 1994.Ob. Cit. Pág. 1174.

En efecto, la jurisprudencia suele determinar ciertos plazos de convivencia como insuficientes para generar un derecho a compensación[779], o incluso dicha duración de la convivencia puede ser materia de observación para una eventual supresión del derecho. Así se manifiesta incluso de manera ácida, la Sentencia Audiencia Provincial núm. 323/2002 Córdoba (Sección 3), de 13 diciembre, (AC 2002, 1959), al señalar: «*...mejor suerte, sin embargo, ha de correr el motivo del recurso mediante el que el señor A., impetra la supresión de la pensión por desequilibrio, concedida alegremente por la sentencia nada más y nada menos que hasta el importe de 901,5, para un matrimonio donde la convivencia de los cónyuges, con interrupciones de por medio, ha durado escasamente un año, y donde la acreedora de la pensión, azafata de líneas aéreas cubanas, goza de buena salud, y tiene treinta y un años*».

Sin perjuicio de ello, la duración del matrimonio y/o de la convivencia conyugal van a significar en la mayoría de los casos, una aproximación a lo que podríamos denominar "acumulación en la asignación de tiempo" a los intereses de la familia. Es en virtud de ello, que ANGOSTO[780] asevere que durante mayor tiempo se prolongue esta situación (aquella en la cual una parte asume ciertos costes de oportunidad)[781], mayor será el coste de oportunidad (coste de oportunidad final; esto es, la suma de todos y cada uno de los costes de oportunidad individuales) a compensar. De ahí que la duración del matrimonio –concluye- y de la convivencia conyugal se propongan por el legislador como circunstancia a tener en cuenta a la hora de fijar la pensión por desequilibrio.

vii. La pérdida eventual de un derecho de pensión

En cuanto a la pérdida eventual de un derecho de pensión, resulta evidente que siendo la asignación de tiempo en el hogar una fuente de subsistencia, una crisis matrimonial puede desestabilizar o agotar dicha fuente y así, desbaratar la garantía de

[779] Entre otras, la Sentencia Audiencia Provincial Barcelona, 7 octubre 1986.

[780] ANGOSTO SÁEZ, José F. *La concesión con carácter temporal de la pensión por desequilibrio del art. 97 C.c.* En: Homenaje al Profesor Bernardo Moreno Quesada. Volumen I. Almería, 2000. Pág. 140.

[781] El paréntesis es nuestro.

supervivencia que significaba la inversión de capital humano en el hogar. La existencia de un derecho de pensión, en cierta medida garantiza o suple, los medios de subsistencia del sujeto y así, las consideraciones acerca de los riesgos existentes para uno de los cónyuges, consistentes en una imposibilidad de atención a las propias necesidades como consecuencia de una crisis matrimonial, delimitarán la determinación de la compensación o en su caso, la ausencia de ésta.

Sin perjuicio de ello, nos parece importante resaltar el matiz que formula SÁNCHEZ GONZÁLEZ[782] referente a que las pensiones que pueden ser aquí objeto de consideración serán, exclusivamente, aquellas cuya percepción exija la condición de cónyuge y se hayan perdido como consecuencia de la ruptura.

viii. El caudal, los medios económicos y las necesidades de uno y otro cónyuge

Parece ser, que tanto la doctrina como la jurisprudencia, consideran a esta circunstancia sino como el más objetivo referente, aquel sobre la cual descansan las anteriores. En efecto, esta circunstancia, es dentro de todas las anteriores, la más (o la única) objetiva, y ésta característica permite realizar una aproximación más tangible sobre las capacidades adquisitivas de los miembros de la pareja.

Sin embargo, se advierte también, que dicha circunstancia y su carácter objetivo, debe tener un carácter complementario respecto a las anteriores circunstancias (eminentemente subjetivas). Así se manifiesta la SAT Palma de Mallorca, 22 diciembre 1982, al señalar que para la fijación de la pensión compensatoria; «*se ha de realizar en resolución judicial, teniendo en cuenta, en su caso, las circunstancias que menciona el mismo precepto 97; siendo significativo que la última circunstancia* (última por entonces) *que especifica, la octava, sea la del «caudal y medios económicos y las necesidades de uno otro cónyuge», lo que revela que éstos últimos elementos constituyen más la base real o material de la efectividad de la pensión que viene*

[782] SÁNCHEZ GONZÁLEZ, Mª. Paz. *La extinción del derecho a la pensión compensatoria.* Editorial Comares. Granada. 2005. Pág. 76.

determinada esencialmente en función de las demás circunstancias precedentes, pues en el caso de ser las mencionadas en el ordinal octavo las fundamentales para la fijación de la cuantía de dicha pensión, se hubieran mencionado en primer lugar y no en el último».

En opinión de GARCÍA CANTERO[783], un matiz a observar es que estas consideraciones acerca del caudal, medios económicos y necesidades, sirven únicamente para medir su cuantía combinada con otros elementos [...] obligando al Juez a realizar un análisis de prospectiva, lo que compatibilizado con la opinión de RAGEL SÁNCHEZ[784], consistiría entre otras cosas, exigirá la prueba del mayor quebranto económico producido por la separación o el divorcio.

Finalmente, no queremos dejar de considerar o reiterar, que la amplitud del caudal, medios económicos y necesidades de uno y otro cónyuge, lo debe ser a nuestro juicio, en función del concepto amplio de *patrimonio personal* y *capital humano* antes desarrollados.

ix. Cualquier otra circunstancia relevante

Este inciso es, a nuestro juicio, la esencia del espíritu de *numerus apertus* del artículo 97º CC. Como dijimos, si bien es cierto, las circunstancias contenidas en el artículo en cuestión, obedecen a un criterio *ad exemplum*, el último apartado concede a la norma un carácter de *numerus apertus* en tanto, ofrece un marco de libertad en la apertura al planteamiento de nuevas circunstancias atendiendo en principio a la especialidad de cada caso.

---

783 GARCÍA CANTERO, Gabriel. En: *Comentarios al Código civil y compilaciones forales*. Dir. ALBALADEJO, Manuel. Tomo II. Madrid, 1982. Pág. 435.

784 RAGEL SÁNCHEZ, Luis Felipe. *Estudio Legislativo y Jurisprudencial de Derecho Civil: Familia*. Dykinson, Madrid, 2001. Pág. 217.

Finalmente, hemos de decir en cuanto a las circunstancias antes descritas, que en términos generales, y en nuestra opinión, unas y otras pueden ser distinguidas en función de si su objeto es el de restituir y compensar. En efecto, el ánimo de ciertas circunstancias, sospechamos persiguen la restitución legítima de ciertas inversiones en base a expectativas legítimas, y otras, por imposibilidad de restitución objetiva, su compensación. No obstante, siendo ello un tema básicamente de objetividad y subjetividad, y en tanto que aunque en teoría exista un espíritu de restitución, su frecuente inviabilidad nos inclina a considerar por lo menos en principio, a todas como compensatorias.

III. Temporalidad

La temporalidad o también llamada temporalización de la compensación por desequilibrio es un tema de capital importancia, respecto a los efectos o resultados pretendidos con su otorgamiento.

Según CABEZUELA ARENAS[785], a nuestro juicio acertadamente, la temporalización no consiste en la instauración arbitraria y gratuita de un plazo al azar, sino en la imposición de un término, una vez sean apreciadas determinadas circunstancias, esto es; la eventualidad de extinción del desequilibrio. En efecto, la citada autora sostiene que del análisis del desequilibrio se puede llegar a dos situaciones o conclusiones excluyentes entre sí. En una, el desnivel puede tener vocación de permanencia en el tiempo, sin que sea posible prever una determinada solución, y en la otra, dicho desnivel es susceptible de ser superado en un lapso más o menos breve en el tiempo[786]. Así, en uno u otro caso, dichas circunstancias las imputa a dos tipos de

[785] CABEZUELA ARENAS, Ana Laura. *La limitación temporal de la Pensión Compensatoria en el Código Civil. Estudio Jurisprudencial y Doctrinal.* Editorial Aranzadi, Navarra, 2002. Pág. 74. En el mismo sentido, la STS 10 febrero 2005 señala que el establecimiento de una duración limitada para la pensión compensatoria debe darse "*siempre que cumpla la función reequilibradora por concurrir presupuestos conocidos que acrediten una base real para dicha limitación temporal*".

[786] CABEZUELA ARENAS, Ana Laura. Ob. Cit. Pág. 59.

desequilibrio en función a la temporalización. De esta manera, puede darse o bien un desequilibrio perpetuo[787], o bien un desequilibrio coyuntural[788].

En este orden de ideas, si el desequilibrio es perpetuo, la pensión habrá de ser indefinida[789], así mismo, si dicho desequilibrio es coyuntural, debería establecerse la temporalidad de la pensión, o su limitación «*ab initio*»[790].

En atención de ello se señala, que se debe obrar con cautela, pues en otros contextos, la acotación temporal lejos de constituir un signo de progreso, y desempeñar una finalidad preventiva frente al abuso de derecho podría ser calificada de un retroceso,

---

[787] Por desequilibrio perpetuo, se podría entender aquella situación en la cual existen determinados obstáculos o circunstancias que imposibilitan al cónyuge perjudicado colocarse en una situación análoga al otro cónyuge que le permita autosuficiencia.

[788] El desequilibrio coyuntural, nos dice CABEZUELA ARENAS, "se plantea cuando en el momento de la crisis se aprecia que el desnivel experimentado por uno de los cónyuges podrá ser superado por éste con el tiempo si existe por su parte un grado de colaboración o compromiso". Ob. Cit. Pág. 73. En cuanto a este tipo de desequilibrio, es interesante observar lo señalado por la Sentencia Audiencia Provincial núm. 138/2000 Asturias (Sección 6), de 29 marzo, (AC 2000, 3401): «E*n efecto esta Sala en resoluciones precedentes se ha decantado claramente por la posibilidad de su fijación temporal en aquellos supuestos en que las circunstancias concurrentes en el titular del derecho a pensión, evidencien que el desequilibrio constatado, base de su reconocimiento, sea temporal o coyuntural, esto es, que se presente ya en el momento del reconocimiento del derecho a pensión como algo susceptible de ser superado en un tiempo limitado con una implicación normal del acreedor en la superación de tal desequilibrio, lo que tanto quiere decir como que normalmente haya trabajado o podido trabajar anteriormente y sea coyuntural o por necesidades de atender a hijos menores, la pérdida o abandono de su participación en la vida laboral activa o, en definitiva, que por las circunstancias personales o familiares, sus posibilidades de acceso al mercado de trabajo en un futuro próximo sean reales y efectivas, circunstancias éstas que han de estimarse concurren en el supuesto enjuiciado y ello porque no puede desconocerse que la edad en que la esposa contrajo matrimonio ya era la de una persona con el período de formación para la vida laboral activa ultimado (al margen y con independencia de cuál fuera el de la citada) de forma que el matrimonio sólo supuso un paréntesis en esa posibilidad de acceso al trabajo, de ahí que aun cuando, por la duración del mismo, sea necesario un período de adaptación a la nueva situación, ha de reputarse ajustado el plazo de vigencia de 5 años fijado en la recurrida, ya que obviamente no puede postularse su carácter indefinido en base a la existencia de unas dolencias congénitas y por tanto previas al matrimonio que, en todo caso, no se acredita la inhabiliten para todo tipo de trabajo y concretamente para aquellos, los más normales en la práctica, que no requieran especial esfuerzo físico*».

[789] Loc. Cit. Comparte esta opinión MARÍN GARCÍA DE LEONARDO, según ella, "existen situaciones en las que todavía conviene una pensión con carácter indefinido". MARÍN GARCÍA DE LEONARDO, Teresa. Temporalidad de la pensión compensatoria en la Ley 15/2005, de 8 de julio. En: Comentarios a las Reformas de Derecho de familia de 2005. VERDA Y BEAMONTE, De, José Ramón (Coordinador). Thomson Aranzadi, Navarra, 2006. Pág. 220

[790] CABEZUELA ARENAS, Ana Laura. Ob. Cit. Pág. 74. "En otras palabras, -nos dice la autora- la limitación temporal "ab initio" procede en aquellos casos en los que previsiblemente cabe imaginar que en un período más o menos largo habrá readaptación o superación del desequilibrio". CABEZUELA ARENAS, Ana Laura. Ob. Cit. Pág. 59.

al ser el instrumento de la arbitrariedad y la injusticia sumiendo en desamparo a quien jamás logrará remontarse[791].

Es importante añadir que dicho criterio y la cautela en su utilización, debe enfocarse también de manera de sirva de estímulo hacia la autosuficiencia. Éste es el sentido a que también atiende la citada autora al considerar a la temporalidad como un elemento que configure a la compensación por desequilibrio como "*un recurso transitorio ordenado a una readaptación*"[792], puesto que como refiere MARÍN GARCÍA DE LEONARDO, la temporalidad está abocada a apreciar la posibilidad de un desenvolvimiento autónomo del beneficiario[793], ésto si se toma en consideración ciertos criterios jurisprudenciales que ubican la finalidad de la pensión compensatoria justamente en colocar al beneficiario en igualdad de oportunidades económicas y laborales a las que habría accedido de no mediar el vínculo matrimonial[794], para cuyos efectos es fundamental establecer una comparación entre las condiciones en las que se desenvolvía la vida laboral de la beneficiaria de la pensión antes de contraer matrimonio, y aquellas en las que tiene que desarrollarse después[795].

Así, es más que evidente que la temporalidad de la compensación por desequilibrio obedece a determinados fines, uno de ellos en nuestra opinión, establecer un criterio de proporcionalidad[796] que refleje la correspondencia de las circunstancias existentes durante la vigencia del vínculo y las probabilidades a futuro del beneficiario.

---

[791] Ibíd. Pág. 76.

[792] Ibíd. Pág. 125.

[793] MARÍN GARCÍA DE LEONARDO, Teresa. Ob. Cit. Pág. 232.

[794] En este sentido se pronuncian la SAP Cádiz de 3 abril 1998 (AC 1998, 6408) y la SAP Zaragoza 5 octubre 1998 (AC 1998, 1972). Esta opinión igualmente, es compartida por BARCELÓ DOMÉNECH, quien señala literalmente que "*la finalidad no puede ser otra que la de colocar al cónyuge perjudicado por la ruptura del vínculo matrimonial en una situación de potencial igualdad de oportunidades – singularmente laborales y económicas- a la que habría tenido de no haber mediado el anterior vínculo matrimonial*". BARCELÓ DOMÉNECH, Javier. *La extinción de la pensión de separación o divorcio por convivencia marital.* Tirant lo blanch. Valencia 2006. Pág. 227.

[795] CABEZUELA ARENAS, Ana Laura. Ob. Cit. Pág. 54.

[796] La SAP Girona de 29 enero 1998 (AC 1998, 34), establece en términos generales que la pensión debe guardar simetría con la duración del matrimonio al que debe adecuarse el derecho de naturaleza compensatoria y considerar en ese sentido, cierta proporcionalidad, basada entre otras cosas en la

Asimismo, según CABEZUELA ARENAS, algunos objetivos de la temporalidad a tomar en cuenta, son conectar la pensión con la concepción actual del matrimonio[797], la lucha contra la degeneración de la institución matrimonial o "profesionalización" del matrimonio[798], y la evitación de situaciones abusivas tales como la pasividad en la búsqueda de empleo por parte del beneficiario de la pensión[799].

Por lo antes dicho, se puede afirmar que la actual tendencia jurisprudencial es el otorgamiento del derecho con un límite temporal, aún cuando existen pronunciamientos divergentes en tal sentido. En la primera de las tendencias se pueden encontrar fallos tales como los mantenidos por la Sentencia Audiencia Provincial Cádiz (Sección 5), de 27 marzo, (AC 2000, 4915) que establece que «*...la pensión compensatoria, es configurada en el terreno jurisprudencial, no como un derecho absoluto ni vitalicio, sino relativo, circunstancial y eventualmente limitado en cuanto al tiempo de su duración, cuya auténtica finalidad no es otra, como se indicaba, que la de colocar al cónyuge perjudicado por la ruptura del vínculo matrimonial en situación de potencial igualdad, facilitándole la posibilidad de rehacer la vida y conseguir un status económico autónomo, por lo cual, es muchas veces otorgada por un tiempo determinado, generalmente proporcional a la duración de la efectiva convivencia conyugal. En el presente supuesto, el matrimonio, hasta la separación de hecho, ha durado tan sólo algo más de seis años, la mujer tiene una edad, en la actualidad de 33 años, apta para conseguir un trabajo que satisfaga sus necesidades, por lo cual debe limitarse en el tiempo la pensión compensatoria en atención a dichas circunstancias a un período prudencial que se establece por la Sala en seis años desde la presente resolución*».

En similar tenor se pronuncia la Sentencia Audiencia Provincial núm. 107/2005 Cádiz (Sección 5), de 6 septiembre, (AC 2005, 1995), la cual dota a nuestro juicio, a la temporalidad de un carácter esencial *ab initio*, en tanto establece que «*...la pensión*

---

duración del matrimonio y la incidencia de la convivencia en el estatus económico de cada cónyuge.

[797] CABEZUELA ARENAS, Ana Laura. Ob. Cit. Pág. 123.

[798] CABEZUELA ARENAS, Ana Laura. Ob. Cit. Pág. 127. Comparten esta opinión CAMPUZANO, LASARTE y VALDEPUESTA, y DE LA CÁMARA.

[799] Ibíd. Pág. 132.

compensatoria tiene esencialmente una duración determinada, que sirva también de estimulo a quien la percibe para incorporarse plenamente al mercado laboral...». Otro criterio en similar sentido es el de la Sentencia Audiencia Provincial núm. 162/1997 Álava (Sección 1), de 22 septiembre, (AC 1997, 1926), la misma que manifiesta que «*...aunque como resulta del artículo 99º CC la voluntad legislativa introduce una permanencia temporal de la pensión del artículo 97 CC, cabe también admitir la no permanencia de la pensión por tiempo indefinido cuando en el caso concreto concurre una potencialidad real de que el beneficiario, por sus propios medios, puede suplir en un plazo razonable el desequilibrio causante de la misma...»*.

Si se quiere, desde otro punto de vista, las circunstancias establecidas en el artículo 97° CC han de ser calificadas conjuntamente, a efectos de condicionar la limitación de la compensación por desequilibrio. Éste es a grandes rasgos, en nuestra opinión, el tenor de la Sentencia Audiencia Provincial Barcelona (Sección 18), de 17 enero 1999, (AC 1999, 3145), al señalar que «*en la medida que la pensión compensatoria constituye un medio que busca la conservación del nivel de vida de cada cónyuge separado o divorciado, en aras a proteger al de menor fortuna y medios, y dado que el espíritu de esta institución es la tutela del cónyuge más débil económicamente, atendida la situación en el momento de la separación, es éste, el punto de referencia que debe tomarse para averiguar la procedencia o no de la pensión. Pero también deberán tomarse en consideración otras circunstancias tales como la duración del matrimonio, edad del cónyuge más desfavorecido, cualificación académica o profesional y posibilidad de integración en el mundo laboral, para partiendo de que no se trata en ningún caso de una pensión vitalicia, determinar el límite temporal de la misma, que en el presente caso se fija en un período de cinco años*».

Desde otra perspectiva, la Sentencia Audiencia Provincial núm. 312/1999 Badajoz (Sección 2), de 1 septiembre, (AC 1999, 6128) nos refiere que para que se instaure la limitación temporal deben haber indicios suficientes de que el desequilibrio desaparecerá; señalando así literalmente: «*...mal puede, como ha hecho la sentencia de instancia, limitarse la duración, sin perjuicio de que si posteriormente variasen tales circunstancias, se pueda extinguir la pensión, pero no fijar ya una duración cuando no* *hay un solo dato que permita vislumbrar siquiera cuándo puede desaparecer el desequilibrio, debiendo, pues, revocarse la sentencia de instancia en este punto y no establecer límite temporal alguno».*

Por otra parte, otros pronunciamientos tales como el contenido en la Sentencia Audiencia Provincial núm. 78/2003 Bizkaia (Sección 4), de 31 enero, (AC 2003, 857), se decantan prescindiendo de la limitación temporal, por el establecimiento de plazos para revisión de las condiciones de la compensación y su eventual modificación o supresión. Refiere así: *«la Sala considera que la pensión compensatoria debe modificarse en un doble aspecto: elevando su cuantía a 900 euros mensuales, y no estableciendo a priori limitación temporal y consiguiente extinción automática de la misma, sino fijar el plazo prudencial de 5 años, a partir de la presente sentencia, para que pueda revisarse todas las circunstancias que motivan ahora la fijación de la pensión, y en particular el interés y empeño de la esposa en la búsqueda y obtención de trabajo».*

Finalmente, otras sentencias, tales como la Sentencia Audiencia Provincial núm. 7/2001 Badajoz (Sección 2), de 12 enero, (AC 2001, 70), atendiendo a la diversidad entre equilibrio perpetuo o coyuntural, se muestran cierta elasticidad al considerar prudente la moderación en cuanto a atender al otorgamiento del derecho con limitación temporal, refiriendo que *«...respecto de la pensión compensatoria, es criterio consolidado de esta Sala que de ordinario tal pensión no debe tener virtualidad temporal (aunque excepcionalmente se haya aceptado el criterio contrario en determinados supuestos) porque la Ley no la concibe o regula en esa forma. Por eso, el criterio sostenido de la perpetuidad por vida debe ir acompañado de una racionalidad imprescindible al tiempo de establecer el importe de la pensión, que deberá hacerse con criterios de moderación acordes con el caso concreto en que proceda fijarla. Porque indudablemente, no puede tener la misma contemplación el desequilibrio momentáneo que el perpetuo, ni el procedente de una situación corta en el tiempo, y el producido después de haberse mantenido un estatus determinado durante un lapso de tiempo extenso, etc.».*

Con todo, y expuesta la diversidad de opiniones al respecto, nos mostramos partidarios de considerar a la temporalidad como un criterio imprescindible, por lo menos de consideración *ab initio*, en función del análisis global de las circunstancias del artículo 97° CC, mostrándonos en tal sentido partidarios de razonamientos como el esbozado en la Sentencia Audiencia Provincial núm. 218/2002 Córdoba (Sección 3), de 18 septiembre, (AC 2002, 1336), al considerar ésta que la compensación por desequilibrio «*...no es una renta absoluta e ilimitada en el tiempo, porque sería insoportable para el obligado a abonarla y un beneficio o enriquecimiento injusto para quien la recibe, debiendo conectarse necesariamente con la posibilidad de rehacer la vida y conseguir un estatus económico autónomo para el cónyuge perjudicado y con la posibilidad real de acceder al mercado de trabajo, valorando, asimismo, su edad, años de matrimonio, cualificación profesional y demás circunstancias para, como juicio «ex ante», establecer el período de duración de la pensión, sin perjuicio de adoptarla sin fijación de plazo en los casos que proceda. No siendo, por tanto, la pensión compensatoria un beneficio futuro y vitalicio a cargo del otro cónyuge, se ha de señalar sigue diciendo la referida sentencia que la concepción actual de la sociedad y el orden de valores imperantes impone concebir la pensión compensatoria como un derecho relativo (dependerá de la situación personal, familiar, laboral y social del beneficiario), condicional (sujeto a modificación de las concretas circunstancias en que la pensión fue concedida), y en principio limitado en el tiempo, salvo casos excepcionales (su legítima finalidad no puede ser otra que la de colocar al cónyuge perjudicado por la ruptura del vínculo matrimonial en una situación de potencial igualdad de oportunidades simplemente laborales y económicas a la que habría tenido de no haber mediado vínculo matrimonial)*».

IV. Sustitución

Con respecto a la sustitución de la compensación por desequilibrio, en términos generales podemos señalar que el artículo 99° del Código civil abre un amplio abanico de posibilidades que se ajusten a las disponibilidades y circunstancias particulares de cada caso en concreto.

Así, en el artículo 97° CC está establecido, llamémoslo de "manera primaria", la posibilidad de percepción de una compensación consistente en una "pensión temporal", una "pensión por tiempo indefinido" o una "prestación única". De manera complementaria o subsidiaria a este principio general, el artículo 99° CC establece que en cualquier momento puede convenirse su sustitución por una renta vitalicia, el usufructo de determinados bienes o la entrega de capital en bienes o dinero.

No nos cabe duda, que la disposición por una alternativa, atendiendo a las circunstancias respectivas, deberá obedecer de manera general, a las disponibilidades y las necesidades respectivas.

V. Modificación

La posibilidad de modificación de la pensión compensatoria, a tenor de lo establecido en el artículo 100° CC, está supeditada únicamente a alteraciones sustanciales en la fortuna[800] de uno u otro cónyuge. No obstante, gran parte de la doctrina sostiene que dicha modificación, como norma general puede –o debe- ser a la baja[801]. Esto, a nuestro juicio, tiene su razón de ser, en la previsión de conductas oportunistas y establecimiento de estímulos de autosuficiencia del deudor, máxime, si va asociado a criterios de limitación temporal.

[800] En algún caso, se ha suscitado discusión en cuanto al sentido del término *fortuna*, en función de si éste estaba ligado a la idea de riqueza o de suerte. Sin embargo, según se desprende de la Sentencia Audiencia Provincial Madrid (Sección 22), de 10 julio 2001, (AC 2001, 1541), ha de entenderse el sentido de riqueza, al manifestar que «*no puede sostenerse, con lógico y legal fundamento, que, como afirma la dirección Letrada de la recurrente, el término fortuna utilizado por el artículo 100 del Código Civil equivalga a suerte; en efecto, en su significación gramatical ello constituye tan sólo una de sus acepciones, pero no la única, en cuanto también pueda representar hacienda, capital o riqueza; y siendo así que el artículo 97 se refiere, en cuanto elemento básico del derecho analizado, al desequilibrio económico, que no a la suerte, es obvio que la acepción «fortuna» ha de ponerse en necesaria correlación con tal dato comparativo pecuniario. Se revela, al efecto, intranscendente la causa determinante de tal alteración sustancial de fortuna, dado que ningún matiz contiene al efecto el artículo 100, y «ubi lex non distinguit nec nos distuinguere debemus»*».

[801] En este sentido se pronuncia HIJAS FERNÁNDEZ. HIJAS FERNÁNDEZ, Eduardo. *La pensión compensatoria y sus condiciones*. En: Diez años de abogados de familia. Asociación española de abogados de familia. La Ley. Madrid, 2003. Pág. 473.

Opina en tal sentido HIJAS FERNÁNDEZ[802], que dado que el desequilibrio que ha de valorarse y corregirse en la medida de lo posible, es el existente al tiempo de la separación o divorcio, operando la cuantificación entonces realizada como tope máximo para el futuro, y sin perjuicio de las actualizaciones correspondientes; el posible incremento ulterior de fortuna del obligado obedecerá, en la mayoría de los casos, a su propio esfuerzo individual, ya sin la cooperación del otro cónyuge, por lo que éste no puede participar en la bonanza económica sobrevenida, que además podría situarle en un nivel superior al disfrutado durante el matrimonio. En una línea similar, BAYO DELGADO[803] apunta que nuevas circunstancias no pueden llevar a aumentar la pensión, porque entonces el nuevo quantum desequilibraría la situación ya juzgada en relación con el cese de la convivencia. Por tales fundamentos, la modificación de la compensación, se entiende, sólo puede ser a la baja.

No obstante ello, el propio HIJAS FERNÁNDEZ[804] anota que tal criterio general tendente a la admisión de la baja puede quedar quebrado en algunos supuestos de carácter excepcional, a saber: establecimiento inicial de un criterio de actualización en base a «los ingresos del obligado al pago»; la coincidencia de la sustanciación del pleito con una situación de coyuntural crisis económica del obligado al pago y que las pensiones alimenticias de los hijos impidan situar a la compensación en un nivel más alto y justo.

Al margen de ello, alguna sentencia, como es el caso de la SAT de Pamplona, 19 febrero 1987, ha dejado sentado un criterio que en nuestra opinión resulta discutible, en el cual se considera elevar el montante de la pensión en función al incremento patrimonial del obligado al pago[805]. En opinión contraria se muestra RAGEL[806], quien

[802] HIJAS FERNÁNDEZ, Eduardo. Ob. Cit. Pág. 473.

[803] BAYO DELGADO, Joaquín. *Los límites de la pensión compensatoria.* En: Temas económicos y patrimoniales importantes en las rupturas matrimoniales. Asociación española de abogados de familia. Dykinson. Madrid, 1997. Pág. 182.

[804] HIJAS FERNÁNDEZ, Eduardo. Ob. Cit. Pág. 474.

[805] En la citada Sentencia se sostiene: "*la sentencia de instancia que incrementa las pensiones de contribución a las cargas del matrimonio y desequilibrio económico fijadas en el convenio regulador de separación, aparece correctamente formulada, ya que, independientemente de cuál haya sido el concepto salarial –horas extraordinarias y trabajos a destajo-, los ingresos netos del esposo se han incrementado en el último año en proporción sustanciosa, y conforme a los artículos 90, apartado penúltimo, 91, inciso*

propone atenuar lo que califica de resultado injusto de la mejora de fortuna del deudor, limitando la cantidad de la pensión a la máxima que se hubiera podido lograr en la mejor situación económica disfrutada durante el matrimonio.

En todo caso, tal y como lo revela la Sentencia Audiencia Provincial núm. 13/2000 Córdoba (Sección 3), de 24 enero, (AC 2002, 3468), «*la jurisprudencia muestra en este aspecto, un criterio restrictivo, no sólo en cuanto a la apreciación del desequilibrio económico, requisito fundamental e imprescindible para la concesión de la pensión, sino también respecto a la posibilidad de que pueda ser modificada por alteraciones sustanciales en la fortuna de uno u otro cónyuge como autoriza el art. 100 del CC, de forma que tan solo aquellas alteraciones que parecen estables, gocen de trascendencia a efectos de modificación de sus pronunciamientos*». En esencia, el carácter restrictivo de la modificación está basado en último término, en el carácter de relatividad y circunstancialidad del propio derecho. Éste es el criterio expuesto por la Sentencia Audiencia Provincial núm. 268/2002 Castellón (Sección 1), de 11 septiembre, (AC 2003, 1806): «*...se trata pues, de un derecho relativo y circunstancial (...), y también de un derecho condicional, puesto que una modificación de las circunstancias concretas en que la pensión fue concedida –de modo análogo a la claúsula rebus sic stantibus- puede determinar su modificación o supresión*».

VI. Extinción

El primer párrafo del artículo 101° del Código Civil señala lacónicamente, que el derecho a la pensión se extingue; por el cese de la causa que lo motivo, por contraer el acreedor nuevo matrimonio o por vivir maritalmente con otra persona.

Es en virtud de ello, que tanto la doctrina como la jurisprudencia ha tenido que ampliar ciertos conceptos, a efectos de contar con una interpretación del sentido de la

final, y 100 del CC, debe tenerse por modificada sustancialmente la base económica que se tuvo en cuenta en el momento de aprobarse el convenio regulador".

[806] RAGEL SÁNCHEZ, Luis Felipe. *Estudio Legislativo y Jurisprudencial de Derecho Civil: Familia.* Dykinson, Madrid, 2001. Pág. 220.

norma, y esto en la medida que se ha entendido que tan importante como la constitución del derecho resulta, su eventual extinción[807].

No obstante lo señalado, como bien señala SÁNCHEZ GONZÁLEZ[808], no todas las causas de extinción de la compensación por desequilibrio se hallan expresamente señaladas en el artículo 101 CC. Sin embargo, por un tema de brevedad en la exposición, nos referiremos en profundidad solamente a las establecidas en el primer párrafo del citado artículo, y solo de manera enunciativa a las demás, al no ser el objeto central de nuestro trabajo.

Sobre la primera de las –llamémoslas «causales típicas de extinción»- es importante hacer ciertas anotaciones. La más importante posiblemente, esté relacionada con la ambigüedad del término que utiliza la ley al referirse a «el cese de la causa que lo motivó». Conforme a ella, en un principio, puede interpretarse que aquella causa está referida al desequilibrio, sin embargo, tal afirmación como veremos, puede ser arriesgada. Fruto de esta ambigüedad, como bien pone de manifiesto SÁNCHEZ GONZÁLEZ[809]; aquel cese de la causa que lo motivó, puede prestarse a ser interpretada de distintitas formas, a saber; como causas remotas entendidas como la separación o el divorcio, como una causa próxima, entendida como el propio desequilibrio, o como aquellas causas que originaron el desequilibrio, es decir, y siguiendo su razonamiento, como causas originarias[810].

---

[807] De hecho, BARCELÓ DOMÉNECH estima con mucha lógica que la convivencia marital puede también servir para impedir el nacimiento del derecho a la pensión compensatoria. BARCELÓ DOMÉNECH, Javier. Ob. Cit. Pág. 190.

[808] SÁNCHEZ GONZÁLEZ, Mª. Paz. *La extinción del derecho a la pensión compensatoria.* Editorial Comares. Granada, 2005. Pág. 22.

[809] SÁNCHEZ GONZÁLEZ, Mª. Paz. Ob. Cit. Pág. 23.

[810] Tras éste análisis preliminar, conviene resaltar algunas consideraciones acerca de cada una de las posibles causas. En ese sentido, con referencia a la extinción del derecho a la pensión compensatoria, respecto a la separación es conveniente observar lo concerniente a la reconciliación. SÁNCHEZ GONZÁLEZ, Mª. Paz. Ob. Cit. Pág. 24. Asimismo, en función de la desaparición del desequilibrio, han de considerarse varias alternativas configuradas, en primer lugar, por la mejora de la situación del acreedor (dicha mejora, considerando el plano de una eventual reinserción laboral, supone en opinión de SÁNCHEZ GONZÁLEZ que dicha mejora sea entendida *"solo como aquella actividad profesional estable y continuada"*. No obstante, no descarta causas provenientes de un aumento del caudal patrimonial por adquisición de derechos sucesorios). SÁNCHEZ GONZÁLEZ, Mª. Paz. Ob. Cit. Págs. 36-38. Por otro lado, el empeoramiento de la situación económica del deudor, SÁNCHEZ GONZÁLEZ,

Sin perjuicio de ello, compartimos con SÁNCHEZ GONZÁLEZ[811], la opinión de que finalmente, el cese de la causa que motivó la pensión tendría lugar cuando el (ex) esposo perjudicado haya conseguido superar ese mayor perjuicio que, en relación con su capacidad de generar recursos económicos propios, le supuso al matrimonio posteriormente roto. Esto es, en nuestra opinión, cuando las circunstancias en base a las cuales se haya generado el desequilibrio que desencadenó el empeoramiento de situación hayan desaparecido o sido superadas. Con este reducido fundamento, probablemente sea que la Sentencia Audiencia Provincial núm. 319/2002 Zamora (Sección Única), de 20 noviembre, (AC 2002, 2252) establece en un caso de litis que «*...la pensión compensatoria será extinguida en el mismo momento en que la esposa se ponga a trabajar o sea independiente económicamente y por cualquiera de las causas legales de extinción...*».

Por otro lado se encuentran, la segunda y tercera causal, referidas al caso en que el acreedor contraiga nuevo matrimonio o viva maritalmente con otra persona, respectivamente. Cabe sin embargo, y aún cuando si bien es cierto, ambas son dos situaciones perfectamente diferenciadas, señalar que en general, dicha diferenciación es indiferente para nuestro planteamiento, habida cuenta que estimamos que la consideración esencial en cuanto a la compensación por desequilibrio es la de una comunidad de vida, con total prescindencia de un título formal.

Con ello, y para entrar de lleno al tema en cuestión, es necesario contar con un referente conceptual de vida marital, que como reiteramos, desde nuestro punto de vista, resultaría una situación en virtud de la cual se lleva a cabo una comunidad de vida determinada como escenario de un proyecto de vida en común, en el cual las interacciones patrimoniales sean análogas a las de un contexto matrimonial.

Mª. Paz. Ob. Cit. Pág. 38; así como el empobrecimiento del deudor y simultáneo enriquecimiento del acreedor. SÁNCHEZ GONZÁLEZ, Mª. Paz. Ob. Cit. Pág. 48.

811 SÁNCHEZ GONZÁLEZ, Mª. Paz. Ob. Cit. Pág. 84-85. En efecto, la autora considera el mayor perjuicio como una serie de "obstáculos" insitos en el desarrollo de la vida matrimonial, es decir, las causas originarias del desequilibrio económico, basadas en un criterio subjetivo. Págs. 80-81.

Desde la jurisprudencia contamos con un sin número de pronunciamientos al respecto. En efecto, la Sentencia Audiencia Provincial núm. 28/2006 Cádiz (Sección 3), de 28 marzo, (JUR 2006, 231396) ofrece un muy apropiado marco acerca de los elementos que acompañan la extinción del derecho a compensación, en base a la existencia de una circunstancia de convivencia marital con otra persona; estableciendo que «*...el artículo 101 del Código Civil (LEG 1889,27) establece como causa de extinción de la pensión compensatoria, además del cese de la causa que lo motivó, el contraer el acreedor nuevo matrimonio o por vivir maritalmente con otra persona. Esta causa de extinción se funda en que procede dejar sin efecto una ayuda económica a una persona en razón a un matrimonio anterior, cuando resulta que ha rehecho su vida de una manera estable con la inmediata consecuencia de que desaparece el desequilibrio económico. De manera más concreta el rehacer nuevamente la vida afectiva con otra persona –que se comprende en el derecho al libre desarrollo de la personalidad proclamado en el artículo 10 de la Constitución Española (RCL 1978, 2836)- requiere a los efectos del citado artículo 101 del Código Civil una comunidad de vida, que se traduce en interdependencia en lo corporal y lo espiritual que es algo más que la simple amistad o el trato íntimo, también unidad de domicilio y por último estabilidad, aunque no sea definitiva. La jurisprudencia no ha identificado la convivencia –necesaria según el precepto- con la relación afectiva de tipo noviazgo, ni con la mera relación sentimental. Y es que la convivencia marital no cabe confundirla con el uso de la libertad sexual, esporádica y no continuada, sino que precisa que tales relaciones gocen de intensidad, continuidad y publicidad suficientes, como para ser tenidas por el común de las gentes como semejantes a las que mantienen las personas unidas en matrimonio sin estarlo, y que consistan en una apariencia cierta de cumplimiento de deberes de convivencia, ayuda y fidelidad que se impone en los artículos 67 y 68 del Código Civil, lo que ha de tener proyección, también, en lo económico, como datos más objetivables, como cuentas conjuntas o disfrute de bienes comunes, que en interpretación sociológica de las normas lleve a un juicio de certeza, de comunidad de vida en que se inserta el concepto vida, «more uxorio»*».

Pues bien, en términos generales podemos entender por «vida marital», tal y según se desprende de la SAT Zaragoza, 15 septiembre 1987, «*una situación similar a la vida matrimonial normal, es decir, la existencia de una comunidad de vida*». En un sentido similar y más profundo, la jurisprudencia ha realizado los matices pertinentes acerca de una relación sentimental, la mera intimidad, la cohabitación o la existencia de relaciones sexuales. Éste es el caso de la SAT Oviedo, 30 enero 1987 y Sentencia Audiencia Provincial núm. 461/2002 Asturias (Sección 7), de 12 julio, (AC 2002, 1984) que ponen de manifiesto que *«convivencia marital o de «more uxorio» involucra una expresión distinta de la mera intimidad e incluso de la cohabitación más o menos pasajera, y aun de la convivencia prolongada con una persona»*. Añade asimismo, que *«si la relación, aunque extramatrimonial, no tiene un carácter similar al conyugal, esto es, de unión regular con comunicación personal y de intereses, en cuanto grupo, comunes, distinta de la simple relación sentimental, que queda fuera del ámbito del precepto de cuya aplicación se trata, que pretende no la moralización de las costumbres en un determinado sentido o conforme a ciertos esquemas sociales, sino dejar sin efecto una ayuda económica a una persona en razón a un matrimonio anterior, cuando rehízo su vida, previsiblemente de forma definitiva, ya mediante un matrimonio posterior, o en virtud de una relación similar de pareja fuera de él»*[812].

En similar orden de ideas, la jurisprudencia ha delimitado lo que a grandes rasgos puede entenderse a nuestro entender, como requisitos o elementos imprescindibles de la convivencia a efectos de su consideración como causa de extinción del derecho de compensación por desequilibrio.

La Sentencia Audiencia Provincial núm. 170/2000 Álava (Sección 1), de 7 junio, (AC 2000, 4023) nos dice que «*...para que pueda apreciarse tal causa extintiva del derecho a percibir pensión por desequilibrio la convivencia ha de ser continuada, no ocasional, y revestida de similares características a las que resulta de la relación matrimonial...*». Por su parte, la Sentencia Audiencia Provincial núm. 39/1999 las Palmas (Sección 4), de 5 febrero, (AC 1999, 3203) revela que «*...para que cese el derecho a cobro de la pensión compensatoria, es preciso probar que la perceptora convive maritalmente con otra persona, y ello exige acreditar la existencia de una convivencia análoga a la matrimonial, con los requisitos que le son inherentes en*

[812] Bajo este concepto, otras sentencias, tales como la SAT Zaragoza, 18 septiembre 1987, establecen que la vida marital no se deduce ni de la ausencia más o menos prolongada del domicilio, ni de las declaraciones de testigos de referencia, como pruebas; y, por otro lado, que las relaciones extramatrimoniales de uno de los cónyuges, mientras no exista vida marital, no es causa de pérdida del derecho a la pensión compensatoria.

cuanto a convivencia diaria, externa, estable y pública». La Sentencia Audiencia Provincial núm. 131/1999 Valladolid (Sección 1), de 18 marzo, (AC 1999, 6854) nos habla por su parte incluso de confianza y familiaridad, al establecer que la acreedora «*ha mantenido y mantiene con otra persona una convivencia y unión afectiva o sentimental que va más allá de las esporádicas estancias, la buena amistad o la relación de noviazgo que ella misma reconoce, pues claramente viene revestida de características de habitualidad y estabilidad así como de confianza, familiaridad y mutua ayuda, que a todas luces es equiparable a la relación y convivencia existente entre cónyuges en una unión matrimonial ordinaria o normal, por lo que, a juicio de esta Sala, constituye la convivencia marital que, de acuerdo con lo dispuesto en el artículo 101 Código Civil, justifica la extinción de la pensión compensatoria*».

Más aún; otros criterios jurisprudenciales nos aportan otros datos de interés a considerar. Entre ellos, el que si bien es cierto la convivencia debe ha de contar con características de habitualidad y estabilidad, ello no implica que la relación tenga que ser definitiva en el tiempo. Así se manifiesta la Sentencia Audiencia Provincial núm. 216/2000 Islas Baleares (Sección 3), de 27 marzo, (AC 2000, 3890) al señalar: «*...por último debe señalarse, tal como se afirma en la Sentencia de la Audiencia Provincial de Asturias de 10 de febrero de 1998 (AC 1998, 3683), que la estabilidad o permanencia no implica que la relación tenga que ser definitiva en el tiempo, al igual que puede no serlo el matrimonio, ni proyectarse obligatoriamente hacia tal institución, exigencia que debe ser rechazada ya que el artículo 101 del Código Civil contempla como causa de extinción de la pensión compensatoria, tanto el contraer nuevo matrimonio, como vivir maritalmente con otra persona. En consecuencia, estima la Sala, que concurren en el supuesto de autos las características de habitualidad y estabilidad que, razonablemente, permiten calificar la relación de la demandada de análoga al matrimonio y por tanto, es causa de extinción del derecho a la pensión compensatoria fijada en su favor en la sentencia de divorcio*».

Por su parte, la Sentencia Audiencia Provincial núm. 46/2000 Toledo (Sección 1), de 10 febrero, (AC 2000, 2799) incorpora a análisis cuestiones tales como una conveniente referencia al domicilio real y el domicilio a efectos de notificaciones en razón a su calificación respecto a las presunciones sobre el estatus de la convivencia; así como, y en aparente contradicción con anteriores criterios, que la independencia económica no significa en lo absoluto un requisito para calificar a la convivencia como análoga al matrimonio, sino la simple contribución a gastos comunes. En efecto, el tenor de dicha sentencia es pues, que «*...se llega a la conclusión racional de que en efecto la demandada ha entablado, como tiene por cierto el más legítimo derecho, una nueva relación de pareja , estable, seria y suficientemente prolongada en el tiempo como para poder entender que en efecto concurre la circunstancia de extinción de la pensión compensatoria prevista en el art. 101 del Código Civil y que venimos examinando, siendo datos reveladores entre otros muchos, de dicha estabilidad en la convivencia, el hecho de que el compañero sentimental de la demandada posea llaves del domicilio de la misma, el hecho de que cuando sale de su domicilio tras pernoctar, lo haga correctamente uniformado para el desempeño de su trabajo como vigilante del estacionamiento en Talavera de la Reina habiendo entrado por las noches vestido de paisano, lo que demuestra que ha trasladado sus ropas a la vivienda de la demandada, incluso el hecho de que vecinos del que se supone que es su propio domicilio, remiten a quien pregunta por él, al domicilio de la demandada, según el mencionado informe de seguimiento convenientemente ratificado. TERCERO.- El que el compañero sentimental de la demandada mantenga su anterior domicilio a efectos administrativos o que en él reciba su correspondencia, en absoluto prueba que sea allí donde verdaderamente reside habitualmente, no siendo tampoco exigible para entender la existencia de una convivencia marital el hecho de que se comuniquen los patrimonios de los convivientes, adquieran bienes comunes o mantengan cuentas corrientes conjuntas, siendo plenamente compatible una independencia patrimonial con una convivencia «more uxorio» en lo estrictamente personal, de igual modo que dicha independencia patrimonial es también compatible con el matrimonio regido por la separación de bienes, en el que no hay comunicabilidad ni confusión de patrimonios, sino únicamente contribución a los gastos comunes en proporción a los respectivos ingresos*».

Otro de los temas de interés en este aspecto, es el referido a ciertos pronunciamientos acerca de la extinción del derecho de compensación por desequilibrio aún cuando al momento de su solicitud ha cesado la nueva convivencia. En este aspecto, no obstante, encontramos igualmente posiciones divergentes. La Sentencia Audiencia Provincial núm. 146/2000 Zaragoza (Sección 5), de 2 marzo, (AC 2000, 435) por un lado señala: «*...en el caso enjuiciado no cabe duda de que la hoy apelante convivió maritalmente con el súbdito argelino Mourad H. La prueba en este sentido es contundente. Las testificales, documentales (diligencias penales) y la propia confesión de la demandada (artículo 1232 del Código Civil) así lo acreditan. Siendo, pues, intrascendente que hoy en día continúe o no tal convivencia, ya que de su duración y estabilidad da muestras la propia señora B., pues iniciándose tal relación a finales de 1997, en junio de 1999 aún continuaba (folio 67); es decir, pendiente de este incidente, que se inició el 25-3-1999. Existe, pues, la causa extintiva del artículo 101 del Código Civil*». Distinto criterio deducimos, mantiene la Sentencia Audiencia Provincial núm. 413/1999 Lugo, de 13 mayo, (AC 1999, 5079), en tanto su tenor es el que sigue: «*...la propia confesión de la esposa (folio 47), tercera posición, en la que indica que «vivió con él después de la separación, ya que se fue a un piso con sus hijos y en el momento actual tampoco convive con él, aunque hubo un tiempo que sí vivió con él». En conclusión, la Sala entiende que no está suficientemente acreditada esa convivencia marital con otra persona, que es lo que exige el artículo 101 del Código Civil y que requiere, por su propia esencia, una permanencia en la cohabitación que, en el presente supuesto, no está acreditada en forma procesalmente estimable*».

De igual manera, los tribunales se pronuncian acerca situaciones de convivencia extramarital conocida al momento del establecimiento de la compensación, caso para el cual, la Sentencia Audiencia Provincial núm. 312/1999 Badajoz (Sección 2), de 1 septiembre, (AC 1999, 6128) sostiene que «*no cabe alegar que la convivencia extramarital ya era conocida cuando se estableció la pensión compensatoria pues ello ni consta debidamente ni impide, en su caso, el que deba ahora ser suprimida a petición del obligado a su pago*». Cabe anotar, que la jurisprudencia advierte de igual manera que de tratarse de nueva vida del obligado y no del acreedor, la convivencia resulta indiferente. Éste es el sentido de la Sentencia Audiencia Provincial núm. 170/2000 Álava (Sección 1), de 7 junio, (AC 2000, 4023): «*...el hecho de que el obligado a abonar la pensión por desequilibrio haya rehecho su vida sentimental resulta de todo punto indiferente, pues lo único que ha de tenerse en cuenta a efectos de la desaparición o no de la pensión es que el sujeto perceptor de la misma continúe o no sufriendo con posterioridad a producirse la ruptura matrimonial las consecuencias del desequilibrio...*».

Paralelamente, cabe apuntar que se ha hecho de criterio imperante la irrelevancia de la sexualidad de uno u otro miembro de la pareja, tal y como deja sentado la Sentencia Audiencia Provincial núm. 392/2002 Jaén (Sección 1), de 15 noviembre, (AC 2003, 32), al señalar que «*...se puede definir la unión de hecho como la relación afectiva de una pareja, con independencia de su sexualidad*[813]*, que comporta un proyecto de vida en común, con intención de permanencia y que, sin ningún tipo de formalidad en su constitución, desarrollan la convivencia en el mismo hogar de forma semejante a la conyugal. (...) Así mismo el Parlamento Europeo (resolución 8-11-1994) sobre igualdad de los derechos de los homosexuales en la Comunidad Europea, ha reiterado la convicción de que todos los ciudadanos tienen derecho a un trato igual con independencia de su orientación sexual. Así y en nuestro país a lo largo de los últimos años se han venido estableciendo esa igualdad como lo demuestra la creación de Registros Municipales y Autonómicos de uniones civiles que reconocen, la posibilidad de inscribir la unión tanto de parejas heterosexuales como homosexuales, o la Ley de Arrendamientos Urbanos de 1994 (RCL 1994, 3272 y RCL 1995, 1141) que recoge expresamente el derecho de subrogación «mortis causa» en el contrato de arrendamiento de las parejas de hecho, tanto heterosexuales como homosexuales. [...]. Así las cosas, hay que entender que la demandada doña Isabel R.G. forma una pareja de hecho con su compañera sentimental al concurrir todos los requisitos exigidos por la jurisprudencia que son, como ya se había anunciado, convivencia estable practicada de forma externa y pública y en el mismo domicilio, que implica, como así lo reconoce la demandada el mutuo afecto entre los convivientes que es lo que motiva la unión de hecho. CUARTO.- Es por estas razones expuestas que se considera que el art. 101.1 del Código Civil (LEG 1889, 27) es aplicable tanto a parejas heterosexuales como homosexuales pues no se puede pretender que las Leyes reconozcan solamente derechos, y no deberes a las parejas del mismo sexo. Otra cuestión es desde qué fecha se puede considerar que la demandada «convive maritalmente con otra persona» pues será desde esa fecha cuando desaparecerá la obligación del actor de pasarle la pensión compensatoria a la demandada*».

---

[813] En igual tenor se manifiesta BARCELÓ DOMÉNECH quien señala que el beneficiario de la pensión por separación o divorcio verá extinguido su derecho si convive maritalmente con otra persona, ya sea ésta del mismo o distinto sexo. En tanto, además, de una interpretación estricta del artículo 101° la referencia "vivir maritalmente con otra persona" del CC, despeja cualquier duda al respecto. BARCELÓ DOMÉNECH, Javier. *La extinción de la pensión de separación o divorcio por convivencia marital.* Tirant lo blanch. Valencia 2006. Págs. 64-66.

Con todo lo expuesto, queda a nuestro juicio, meridianamente claro que estas notas de habitualidad, estabilidad, confianza y familiaridad que la jurisprudencia reputa relevante a efectos de determinar la existencia de una convivencia coherente a un contexto en presencia de una comunidad de vida, creemos es coincidente con nuestro planteamiento concerniente, a la consideración de la *affectio maritalis* como el «*animus* de permanencia en el tiempo» en el desenvolvimiento de una comunidad de vida. En virtud de este hecho, podemos poner énfasis en la opinión de BARCELÓ DOMÉNECH[814] al sostener éste que hay que valorar si existe *affectio* y un proyecto en común, aunque falte el hecho físico de vivir juntos, siendo particularmente relevante averiguar si esta falta de convivencia tiene precisamente su fundamento en evitar la pérdida de la de la pensión por separación o divorcio.

Este matiz, es puesto en consideración por la Sentencia Audiencia Provincial núm. 158/2000 Asturias (Sección 6), de 5 abril, (AC 2000, 3405), la misma que señala que «*como bien afirma la sentencia recurrida no siempre es fácil demostrar la convivencia con un tercero, máxime si los convivientes tratan de ocultarla, precisamente por las consecuencias de índole económica que suelen derivarse de la misma*». Es en este aspecto, y asumiendo la eventual existencia de este tipo de conductas, que la referida sentencia, entiende que se da una necesidad de establecer ciertas presunciones que, en su caso, pueden imputar a la convivencia interrumpida o esporádica el mérito de circunstancia de extinción del derecho a la compensación por desequilibrio. Continúa así refiriendo la citada sentencia: «*...es por eso que se acude a la prueba de presunciones para su acreditación, como ocurre en el presente caso (...) en ambos (informes de detective privado) se recoge inequívocamente la convivencia de la demandada con tercera persona en su domicilio, si bien limitada a la habitualidad de los fines de semana. (...) Por último, carece en este caso de valor probatorio la certificación del padrón municipal de habitantes, que sólo permite determinar una verdad meramente formal o aparente, cual la de que el posible conviviente está inscrito como residente en un determinado lugar, pues ello no se opone a que pueda en la realidad hacerlo en otro diferente a aquél, ya que una cosa es la residencia «oficial» y*

[814] BARCELÓ DOMÉNECH, Javier. Ob. Cit. Págs. 92-94. Del mismo modo, sobre la vocación de permanencia a la que hacemos referencia, la SAP Cádiz de 5 octubre de 2001, es clara al señalar que «para que se produzca la extinción de la pensión es necesario que se de una convivencia o cohabitación de carácter permanente y estable, con la creación de una apariencia matrimonial o si se quiere, de un status paramatrimonial o posesión de estado familiar "de facto"».

otra la «real», que si pueden ambas coincidir, ello no es necesario o ineludible. TERCERO.- En consecuencia con todo lo expuesto, esta Sala ha de declarar como probada la existencia de una convivencia marital entre la demandada y un tercero, pues dicha convivencia no impone que lo sea de forma permanente y absoluta, sino que basta que concurran las notas de habitualidad, aquí existente a la vista de la reiteración de actos convivenciales durante los fines de semana (también algún otro día de la misma), y permanencia con la misma persona».

No obstante, y sin perjuicio de lo señalado con anterioridad, algún criterio jurisprudencial prescinde de suposiciones y requiere mérito probatorio de forma ineludible. Así se manifiesta la Sentencia Audiencia Provincial núm. 227/1999 Tarragona (Sección 1), de 4 junio, (AC 1999, 6021) al establecer que «*...la prueba que se presenta para acreditar la convivencia marital es un seguimiento de un detective privado a la puerta de la vivienda que efectuó una vigilancia durante tres días apreciando el último de ellos la salida del domicilio de un hombre que, por la hora y actitud de ambos, hacía presuponer que había pasado allí la noche, lo cual, unido al hecho de haber sido observados en otras ocasiones en distintos lugares juntos pretende inducir a la convicción de que son una pareja que convive habitualmente. El art. 101 del Código Civil exige para la extinción del derecho a la pensión compensatoria la convivencia marital con otra persona. Ello supone una situación de pareja semejante al matrimonio y no una mera relación sentimental o de noviazgo, en el sentido de que exista una cohabitación de carácter permanente y estable, que en la práctica venga a generar una posesión de estado familiar o convivencia «more uxorio», dado que la expresión utilizada por el código no puede configurarse más que según el modelo matrimonial al que la equipara, lo que exige las notas de habitualidad y estabilidad, aunque no sea definitiva. La apreciación de este estado de convivencia requiere pruebas de la estabilidad en la relación de la nueva pareja y la convivencia continuada...*».

Ahora bien, delimitado el concepto o idea que ha de considerarse en cuanto a la convivencia marital al que hace mención el artículo 101° CC., cabe adentrarnos en las causales en sí mismas, para lo cual, es necesario reiterar nuestra opinión tendente a considerar dos causales diferenciadas, a saber, una; *la del cese de la causa que motivó el desequilibrio*, y la otra, aquella en virtud a la cual estarían subsumidas el *matrimonio y/o la convivencia marital*[815], en tanto, a nuestro juicio, ambas de igual manera, involucran a nivel germinal, una comunidad de vida, sin perjuicio de lo cual, precisaremos algunos matices dignos de anotación.

La doctrina, entendiendo que la primera causal de extinción significa el cese, ya sea del desequilibrio a nivel general o de las circunstancias que originaron el desequilibrio, se plantea el delimitar si se puede entender en este sentido, que las siguientes dos causales pueden estar subsumidas en ésta.

Parece ser en tal sentido, que la opinión mayoritaria apunta a que tales causales obedecen sino a una naturaleza distinta, si a causas distintas. Al respecto SÁNCHEZ GONZÁLEZ[816], sostiene que la desaparición del desequilibrio económico no puede ser el fundamento de la atribución a la convivencia marital de naturaleza extintiva, dado que, desde esta perspectiva, no sería necesario el establecimiento como causa específica

[815] Al margen del planteamiento que pretendemos esbozar sobre estas causales, no estimamos impertinente señalar a manera de paréntesis, y a propósito de los supuestos de amas de casa en un modelo antiguo de familia tradicional, algunas reflexiones de POSNER como justificativos de la extinción de la pensión compensatoria desde el punto de vista de la fuente de rentabilidad. Así nos dice que en la familia tradicional, en la cual, la esposa se especializa en la producción doméstica, todas las habilidades que haya tenido en la producción de mercado se deprecian, y a la larga sus principales posibilidades de empleo –si se disolviera el matrimonio actual- se reducirán a la perspectiva de volver a casarse y formar una nueva familia en la que puedan desempeñar su oficio. Evidentemente esta explicación no goza actualmente, de mucha vigencia, sin embargo, explica desde una determinada perspectiva, una posible razón de la extinción. Con todo, y aunque nuestro planteamiento apunta en un sentido distinto, cabe agregar que desde este punto de vista, la extinción se da, ya que con el nuevo matrimonio o vida marital, toda la especialización obtenida en el matrimonio disuelto volverá a generar utilidad, en ese sentido, la especialización puede pasar a compensar por si sola el desequilibrio, (esto puede deducirse por la evidente relación existente entre esta auto-compensación de los costos de oportunidad asumidos, con el tratamiento fiscal del ingreso personal); esto se puede explicar de manera mas sencilla si hacemos una analogía entre la ama de casa especializándose en las tareas del hogar y un estudiante. Posner nos dice así *"como sabemos, el capital humano es tanto un activo como una fábrica; se compra con insumos de tiempo y dinero y produce un servicio pecuniario durante la vida (...) del activo. Dado que el ingreso que genera es gravable, los gastos necesarios para mantenerlo en buenas condiciones deberían ser deducibles, aunque en principio no de una sola vez sino a lo largo del período en el que los gastos generan ingresos. (...). La cuestión más amplia es ésta: ¿no debería ser el costo del capital humano amortizable a lo largo de la vida de trabajo del propietario y deducible de su ingreso?. La ley no lo permite y para ello hay una razón teórica y práctica. El propietario no cubre gran parte del costo de la educación, la fuente principal del capital humano junto con nuestra dotación natural de inteligencia, energía y carácter (una dotación por la que tampoco paga el propietario). Y el mayor costo de la educación para el estudiante –los ingresos que pierde por ir a la escuela en lugar de trabajar- en efecto se han cancelado en el momento en que hace la inversión, porque el ingreso gravable se reduce en el total de los ingresos sacrificados. No hay necesidad de una deducción adicional"*. POSNER, Richard. Ob. Cit. Pág. 467.

[816] SÁNCHEZ GONZÁLEZ, Mª. Paz. Ob. Cit. Pág. 101.

de extinción, en la medida que quedaría subsumida en la primera de los supuestos mencionados en el artículo 101 CC. En esta línea se manifiesta también BARCELÓ DOMÉNECH[817], al señalar que las nuevas nupcias o la convivencia marital son causas que tienen su propia existencia al margen de la mejora económica que haya podido experimentar el acreedor de la pensión.

Parece ser que dichas posturas doctrinales basan esta independencia de las causales referidas a la comunidad de vida sobre la finalidad o la *ratio* que el legislador quiso otorgarles. Son diversas las razones presumibles de tales causales; en dicha interpretación de la finalidad, BARCELÓ DOMÉNECH[818] nos indica que aunque no sea muy frecuente –la interpretación más extendida se basa en una *presunción* de que quien hace vida marital con otra persona está recibiendo adecuado sustento y ha desaparecido el desequilibrio que originó la compensación-, tanto en jurisprudencia como en la doctrina. Entendemos, con ello, que la constitución de una nueva comunidad de vida por parte del acreedor, no significa de manera alguna una garantía de mantenimiento del nivel de anterior de vida.

De este modo, si la mejora de fortuna que representaría el nuevo matrimonio o la convivencia marital fuese el motivo por el que el legislador decidió establecer estas dos causas, no procedería la extinción en el supuesto en que el nuevo cónyuge o el conviviente *more uxorio* fueran personas sin posibilidades para ayudar económicamente a su pareja; y que, habría que averiguar, caso por caso, si la situación creada con el matrimonio o la unión de hecho supone la desaparición del desequilibrio, puesto que el

---

[817] BARCELÓ DOMÉNECH, Javier. Ob. Cit. Págs. 231.

[818] Ibíd. Pág. 237. No obstante asevera que no es acertado señalar, como se ha venido haciendo, que el fundamento de la extinción de la pensión por contraer nuevo matrimonio el acreedor se encuentra en el nacimiento de un deber de socorro a cargo del nuevo cónyuge, que viene a reequilibrar el status económico de quien percibe la pensión compensatoria". Ob. Cit. P. 233. Parece inclinarse por esta posición CASTÁN TOBEÑAS señalando que de una interpretación finalista dicha causal pretende "re-equilibrar su estatus económico social". Cabe señalar en ese sentido, que el término reequilibrar resulta ambiguo puesto que no nos queda claro si el término está referido a un reequilibrio como la devolución de un equilibrio perdido, o como dotar de un nuevo equilibrio, posición por la que nos inclinamos. CASTÁN TOBEÑAS, José. *Derecho civil español común y foral.* Tomo V. Derecho de Familia. Undécima edición. GARCÍA CANTERO, Gabriel y CASTÁN VASQUEZ, José Mª (Rev.). Reus, Madrid, 1987. Pág. 1029. Por otro lado, se señala de igual manera que una posible causa de la ex profesa distinción legal de dicha causal está basada en la previsión de conductas fraudulentas y oportunistas por parte del acreedor que ostente de una nueva comunidad de vida y no obstante ello mantenga cierta posición a costa de su ex consorte.

Código no permite este tipo de distinciones, porque autoriza a extinguir sin mayores precisiones la compensación, cuando el beneficiario se ha vuelto a casar o vivir maritalmente con otra persona. Ambas situaciones, unión matrimonial y unión de hecho, extinguen la obligación de pagar la pensión y lo hacen al margen de que haya desaparecido o no el desequilibrio económico que motivó la compensación[819].

Compartimos la opinión de BARCELÓ DOMENECH[820], en el sentido de considerar que la norma está pensada, en realidad, para evitar que, en un caso concreto, el beneficiario de la compensación pueda alegar que su situación de desequilibrio no se ha resuelto con el nuevo matrimonio o la constitución de la unión de hecho, ya que, existiendo o no la ayuda económica, es lo cierto que se ha iniciado un nuevo proyecto de vida en común con otra persona, lo cual supone asumir las consecuencias personales y/o económicas que puedan derivarse de tal decisión. Sin embargo, estimamos de igual manera, que existe en tales causales un trasfondo que permite llegar a este efecto. Tras lo dicho, la formulación de estas otras dos causas de extinción en el art. 101.1 CC., invita a pensar en que el legislador maneja justificaciones diferentes a los puros cambios económicos para proceder a la extinción del derecho y por ello hay que replantear cuál puede ser la verdadera *ratio* de la norma[821].

En el orden de ideas expuesto, nos inclinamos por elaborar una hipótesis que intente explicar el motivo de la inclusión de las causales referidas a un nuevo matrimonio o la existencia de vida marital. Con ello, llegaremos a dos conclusiones aparentemente contradictorias, ya que por un lado resultará que dichas causales son distintas a la primera, pero al mismo tiempo, significan lo mismo.

Todo ésto tiene una estrecha relación con la autonomía privada y la eficiencia en sus decisiones. En base a ello, considerando que todas las decisiones de un sujeto, son tomadas en consideración a un análisis coste-beneficio personal y subjetivo, es presumible que puede nadie empeore su situación. Dicho en otras palabras, si tomamos

---

[819] BARCELÓ DOMÉNECH, Javier. Ob. Cit. Págs. 236-237.

[820] Ibíd. Pág. 244.

[821] Ibíd. Págs. 235-236.

una decisión es porque con ella vamos a mejorar nuestra posición en base a una atribución subjetiva de determinados valores (teoría subjetiva del valor).

En tal sentido, hemos de considerar que el acreedor de la pensión compensatoria en tanto ostente tal calidad, mantiene una situación de equilibrio respecto a su ex pareja -por lo menos en teoría, puesto que la compensación por desequilibrio persigue el reequilibrio y la equiparación de situaciones-, y dicha situación evidentemente involucra una situación posterior a una separación o divorcio, es decir, por decirlo de alguna manera, de soltería.

Así, si el acreedor de una pensión compensatoria decide contraer nuevas nupcias o vivir maritalmente con otra persona, ello supone que prefiere, o lo que es lo mismo, mejora su situación si pasa de la situación de equilibrio en la que lo coloca la percepción de la compensación a una nueva situación. Y con ello es presumible, que si inicia una nueva comunidad de vida, no sólo ha superado el desequilibrio de la anterior relación, sino incluso el nuevo equilibrio que buscaba establecer la compensación por desequilibrio, de la que era acreedor.

Con esto podemos entender nuestra referencia a que las tres causales de extinción del primer párrafo son distintas pero significan lo mismo. Mediante una, se extingue el derecho por el cese de los motivos o circunstancias que originaron y determinaron el desequilibrio, y por las dos siguientes se extingue, por la presunción de que el acreedor ha pasado a una situación mejor de la que estaba gozando de la compensación por desequilibrio.

No obstante ello, puede quedar en alguien la duda acerca de si la situación de una persona mejora o no en sentido estricto, en la medida que la nueva comunidad de vida se constituya con una persona que complemente un nuevo nivel de vida inferior al anterior. Sobre esto debemos decir, que resulta absolutamente irrelevante si el nuevo nivel es superior o inferior al anterior, puesto que sus calificaciones son de tipo subjetivo.

Consideremos en principio, que el hecho que la ley instituya una figura mediante la cual, el miembro de una pareja que sufra un desequilibrio y empeore su situación respecto al otro, se debe a la importancia que supone la existencia y un «proyecto de vida en común» mediante una comunidad de vida. Luego, si dicha consideración sobre el proyecto de vida justifica la constitución de la compensación, es consecuente que una nueva comunidad de vida extinga la anterior.

El legislador, asumimos, es consciente de estos hechos, y considerando que «cada equilibrio obedece a una comunidad de vida determinada», «con las nuevas nupcias o vida marital, el acreedor de la compensación por desequilibrio no está haciendo otra cosa que cambiar un equilibrio por otro». Así, y tomando en cuenta a nivel subjetivo, que nadie puede empeorar su situación, establece una *presunción* mediante la cual, el nuevo matrimonio y la convivencia marital con otra persona extinguen el derecho a la compensación, con absoluta prescindencia de consideraciones acerca de si la nueva situación resulta objetivamente mejor o peor, ya que el actor libremente ha decidido cambiar su equilibrio, esto es, su situación en un determinado *statu quo*.

Este razonamiento se puede deducir de la Sentencia Audiencia Provincial Álava 7 junio 2000 (AC 2000/4023) al señalar ésta que «*lo único que ha de tenerse en cuenta a efectos de la desaparición o no de la pensión es que el sujeto perceptor de la misma continúe o no sufriendo con posterioridad a producirse la ruptura matrimonial las consecuencias del desequilibrio generado a su vez por dicha ruptura, presumiendo el legislador al redactar el artículo 101 CC., que el desequilibrio desaparecería no solo por contraer el perceptor de la pensión nuevo matrimonio, sino también, ante situaciones análogas de convivencia marital con otra persona*».

En ese orden de ideas, podemos concluir, que a nuestro juicio las causales referidas a contraer nuevo matrimonio o vivir maritalmente con otra persona, operan como una presunción, no tanto de desaparición del desequilibrio, como de renuncia del anterior equilibrio. Así, la ley no hace otra cosa que establecer un mecanismo mediante el cual, en caso de contraer nuevas nupcias o vivir maritalmente con otra persona, el acreedor renuncia tácitamente al derecho de pensión contemplado por el artículo 97° CC., puesto que estima o presupone que en dicho cambio está mejorando su situación.

Dicho ésto, podemos establecer que a nuestro juicio, en lo que respecta a las causales concernientes a las nuevas nupcias o vida marital con otra persona, estamos ante un caso de renuncia tácita de la compensación por desequilibrio en virtud a una presunción legal.

Con esta presunción, además, se eliminan los riesgos provenientes de eventuales conductas fraudulentas, o la alegación por parte del beneficiario de que su situación de desequilibrio no se ha resuelto con el nuevo matrimonio o vital marital, ya que, el nuevo matrimonio y la vida marital presupondrán que ha decido cambiar su equilibrio por uno nuevo, para lo cual la ley advierte que dicho cambio involucra una renuncia tácita, y la consecuente pérdida del derecho del que viene gozando.

En conclusión, y conforme a lo señalado; respecto a las causales de extinción antes mencionadas, podemos concluir que «el cese de la causa que lo motivó» está fundado en un criterio subjetivo, y las otras dos («contraer nuevo matrimonio» y/o «vivir maritalmente con otra persona»), obedecen a un criterio objetivo basado a su vez en una presunción de naturaleza subjetiva. Dicha objetividad en el criterio, está determinada por la tipificación de la conducta de contraer nuevo matrimonio o vivir maritalmente con otra persona como causas de extinción, sin embargo obedecen a un criterio absolutamente subjetivo.

Finalmente, debemos agregar que se han señalado como causales adicionales de extinción tales como la insuficiencia del caudal hereditario o la lesión de la legítima luego de la muerte del deudor[822], la muerte del acreedor de la pensión, la renuncia, la

[822] Hay autores como MARÍN GARCÍA DE LEONARDO que opinan que el derecho debería extinguirse por el solo hecho de la muerte del deudor. MARÍN GARCÍA DE LEONARDO, Teresa. *Temporalidad de la pensión compensatoria en la Ley 15/2005, de 8 de julio*. En: Comentarios a las Reformas de Derecho de familia de 2005. VERDA Y BEAMONTE, De, José Ramón (Coordinador). Thomson Aranzadi, Navarra, 2006. Pág. 229. La misma autora opina que se echa en falta la posibilidad de extinguir el derecho cuando el beneficiario hubiera cometido alguna falta contra el deudor de las que dan lugar a desheredación. Ob. Cit. Pág. 229.

prescripción, el cumplimiento de una condición resolutoria y el cumplimiento de un término extintivo.

VII. Las Características de la Compensación por Desequilibrio

Son innumerables las características que sobre la compensación por desequilibrio se pueden sacar a relucir. Cualidades como las de constituir un derecho *personalísimo*, *relativo*, *circunstancial*, *condicional*, *de justicia rogada*, *disponible*, son entre otras, las que tanto doctrina como jurisprudencia[823] citan en abundancia.

Sin embargo, y sin dejar de atender a que existe una vasta lista de caracteres dignos de mención; hemos querido desarrollar o distinguir dichas características, en función de la naturaleza, objeto, finalidad y fundamento de la compensación por desequilibrio.

En éste cometido, hemos estimado conveniente establecer, dos tipos de cada una de dichas características; esto en función a un criterio de inmediatez de consecución de resultados, digamos que una característica inicial sigue a una final, o superior, y en ese sentido, las sub-clasificamos, en directas o indirectas, en base a una distinción si se quiere, de fondo y forma.

Sin perjuicio de ello, hemos de recalcar que tales características serán descritas tanto desde lo que entendemos, es el sentido actual de la norma y la *ratio* de su formulación legislativa; y aquel, que en nuestra opinión, resulta ser el más acorde con nuestro planteamiento. En dicho cometido, no será poco frecuente, que muchas de estas características puedan confluir, hasta un punto tal, de hacerse en ocasiones

[823] La Sentencia Audiencia Provincial núm. 268/2002 Castellón (Sección 1), de 11 septiembre, (AC 2003, 1806) señala al efecto: «...*se trata pues, de un derecho relativo y circunstancial (...), y también de un derecho condicional, puesto que una modificación de las circunstancias concretas en que la pensión fue concedida –de modo análogo a la cláusula rebus sic stantibus- puede determinar su modificación o supresión*».

indistinguibles. Procuraremos sin embargo, delimitar convenientemente todos los matices en cada caso, y ofrecer un esquema adecuado.

Pues bien, realizadas estas advertencias; podemos describir las características de la compensación por desequilibrio, a efectos didácticos, mediante el siguiente cuadro:

	DIRECTO (as)	INDIRECTO (as)
NATURALEZA	Compensatoria (restitutiva)	Distributiva (adjudicativa)
OBJETO*	Desequilibrio (en base a la legítimas expectativas y costes de oportunidad)	Situación -personal y temporal- después de la separación o divorcio
FINALIDAD	Restablecimiento de Equilibrio (obligacional)	Igualdad –"equivalencia"- (a través de la redistribución y la adjudicación) Posicionamiento social
FUNDAMENTO	Enriquecimiento Injusto (empobrecimiento ilegítimo)	Equidad

Formulado este esquema, intentaremos desarrollar cada una de las características en profundidad, lo que nos permitirá a la postre expresar el planteamiento general con el que contamos respecto a la compensación por desequilibrio.

i. Naturaleza

Determinar la naturaleza de la compensación por desequilibrio es una tarea harto complicada, no sólo por tratarse de una institución con características calificadas en ocasiones de *sui generis*[824], sino por la amplia gama de concepciones y referencias que ha brindado tanto la doctrina como la jurisprudencia desde las posturas que la

[824] Es de esta opinión MARÍN GARCÍA DE LEONARDO, quien señala que el que la regulación de la pensión contenga, como es sabido, elementos que no corresponden con la naturaleza atribuida obedece a que se trata de una figura con carácter sui generis, cuya falta de rigor normativo acorde con la naturaleza atribuida provoca la necesidad de acudir a la aplicación de criterios de equidad fundamentales para encontrar una solución justa para ambas partes. MARÍN GARCÍA DE LEONARDO, Teresa. *Temporalidad de la pensión compensatoria en la Ley 15/2005, de 8 de julio.* En: Comentarios a las Reformas de Derecho de familia de 2005. VERDA Y BEAMONTE, De, José Ramón (Coordinador). Thomson Aranzadi, Navarra, 2006. Pág. 228.

emparentan con naturalezas compuestas de elementos de diversa índole, tales como compensatorios y alimenticios[825], asistenciales[826] e incluso indemnizatorios[827].

En la línea de la naturaleza *indemnizatoria*[828], se manifiesta GARCÍA CANTERO[829], quien sostiene que se trata de un supuesto de responsabilidad objetiva, o si se quiere, por riesgo[830]. Ahora bien, no obstante algún criterio doctrinal que se inclina por la responsabilidad objetiva[831]; como bien pone de manifiesto MARTÍNEZ

---

[825] Partidario de esta postura se muestra LACRUZ BERDEJO al sostener que la pensión regulada en el artículo 97 asume una naturaleza alimenticia y compensatoria al mismo tiempo. No obstante, explica en ese sentido, que resulta necesario señalar que esta doble funcionalidad de la pensión, que puede ser deslindada con nitidez en un plano teórico, en la realidad se manifiesta o presenta muy desdibujada como consecuencia, de un lado, de que las circunstancias a tener en cuenta, en uno y otro caso, no son más que aspectos de toda una realidad más compleja, como la vida matrimonial y la posterior crisis conyugal; y de otro lado, de la necesidad de canalizar estas circunstancias o, mejor, sus consecuencias económicas, a través de un único cauce –la pensión- como eventual efecto de la separación o el divorcio. LACRUZ BERDEJO, José Luis. *Matrimonio y Divorcio.* Comentarios al Título IV del Libro Primero del Código Civil. Editorial Civitas, Madrid 1994. Página 1179. Queda entendido en nuestra opinión que la consideración acerca de un carácter alimenticio, se da en función a la circunstancia establecida por las necesidades de uno y otro cónyuge. En efecto, el propio LACRUZ sostiene que la función alimenticia se justifica en la tendencia a la satisfacción a las necesidades del cónyuge acreedor apreciadas con la relatividad propia del supuesto de hecho genéricamente contemplado en el artículo 97. LACRUZ BERDEJO, José Luis. Ob. Cit. Pág. 1179. Con todo, y sin perjuicio de lo antes señalado MARTÍNEZ RODRIGUEZ, establece de manera clara la amplia distinción que existe entre dichas instituciones, más aún en casos de separación donde ambas pensiones pueden confluir. MARTÍNEZ RODRIGUEZ, Nieves. *Separación matrimonial, obligación de alimentos y pensión compensatoria.* En Diario La Ley, 2001, Ref.° D-245, Tomo 7.

[826] En esta postura se muestra LALANA DEL CASTILLO, al considerar una naturaleza compensatoria y asistencial. LALANA DEL CASTILLO, Carlos. La pensión por desequilibrio en caso de separación o divorcio. José Mª. Bosch Editor. Barcelona, 1993. Pág. 32-33.

[827] MARÍN GARCÍA DE LEONARDO (Ob. Cit.) señala que los presupuestos fácticos que justifican el nacimiento del derecho permiten afirmar que la naturaleza de la pensión compensatoria no es alimenticia sino que constituye un supuesto de resarcimiento del perjuicio objetivo. Pág. 218.

[828] En el plano jurisprudencial, en ciertas sentencias se puede deducir que se entiende indemnizatoria en función de la finalidad que le imputan, tal es el caso de la Sentencia Audiencia Provincial Barcelona (Sección 12), de 30 noviembre, (AC 1998, 2144), en virtud de la cual se señala: «*...respecto a la pensión compensatoria, su finalidad es la de indemnizar el perjuicio resultante por el descenso del nivel de vida tras la separación...*».

[829] Bajo este planteamiento, advierte que quien solicita el divorcio ha de contar con la posibilidad de tener que asegurar al otro cónyuge un status económico-social similar al que disfrutaba constante matrimonio. GARCÍA CANTERO, Gabriel. En: *Comentarios al Código civil y compilaciones forales.* Dir. ALBALADEJO, Manuel. Tomo II. Madrid, 1982. Pág. 438. No está de más decir, que a la fecha, y considerando las modificaciones en materia de separación, la referencia a "quien solicita el divorcio" puede adherirse a "quien ostenta una mejor posición en el caso de un eventual desequilibrio".

[830] Opinión que como expondremos en lo sucesivo, no compartimos del todo, en función de la referencia a un criterio indemnizatorio.

RODRIGUEZ[832], tal naturaleza no implica considerar la compensación como una pura obligación de indemnizar y así, aunque se entienda que, de alguna manera, se trate de indemnizar o resarcir al cónyuge acreedor por el perjuicio sufrido por la ruptura, ello no debe hacer pensar que se trata de una indemnización en el sentido estricto del término. Por el contrario; sostiene la autora, compartiendo opinión con ROCA TRÍAS, que este carácter indemnizatorio hay que entenderlo únicamente en el sentido moderno de desequilibrio económico, y no en el sentido tradicional de conectar la ausencia de culpa del acreedor con el derecho a pensión.

Asimismo, y sin perjuicio de lo anteriormente señalado, MARTINEZ RODRIGUEZ[833] concluye, en atención al criterio jurisprudencial expuesto por la Audiencia Provincial de Córdoba de 13 de enero de 1999 *(AC* 1999/365); que entendiendo que la naturaleza compensatoria o indemnizatoria no son caracteres excluyentes o antagónicos, sino complementarios; -ya que para la viabilidad de la compensación es preciso, en primer lugar, una descompensación entre los cónyuges a causa de la separación o el divorcio y, en segundo lugar; que el cónyuge en peor situación tenga derecho al resarcimiento por el juego de las circunstancias que enumera el precepto; y que a pesar de que doctrinalmente hay quien defiende la naturaleza la compensatoria de la pensión y quien aboga por la indemnizatoria-, en realidad, «la naturaleza jurídica es híbrida, no participa exclusivamente de un carácter concreto [...] la naturaleza será *indemnizatoria* para *compensar* al cónyuge al que la separación o el divorcio produzca un perjuicio...».

---

[831] Es de esta opinión, GARCÍA CANTERO opina que constituye un supuesto de responsabilidad sin culpa. CASTÁN TOBEÑAS, José. *Derecho civil español común y foral.* Tomo V. Derecho de Familia. Undécima edición. GARCÍA CANTERO, Gabriel y CASTÁN VASQUEZ, José Mª (Rev.). Reus, Madrid, 1987. Pág. 1026. No obstante reconoce que "no le falta cierto carácter indemnizatorio, pero limitado o tasado". Pág. 1028. DE LA CÁMARA por su parte, opina que a su juicio nada tiene que ver la indemnización del artículo 97 con las derivadas de la responsabilidad objetiva o responsabilidad sin culpa, ya que esta teoría no explica de manera satisfactoria, ni la naturaleza ni el fundamento de la pensión compensatoria, la que en principio esta dirigida a reparar el desequilibrio económico, y solo puede fundarse en la equidad. DE LA CÁMARA ÁLVAREZ, Manuel. *En torno a la llamada pensión compensatoria del artículo 97 del Código Civil.* En: Estudios jurídicos en homenaje a Tirso Carretero. Madrid, 1985.

[832] MARTÍNEZ RODRIGUEZ, Nieves. *Separación matrimonial, obligación de alimentos y pensión compensatoria.* En Diario La Ley, 2001, Ref. ° D-245, Tomo 7. Partidaria de esta línea se muestra ROCA TRÍAS.

[833] MARTÍNEZ RODRIGUEZ, Nieves. *Separación matrimonial, obligación de alimentos y pensión compensatoria.* En Diario La Ley, 2001, Ref. ° D-245, Tomo 7.

Con todo y ello, y al margen de la lucidez de este planteamiento, no dejan de haber a nuestro juicio, ciertos matices dignos de mención. La concepción antes descrita, por medio de la cual se busca la confluencia de naturalezas compensatorias e indemnizatorias, posiblemente esté vinculada a lo que para CABEZUELA ARENAS[834] significa un atenuante en el rigor de las tesis compensatorias.

Según dicha autora, la tesis compensatoria en esencia, parte de la negación del carácter estrictamente alimenticio de la pensión y la potenciación del papel que ésta desempeña en orden al mantenimiento de un nivel de vida o status que anteriormente se disfrutaba en el matrimonio[835]. Dentro de este razonamiento, -colegimos-, la denominación de la pensión compensatoria se encuentra vinculada no a su naturaleza sino específicamente a su función[836]. Así, sostiene que las tesis compensatorias, en la medida que suponen la perpetuación de un status[837] pueden suponer conductas oportunistas[838], así para paliar este efecto –nos dice- surge una propuesta con la S.A.P. Córdoba 25 marzo 1999 (AC 1999, 597) que aúna componentes indemnizatorios y compensatorios[839]. Según ello, y en esta línea de razonamiento, se señala que no se trata de compensar sin más, ante la presencia de un desequilibrio sino de indemnizar cuando, del análisis de las circunstancias del art. 97° CC se extraiga que aquél representa un perjuicio a raíz de la crisis[840]. Refiere asimismo de dicha sentencia, que la pensión puede ser eliminada si del examen del caso en concreto se observa que no obstante

---

[834] CABEZUELA ARENAS, Ana Laura. *La limitación temporal de la Pensión Compensatoria en el Código Civil. Estudio Jurisprudencial y Doctrinal*. Editorial Aranzadi, Navarra, 2002. Pág. 108.

[835] Ibíd. Págs. 106-107.

[836] Ibíd. Pág. 107.

[837] Sin perjuicio, de una eventual temporalización.

[838] No obstante, reconoce citando a MARÍN que dicha perpetuidad obedecía a una coyuntura y situación social existente en 1981, y por tal motivo, la tesis compensatoria que describe era una medida en muchos casos justificada. No está de más decir, que dicho planteamiento contemplaba a una pensión compensatoria para la que los criterios de temporalidad empezaban a tomar fuerza y así la tesis compensatoria podía ser interpretada como radical.

[839] CABEZUELA ARENAS, Ana Laura. Ob. Cit. Pág. 108.

[840] Ibíd. Pág. 108.

existe desequilibrio económico, el cónyuge desequilibrado no ha sufrido ningún perjuicio[841].

Con ésto, otro de los aspectos que se nos hace necesario resaltar, es el concerniente al perjuicio como presunto presupuesto de otorgamiento del derecho. Para manifestarnos al respecto, hemos de partir de la idea de que no consideramos ni el desequilibrio respecto al otro cónyuge, ni el empeoramiento de situación anterior en el matrimonio como un *daño* o un *perjuicio*, tal y como son entendidos de forma clásica, sino como una «eventualidad».

A nuestro modo de ver, una indemnización (dejar indemne) está referida al remedio o resarcimiento por un daño, en tanto, y por su parte, la compensación a que se refiere el artículo 97° CC, se cimienta sobre una *eventualidad* acaecida como consecuencia de una determinada distribución de los recursos; en la que mediante determinadas conductas legítimas y no antijurídicas se propició un derecho de crédito. Es decir, la compensación por desequilibrio se basa a nuestro juicio, más en un criterio *retributivo* que reparador o indemnizatorio. Sostener lo contrario, significaría aceptar que la separación o divorcio puede ser un hecho susceptible de ocasionar un daño[842], y ello, a la vista de la actual condición y configuración de la institución matrimonial y convivencial en el ordenamiento, supone un grave atentado a la dignidad personal. Dicho de otra manera, la separación o el divorcio no pueden ser entendidos, a nuestro juicio, como el escenario de la causación de un daño, materializado por un desequilibrio y un consecuente empeoramiento de una situación, sino por el contrario, un estadio en el cual en virtud del ejercicio de la libertad individual, se clausura o se da inicio a una etapa determinada.

Es así, que si estimamos que la disposición libremente consensuada de unas determinadas circunstancias, establecieron un equilibrio en el seno de una comunidad de

---

[841] Ibíd. Pág. 108.

[842] Es conveniente en este sentido, considerar lo que en opinión de LLAMAS POMBO, significa que en los casos de separación y divorcio, en ningún caso puede hablarse de «cónyuge culpable», ni es dable reclamar indemnización ni reparación alguna a consecuencia de dicha ruptura. LLAMAS POMBO, Eugenio. *Los efectos de las crisis matrimoniales a revisión*. En: V.V.A.A. LLAMAS POMBO, Eugenio. (Coord.) *Nuevos conflictos del Derecho de familia*. La Ley. Madrid, 2009. Pág. 260.

vida, dicho manejo de los recursos no puede ser considerado tras el cese de la comunidad de vida un perjuicio. El daño en todo caso, podría configurarse ante la negativa de resarcimiento, más no *ab initio*.

De hecho, a nuestro entender, ésta es la razón en la que se funda la diferencia entre la compensación habida en una comunidad de vida, y la indemnización que propugna el artículo 98° CC ante una situación de nulidad[843]. Consideramos así, que el concepto de nulidad desbarata todo tipo de consideración acerca de la legitimidad en las aportaciones previas, y por ello, las hace indemnizables. Con ello, y con nuestras excusas por prescindir de un planteamiento más profundo, entendemos que a la sazón del artículo 97° CC no es equiparable el daño o el perjuicio, con el desequilibrio o el empeoramiento de una situación[844]. Lo injusto en este caso, desde nuestro punto de vista, no está en empeorar, sino en la eventual falta de reconocimiento de las aportaciones y expectativas que significan la causa de dicho empeoramiento. Sospechamos además, que el prescindir de un criterio de culpabilidad, se debe, en gran medida, justamente a vocación de restituir y no de indemnizar de la compensación. Por lo dicho, creemos, se confirma un *carácter restitutivo* en la compensación por desequilibrio.

Consecuentemente, considerando la relatividad de las circunstancias que rodearon la interacción patrimonial de los sujetos, y por ende las eventuales expectativas existentes; así como que los valores de éstas, son de muy ardua cuantificación, resulta muy difícil, e incluso inapropiado, «solo restituir» en el sentido

---

[843] Esta misma distinción es puesta de manifiesto por LLAMAS POMBO, en tanto refiere que en función de la «buena fe» en el caso del artículo 98° CC, sí puede hablarse de indemnización en el sentido estricto de la expresión. LLAMAS POMBO, Eugenio. Ob. Cit. Pág. 260.

[844] Sobre todo si consideramos, la autonomía de la voluntad, la disponibilidad sobre el derecho a la pensión compensatoria y el hecho de que pudieron existir durante la vigencia de la comunidad de vida, recompensas para quien tras la separación o divorcio sufre un desequilibrio y empeora su situación. En efecto CABEZUELA ARENAS, haciendo referencia al trabajo de un cónyuge mediante su permanencia en el hogar, sostiene que es posible que pueda haber aceptado otro tipo de recompensas o contrapartidas, disfrutando acaso un nivel de vida elevado proporcionado por los ingresos del otro esposo. CABEZUELA ARENAS, Ana Laura. Ob. Cit. Pág. 93-94. Así, podemos entender que en una situación general de comunidad de vida, pudieron existir recompensas equiparables que no serán determinadas sino hasta que se inste un proceso en el que se reclame la pensión, y no puede deducirse a priori la existencia de un daño. Digamos, que existe una suerte de «presunción de inocencia» del cónyuge que resulta mejor ubicado, y no suena justo imputar su status post crisis a la causación de un daño.

estricto de la palabra, motivo por el cual se opta por compensar. Éste es el sentido sospechamos, de la necesidad de compensar en la medida que el patrimonio de uno de los cónyuges haya trascendido en la fijación del nivel de vida. Encontramos pues, y en consecuencia aquí un espíritu de restitución.

Con todo lo dicho; tomando en consideración que una comunidad de vida involucra una sociedad de producción y de consumo, en la cual se realizan ciertas aportaciones e inversiones, a efectos de incrementar las utilidades familiares; las crisis matrimoniales, suponen un *riesgo* de que tales aportaciones e inversiones (interacción patrimonial proveniente de compromisos tácitos), sean o bien no reconocidas, o no restituidas. Más aún, incluso siendo reconocidas y restituidas, no deja de existir un riesgo adicional, consistente en que tales aportaciones o inversiones cuenten con un valor (subjetivo) distinto al atribuido para éstas en el momento preciso de su aportación. En este caso, la compensación por desequilibrio no sólo ha de restituir, sino además, adecuar o modular[845] el valor de los recursos comprometidos. Es importante considerar, que las expectativas, en ausencia de las causas que generaron su aparición, conllevan por lo común, a que estas modifiquen su valor respecto al sujeto.

Este hecho, o específicamente, esta versatilidad funcional de la compensación por desequilibrio; requiere de un concepto o instrumento que permita, de la mejor forma posible, una conveniente aproximación al nuevo valor. Ello, conjuntamente con el hecho de que las aportaciones o inversiones pueden haber estado basadas en el acogimiento por parte de uno de los cónyuges, a una determinada actividad o conducta que suponga ciertas renuncias con respecto a la inversión en el propio capital humano, y su especialización en el mercado laboral, y así (y en la medida que las renuncias no son cuantificables, entre otras cosas porque se trata de probabilidades), se apela a la consideración de ciertos costes de oportunidad, que resultan relevantes porque la asignación de tiempo en una determinada dirección, resulta ser menos rentable que la que ostenta el cónyuge que asignó su tiempo por otro cauce[846].

---

[845] Hay quienes podrían hablar de actualización.

[846] Así, la sanción de un desequilibrio y empeoramiento de situación anterior que experimenta un cónyuge a raíz de la separación o divorcio constituye en principio, como un atenuante legal a los riesgos ínsitos en el matrimonio, un reconocimiento a los aportes "sombra" de una de las partes, y su retribución mediante la presunción de que las aportaciones de la pareja al equilibrio ostentado en la comunidad de vida fueron

Así pues, según ANGOSTO[847], la compensación por desequilibrio tiene una naturaleza indemnizatoria del coste de oportunidad. No obstante discrepamos con él en función a la naturaleza indemnizatoria, en virtud de los argumentos descritos, coincidimos en parte con su criterio. En la misma línea se manifiesta ROCA TRÍAS[848], quien sostiene que la pensión por desequilibrio constituye una indemnización por la pérdida de los costes de oportunidad alcanzados por un cónyuge durante el matrimonio, que se extinguen como consecuencia del divorcio: mientras era eficaz, el matrimonio enmascaraba esta pérdida a través del deber de socorro; desaparecido el matrimonio, la pérdida se manifiesta con toda su crudeza y por ello debe existir la compensación.

Expuestas las formulaciones que preceden, creemos conveniente realizar ciertas precisiones al respecto. En consideración a lo expuesto en líneas precedentes, respecto a inexistencia de un daño, así como el enfoque del desequilibrio y el empeoramiento como una eventualidad propia del matrimonio, nos inclinamos por rechazar el planteamiento indemnizatorio, además, en virtud de que tomando en cuenta que la asunción de un coste de oportunidad parte de una decisión libre y personal, dichos costes de oportunidad pueden ser compensados, pero en ningún caso, indemnizados, puesto que sostener lo contrario, supondría llegar a la incongruencia consistente en la indemnización de un daño por hecho propio.

Por otro lado nos gustaría incidir, en lo que podría prestarse a confusiones de índole retórica con referencia a la pérdida/asunción de los costes de oportunidad. Al respecto, debemos indicar que la compensación radica en la «asunción de costes de oportunidad», que dicho en otras palabras, significa «la pérdida o sacrificio de determinadas expectativas». Con ello queremos dejar en claro la concepción de la asunción de un coste en base a la pérdida de un recurso alternativo, caracterizado en este caso, por una expectativa. En conclusión, hemos de matizar que hacer referencia a la

---

equitativos. Más aún, podríamos aplicar en ese sentido, lo que según BECKER, significa que en un mercado competitivo el equilibrio a largo plazo exige que el valor actualizado de los rendimientos sea idéntico al de los costes. BECKER, Gary S. *El Capital Humano*. Alianza Editorial. Madrid, 1983.Pág. 40.

[847] ANGOSTO SÁEZ, José F. *La concesión con carácter temporal de la pensión por desequilibrio del art. 97 C.c.* En: Homenaje al Profesor Bernardo Moreno Quesada. Volumen I. Almería, 2000. Pág. 314.

[848] ROCA TRÍAS, Encarna. Ob. Cit. Pág. 187.

pérdida de los costes de oportunidad resulta inexacto, por cuanto, la compensación está dirigida a la asunción de un coste, no de su pérdida.

En realidad los costes de oportunidad en este campo, representan una fórmula de cuantificación aproximada de las expectativas que han de compensarse; en tanto se entiende, que una persona realiza ciertas inversiones en función de ciertas expectativas, que de haber sabido que no se cumplirían, habría asignado su tiempo y sus inversiones a la siguiente mejor alternativa.

Hecha la aclaración, no resulta ocioso resaltar que esta inexactitud gramatical[849] puede significar una confusión, si ello es relacionado dentro de la tesis indemnizatoria, con lo que en opinión de ZARRALUQUI significa que el daño objetivo que se trata de resarcir es la pérdida de expectativas de todo tipo que derivan del matrimonio[850]. Dentro de esta línea podría hacerse un paralelo con una indemnización por pérdida de la chance[851].

---

[849] Que entendemos, no resta valor en lo absoluto, al excelente planteamiento de ROCA TRÍAS.

[850] ZARRALUQUI SÁNCHEZ-EZNARRIAGA.

[851] Según refiere TANZI, "Chance es un término cuyo uso ha sido aceptado en nuestro idioma; se lo relaciona con ocasión, oportunidad, probabilidad, expectativa" TANZI, Silvia. *La Reparabilidad de la Pérdida de la Chance.* En: La Responsabilidad. Pág. 329. En cuanto al nivel conceptual dice: "La chance como rubro indemnizable implica la pérdida o frustración de una expectativa o probabilidad". Ob. Cit. Pág. 331. Sin embargo agrega para estos efectos y muy convenientemente que "solo ciertos daños alcanzan entidad suficiente para que constituyan un reclamo jurídico" TANZI p. 329. Las diferencias conceptuales son muchas, las mismas que no se tratarán en este trabajo, sin embargo, se advierte de su existencia, considerando entre otras cosas que en el caso específico de la familia y apelando a la autonomía de los cónyuges no se puede pretender obtener una indemnización por pérdida de la chance haciendo del matrimonio solo un conjunto de expectativas, y aún cuando el requisito de validez de la indemnización por pérdida de la chance estriba en una conducta antijurídica y por obra de un tercero, –"la oportunidad perdida debe ser cierta por causa del hecho de un tercero" nos dice TANZI- Ob. Cit. Pág. 332- Las consecuencias de una crisis matrimonial puede ser fruto de dos conductas y el divorcio o separación absolutamente lícitos. Como nota aparte considérese de manera anecdótica y como mera relación con los conceptos de mercado matrimonial antes referidos, la siguiente cita de Silvia TANZI: "Un sector de la doctrina considera daño patrimonial susceptible de reparación a todos los casos en que una mujer joven soltera padece lesiones desfigurantes en su rostro o deformantes en su cuerpo a causa de un hecho ilícito, o sufre ofensas morales que disminuyen su "chance" matrimonial. ORGAZ afirma, con ajustado criterio, que la pérdida de un "chance" constituye daño patrimonial solo cuando su objeto se vincula en forma directa o indirecta con el patrimonio. –el matrimonio y en particular la compensación por desequilibrio involucran, claro que sí, patrimonio-. La institución del matrimonio se realiza sobre bases espirituales y morales; la pérdida de la "chance" matrimonial no puede ser traducida como daño patrimonial sino como daño moral. En los tiempos actuales la distinción de sexo carece de justificación según lo reconoce el concepto de daño moral ya afianzado en nuestra doctrina y jurisprudencia. En ese sentido, las afecciones legítimas lesionadas comprenden a la persona humana sin distinción de su condición de varón o mujer porque unos y otras están expuestos al sufrimiento como consecuencia de su idéntica vulnerabilidad" TANZI, Ob. Cit. Pág. 333. Considérese esta nota a nivel de autonomía, el

La pérdida de la chance, en ese sentido, y en opinión de OSTERLING PARODI y REBAZA GONZÁLEZ, podría ser calificada como un daño emergente actual o presente; siendo daño emergente en la medida que se ha privado al sujeto agraviado de una expectativa que ya se había incorporado a su patrimonio[852] y con ello, su indemnización busca reparar la pérdida de oportunidad que tuvo el agente dañoso de mantenerse en una situación que seguramente le hubiese otorgado la posibilidad de obtener beneficios[853]. La diferencia, en todo caso, al margen de la inaplicabilidad del concepto de daño estriba en que un costo de oportunidad involucra una decisión libre por parte de quien asume dicho costo, la pérdida de la chance, por el contrario, una fractura del devenir de ciertas expectativas por causa de un tercero.

Tras todo lo señalado, finalmente nos queda concluir que en nuestra opinión, la naturaleza primaria o *directa* de la institución en cuestión, es compensatoria, si entendemos ello, como LACRUZ, «en la medida que con la pensión se quiere equilibrar la posición patrimonial de uno de los cónyuges, teniendo en cuenta ciertas actividades por él desempeñadas y por las que no ha recibido contrapartida alguna durante la vigencia del matrimonio, ni subsiguiente compensación llegado el momento de la liquidación del régimen económico-matrimonial»[854].

No obstante, nos resulta necesario agregar que esta naturaleza compensatoria comprende a nuestro juicio dos dimensiones; una *restitutiva* sobre las inversiones, y otra, *compensatoria* sobre las expectativas. El carácter general de naturaleza compensatoria en consecuencia, estaría fundamentado en que la restitución se lleva siempre a cabo (en virtud de la atribución subjetiva de valor) a través de una compensación.

---

matrimonio involucra riesgos, y muchas de sus materializaciones no pueden ser objeto de indemnizaciones.

[852] OSTERLIN PARODI, Felipe; REBAZA GONZÁLEZ. *Indemnizando una probabilidad: Acerca de la llamada pérdida de la chance o pérdida de la oportunidad.* En: Revista Jurídica del Perú N° 39 p. 54

[853] Ibíd. Pág. 63.

[854] LACRUZ BERDEJO, José Luis. *Matrimonio y Divorcio.* Comentarios al Título IV del Libro Primero del Código Civil. Editorial Civitas, Madrid 1994. Pág. 1179. Opinión parecida mantiene LLAMAS POMBO, quien señala que el compensar es la idea que preside el resto de los perfiles de la institución, su cuantía, forma, duración, etc., han de venir siempre inspirados por su naturaleza compensatoria de un desequilibrio económico. LLAMAS POMBO, Eugenio. Ob. Cit. Pág. 261.

En cuanto a la naturaleza *indirecta*, nos inclinamos por considerarla *distributiva*, en tanto, tal y como expondremos en detalle en el próximo capítulo, esta institución está configurada como un instrumento de redistribución de riqueza a pequeña escala. Sin perjuicio de ello, en cuanto a su fin último, podemos reconocer de igual manera, una naturaleza *adjudicativa*.

ii. Objeto

Entendemos el objeto, como aquel punto de incidencia de la institución en cuestión. En tal sentido, en cuanto al objeto de la compensación por desequilibrio, hemos distinguido dos tipologías, consistentes en uno *directo*, determinado por el propio desequilibrio económico en base a las expectativas y los costes de oportunidad, y otro *indirecto*, determinado por la situación -personal y temporal- de uno de los cónyuges después de la separación o divorcio.

En realidad, nos inclinamos a considerar que la distinción entre una y otra dimensión, tiene mucho que ver con la amplitud del grupo social en cuestión. Es decir, la incidencia sobre el desequilibrio económico, lo es sobre las relaciones particulares de los individuos, en cuanto a su calidad de cónyuges y a su pertenencia a un grupo familiar, no obstante, el empeoramiento de situación, apunta más a nuestro juicio, al consecuente posicionamiento de los individuos a nivel social, más allá de las fronteras familiares, en una nueva relación como meros ciudadanos. Entendemos pues, que la intención del legislador de equilibrar las situaciones patrimoniales desde el plano familiar, es una vía para lograr su posicionamiento en un contexto de igualdad de oportunidades a nivel social. Ciertamente, según SCHULTZ, aquellos cambios que provocan pequeñas redistribuciones de los recursos implican que la transición es menos difícil de lograr que cuando los cambios requieren grandes redistribuciones[855].

---

[855] SCHULTZ, Theodore W. *Restablecimiento del equilibrio económico. Los recursos humanos en una economía en proceso de modernización.* Gedisa Editorial, Barcelona, 1992. Pág. 58.

Este hecho puede quedar de manifiesto, si se atiende al sentido que otorga la Sentencia Audiencia Provincial Cádiz (Sección 5), de 27 marzo, (AC 2000, 4915) a la finalidad de la compensación por desequilibrio; «*...la de colocar al cónyuge perjudicado por la ruptura del vínculo matrimonial en situación de potencial igualdad, facilitándole la posibilidad de rehacer la vida y conseguir un status económico autónomo*».

Sin perjuicio de lo antes señalado, entendemos que este objeto directo o indirecto, es aquel sobre el cual se construye la institución de la compensación por desequilibrio. No obstante, hemos de matizar que el *derecho* de compensación por desequilibrio, tiene, por decirlo de alguna manera, y como señalaremos en profundidad más adelante, un objeto distinto: el propio sujeto, y más específicamente, su *capital humano*.

iii. Finalidad

Desde un punto de vista exegético, parece ser que la compensación por desequilibrio persigue distintas finalidades, algunas de las cuales, en opinión de ZARRALUQUI[856] pueden citarse como; el mantenimiento del nivel de vida -o el evitar su descenso-; el impedir un desequilibrio económico; colocar al cónyuge afectado en una situación de potencial igualdad de oportunidades a las que habría tenido acceso de no haber mediado el vinculo matrimonial; dotar al perjudicado de una herramienta para que éste pueda proporcionarse nuevos medios de vida, pueda rehacerla, y conseguir una situación económica autónoma; y final y subsidiariamente atender sus necesidades básicas.

La jurisprudencia en cuanto a este aspecto, nos brinda una nutrida variedad de consideraciones. La Sentencia Audiencia Provincial Cádiz (Sección 5), de 27 marzo, (AC 2000, 4915), antes citada, refiere que la auténtica finalidad de la compensación por

[856] ZARRALUQUI SÁNCHEZ-EZNARRIAGA. *La pensión compensatoria y otras prestaciones económicas derivadas de la separación el divorcio y la nulidad matrimonial.* Cuadernos de Familia. La Ley Julio 2000.

desequilibrio «...*no es otra, [...], que la de colocar al cónyuge perjudicado por la ruptura del vínculo matrimonial en situación de potencial igualdad, facilitándole la posibilidad de rehacer la vida y conseguir un status económico autónomo*». Por su parte, la Sentencia Audiencia Provincial Barcelona (Sección 18), de 14 abril 2000, (AC 2001, 1899) señala: «...*su legítima finalidad no es otra que paliar el desequilibrio económico producido a uno de los cónyuges por la crisis del matrimonio, separación o divorcio, colocándole en una situación de igualdad de oportunidades a la que habría tenido de no haber mediado el vínculo matrimonial*»; o bien, como señala la Sentencia Audiencia Provincial Barcelona (Sección 18), de 19 enero 1999, (AC 1999, 2983), «... *favorecer el menor trauma económico para el cónyuge más perjudicado...*».

Incluso desde la vertiente de la teoría de la naturaleza indemnizatoria tenemos la Sentencia Audiencia Provincial Barcelona (Sección 12), de 30 noviembre, (AC 1998, 2144), la cual manifiesta que «...*respecto a la pensión compensatoria, su finalidad es la de indemnizar el perjuicio resultante por el descenso del nivel de vida tras la separación...*».

La Sentencia Audiencia Provincial Cádiz (Sección 5), de 27 marzo, (AC 2000, 4915), por su parte, refiere que la compensación por desequilibrio «...*responde a una finalidad cual es, como dice la STS de 2 de diciembre de 1987 (RJ 1987, 9174), que cada uno de los cónyuges pueda continuar con el nivel económico que tenía durante el matrimonio, en la medida de lo posible*». La Sentencia Audiencia Provincial núm. 397/2000 Alicante (Sección 7), de 6 noviembre, (AC 2002, 2410), apela a que «...*es una institución cuya finalidad es evitar que las consecuencias negativas desde el punto de vista patrimonial que se derivan normalmente de la quiebra de la vida en común, graviten de forma desproporcionada y desequilibrada sobre uno de los miembros de la pareja, como consecuencia de la diferente situación en que se encuentran a raíz de las diferentes posiciones ostentadas durante el tiempo que duró la vida en común, tanto en el desempeño de trabajos subordinados al bienestar familiar como a la formación de un patrimonio privativo, así como evitar situaciones contrarias a principios de equidad...*».

No obstante ello, y aunque todas aquellas finalidades son con ciertos matices, concurrentes dentro del planteamiento de la compensación por desequilibrio, nos inclinamos por considerar a todas involucradas en el cometido genérico al que se aboca el restablecimiento del equilibrio imperante durante la vigencia de la comunidad de vida. Así, todas aquellas finalidades pueden resumirse en lo que para MARÍN GARCÍA DE LEONARDO significa una finalidad orientada a evitar consecuencias injustas e inoculadoras[857].

A nuestro juicio, y en atención a esta doble perspectiva de la finalidad; la *directa* está determinada por el restablecimiento del equilibrio que se ostentase durante la vigencia del período de normalidad de la comunidad de vida mediante la compensación o si se quiere, retribución de las expectativas legítimas y costes de oportunidad. Este criterio general ha sido expuesto por cierta jurisprudencia del Tribunal Supremo en sus Sentencias 43/2005 y 307/2005, las cuales, hacen referencia a una finalidad reequilibradora de la compensación por desequilibrio.

Esta opinión es compartida por autores como SEOANE PRADO[858], quien señala que la finalidad de la compensación por desequilibrio no es otra que restablecer el equilibrio roto. Asimismo, BAYO DELGADO[859], sostiene que la compensación por desequilibrio ostenta una finalidad reequilibradora. Igualmente, ANGOSTO SÁEZ[860]

[857] MARÍN GARCÍA DE LEONARDO, Teresa. *Temporalidad de la pensión compensatoria en la Ley 15/2005, de 8 de julio.* En: Comentarios a las Reformas de Derecho de familia de 2005. VERDA Y BEAMONTE, De, José Ramón (Coordinador). Thomson Aranzadi, Navarra, 2006. Pág. 217. Otros autores como GARCÍA CANTERO estiman que la finalidad fundamental de la pensión es la compensatoria CASTÁN TOBEÑAS, José. *Derecho civil español común y foral.* Tomo V. Derecho de Familia. Undécima edición. GARCÍA CANTERO, Gabriel y CASTÁN VASQUEZ, José Mª (Rev.). Reus, Madrid, 1987. Pág. 1028; según este autor, se trata de una finalidad compensatoria... derivado de la pérdida de toda clase de ventajas vinculadas al matrimonio y que constituían el "tren de vida" del hogar". GARCÍA CANTERO, Gabriel. En: *Comentarios al Código civil y compilaciones forales.* Dir. ALBALADEJO, Manuel. Tomo II. Madrid, 1982. Pág. 436.

[858] SEOANE PRADO, Javier. *Prestaciones económicas: Derecho de alimentos y pensión compensatoria.* En: GONZÁLES POVEDA, Pedro, y GONZÁLES VICENTE, Pilar. (Coordinadores) Tratado de Derecho de familia. Aspectos sustantivos y procesales. Sepín Editorial Jurídica. Madrid, 2005. Pág. 435.

[859] BAYO DELGADO, Joaquín. *Los límites de la pensión compensatoria. En: Temas económicos y patrimoniales importantes en las rupturas matrimoniales.* Asociación española de abogados de familia. Dykinson. Madrid, 1997. Pág. 175.

[860] ANGOSTO SÁEZ, José F. *La concesión con carácter temporal de la pensión por desequilibrio del art. 97 C.c.* En: Homenaje al Profesor Bernardo Moreno Quesada. Volumen I. Almería, 2000. Pág. 134

entiende que la compensación tiene como finalidad fundamental el equilibrar la situación económica del acreedor.

Con estas opiniones, hemos de matizar sin embargo, que consideramos que en cuanto a este restablecimiento de equilibrio, lo es de un *equilibrio obligacional*. En efecto, el artículo 97° del Código civil hace referencia a un desequilibrio económico, sin embargo, aunque el sentido que se le ha venido dando es el que puede asimilarse al de una determinada capacidad adquisitiva, reiteramos que es económico en sentido amplio, es decir, patrimonial. Así, y en la medida que los compromisos y las obligaciones forman parte del patrimonio personal, ha de restablecerse el equilibrio económico entre compromisos y expectativas (legítimos). La lógica de este planteamiento se encuentra en que inexistente ya el vínculo matrimonial o de hecho, y el marco o *contexto* específico que regía la interacción que determinaba el *equilibrio* antecesor, el único estado susceptible de restablecer, es aquel en el cual lo otorgado y lo recibido ostente un equilibrio respecto de los compromisos previos y su cumplimiento.

En otras palabras, no tiene sentido a nuestro juicio, restablecer un equilibrio (anterior) fruto de una interacción específica, cuando dicha interacción –por lo menos patrimonial- nunca más operará. Sin embargo, en virtud de dicha interacción anterior, se generaron resultados que si son susceptibles de modularse o calibrarse en función de su legitimidad respecto a los compromisos y expectativas previos.

Sin perjuicio de ello, estimamos que la finalidad *indirecta* o superior de la compensación por desequilibrio radica en una vocación de igualdad, la misma en términos generales se sustenta en un principio de igual acceso de oportunidades. Ahora bien, no obstante todo lo concerniente a esta ratio legislativa será profundizado en el Capítulo VIII, si hemos de reiterar nuestra apelación al sentido de la igualdad como *equivalencia* o "*igualdad nominativa*" desarrollada con anterioridad[861].

El concepto de *equivalencia* es para nosotros más coherente con la idea de proporcionalidad y justicia, en cuanto a los compromisos y expectativas de los

[861] Para más detalle véase el punto II del Capítulo III de este trabajo.

individuos que el de igualdad en sentido estricto. Ciertamente, ROCA TRÍAS[862] sostiene que una idea dura pero muy clara, es que el divorcio no es un sistema creado para aliviar la necesidad, como tampoco lo es el matrimonio, con lo que cabe pensar que aboga por la autonomía de la voluntad de los contrayentes y las consecuencias que sus decisiones pueden acarrear.

Así pues, puede que el trasfondo de esta vocación de igualdad, se encuentre en la respuesta que encuentra ROCA TRÍAS[863], para la existencia de un derecho como el de la compensación por desequilibrio. Dicha autora se pregunta ¿porqué debe existir una compensación de un cónyuge a favor del otro como consecuencia del divorcio? A lo que añade que existe una tensión evidente entre la autonomía de los divorciados y la de la injusticia de quien ha dedicado su vida a un matrimonio que deja de existir. Así, -continúa- porque el matrimonio se disuelve, a diferencia de la familia, que se mantiene y muy posiblemente esta afirmación sea una de las razones de esta pretendida solidaridad post-conyugal, que no es tal, sino un modo de evitar que el ex cónyuge pase a depender de sistemas públicos de mantenimiento"[864], agrega asimismo que "si se quiere afrontar la solución de este tema con criterios de racionalidad, únicos posibles en el ámbito jurídico, habrá que utilizar criterios económicos para plantear el problema en sus justos términos y para ello es útil considerar que el derecho a la pensión se adquiere a través de lo que se denomina inversiones matrimoniales y es una herramienta para eliminar incentivos financieros distorsionantes y no para librar a uno de los cónyuges de la necesidad".

Pues bien, y en atención a lo anteriormente señalado, consideramos que el restablecimiento del equilibrio obligacional, se produce antes que con un criterio de igualdad, mediante la equivalencia (equilibrio en el valor de las prestaciones). Con dicho restablecimiento, a su vez, la finalidad de la norma puede entenderse como un

[862] ROCA TRÍAS, Encarna. Familia y Cambio Social (De la casa a la persona). Civitas, Madrid 1999. Pág. 187.

[863] Ibíd.

[864] ROCA TRÍAS, Encarna, Ibíd.

ánimo de posicionamiento social determinado de los individuos en virtud de la redistribución y adjudicación de ciertos recursos.

iv. Fundamento

Con referencia al fundamento, la doctrina ha esbozado una serie de ideas acerca de las cuales se puede encontrar el fundamento de la compensación por desequilibrio. Entre ellos, se pueden resaltar algunos tales como que el matrimonio es una institución que proyecta sus efectos más allá de su vigencia; un principio de solidaridad post-conyugal[865], la cesación de la vida en común, la cooperación en la conformación del nivel de vida; la disminución de expectativas de bienestar económico que el matrimonio había creado a otro cónyuge, entre otros[866]. Por lo que a nosotros concierne, debemos establecer que a nuestro juicio, el fundamento de la compensación por desequilibrio se configura como las demás características, a nivel genérico por vía de dos cauces. Así, tenemos un fundamento *directo* o primario configurado por el *enriquecimiento injusto*, o lo que hemos venido a denominar en este trabajo «empobrecimiento ilegítimo», y uno *indirecto* o superior, determinado por la *equidad*.

Dicha equidad a nuestro modo de ver, equivale o se traduce a su vez específicamente, en el fundamento expuesto por la Sentencia Audiencia Provincial núm.

[865] En opinión de MARÍN GARCÍA DE LEONARDO, el sentido de cierta solidaridad post-conyugal es equivocada, más aún en los modelos de matrimonio actuales que escapan a la antigua figura tradicional. MARÍN GARCÍA DE LEONARDO, Teresa. *Temporalidad de la pensión compensatoria en la Ley 15/2005, de 8 de julio.* En: Comentarios a las Reformas de Derecho de familia de 2005. VERDA Y BEAMONTE, De, José Ramón (Coordinador). Thomson Aranzadi, Navarra, 2006. Pág. 215. Sobre el particular nos mostramos de igual manera en contra de una consideración acerca de la solidaridad post-conyugal, ya que, estimamos que más que de un principio de solidaridad post-conyugal, se trata de lo que corresponde a la Ley en su cometido de fuente de información dentro de la esfera del Derecho de Familia.

[866] ZARRALUQUI SÁNCHEZ-EZNARRIAGA, Luis. *La pensión compensatoria y otras prestaciones económicas derivadas de la separación, el divorcio y la nulidad matrimonial.* Cuadernos de Familia. La Ley Julio 2000. De igual manera, y dentro de esta diversidad PÉREZ MARTIN señala que el fundamento de la compensación por desequilibrio es objetivo, y basado en la diferencia del nivel de vida de los cónyuges en relación al status matrimonial, en el que intervienen factores de todo tipo, tales como compensatorios, asistenciales e indemnizatorios. PÉREZ MARTÍN, Antonio Javier. En: V.V.A.A. *Comentarios al Código civil.* DOMÍNGUEZ LUELMO, Andrés. (Dir.) Lex Nova. Valladolid, 2010. Pág. 205.

89/2001 Málaga (Sección 6), de 8 febrero, (AC 2001, 339): «...*teniendo su fundamento en la disminución de expectativas de bienestar económico que la situación matrimonial habrá creado al otro cónyuge y que la separación o divorcio producirá en uno de los cónyuges una minoración de ingresos económicos en el futuro, y cuya obligatoriedad y cuantía habrá de fijarse a tenor de las circunstancias que, como «numerus apertus»», se fijan en dicho precepto...*».

En ese sentido y por las consideraciones expuestas en el apartado correspondiente al empobrecimiento ilegítimo[867], estimamos al igual que MARTÍNEZ ESCRIBANO[868] que el fundamento (primario) de la compensación por desequilibrio radica –en principio- en el *enriquecimiento injusto*. Reiteramos en ese sentido, que en nuestra opinión, el sentido en que se fundamenta el enriquecimiento injusto, reposa sobre un criterio de equidad. Así, a la postre, como un fundamento indirecto o superior, coincidimos con DE LA CÁMARA[869] quien sostiene que el fundamento de la compensación por desequilibrio es la *equidad*.

VIII. El planteamiento de la compensación por desequilibrio y la compensación económica por razón de trabajo en el hogar en Cataluña

i. La Compensación por desequilibrio Catalana

La legislación autonómica de Cataluña establece también la figura de la compensación por desequilibrio en el Codi de Familia, y aunque en términos generales goza de semejantes características de la compensación regulada por el Código civil español, existen ciertos matices distintivos a tomar en cuenta de manera referencial.

---

[867] Apartado iii) del Capítulo V.

[868] MARTÍNEZ ESCRIBANO, Celia. *Comentarios del nuevo artículo 97 del Código civil*. En: Comentarios a la reforma de la separación y el divorcio. Ley 15/2005, de 8 de julio. Director Guilarte Gutierrez Vicente. Editorial Lex Nova, Valladolid, 2005.

[869] DE LA CÁMARA ÁLVAREZ, Manuel. *En torno a la llamada pensión compensatoria del artículo 97 del Código Civil*. En: Estudios jurídicos en homenaje a Tirso Carretero. Madrid, 1985. Comparte esta opinión, MARÍN GARCÍA DE LEONARDO. Ob.Cit. Pág. 228.

A propósito de ello, el artículo 84.1° del CF. reza literalmente que *«el cónyuge que a consecuencia del divorcio o de la separación judicial, vea más perjudicada su situación económica y, en caso de nulidad, solo respecto del cónyuge de buena fe, tiene derecho a recibir del otro una pensión compensatoria que no exceda al nivel de vida del que disfrutaba durante el matrimonio, ni del que pueda mantener el cónyuge obligado al pago»*.

Es claro que la base es la misma que la del artículo 97° del Código civil español, y aunque no se hace una referencia explícita al desequilibrio y empeoramiento de situación anterior al matrimonio, se puede colegir una vocación análoga respecto a los objetivos de la norma. Llama la atención que el legislador catalán haya incluido también el supuesto de nulidad que el Código civil español aparta en el artículo 98°, y que en ese sentido no se distinga desde nuestra perspectiva, la calidad indemnizatoria y compensatoria de uno y otro derecho. Por otro lado, parece ser que antes de recurrir a un concepto de equilibrio, se recurre a un referente objetivo consistente en el nivel de vida[870]. Asimismo, se observa una incidencia en un criterio de proporcionalidad puesto de manifiesto mediante una referencia explícita a la relación existente entre el nivel de vida y las capacidades del obligado[871].

Por su parte, los criterios para la fijación de esta compensación, versan sobre consideraciones similares, tales como la situación económica resultante para los cónyuges a consecuencia de la nulidad, la separación o el divorcio, las perspectivas económicas previsibles para uno u otro, la duración de la convivencia conyugal, la edad y estado de salud de ambos cónyuges, y cualquier otra circunstancia relevante[872].

[870] En buena cuenta, ambos conceptos o enfoques no son ni excluyentes ni poco relacionados entre sí, ya que, el nivel de vida es consecuencia directa de una determinada situación de equilibrio.

[871] Dicho criterio de proporcionalidad puede también verse en sentido inverso, y de esta manera establecer una presunción por la cual si las inversiones del peor situado contribuyeron al status del mejor situado, es coherente que las obligaciones de éste queden supeditadas a su capacidad, así indirectamente relacionada a las inversiones de su ex consorte.

[872] En éste caso, a nuestro juicio, y por las consideraciones esbozadas con anterioridad, se trata de un inciso con calidad de *numerus apertus* en sentido estricto, a diferencia del correspondiente al artículo 97° CC, que como ya indicáramos goza de calidad de *ad exemplum*.

En este tenor se manifiesta la Sentencia Audiencia Provincial núm. 308/2006 Barcelona (Sección 18), de 2 mayo, (JUR 2006, 272347) al establecer: «*por lo que se refiere a la pensión compensatoria, presupuesto necesario para que surja el derecho ella, según dispone el art. 84 CF (LCAT 1998, 422, 521) es que la ruptura matrimonial produzca un desequilibrio económico en la posición de uno de los cónyuges en relación con la del otro que implique un empeoramiento en su situación anterior, de ahí que según criterio reiterado de este tribunal, deba tenerse en cuenta el nivel de vida del matrimonio a fin de determinar si por la separación o el divorcio, alguno de los cónyuges va a experimentar un descenso en el nivel de vida, y sólo en el caso de producirse y probarse tal deterioro, que ha de tener cierta relevancia o entidad, procederá la pensión compensatoria; por ello, si ambos cónyuges cuentan con bienes o ingresos propios suficientes para seguir manteniendo un nivel de vida similar al disfrutado constante matrimonio, no procederá el derecho a pensión aunque exista notable diferencia entre el patrimonio de los cónyuges separados*».

No obstante, la nota peculiar la determina la referencia a una circunstancia concerniente a la compensación económica regulada por el artículo 41.3° del mismo cuerpo legal, ésto es, la compensación económica por razón de trabajo.

ii. La Compensación Económica por Razón de Trabajo

El artículo 41.1 del CF. establece de manera particular, lo que en nuestra opinión significa un derecho de retribución en favor de quien realizó sus aportaciones o inversiones mediante el trabajo para el hogar en un régimen de separación de patrimonios, en caso de que a causa de éstas, frente a la separación, divorcio o nulidad, se genere una situación de desigualdad que implique un enriquecimiento injusto.

El citado artículo establece que «*en los casos de separación judicial, divorcio o nulidad, el cónyuge que, sin retribución o con una retribución insuficiente, ha trabajado para la casa o para el otro cónyuge tiene derecho a recibir de éste una compensación económica, en caso de que se haya generado, por este motivo, una situación de desigualdad entre el patrimonio de los dos que implique un enriquecimiento injusto».*

El artículo en cuestión se dedica exclusivamente al trabajo realizado por uno de los cónyuges *"para la casa"* o *"para el otro cónyuge"*, y aunque desde el punto de vista de las circunstancias de la compensación por desequilibrio, tiene semejanzas con los incisos 4° y 5° del artículo 97° del Código Civil español, referente a su determinación en base a la dedicación pasada y futura a la familia y a la colaboración con su trabajo en las actividades mercantiles, industriales o profesionales del otro cónyuge, este artículo guarda un tratamiento distintivo acorde con el planteamiento del artículo 1438° del Código civil. Tal similitud con el planteamiento del artículo 1438° CC, queda de manifiesto igualmente, si consideramos que esta compensación por razón de trabajo en el hogar es una norma de liquidación del régimen de separación de bienes aplicable solamente cuando el régimen se extingue y se liquida en los casos de divorcio, nulidad o separación[873]. Con ello, en virtud de lo concerniente a lo señalado sobre los riesgos ínsitos en cada régimen económico matrimonial, acertadamente SOLÉ RESINA[874] señala que esta compensación persigue, en definitiva, la comunicación de bienes entre las masas patrimoniales que, de otro modo, permanecerían inalteradas por la liquidación. Es decir, considerando que la separación de bienes involucra en buena cuenta la independencia de los capitales –tanto humanos como materiales- privativos de cada cónyuge y por ende la rentabilidad de estos será independiente, se busca retribuir la contribución –entendida como trabajo para el hogar- de uno de los cónyuges sobre el capital del otro cónyuge que implique un enriquecimiento pasivo de éste último.

En tal sentido, el artículo 41.1° del Codi de Familia, tiene la peculiaridad y especificidad de referirse a una retribución, delimitando así una sutil frontera entre las expectativas y los costes de oportunidad generales asumidos por uno de los cónyuges y el "trabajo real" retribuíble, parcial o totalmente llevado a cabo, por uno de ellos en favor del hogar o del otro cónyuge.

---

[873] GETE-ALONSO y CALERA, M.ª del Carmen; YSÁS SOLANES , María; SOLÉ RESINA, Judith. *Derecho de Familia Vigente en Cataluña.* Cálamo producciones editoriales, Barcelona, 2003. Pág. 317.

[874] Ibíd. Pág. 318.

Ahora bien, la configuración que hace la ley de dicha figura es en nuestra opinión, cuidadosa de dejar claro que la compensación en cuestión no es gratuita. Existen así, ciertos presupuestos de legitimidad para el otorgamiento o reconocimiento del derecho. Así por un lado, es necesaria la realización previa por parte de uno de los cónyuges de una actividad susceptible de ser considerada como trabajo para el hogar o para el otro cónyuge; de otro lado, la inexistencia o insuficiencia de retribución, así como una relación de causalidad entre dichos requisitos materializada por una situación de enriquecimiento injusto. Esto, dicho de otra manera, en opinión de MONTERO AROCA[875] se traduce en que esta compensación[876] no responde sólo a la desigualdad patrimonial, sino que presupone también que la desigualdad ha tenido un origen concreto, el que uno de los cónyuges, sin retribución o con retribución insuficiente, se haya dedicado a la casa o a trabajar para el otro cónyuge.

Asimismo, tal como lo señaláramos en las páginas precedentes, este tipo de compensación guarda una estrecha relación con la aportación a las cargas familiares. En efecto, EGEA[877] advierte que se ha de tener en cuenta también que la contribución a las

---

[875] MONTERO AROCA, Juan. *La Pensión Compensatoria en la Separación y el Divorcio (La aplicación práctica de los artículos 97, 99, 100 y 101 del Código Civil).* Tirant Lo Blanch, Valencia 2002. Pág. 339.

[876] El autor se refiere a ella como indemnización.

[877] EGEA FERNÁNDEZ, Joan. *Comentaris al Codi de Familia, a la llei d´unions de situacions convivencials d´ajuda mútua.* EGEA I FERNÁNDEZ, Joan; FERRER I BIBA, Josep (Directores). Tecnos. Madrid, 2000. Pág. 109. Asimismo, como ya lo indicáramos, en opinión de SOLÉ RESINA, no obstante la actividad que se toma en cuenta coincide con una de las formas de contribución a los gastos familiares establecida en el artículo 5º del Codi de Familia, la misma actividad no puede computarse a la vez como obligada de contribución a las cargas de la familia y como una actividad que da derecho a la compensación económica, ya que a su juicio se produciría una duplicidad contable carente de justificación, por lo que añade, que solamente cabe la compensación en los supuestos en los cuales se de lo que la doctrina ha venido a denominar la sobrecontribución del cónyuge acreedor, es decir, la actividad que sobrepase la contribución exigida por el artículo 5º del Códi de Familia, artículo que esboza el concepto y amplitud de las cargas familiares. SOLÉ RESINA, Judith. En: GETE-ALONSO y CALERA, M.ª del Carmen; YSÁS SOLANES , María; SOLÉ RESINA, Judith. Ob. Cit. Pág. 318-319. No obstante, como ya indicáramos, encontramos algunos inconvenientes en el planteamiento de la sobrecontribución a efectos de determinar una base sobre la cual estimar un derecho de compensación, tomando en cuenta la subjetividad de las aportaciones y el valor otorgado matrimonio constante a las distintas actividades realizadas durante la vigencia de la unión. Sin perjuicio de ello y de los motivos antes expuestos, por los cuales nos parece inviable esta teoría, podemos considerar que desde el punto de vista de la sobrecontribución, tendríamos que considerar la existencia objetiva de una "contribución normal" compuesta por todas aquellas aportaciones del cónyuge a la familia que involucren una especialización y una asignación de tiempo limitados y que generen una distribución del trabajo que no involucren un sacrificio excesivo de ingresos por vía del mercado monetario en la medida que dicha "sobre-contribución" involucra la merma de la rentabilidad del capital humano en base a un plus en la asignación de tiempo a favor del hogar y/o el otro cónyuge; así –si apelamos a dicho planteamiento- el Juez en base a los hechos determinará si ha existido o no tal sobrecontribución. Sin embargo como ya lo pusimos de

cargas familiares guarda una directa relación con la compensación económica prevista en el artículo 41° CF para los casos de separación judicial, divorcio o nulidad en que se haya generado un desequilibrio patrimonial que implique un enriquecimiento injusto, tras lo cual matiza que no es que el trabajo doméstico se tenga en cuenta dos veces (una como contribución a las cargas familiares y otra para fijar la compensación referida), sino que, como acertadamente ha resuelto la S.A.P. Girona 3 de Marzo 1997, para calcular la compensación económica se ha de restar, al valor del trabajo realizado, eso que el cónyuge solicita la compensación había de contribuir como cargas familiares.

El fundamento de este tipo de compensación reside pues, en la retribución de las aportaciones en un régimen económico que reposa sobre la libertad e independencia económica y la autonomía de los cónyuges como la base del rendimiento económico familiar. Así, SOLÉ RESINA[878] nos dice que tomando como referencia el principio de igualdad entre los cónyuges, cuando uno de los cónyuges se ocupa de la casa o de los hijos, en mayor proporción de lo que le corresponde, enriquece a su consorte que deja de pagar a alguien que se ocupe de ello en su lugar y dispone de más tiempo para dedicar a su profesión o empresa. En todo caso, -añade- además, se debe tener presente el coste de oportunidades que ello supone para el que desarrolla la actividad contemplada.

Ahora bien, aún cuando ambas compensaciones (la del artículo 41° y 84.1° CF) no son en absoluto excluyentes, (en efecto, el artículo 41.3° CF establece que *«el derecho a esta compensación es compatible con los demás derechos de carácter económico que corresponden al cónyuge beneficiado, y debe ser tenido en cuenta para la fijación de estos otros derechos»*), y si bien es cierto, existe una distinción en cuanto a que la compensación por trabajo en el hogar consiste en una norma referida a la liquidación del régimen económico de separación de patrimonios, es conveniente

manifiesto, los márgenes de eficiencia y la distribución del trabajo en el hogar son un tópico subjetivo y particular, sobre el cual la ley no puede presuponer la existencia de desproporcionalidad o mucho menos de injusticia en el establecimiento de las proporciones. Entendemos pues, que la sobrecontribución es indeterminable *a priori* y se puede prestar a oportunismos posteriores. Bajo estas consideraciones, la sobrecontribución sólo puede ser entendida como el resultado de la operación referida por EGEA llevada a cabo por el Juez mediante un juicio de equidad.

[878] GETE-ALONSO y CALERA, M.ª del Carmen; YSÁS SOLANES , María; SOLÉ RESINA, Judith. Ob. Cit. Pág. 319.

apreciar que existen ciertos elementos dignos de mención en cuanto a las disparidades de dichas figuras.

Podemos deducir, que otra de las razones de la distinción legal y especificidad entre uno y otro caso, con temor a equivocarnos, se debe a la voluntad de separar ambos conceptos en función a la objetividad de una frente a la otra y de reducir los costes de determinación de un derecho más amplio, mediante la subdivisión, o si se quiere, la esquematización de ambas figuras. Es decir, aún cuando y si bien es cierto, ambas compensaciones involucran amplios criterios subjetivos, la compensación por razón de trabajo ofrece, respecto a la compensación por desequilibrio, una mayor probabilidad de objetividad, por el hecho de que incide en un menor número de consideraciones para su determinación[879]. En tal sentido, es conveniente anotar, que puede darse el caso en el cual, el que uno de los cónyuges, resulte más perjudicado que el otro tras la separación, el divorcio o la nulidad, se deba «únicamente» a la incidencia de uno de ellos en el trabajo para el hogar o para el otro cónyuge y de esta manera –si así lo acuerdan los cónyuges- se prescinda de realizar otro tipo de exámenes por estimar que mediante ésta sola compensación se ha dado solución al problema. Esta sería la explicación de que el propio artículo 41.3° CF establezca que la compensación económica por razón de trabajo ha de ser tenida en cuenta para la fijación de otros derechos tales como la compensación por desequilibrio.

Ahora bien, es conveniente matizar además, que si bien la rentabilidad de ciertas aportaciones y los costes de oportunidad se dan de manera complementaria, del mismo modo, hemos de considerar que en algunos supuestos los costes de oportunidad pueden auto compensarse[880], por lo que es perfectamente factible que solo se configure uno de los dos derechos. Con esta distinción entonces, se reducen los costes de determinación

---

[879] Más aún si consideramos que la compensación por razón de trabajo permite en algunos casos y en mayor medida recurrir a simples operaciones aritméticas, frente a la pensión compensatoria que usualmente recurre a operaciones de cálculo de probabilidades más complejas.

[880] Un supuesto de auto compensación de los costes de oportunidad puede acaecer como consecuencia de una determinada especialización e inversión en capital humano, por la realización de una actividad a favor del otro cónyuge, en la que antes del matrimonio o la unión no se tenía pericia, y que después de la ruptura pueda ser susceptible de generar una rentabilidad tan alta como la especialización que ostenta el otro cónyuge.

de las causas que originaron el desnivel patrimonial de ambos luego de la ruptura del vínculo.

Finalmente, y tras lo dicho, consideramos relevante hacer ciertas precisiones acerca de la retribución a la que apela la ley como base de determinación del derecho. Este tema en particular resulta bastante complejo, sobre todo si consideramos que las decisiones referentes a la distribución de recursos y las obligaciones (y la medida en que éstos son distribuidos) son no sólo subjetivas, sino también, que forman parte de un entramado de consideraciones de cada uno de los miembros, en función de las perspectivas propias y de los demás miembros de la familia. Nos referimos con esto, a que cada miembro de la familia se coloca dentro de la misma, en una posición en la cual sus rendimientos privados -contemplando ciertos sacrificios-, son los máximos posibles para que a nivel colectivo los rendimientos sean los óptimos. Esto es lo que hemos denominado "*óptimo familiar*". Así y de esta manera, se establece un equilibrio, mediante el cual, los sacrificios a nivel privado son compensados por las utilidades colectivas, que colocan a cada uno de los miembros en la mejor posición posible dentro de una comunidad de vida.

Ello nos impide en principio referirnos a una retribución objetiva *a posteriori*, en la medida que, en cada caso, todos los sacrificios –en principio- han sido compensados por otro tipo de bienes en un determinado *statu quo,* y la determinación de la medida de dicha compensación es, sino imposible, tremendamente complicada[881].

En atención a ello, resulta sumamente difícil la determinación objetiva de la inexistencia o insuficiencia de la retribución por el trabajo en el hogar o en favor del otro cónyuge, si por ejemplo, consideramos como CABEZUELA ARENAS[882], que es posible que un cónyuge mediante su permanencia en el hogar, o su trabajo en favor de la familia y/o su consorte, pueda haber aceptado otro tipo de recompensas o

[881] Esta dificultad es la que puede propiciar conductas oportunistas. Asimismo, por ésta consideración, en determinadas ocasiones –y sin perjuicio de lo señalado respecto a la mayor vocación objetiva de la compensación por trabajo en el hogar- resulta más fácil recurrir al remedio determinado por la compensación por desequilibrio y simplemente "equilibrar situaciones", que averiguar que tipo de retribuciones existieron durante la vigencia del vínculo y atribuirles a éstas un valor objetivo.

[882] CABEZUELA ARENAS, Ana Laura. Ob. Cit. Pág. 93-94.

contrapartidas, disfrutando acaso un nivel de vida elevado proporcionado por los ingresos del otro esposo.

Otro criterio a considerar es el expuesto por SCHULTZ[883], en tanto pone de manifiesto que existe la creencia de que las pérdidas que son consecuencia de los riesgos no asegurables son compensadas por las ganancias que se obtienen por soportar dichos riesgos.

Ahora bien, en caso de pretender determinar la retribución "conveniente" habría que considerar, en primer término la cuantía del «precio sombra»[884] determinado por el trabajo en el hogar, sin embargo, ello, como ya indicáramos es una tarea harto difícil ya que las aportaciones de un miembro de la familia dedicado al hogar superan ampliamente a las de un(a) empleado(a) doméstico(a); sin perjuicio de las consideraciones concernientes a la dignidad de dicho miembro al recibir una retribución equivalente a la de un oficio ejecutado por un extraño[885].

Puesto esto así, o consideramos un precio "objetivo", o un precio basado en un potencial de rendimiento (coste de oportunidad). Esta sería más o menos la explicación de que, ante tal dificultad, se opte por el coste de oportunidad[886]. En buena cuenta, el artículo en cuestión creemos, busca actualizar el valor de las aportaciones realizadas, a través del trabajo para el hogar.

En consecuencia, la referencia legal a la inexistencia de retribución puede ser entendible, sin embargo, la de una retribución insuficiente, resulta algo complicado de determinar[887]. Si quisiéramos determinarla, tendríamos que preguntarnos, si, el cónyuge

---

[883] SCHULTZ, Theodore W. *Restablecimiento del equilibrio económico. Los recursos humanos en una economía en proceso de modernización*. Gedisa Editorial, Barcelona, 1992. Pág. 70.

[884] El precio sombra se puede definir como el valor atribuido a recursos que no tienen un precio de mercado preciso, así el precio sombra normalmente equivale a un coste de oportunidad.

[885] Con ello, resultaría para el miembro de la pareja en cuestión sumamente desmerecedor.

[886] Nótese en ese sentido, que las aportaciones o inversiones desmedidas también son objetivables en función a sus costos de oportunidad.

[887] A menos que, mediante capitulaciones matrimoniales, los cónyuges hayan pactado alguna manera de medir dicho trabajo. Con todo, la insuficiencia es difícil no solo de determinar, sino incluso; de sustentar. La subjetividad en la atribución del valor es la causa; uno de los cónyuges puede haber invertido sus

que permaneció en el hogar debería recibir una retribución conforme al trabajo específico realizado, o por el contrario, conforme a las capacidades y potenciales de mercado que posee y que sacrifica por permanecer en el hogar. Sin embargo, todo ello no deja de representar algunos problemas. En efecto, en la medida que no es posible determinar objetivamente qué valor ha atribuido el cónyuge que permaneció en el hogar a sus sacrificios –o pérdidas si se quiere- podríamos cuestionarnos, ¿por qué, teniendo un determinado potencial, permaneció en el hogar?; o incluso, ¿no podría con la misma lógica, su consorte, reclamar una compensación en virtud del tiempo, que a causa de sus ocupaciones de mercado, ha dejado de pasar con sus hijos, y los conflictos futuros en las relaciones paterno filiales que este hecho puede generar? Este es en suma, a nuestro juicio, un tema cuya solución resulta sumamente complicada, sobretodo y en la medida, que compete consideraciones de tipo moral, no obstante, mantenemos nuestra idea acerca de un criterio restitutivo antes que uno retributivo.

Sin perjuicio de aquello, es necesaria la existencia de una relación de causalidad entre el trabajo del cónyuge para la casa o el otro cónyuge y una situación de desigualdad entre ambos patrimonios, que implique un enriquecimiento injusto, esto es, desde nuestro punto de vista, una anomalía en cuanto a la aportación y las expectativas.

Por lo antes expuesto, y en conclusión, la compensación por trabajo en el hogar no será otra cosa que un método de llegar a una situación de equilibrio análoga a la otorgada por la compensación por desequilibrio, aunque el nombre sea distinto. Con dicha norma –o si se quiere, con dicha distinción típica- el legislador se anticipa y presume una posible causa de desequilibrio para la cual ofrece un remedio en particular, con el cual se puede prescindir de otro tipo de consideraciones subjetivas. En todo caso, la elección de la aplicación para un caso en concreto de una u otra figura (o de ambas) compete en principio a las partes en virtud al principio de rogación, y en última instancia al criterio discrecional del Juez.

---

recursos con cargo a contraprestaciones inmateriales tales como el disfrute del tiempo de los hijos, o la rentabilidad de sus hijos en función al tiempo invertido en ellos.

TERCERA PARTE

BASES FILOSÓFICO-JURÍDICAS DE LA COMPENSACIÓN POR DESEQUILIBRIO

CAPÍTULO VIII

REFLEXIONES SOBRE EL EQUILIBRIO EN LA ASIGNACIÓN DE DERECHOS DE PROPIEDAD FRENTE A LA REDISTRIBUCIÓN DE LA RIQUEZA

I. El Derecho, la economía y la filosofía. La equidad, la eficiencia y la legitimidad.

II. La compensación por desequilibrio desde la "*Teoría de la Justicia*" de John Rawls y la "*Teoría de la legitimidad del título*" de Robert Nozick: Buscando el equilibrio de la razón en la *imperfección*

III. La compensación por desequilibrio como derecho subjetivo.

IV. Una vuelta de tuerca: la concepción de Marcel Planiol acerca de los derechos de propiedad: "la obligación pasivamente universal"

V. El Derecho y la propiedad como funciones de la división del trabajo. La tesis de León Dugüit.

VI. El equilibrio en la asignación de derechos de propiedad

CAPÍTULO VIII

REFLEXIONES SOBRE EL EQUILIBRIO EN LA ASIGNACIÓN DE DERECHOS DE PROPIEDAD FRENTE A LA REDISTRIBUCIÓN DE LA RIQUEZA

«Los clásicos siguen empeñados en plagiarnos»

Julio Ramón Ribeyro

«Nos gobiernan desde la tumba»

Frederic William Maitland, 1906

«Aunque parezca mentira;
volver a los clásicos,
es una forma de reinventarnos.
Su inamovilidad es sólo cuestión de perspectiva»

El autor

I. El Derecho, la economía y la filosofía. La equidad, la eficiencia y la legitimidad

«Cuando todos los hombres sean libres, serán iguales;
cuando sean iguales, serán justos.
Lo que es honrado sigue de sí»

Louis Antoine de Saint-Just. 1767-1794.

«El Filósofo para juzgar el valor de una cosa tiene cuenta con la naturaleza de aquella, pero el Político no mira sino al uso que tiene y a la utilidad que trate, y al servicio que nos pueda hacer para el remedio de las necesidades y menesteres humanos. Aquella cosa terna el Filósofo por mejor y más aventajada en valor, cuya naturaleza es más noble, pero el Político terna por mejor aquella, que para remediar necesidades humanas es más provechosa. Si preguntas a un filósofo ¿cuál es mejor y más noble cosa, el ratón o el trigo? Él te responderá que el ratón, por ser una sustancia que tiene vida, y el trigo carecer de ella. Pero si haces la misma pregunta a un político, te responderá que el trigo es mejor y vale más que un ratón, por ser el trigo necesario para el humano mantenimiento y para conservar la vida, y el ratón no tener tales utilidades. De aquí vino a decir el señor San Agustín, en el libro II de la Ciudad de Dios, en el capítulo 16, que más querría tener su casa llena de trigo, que no de ratones»

Francisco García,
Fragmento de
Tratado utilísimo y muy general de todos los contratos,
Valencia, 1583.

«Ha llegado el momento de liberarse del ascendiente de las filosofías extrínsecas;
y volver a pensar el método del derecho
extrayéndolo de la experiencia específicamente jurídica»

Michel Villey

Todo proceso evolutivo -nos dice HAYEK[888]-, es un fenómeno que implica la incesante adaptación a un conjunto de imprevistos acontecimientos, a un cúmulo de circunstancias cuya evolución nadie puede prever. Es ésta una razón más para afirmar que la ciencia dedicada al estudio de los procesos de evolución cultural nunca podrá predecir o controlar racionalmente la futura evolución de los acontecimientos, debiendo limitarse a poner de relieve por qué vías las estructuras de índole compleja comportan mecanismos de corrección que, aunque sin duda condicionarían el futuro acontecer, nunca eliminarán su condición de impredecible.

La familia y el entramado de relaciones que ésta propicia, no escapa a dicha condición, lo cual resulta evidente al observar que en los últimos tiempos ha experimentado significativos cambios espontáneos. Muestra de ello, ha sido entre otras cosas, el paulatino abandono del modelo tradicional imperante hasta gran parte del siglo XX, la casi desaparición de familias numerosas, la aparición de familias mono-parentales, de un mismo género, multiétnicas, o incluso las amicales, que empiezan a desbaratar la consanguinidad y otras circunstancias como requisitos indispensables de formación.

En este contexto, no podemos saber cuál será el futuro ni de la familia, ni de una institución como la compensación por desequilibrio dentro de un ordenamiento jurídico con una constante tendencia evolutiva; lo que desde el plano académico, nos conmina a asumir que no estamos capacitados para predicciones o delimitaciones absolutas.

Sin perjuicio de ello, y al margen de nuestras intenciones o pretensiones, surge una pregunta ineludible tendente a resolver, sobre las limitaciones existentes, cuál es la

---

[888] HAYEK, F.A. *La Fatal Arrogancia. Los Errores del Socialismo*. Obras Completas Volumen I, Unión Editorial, Madrid 1990.

mejor manera posible de configurar el sistema. Esta pregunta nos lleva a deducir que la respuesta probablemente antes de encontrarla en el Derecho (por lo menos de manera directa), ha de encontrarse en la Política[889].

Ahora bien, consideremos que la Política, puede de igual manera darnos un indicio, en virtud de políticas públicas específicas del porqué de la configuración específica de una norma, con lo cual podemos establecer de manera tentativa una serie de fuentes o instrumentos jurídicos y económicos que justifican la inclusión y configuración la compensación por desequilibrio en el ordenamiento jurídico y la lógica en la concatenación de sus presupuestos.

Entendemos asimismo, que las políticas públicas, responden a un afán por la consecución de ciertos objetivos sociales. Uno de ellos, acaso primordial, es el concerniente a distribución y adjudicación de los recursos disponibles y escasos. Con esta lógica, las políticas públicas acuden a diversas disciplinas, tales como la economía, en búsqueda de instrumentos fiables y convenientes como reglas de decisión política; y ulteriormente, al Derecho instituido en este aspecto, como instrumento formal de delimitación y marco de legitimidad.

Puesto así, la primera posible explicación de la disposición normativa de la compensación por desequilibrio, puede fundarse en un eventual espíritu de eficiencia en la formulación del precepto. Es posible interpretar desde el punto de vista de un enfoque normativo del análisis económico del Derecho, que la formulación del artículo 97º del Código civil se funde en un planteamiento de tipo económico. Uno de estos planteamientos es el conocido como Criterio de Kaldor-Hicks.

El Criterio de Kaldor-Hicks postula que «*una situación A es preferida a otra B, desde el punto de vista social, si aquellas personas beneficiadas por el paso de B a A, lo son en grado tal que pueden compensar a los que pierden en el cambio y aún así están mejor en B que en A*».

---

[889] Nos referimos al papel de las políticas públicas.

En esencia se trata de un criterio de orientación de carácter político-económico en cuanto a la distribución de los recursos. Si aplicáramos tal criterio y su lógica al postulado contenido en el artículo 97º CC; deberíamos entender a «la *separación o divorcio* como *A*», y «la *vida en común* o el *matrimonio* como *B*». Con ello, la lectura que obtendríamos en términos de eficiencia es que "será positivo desde el punto de vista social un cambio, si las personas beneficiadas por el paso del matrimonio a la separación o divorcio, lo son en grado tal que «pueden»[890] compensar, a quienes sufren un detrimento –lo que la ley ha venido en denominar desequilibrio económico- que implique un empeoramiento de su situación anterior en dicho tránsito, y aún así, están mejor separados o divorciados que casados o viviendo en común"[891].

Aunque el razonamiento apreciado en el Criterio de Kaldor-Hicks, nos pueda sugerir la intención del legislador de incluir en la formulación del artículo 97º del Código civil un criterio económico que persiga la eficiencia o una situación de bienestar social, es importante considerar que el dicho criterio, lo es de compensación potencial, razón en virtud de la cual, la compensación no es exigible, sino hipotética, considerada una mera posibilidad o disposición de compensación.

Al margen de ello, es conveniente anotar lo que significa el sentido último de este tipo de aplicación, en tanto SHÄFER y OTT[892], refieren que una regla de decisión -derivada del criterio de Kaldor-Hicks[893]- es el "principio de la maximización de riqueza", conforme al cual "las decisiones de los órganos públicos, deben tratar de conseguir que se maximice la suma de todas las variaciones patrimoniales que se produzcan en los afectados".

---

[890] Obsérvese que se trata de una posibilidad y no de una constante, esto explica, porqué la pensión compensatoria puede o no operar, dependiendo de cada caso en concreto; dependiendo de la existencia o no de desequilibrio y del empeoramiento de uno de los cónyuges. LACRUZ, en éste sentido, nos dice que *"el derecho a la pensión no es de carácter necesario, sino facultativo". Elementos de Derecho Civil IV.* Pág. 104.

[891] Es importante observar, a efectos de un entendimiento coherente de este tema, todo lo que resulte pertinente acerca de lo desarrollado en el apartado 3.2.1 sobre la autonomía privada y el "Teorema de Coase" y la teoría subjetiva del valor.

[892] Shafer Ibíd. Pág. 47.

[893] En tanto, y al margen de su carácter potencial, sea considerado en el análisis.

Otro de los criterios económicos a los que podría deberse la formulación del precepto legal contenido en el artículo 97° del Código civil es el del "Óptimo de Pareto". Según tal principio, («principio del óptimo») «es eficiente un sistema en el cual uno puede mejorar su situación sin que la de otro empeore»[894]. En este principio podríamos ubicar la referencia legislativa específica al concepto de empeoramiento incorporado en el artículo 97 CC. En efecto, en virtud del principio antes descrito, una situación en la cual –con el antecedente de ciertas transmisiones patrimoniales- un sujeto mejore su situación a la vez de que la de otro empeore, es calificada desde la economía como ineficiente, y a la postre desde el Derecho, como injusta.

No obstante ello, en cuanto a la aplicación del principio del óptimo, no dejan de existir ciertos inconvenientes y excepciones a la regla, que confieren al planteamiento ciertos componentes de relatividad.

Con todo, y al margen de que pueda estimarse que el criterio de Kaldor-Hicks y el principio del óptimo de Pareto son formulaciones, por decirlo de alguna manera, complementarias, existen entre éstos ciertas incompatibilidades. Sin perjuicio de considerar la eventual inaplicabilidad del criterio de Kaldor-Hick y el óptimo de Pareto, pero no por ello, dejando de considerar la hipotética idea, desde el punto de vista de las políticas públicas, es pertinente señalar que no toda decisión adoptada a nivel particular en virtud del criterio de Kaldor-Hicks coincide con un superior de Pareto, en tanto, no es exigible una indemnización. Ello queda de manifiesto en la norma, cuando se establece que el desequilibrio «puede» ser compensable. En ese sentido, VON WEIZSÄCKER[895] ha caracterizado un criterio de "cuasi-óptimo de Pareto"[896]. En base a esta idea, se sostiene que "el que una regla para la adopción de decisiones surta efectos no puede depender de los efectos de una única aplicación de la misma, así una y otra vez habrá perjudicados y favorecidos. No obstante, si ante cada decisión particular se aplicara el Criterio de Kaldor-Hicks después de mucho tiempo, todo el mundo

[894] Sin embargo, el Criterio de Kaldor-Hicks difiere del óptimo de Pareto en la medida que, el primero requiere necesariamente una indemnización y el segundo, solo una posibilidad de compensación.

[895] "*Effizienz und Gerechtigkeit*". Fuente secundaria. En SHÄFER, Hans-Bernd; OTT, Claus. Ob. Cit. Pág. 51.

[896] SHÄFER, Hans-Bernd; OTT, Claus. Ob. Cit. Pág. 51.

acabaría encontrándose mejor en la sociedad, que sin la aplicación del criterio[897]. Así, si bien es cierto se considera que en cada caso concreto no se paga necesariamente una compensación, con el transcurso del tiempo se produce lo que puede llamarse una compensación general, la cual nosotros podríamos llamar "ideal progresiva".

Con esta lógica, desde una determinada postura o lineamiento político, podemos interpretar la voluntad del legislador en cuanto a la incorporación de la compensación por desequilibrio en el ordenamiento jurídico, si entendemos, al igual que GARCÍA CANTERO[898], que con la inclusión de dicha figura jurídica, en un principio, el legislador contemplaba la hipótesis de la mujer casada bajo el régimen de gananciales que había dedicado su vida al hogar y carecía de una especialización profesional, y cuya situación económica habría de sufrir, un grave deterioro con el divorcio. De esta manera, el sentido de la norma beneficiaría mediante una compensación general a aquel grupo en particular que desde el punto de vista de la disponibilidad de recursos, era el menos favorecido. Así, aunque en opinión contraria al propio GARCÍA CANTERO[899], la institución beneficiaría a este particular sector con menor capacidad económica, lo que generaría *a posteriori* una situación de bienestar general.

Sea como sea, ésto es, considerando la eventual aplicabilidad o inaplicabilidad de Kaldor-Hicks y de Pareto, y más allá de su especificidad teórica, podemos convenir que existe en la aparente voluntad de ambos principios, al margen de la eficiencia, un elemento común consistente en la noción de equidad.

---

[897] Ibíd. Págs. 51-52.

[898] GARCÍA CANTERO, Gabriel. En: *Comentarios al Código civil y compilaciones forales*. Dir. ALBALADEJO, Manuel. Tomo II. Madrid, 1982. Pág. 431.

[899] En opinión de éste autor, la institución en cuestión, esto es, la compensación por desequilibrio beneficiaría al parecer, a las clases medias y altas y no a las populares, con lo que concluía que el divorcio se configuraba en virtud a dicha compensación como un privilegio de la burguesía. GARCÍA CANTERO, Gabriel. En: *Comentarios al Código civil y compilaciones forales*. Dir. ALBALADEJO, Manuel. Tomo II. Madrid, 1982. Pág. 439. Es de suponer, que dicha crítica está fundada en el hecho de que quienes gozaban de un mayor nivel de vida constante matrimonio, tendrían una mayor compensación, y por el contrario, quienes tenían durante la vigencia del vínculo escasas rentas, en poco o nada, podrían contar con una compensación determinada. Sin embargo, -por lo menos en teoría- en base al criterio de esta compensación general, a largo plazo, la situación de todo el conjunto de beneficiarios mejoraría, al margen de las diferentes cuantías de las compensaciones dependiendo de uno u otro nivel de vida anterior a la ruptura.

Éste sería el tercer probable argumento económico de la incorporación de la compensación por desequilibrio en el ordenamiento jurídico. En efecto, la última consideración en el sentido de la economía política y de la intervención estatal en las relaciones particulares de los sujetos es un criterio de *equidad*.

En beneficio de esta afirmación, podemos citar a CABRILLO[900] en tanto, y con relación al Derecho de familia en particular, se pregunta: ¿por qué el Derecho interfiere en la libertad de los pactos en algunos contratos y concretamente, en el contrato matrimonial?, a lo que se responde, creemos convincentemente, con dos causas, [...] en primer lugar, razones de eficiencia [...]. La segunda razón es la equidad.

En efecto, según SANTOS PASTOR[901], el sistema jurídico y, en concreto, las normas no pueden establecerse sólo con arreglo al criterio de eficiencia porque puede que, si sus resultados son negativos en términos de justicia (o equidad), no sea fácil (no sea eficaz), restablecer éstos por otros medios. Así, la eficiencia es uno, entre otros, de los valores que inspiran la organización de las sociedades, y con frecuencia ha de sucumbir frente a la superior importancia de otros[902]. En tal sentido el citado autor sostiene que la eficiencia sería el valor a maximizar, sólo si dentro de ella estuviesen comprendidos los demás valores, jerárquicamente organizados, además, con arreglo a los criterios sociales imperantes[903].

Conviene con ello, resaltar lo que para SANTOS PASTOR[904] significa una distinción importante acerca de la concepción de eficiencia como un resultado deseable de bienestar social. Así nos dice que con demasiada frecuencia, algunos autores añaden que la expresión «resultados eficientes» equivale a decir resultados «mejores», que por lo tanto deben ser preferidos socialmente. Pero tal calificación no deja de ser un juicio de valor, tan legítimo como erróneo y peligroso para el trabajo científico. Sólo

---

[900] CABRILLO, Francisco. Ibíd. Págs. 86-87.

[901] PASTOR, Santos. *Sistema Jurídico y Economía. Una introducción al Análisis Económico del Derecho*. Tecnos. 1989. Madrid. Pág. 38.

[902] Ibíd. Pág. 40.

[903] Ibíd. Pág. 40.

[904] Ibíd. Pág. 41.

podremos decir que una situación eficiente debe ser preferida cuando lo que hace máximo es el conjunto de valores que ha establecido. Por ejemplo, si la sociedad identifica que éstos consisten en alcanzar la máxima igualdad, justicia, seguridad jurídica u otros, diríamos que una forma prefijada por dicha sociedad, es preferible desde el punto de vista social.

Consecuentemente, en palabras de J.M. BUCHANAN[905] una sociedad es eficiente cuando, al distribuir la riqueza, crea una situación en la que nadie puede resultar favorecido si alguien resulta empeorado; si las prestaciones que demandan los miembros de la sociedad y que pueden ser satisfechas con recursos escasos, son realmente producidas; cuando los recursos se emplean en el lugar en que su aplicación resulta socialmente más provechosa". No obstante ello, en ocasiones la eficiencia es compatible con una situación de injusticia distributiva; por eso, a la justicia distributiva se la coloca como un objetivo adicional a la consecución de la eficiencia en la asignación de recursos[906].

En tal orden de ideas, y desde esta perspectiva, puede resultar necesario aceptar determinadas pérdidas de eficiencia para la consecución de objetivos normativos más valiosos[907], lo que en palabras de SANTOS PASTOR son «sacrificios de eficiencia»[908], en beneficio de mayor igualdad, libertad o equidad.

Bajo tales premisas; si la redistribución entrañara costes y nos encontrásemos con que eficiencia y equidad son objetivos encontrados, puede que sea preferible escoger una situación o medida menos eficiente para poder conseguir un fin distributivo, de equidad[909], deseado[910].

---

[905] *"Rights, eficiency and Exchange: the irrelevant of the transaction costs"*. Fuente secundaria. En: SHÄFER, Hans-Bernd; OTT, Claus. Manual de Análisis Económico del Derecho Civil. Tecnos. Madrid. 1986. Pág. 25.

[906] SHÄFER, Hans-Bernd; OTT, Claus. Ob. Cit. Pág. 26.

[907] Ibíd. Pág. 25.

[908] PASTOR, Santos. Ob. Cit. Pág. 35.

[909] Aquí se pone de manifiesto la concepción económica de la equidad.

[910] PASTOR, Santos. Ob. Cit. Pág. 36.

En este sentido, es importante señalar que la *equidad* hace referencia genéricamente a la forma en que se distribuyen ciertos activos entre las personas. Pero este término, sin embargo, no tiene el mismo significado en Economía que en otros saberes, y desde luego difiere sustancialmente del habitual en la literatura jurídica convencional, por lo que es importante advertir sobre su significado en cada caso. La noción de equidad empleada en Economía es tomada de la Filosofía y se asocia con la noción de justicia. De muchas reglas que se han sugerido para definir el principio de justicia podemos recoger aquí, por su proximidad, aquella según la cual un tratamiento, para ser justo, o equitativo, debe ser igual para los iguales (igualdad horizontal) y desigual para los desiguales (igualdad vertical); así como regla que quien se beneficie (o perjudique) de una acción debe corre, en principio, con los costes (o beneficios) de la misma[911].

Con ésto, podemos concluir que en tanto confluyan la eficiencia y la equidad como objetivos sociales, -caso perfectamente factible en la compensación por desequilibrio-, la inclusión de criterios económicos en el sistema jurídico opera como el establecimiento de una "regla de decisión para la elección de entre dos situaciones sociales"[912].

Con ello, en opinión de SANTOS PASTOR[913], la valoración de los efectos se realiza al compararlos con los objetivos pretendidos, objetivos que suelen formar la llamada *función social de bienestar*. En dicha función puede establecerse, por ejemplo que la valoración de los resultados producidos por una norma venga dada por el bienestar social total que ocasione, por conseguir una redistribución deseada del mismo, por el grado en que fomente la libertad, la seguridad jurídica, o por otros valores. Para tal cometido, la consecución de situaciones más justas, más equitativas desde el punto de vista social, puede llevarse a cabo, por varias vías, mediante la utilización de distintos instrumentos redistribuidores. De éstos, los más conocidos son: 1) los impuestos y subsidios, 2) la regulación de los mercados, y 3) la modificación de otros

---

[911] Ibíd. Págs. 34-35.

[912] SHÄFER, Hans-Bernd; OTT, Claus. Ob. Cit. Pág. 45.

[913] PASTOR, Santos. Ob. Cit. Pág. 36.

aspectos del sistema jurídico, por ejemplo, optando por una regla de responsabilidad concreta[914] (que es el caso particular de la compensación por desequilibrio).

Opina el propio autor, que si una sociedad quiere redistribuir, debe emplear preferentemente los impuestos y subsidios, por ser más eficaces para ese cometido que la regulación de los mercados y el empleo del sistema jurídico[915]. Sin embargo, puede que haya situaciones en las que la utilización del sistema jurídico (por medios distintos de los impuestos y subsidios o de la regulación de los mercados) –como entendemos, es el caso de la familia- sea más eficaz a la hora de conseguir unos objetivos distributivos dados[916]. Posiblemente, ésta sea la razón de la inclusión de la compensación por desequilibrio en el ordenamiento jurídico mediante la figura de redistribución de un cónyuge a otro[917].

SHÄFER y OTT[918] advierten así, que ello no se trata de contabilidad, sino de una señal de orientación que indica al práctico del Derecho en qué dirección puede mirar y a qué tiene que prestar atención cuando las leyes y la jurisprudencia le abandonan. Así, le exige a ser claro sobre las consecuencias de sus actuaciones y a determinar y valorar las ventajas y desventajas de tales consecuencias; a obtener informaciones al respecto; a conocer y observar permanentemente el entorno económico y social en el que interviene. Debe dirigirse a conseguir el bienestar de los miembros individuales de la sociedad en la medida que éstos lo valoren razonablemente.

Como vemos pues, desde el punto de vista económico o político, la compensación por desequilibrio, no es otra cosa que un medio a través del cual se pretender redistribuir la riqueza en virtud, ya sea de criterios económicos que persigan la eficiencia, y al mismo tiempo se asienten sobre principios de tipo moral y/o filosófico que fundamenten el carácter de justicia de tal distribución.

---

[914] Ibíd. Pág. 37.

[915] Ibíd. Pág. 37.

[916] Ibíd. Pág. 37.

[917] Adviértase aquí el postulado de ROCA TRÍAS, acerca de la pensión compensatoria como herramienta para eliminar incentivos financieros distorsionantes.

[918] SHÄFER, Hans-Bernd; OTT, Claus. Ob. Cit. Pág. 59.

El problema que se nos plantea en este sentido, es de tipo conceptual, en la medida que no tenemos certeza de que lo más acertado sea acudir a conceptos de equidad a través de disciplinas distintas al Derecho; ya que como referimos con anterioridad, la equidad tanto desde la economía como desde la Filosofía suele estar asociada a principio o valores primarios, equivalentes a ideas preestablecidas de justicia; antes que como lo es en el Derecho, y como entendemos debe serlo, un instrumento de individualización y singularización de la justicia.

Más aún, sosteniendo como lo hemos hecho, que la *equidad* es *irrelevante* en un *contexto* como el de las relaciones patrimoniales en la familia, no tiene sentido recurrir a estas consideraciones económicas o filosóficas (por lo menos en parte), si se pretende una solución de justicia ahí donde la equidad no forma parte de ésta última, o donde no se entienden ambas como sinónimos.

Por motivos como éste, nos inclinamos a considerar que el papel de la filosofía, antes de determinar la justicia, debe tender a establecer lo que ha de entenderse por legitimidad, (es decir, las reglas sobre las cuales se entenderá la justicia), que si bien es cierto puede conducirnos a los mismos resultados en cuanto a la equidad, si es susceptible de aplicación en ambos contextos (el familiar y el social). El papel del Derecho en tales circunstancias estaría abocado a aplicar las reglas en base a los criterios de eficiencia y legitimidad, y en último término, mediante la equidad jurídica (un concepto más amplio de la equidad) determinar para cada caso concreto, donde se halla la justicia.

Todo este planteamiento sin embargo, puede ser explicado de manera más satisfactoria si posicionamos a la compensación por desequilibrio, en el marco de la filosofía política específica sobre la cual ha sido concebida, en contraposición a aquella otra que en nuestra opinión, permite configurarla no como un mero instrumento de redistribución de riqueza, sino como un instrumento de legítima asignación de derechos de propiedad.

II. La compensación por desequilibrio desde la "*Teoría de la Justicia*" de John Rawls y la "*Teoría de la legitimidad del título*" de Robert Nozick: Buscando el equilibrio de la razón en la *imperfección*

La compensación por desequilibrio es una institución, o si se quiere, un derecho proveniente directamente de lo que puede asimilarse a un pensamiento *rawlsiano*. O dicho de otra manera, el planteamiento y el objeto de la compensación por desequilibrio contenida en el artículo 97° del Código civil, desde el punto de vista de la filosofía política, descansa a nuestro modo de ver, sobre la "Teoría de la Justicia" (1971) de John Rawls.

La Teoría de la Justicia, tal y como lo refiere la propia obra, tiene como idea principal, presentar una teoría basada en un contrato social entendido como un acuerdo original suscrito entre personas libres y racionales ,cuyo objeto es articular la estructura básica de la sociedad que regulen los acuerdos posteriores y la cooperación social, sobre principios de justicia. A esto RAWLS[919] lo llama justicia como *imparcialidad*[920], aunque la idea inicial y posteriores reformulaciones[921] hacen referencia a "*la justicia como equidad*".

La base de esta doctrina que como dijimos, si bien es cierto se asimila a una posición contractualista establece ciertos valores supremos que podrían en cierta medida entenderse como derechos naturales. Sostiene así que la *imparcialidad* que reposa en el establecimiento de un *velo de ignorancia* tras el cual se busca justificar la igualdad de oportunidades entendida como *equidad*. Dicha equidad descansa a su vez, sobre dos principios básicos de justicia[922] que representan la visión de una sociedad justa bajo la

---

[919] RAWLS, John. *Teoría de la Justicia*. Fondo de Cultura Económica. México, 1979. Pág. 28.

[920] Este dato depende en gran parte de la traducción, la dicción anglosajona original es *fairness*.

[921] RAWLS, John. *La justicia como equidad. Una reformulación*. Edición a cargo de Erin Kelly. Paidós. Barcelona, 2002.

[922] Tales principios, pueden identificarse como "*principio de equitativa igualdad de oportunidades*" (en conexión con el "*principio de igual libertad de ciudadanía*") y el "*principio de diferencia*". RODILLA refiere que la introducción del principio de equitativa igualdad de oportunidades intenta asegurar iguales oportunidades para quienes estén igualmente dotados y motivados, y la aplicación de tal principio puede requerir medidas compensatorias que pueden llegar hasta formas de discriminación inversa. Ob. Cit. Pág. 50. Del mismo modo, en opinión del mismo autor, el principio de diferencia da expresión a la idea

concepción de RAWLS. Bajo el primer principio, esquematiza el profesor RODILLA[923]; cada persona ha de tener un igual derecho al más amplio sistema de iguales libertades básicas compatible con un sistema similar de libertad para todos y el bajo el segundo; las desigualdades económicas y sociales han de articularse de modo que al mismo tiempo: a) redunden en el mayor beneficio de los menos favorecidos, compatible con el principio de ahorros justos, y b) estén adscritas a cargos y posiciones accesibles a todos en condiciones de equitativa igualdad de oportunidades.

En consecuencia, RAWLS desarrolla un postulado de justicia como regla de juego limpio, mediante el cual, reivindicando la teoría del contrato social expuesto por HOBBES, LOCKE, ROUSSEAU y KANT, sostiene que todos los individuos suscriben un contrato social en el cual ostentan de una posición original en el cual no saben donde están ubicados. En tal sentido, RAWLS deduce que las desigualdades entre los seres humanos solo podrían admitirse cuando son el origen de una mejora de los más desfavorecidos[924].

Dentro del planteamiento de esta teoría de justicia, RAWLS sostiene que sus principios de justicia se abren paso desde lo que entiende como unidades básicas hacia la sociedad. En efecto, RAWLS refiere que la idea de una sociedad bien ordenada, reposa en la idea de una estructura básica. Dicha estructura básica de la sociedad es concebida como el modo en que las principales instituciones políticas y sociales de la sociedad encajan en un sistema de cooperación social, y el modo en que asignan derechos y deberes básicos y regulan la división de las ventajas que surgen de la cooperación social a lo largo del tiempo. Así, la estructura básica estaría configurada

profundamente igualitaria (o, si se prefiere, anti meritocrática) de que nadie tiene derecho a beneficiarse de las diferencias naturales y sociales si no es en condiciones que todos los demás puedan aceptar. Asimismo, apunta acertadamente que dicho principio no prescribe igualdad; antes bien, es un criterio para justificar desigualdades. Añade, que el principio de diferencia prescribe una articulación *maximin* de las desigualdades sociales: las desigualdades son justas en la medida en que las mejores expectativas de los menos favorecidos por el sistema contribuyan a maximizar las de los menos favorecidos. Ob. Cit. Pág. 51.

[923] RODILLA, Miguel Ángel. *Leyendo a Rawls*. Universidad de Salamanca. 2006. Pág. 46.

[924] SHÄFER, Hans-Bernd; OTT, Claus. Ob. Cit. Págs. 55- 57.

como el marco social de trasfondo en cuyo seno tienen lugar las actividades de las asociaciones y los individuos[925].

En correspondencia con esta idea, RAWLS reconoce que comoquiera que la justicia como equidad empieza con el caso especial de la estructura básica, sus principios regulan dicha estructura, y no se aplican directamente a las instituciones y asociaciones dentro de la sociedad, ni las regulan internamente. En específico, hace referencia en este caso, a empresas, sindicatos, iglesias, universidades y la *familia*; las mismas que asume, están limitadas por las constricciones impuestas por los principios de justicia, pero de forma indirecta[926].

En ese orden de ideas, la familia puede entenderse como una *estructura* o *institución básica*[927] a la cual se aplica una tipología específica en cuanto al nivel de justicia, al que denomina *justicia doméstica*[928]; no obstante deducimos, reconoce cierta complicación en su aplicación.

En efecto, RAWLS reconoce que las pretensiones de sus comentarios acerca de la familia son modestos, en tanto indican meramente por qué los principios de justicia se aplican a la familia, pero no indican con ningún detalle qué es lo que exigen esos principios[929]. En términos generales pues, entiende que ciertas necesidades sociales limitan todos los ordenamientos de la estructura básica, incluso los intentos de conseguir la igualdad equitativa de oportunidades, no obstante, la familia impone constricciones sobre las formas en que eso pueda hacerse[930].

---

[925] RAWLS, John. *La justicia como equidad. Una reformulación.* Edición a cargo de Erin Kelly. Paidós. Barcelona, 2002. Pág. 33.

[926] Ibíd. Págs. 33-34.

[927] Ibíd. Pág. 217.

[928] Ibíd. Pág. 35.

[929] El subrayado es nuestro.

[930] Ibíd. Pág. 217.

Pues bien, el autor en cuestión reconoce que puede pensarse que los (sus) principios de justicia no se aplican a la familia y que por lo tanto no pueden garantizar la justicia igual por ejemplo, para las mujeres y sus hijos[931]; no obstante arguye que los principios de la justicia política "*deben*"[932] aplicarse directamente a esa estructura, pero no *deben* aplicarse directamente a la vida interna de las múltiples asociaciones que contiene, la familia entre ellas. Así pues, y ante lo que para nosotros, significa una incongruencia en su planteamiento, se pregunta cómo es posible que esos principios si no se aplican directamente a la vida interna de las familias, puedan garantizar igual justicia para las esposas que para sus maridos[933].

RAWLS cree que la explicación (para poder justificar su teoría) se encuentra en que los principios políticos no se aplican directamente a su vida interna pero imponen de hecho constricciones esenciales a la familia como institución, y garantizan los derechos y libertades básicas y las oportunidades equitativas a todos sus miembros. Ésto se lleva a cabo, a su vez, y según su teoría, determinando las pretensiones básicas de los ciudadanos iguales que son a la vez miembros de familias[934].

El problema que representa esta disociación lo intenta explicar –y justificar- distinguiendo entre el *punto de vista*[935] de las <u>personas como ciudadanas</u> y su *punto de vista* como <u>miembros de familias</u> y otras asociaciones. Como ciudadanos nos dice, tenemos razones para imponer a las asociaciones las constricciones establecidas por los principios políticos de justicia; pero como miembros de las asociaciones tenemos razones para limitar esas constricciones, para permitir una vida interna libre y floreciente adecuada a la asociación en cuestión. Esta idea, le representa la necesidad de una división del trabajo entre las diferentes clases de principios, pues entiende y

931 Ibíd. Pág. 218.

932 La recurrencia a un modelo en el cual las cosas "deben" llevarse a cabo, es en gran medida, lo que nos aleja de su planteamiento.

933 Ibíd. Pág. 218.

934 RAWLS, John. *La justicia como equidad. Una reformulación.* Edición a cargo de Erin Kelly. Paidós. Barcelona, 2002. Pág. 219.

935 Las cursivas y los subrayados son nuestros.

reconoce que probablemente no aceptaríamos que los principios de justicia se aplicaran directamente a la vida interna de la familia[936].

Con todo, a efectos de brindar en este aspecto coherencia al planteamiento de su teoría, –sin perjuicio de nuestras discrepancias, empresa harto complicada y digna de reconocimiento-; RAWLS distingue lo que entiende como *dominios políticos* de *dominios no políticos*, conceptos que, entendemos, podrían ser asimilados a lo que en este trabajo hemos referido por *contexto*.

Un *dominio*, o una *esfera*, de la vida, -como lo entiende RAWLS- no es, pues, en opinión de éste, algo ya dado al margen de los principios de justicia. Un dominio –nos dice-, no es una suerte de espacio o lugar, sino sencillamente más bien el *resultado* o el producto de cómo se aplican los principios de la justicia política, directamente a la estructura básica e indirectamente a las asociaciones dentro de ella. Según él los principios estarán siempre vigentes en los llamados *dominios*[937].

Como puede verse, el autor en mención, aún cuando pretende formular un esquema susceptible de abarcar una concepción de justicia general en base al establecimiento de unos principios universales; reconoce un cierto carácter de especialidad en cuanto a los procesos internos de la familia. En consecuencia, entendemos, ésto puede traducirse en la posibilidad de la existencia de distintas nociones de justicia, para nosotros, en tanto nos asimilamos al pensamiento de BUCHANAN, en virtud de la independencia o *autonomía* de un marco jurídico (o de organización) familiar particular; en suma, de un *contexto* diferenciado.

Sea como sea, y es en realidad a donde queremos llegar, la compensación por desequilibrio tal y como está formulada proviene de la concepción de justicia propuesta por RAWLS, y recaba todos sus fundamentos de este marco filosófico, marcado por una prerrogativa redistributiva y de igualdad de oportunidades.

---

[936] Ibíd. Pág. 219-220. Esta disociación la hemos intentado explicar nosotros en este trabajo a través de la idea de los *roles* y la distinción de *contextos* y la *irrelevancia relativa* de la equidad.

[937] Ibíd. Pág. 221.

Este hecho puede apreciarse si atendemos a criterios jurisprudenciales como el expuesto por la Sentencia Audiencia Provincial núm. 8/1999 Melilla, Málaga (Sección 7), de 15 febrero, (AC 1999, 792), al sostener que «*configurada la pensión compensatoria como una aportación económica periódica e inspirada en un principio de solidaridad, en cuyo mérito se trasvasan recursos económicos del patrimonio individual del cónyuge más favorecido comparativamente y en relación al otro consorte, a favor del que como consecuencia de la ruptura matrimonial ha quedado en peor situación, su «ratio iuris» responde a la necesidad de procurar equilibrio equitativo que tiene como norte el estado de facto anterior a la concreción de la separación o divorcio;...*». En efecto, se nos habla en esta sentencia de un trasvase económico, es decir, una redistribución en todo sentido, en base a un principio (se entiende, de justicia) consistente en la solidaridad; el cual resulta necesario para justificar un posicionamiento social determinado del menos favorecido. Este posicionamiento, desde la teoría de RAWLS estaría determinado por aquella posición inicial hipotética existente tras el velo de ignorancia.

Ciertamente, otro cúmulo de sentencias pueden darnos idea de cómo la compensación por desequilibrio busca sus pilares filosóficos de legitimidad en la posición inicial de la *Teoría de la justicia* de RAWLS, en el marco de sus dos principios fundamentales, referidos a la situación de los menos favorecidos y la igualdad de oportunidades.

La Sentencia Audiencia Provincial Núm. 218/2002, Córdoba (Sección 3), de 18 septiembre, (AC 2002, 1336), se pronuncia en el siguiente sentido; «*...su legítima finalidad no puede ser otra que la de colocar al cónyuge perjudicado por la ruptura del vínculo matrimonial en una situación de potencial igualdad de oportunidades simplemente laborales y económicas a la que habría tenido de no haber mediado vínculo matrimonial...*». La Sentencia de la Audiencia Provincial de Barcelona, (Sección 18), de 14 abril 2000, (AC 2001, 1899), por su parte, con parecido razonamiento, establece: «*por cuanto su legítima finalidad no es otra que paliar el desequilibrio económico producido a uno de los cónyuges por la crisis del matrimonio, separación o divorcio, colocándole en una situación de igualdad de oportunidades a la que habría tenido de no haber mediado el vínculo matrimonial,...*». Finalmente, la

Sentencia Audiencia Provincial Cádiz (Sección 5), de 27 marzo, (AC 2000, 4915), establece, en cuanto a la finalidad de la compensación por desequilibrio, «... *no es otra, como se indicaba, que la de colocar al cónyuge perjudicado por la ruptura del vínculo matrimonial en situación de potencial igualdad, facilitándole la posibilidad de rehacer la vida y conseguir un status económico autónomo...*». Es importante además, resaltar que la reiterada referencia a un posicionamiento en la situación a la que habría tenido acceso *de no haber mediado el vínculo matrimonial*, según expusimos, incongruente, revela en este marco, su real dimensión y fundamento: la posición original social de RAWLS.

Pues bien, según RAWLS, algunos de que los principios de justicia preestablecidos por acuerdo en base a la existencia de un velo de ignorancia en cuanto a la familia, y en particular a las relaciones de sus miembros debe incidir en ciertos aspectos. Específicamente, podemos encontrar a lo largo de su obra, innumerables referencias a circunstancias puntuales susceptibles de ser consideradas como objeto de la compensación por desequilibrio.

Efectivamente, en su obra "*La justicia como equidad*"[938], RAWLS a propósito de la familia, nos dice: "*si una causa básica, aunque no la principal, de la desigualdad de las mujeres es su mayor dedicación a la crianza, alimentación, y cuidado de los niños en la tradicional división del trabajo dentro de la familia, hay que dar pasos encaminados bien a igualar esa dedicación, bien a compensarla*".

Más aún, despliega lo parece ser un discurso moral en este sentido; "*una larga injusticia histórica padecida por las mujeres es que han soportado, y siguen soportando, una parte desproporcionada de la tarea de criar, alimentar y cuidar a sus hijos. Allí donde la ley del divorcio las perjudica aun más, esa carga la hace extremadamente vulnerables. Estas injusticias recaen amargamente no sólo sobre las mujeres sino también sobre sus hijos, y tienden a socavar la capacidad de los hijos*

---

[938] RAWLS, John. *La justicia como equidad. Una reformulación.* Edición a cargo de Erin Kelly. Paidós. Barcelona, 2002. Pág. 222.

para adquirir las virtudes políticas que se les exige a los futuros ciudadanos en un régimen democrático viable"[939].

Finalmente, establece lo que puede ser una proposición para marcar el camino del advenimiento legislativo de la compensación por desequilibrio: "*ahora es propuesta habitual, a modo de norma o línea de actuación que la ley debería considerar el trabajo de la esposa en la crianza de los niños (cuando soporta esa carga como ahora es todavía común) como un trabajo que le confiere el derecho a una parte igual de los ingresos que gana su marido durante el matrimonio. Si hubiera un divorcio, debería obtener una parte igual del valor incrementado de los bienes de la familia durante ese tiempo. Cualquier desviación de esta norma habría de exigir una explicación especial y clara. Parece intolerable que un marido pueda abandonar a la familia llevándose su poder adquisitivo dejando a su mujer y a sus hijos en una situación de menor ventaja respecto a la anterior. Obligados a valerse por sí mismos, su posición económica es a menudo precaria. Una sociedad que permita eso no se cuida de sus mujeres, mucho menos de su igualdad, o ni siquiera de sus hijos que son su futuro. En verdad, ¿es una sociedad política en algún sentido?*"[940].

Desde otra perspectiva, los planteamientos presentados por John Rawls, y en particular, la visión estructural de la *Teoría de la justicia* y sus bases redistribucionistas, son objeto de crítica filosófica por parte de Robert Nozick, con argumentos a nuestro juicio, bastante acertados.

En realidad ambas posiciones difieren en cuanto a la procedencia o legitimidad de la distribución de recursos en el plano de una concepción estructural y en un contexto social entre individuos que no guarden entre sí una relación determinada. De hecho, el profesor RODILLA[941] sostiene que ambas teorías no son para nada incompatibles; no

---

[939] Ibíd. Págs. 220-221. Como puede apreciarse en esta cita, RAWLS asume *a priori* una vulnerabilidad de las mujeres y sus hijos. Este hecho, por ejemplo en cuanto a los niños, entendemos los hará crecer antes que con confianza en sí mismos, con el convencimiento de que merecen protección ya que los principios de justicia los califican como débiles. En todo sentido, esta postura nos resulta atentatoria de la dignidad personal.

[940] Ibíd. Pág. 222.

[941] RODILLA, Miguel Ángel. Ob. Cit. Pág. 191.

obstante añade, que la supuesta inconmensurabilidad entre la teoría del justo título y una teoría del tipo de la de RAWLS, se da solo bajo una noción particular del justo título, que descansa en una previa concepción normativa acerca de la estructura de los derechos individuales como derechos absolutos y exclusivos de propiedad. Asimismo, reconoce, que una u otra postura no deriva simplemente de un mejor entendimiento de la noción de justicia, sino que depende enteramente de una concepción moral sustantiva particular[942].

Pues bien, en cualquier caso, NOZICK[943] nos dice que las teorías que se orientan hacia principios estructurales incurren, ante todo, en un error conceptual: al adoptar un punto de vista meramente distribucionista, malinterpretan el problema de la justicia. Así, y en ese sentido, la tarea que ha de afrontar una teoría de la justicia no es la de descubrir criterios bien fundados para distribuir entre los hombres el producto social, más o menos como si este fuera una magnitud exógena dada, sino mas bien, la de encontrar reglas y procedimientos para la adquisición y posesión legítima de títulos diferenciales. Las teorías que buscan principios estructurales yerran el blanco –añade- porque tienden a prescribir formas de asignar a personas cosas como si se tratara de bienes mostrencos, cosas a propósito de las cuales nadie pudiera alegar título alguno. Para NOZICK pues, <una distribución es justa si cada cual tiene un título en relación con las pertenencias que posee en esa distribución> a lo que añade que dicha distribución es justa si surge de otra distribución justa por medios legítimos[944].

A propósito de ello, NOZICK establece una distinción entre concepciones históricas o procedimentales y no-históricas o estructurales en función del modo de cómo dentro de cada una se justifica la atribución de cuotas distributivas[945]. Bajo esta distinción, la distribución llevada a cabo a través de la compensación por desequilibrio en virtud a los fundamentos de la teoría de RAWLS, obedecerían a una concepción

---

[942] Ibíd. Pág. 197.

[943] En: NOZICK, Robert. *Anarquía, Estado y Utopía.* Fuente secundaria. RODILLA, Miguel Ángel. *Leyendo a Rawls.* Universidad de Salamanca. 2006. Págs. 185-186.

[944] RODILLA, Miguel Ángel. *Leyendo a Rawls.* Universidad de Salamanca. 2006. Pág. 187.

[945] RODILLA, Miguel Ángel. Ob. Cit. Pág. 198.

estructural o no-histórica. Por el contrario, el planteamiento de NOZICK, -y también el que pretendemos nosotros- recurre a una concepción histórica o procedimental; no estructural.

La razón por la cual nos inclinamos por esta opción, es precisamente por el hecho de la existencia de circunstancias históricas particulares en cuanto a la constitución y determinación de la compensación por desequilibrio (recordemos que se trata de un derecho relativo, eventual y circunstancial). Ello quiere decir, que en buena cuenta, existen antecedentes o circunstancias históricas –y no estructurales- que condicionan su otorgamiento.

El real problema que se origina en este sentido, es el referido al objeto sobre el cual ha de recaer el título en función del criterio histórico; un tema que trataremos de solucionar con el concepto de derecho subjetivo.

En efecto, NOZICK, ampliamente influenciado por el pensamiento de LOCKE, sostiene que una línea (o un hiperplano) circunscribe un área de espacio moral alrededor de un individuo[946]. En esencia, se refiere a los derechos subjetivos individuales.

Entonces se pregunta; ¿por qué no permitir cualquier traspaso de límites con tal de que se pague una compensación completa? Con ello matiza el autor, que la compensación completa, mantiene a la víctima tan alto en una curva de indiferencia, como lo estaría si la otra persona no hubiera cruzado. Consecuentemente, un sistema que permita todo traspaso de los límites con tal de que el pago de una compensación completa sea pagada, es equivalente a un sistema que requiere que todos los acuerdos previos sobre el derecho de cruzar límites, se establezcan en el punto de la curva contractual más favorable al comprador del derecho[947].

---

[946] LOCKE habría sostenido que esta línea se determina por los derechos naturales de un individuo, los cuales limitan la acción de los otros. NOZICK, Robert. *Anarquía, Estado y Utopía.* Fondo de Cultura Económica. México, 1988. Pág. 65.

[947] NOZICK, Robert. Ob. Cit. Pág. 71.

Ahora bien, es conveniente, tomar en cuenta que existen determinadas situaciones, acciones o conductas que implican un riesgo en el traspaso de los límites. Frente a tal contingencia, NOZICK anota que Charles Fried[948] ha sugerido que las personas estarían dispuestas a aceptar un sistema que les permita crear "riesgos normales" [...], prefiriendo a aquel que prohíbe crear tales riesgos (esta sería otra explicación de las tesis contractualistas). Así, ninguno se encontraría especialmente en desventaja; cada uno ganaría el derecho de realizar actividades para perseguir sus propios fines que crean riesgos a los demás, a cambio de otorgar a los otros el derecho de hacer lo mismo. El escenario descrito, podría ser, entendemos, perfectamente aplicable al matrimonio; no olvidemos que entendimos el divorcio previamente, como un riesgo. Los riesgos que los demás le crean son riesgos que él mismo hubiera estado dispuesto a sufrir en la persecución de sus propios fines; lo mismo es verdad de los riesgos que crea a los otros. Pero matiza, sin embargo el mundo está de tal manera organizado, que en busca de sus propios fines las personas con frecuencia crean riesgos a los demás, riesgos que ellos mismos no correrían directamente.

Aquí surge la solución; una transacción se sugiere de modo natural por sí misma. Deducimos de manera meridiana a partir de NOZICK, que esta es la idea: *una indemnización que en la teoría se desarrolla como compensación sobre la manifestación real del riesgo de traspaso del límite*[949]. De ahí viene el principio de compensación, aunque NOZICK lo entiende en sentido inverso a efectos de los fines respecto al Estado; es decir ha de recibir una compensación aquella persona que sufre una desventaja en virtud la prohibición de realizar una determinada actividad en virtud del derecho con el que se cuente[950].

Con esta idea en mente, NOZICK sostiene que el término "justicia distributiva" no es un término neutro[951]. [...] No hay distribución central, ninguna persona o grupo facultado para controlar todos los recursos, que decida conjuntamente cómo deben

---

[948] En: *An Anatomy of Values*. Fuente secundaria.

[949] NOZICK, Robert. Ob. Cit. Págs. 82-83.

[950] Ibíd. Pág. 85. Para mayor detalle, NOZICK, Robert. Ob. Cit. Págs. 85 y ss.

[951] Opinión que compartimos.

repartirse. Lo que cada persona obtiene, lo obtiene de otros que se lo dan a cambio de algo, o como obsequio. En una sociedad libre, diversas personas controlan recursos diferentes, y nuevas pertenencias surgen de las acciones e intercambios voluntarios de las personas. No hay más porciones para distribuir que parejas en una sociedad en la cual las personas escogen con quién contraer matrimonio. El resultado total es el resultado de muchas decisiones individuales que los diferentes individuos tienen el derecho de hacer.

Así, aunque reconoce que algunos usos del término "distribución", no implican una distribución previa, que parezca apropiada según algún criterio [...] estima más apropiado usar terminología neutra. Con ello, hace referencia a *pertenencia* (posesiones) de las personas. Un principio de justicia de las pertenencias –resalta-, describe (parte de) lo que la justicia nos dice (requiere) sobre las pertenencias[952]. Así desarrolla su *teoría de la legitimidad del título*.

Según dicha teoría, una distribución es justa si surge de otra distribución justa a través de medios legítimos. Los medios legítimos para pasar de una distribución a otra están especificados por el principio de justicia en la transferencia. [...] Cualquier cosa que surge de una situación justa, a través de pasos justos, es en sí misma justa[953]. He aquí pues, una clara compatibilidad con el planteamiento de BUCHANAN anteriormente descrito, respecto a la justicia en función de las *reglas* previas.

En efecto, la justicia de pertenencias es histórica; y tal y como sucede en cuanto al otorgamiento del derecho de compensación por desequilibrio, depende de lo que en realidad, ha ocurrido. Los lineamientos generales de la teoría de justicia de pertenencias, son que las pertenencias de una persona son justas si se tiene derecho a ellas por los principios de justicia en la adquisición y en la transferencia, o por el principio de rectificación de injusticia[954]. Con esta lógica, la compensación por desequilibrio debería

[952] Ibíd. Pág. 153.

[953] Ibíd. Págs. 154-155.

[954] Ibíd. Pág. 156.

entonces, a nuestro modo de ver, estar enmarcada antes de en una política distributiva, en una *retributiva*[955].

Los lineamientos generales de la teoría retributiva [en el sentido de GROCIO de dar a otro lo que tiene derecho a pretender] esclarecen la naturaleza y los derechos de otra concepción de justicia distributiva. La teoría retributiva de la justicia distributiva es histórica; si una distribución es justa o no, depende de cómo se produjo[956].

En consecuencia; y en contraste con los principios de justicia de resultado final, los *principios históricos* de justicia sostienen que las circunstancias o acciones pasadas de las personas pueden producir derechos diferentes o merecimientos diferentes sobre las cosas. Es precisamente aquí, donde entendemos, ha de manifestarse el papel de la equidad, puesto que tal como NOZICK acertadamente pone de manifiesto, se puede cometer una injusticia pasando de una distribución a otra estructuralmente idéntica, porque la segunda, la misma en perfil, puede violar los derechos o merecimientos de las personas; puede no corresponde a la historia real[957].

En virtud de este razonamiento, el sistema retributivo, -nos dice NOZICK- es defendible cuando está constituido por los objetivos individuales de las transacciones individuales[958]. No se requiere ningún fin más general; no se requiere pauta distributiva[959]. La justicia en los *resultados* así, dependería sólo de cómo se produjo la distribución. Algunos *procesos* que producen estos resultados serían *legítimos* y las diferentes partes tendrían derecho a sus diferentes pertenencias. Si estos hechos distributivos surgieran *efectivamente* de un proceso legítimo, (este es nuestro criterio de legitimidad) entonces estarían legitimados. Esto, por supuesto, *no* quiere decir que no se

---

[955] Según NOZICK, la interpretación de RAWLS es incapaz de producir una concepción retributiva o histórica de la justicia distributiva. Ibíd. Pág. 200.

[956] Ibíd. Págs. 156-157.

[957] Ibíd. Pág. 158.

[958] NOZICK entiende que los principios estado final y la mayoría de los principios pautados de justicia distributiva instituyen la propiedad (parcial) de los otros sobre las personas, sus acciones y su trabajo. Estos principios suponen un cambio: de la noción liberal clásica de propiedad sobre uno mismo a una noción de derechos de (co)propiedad sobre *otras* personas. Ibíd. Pág. 174.

[959] NOZICK, Robert. Ob. Cit. Pág. 162.

les puede cambiar, siempre que esto se pueda hacer sin violar los derechos de las personas[960].

Este planteamiento además permite el establecimiento de incentivos individuales y la atenuación en menor o mayor medida de oportunismos de los agentes. Si consideramos la legitimidad basada en un criterio de "méritos", y no solamente a una simple prerrogativa distribucionista[961], el enfoque de la procedencia de la compensación por desequilibrio no estaría tan ligado a la sola situación de desequilibrio y empeoramiento (que puede ser gratuita), sino a las "circunstancias de legitimidad" en la titularidad de los recursos y aportaciones durante la comunidad de vida. Tarea que de más está decirlo facilita el ordenamiento mediante ciertas presunciones, reglas y procedimientos. De esta manera, además, las distribuciones habrían pasado por un filtro de oportunismo que a la larga, podría modelar ciertas conductas sociales.

---

[960] Ibíd. Pág. 228.

[961] Aunque RAWLS también habla de méritos. Sin embargo, no deja escapar dicho concepto de un planteamiento estructural con el cual no coincidimos. En la justicia como equidad, nos dice RAWLS, la distribución tiene lugar de acuerdo con *pretensiones legítimas* y con *acreditaciones* ganadas por los individuos. Estas expectativas y acreditaciones vienen determinadas por reglas públicas del esquema de cooperación social. Insiste en que no hay ningún criterio para decidir si una expectativa, o una acreditación, es legítima al margen de las reglas públicas que determinan el esquema de cooperación. Las expectativas y acreditaciones legítimas se basan siempre (en la justicia como equidad) en esas reglas. Aquí se asume, claro, que esas reglas son compatibles con los dos principios de justicia. Dado que esos principios son satisfechos por la estructura básica y dado que se respetan todas las expectativas y acreditaciones legítimas, la distribución para RAWLS resultante es justa, sea la que fuere. No obstante, refiere que en ocasiones su teoría puede malinterpretarse, y señala que considera un concepto de mérito moral, si bien es cierto, ha de contar con un sustituto: la expectativa legítima. Ob. Cit. Págs. 107-108. Én cuanto al caso puntual de la familia, señala que esta pertenece a la concepción política de la justicia y está pensada para ser aplicada a ese dominio. Aunque la concepción política en su conjunto se aplica ciertamente a la familia como institución que pertenece a la estructura básica, reconoce que sus diversos principios no están pensados para ser aplicados directamente a los miembros de la familia, o a las relaciones personales entre individuos, ni tampoco a las relaciones entre los miembros de los grupos pequeños, o a las asociaciones. Por ejemplo, la concepción política de la justicia no exige que los padres traten a sus hijos de acuerdo con el principio de diferencia, como tampoco exigen que los amigos se traten así mutuamente. Cada uno de estos casos –añade- seguramente exige sus propios criterios específicos (el verdadero sentido de la equidad o el equilibrio en su caso, entendemos). Hasta dónde se pueda mantener la idea de las expectativas legítimas debe ser considerado por separado en cada caso. Ob. Cit. Págs. 108-109. Esta sola afirmación nos promueve a mantener nuestro planteamiento respecto a las ideas de justicia en función de distintos contextos. Ahora bien, hemos de señalar que aunque RAWLS asocia, en principio acertadamente, al mérito con la expectativa legítima, nuestro planteamiento de expectativa legítima difiere del suyo en tanto, el del citado autor entiende la legitimidad solo en cuanto se hallen inmersas en las reglas establecidas de forma exógena. No caben aquí pues, reglas privadas. Según su planteamiento pues, todo lo que se encuentre fuera de su planteamiento, es consecuentemente ilegítimo.

Con todo lo antes dicho, dentro de la *teoría de la legitimidad del título*, una comunidad de vida es un escenario dentro del cual los *procesos* son legítimos, sin embargo, la titularidad de las *posesiones* es imprecisa, y por ende, los *resultados* que genera dicha imprecisión producen discrepancias relativas a la impresión de un desequilibrio económico.

Ello nos lleva a pensar, que probablemente el problema del desequilibrio económico, se encuentre antes que en los *procesos* mismos, en la *imprecisión* de la *titularidad* de las posesiones. En suma, en lo que se entiende por *imperfección* del Derecho de familia.

En efecto, el jurista francés Michel Villey[962], basado en las ideas de ARISTÓTELES, asume que el Derecho de familia es *imperfecto*. Y aunque no reconoce como nosotros, la existencia (y por ello esta suerte de imperfección) de un Derecho *intuitivo* como tal, si habla de un *ius imperfectum* en base a una serie de criterios. Dice que los miembros de la familia no son lo suficientemente «otros» para que, entre ellos se cree un Derecho. La familia, nos dice citando a HEGEL, nace del *amor* y no de la *justicia* en sentido estricto.

¿Donde pues, radicaría esta "*imperfección del Derecho de familia*"? Nosotros nos inclinamos por considerar que en las peculiaridades de un *contexto sui generis* en la delimitación de los derechos individuales de los miembros en virtud de un orden jurídico espontáneo, funcionalmente distinto al social global o de Derecho en sentido estricto.

No menos que oportuno e ilustrativo en beneficio de esta afirmación, resulta anotar la visión del propio VILLEY, en virtud del hecho de que sostenga que en la vida familiar, no es necesaria una definición rigurosa de la parte de cada uno; ni fórmulas de igualdad estricta o proporcional, de *dikaion* en el sentido pleno de la palabra[963].

---

[962] VILLEY, Michel. *Compendio de Filosofía del Derecho. Los medios del Derecho.* Universidad de Navarra. Pamplona, 1979. Págs. 96-97.

[963] Ibíd. Pág. 97.

En efecto, el citado autor pone de manifiesto que en el pensamiento de la antigüedad, al contrario de los derechos modernos, tanto el Derecho romano como el griego, apenas se ocuparon de las relaciones *intrafamiliares*. Consideran únicamente las relaciones entre cabezas de familia. La *Economía* (arte de gobernar la familia) se diferenciaba del *Derecho*. Entre las dos artes, –nos dice VILLEY- hay alguna *interferencia*; la justicia particular.

La *justicia particular*, -la cual nosotros imputamos de manera directa como la verdadera dimensión y función de la equidad-, nos revela VILLEY, tiene algo que decir sin embargo, en el interior de la familia, ya que en ella existen distribuciones (aunque sin rigor ni fijeza). A propósito de ello, resalta el autor, que ARISTÓTELES admite la existencia de «cuasi-derechos» de la familia tocante a las relaciones entre esposos, padres e hijos, dueños y criados, pero no serían más que *derechos imperfectos*, aproximados[964]. Cabe resaltar asimismo, que según ARISTÓTELES entre padres e hijos no se da un *ius* o *iustum perfectum*, por faltar una verdadera igualdad[965]; sólo existe un *ius imperfectum*.

Dicho esto, ¿cómo podemos conciliar esta idea de *imperfección* en el marco de una teoría de derechos personales en el ámbito del Derecho civil, y en ella, darle cabida a la compensación por desequilibrio?

Para dicho cometido, hemos de replantearnos, o acaso revisar en lo sucesivo, el concepto de derecho ("subjetivo") y consecuentemente, el de derecho de propiedad. Con ello, pretendemos en primer lugar, demostrar que la compensación por desequilibrio es susceptible de ser sustentada o fundamentada a través de la restitución de títulos diferenciados y asignación de derechos de propiedad, al margen de criterios redistribucionistas y/o de solidaridad; y en segundo lugar, procurar brindar una fórmula sobre la cual pueda cimentarse la titularidad individualizada de los recursos.

---

[964] Ibíd. Pág. 97.

[965] Aquí encontramos un enfrentamiento entre la teoría de RAWLS y ARISTÓTELES, en tanto este último, sostiene que existe una igualdad de hecho.

III. La compensación por desequilibrio como derecho subjetivo

Para llevar a cabo un conveniente acercamiento sobre la calidad de la compensación por desequilibrio de derecho subjetivo y sus particulares implicaciones, hemos de, en primer lugar, empezar por definir lo que entendemos por este último.

En tal orden de ideas, ¿qué debemos entender por *derecho subjetivo*? Sin ánimo de extendernos demasiado, y hacer un análisis extensivo de cada uno de los conceptos o dimensiones de la acepción Derecho, podemos partir señalando que existe una gran diferencia entre la idea de *derecho subjetivo* y el *ius* del Derecho romano clásico.

Según pone de manifiesto VILLEY[966], el *ius* es definido por el Digesto como lo que es justo (*id quom justum est*); aplicada al individuo, esta palabra designa la parte justa que deberá atribuírsele (*ius suum cuique tribuendum*) con relación a los otros, en esta tarea de repartición (*tributio*) entre varios, que es el arte del jurista. Esta concepción del *ius* a nuestro modesto modo de ver, sería aquella heredera o correspondiente, de la acepción griega *dikaion* a la que antes se hacía referencia.

En efecto, el *ius*, o como dicen también con más gusto los romanos, los *iura* no son normas que tienen su asiento en el pensamiento o en el discurso de los hombres, sino cosas que radican en el mundo de la naturaleza o instituciones sociales o bien lo que descubrimos en el seno de cada acción[967]. Es en virtud de esta particular visión, entendemos, que ARISTÓTELES entendiera a la justicia como una virtud, en buena cuenta, antes que como un principio, como una cualidad, una característica.

Siendo así, desde lo metafísico pasó a la individualización de la cualidad de un sujeto, en virtud de su facultad de proceder. Así se hablaba en el principio de "*mi derecho*" o "*tu derecho*" haciendo alusión al agente implicado. En términos generales, el concepto actual forma parte de un proceso histórico y dialéctico.

---

[966] Ibíd. Pág. 162.

[967] VILLEY, Michel. *Compendio de Filosofía del Derecho. Los medios del Derecho.* Universidad de Navarra. Pamplona, 1979. Pág. 107.

Con estas ideas en mente, es conveniente apreciar que en algunas de las definiciones de la escolástica española *ius* designa la *conducta recta* o la *norma de la conducta recta*; no obstante, como revela VILLEY[968], en autores ajenos, tales OCKHAM y HOBBES[969], el *ius* no evoca ya el deber que impone la ley moral sino lo contrario, una *permisión* que concede la ley moral (una *licentia*) o una libertad (*libertas*).

Así, una tesis bastante aceptada respecto al origen del término derecho subjetivo fue la propugnada por VILLEY, el mismo que sostenía que la primera referencia al derecho subjetivo como facultad proviene del fraile franciscano Guillermo de Ockham, con ocasión de la *Querella de la pobreza* del Papa Juan XXII, en su *Opus nonaginta dierum*. Opinión distinta mantiene GUZMÁN BRITO[970], quien en virtud de distintos estudios, imputa la primera autoría de tal idea a Marsilio de Padua a través de su obra *Defensor pacis*.

Ciertamente, en dicha obra, -nos revela GUZMÁN BRITO-, MARSILIO discute los sentidos de la palabra *ius* y a propósito de su significación "*de omni humano actu, potestate vel habito acquisito*" comenta: "*Secundum hanc quidem significationem soliti sumus dicere `hoc ius alicuius esse', cum rem aliquam iuri primo modo dicto conformiter vult aut tractat*"[971]. Se habla pues aquí, aunque promiscuamente, del derecho como *potestas,* palabra ésta expresamente empleada en el texto. La noción aparece ilustrada enseguida con una expresión: se dice, en efecto, que "este derecho es de alguien" cuando alguien quiere o pretende algo. Pero lo que interesa destacar según GUZMÁN BRITO, es el verbo empleado por MARSILIO para introducir esta dicción: "acostumbramos decir" (en pretérito perfecto: *soliti sumus dicere).* Con ello, el autor de

968 Ibíd. Pág. 163.

969 HOBBES (*Leviatán*) define el derecho subjetivo del estado de la naturaleza como la libertad que tiene el hombre de hacer cuanto quiera, en el primer estado natural, para su propia conservación; y esta libertad es ilimitada.

970 GUZMÁN BRITO, ALEJANDRO. *Historia de la denominación del derecho-facultad como "subjetivo"*. En: *Revista de Estudios Histórico-Jurídicos Nº 25* [pp. 407-443]. Valparaíso, Chile, 2003.

971 MARSILIUS PATAV., *Defensor pacis* IIª parte, 12, 11: Fuente secundaria. Cit. por GUZMÁN BRITO, ALEJANDRO. *Historia de la denominación del derecho-facultad como "subjetivo"*. En: *Revista de Estudios Histórico-Jurídicos Nº 25* [pp. 407-443]. Valparaíso, Chile, 2003.

nuestra referencia se pregunta convenientemente; si la idea de los juristas de identificar *ius* con *potestas,* habrá sido precedida por usos lingüísticos del común como "este derecho es mío", "esto es mi derecho", "por derecho puedo", etcétera, que representa el fundamento de nuestras anteriores referencias.

Volviendo a la escolástica española, más tarde Francisco de Vitoria, define al *ius* como *"potestas vel facultas conveniens alicui secundum leges"*. Luego, entrado este concepto en la Escuela de Salamanca, tenemos posteriores y consecuentes definiciones del *ius*, de autores como Domingo de Soto, (*"jus idem est quod facultas disponendi de rebus liberique illis utendi"*), Luis de Molina (*"facultas aliquid faciendi sive obtinendi aut in eo insistendi, vel aliquo alio modo se habendi, cui sine legitima causa, contraveniatur, injuria fit eam habenti"*) o Francisco Suárez (*"facultas quaedam moralis quam unusquisque habet vel circa rem suam vel ad rem sibi debita"*).

Más aún, como bien recuerda GUZMÁN BRITO, de estos juristas, a su vez, depende HUGO GROCIO, quien recoge esta definición de derecho: "*Qualitas moralis personae competens ad aliquid juste habendum vel agendum* (...) *Qualitas autem moralis perfecta, facultas nobis dicitur*".

Allende estas definiciones correspondientes a la Edad Media, algunos autores modernos mantuvieron esta concepción, o por lo menos, no la ignoraron. Éste es entre otros, el caso de THIBAUT[972], el que en su *System des Pandektenrechts* de 1803, se limita a decir que la posibilidad moral de limitar la libertad de los demás se llama "derecho" *(ius)* o facultad.

Ahora bien, estas definiciones respecto al *ius* como *facultas* o *potestas*, tuvieron en paralelo, a nivel filosófico un desarrollo en virtud su consideración como subjetivo u objetivo. Según GUZMÁN BRITO, al parecer, el camino que condujo a la denominación definitiva de derecho subjetivo que conocemos hoy en día, empezó con el jurista Georg Darjes (1714-1791), quien distinguió entre "derecho considerado subjetivamente" y "objetivamente" (*ius subiective sumto-ius obiective sumto*).

---

[972] Fuente secundaria. En: GUZMÁN BRITO, ALEJANDRO. Ob. Cit.

Esta tendencia, llegó de forma paulatina y casi coloquial e imprecisa, a autores como SAVIGNY. Este hecho, queda de manifiesto al prestar atención a algunos de sus textos. Nuevamente, el profesor GUZMAN BRITO[973], nos revela que en realidad, cuando SAVIGNY introduce por vez primera la noción en su *System,* prefiere la manera aún más antigua, propiamente casi escolástica ("facultad"): *"Diese Macht nennen wir ein Recht dieser Person, gleichbedeutend mit Befugnis"* ("Este poder nosotros lo llamamos un derecho de esa persona, significándolo igualmente con facultad"), y solo enseguida agrega: "*Manche nennen es das Recht im subjectiven Sinn*" ("algunos lo llaman derecho en sentido subjetivo"). Algo similar hace con el derecho como norma: "*Diese Regel nennen wir das Recht schlechthin, oder das allgemeine Recht: manche nennen sie das Rechts im objectiven Sinn*" ("esta regla nosotros la llamamos derecho sin más, o el derecho general: algunos la llaman derecho en sentido objetivo").

Con todo pues, en cuanto a la dimensión a concepción del actual derecho subjetivo, no es ocioso resaltar que los juristas romanos hablan a cada instante de facultades y de poderes de las personas, y sus escritos están saturados de expresiones verbales como *potest* o *licet,* o sustantivas como *facultas* o *potestas*, no obstante, es cierto de igual modo, que no existe texto jurisprudencial, legal o literario alguno en que se nos diga que la palabra *ius* significa el poder o la facultad de las personas.

Entonces, en beneficio de los datos que nos ofrece la historia documentada, y en ausencia de aquella que lo desmiente, hemos de partir a efectos del tratamiento en específico de la compensación por desequilibrio de la concepción del derecho como *facultas*, *voluntas* o *potestas* y en particular, como veremos en un sentido específico, el de "*potentia*".

Sin recurrir a un teoría de los derechos naturales, (de la que no somos partidarios), podemos tener en consideración las referencias ideológicas aportadas por VILLEY, en tanto señala (con lo que podría entenderse, un espíritu de derecho natural) que los reinos han nacido de la iniciativa de los hombres y sus libertades, por su consentimiento a la institución del poder. Y del poder así fundado, ha nacido el reparto

---

973 Loc. Cit.

de las propiedades, *de lo mío* y *de lo tuyo*, el límite de los derechos positivos de cada cual, todo el conjunto de las reglas jurídicas[974].

Complementando esta idea inicial, con lo que representa una interpretación consecutiva en manos de tesis contractualistas, el propio VILLEY[975] agrega, que en estado civil, nuestro Derecho se enriquece con una nueva dimensión. Y lo que habremos de pedir al Estado, creado por el contrato social, será que haga efectivos y garantice estos derechos subjetivos, apoyándolos con la fuerza pública, teniendo por otra parte, que limitarlos. He aquí pues, una definición válida para nuestro estado presente: el derecho subjetivo es, más que la permisión conferida por la ley moral, una «facultad» hecha efectiva por la fuerza del Estado; poder en el sentido pleno de la palabra, no solo en sentido de *dürfen* (posibilidad), sino en el de *können* (capacidad), *mögen*; potencia física. Digamos de paso, que para SPINOZA, el derecho subjetivo, incluso *natural*, es la *fuerza* de que dispone el individuo en el estado de la naturaleza[976].

Pues bien, con las reflexiones que anteceden, asumamos que un derecho subjetivo, en esencia, una facultad individualizada en un sujeto, una capacidad, poder o potestad, de hacer valer su voluntad y limitar dentro de su espacio o dominio, la ajena.

Pero, ¿cuál es ese espacio?, ¿cuáles son sus fronteras?, porque como bien señala VILLEY[977], verdad es que voluntad no significa arbitrariedad. Nosotros somos partidarios de circunscribir dicho límite a los acuerdos y compromisos (tácitos o expresos), lo que bien podría entenderse como la lucha de intereses de VON IHERING.

---

[974] VILLEY, Michel. *Compendio de Filosofía del Derecho. Los medios del Derecho.* Universidad de Navarra. Pamplona, 1979. Págs. 99-100.

[975] En realidad, Michel Villey en cuanto a estas teorías, es un escéptico, o acaso demasiado pragmático. Refiere de las doctrinas modernas del derecho natural citando a STAMMLER que son meras «botellas vacías decoradas con una hermosa etiqueta»; de forma similar se refiere a las doctrinas del contrato social, con calificativos como los de "mito" o "pura palabrería". VILLEY, Michel. Ob. Cit. Pág. 111.

[976] VILLEY, Michel. *Compendio de Filosofía del Derecho. Los medios del Derecho.* Universidad de Navarra. Pamplona, 1979. Págs. 164.

[977] VILLEY, Michel. Ob. Cit. Pág. 100.

En consecuencia; los derechos dependen de la voluntad, de lo que se *da* versus lo que se *toma*, lo que se *quiere* dar versus lo que se *puede* tomar.

Y precisamente aquí es donde toma sentido la justicia: decimos que un hombre es «justo», más especialmente, para significar que tiene la costumbre de *no coger* «más que su parte» de los bienes que se disputan en un grupo social, ni menos de su parte del pasivo, de las cargas, de los trabajos[978].

Consecuentemente, aquí aparece el objeto o el fin del Derecho; lo que VILLEY[979] en específico, define como la finalidad del arte jurídico[980]: la *repartición*. Dice el citado autor, en efecto; el Derecho no busca la verdad [...], el Derecho tampoco busca la utilidad [...] el Derecho mira a la *partición de los bienes*. Según una fórmula repetida por la mayoría de los filósofos y juristas de Grecia y Roma la misión del Derecho es dar, asignar a cada uno lo suyo: *suum cuique tribuere* (de *tribuere*: atribuir, asignar, distribuir). Dicho arte jurídico, a su vez, tiene un campo de aplicación; es decir, presupone y se ejerce en un grupo social. No hay Derecho, *dikaion*, más que en el interior de un grupo social o de algunos grupos sociales en los que se realiza una repartición[981]. Este razonamiento, nos permite seguir sosteniendo que la familia, como grupo social en el cual se llevan a cabo ciertas reparticiones, puede, y por lo general es, un escenario o campo de aplicación de su propio Derecho, (el Derecho *intuitivo* y *espontáneo* particular), en tanto, las reparticiones que se llevan a cabo al interior de la familia, rara vez cumplen u obedecen principios o reglas impuestas de manera exógena.

En este orden de ideas, ¿cuál es la materia u objeto de dicha repartición entendida como la finalidad del arte jurídico? VILLEY[982] acertadamente nos refiere que los son los *bienes externos*. El Derecho mira al reparto de bienes exteriores. Hay

---

[978] Ibíd. Pág. 78.

[979] Ibíd. Pág. 80.

[980] VILLEY distingue el arte del Derecho o las fronteras del arte jurídico respecto a la justicia particular en función del fin que se propone en relación con otras artes. Ob. Cit. Pág. 83.

[981] Ibíd. Pág. 82.

[982] Ibíd. Pág. 81.

infinidad de bienes que no se prestan al reparto, bienes llamados espirituales, que seguramente son los principales: puede haber más placer y satisfacción en escribir un libro que en percibir derechos de autor. Bienes espirituales como la verdad o el amor [...] el amor no se divide: ni el amor [...], ni la libertad, ni el "respeto a la persona humana".

Probablemente, ésta sea la esencia de la *imperfección* del Derecho de familia, una "imperfección" en el reparto de los *bienes exteriores* en función de los *espirituales*. Esta *imperfección* respecto al Derecho en sentido estricto, radica a nuestro juicio, en la imposibilidad incorporación perfecta de sus fundamentos, en las estructuras racionales establecidas. Y es que en la familia se da una peculiar confusión y confluencia entre el reparto, el amor, la libertad y la autoridad (esta última en cuanto a las relaciones paterno-filiales). No se trata pues, de que el Derecho de familia sea en sí mismo imperfecto, sino que es ésta una calificación del Derecho en sentido estricto, desde una perspectiva racional. Probablemente, la imperfección se encuentre más bien, en éste último, y en su incapacidad de incorporar a su esfera una serie de fenómenos propios de las relaciones familiares.

En efecto, hay bienes y recursos que pueden no repartirse, pero entendemos, si delimitarse en cuanto al individuo, dentro de una esfera a efectos de la determinación de sus derechos. Entonces, ¿cuál es esa medida?, o ¿dónde establecer dicha delimitación? Creemos que un referente adecuado, es allí donde confluyen bienes exteriores, espirituales y voluntad en el propio sujeto y su «*potencial*»: el *capital humano*. Porque incluso el amor es un bien que se adquiere en función de quién se es. Y quien se es, en gran medida, es lo que se tiene (un potencial personal).

Si damos por válida esta premisa, en la cual la ideas de la *potestas* y *potentia* se funden y se asimilan a la idea del derecho subjetivo, como un dominio y facultad específicos sobre *capital humano* y su proyección; la compensación por desequilibrio representa un derecho subjetivo, en tanto, en virtud de ésta, la voluntad individual limita la incidencia de su capital humano en cuanto a ciertos *resultados*, tales como los representados por el desequilibrio económico. Dicha limitación queda legitimada en base a los procesos previos, y se manifiesta a través de la pretensión tendente a la restitución en función del título (titularidad) que se posee sobre el propio capital humano.

Dentro de este razonamiento, los derechos subjetivos son en gran medida derechos de propiedad, y cabe distinguir, bastante más que meros derechos reales. Con parecido razonamiento entendemos, ROTHBARD[983] sostiene como ya advertimos, que solo tiene sentido entender los derechos como derechos de propiedad. De esta manera, todos los derechos de un ser humano se encuentran integrados en el patrimonio personal. Entiende el citado autor[984], que los derechos de propiedad son el criterio angular que dota de sentido a los derechos humanos. En efecto, entiende que, "en primer lugar, los derechos de propiedad se identifican con los derechos humanos en dos sentidos: uno, que la propiedad *sólo* puede atribuirse a los seres humanos, de modo que una persona tiene derechos de propiedad precisamente porque es un ser humano. Y dos, que el derecho de la persona sobre su propio cuerpo, su libertad personal, es tanto un derecho de propiedad sobre su persona como un derecho humano[985].

Así, la compensación por desequilibrio, como derecho subjetivo, puede ser entendida en sentido inverso o negativo, como la facultad del sujeto de reivindicar la proyección e incidencia de su capital humano, a efectos de una restitución vía compensación.

Pues bien, aún cuando la lógica nos conduce a un planteamiento en el cual los derechos son entendidos como parte de un patrimonio privativo, reiteramos, no hablamos de derechos de propiedad en el sentido comúnmente entendido de los derechos reales. No hablamos en consecuencia de propiedad sobre los derechos, sino más bien, de titularidad. Esta es la razón que nos promueve a apartarnos de teorías dualistas acerca de los derechos subjetivos. Los derechos de propiedad tanto desde el punto de vista de los bienes externos o espirituales, así como de su reivindicación,

---

[983] ROTHBARD, Murray N. *La Ética de la Libertad.* Unión Editorial, Madrid, 1995. Pág. 166.

[984] ROTHBARD, Murray N. Ob. Cit. Pág. 166.

[985] Esta postura sin embargo, cabe en lo que se entiende como teoría de derecho natural, matiz del que nos apartamos, en tanto consideramos que estos derechos, facultad, o potencial, no es un hecho que viene dado, sino que representa una tendencia natural que los seres humanos hemos idealizado como "derechos" para proteger una prerrogativa.

tienen su fundamento y coherencia, en un elemento común que confluye en el sujeto y su voluntad, y en una tesis monista personalista como la expuesta por Marcel Planiol y George Ripert.

Esta tesis nos permitirá incorporar dentro de una teoría del Derecho civil, la compensación por desequilibrio en un marco en el cual las aportaciones personales y sus consecuentes expectativas puedan ser susceptibles de restitución y/o compensación en virtud de títulos individuales diferenciados, y con total exclusión de consideraciones de tipo moral, o fundamentos que entendemos, vulneran la dignidad personal.

IV. Una vuelta de tuerca: la concepción de Planiol y Ripert acerca de los derechos de propiedad: "la obligación pasivamente universal"

«En la tribu africana llamada de los barotse,
el derecho de propiedad
no define tanto los derechos de las personas sobre las cosas
como las obligaciones entre personas en relación con las cosas»

Max Gluckman

PLANIOL y RIPERT[986] mantienen una tesis personalista acerca de los derechos reales. En ese sentido realizan una crítica sobre la definición que existe sobre un derecho real entendida cuando una cosa se encuentra sometida completa o parcialmente al poder de una persona en virtud de una *relación inmediata* que puede ser invocada contra cualquier otra. La base de dicha crítica reposa en que dicha definición implica, como carácter esencial del derecho real, la creación de una relación entre una persona y una cosa; y que con ello, no exista un intermediario entre la persona que sea su titular y la cosa a la cual se refiera el derecho. Así, sostienen que dicho planteamiento es falso.

Refieren explícitamente que no es exacto afirmar que el derecho real, la propiedad, por ejemplo, consista en establecer una relación directa entre una persona y

---

[986] PLANIOL, Marcel y RIPERT, George. *Tratado práctico de Derecho civil francés. Tomo III.* Cultural S.A. La Habana, 1946. Págs. 42-43.

una cosa. Esta relación –sostienen- no es más que un hecho, y tiene su nombre, es la posesión, es decir, la posibilidad de tener la cosa y de servirse de ella como dueño[987].

Una relación de orden jurídico (es decir, lo que entendemos por derecho) no puede existir entre una persona y una cosa (aquí la esencia personalista). Ello sería un contrasentido. En principio todo derecho es una relación entre personas. Esta es, -nos dicen PLANIOL y RIPERT- la verdad elemental sobre la cual está fundada toda la ciencia del Derecho y el axioma es inquebrantable[988].

Ahora bien, partiendo de esta base, o axioma, como el propio PLANIOL lo denomina, los autores *personalistas*[989] definen el derecho real como una relación jurídica establecida entre una persona, como sujeto activo, y todas las otras como sujetos pasivos. Esta relación –refieren- es de *orden obligatorio*, es decir, que tiene la misma naturaleza que las obligaciones propiamente dichas. La obligación impuesta a todos menos al titular del derecho es puramente negativa; ella consiste en abstenerse de todo lo que pueda perturbar la posesión pacífica que la ley asegura a éste último. El derecho real debe por tanto, ser concebido bajo la forma de una obligación, en la cual el sujeto activo es *simple* y está representado por una sola persona, en tanto que el sujeto pasivo es *ilimitado en su número* y comprende todas las personas que entren en relación con sujeto activo. Bajo esa lógica, nadie está obligado a respetar la posesión del ladrón; todo el mundo está obligado a respetar la del propietario. El lazo obligatorio que envuelve a todos, menos el titular del derecho, se hace visible cuando es violado; el contraventor es condenado a una reparación y esto no sería posible si él no estuviera obligado con anterioridad[990].

Tras estas reflexiones, PLANIOL y RIPERT, nos ofrecen un alcance de la concepción personalista acerca de los derechos reales (los derechos reales son así en

---

[987] Loc. Cit. Págs. 43-44.

[988] PLANIOL, Marcel y RIPERT, George. Ob. Cit. Pág. 44.

[989] Tales como el propio PLANIOL en primer término, RIPERT, MICHAS, PRODAN y QUÉRU.

[990] Loc. Cit.

esencia, más una protección de la voluntad, que de los bienes)[991]; refieren dichos autores que si bien puede entenderse que existe una obligación pasiva universal, no lo es en realidad; puesto que no puede pesar sobre hombres que no han de estar nunca en relación con el beneficiario del derecho y que quizás ni formen parte de la misma comunidad jurídica. En realidad, sostienen, lo que existe es una obligación de un *sujeto pasivo indeterminado*[992], que viene a determinarse por sí mismo cuando se opone a la reivindicación del propietario[993]. Este sería el sentido de la reivindicación de la compensación por desequilibrio a la que hacíamos referencia en el acápite precedente.

Consecuentemente, para brindar una definición respecto de los derechos reales, los citados autores acuden a una duplicidad definitoria. En su aspecto externo, lo que se presenta es la obligación general que tiene por objeto hacer que se respete la situación del titular con relación a la cosa, obligación pasiva que puede sin embargo revestir a veces formas positiva, constriñendo a los terceros a realizar una prestación. En su aspecto interno el derecho real representa poder sobre la cosa. Este poder no lo constituye solamente la posesión. Primeramente, la misma posesión no es tampoco una simple situación de hecho sino un verdadero derecho puesto que ella está protegida por acciones judiciales. El poder del propietario está determinado y limitado por la ley, que es la que concede la relación jurídica resultante del derecho real un carácter bien diferente del de obligación[994].

Así pues, y por tanto, PLANIOL y RIPERT definen el derecho real como el derecho que impone a toda persona la obligación de respetar el poder jurídico que la ley confiere a una persona determinada para retirar de los bienes exteriores todo o parte de las ventajas que confiere la posesión de ellos, o, si se prefiere, el derecho que, dando a una persona u poder jurídico directo e inmediato sobre una cosa, (o sobre sí mismo)[995]

---

[991] El paréntesis es nuestro.

[992] Recordemos que en el Capítulo II, nos referíamos a la indeterminabilidad como sinónimo de universalidad, un tipo de altruismo social.

[993] Ibíd. Pág. 45.

[994] Ibíd. Pág. 46.

[995] El paréntesis es nuestro.

es susceptible de ser ejercitado, no solamente contra una persona determinada sino contra todo el mundo[996].

En realidad, con la incorporación de este planteamiento en nuestra tesis, no pretendemos equiparar o hacer incidir a la compensación por desequilibrio en el ámbito estricto de los derechos reales; sino más bien, alejarnos de cualquier entendimiento o consideración dualista acerca de los derechos personales como derechos de propiedad. Entendemos pues, que es indiferente calificar a un derecho como real o personal, puesto que en ambos casos puede existir –y de hecho, creemos existe- una dinámica idéntica; en tanto, fuera del establecimiento de dicha distinción, se pueden considerar en virtud de la tesis personalista, a nivel teórico jurídico, los derechos personales como derechos de propiedad en sentido amplio, en función de la *facultad* sobre la *voluntad*; y el *poder*, *dominio* o *potencia* sobre el *capital humano*.

Desde esta perspectiva, la compensación por desequilibrio como derecho subjetivo en consecuencia, vendría a representar la *facultad* de un sujeto de limitar la incidencia de su potencial *–potentia-* (capital humano), fuera de la esfera que rodea los acuerdos y promesas legítimos (expresos o tácitos) por él suscritos; así como en su caso, la capacidad de reivindicar la restitución de aquella parte incidente.

Desde el punto de vista del derecho objetivo, o de la compensación por desequilibrio como institución jurídica, se trata de la obligación pasiva sobre cualquier sujeto, de abstención sobre un *capital humano* ajeno, en virtud de la interacción patrimonial fuera de los límites fijados por los acuerdos.

En consecuencia, no vemos dificultad alguna, en aplicar estos planteamientos a la disposición de las características personales, en suma, el *capital humano*. Es difícil distinguir al individuo como *sujeto de derecho*, y a la vez, a su *capital humano*, que ciertamente forma parte del sujeto, como un *objeto del derecho*. Por ello hablamos de *titularidad* respecto a los *derechos de propiedad*. Ello, igualmente entendemos, nos

---

[996] PLANIOL, Marcel y RIPERT, George. Ob. Cit. Pág. 47.

permite resolver el fundamento de la compensación por desequilibrio sin atender a criterios atentatorios a la dignidad personal.

En efecto, pretendemos que esta fórmula nos permita prescindir de criterios morales de solidaridad e incidir en aspectos personales más objetivos. Con ello, se puede abrir la puerta de la delimitación de derechos de propiedad, y su consecuente asignación en cuanto al Derecho convencional, en el cual, la *equidad* será ya no un concepto preestablecido, sino simplemente, el instrumento de individualización de la norma.

Pero, y ¿qué pasa con el Derecho *intuitivo*?, porque estas formulaciones están dadas –en principio-, para el Derecho en sentido estricto y su aplicación en un marco de convivencia social que requiere de cierta esquematización teórica. Ahora bien, aun cuando nos resulta una tesis satisfactoria al efecto, existen otras que consideramos, pueden aplicarse perfectamente al Derecho *intuitivo*, y vendrían a cubrir el vacío existente en cuanto a la antes citada "*imperfección* del Derecho de familia". Se trata de la tesis expuesta por León Dugüit, y sospechamos, esclarece muchos aspectos en cuanto a la interacción familiar íntima.

V. El Derecho y la propiedad como funciones de la división del trabajo. La tesis de León Dugüit

Una tesis -por llamarla de alguna manera-, disidente en cuanto a los derechos subjetivos; y la lógica de las relaciones patrimoniales de los sujetos, es la aportada por León Dugüit. Este jurista francés, considerado padre de la Escuela sociológica del Derecho, muy probablemente por su íntima amistad y afinidad intelectual con el sociólogo Émile Durkheim[997], nos ofrece una versión alternativa de los derechos subjetivos, y en gran medida, de cómo ha de mirarse la interacción de los sujetos en la sociedad; planteamiento con particular relevancia, en nuestra opinión, en lo que respecta

[997] De quien aparentemente, recoge conceptos como los de *hechos sociales*, *división del trabajo*, así como la idea de "*función*".

a las relaciones intrafamiliares. En buena cuenta, la tesis de DUGÜIT[998], si es mirada con atención, puede a nuestro parecer, al margen de haber sido concebida sobre (y para) la sociedad, darnos alguna idea acerca de lo que hemos denominado Derecho *de la* familia y sus divergencias con el Derecho de familia, o de la *imperfección* de éste último.

Así pues, para establecer sus definiciones, DUGÜIT se pregunta también: ¿qué es un derecho subjetivo? Las controversias sin fin que se suscitan sobre la verdadera naturaleza del Derecho subjetivo, -nos dice- son la prueba mejor de todo lo que tiene de artificial y de precaria esta concepción [...]. En definitiva, todas estas controversias conducen a esta definición: *es el poder que corresponde a una voluntad de imponerse como tal a una o varias voluntades, cuando quiere una cosa que no está prohibida por la ley*[999].

A propósito de tal definición, el citado autor reflexiona acerca del derecho de propiedad, y entiende que gozando de éste, se tiene el poder de imponer a otro el respeto de su voluntad, de usar como le parezca de las cosas que se poseen a título de propietario[1000], sin embargo, ello lo lleva a formularse otras interrogantes; ¿cuál es la naturaleza de la voluntad humana?, ¿cuál es su fuerza?, ¿una voluntad puede ser en sí superior a otra voluntad?, a lo cual añade que existen en este aspecto, unas cuantas cuestiones cuya solución es imposible en ciencia positiva, motivo por el cual, opina que la noción de derecho subjetivo se encuentra totalmente arruinada, en tanto afirma que se trata de una noción de orden metafísico, insostenible en una época de realismo y positivismo como la nuestra[1001].

Efectivamente, para DUGÜIT, tomada en sí misma, la concepción individualista es insostenible. Esta idea del hombre natural, aislado, independiente, que tiene en su

---

[998] DUGÜIT, León. *Las transformaciones del Derecho*. Editorial Heliasta. Buenos Aires, 1975.

[999] DUGÜIT, León. Ob. Cit. Pág. 174.

[1000] Ibíd. Pág. 175.

[1001] Loc. Cit. La época a la que hace referencia es la suya, aquella que discurre entre finales del siglo XIX y principios del XX.

calidad de hombre derechos anteriores a la sociedad, es una idea extraña por completo a la realidad. El hombre aislado e independiente es pura ficción; no ha existido jamás, sostiene con gran contundencia. El hombre es un ser social; no puede ser más que en sociedad; ha vivido siempre en sociedad[1002]. Esta afirmación tan categórica, ha de ser resultado, entendemos, de la influencia de DURKHEIM y su idea de hechos sociales, sin embargo comprendemos que en gran parte no le falta razón.

En efecto, todo derecho por definición implica una relación entre dos sujetos. Si se imagina un hombre aislado y absolutamente separado de sus semejantes; no tiene, no puede tener derechos. Robinson en su isla no tiene derechos; no puede tenerlos en tanto no esté en relación con otros hombres. El individuo no puede, pues, tener derechos más que cuando vive en sociedad y porque vive en sociedad. Hablar de derechos anteriores la sociedad es hablar de la nada[1003].

Concluye así, de forma tajante que el hombre no tiene derechos; la colectividad tampoco; pero que todo individuo tiene en la sociedad una cierta función que cumplir, una cierta tarea que ejecutar. Y ese es precisamente a su juicio, el fundamento de la regla de Derecho que se impone a todos, grandes y pequeños, gobernantes y gobernados, y la concepción que transforma profundamente todas las concepciones jurídicas anteriores; en particular, sobre la libertad y la propiedad[1004].

En consecuencia, acerca de la libertad, refiere que todo hombre tiene una *función* social que llenar, y por consecuencia tiene el deber social de desempeñarla; tiene el deber de desenvolver, tan completamente como le sea posible, su individualidad física, intelectual y moral para cumplir esa función de la mejor manera y nadie puede entorpecer ese libre desenvolvimiento[1005]. De otro lado, acerca de la propiedad, sostiene que ésta no es un derecho, sino una *función*[1006] social. Con ello, sostiene que el

---

[1002] Ibíd. Pág. 178.

[1003] Loc. Cit.

[1004] Ibíd. Pág. 179.

[1005] Ibíd. Pág. 179.

[1006] Estos conceptos de función también provienen de DURKHEIM.

propietario, es decir, el poseedor de una riqueza tiene, por el hecho de poseer esa riqueza, una función social que cumplir; y mientras cumple esta misión sus actos de propietario están protegidos.

Ahora bien, ¿en qué consiste pues, esta noción de función social?, y ¿qué puede decirnos respecto a las relaciones familiares? La noción de función social que defiende DUGÜIT se reduce a que ni el hombre ni la colectividad, tienen derechos. Hablar de derechos del individuo, de derechos de la sociedad, decir que es preciso conciliar los derechos del individuo con los de la colectividad, es para DUGÜIT, hablar de cosas que no existen. Pero mantiene a su vez, que todo individuo tiene en la sociedad una cierta función que llenar, una cierta tarea que ejecutar. No puede dejar de cumplir esa función, de ejecutar esta tarea, porque de su abstención resultaría un desorden o cuando menos un perjuicio social. Por otra parte, arguye que todos los actos que se realizasen contrarios a la función que le incumbe serán socialmente reprimidos. Pero, por el contrario, todos los actos que realice para cumplir la misión aquella que le corresponde en razón del lugar que ocupa en la sociedad, serán socialmente protegidos y garantizados[1007].

Es en éste contexto, en el cual mantiene, que se da una transformación de la noción de libertad. La libertad así, no es un derecho, sino la consecuencia de la obligación que se impone a todo hombre de desenvolver su individualidad, factor esencial de la solidaridad social. Las principales consecuencias de esta definición por lo tanto, estarían dadas porque el hombre no tiene derecho de ser libre; sino por el contrario, el deber social de obrar, de desenvolver su individualidad y de cumplir su misión social[1008]. Es entonces, cuando DUGÜIT nos brinda su fórmula acerca de la solidaridad o interdependencia social y la regla de Derecho. La *solidaridad* (o lo que podemos entender como un *sinónimo relativo de altruismo*) y el Derecho, son funciones

[1007] Ibíd. Pág. 181. Esto para DUGÜIT es derecho objetivo.

[1008] Entiende con esta lógica, que nadie puede oponerse a los actos que ejecuta con este propósito, a condición, bien entendido, de que esos actos no tengan por resultado atentar a la libertad de otro. El Estado no puede hacer nada que limite la actividad del hombre ejercida en vista de ese fin; debe proteger todos los actos que tiendan a este fin y reprimir y castigar todos aquellos que le sean contrarios. Ob. Cit. Pág. 186.

de la división del trabajo. Éste es para el citado autor el elemento fundamental de la cohesión social en nuestras modernas naciones civilizadas[1009].

Paralelamente, y en cuanto a la incidencia al concepto del Derecho, de otro lado se pregunta; ¿a qué necesidad económica ha venido a responder, de una manera general, la institución jurídica de la propiedad? Es muy sencillo, y se advierte en toda sociedad – nos dice DUGÜIT-; se trata de la necesidad de afectar ciertas riquezas a fines individuales o colectivos definidos, y por consiguiente de la necesidad de garantir y de proteger socialmente esa afectación[1010]. La propiedad no es, pues, dentro de su concepción el derecho subjetivo del propietario, sino la *función social* del tenedor de la riqueza[1011]. En suma, el Derecho y la propiedad son para DUGÜIT, *funciones* de la división del trabajo.

Ahora bien, si entendemos ello, al igual que DUGÜIT, y consideramos que el Derecho y la propiedad son funciones de la división del trabajo en un grupo social específico; ¿cómo conjugaríamos las relaciones familiares y sus dinámicas en virtud de este planteamiento?

En realidad apreciamos en esta idea, el más cercano marco jurídico aplicable al funcionamiento y dinámica en la familia en cuanto a lo que puede entenderse como su Derecho *intuitivo* y *espontáneo*. Es muy difícil pues, que cualquier miembro de una familia hable de sus derechos respecto a los demás miembros, si no es apelando a las normas sociales (exógenas). Es decir, dentro de la familia y respecto a las relaciones intrafamiliares, antes que de derechos, se habla por lo común, de obligaciones, deberes y responsabilidades. Es también bastante usual, que dichos deberes, obligaciones y responsabilidades se asocien a determinadas *funciones* y *roles* en función de los propios criterios organizativos familiares[1012]. La idea pues de derecho individual en la familia,

---

[1009] Ibíd. Pág. 182.

[1010] DUGÜIT sostiene que para eso, son precisas dos cosas; es necesario primero, de una manera general, que todo acto realizado conforme a uno de esos fines sea sancionado; y en segundo lugar, es preciso que todos los actos que le sean contrarios se repriman socialmente. Loc. Cit.

[1011] Ibíd. Pág. 240.

[1012] Recuérdense aquí el concepto de hipergamia y la teoría de la ventaja comparativa.

es en virtud de la aplicación de la teoría de DUGÜIT, sino no inexistente, si creemos, una *función subsidiaria* de los *roles primarios* (y predominantes) establecidos a nivel íntimo. Es peculiar observar que cuando un miembro invoca principios que "podrían" entenderse como de equidad familiar, raramente apela a su condición de titular de derechos individuales, sino simplemente a las reglas establecidas, la palabra dada, a los compromisos y a los hábitos o costumbres imperantes en el círculo familiar. Más aún, cuando un adolescente por ejemplo, recurre a la comparación de su situación con la de sus pares, lo hace respecto a las normas familiares de éstos, y no a las leyes sociales en sentido estricto[1013]. Se trata en suma de la apelación al Derecho *intuitivo comparado*.

Cualquier derecho de uno de los miembros respecto a los demás, en consecuencia, se da por supuesto (esto es, en la familia se presupone intuitivamente que el *altruismo* cumple sus funciones), y por el contrario, se incide de manera acuciosa en la asignación y distribución de obligaciones y responsabilidades. Este sería el sentido de la aplicación de las pautas de DUGÜIT a nuestro juicio, en cuanto a la *transformación* del concepto de *libertad en la familia*. Dicha libertad radicaría en la imposición del grupo familiar de la obligación a cada miembro, del desenvolvimiento de su individualidad, en beneficio propio y colectivo. Tales obligaciones como dijimos, se asocian comúnmente a la asignación de un *rol-específico* determinado[1014].

Desde el punto de vista de la concepción de la *transformación* en el concepto de la *propiedad*, igualmente dicha teoría encuentra a nuestro parecer, sustento en la intimidad familiar. DUGÜIT refiere que la propiedad es una función social (aunque el grupo sea pequeño) en la lógica familiar, la riqueza por lo común, siempre está afectada a unos deberes llamados "superiores". De hecho, la afectación prioritaria por parte de los padres de la propiedad al desarrollo de sus hijos, es calificada por lo común a nivel

[1013] Es más en cuanto confluye la conciencia o noción de derechos subjetivos a partir de la adolescencia y la recurrente "resistencia" a la autoridad parental (o de los maestros) se generan una serie de conflictos sociales como los que hoy en día abundan. Entendemos, se trata de un problema concerniente a la colisión de dos órdenes jurídicos, el doméstico y el social, un problema en suma de determinación de jerarquía competencial normativa y sancionadora.

[1014] Cuando los padres por ejemplo, limitan la libertad de trabajo de los miembros a su tutela, y establecen que "su obligación es estudiar", (con cargo y en afectación a la propiedad familiar) están en el fondo asignando un rol y una responsabilidad a dicho miembro, con miras a que su desenvolvimiento futuro respecto a la familia haga coincidir su mejor utilidad privada y colectiva.

social (en función de su *rol* socialmente reconocido) como parte de una conducta recta y justa (el *ius* o lo justo)[1015], propios de un buen padre o una buena madre. Sucede pues, a nuestro juicio; que en la familia, la *propiedad*, aun estando escasa o difusamente delimitada respecto a los miembros, si tiene claridad en cuanto a sus afectaciones, y en dicha afectación radica el horizonte de la justicia familiar[1016].

Aunque si bien es cierto, el derecho de *propiedad* puede ostentar mayor claridad que el de *libertad* en la familia, si puede –sostenemos- entenderse antes que como un derecho, como una *función* de la producción familiar a través de la división del trabajo. Así, aún cuando uno de los miembros ostente un derecho de propiedad sobre un objeto, -derecho que dicho sea de paso, no requiere de un registro o mecanismos de oponibilidad frente a terceros, si son estos últimos miembros del núcleo familiar, en virtud de la fuerte incidencia del *altruismo* como marco jurídico-, dicho derecho estará siempre subordinado y condicionado en cierta medida, a la producción familiar, desde las economías de escala hasta la limitación del uso u otros atributos de la propiedad.

A efectos de aproximarnos al sentido de esta afirmación podemos ofrecer un ejemplo puntual. Si en una familia con varios hijos, los padres obsequian un computador a uno de sus hijos, el hijo, es cierto, puede en principio oponer su propia voluntad sobre la de sus hermanos sobre su pertenencia formal (a nivel familiar). No obstante, si uno de sus hijos urge de realizar un trabajo para el cual sea necesario el uso del computador, y además, que dicho trabajo sea parte de sus obligaciones familiares de desenvolvimiento individual, el orden jurídico familiar no va a considerar que limitar el derecho de propiedad sea una conducta antijurídica, si con ello, se consigue una afectación a un patrimonio que *se entiende familiar*, si las circunstancias lo justifican[1017]. Es decir, la propiedad en el seno de un núcleo familiar, antes que un

[1015] Y aquí la *esencia* del orden jurídico espontáneo y autónomo del "Derecho" (*ius*) *de la* familia.

[1016] Esta posiblemente sea la explicación en el campo de las sucesiones, del necesario equilibrio y evidente divergencia o tensión entre la libertad personal y la obligación de afectación patrimonial a la tutela de la prole. La existencia de una legítima y una porción de libre disposición, si un padre (arbitrariamente) extrajera el patrimonio fuera del ámbito familiar, por lo común se califica como una injusticia parental.

[1017] Desde el punto de vista del orden jurídico familiar, la negativa a compartir el bien, puede incluso acarrear como sanción la "expropiación" coactiva e inmediata del bien, sin consideración a cualquier aspecto jurídico exógeno al respecto.

derecho, significa un conjunto de responsabilidades[1018] en función de la distribución del trabajo (*roles*) de cada uno de los miembros[1019].

En consecuencia, mantenemos que una teoría como la de DUGÜIT es de apropiada aplicación en el marco exclusivo de lo que hemos denominado el Derecho *intuitivo* y *espontáneo* de la familia. Esta teoría sin embargo, mal podría aplicarse a nuestro juicio a un contexto social exógeno, o dicho de otra forma al Derecho en sentido estricto; en tanto, creemos que ofrece escasas garantías personales en cuanto a lo que concierne a la seguridad jurídica. Sin perjuicio de ello, a nivel social la teoría de DUGÜIT, representa una admirable y muy bien lograda petición de principio; sin embargo, en tanto los niveles de altruismo sociales no son, ni del mismo tipo, ni de tal magnitud, como los existentes en un grupo familiar, razón por la cual resulta ser un en tal sentido, un planteamiento algo utópico[1020]. Si ha de recurrirse a una teoría de los derechos personales a la salida del *contexto* familiar para su aplicación en un *contexto* social, tendría que ser en nuestra opinión, a una como la de PLANIOL y RIPERT, expuesta con anterioridad.

Esta dualidad de *contextos* a la que hemos venido haciendo referencia a lo largo de este trabajo, y la idea de la *imperfección* del Derecho de familia, hacen necesaria a nuestro juicio, la referencia a ambas formulaciones teórico jurídicas. *Las transformaciones del Derecho* de León Dugüit significan para nosotros pues, y en tal sentido; el puente entre la *perfección* y la *imperfección* del Derecho de familia, el eslabón necesario, para el entendimiento del tránsito desde un orden jurídico a otro; el Derecho *intuitivo* y el Derecho estricto.

[1018] Un padre o una madre, pueden por ejemplo, regalar una mascota a su hijo, no tanto por otorgarle un derecho de propiedad determinado, sino por la *función* educativa que significa el dedicar cuidado al animal y las responsabilidades que supone para él ostentar dicha propiedad.

[1019] Recuérdese igualmente en este aspecto, el tema de la distribución del trabajo como relación estratégica entre la asignación de tiempo y la especialización en la familia, abordado en profundidad en el Capítulo I.

[1020] Efectivamente, los niveles y mecanismos altruistas en la sociedad, no alcanzan ni en nivel cualitativo ni cuantitativo, como para atribuir responsabilidades sociales individuales y generar en los ciudadanos los estímulos pertinentes tendentes a los objetivos de DUGÜIT.

VI. El equilibrio en la asignación de derechos de propiedad

«Mejor es la causa del que no entrega lo suyo, que la del que pide lo ajeno»

Quintus Curtius Rufus. Siglo I

«Como todos los miembros están conformes entre sí,
porque interesa al todo que cada uno de ellos sea guardado;
así los hombres cuidan de los particulares,
porque fuimos engendrados para la sociedad.
Pues la sociedad no puede ser salva
sino por el amor y la custodia de las partes»

Séneca

Con toda la antesala teórica que precede, y considerando la difusa delimitación de los derechos de propiedad en el marco familiar, por obra de esta llamada "*imperfección* del Derecho de familia", las potenciales o eventuales incongruencias en los *resultados* de las interacciones patrimoniales, requieren una conveniente *repartición* de los recursos, lo que en palabras VILLEY[1021], significa "*la finalidad de todo arte jurídico*", y que a nuestro entender, requiere el establecimiento una suerte de esfera alrededor del individuo en virtud de la idea de *derecho subjetivo*, la misma que a su vez, si apelamos al razonamiento de la teoría esbozada por PLANIOL y RIPERT, consiste en el establecimiento de una obligación de no hacer, en relación con el contenido de dicha esfera.

De ahí, que podamos dar sentido a las reflexiones de GROCIO en su célebre obra *De iure belli ac pacis*, en tanto nos refiere: "*mas esta conservación de la sociedad, que ya hemos indicado rudamente, propia del entendimiento humano, es la fuente de su* ***derecho****, el cual es propiamente llamado con este nombre:* ***a lo cual pertenece la abstinencia de lo ajeno****, y si tuviésemos algo de otro o de ello hubiésemos sacado*

[1021] VILLEY, Michel. *Compendio de Filosofía del Derecho. Los medios del Derecho.* Universidad de Navarra. Pamplona, 1979. Pág. 83.

alguna ganancia, ***la restitución****, la obligación de cumplir promesas, la reparación del daño causado culpablemente y el merecimiento de la pena entre los hombres"*[1022].

En efecto, aquí GROCIO a nuestro entender, refiere que el derecho como garantía de la conservación de la sociedad, y asumimos en consecuencia del mantenimiento de la paz social, en una de sus interpretaciones, significa la abstinencia de lo ajeno. Idea con la cual, de alguna manera sugiere aquella noción del derecho subjetivo como un espacio o dominio individual determinado.

Asume además en la misma cita, el sentido y fundamento que hemos pretendido darle a la *restitución* en el Derecho de familia; cualquier incidencia en este campo de acción o dominio individual (capital humano), en ausencia del consentimiento en los resultados más allá del contexto conyugal, y en presencia de compromisos (que brindan carácter de legitimidad a la reivindicación)[1023], requieren de una *restitución* o la obligación de cumplir promesas.

Aparece aquí en GROCIO entonces, esta primaria idea lo que imputamos a la finalidad de todo arte jurídico: *"y también pertenece aquí la distribución prudente*[1024] *en* ***repartir lo que es propio de cada hombre***[1025] *o de la comunidad, como lo que antepone ya el más sabio al menos sabio, ya el pariente al extraño, ya el pobre al rico, según consiente el acto de cada uno y la naturaleza del asunto: la cual ponen muchos ya de antiguo como parte del derecho propia y estrictamente dicho, aun cuando ese derecho propiamente dicho es de naturaleza muy diversa,* ***consistente en que se permitan a uno las cosas de otro, o que se cumplan***"[1026].

[1022] GROCIO, Hugo. *Del Derecho de la guerra y de la paz.* Traducción del latín de Jaime Torrubiano Ripoll. Tomo I. Editorial Reus, Madrid, 1925. Pág. 11.

[1023] De igual forma, la presencia de consentimiento o compromisos pueden legitimar la incidencia ajena, y en consecuencia, hacer la restitución ilegítima.

[1024] Papel como veremos, de la *equidad.*

[1025] **La expresión: "*lo que es propio de cada hombre*" podemos interpretarlo tanto desde el punto de vista de los derechos de propiedad, es decir, de las posesiones de cada hombre, como "*las características propias de cada hombre*", todo aquello que forma parte de su naturaleza, sustancia o esencia, todo aquello que se encuentra contenido en su esfera personal. Es aquí confluyen a nuestro modo de ver, el *capital humano* y los *derechos de propiedad*.**

[1026] Ibíd. Pág. 12.

Ahora bien, es importante considerar que dicha *repartición* o el "ejercicio del arte jurídico", reposa necesariamente sobre una concepción de la justicia o *lo justo*, a manera de horizonte; en origen, el Derecho en sentido estricto. El propio GROCIO deja en claro esta idea como una de sus concepciones; "*pues **derecho** no significa aquí otra cosa que **lo que es justo***"[1027]. Sin embargo, tal y como de hecho, está representado en los textos antiguos; todo aquello que es justo, en origen -por lo menos filosófico-, proviene de la naturaleza propia de las cosas, lo que aplicado los individuos, a nuestro juicio, puede perfectamente provenir o estar representado[1028], por la conducta, una *conducta recta*.

En efecto y consecuentemente, en cuanto al individuo, se entiende que el derecho proviene de su propia naturaleza y radica en una *cualidad moral*. GROCIO refiere así: "*es diferente de esta significación del Derecho la otra, pero derivada de ésta, que se refiere a la persona; en el cual sentido, **derecho es la cualidad moral correspondiente a la persona, para poseer u obrar algo justamente***"[1029]. Y aquí viene la relación o dualidad, entre "*lo que se es*" y "*lo que se puede*" y lo que entendemos, es la confluencia entre las calidades de sujeto y objeto de derecho en el individuo, concentradas en el *capital humano*: facultad y potencia. "*Y la cualidad moral perfecta la llamamos nosotros **facultad**, y la menos perfecta, **aptitud**: a las cuales corresponde en lo natural, a aquella ciertamente el **acto**, y a ésta la **potencia***"[1030].

[1027] Ibíd. Pág. 46.

[1028] Como en efecto, se presenta en los mismos textos antiguos expuestos en el presente capítulo.

[1029] GROCIO, Hugo. *Del Derecho de la guerra y de la paz*. Pág. 47.

[1030] Ibíd. Pág. 48. Pone de igual forma GROCIO de manifiesto que ARISTÓTELES llama a la aptitud ***dignidad***, *(y Miguel de Éfeso interpreta lo que es igual según ella por **lo que conviene***) cit. por GROCIO. GROCIO, Hugo. Ob. Cit. P. 49. Es interesante considerar esta relación entre la aptitud y la dignidad. Será pues, a nuestro juicio en virtud de esta relación algo digno, en la medida que obedezca a la aptitud del sujeto. Este razonamiento o interpretación antigua serviría de base para el distanciamiento de criterios redistributivos. Efectivamente, GROCIO complementa el desarrollo de estas ideas anotando que "*mira a la **facultad** la justicia **expletiva** (llamada también conmutativa), que lleva propia y estrictamente el nombre de justicia, para Aristóteles contractiva o correctiva*", y "*mira a la **aptitud** la **atributiva** (llamada también distributiva), compañera de aquellas virtudes que son de provecho a los demás hombres, como de la liberalidad, de la misericordia, y de la providencia directora*". Loc. Cit. Es aún más interesante para nuestro planteamiento, observar que en principio, la aptitud está relacionada antes que con un concepto distributivo, con uno atributivo.

Entonces toma cuerpo la idea primigenia del derecho subjetivo: aquel derecho que pertenece a alguien. "*Los jurisconsultos llaman a la facultad con el nombre* ***de lo suyo****; nosotros en adelante, la llamaremos derecho propio y estrictamente dicho: en el cual se* ***contienen*** *la* ***potestad****, ya en sí, la cual se llama libertad, ya en otros, como la patria, la señorial; el* ***dominio****, pleno o menos pleno (...); y el crédito, al que corresponde como contrario la deuda*"[1031].

No deja de lado sin embargo, otras significaciones del Derecho, con las cuales, en consecuencia, se articulan las relaciones de los individuos y sus derechos subjetivos. Esta sería la noción de derecho objetivo. "*Hay también* -nos dice- *una tercera significación del derecho, que es lo mismo que ley, siempre que la palabra ley se tome amplísimamente, como regla que es de los actos morales, que obliga a lo que es recto*"[1032].

Se trata en suma, de una regla que vincula la *conducta* (la conducta a su vez congrega la *facultad* y la *aptitud*) con el *espacio* o el *contexto* en el cual interactúan otros sujetos, con el Derecho en sentido genérico: *lo que es justo*.

Consecuentemente, esta regla tiene dos dimensiones: "*tomado en esta acepción el derecho, su mejor división es la que pone Aristóteles, que uno es natural, y otro voluntario, que él llama legítimo*[1033]*, dando a la palabra ley el significado más estricto: a veces también* ***constituido***"[1034].

Así pues, tal y como hemos expuesto en el capítulo dedicado a "*el equilibrio*", a nuestro parecer, y en consonancia con el razonamiento que venimos expresando, la justicia, o "aquello que es justo" responde a un argumento normativo[1035] consistente en el establecimiento de reglas previas que le dan sentido a esta última, y no de manera

[1031] Ibíd. Pág. 48.

[1032] Ibíd. Pág. 51.

[1033] Obsérvese aquí la referencia aristotélica a la legitimidad.

[1034] Ibíd. Pág. 52.

[1035] Se trata de la concepción de justicia expuesta por BRENNAN y BUCHANAN.

inversa. En efecto, la *justicia* se erige en los orígenes como un concepto abstracto, como una virtud de quien la practica, y no como un concepto o principio preestablecido.

La justicia dependerá pues, -y es aquí donde adquiere a nuestro entender, su dimensión la equidad- de la noción del derecho *constituido*, es decir, donde la justicia se erige a partir de la constitución de ciertas *reglas*, y no en sentido contrario, en base a principios preestablecidos. Ésta es a nuestro juicio, la incongruencia de la idea de equidad (como justicia distributiva) como concepto preestablecido de justicia.

Se entiende pues comúnmente a la equidad, como un sinónimo de justicia distributiva, concepción de la que nos hemos apartado, en tanto entendemos que la equidad antes de ser un principio moral, representa un instrumento del Derecho, del arte jurídico; para hallar la justicia en función de las *reglas constituidas*. Las *reglas* específicas a su vez, delimitan las circunstancias particulares, lo que permite a la equidad servir de instrumento de equilibrio entre las *reglas* y las *circunstancias*, cumpliendo su función de de individualización y particularización.

Ahora bien, las interacciones patrimoniales familiares representan también un *proceso normativo*, muchas de las *reglas* que gobiernan tales interacciones han sido *constituidas* en el marco íntimo del Derecho doméstico y no obedecen a una estructura falta de dinámica, en la cual las propias normas se van a adaptando a distintas condiciones específicas.

Es en tal orden de ideas, sospechamos, que GROCIO manifieste que "*hay también algunas cosas de derecho natural no simplemente, sino en ciertas circunstancias: así* ***el uso común de las cosas*** *fue natural, mientras no se introdujeron los* ***dominios****; y adquirir derechos por la fuerza antes de que se dieran las leyes*"[1036].

Esta es a nuestro juicio, la clave tras la cual se esconde la *imperfección* del Derecho de familia, y la que nos sirve para entender la importancia de la incorporación de los dominios individuales en virtud del concepto de derecho subjetivo entendidos como derechos de propiedad, o esta suerte de esfera o hiperplano personal trascendente.

[1036] GROCIO, Hugo. *Del Derecho de la guerra y de la paz.* Pág. 55.

Tal como lo entiende GROCIO, así como la adquisición de las cosas por la fuerza fue natural antes que se dieran las leyes; en el campo de la familia, *el uso común de las cosas* es natural, o diríamos también *legítimo*, en tanto, en virtud del *altruismo* los dominios individuales –tal como son concebidos por las normas sociales estrictas- no se han introducido o están difusamente delimitados.

Por ello, en virtud de las *reglas* y *procesos* históricos de interrelación patrimonial, se ha de llevar a cabo la *restitución* en base a los *dominios* individuales, o el hiperplano determinado por la conjunción de la *facultad* y la *aptitud* o potencial: el *capital humano*. Sin perjuicio de ello, también con este razonamiento, la restitución –que nosotros aquí entendemos como compensación- puede resultar ilegítima, puesto que las mismas *reglas* y *procesos* pueden haber incidido en el uso de los derechos individuales. GROCIO apunta este hecho refiriendo que "*hay algunos que juzgan de otra manera por este argumento: que quien usó* ***su derecho***[1037] *no es obligado a la* ***restitución***"[1038].

Con todo lo expuesto, es importante vislumbrar complementariamente, tras el apoyo jurídico-doctrinal, estas dinámicas patrimoniales desde un punto de vista macro-socioeconómico. No podemos olvidar que todos los derechos y las instituciones jurídicas responden a la necesidad de los individuos y las sociedades de adaptarse a los constantes cambios en el tiempo y en las circunstancias.

En tal sentido, las crisis matrimoniales y sus efectos patrimoniales, significan un hecho a partir del cual se producen *transformaciones en la titularidad* de ciertos recursos económicos. Este hecho, genera la necesidad en los individuos de modificar su comportamiento, o con una u otra incidencia política, resolver dichas transformaciones en virtud de reglas determinadas; éste sería el papel del Derecho[1039]. No obstante, no

[1037] Nótese aquí nuevamente la incidencia a la idea del "derecho de alguien". Con esta lógica, puede el derecho de un individuo, en virtud de las reglas constituidas incidir en un hiperplano ajeno.

[1038] GROCIO, Hugo. *Del Derecho de la guerra y de la paz*. Pág. 296.

[1039] Y en gran medida también de la Filosofía política. Esta es la razón por la cual la hayamos incluido en nuestro planteamiento. BRENNER acertadamente nos revela que cuando los miembros de un grupo "oprimido" perciben que pueden elegir entre arriesgarse con la redistribución de la riqueza por medio del proceso político o arriesgarse con el esfuerzo individual, entonces, cuanto mayor sea el porcentaje de la

puede dejar de considerarse que ambas circunstancias o efectos, se suelen dar de forma paralela: los ciudadanos reformulan sus acciones a la vez, que las adecúan a las normas establecidas.

La compensación por desequilibrio como *institución* en este sentido, representa una respuesta social (exógena a los procesos económicos en un contexto familiar), que viene a brindar un conjunto de reglas e instrumentos para dicha *transformación*, y como *derecho subjetivo*, la *capacidad* y *facultad* individual de incorporarse en dicho proceso.

Con ello, resulta preciso atender al hecho de que tras una crisis matrimonial y sus efectos, o a lo que significa lo mismo, que en respuesta o frente a determinados desequilibrios económicos o ciertos cambios en las condiciones económicas, muchas personas vuelven a distribuir en forma deliberada sus recursos. Ahora bien, en opinión de SCHULTZ[1040], el grado de éxito que obtienen dichas personas en sus respuestas está en gran medida determinado por su "*aptitud* para la distribución". Como veremos, no es solo curioso que, -aunque desde distintas disciplinas y épocas- tanto ARISTÓTELES, GROCIO y SCHULTZ hablen de *aptitud*, en tanto, se trata en suma, de una cualidad personal de cualquier individuo.

En efecto, dicha *aptitud* para la redistribución –nos dice SCHULTZ-, no se limita a los empresarios (…), lo mismo sucede, por ejemplo, con las amas de casa que dedican su tiempo en la producción hogareña en combinación con las mercaderías y servicios adquiridos. Por lo tanto, una *aptitud* –en sentido económico-[1041] se percibe como la competencia y eficiencia con la que se llevan a cabo ciertos actos particulares[1042].

---

minoría y su fuerza política potencial, mayor será la probabilidad de que la primera estrategia sea la elegida. En otras palabras, las expectativas para redistribuir la riqueza a través del proceso político disminuyen el suministro de otros actos empresariales. BRENNER, Reuven. *La historia, albur del hombre*. Fondo de Cultura Económica. México, 1990. Pág. 195.

1040 SCHULTZ, Theodore W. *Restablecimiento del equilibrio económico. Los recursos humanos en una economía en proceso de modernización*. Gedisa Editorial, Barcelona, 1992. Pág. 71.

1041 El matiz entre guiones es nuestro.

1042 Loc. Cit.

Con esta lógica, cabe considerar que lo que hace una persona (es decir, en buena cuenta, la manifestación de sus aptitudes)[1043] lo consideramos un servicio, y sólo tomamos en cuenta aquellos servicios destinados a ser útiles y escasos, y que por lo tanto tienen valor económico. Es conveniente precisar además, que el servicio que se le atribuye a cualquier *aptitud* posee una dimensión de tiempo[1044].

Esta idea probablemente, venga a cerrar un círculo en cuanto a las reflexiones iniciales de este trabajo, relacionadas con el *capital humano*, la especialización, la distribución de trabajo y la *asignación de tiempo* en la familia. Así pues, en la dinámica familiar, los servicios provenientes ciertas aptitudes, entendidas como manifestaciones del *capital humano*, siendo útiles y escasos, tienen gran valor a nivel del contexto de interacción familiar, y fuera de él lo pierden. El tema se encuentra en suma, en el valor económico que adquiere el *capital humano* en medida de tiempo.

Pero, ¿dónde queremos llegar con estas reflexiones? Es primordial tomar en cuenta que en una economía donde se están logrando incrementos en el valor económico del tiempo humano, la demanda de un número de diferentes servicios institucionales también aumenta [...]. La demanda de protección legal adicional de los derechos personales también se incrementa, al igual que la demanda de derechos civiles, ello incluye por supuesto entre otras cosas, la incorporación de la compensación por desequilibrio en el ordenamiento jurídico. Como un factor de la producción, los agentes humanos requieren mayor igualdad para la obtención de trabajos [...], ello también está relacionado el incremento en la demanda de una menor discriminación [...]. A medida que aumenta el valor del tiempo humano, ocurren cambios institucionales que favorecen actividades de consumo intensivo[1045].

1043 El paréntesis es nuestro.

1044 Ibíd. Pág. 72.

1045 SCHULTZ, T.W. Ob. Cit. Pág. 173. SCHULTZ sostiene que la modernización económica aumenta el valor del tiempo humano y también el ingreso real per cápita en muchas naciones-estado. En tal orden de ideas, si estos logros traen aparejados desequilibrios, se pregunta si debemos renunciar a ellos para evitar todos los desequilibrios. La verdadera cuestión –opina dicho autor, y nos adherimos- pertenece a los incentivos que inducen a los agentes económicos a volver a distribuir los recursos en su campo, y a la eficiencia de estos agentes en la restauración del equilibrio. Si no se pueden prevenir los desequilibrios y si deben obtenerse incrementos en los ingresos, el centro de la política debería ser una organización económica que pueda inducir mejor a los agentes económicos (...) para equilibrar las actividades económicas de su campo. Hay cambios en las condiciones económicas que crean oportunidades para

Ahora bien, el hecho es que cuando una persona tiene un derecho legal sobre el *valor de los servicios* (productos) que son *resultado* de sus capacidades adquiridas e innatas (*aptitudes*), posee derechos de propiedad sobre su *capital humano*[1046]. Así pues, y con la misma lógica, tal como pone de manifiesto SCHULTZ, el incremento en el valor económico del capital humano es una clave para los cambios en los derechos de propiedad[1047].

Sin embargo, el hecho al que nos compete atender es que, a su vez, la capacidad de los individuos y las familias para restablecer el equilibrio en su campo económico particular aumenta por la cantidad y calidad de su *capital humano*[1048]. Por ende, creemos que una concepción de los derechos subjetivos, como lo es el de compensación por desequilibrio, como derechos de propiedad en base al *capital humano* individual, puede estimular la libertad de los individuos en el restablecimiento de su equilibrio, así como fundamentar el cumplimiento de sus compromisos.

Esta particular visión requiere a su vez, y a nuestro juicio, de una prerrogativa de asignación de dichos derechos de propiedad sobre la *aptitud* y no sobre la *posición* o *situación final*, en consideración por supuesto, de las circunstancias históricas de interrelación que hayan determinado las distintas posiciones de los sujetos. El *equilibrio*, por otro lado y por tanto, habrá de ser el resultado de una conveniente implicación de la *equidad*, ya no como un principio moral específico, sino como instrumento del arte jurídico. Mediante la asignación o reconocimiento de derechos de propiedad individuales, la *equidad*, ha de hallar el *nuevo equilibrio*; entre lo entregado y lo recibido, entre lo pactado y lo cumplido, entre lo asumido y lo arriesgado, y al fin y al cabo, entre los intereses del individuo y su sociedad. Esto entendemos, vendría a ser lo

mayores ingresos. Dichos cambios molestan al equilibrio prevaleciente y se requiere una nueva distribución de recursos. Para que se produzcan estas nuevas oportunidades es necesario que los agentes económicos perciban que dichas oportunidades están ocurriendo y que pueden ganar al redistribuir los recursos en su campo económico. Ob. Cit. Pág. 205. Tratar de prevenir los desequilibrios que ocurren durante la modernización económica en consecuencia, es para SCHULTZ, un planteo erróneo. Lo que importa son los incentivos eficientes para inducir a los agentes económicos particulares a redistribuir sus recursos y así contribuir al establecimiento de un nuevo equilibrio más productivo. Ob. Cit. Pág. 215.

[1046] SCHULTZ, T.W. Ob. Cit. Pág. 175.

[1047] Ibíd. Pág. 176.

[1048] Ibíd. Pág. 224.

que según STAMMLER[1049], significa dentro de la función jurídica, un «*arbitrio de equidad*».

Sólo una reflexión adicional. Antiguamente, o por lo menos, de cuanto sabemos a través de ARISTÓTELES, y muy lejos de lo que hoy en día se entiende; *aptitud* y *dignidad* eran dos expresiones que compartían la misma naturaleza. Una naturaleza común, que a su vez, a través del instinto y el sentimiento, conducía a los hombres a encontrar en la Justicia una virtud. Los Clásicos tienen las respuestas. Bien y sabiamente rezan las antigua letras del *Rhetorica ad Herennium, lib. III, c.2*: «*Justicia es la equidad que otorga a cada uno su derecho según su dignidad*».

[1049] STAMMLER, Rudolf. *Tratado de filosofía del Derecho*. Editorial Reus. Madrid, 1930.Pág. 383.

EPÍLOGO

Se cree que el desarrollo del Derecho tiene una lógica interna; los cambios no sólo son adaptaciones de lo antiguo a lo nuevo, sino que también, forman parte de una pauta de cambios. El proceso de desarrollo está sujeto a ciertas regularidades y, al menos en retrospectiva, refleja una necesidad interna. En la tradición jurídica occidental se presupone que los cambios no ocurren al azar, sino que proceden por una *reinterpretación del pasado* para satisfacer las necesidades actuales y futuras. El Derecho no sólo es continuado; también tiene una historia. Nos cuenta una historia[1050].

Efectivamente, el Derecho nos cuenta una historia. De cómo los fenómenos naturales, de la mano de la razón y el equilibrio espontáneo de las relaciones humanas, se han abierto paso hasta convertirse en un orden jurídico universal mediante un constante *proceso* evolutivo.

[1050] BERMAN, Harold. Ob. Cit. Pág. 19.

Hablar de la tradición jurídica occidental es pues, postular un concepto del Derecho no como cuerpo de reglas, sino como *proceso*, como empresa, en que las reglas sólo tienen sentido en el contexto de instituciones y procedimientos, valores y modos de pensamiento[1051].

Así "el Derecho", tal y como lo conocemos hoy en día, así como su ciencia, se construyeron a nuestro juicio, a partir de las experiencias y formulaciones propias de un contexto íntimo con vocación de amplitud. En esta misma medida, la compensación por desequilibrio, tanto sea entendida como un derecho subjetivo u objetivo, es una manifestación de la constante búsqueda del equilibrio entre lo individual y lo colectivo.

En efecto, también la justicia se ve en términos dialécticos, incluyendo una tensión entre los derechos de los individuos y el bienestar de la comunidad. La realización de la justicia ha sido proclamada un ideal mesiánico del Derecho mismo, asociado originalmente (en la Revolución papal) con el Juicio Final y el Reino de Dios, y luego (en la Revolución alemana de Lutero al papado en 1517 y que terminó en 1555 con la frustración del Emperador por la Liga Protestante), con la conciencia cristiana; más adelante (en la Revolución inglesa[1052]) con el espíritu cívico, la equidad y las tradiciones del pasado; aún más adelante (en las revoluciones francesa y norteamericana) con la opinión pública, la Razón y los derechos del hombre, y, más recientemente (en la Revolución rusa), con el colectivismo, la economía planificada y la igualdad social[1053].

Sin embargo, si atendemos al proceso histórico que significa; ante todo, el esfuerzo de combinar estas normas y valores en conflicto fue considerado, en los siglos XI y XII, como parte de una *reconciliación*[1054] aún más formidable: la reconciliación de

---

1051 Ibíd. Pág. 21.

1052 "Gran Rebelión" para sus detractores o más adelante, "La Restauración" para sus partidarios.

1053 Ibíd. Pág. 32.

1054 El más noble de los cometidos del Derecho.

Dios y el hombre. Más que nada, fue la nueva visión de su destino último la que llevó por primera vez al hombre de Occidente a tener fe en la ciencia jurídica[1055].

Y como parte de dicha reconciliación se estableció como principio esencial, e incluso como dogma de fe, la relación natural y sagrada, entre lo divino y lo humano, el equilibrio entre lo infinito y lo perecedero, y se le llamó Ley[1056].

Así HUGO GROCIO refiere que aún el mismo derecho natural [...], ya el social, ya el que se llama así más ampliamente, aunque nace de los principios internos del hombre, con todo puede en justicia atribuirse a Dios, porque él quiso que existieran entre nosotros tales principios: en el cual sentido Crisippo y los Estoicos defendían que el origen del Derecho no se había de buscar más que en el mismo Júpiter, de cuyo nombre de Júpiter (*Jovis*) puede afirmarse probablemente que derivaron los latinos la palabra *jus* (Derecho)[1057].

Estos principios internos del hombre, estos fenómenos que vinculan a la naturaleza[1058] y el Derecho, es lo que nosotros entendemos como *altruismo*, y hemos tratado de graficar como "*justicia espontánea de la sociedad*", como aquel fenómeno natural a través del cual, los seres humanos han hallado tanto el *sentido* y la *trascendencia* de la cooperación, del orden, e incluso del amor mismo.

Con esta lógica sospechamos, Friedrich von Hayek elocuentemente sostiene, que "*tal vez lo que muchos pretenden expresar al hablar de Dios es justamente esta personificación de esta tradición de la moral o de los valores que hizo que su grupo pudiera sobrevivir. La fuente del orden que la religión adscribe a una divinidad concebida antropomórficamente –el mapa o la guía que enseña a moverse con éxito*

[1055] Ibíd. Pág. 176.

[1056] Incluso el funcionamiento y dinámica del Universo se entiende en función de la existencia de principios llamados "leyes".

[1057] GROCIO, Hugo. *Del Derecho de la guerra y de la paz.* Traducción del latín de Jaime Torrubiano Ripoll. Tomo I. Editorial Reus, Madrid, 1925. Págs. 13-14.

[1058] Sospechamos que cuando los primeros juristas apelaban a la "naturaleza jurídica" buscaban en el fondo y en el principio, esta suerte de esencia que permitía bajo la razón fundir al Derecho con la naturaleza.

dentro de una totalidad- podemos ahora interpretarla como algo no al margen del mundo físico sino como una de sus características, demasiado compleja para que cualquiera de sus partes pueda ofrecer una "imagen" o un "diseño" de la misma"[1059].

Pero este fenómeno, tal y como lo retratamos mediante "*la historia paralela de dos íntimos enemigos*", tiene dos manifestaciones o versiones concurrentes, y que curiosamente, en equilibrio, significan a nuestro juicio, el germen del Derecho: el *egoísmo* y el *altruismo*, a quienes incluso algunos, reputan el amor y el odio a nivel social. Y es que es muy común que se entienda al *altruismo* como sinónimo de amor al prójimo, de una conducta recta, y por el contrario, que se atribuya al *egoísmo* la fuente y origen del odio y rencor de los seres humanos. Pero de esta íntima relación de disociación surgió el Derecho.

Basta atender a la historia y al pensamiento mítico de nuestros antepasados, para entender esta última afirmación. Posiblemente la primera referencia occidental a la Ley, sea aquella que se encuentra descrita en la Biblia, y que narra el origen de "Los 10 mandamientos" entregados a Moisés. Sin embargo, tal historia, haya su primera versión, en la tradición judía y en la Tora. "*Del Sinaí Moisés recibió la Tora*"-*del* Sinaí, y *no en el* Sinaí, destaca el Talmud-; como si el propio Sinaí hubiera sido quien provocó que Moisés recibiese el *don* de la Tora, y que de Moisés llegase a los hombres. El matiz convierte al Sinaí en algo más que una simple montaña. Pero existe un vínculo cercano entre la palabra Sinaí y la palabra "*Sinat*", que en hebreo quiere decir "*el odio*". "*Moisés recibe la Tora del Odio*" dice el Talmud. ¿Pero a qué se refiere? *Del odio de los hombres entre sí, surge la necesidad de la Tora. Tora: libro de paz*[1060].

Es pues el Derecho, la necesidad y manifestación del equilibrio entre el *egoísmo* y el *altruismo*, entre el interés individual y el social, donde como bien manifiesta VON IHERING[1061], la *concurrencia* (*consenso*) es un regulador espontáneo. Para mayor

[1059] HAYEK, F.A. *La Fatal Arrogancia. Los Errores del Socialismo.* Obras Completas, Volumen I, Unión Editorial, Madrid 1990. Pág. 57.

[1060] Incluso con esta lógica podemos entender el significado de "Corán": *sumisión.* Se trata en nuestra opinión, de una sumisión de tipo jurídico, de sometimiento a la "Ley".

[1061] VON IHERING, Rudolf. *El fin en el Derecho.* Editorial Heliasta. Buenos Aires. 1978. Pág. 71.

abundamiento, HUGO GROCIO por su parte, también erige su visión del Derecho, curiosamente, desde el vértice de dos antípodas: *la guerra y la paz*.

Pero eso no es todo. Sucede además, que ante la evidencia incuestionable de un hecho o fenómeno natural tan mágico y poderoso como la "*paternidad*", el ser humano, con un conocimiento ubicado entre el instinto y la razón, no ha entendido la Justicia y la Ley, sino como una característica propia del amor paternal, calificando indistintamente al Legislador y Juez como Padre, y a todos los sometidos a dicha Ley, como hijos de éste y hermanos entre sí.

Pero y la historia sagrada, -argumenta GROCIO- fuera de lo que hay de preceptos en ella, no excita poco ese afecto social, puesto que nos enseña que *todos los hombres descienden de los mismos primeros padres*, de modo que también en ese sentido puede decirse con verdad lo que a otro propósito dijo Florentino, que el parentesco entre nosotros ha sido establecido por la naturaleza; de lo cual se sigue que no es lícito al hombre atentar contra el hombre[1062]. "*Entre los hombres, los padres son como ciertos dioses*, -sentenciaba GROCIO-, *a los cuales, por tanto, se les debe una obediencia, no sin límites, pero si especial* (*sui generis*)"[1063].

Los principios de justicia fundamentales de la sociedad pues, están en gran parte inspirados en las reglas y noción de orden propias de una institución familiar. La ilicitud de atentado "*a la Ley*", se fundamenta en un principio, en esta suerte de parentesco entre los hombres. Más adelante, en una conciencia de especie, en una común sensibilidad, para nosotros; el germen de la noción de la *equidad*: el fundamento jurídico final de la compensación por desequilibrio.

Queremos señalar para terminar, que la compensación por desequilibrio -como derecho subjetivo y objetivo-, en este amplio contexto, ha servido de instrumento a través del cual, hemos pretendido fluir desde los orígenes de nuestra noble ciencia, adentrándonos en la historia, el misticismo, la religión, los fenómenos naturales que

[1062] GROCIO, Hugo. *Del Derecho de la guerra y de la paz*. Traducción del latín de Jaime Torrubiano Ripoll. Tomo I. Editorial Reus, Madrid, 1925. Pág. 14. Ésta es para nosotros la esencia de la presencia del *altruismo* en cuanto a la conducta recta y justa entre los seres humanos.

[1063] Loc. Cit.

acompañan las relaciones humanas y sus horizontes, para hacernos de un hilo conductor, de una energía dimanante de todas las manifestaciones del discurrir de los tiempos, de un proceso histórico de pensamiento, y tendente al mismo horizonte, para curiosos, y en tanto se trata de una trabajo doctoral, llegar a descubrir lo que para nosotros significa la esencia del Derecho; la cual, esperamos desde la mayor humildad, haber sido *capaces* y a la vez *dignos*, de transmitir conveniente y convincentemente.

En dicha empresa, el Derecho de familia, se nos ha presentado como el germen del Derecho tal y como hoy lo concebimos, en virtud a que las relaciones familiares y sus fenomenologías, son las más profundas y arraigadas a la naturalidad del comportamiento humano, motivo por el cual creemos, sirven de base y modelo a todos los esquemas posteriores.

Éste es precisamente, en cuanto a nuestro tema específico o microcosmos, el sentido del título que encabeza la presente tesis doctoral, la confluencia histórica y espontánea de dos órdenes jurídicos diferenciados como consecuencia de la aparición de las crisis familiares; donde el *altruismo* y la *equidad*, representan los *fundamentos jurídicos* germinales de la *compensación por desequilibrio*.

"Necesitamos superar la reducción del Derecho a un conjunto de recursos técnicos para que las cosas se hagan; la separación del Derecho y de la historia; la identificación de todo nuestro Derecho con el derecho nacional y de toda nuestra historia jurídica con la historia jurídica nacional; las falacias de una jurisprudencia exclusivamente política y analítica ("positivismo") o de una jurisprudencia exclusivamente filosófica y moral ("la teoría del derecho natural"), o de una jurisprudencia exclusivamente histórica y socioeconómica ("la escuela histórica", "la teoría social del derecho"). Necesitamos una jurisprudencia que integre las tres escuelas tradicionales y vaya más allá. Esa jurisprudencia integradora subrayaría que hay que creer en el Derecho, o de lo contrario, éste no funcionará; incluye no solo razón y voluntad, sino también emoción, intuición y fe".

Harold J. Berman

CONCLUSIONES

1. El *altruismo* y la *equidad* representan los fundamentos jurídicos de la compensación por desequilibrio en dos *contextos* diferenciados en función de una relación de correspondencia de tipo histórico, y de la preeminencia correlativa en cada uno, de dos órdenes jurídicos específicos: el *intuitivo*, espontáneo, íntimo o informal de la familia; y el estricto, formal o social. Ello nos lleva a considerar al altruismo como el fundamento jurídico primario de la compensación por desequilibrio en el plano del Derecho *intuitivo*, y tras la aparición de una crisis matrimonial, y la consecuente migración a un *contexto* de normas sociales universales, a la *equidad* como fundamento jurídico ulterior.

2. El *altruismo* es un fenómeno natural susceptible de manifestarse en distintas formas y en diferentes contextos. En el campo del comportamiento humano, representa una pauta de acción y el fundamento de ciertas *expectativas* en las relaciones interpersonales, que ya sea de forma tácita o expresa involucran *compromisos*. A nivel de las dinámicas familiares, de la mano de estrategias matrimoniales y en base a la *reciprocidad*, se constituye como proveedor primario de normas de los *procesos* de interacción patrimonial, por lo que en el Derecho, y en cuanto a estas mismas relaciones interpersonales, representa el germen de la *imparcialidad* que inspira los juicios de justicia y equidad. En suma, la conjunción y confluencia del altruismo como fenómeno de tendencia y la reciprocidad como proceso, mediante la utilización de estrategias hipergámicas se llega a la consecución de la *equivalencia* –una suerte de equilibrio- de los roles y potenciales individuales a través del consenso, en base a los elementos de *funcionalidad* y *perdurabilidad* con una constante búsqueda de la pareja de una situación que calificamos como "óptimo familiar"; el mismo que no será pues otra cosa, que un *equilibrio* dinámico entre los *resultados* de decisiones asociadas a constantes *riesgos* e *incertidumbres* y determinados *resultados* patrimoniales en sentido amplio.

3. El *equilibrio* llámese endógeno, íntimo, intuitivo, dinámico de resultados u "óptimo familiar"; entendido genéricamente como una situación en la cual los planes de las personas son coherentes entre sí, supone que no sólo hay correspondencia en los acuerdos, sino además, y lo que es más importante, en las *conductas* que los acompañan, dado que dichas *conductas* son fuente de *información* respecto a los sucesivos *compromisos* y las *expectativas*. Este equilibrio como un estado dinámico y complejo en la familia, es susceptible de ser delimitado a efectos de la determinación de un eventual derecho de compensación en virtud de la *equidad*, sólo si es entendido como un *«statu quo»* particular de la comunidad de vida.

4. Considerando que las *crisis matrimoniales* significan un quiebre del *equilibrio* imperante (representado a través del resultado de un proceso o una dinámica) y en suma, del elemento de *perdurabilidad*; mediante la compensación por desequilibrio, se pretende restablecer mediante la *equidad*, una situación de nuevo equilibrio de los sujetos, pero desde la perspectiva o *contexto* social, en el sentido que los *resultados* sean consecuentes con los *procesos* históricos previos. En virtud de ello, llegamos a la conclusión de que dicho restablecimiento lo es de un *equilibrio obligacional*. El sentido que ha de darse al desequilibrio económico contenido en el artículo 97° del Código civil, debe ser patrimonial en sentido amplio, en cuya idea se subsumen los *compromisos*, obligaciones y *expectativas* mutuas de los individuos. Así, y en la medida que los *compromisos* y las obligaciones forman parte del patrimonio personal, ha de restablecerse el equilibrio económico entre *compromisos* y *expectativas* legítimos en función de las *reglas* previas existentes las mismas que nos brinda *información* acerca de la conducta de los sujetos. La lógica de este planteamiento se encuentra en que inexistente ya una comunidad de vida propiamente dicha, y el marco o *contexto* específico que regía la *interacción* que determinaba el *equilibrio* antecesor, el único estado susceptible de restablecer, es aquel en el cual lo otorgado y lo recibido ostente un equilibrio respecto de los *compromisos* previos y su cumplimiento. En consecuencia y en virtud de ésta *interacción* previa, los *resultados* incongruentes con los *procesos* son susceptibles de modularse o calibrarse en función de su *legitimidad* respecto a

los *compromisos* y *expectativas* previos. La *equidad* aquí y a su vez, fuera de ser concebida como un concepto como contenido específico, ha de ser concebida como una respuesta a la necesidad de equilibrar los *procesos* y los *resultados* patrimoniales. Desde este punto de vista, el *desequilibrio* representa una anomalía entre los *procesos* y sus *resultados* de interacción patrimonial, y el *empeoramiento*, la pérdida de *expectativas* en el cumplimiento de determinados *compromisos*, en función del tránsito de una situación o *contexto* a otro, en particular, de la vida en común, a la separación o divorcio, en un *contexto* de contratación *informal* desde la mirada del Derecho formal.

5. Si bien es cierto, *altruismo* y *equidad* son conceptos que pueden emparentarse y confluir en base al consenso, también pueden disociarse en función de la existencia de *contextos* particulares previos o eventualmente excluyentes de los acuerdos sociales. Es decir, el *altruismo* se abre paso desde los acuerdos individuales y grupales hacia las reglas sociales en función de la *reciprocidad* y la *universalización*, momento en el que aparece la idea de la *equidad*. No obstante, la existencia de distintos *contextos* y sus particularidades, hace preciso que los criterios de justicia unánimemente expresados sean modulados. Es con esta lógica y a partir de este hecho, que sostenemos que la *equidad* es un juicio eminentemente social, y que puede resultar *irrelevante* respecto a ciertos *contextos* altruistas, -como el familiar-, en virtud de la existencia de particulares *reglas* y dinámicas en grupos reducidos, en tanto en algunos casos, la delimitación de los derechos de propiedad o la distribución de recursos y roles, antes de obedecer a criterios de equidad, obedecen a otros objetivos puntuales o a criterios basados, por ejemplo, en la ventaja comparativa. En *contextos* pues, de libre intercambio, ausencia de espectadores imparciales o juicios exógenos, la *equidad* siendo *irrelevante*, es simplemente entendida como *equilibrio*.

6. La *equidad* representa el fundamento jurídico ulterior de la compensación por desequilibrio, sobre la base filosófica de una teoría de la justicia de argumento normativo que reposa sobre la idea de la justicia de las reglas y los procesos (BRENNAN y BUCHANAN), en oposición a filosofías de argumentos estructurales que atienden a la justicia de resultados, tales como aquellas que

hallan en la equidad un sentido de justicia distributiva. En virtud de ello, la *equidad* se manifiesta como un criterio de modulación en la aplicación de las *reglas*, a través del cual se equilibran las normas *intuitivas* y sociales (distintos órdenes jurídicos) a los distintos *contextos*, y se establecen así nuevos equilibrios sociales. Esta concepción se erige en función de una noción normativa basada en el establecimiento de *reglas*, y un carácter de justicia asociado a una *conducta* acorde con el cumplimiento de los *compromisos* y las *expectativas* contenidas en dichas *reglas*, lo que en último término otorga a tales *expectativas*, un carácter de *legitimidad*. En suma, la *equidad* adquiere su papel y sentido en la consecución de un *equilibrio* en legitimidad entre las *reglas*, las *conductas*, los *procesos* y los *resultados* patrimoniales.

7. Existen diversos *contextos* en los cuales pueden operar distintos *órdenes jurídicos* (*reglas*), *Derecho intuitivo* y *espontáneo* proveniente del *altruismo*, o *Derecho positivo social* proveniente de acuerdos normativos sociales (universales). Asimismo, existen determinadas *relaciones* y *transmisiones patrimoniales* que en ocasiones, trascienden uno sólo de dichos órdenes jurídicos; éste es el caso de determinadas transmisiones realizadas en la familia durante la vigencia de una comunidad de vida. Lo que en un momento formaba un *equilibrio* y donde los juicios de *equidad* respecto a dichas transmisiones eran *irrelevantes*, al producirse un crisis, y con ello la ruptura de un vínculo, ya sea por vía de la separación o el divorcio, aún con *compromisos* y *expectativas* de por medio, urgen de un criterio *imparcial* de solución: aquí es donde la *equidad* se hace *relevante* en mérito a los acuerdos sociales de los que todos los individuos forman parte en virtud del consenso o la suscripción de lo que se entiende como un contrato social. La *equidad* en ese sentido, en ocasiones, *modula* la aplicación de las *reglas*, sirviendo como puente de tránsito de un contexto a otro, *equilibrando* las normas *intuitivas* y *sociales* (distintos *órdenes jurídicos*) a los distintos *contextos*, y de esta manera otorga *justicia*. Se sienta así un nuevo *equilibrio*, consistente en la *armonía*, la paz social y la *unidad*.

8. La compensación por desequilibrio y su planteamiento en el ordenamiento español, están fundamentados en la "*Teoría de la Justicia*" de John Rawls, y una

noción de equidad emparentada con ideas de justicia distributiva que no son neutrales. La *equidad* y la Justicia en esta Tesis, apela a planteamientos históricos y no estructurales. En esta línea de pensamiento, la concepción de justicia de la *reglas* expuesta por Geoffrey Brennan y James Buchanan y la "*Teoría de la legitimidad del título*" de Robert Nozick, nos permiten entender la Justicia y la legitimidad de las transferencias en los *procesos* de interrelación, prescindiendo de principios estructurales preestablecidos y atendiendo a *reglas* neutrales que nos hablan de lo que en realidad ha ocurrido. En virtud de esta lógica, la compensación por desequilibrio debería estar enmarcada antes que en una política distributiva, en una *retributiva*, lo cual además permite el establecimiento de incentivos individuales y la atenuación en menor o mayor medida de eventuales oportunismos de los agentes. Si asimilamos esta filosofía a los efectos de las crisis matrimoniales, hemos de considerar que una comunidad de vida es un escenario dentro del cual los *procesos* son legítimos, sin embargo, la titularidad de las *posesiones* es imprecisa, y por ende, los *resultados* que genera dicha imprecisión producen discrepancias relativas a la impresión de un desequilibrio económico. Ello nos lleva a pensar, que probablemente el problema del desequilibrio económico, se encuentre antes que en los *procesos* mismos, en la *imprecisión* de la *titularidad* de las posesiones. En suma, probablemente, la esencia de lo que se entiende como *imperfección* del Derecho de familia, sea una "imperfección" en el reparto de los *bienes exteriores* en función de los *espirituales*.

9. A efectos de contar con una mayor precisión en la titularidad de las posesiones con exclusión de consideraciones estructurales respecto a la compensación por desequilibrio, y en un marco en el cual los *compromisos* y sus consecuentes *expectativas* puedan ser susceptibles de restitución y/o compensación en virtud de títulos individuales diferenciados, es indispensable contar con una conveniente definición de "*derecho*" en sentido amplio. Desde la concepción clásica, un derecho representa la manifestación de una *facultad* individual, así como, y al mismo tiempo, un *poder* o *dominio* sobre una esfera personal. Esta idea o concepción en concreto, nos conduce al tratamiento de los derechos de propiedad desde una teoría monista personalista. La escasa, difusa, o acaso

inexistente delimitación de los derechos de propiedad individual en una organización familiar pues, nos conduce a incorporar la concepción de los derechos de propiedad como una obligación pasivamente universal. En virtud de dicha concepción, entendemos a los derechos de propiedad como una obligación pasiva de no hacer respecto a una esfera o hiperplano personal, constituido por el *capital humano* individual, en tanto no existan *reglas* o *compromisos* previos que legitimen, o bien la incidencia ajena en dicha esfera, o bien, en virtud de la incidencia, la existencia de ciertas *expectativas*. Consecuentemente, aún cuando los derechos de propiedad individual no estén claramente delimitados, las *reglas*, los *compromisos* tácitos o explícitos, y los *procesos* históricos propios de las interacciones patrimoniales de los sujetos van a ser susceptibles de permitir la asignación de derechos de propiedad a través de juicios de *equidad*. Es así, que todas estas consideraciones nos llevan a sugerir que antes de criterios redistributivos y concepciones estructurales acerca de conceptos estrictamente jurídicos, la *equidad* ha de ser un criterio mediante el cual se llegue a un resultado de *equilibrio* en la legítima asignación de derechos de propiedad, en base al *capital humano* como referente o continente de los derechos subjetivos individuales.

10. El *capital humano* es un concepto proveniente de la ciencia económica en el cual se subsume el conjunto de conocimientos y experiencias de una persona. En sentido amplio, podemos entenderlo como un patrimonio incorporado a la propia persona. Desde el punto de vista del Derecho, entendiendo a un derecho subjetivo como aquella *facultad* y *poder* individual que se extiende hasta el límite de impuesto por una esfera personal ajena, el *capital humano* representa aquella esfera personal donde confluyen la *facultad* y la *aptitud* o *potencial*, y sobre la que se erige el concepto de derecho subjetivo, y sobre el que creemos se erige la compensación por desequilibrio. El *capital humano* pues, desde una perspectiva amplia del patrimonio personal incluye tanto bienes materiales como espirituales, desde donde se manifiesta la voluntad tendente a la celebración de acuerdos e interacciones patrimoniales.

11. El desequilibrio económico acaecido como consecuencia de la separación o divorcio entre otras formas, representa una disfunción o incongruencia entre el valor y el potencial de rendimiento de un *capital humano* –y consecuentemente de su tiempo- en una comunidad de vida y fuera de ella; es decir, en dos *contextos* diferenciados: uno familiar, y otro social. Ésta es la importancia y sentido del *capital humano* dentro de esta investigación, dado que una determinada calidad o configuración del capital humano aumenta el valor del tiempo de los individuos, e incide de forma determinante en su capacidad de restablecer equilibrios. Establecer un panorama alrededor del *capital humano*, es establecer un conjunto de condiciones personales con las cuales los individuos van a hacer frente a determinadas circunstancias económicas, en función y consideración a que dicho capital humano cuenta con distinto valor en tanto se encuentre o desenvuelva en *contextos* diferenciados: el de interacciones patrimoniales familiares y/o sociales.

12. La compensación por desequilibrio, como *derecho subjetivo*, puede ser entendida en sentido inverso o negativo, como la *facultad* de un sujeto de reivindicar la proyección e incidencia de su *capital humano* (su *potencial* o *aptitud*), en el marco de una interacción (o *proceso*) patrimonial a efectos de una *restitución* vía compensación en tanto existan *expectativas* legítimas en virtud de *compromisos* y *reglas* previas. Desde el punto de vista del *derecho objetivo*, o de la compensación por desequilibrio como institución jurídica, se trata de la obligación pasiva sobre cualquier sujeto, de abstención sobre un *capital humano* ajeno, en virtud de la interacción patrimonial fuera de los límites fijados por los acuerdos en la comunidad de vida. La compensación por desequilibrio como *institución* en este sentido, representa una respuesta social (exógena a los procesos económicos en un contexto familiar), que viene a brindar un conjunto de *reglas* e instrumentos para una *transformación* de los derechos de propiedad, y como *derecho subjetivo*, la *capacidad* y *facultad* individual de incorporarse en dicho proceso. Esta particular visión requiere de una prerrogativa de asignación de dichos derechos de propiedad sobre la *aptitud* y no sobre la *posición* o *situación final*, en consideración de las circunstancias históricas de interrelación que hayan determinado las distintas posiciones de los sujetos. El *equilibrio*, por

tanto, habrá de ser el resultado de una conveniente implicación de la *equidad*, no como un principio moral específico, sino como un instrumento del arte jurídico. Mediante la asignación o reconocimiento de derechos de propiedad individuales, la *equidad*, ha de hallar el *nuevo equilibrio*; entre lo entregado y lo recibido, entre lo pactado y lo cumplido, entre lo asumido y lo arriesgado, y al fin y al cabo, entre los intereses del individuo y su sociedad, en suma, un *equilibrio* en la asignación de los derechos de propiedad.

BIBLIOGRAFÍA

AHRENS, E. *Curso de Derecho natural ó de Filosofía del Derecho completado en las principales materias, con ojeadas históricas y políticas*. Tercera edición española. Carlos Bailly-Bailliere. Madrid, 1873.

ALBÁCAR LÓPEZ, José Luis; MARTÍN GRANIZO Y FERNÁNDEZ, Mariano. Código Civil. Doctrina y jurisprudencia. Tomo I. Trivium. Madrid, 1991.

ALBALADEJO, Manuel. *Curso de Derecho Civil, Tomo IV, Derecho de Familia*. 1982.

ANGOSTO SÁEZ, José F. *La concesión con carácter temporal de la pensión por desequilibrio del art. 97 C.c.* En: Homenaje al Profesor Bernardo Moreno Quesada. Volumen I. Almería, 2000.

APARICIO AUÑÓN, Eusebio. *La Pensión Compensatoria*. Revista de Derecho de Familia N° 5. Octubre, 1999.

ARCOS VIEIRA, María Luisa. *La Desaparición de la Affectio Maritalis como Causa de la Separación y Divorcio*. Aranzadi Editorial, Navarra, 2000.

ARONSON, Elliot. *El Animal Social*. Alianza Universidad. Madrid 1994.

AXELROD, Robert. *La evolución de la cooperación*. Alianza universidad, Madrid 1986.

BAYO DELGADO, Joaquín. *Los límites de la pensión compensatoria. En: Temas económicos y patrimoniales importantes en las rupturas matrimoniales*. Asociación española de abogados de familia. Dykinson. Madrid, 1997.

BARCELÓ DOMÉNECH, Javier. *La extinción de la pensión de separación o divorcio por convivencia marital*. Tirant lo blanch. Valencia 2006.

BECKER, Gary S. *El Capital Humano*. Alianza Editorial. Madrid, 1983.

BECKER, Gary S. *Tratado sobre Familia*. Alianza Editorial, Madrid 1987.

BERMAN, Harold J. *La Formación de la Tradición Jurídica de Occidente*. Fondo de Cultura Económica, México, 1996.

BRENNAN, Geoffrey; BUCHANAN, James M. *La razón de las normas. Economía política y constitucional*. Unión Editorial. Madrid, 1985.

BRENNER, Reuven. *La historia, albur del hombre*. Fondo de Cultura Económica. México, 1990.

CABEZUELA ARENAS, Ana Laura. *La limitación temporal de la Pensión Compensatoria en el Código Civil. Estudio Jurisprudencial y Doctrinal.* Editorial Aranzadi, Navarra, 2002.

CABRILLO, Francisco. *Matrimonio, familia y economía.* Minerva Ediciones, Madrid, 1996.

CABRILLO, Francisco y CACHAFEIRO, Maria Luisa. *Estrategias nupciales.* En: GARRIDO MEDINA, Luis y GIL CALVO, Enrique. (Eds). *Estrategias familiares.* Alianza Editorial, Madrid, 1993.

CAMPUZANO TOME, Herminia. *La pensión por desequilibrio económico en los casos de separación y divorcio. Especial consideración de sus presupuestos de otorgamiento.* Librería Bosch, Barcelona, 1986.

CASTÁN TOBEÑAS, José. *Derecho civil español común y foral.* Tomo V. Derecho de Familia. Undécima edición. GARCÍA CANTERO, Gabriel y CASTÁN VASQUEZ, José Mª (Rev.). Reus, Madrid, 1987.

CASTÁN TOBEÑAS, José. *La idea de equidad y su relación con otras ideas morales y jurídicas, afines*: discurso leído en la solemne apertura de los tribunales, celebrada el 15 de septiembre de 1950. Instituto Editorial Reus, Madrid, 1950.

CASTÁN TOBEÑAS, José. *La equidad y sus tipos históricos en la cultura occidental europea*: discurso leído en el acto de su recepción como Académico de Número por el Excelentísimo Señor José Castán Tobeñas y contestación del Académico de Número Excelentísimo Señor Eloy Montero Gutiérrez: sesión del día 4 de junio de 1950. Instituto Editorial Reus, Madrid, 1950.

COASE, Ronald. *Adam Smith´s View of Man.* The Journal of Law and Economics Vol. 19(3), October, 1976.

COMTE, Auguste. *Discurso sobre el espíritu positivo.* Alianza Editorial, Madrid, 1988.

DE LA CÁMARA ÁLVAREZ, Manuel. *En torno a la llamada pensión compensatoria del artículo 97 del Código Civil.* En: Estudios jurídicos en homenaje a Tirso Carretero. Madrid, 1985.

DIEZ-PICAZO, Luis y GULLON, Antonio. *Sistema de Derecho Civil. Volumen II.* Editorial Tecnos. Madrid, 1992.

DIEZ-PICAZO, Luis y GULLON, Antonio. *Sistema de Derecho Civil. Volumen IV.* Editorial Tecnos. Madrid, 2006.

DUGATKIN, Lee Alan. *Qué es el altruismo. La búsqueda científica del origen de la generosidad.* Katz Editores. Buenos Aires, 2007.

DUGUIT, León. *Las transformaciones del Derecho.* Editorial Heliasta. Buenos Aires, 1975.

EGEA FERNÁNDEZ, Joan. *Pensión compensatoria y pactos en previsión de una ruptura matrimonial*. En: Estudios jurídicos en homenaje al profesor Luis Diez Picazo. Tomo III Thomson Civitas. Madrid, 2003.

EGEA FERNÁNDEZ, Joan. *Comentaris al Codi de Familia, a la llei d´unions de situacions convivencials d´ajuda mútua*. EGEA I FERNÁNDEZ, Joan; FERRER I BIBA, Josep (Dir). Tecnos. Madrid, 2000.

ELSTER, Jon. *Tuercas y tornillos. Una introducción a los conceptos básicos de las ciencias sociales*. Gedisa Editorial. Barcelona, 1991.

ENGELS, Friedrich. *El origen de la familia, la propiedad privada y el Estado*. Sarpe Madrid, 1983.

ESCOHOTADO, Antonio. *Rameras y esposas (Cuatro mitos sobre sexo y deber)*. Editorial Anagrama. Barcelona, 1993.

FISHER, Helen E. *Anatomía del Amor, Historia natural de la monogamia, el adulterio y el divorcio*. Editorial Anagrama. Barcelona, 1994.

GARCÍA CANTERO, Gabriel. En: *Comentarios al Código civil y compilaciones forales*. Dir. ALBALADEJO, Manuel. Tomo II. Madrid, 1982.

GARCÍA VARELA, Román. En: SIERRA GIL DE LA CUESTA, Ignacio, (Coord.) *Comentario del Código Civil, Tomo II*, Bosch, 2006.

GARRIDO MEDINA, Luis y GIL CALVO, Enrique. *El concepto de estrategias familiares*. En: GARRIDO MEDINA, Luis y GIL CALVO, Enrique. (Eds). *Estrategias familiares*. Alianza Editorial, Madrid, 1993.

GÉNY, François. *Método de interpretación y fuentes en Derecho privado positivo*. Segunda edición. Editorial Reus. Madrid, 1925.

GETE-ALONSO y CALERA, M.ª del Carmen; YSÁS SOLANES , María; SOLÉ RESINA, Judith. *Derecho de Familia Vigente en Cataluña*. Cálamo producciones editoriales, Barcelona, 2003.

GHERSI SILVA, Enrique. *El Costo de la Legalidad. Una aproximación a la falta de legitimidad del Derecho*. THEMIS N° 19. Pontificia Universidad Católica del Perú. Lima, 1991.

GONZALES POVEDA, Pedro. *Regímenes económico matrimoniales. Liquidación*. En: GONZÁLES POVEDA, Pedro, y GONZÁLES VICENTE, Pilar. (Coordinadores) *Tratado de Derecho de Familia. Aspectos sustantivos y procesales*. Sepín Editorial Jurídica. Madrid, 2005.

GRICE –HUTCHINSON, Marjorie. *La escuela de Salamanca. Una interpretación de la teoría monetaria española 1544-1606*. Estudio introductorio Luis Perdices de Blas y John Reeder. Traducción José Luis Ramos Gorostiza. Caja España. Salamanca, 2005.

GROCIO, Hugo. *Del Derecho de la guerra y de la paz*. Traducción del latín de Jaime Torrubiano Ripoll. Tomo I. Editorial Reus, Madrid, 1925.

GUZMÁN BRITO, Alejandro. *Historia de la denominación del derecho-facultad como "subjetivo"*. En: *Revista de Estudios Histórico-Jurídicos Nº 25* [pp. 407-443]. Valparaíso, Chile, 2003.

HAYEK, Friedrich. A. *La Fatal Arrogancia. Los Errores del Socialismo*. Obras Completas, Volumen I, Unión Editorial, Madrid 1990.

HAZA DÍAZ, Pilar, de la. *La pensión de separación y divorcio*. La Ley. Madrid, 1989.

HICKS, John R. *Value and Capital*. Second edition. Clarendon Paperbacks. Oxford, 1946.

HIJAS FERNÁNDEZ, Eduardo. *La pensión compensatoria y sus condiciones*. En: Diez años de abogados de familia. Asociación española de abogados de familia. La Ley. Madrid, 2003.

IGLESIAS, Juan. *Derecho Romano*. Duodécima Edición, Ariel, Barcelona, 1999.

IHERING, Rudolf von. *El fin en el Derecho*. Editorial Heliasta Buenos Aires, 1978.

KNIGHT, Frank H. *Riesgo, incertidumbre y beneficio*. Ed. M. Aguilar. Madrid, 1947.

KOLM, Serge-Christophe. *Introduction: The Economics of Reciprocity, Giving and Altruism*. En: GÉRARD-VARET, L.-A., KOLM, S.-C. MERCIER YTHIER, J. (Editors) *The Economics of Reciprocity, Giving and Altruism*. MacMillan Press Ltd. London, 2000.

KOLM, Serge-Christophe. *Introduction to the Economics of Giving, Altruism and Reciprocity*. En: KOLM, Serge-Christophe, MERCIER YTHIER, Jean. (Editors). *Handbook of the Economics of Giving, Altruism and Reciprocity. Foundations*. Volume 1. North-Holland, Amsterdam, 2006.

KOLM, Serge-Christophe. *The Theory of Reciprocity*. En: GÉRARD-VARET, L.-A., KOLM, S.-C. MERCIER YTHIER, J. (Editors). *The economics of Reciprocity, giving and altruism*. MacMillan Press Ltd. London, 2000.

LACRUZ BERDEJO, José Luis. *Matrimonio y Divorcio. Comentarios al Título IV del Libro Primero del Código Civil*. Editorial Civitas, Madrid, 1994.

LACRUZ BERDEJO, José Luis y RAMS ALBESA, Joaquín. *Elementos de Derecho Civil IV. Derecho de Familia*. José María Bosch Editor, Barcelona 1990. – *Elementos de Derecho Civil IV*. Dykinson, Madrid, 2005.

LALANA DEL CASTILLO, Carlos. La pensión por desequilibrio en caso de separación o divorcio. José Mª. Bosch Editor. Barcelona, 1993.

LASARTE, Carlos. *Principios de Derecho civil*. Tomo II. Derecho de Obligaciones. 9° Edición. Marcial Pons Ediciones Jurídicas y Sociales, Madrid, 2004.

LLAMAS POMBO, Eugenio. *Los efectos de las crisis matrimoniales a revisión*. En: V.V.A.A. LLAMAS POMBO, Eugenio. (Coord.) *Nuevos conflictos del Derecho de familia*. La Ley. Madrid, 2009.

MANDEVILLE, Bernard. *La Fábula de las Abejas o los vicios privados hacen la prosperidad pública*. Fondo de Cultura Económica, Mexico, 1982.

MARCH, James G. y HERBERT, A. Simon; con la colaboración de Harold Guetzkow. *Teoría de la Organización*. Editorial Ariel. Barcelona, 1987.

MARÍN GARCÍA DE LEONARDO, Teresa. *Temporalidad de la pensión compensatoria en la Ley 15/2005, de 8 de julio*. En: Comentarios a las Reformas de Derecho de familia de 2005. VERDA Y BEAMONTE, De, José Ramón (Coordinador). Thomson Aranzadi, Navarra, 2006.

MARTÍN MELÉNDEZ, Mª. Teresa. *La liquidación de la sociedad de gananciales. Restablecimiento del equilibrio entre masas patrimoniales*. McGraw-Hill, Madrid, 1995.

MARTÍNEZ ESCRIBANO, Celia. *Comentarios del nuevo artículo 97 del Código civil*. En: Comentarios a la reforma de la separación y el divorcio. Ley 15/2005, de 8 de julio. Director Guilarte Gutierrez Vicente. Editorial Lex Nova, Valladolid, 2005.

MARTÍNEZ RODRIGUEZ, Nieves. *Separación matrimonial, obligación de alimentos y pensión compensatoria*. En Diario La Ley, 2001, Ref.° D-245, Tomo 7.

MAY, Gaston. *Introduction a la Science du Droit*. Marcel GIARD. París, 1925.

MIRALLES GONZÁLES, Isabel. "*El deber de contribución a las cargas familiares*". En: Temas económicos y patrimoniales importantes en las rupturas matrimoniales. Asociación española de abogados de familia. Dykinson, Madrid, 1997.

MONTERO AROCA, Juan. *La Pensión Compensatoria en la Separación y el Divorcio (La aplicación práctica de los artículos 97, 99, 100 y 101 del Código Civil)* Tirant Lo Blanch. Valencia, 2002.

MURDOCK, George Peter. *Social Structure*, The Macmillan Company, New York, 1949.

MURILLO PEÑARANDA, María de los Ángeles. *Numerus Apertus Vs. Numerus Clausus. Cuál es el sistema que conduce a la eficiencia*. En: Ius Et Praxis N° 27. Universidad de Lima. Lima, 1997.

NOZICK, Robert. *Anarquía, Estado y Utopía*. Fondo de Cultura Económica. México, 1988.

ORTIZ SOLÉ, Abelardo J. *La injusticia del principio de igualdad en el "servicio esencial" de suministro de energía eléctrica. Reflexiones acerca de la exposición de motivos y el artículo 10º de la Ley 54/1997 del Sector Eléctrico*. Artículo inédito.

OSTERLIN PARODI, Felipe; REBAZA GONZÁLEZ. *Indemnizando una probabilidad: Acerca de la llamada pérdida de la chance o pérdida de la oportunidad.* En: Revista Jurídica del Perú Nº 39. Lima, 2000.

PACCHIONI, Giovanni. *Dirito civile italiano. Parte prima. Le preleggi. Volume I. Delle leggi in generale e della loro retroattività.* Padova, CEDAM, 1937.

PARETO, Vilfredo. *Curso de Economía Política*, 1897.

PASTOR ÁLVAREZ, María del Carmen. *El deber de contribución a las cargas familiares constante matrimonio*. Universidad de Murcia, 1998.

PASTOR, Santos. *Sistema Jurídico y Economía. Una introducción al Análisis Económico del Derecho*. Tecnos. 1989. Madrid.

PEREDA GÁMEZ, Francisco Javier. *Las cargas familiares. El régimen económico de las familias en crisis*. La Ley. Madrid, 2007.

PÉREZ MARTÍN, Antonio Javier. En: V.V.A.A. *Comentarios al Código civil.* DOMÍNGUEZ LUELMO, Andrés. (Dir.) Lex Nova. Valladolid, 2010.

PICKER, Randal C. *Una introducción a la teoría de juegos y el Derecho.* En: POSNER, Eric A. (Compilador) Law & Economics. *El análisis económico del Derecho y la Escuela de Chicago*. Lecturas en honor de Ronald Coase. UPC. Lima, 2002.

PLANIOL, Marcel y RIPERT, George. *Tratado práctico de Derecho civil francés. Tomo III.* Cultural S.A. La Habana, 1946.

POSNER, Richard A. *El Análisis Económico del Derecho.* Fondo de Cultura Económica. México, 1992.

PUFENDORF, Samuel. *Le droit de la nature et des gens.* Traduction par Jean Barbeyrac. Caen. Centre de Philosofhie politique et juridique de l'Université de Caen. 1989.

RAGEL SÁNCHEZ, Luis Felipe. *Estudio Legislativo y Jurisprudencial de Derecho Civil: Familia*. Dykinson, Madrid, 2001.

RAND, Ayn. *La virtud del egoísmo*. Editorial Grito Sagrado. Buenos Aires, 2006.

RAWLS, John. *La justicia como equidad. Una reformulación*. Edición a cargo de Erin Kelly. Paidós. Barcelona, 2002.

RAWLS, John. *Teoría de la Justicia*. Fondo de Cultura Económica. Madrid, 1979.

REQUENA Y DIEZ DE REVENGA, Miguel. *Formas de familia en la España contemporánea*. En: GARRIDO MEDINA, Luis y GIL CALVO, Enrique. (Eds). *Estrategias familiares*. Alianza Editorial, Madrid, 1993.

ROCA TRÍAS, Encarna. *Familia y Cambio Social (De la casa a la persona)*. Civitas, Madrid, 1999.

ROCA TRÍAS, Encarna. *Las consecuencias económicas del divorcio: la pensión compensatoria*. En: La situación jurídica de la mujer en los supuestos de crisis matrimoniales. IV Seminario de estudios jurídicos y criminológicos. Universidad de Cádiz, 1996.

RODILLA, Miguel Ángel. *Leyendo a Rawls*. Universidad de Salamanca, 2006.

ROTHBARD, Murray. *Economic thought before Adam Smith. An Austrian perspective on the History of Economic Thought*. Volume I. Edward Elgar Publishing. Cheltenham, UK. Northhampton, MA, USA. 1995.

ROTHBARD, Murray. *La Ética de la Libertad*. Unión Editorial, Madrid, 1983.

SALVADOR CODERCH, Pablo y RUIZ GARCÍA, Juan Antonio. En EGEA I FERNÁNDEZ, Joan y FERRER I RIBA, Josep. (Dirs). *Comentaris al Codi de Familia, a la Llei d´unions estables de parella i a la Llei de situacions convivencials d´ajuda mútua*. Tecnos. Madrid, 2000.

SÁNCHEZ GONZÁLEZ, Mª. Paz. *La extinción del derecho a la pensión compensatoria*. Editorial Comares. Granada, 2005.

SAURA ALBERDI, Beatriz. *La Pensión Compensatoria; Criterios delimitadores de su importe y su extensión*. Tirant Lo Blanch, Valencia, 2004.

SAVIGNY, Friedrich Karl von. *De la vocación de nuestro siglo para la legislación y para legislación y para la ciencia del Ciencia del Derecho*. La España Moderna. Madrid, 1970.

SAVIGNY, Friedrich Karl von. *Los fundamentos de la ciencia jurídica*. En: SAVIGNY, KIRCHMANN, ZITELMENN y KANTOROWICZ. *La ciencia del Derecho*. Editorial Losada. Buenos Aires, 1949.

SCHULTZ, Theodore W. *Restablecimiento del equilibrio económico. Los recursos humanos en una economía en proceso de modernización*. Gedisa Editorial, Barcelona, 1992.

SEOANE PRADO, Javier. *Prestaciones económicas: Derecho de alimentos y pensión compensatoria*. En: GONZÁLES POVEDA, Pedro, y GONZÁLES VICENTE, Pilar. (Coords.) Tratado de Derecho de familia. Aspectos sustantivos y procesales. Sepín Editorial Jurídica. Madrid, 2005.

SHÄFER, Hans-Bernd; OTT, Claus. Manual de Análisis Económico del Derecho Civil. Tecnos. Madrid, 1986.

SMITH, Adam. *The Theory of Moral Sentiments*. Edited by D.D. Rafael and A.L. Macfie, Clarendom Press. Oxford, 1979.

SOBER, Elliott, WILSON, David S. *El comportamiento altruista. Evolución y psicología*. Siglo XXI. Madrid, 2000.

STAMMLER, Rudolf. *Tratado de filosofía del Derecho*. Editorial Reus. Madrid, 1930.

SUNSTEIN, Cass R. *Normas sociales y roles sociales*. En: En: POSNER, Eric A. (Compilador) Law & Economics. *El análisis económico del Derecho y la Escuela de Chicago*. Lecturas en honor de Ronald Coase. UPC. Lima, 2002.

TANZI, Silvia. *La Reparabilidad de la Pérdida de la Chance*. En: La Responsabilidad.
TOMÁS Y VALIENTE, Francisco. *Manual de Historia del Derecho Español*. Editorial Tecnos. Madrid, 2001.

TRENDELENBURG, A. *Drito naturale. Sulla base dell´ ética*. Niccola Jovene. Nápoli, 1873.

VILLEY, Michel. *Compendio de Filosofía del Derecho. Definiciones y fines del Derecho*. Universidad de Navarra. Pamplona, 1979.

VILLEY, Michel. *Compendio de Filosofía del Derecho. Los medios del Derecho*. Universidad de Navarra. Pamplona, 1979.

ZARRALUQUI SÁNCHEZ-EZNARRIAGA, Luis. *Derecho de Familia y de la Persona. Efectos y medidas de la ruptura conyugal*. Tomo VI. Editorial Bosch. Barcelona, 2007.

ZARRALUQUI SÁNCHEZ-EZNARRIAGA, Luis. *La Pensión Compensatoria de la Separación y el Divorcio*. Segunda Edición. Lex Nova 2003.

ZARRALUQUI SÁNCHEZ-EZNARRIAGA, Luis. *La pensión compensatoria y otras prestaciones económicas derivadas de la separación, el divorcio y la nulidad matrimonial*. Cuadernos de Familia. La Ley, Julio 2000.

ÍNDICE

FSC
www.fsc.org
MIX
Papier | Fördert gute Waldnutzung
FSC® C083411

Kolibri 360 GmbH
Ferdinand-Jühlke-Straße 7
99095 Erfurt, Deutschland
produktsicherheit@kolibri360.de

Druck:
CPI Druckdienstleistungen GmbH
im Auftrag der
Kolibri 360 GmbH
Ferdinand-Jühlke-Str. 7
99095 Erfurt